IT경영 *the MIS*

IT 이노베이션 *BIZ* 트랜스포메이션 *DIGITAL* 디스럽션

권 태 형, *Ph.D in MIS*

율곡출판사

Mya, Ed, Dan

Preface

초판 서문(Preface)

"You may think you know it,
but, you have no certainty until you try."
– 고대 그리스 비극시인 Sophocles, BC 300

MIS와 함께

일찍이 **IT경영을 향한** 첨단 학문으로서의 **경영정보시스템**(management information systems), **MIS**가 학문적 틀을 갖추기 시작한 지 어느덧 40년이 지난 지금, 미국 Fortune 매거진이 이미 몇 년 전 'Tearing off the old manuals(옛날의 경영교본은 찢어 버려라)' 라고 한 것은 경영의 신(god)이라고 하는 전 GE 회장 Jack Welch에게만 해당되지 않고 MIS 교본에도 적용된다고 생각한다. 요즘엔 모든 것이 바뀌어 거꾸로 하면 바로 전략이 되는 듯한 느낌이다.

IT 테크놀로지의 발달은 컨버전스의 단계를 거치며 더욱 그 파워를 형성하여 시간적, 지리적, 조직적 경계를 넘어 급기야 세상을 평평하게 만들었다. 테크놀로지의 발달은 테크놀로지만의 이슈가 아니고 우리 삶의 방식과 일하는 방식을 모두 바꾸어 버렸다. 전에 경험해 보지 못한 사회-경제적(socio-economic) 환경의 변화에 개인과 기업은 어떻게 대처해야 할까? IT 이노베이션은 BIZ 트랜스포메이션을 거쳐 새로운 가치를 창출할 수 있는 BIZ 이노베이션을 요구하고 있다. IT, 소셜 미디어, 지식, 프로세스, 관계 등 어떻게 적절한 멜로디와 리듬과 하모니를 통해 진정한 가치 창출을 이루어낼 수 있을까? 사회-경제적 패러다임이 바뀌어 버린 지금, 우리도 MIS의 역사를 인지하고 현재의 흐름을 이해하여야 다음을 준비하는 미래경영에 기여할 수 있게 되리라고 생각한다. 본서 **IT 경영 the MIS**는 MIS를 **Socio-Technical Innovation 시각**에서 바라다 보았고, 이것은 저자가 한국 사람으로는 아마 거의 최초로 미국의 MIS 학문에 발을 들여 놓은 이후로 지금까지 보고자 했던 시각이었고 가고자 했던 길이었다. 다행히 이러한 시각은 오늘날 거의 모든 분야에서 사회적 관심이 증대하고 공유와 공감이 이루어지고 있어 저자는 한편 반갑고 즐겁기도 하다. 왜냐하면 MIS는 나무가 아닌 숲으로, 숲조차도 옆의 들과 강과 함께 이해되어야 한다고 믿어 왔기 때문이다. 그래서 요즘 느끼는 것도 이노베이션을 지향하는 우리들의 생각하는 방식에도 이노베이션이 필요하다고 생각된다.

IT경영 the MIS의 많은 내용은 저자의 지난 30년 간의 학업과 연구와 컨설팅 경험에서 배우고 느낀 것을 반영하고 있으며, 저자는 이들을 격의 없이 그러나 진지한 자세로 전달하고자 하였다. 저자가 일찍이 MIS 태동기에 유럽 경영학의 어머니 E. Mumford 교수[1]의 **Socio-Technical Design**(STD) 접근방법, Innovation의 아버지 E. Rogers 교수[2]의 **Diffusion of Innovation** 패러다임을 학문으로 접할 수 있었고, 그리고 **Population Ecology**의 거장 H. Aldrich 교수로부터 직접 배움의 기회를 가질 수 있었던 것은 모두 본인의 소중한 자산이 되었다. 이러한 내용을 나의 꿏[3]으로 피우고, MIS 내 하나의 새로운 학풍으로서 IT Innovation Diffusion을 일으킬 수 있었던 것은 **나의 멘토**인 **R. Zmud**[4] 교수와 함께 할 수 있었던 덕분이었고 큰 행운이었다.

---

1. **Enid Mumford**(1924~2006)는 평생 STD의 세계적 전파에 헌신하였고 수많은 상을 수상하였으며 미국 MIS 학회가 주는 공로상을 수상한 최초의 유럽인이기도 하였다. 1990년 겨울 유럽에서 최초로 열린 ICIS MIS 학회 장소인 덴마크, 코펜하겐 시내 SAS Hotel 발표장에서("A Diffusion of Innovation Approach to MIS Infusion") 함께 조우했다.
2. **Everett Rogers**(1931~2004)는 한국을 여러 번 방문했고 EBS에서 특강을 하기도 했으며 2004년 타계하기까지 바이블로 통하는 자신의 저서를 5th 에디션까지 모두 네 번 개정하였다. 커뮤니케이션 학자로 옥수수부터 첨단 미디어까지 다양한 분야를 넘나들었고 수많은 상을 수상하였다.
3. Kwon, Tae H., "The Influence of Inter-personal (social) Networks on MIS Institutionalization," Ph.D. Dissertation, University of North Carolina at Chapel Hill, 1986.
4. **Robert Zmud** 교수는 수많은 업적과 수상 그리고 아직도 MIS 저널의 최고 editor로 활동 중이며 University of North Carolina at Chapel Hill(UNC) 그리고 Florida State University(FSU)에서 저자와 함께했다.

그 접근 방향과 내용이 오늘날 이노베이션의 필요성과 소셜 커뮤니케이션의 역할로 더욱 증대되고 있음을 보며 앞으로 우리가 함께 공감하고 공유하여야 할 미래경영의 핵심 주제라고 느끼는 것이 본인의 신념이다.

저자의 『IT경영 the MIS』는 **MIS의 과거 발자취와 현재 트렌드**, **미시 MIS와 거시 MIS**, **테크놀로지와 휴먼**, 그리고 **이론과 프랙티스**를 실용적으로 다루고자 하였다. 본서의 베이스는 저자가 몸 담고 있는 한국외국어대학과 또한 사이버 외대에서 그동안 진행해 온 실지 강의 내용을 토대로 만들었다. 전통적인 교과서 형식이 아닌 스토리텔링으로, 처음 입문하고자 하는 사람에게는 **인트로**(intro) **북**으로 그리고 이미 입문한 사람에게는 새로운 사고와 함께 리뷰하는 **레퍼런스**(reference) **북**으로 활용될 수 있다면 저자의 더할 수 없는 기쁨이 되겠다. MIS에도 급격한 변화가 이루어져 온 것에 따라 책의 앞 부분에서 뒤로 갈수록 빠르게 **기초와 진화와 트렌드의 흐름**을 따르고 있다. 알기 위해 아는 것이 아니고 실지로 MIS라는 학문과 분야가 어떻게 작동되는지를 이 스토리텔링 북을 통해 이해하며 실용적인 도움이 되기를 희망하며 썼다.

본서를 준비하는데 한국외국어대학교 대학원 경영정보학과 'Inno LAB' 여러분이 많은 도움을 주었다. 먼저, 우성범 연구원의 조언과 세심한 작업, 정지영 연구원의 녹취 과정, 그리고 변다니엘, 김순일, 한혜성 연구원의 편집 노력, 그 밖의 고설태, 신정호, 이종림, 이수연, 김영완, 이정환 연구원의 도움에 감사한다. 아울러 그동안 이 자리에 오기까지 지켜주신 나의 존경하는 부모님 그리고 와이프와 다른 모든 형제 가족에게 깊은 마음을 전한다.

2012. 2.

권태형

thkwon@hufs.ac.kr

제2판 서 문(Preface)

Best Top 10 College Majors for Your Career 2015-2016 : #2 MIS

대학 유망 인기 전공 128개 중 MIS가 2위

"일반적으로 가장 좋은 전공을 결정함에 있어서 고용 전망, 학비 등 향후 가치 등을 고려했다.
128개 인기 전공에 대한 데이터를 분석했으며,
최근 온라인 채용 공고뿐만 아니라 장기 성장 예상에 따른 높은 수요 전공을 조사했다.
여러분들의 베스트 타겟이 될 베스트 톱 10 전공을 여기 제시한다."[5]

- 경제경영 전문지 Kiplinger, Washington D.C. Sep. 2015

세상 모든 것의 라이프 사이클(life cycle)과 삶의 라이프 스타일(life style)이 빠르게 변화하고 있다. 인류는 세 가지의 정보처리장치를 가지고 있는데, 일찍이 하느님이 인간을 만들었고, 인간이 조직을 만들었고, 조직이 인포메이션 테크놀로지를 만들어 이들이 **정보처리장치의 삼위일체**(trinity)가 되도록 하였다. 1950년대 컴퓨터 출현과 발전은 IT경영, MIS(Management Information Systems)라는 새로운 학문 분야를 탄생시켰다. 산업혁명이 정보혁명을 거쳐 인터넷 혁명 그리고 오늘날 디지털 혁명시대에 이르기까지 MIS는 테크놀로지와 비즈니스가 통합된 새로운 지식의 원천이 된다. 이와 함께 비즈니스, 즉 경영도 자동화와 온라인화를 거쳐 인간도, 조직도, 머신도 모두 디지털로 연결되는 디지타이즈드(digitized) 비즈니스, 즉 디지털 비즈니스(digital business)로 모습을 바꾸고 있다. 최근 비즈니스 모습은 전통의 물질적 생산 3요소에 **정보**(information)의

5. Read more at http://www.kiplinger.com/slideshow/college/T012-S001-best-college-majors-for-your-career-2015-2016/index.html#0VPKWXcoVbuOJBVh.99 ; 한편 2012년 Forbes 비즈니스 전문지에서는 #8위로 경영 분야에서 유일하게 Top 10. 그러나 사실 랭킹이 그리 중요하지는 않다. 올라갈 수도 있고 내려갈 수도 있지 않겠는가. 강조하고 싶은 것은 디지털 세상에 들어와 살면서 그 중심에 서서 이해하고 해석하고 활용할 줄 안다는 것이 창의롭고 즐겁지 아니한가 하는 점이다.

중요성을 더했지만, 한걸음 더하여 커뮤니티나 네트워크 내 **정보의 영향력**(influence)과 영향자(influencer)라는 개념을 강조한다. 이런 현상은 디지털 비즈니스 현상에서 정보의 필요성과 함께 **통찰력**(insight)의 필요성을 인식하게 함으로써 비즈니스 환경 변화에 경쟁력을 제공하고, 때로는 산업까지도 교란하며 새로운 변화에 적응하게 하고 있다.

인포메이션 테크놀로지, 즉 정보처리장치로 등장한 컴퓨터를 경영자들이 비즈니스에 활용하기 위해 컴퓨터공학과 경영학의 융합으로 MIS가 나타났다. 하지만 이후 인터넷 발전으로 경영자들은 e비즈니스를 경험하였고, 훨씬 견고한 체계를 갖춘 이노베이션(innovation) 분야와의 접점을 이해함으로써 비즈니스 혁신의 중요성을 깨달았다. 그리고 오늘날 소셜 웹 2.0의 발전으로 네트워크와 비즈니스 생태시스템(ecosystem)의 중요성을 이해하게 되었다.

결국 우리는 소통의 범위를 넓히고 향상시키며 인류 정보처리장치 삼위일체 간의 진화를 계속하고 있다고 하겠다. 이러한 사회적 연결망의 진화로 전통적인 소유(ownership)의 경제는 공유 경제와 파트너십 경제에게 자리를 내어주게 되었다. 우리는 이제 'man-machine' 간 소통 시스템으로 출발한 전통적 MIS 정의를 'platform-participant' 간 소통 시스템으로 재정의(redefine)할 필요가 있다. 경영의 주체들은 테크놀로지의 눈부신 발전과 초우량 비즈니스의 경험 축적을 바탕으로 새로운 문화와 문명의 르네상스적 혁명을 준비하고 있다고 생각한다.

본서 개정판은 이상과 같은 변화를 비록 다 수용하고 있지는 못하지만 다음과 같은 **주요 키워드**를 중심으로 **새로운 챕터 추가 및 부분 개정**을 시도하였다.

제1장 디지털 르네상스와 MIS 2.0

제6장 플랫폼: 클라우드, 빅데이터, 애널리틱스

제7장 CIO의 디지털 교란 비즈니스 모델링

제9장 IT 투자의 비용-혜택 분석

제11장 MIS 실행 미시론과 거시론의 연계

제14장 IT 혁신과 소셜 네트워크 전략

세계에서 가장 영향력 있는 50인 중 한 사람인 **다니엘 핑크**(Daniel Pink)의 두 권의 베스트셀러인 『프리 에이전트의 시대』(*Free Agent Nation*, 2004)와 『새로운 미래가 온다』(*A New Whole Brain*, 2008, 2016)는 정보화 이후 미래에는 좌뇌와 우뇌를 모두 활용하여 삶의 아름다움과 가치를 만들어낼 줄 아는 **새로운 하이-컨셉**(high concept)**의 시대**가 도래한다고 이야기한다. 그러면서 미래의 삶에 기여하는 지식근로자의 6가지 조건으로서 기능보다 디자인을, 주장보다 스토리를, 분석보다 종합을, 논리보다 공감을, 진지함보다 유희를, 물질보다 의미를 갖출 것을 강조한다.

이번 개정판 『**IT경영 the MIS**』(2016)가 기대하는 것도 MIS 환경과 내용의 변화만을 뜻하지 않는다. 자동화와 온라인화 이후의 테크놀로지와 비즈니스의 동반자적 비즈니스 생태 환경을 이해하고, 나아가 인류가 좀 더 창의롭고, 자유롭고, 정의로운 삶으로 새로운 디지털 르네상스를 맞이했으면 하는 바람이다.

IT경영 the MIS 스토리텔링의 구성과 활용

전체 구성은 **서문**, **14개 장** 그리고 **결어**이며, 이들은 크게 다음과 같이 3 Part로 나누어져 있다.

Part 1 MIS 파운데이션(foundations)의 제1~3장(3개)은 최근의 디지털 르네상스 현상과 MIS의 기본 개념을 다루고 있다.

- **제1장** 우리는 지금 **어느 시대**에 어떻게 들어와 살고 있나?
- **제2장** **MIS의 태생**은 무엇인가?
- **제3장** MIS **시스템으로서의 기반**은 무엇으로 이루어져 있나?

Part 2 MIS 진화(evolutions)의 제4~12장(9개)은 새롭게 추가된 플랫폼 비즈니스와 기존 MIS의 영역별 상세 진화 내용을 다루고 있다.

- **제4장** 인터넷 혁명과 테크놀로지 발전은 경영 기능과 비즈니스 **e-프로세스**를 어떤 모습으로 바꾸었나?
- **제5장** 그렇지만 경쟁의 차별화는 자동화된 프로세스 위에 **지식**을 얹어야 실질적으로 실현 가능하고, 경영자는 정상 비즈니스(business rule)뿐만 아니라 비정상 비즈니스(exception rule)까지 민첩하게 처리할 수 있어야 하지 않겠는가?
- **제6장** 지식커뮤니티 활동이란 플레이 운동장, 즉 **플랫폼 공유 기반**이 있어야 함께 창의적 비즈니스를 공유 가능하지 않나?
- **제7장** 그럼, 누가 어떻게 엔터프라이즈 전체에서 **MIS 관리**를 책임지나?
- **제8장** 장기적인 **MIS 종합 전략 계획**은 어떻게 만드는가?
- **제9장** 단기적인 **MIS 시스템 개발**은 어떻게 이루어지나?
- **제10장** **미래지향적**인 MIS 투자와 혜택(효과)이란 무엇인가?
- **제11장** 개발된 MIS 시스템(들) **실행**은 하면 되지 뭐가 어렵고 중요하다고 하나?

- **제12장** MIS 실행 후 **평가**를 해야 하지 않나?

- **Part 3 MIS 동향**(trends)의 제13～14장(2개)은 MIS 인접 분야의 최근 이슈인 소셜 네트워크 활용과 전략과 흐름을 다루고 있다.
  - **제13장** 성공적인 실행과 평가라고 할지라도 한 번에 끝나는 것이 아니라 **비즈니스와 테크놀로지가 잘 융합**되고, 플레이어들 간 지식 **파트너링**이 잘 되어야 지속 가능하지 않을까?
  - **제14장** 창의적 지속 가능이란 인포메이션 테크놀로지뿐만 아니라 소셜 테크놀로지를 중심으로 **사회기술적 네트워킹**을 활성화해야 다양한 시각(image)을 통합(integrate)하여 통찰력이 만들어지고, **이노베이션**을 전파하고 확산시켜 궁극적 가치창출과 기여를 하지 않을까?

이들 중, 조금은 지루하지만 중요한 장은 MIS의 기본을 다루고 있는 제1～3장(최근 동향, MIS 배경, 정의, 유형, 구성요소 등)이고, 가장 이론적인 개념으로 중요하면서도 어렵게 느껴질 내용은 제6장(플랫폼 비즈니스)과 제9장(미래지향적 투자), 그리고 후반부 제11장(미시/거시 실행)과 제13장(비즈니스와 테크놀로지의 융합)이 아닐까 생각한다. 따라서 처음 입문하는 사람이라면 이 부분은 부분적으로 조금 가볍게 다루고 이해하기를 권하며, 또한 **전공자/비전공자, 학생/실무자의 계층별 관련성과 관심도에 따라 학습의 범위를 조정**하기를 제안한다. 그리고 용어 표현에 있어서 이해의 전달과 현실적인 의사소통을 위해 때때로 영어를 혼용하였고, 좀 더 체계적인 최신 개요, 핵심용어, 개념에 대해서는 가이드북인 자매서 『MIS 2.0 디지털 비즈니스』(권태형 · 우현종, 율곡출판사, 2015)의 활용을 적극 추천한다.

마지막으로, 각 장은 **들어가기**와 **정리하기**를 통하여 **내용**과 **목표**, **용어 확인**, **정리**, **평가**로 체계적으로 구성되어 이해에 도움이 되도록 하였다. 본서의 강의 사용을 위하여 강의 지원 자료로 [그림]과 [표] 그리고 주요 내용을 슬라이드로 준비하여 교수자에게 제공한다. 평가문제에 대한 답은 대부분 본문에서 쉽게 찾을 수 있으리라 생각되어 포함하지 않았으나, 조만간 율곡출판사 사이트(www.yulgok.co.kr)에 업로드하여 학습에 참고할 수 있도록 하겠다. 그러나 부족한 설명, 발견되지 않은 오류, 기타 명료하지 못한 부분이 아직도 남아 있으리라고 짐작되며 다음에 수정 · 보완할 것을 약속 드린다.

감사의 글(Acknowledgements)

이번 『IT경영 the MIS』(2016) 개정판을 준비하면서도 많은 분의 마음과 도움 없이는 불가능했다. 새로운 가정을 꾸미며 바쁜 일상 중에서도 내용과 구성의 완성을 위해 항상 도와준 우현종 박사 그리고 자료정리와 교정을 도와준 한국외국어대 MIS랩 강민지, 김규원, 김민선, 김상완, 김지혜, 이슬 연구원에게 진심으로 감사를 전한다. 그리고 신촌세브란스 호흡기 내과 내시경 검사 도중 발생한 지울 수 없는 의료사고 후 치료를 해주시는 서울성모병원 양동원 박사님, 항상 염려와 격려를 해주시는 김학중 선배님, 황선웅 교수님, 박지혜 교수님 그리고 새로이 치료와 도움을 주시고 있는 남은진, 이효선 치료사님, 그 밖에 처음부터 도움을 주신 많은 분들에게 이 자리를 빌어 다시 진심으로 감사를 드린다. 마지막으로 사랑하는 와이프, 딸 영미, 아들 영은 또 만나면 항상 즐거운 형제들, 그리고 누구보다 존경하는 부모님에게 무한한 감사를 깊이, 마음 깊이 드린다.

권태형

thkwon@hufs.ac.kr

2016년 8월

영종도 하늘도시에서

차 례(Contents)

초 판 서문/iv

제2판 서문/vii

감사의 글/xiii

제1부 Foundations

제1장 디지털 르네상스의 도래(Advent of Digital Renaissance)

1.1 디지털 르네상스 ··· 4

1.1.1 디지털 시대의 변화/6

1.1.2 디지털 교란과 공유 시대의 비즈니스 모델 사례/11

1.1.3 플랫폼 비즈니스의 가치경로와 MIS/14

정리하기/16

평가하기/17

1.2 인류의 세 가지 정보처리장치(Three Information Processors for Mankind) ··· 18

1.2.1 IT와 초우량 경영(IT & World-class Business)/20

1.2.2 초우량 성공사례(World-class Performance)/21

1.2.3 초경쟁 환경에서의 IT경영 패러다임의 변화(IT Management Paradigm Change)/23

1.2.4 인류가 가진 세 가지 정보처리장치(Three Information Processors)/26

정리하기/29

평가하기/30

제2장 the MIS의 시작

2.1 MIS의 개념과 변천(MIS Concept & Change) 34

2.1.1 경영(Business Administration) /35 2.1.2 정보(Information) /39

2.1.3 시스템(System) /42

2.1.4 MIS(Management Information Systems) 학문의 등장 연혁 /45

정리하기 /49

평가하기 /49

2.2 MIS의 정의와 구성요소(Definition & Components) 53

2.2.1 MIS의 정의(Definition) /55

2.2.2 의사결정 프로세스(Decision Making Process)와 MIS /56

2.2.3 MIS의 구성요소(Components) /60

정리하기 /63

평가하기 /64

2.3 MIS의 유형과 역할(Types & Roles) 65

2.3.1 MIS의 유형과 역할 /65

2.3.2 경영정보시스템(Management Information Systems) /68

2.3.3 DSS(Decision Support Systems) /71

정리하기 /74

평가하기 /75

제3장 시스템, 프로세스, 데이터베이스(System, Process and Database)

3.1 시스템과 모델링(System & Modeling) 81

3.1.1 시스템(System) /83 3.1.2 모델링(Modeling) /88

정리하기 /90

평가하기 /91

3.2 프로세스 모델링(Process Modeling) 92

3.2.1 프로세스 모델링의 주요 이슈 /93 3.2.2 프로세스(Process) /95

정리하기 /103

평가하기 /103

Contents

3.3 데이터베이스 모델링(Database Modeling) 105
3.3.1 DB 모델링(DB Modeling) / 106 3.3.2 DB 시스템의 일반적 모형 / 107
3.3.3 개체와 속성의 개념과 예시 / 109
3.3.4 RDB와 정규화(Relational DB & Normalization) / 110
3.3.5 ERD(Entity Relationship Diagram) / 114
정리하기 / 115
평가하기 / 116

제2부
Evolutions

제4장 e-비즈니스와 트랜스포메이션(E-Business & Transformation)

4.1 인터넷과 e-비즈니스(E-Business) 123
4.1.1 오늘날의 사회 변화 / 124 4.1.2 인터넷 시대 / 126
4.1.3 e-비즈니스와 e-비즈니스 시스템 / 128
정리하기 / 131
평가하기 / 132
4.2 e-비즈니스의 체계(E-Business Architecture) 133
4.2.1 Net 기반의 e-비즈니스 시대 / 134 4.2.2 Net 기반의 정보 공유 / 135
4.2.3 e-비즈니스 기술적 아키텍처(Technological architecture) / 136
4.2.4 핵심 계층인 응용시스템(Applications) / 140
정리하기 / 141
평가하기 / 141
4.3 e-트랜스포메이션의 주요 이슈(E-Transformation Issues) 143
4.3.1 e-비즈니스 트랜스포메이션 / 143 4.3.2 e-트랜스포메이션 / 145
4.3.3 전통적인 모델 및 이상적인 모델 / 150
정리하기 / 153
평가하기 / 154

제5장 지식경영(Knowledge Management)

5.1 지식과 지식의 유형(Knowledge Types) ······ 156

5.1.1 지식경영의 필요성/158

5.1.2 지식(Knowledge), 지식경영(Knowledge Management), 지식경영시스템(Knowledge Management System) 정의/160

5.1.3 지식자산 특성/161 5.1.4 지식자산의 유형/164

5.1.5 지식경영의 교훈 및 동향/166

정리하기/167

평가하기/167

5.2 지식의 가치사슬(Knowledge Value Chain) ······ 169

5.2.1 지식처리 모드(Mode)/170 5.2.2 지식처리 노드(Node)/172

5.2.3 사례연구/175

정리하기/179

평가하기/180

5.3 지식경영-지식기반의 경영시스템(Knowledge-based Business Systems)······ 181

5.3.1 KMS(Knowledge Management System)/182

5.3.2 지식경영시스템 구축을 위해 필요한 역할/186

정리하기/190

평가하기/190

제6장 플랫폼 비즈니스

6.1 교란적 플랫폼 비즈니스 ······ 200

6.1.1 플랫폼 비즈니스/202 6.1.2 플랫폼 비즈니스의 특성/205

6.1.3 플랫폼의 구성체계/206

6.1.4 플랫폼 비즈니스의 산업: 위협요소와 해결방안/208

6.1.5 플랫폼 비즈니스의 함정과 회피/210

정리하기/212

평가하기/212

Contents

Contents

6.2 클라우드, 빅데이터, 애날리틱스 ······ 214
6.2.1 클라우드 트렌드/215 6.2.2 빅데이터 트렌드/220
6.2.3 애날리틱스 트렌드/223
정리하기/227
평가하기/227

제7장 MIS 관리 변화와 CIO의 비즈니스 모델링

7.1 디지털 MIS 핵심 관리영역 ······ 232
7.1.1 디지털 테크놀로지 관리의 핵심역량과 엔터프라이즈의 진정한 가치창조/233
7.1.2 MIS 관리 핵심영역의 유형/236 7.1.3 투자 의사결정에 대한 영향요인 유형/238
정리하기/239
평가하기/240
7.2 디지털 CIO의 역할 변화(Role Change) ······ 241
7.2.1 MIS 전문가에게 주어지는 새로운 사명/242
7.2.2 디지털 CIO 역할 변화/243 7.2.3 디지털 CIO 역할/247
정리하기/248
평가하기/249
7.3 비즈니스 모델 ······ 250
7.3.1 비즈니스 모델링/254 7.3.2 디지털 시대 비즈니스 모델 도메인과 선택/256
7.3.3 비즈니스 모델링 창출 방안/258
7.3.4 새로운 비즈니스 모델 출범 전 반드시 물어야 할 질문 6가지/261
정리하기/263
평가하기/263

제8장 ISP(Information Systems Planning)

8.1 ISP와 접근방법(ISP Approaches) ······ 268
8.1.1 ISP(Information Systems Planning) 체계/271
8.1.2 경영과 IT의 전략적 관계 프레임워크/272
8.1.3 ISP 구축 목적과 접근방법/274 8.1.4 ISP를 주도하는 세력(Leading Forces)/279

정리하기 / 282
평가하기 / 283
8.2 ISP의 구성요소와 분석방법(Components & Analysis) 284
8.2.1 ISP(Information Systems Planning)의 구성요소 / 285
8.2.2 ISP의 외부환경 및 내부환경 분석(External and Internal Analysis of Environments) / 288
정리하기 / 299
평가하기 / 300

제9장 미래지향적 IT 투자와 분석(Visionary IT Investment and Analysis)

9.1 미래지향적 IT 투자(Visionary IT Investment) 302
9.1.1 미래지향적 IT 투자(Visionary IT Investment) / 304
9.1.2 정당화 프로세스의 단계(Justification process) / 306
정리하기 / 307
평가하기 / 308
9.2 IT 투자 정당화 요인과 디지털 CIO 309
9.2.1 다섯 가지 요인(5 Factors for Justification) / 310
9.2.2 디지털 CIO의 역할과 특징 / 316
정리하기 / 317
평가하기 / 318
9.3 투자의 효과를 위한 여섯 가지 경로(six pathways) 319
9.3.1 투자 효과의 경로와 비용효과 분석 / 320
정리하기 / 326
평가하기 / 327

제10장 SDLC와 시스템 획득(Systems Development Life Cycle & Systems Acquisition)

10.1 ISP와 SDLC(Information Systems Planning & Systems Development Life Cycle) 332
10.1.1 ISP와 SDLC / 334
10.1.2 SDLC의 이해 / 338

10.1.3 SDLC의 대안(Alternatives) / 344

정리하기 / 346

평가하기 / 347

10.2 ERP와 아웃소싱(Enterprise Resource Planning & Outsourcing) …………… 348

10.2.1 ERP(Enterprise Resource Planning) / 349

10.2.2 IT 아웃소싱(Outsourcing) / 354 10.2.3 시스템 획득(acquisition) 대안의 비교 / 358

정리하기 / 360

평가하기 / 360

제11장 IT/IS 실행(MIS Implementation)

11.1 시스템(미시적) 수준의 IT/IS 실행(Micro Implementation) …………………… 366

11.1.1 실행의 개념(Implementation concept) / 368

11.1.2 변화과정 모형(Change Process Model) / 371

11.1.3 시스템(미시) 수준의 미시 IS 실행(Micro Implementation) / 373

정리하기 / 379

평가하기 / 380

11.2 조직(거시적) 수준의 IT/IS 실행(Macro Implementation) ……………………… 381

11.2.1 조직(거시) 수준의 IT 실행(Macro Implementation) / 382

11.2.2 조직 수준의 IT 실행 프로세스(IT Implementation Process) / 383

11.2.3 조직 수준의 IT 실행 요인(Factors) / 384

11.2.4 성공경로 / 391

11.2.5 미시 MIS 실행과 태도 이론과 거시 MIS의 연계 / 392

정리하기 / 395

평가하기 / 396

제12장 MIS 평가(MIS Evaluation)

12.1 평가 프레임워크(Evaluation Framework) …………………………………… 398

12.1.1 MIS 평가 프레임워크 / 399 12.1.2 MIS 관리와 시스템 평가 / 401

12.1.3 종합적 평가방법 사례 : 미국 텔레콤 회사(Comprehensive Evaluation Case

Example) / 406

12.1.4 MIS 평가의 문제점(Difficulties in MIS Evaluation) / 407

12.1.5 MIS 평가의 개선방향(Evaluation Approach for Improvements) / 408

정리하기 / 408

평가하기 / 409

12.2 IT 평가와 BSC(Balanced Score Card, 균형성과표) ········· 410

12.2.1 IT 전략 삼각형(Strategic Triangle) / 413

12.2.2 성과 측정의 중요성 증대 이유(Reasons for Increase in Importance) / 414

12.2.3 BSC(Balance Score Card) / 415

정리하기 / 422

평가하기 / 422

제3부
Trends

제13장 비즈니스-테크놀로지 컨버전스와 아웃소싱-파트너링 컨버전스

13.1 B-T 융합과 민첩성(B-T Convergence & Agility) ········· 428

13.1.1 가치네트워킹(value networking)의 필요성 / 429

13.1.2 비즈니스 테크놀로지(B-T) 융합(Convergence) / 431

13.1.3 비즈니스-테크놀로지 융합으로 새로운 가치창출 / 440

정리하기 / 443

평가하기 / 444

13.2 아웃소싱과 파트너링(Outsourcing & Partnering) 융합 ········· 446

13.2.1 상생-파트너십의 중요성(Win-Win Partnership) / 447

13.2.2 소셜 네트워킹과 인프라 공유(Social Networking & Infra Sharing) / 449

13.2.3 커뮤니케이션 링크(Communication Link) / 452

13.2.4 사회-기술적 접근방법론(Socio-Technical Approach) / 453

13.2.5 관계성숙단계 모형(Relationship Maturity Stage Model : RMM) / 455

C o n t e n t s

13.2.6 파트너십 역량(Partnership Competency) / 457
정리하기 / 461
평가하기 / 462

제14장 IT 혁신과 소셜 네트워크(IT Innovation & Social Network)

14.1 IT 혁신과 확산(IT Innovation & Diffusion) ········· 466
14.1.1 이노베이션과 확산(Innovation & Diffusion) / 468
14.1.2 커뮤니케이션(communication)과 경로(channel) / 470
14.1.3 커뮤니티 집단 수준의 혁신(Innovation at the level of community) / 476
14.1.4 성공적인 이노베이션 이전과 확산 그리고 디지털 교란(Transfer & Diffusion of Successful Innovation and Digital Disruption) / 480
정리하기 / 484
평가하기 / 484
14.2 사회적 연결망과 집단지성(Collective Intelligence) ········· 485
14.2.1 웹의 진화 : Web 1.0 vs. Web 2.0 / 488
14.2.2 집단지성 / 490
14.2.3 소셜 미디어와 소셜 네트워크(social media and social network) / 493
14.2.4 열린 소셜 네트워크의 파워 / 494
14.2.5 소셜 네트워크 활용 전략과 분석 / 498
정리하기 / 506
평가하기 / 507

결어 미래경영을 향하여 / 511

참고문헌 / 516
찾아보기 / 524

PART 1

Foundations

제1장 디지털 르네상스의 도래

제2장 the MIS의 시작

제3장 시스템, 프로세스, 데이터베이스

Chapter

1

디지털 르네상스의 도래

(Advent of Digital Renaissance)

Chapter 1

디지털 르네상스의 도래
(Advent of Digital Renaissance)

1.1 디지털 르네상스

[내 용]

- 디지털 르네상스 시대(digital renaissance age)
- 비즈니스 생태계(business ecology)
- 교란적 비즈니스(disruptive business)
- 공유경제(sharing economy)

[생각해 보기]

- 산업혁명, 정보혁명, 디지털혁명은 무엇이 다르고 같은가요?
- 경영과 생태계가 무슨 관계가 있나요? 그리고 무엇이 생태계를 교란하나요?
- IT경영으로 '자동화'가 가능하다면 충분하지 않나요?
- 제품이나 서비스를 단독 소유하면 더 좋지 않나요?
- 인류는 역사상 점점 더 복잡하게 발전해 온 환경을 어떻게 처리해 올 수 있었을까요?
- 경영정보학은 컴퓨터를 배우는 영역일까요?
- 경영정보시스템을 배운 학생들은 주로 어느 분야에서 일하게 될까요?

[목 표]

- 디지털 테크놀로지 등장과 활용의 필요성 이해
- 디지털 시대 교란적 비즈니스 모델의 등장 배경, 의의 그리고 의미 이해
- 공유경제의 등장 배경, 의의 그리고 의미
- 산업혁명과 정보혁명 이후의 디지털 시대에서의 MIS의 새로운 역할 이해

제2차 세계대전 중, 영국 케임브리지 대학에서 원래 독일의 암호를 해독하기 위해 발명된 튜링 머신(배네딕트 컴버배치의 영화 '이미테이션 게임', 2015)에 뒤이어 미국 펜실베니아 대학에서 나온 에니악(ENIAC: Electronic Numerical Integrator Calculator)은 1만 8천여 개의 진공관을 방에 가득 채운 전자식 컴퓨터의 효시로 1955년까지 약 10년 사용 되었으며 미 워싱턴DC의 Smith Sonian(스미스소니언) 박물관에서 볼 수 있다. 그렇게 시작한 정보혁명은 끊임없이 도약해 왔고 오늘날 하드웨어, 소프트웨어, 메모리, 속도, 통신, 디바이스 등 엄청난 발전을 계속하며 비즈니스의 혁명으로 이어지고 있다. 여기 첫 장을 시작하면서 다룰 두 개의 주제는 다음과 같다.

첫째, 인포메이션 테크놀로지 발전이 산업혁명 후 비즈니스에 미친 영향을 알아본다.

둘째, MIS의 필요성과 인류의 정보처리장치로서 MIS의 변천과정을 학습해 보기로 한다.

[용 어]

디지털 르네상스 시대 (digital renaissance age)	테크놀로지 파워는 새로운 역량을, 새로운 역량은 네트워크 연결을, 새로운 연결은 유연한 대응력과 지속 가능성을 제공한다. 디지털 비즈니스는 "개방된 디지털 기반의 플랫폼 위에서 플러그-플레이(platform thinking) 방식으로 엔터프라이즈가 새로운 가치를 만들어내는 경로"를 의미한다. 이러한 인류의 문화와 문명에 대한 디지털 테크놀로지의 영향을 디지털 르네상스 또는 제2의 르네상스라고 한다.
교란적 비즈니스 (disruptive business)	정보혁명 이후의 비즈니스의 다양성, 유연성 그리고 민첩성은 새로운 가치경로의 핵심이 되는데 생태 커뮤니티(ecological community)에 기반한 네트워크 구축과 협력을 통하여 기존 산업과 시장을 파괴하거나 교란시키는 새로운 비즈니스 모델과 방식을 교란적 비즈니스라고 한다.
비즈니스 생태계 (business ecosystem)	비즈니스를 둘러싸고 있는 환경에 속하는 고객 소비자, 공급자, 중개자 등의 관련자들(즉, 구성 'participant'를 말하지만 의미로는 동반 협력자들인 'player'를 말함)로서 네트워크를 구축하고, 공동체 기반을 만들고, 가치를 생산하는 열린 비즈니스 커뮤니티를 말한다.
공유경제(sharing economy)	소비자가 단독으로 소유하는 대신 개방, 참여, 공유하는 소셜 웹(web 2.0)을 통해 필요한 만큼 또는 사용 시간만큼 대가를 지불하는 개인적, 조직적 욕구 충족이 가능한 새로운 경제 제도와 활동 방식을 말한다. 사회기술적 네트워크 기반의 협업 경제를 의미하고 있다.

1.1.1 디지털 시대의 변화

1990년대 중반 인터넷 시대(the internet change everything era) 도래로 자동화 이후 IT의 이노베이션(digital innovation: 혁신)과 비즈니스 트랜스포메이션(transformation: 변신)으로 eBay, Amazon 등 닷컴 기업이 출현하고 American Airlines 등 전통 기업의 e비즈니스화로 경영 환경이 바뀌었다. 최근 초고속 인터넷, 스마트 모바일, 소셜 테크놀로지의 발전은 Airbnb, Uber, Facebook 등 디지털 시대의

'봉이 김선달' 을 출현시켰고, 새로운 비즈니스 모델은 매우 파괴적이고 교란적이다. 택시 비즈니스를 교란 중인 Uber, 호텔업을 교란 중인 Airbnb, 결제시장을 교란 중인 PayPal, 소매유통업을 교란 중인 Amazon, 이 모두 여기에 속 한다. 국내 경우와 비교하면 직원 수 7만 명인 현대자동차의 시가총액은 36조이지만, 직원 5,000명의 Facebook 시가 총액은 362조 원으로 10배 차이이다.

이와 더불어 컴퓨터, 데이터베이스 등 IT의 발달과 함께 40년 전 MIS가 학문으로서 태동하며 테크놀로지와 비즈니스의 융합을 외쳐왔다. 일찍이 American 항공의 창의적 IT 시스템, Dell 컴퓨터의 맞춤화 주문생산 방식, Walmart의 IT 활용 등 많은 비즈니스 변신 역사는 MIS의 발전과 활용에도 크게 기여하였다. 기술이 이끄는 변혁은 생각보다 시간이 오래 걸리는 과정이지만 역사가 보여주듯 그런 변화가 미치는 영향은 우리가 상상할 수 있는 수준을 훨씬 넘어서곤 한다. 스마트 모바일과 소위 비즈니스 플랫폼을 구축하여 활용하는 경우를 봐도 그렇다. MIT 대학의 정보시스템 연구소가 최근에 진행한 연구에 따르면 경영자들은 "향후 5년 안에 매출 중 32%가 디지털 파괴와 교란으로 위협에 처할 것이다" 라고 내다봤다. 이들 중 60%는 "당장 다음 해에 이 문제에 시간을 더 할애해야 한다" 고 응답했다고 한다.

Fortune 매거진이 5년 연속 세계 1위 최고의 여성 CEO로 선정한 HP의 Carly Fiorina(피오리나) 회장은 디지털 공유의 시대를 제2의 르네상스 시대라고 하며, Cisco(시스코) 네트워크를 20년 이상 성공적으로 이끌어온 John Chambers(존 챔버스)

회장은 성공한 기업의 40%가 향후 10년 내에 사라질 것이라고 말한다.

우리는 오늘날 디지털 테크놀로지 인프라를 이용하여 민첩성과 유연성 있는 플랫폼 공유기반을 네트워크 형태로 구축하고, 엔터프라이즈 미션의 벽을 넘어 비즈니스 생태계의 가치를 창출하면서도 지속 가능한 비즈니스 모델 소싱에 참여하는 자들과 혜택을 공유할 줄 알아야 한다. 또다시 세상을 뒤흔드는 디지털 르네상스 시대의 교란적 디지털화(digitization)는 과거의 변화들과 어떻게 다를까.

디지털 비즈니스 세상에서 새로운 가치창출 경로를 찾기 위해 [그림 1-1]처럼 테크놀로지는 그저 자원 인프라가 아니고 플랫폼의 공유 기반 역할을 하고, 엔터프라이즈는 비즈니스 생태계의 조성과 참여 역할을 하며, 가치창출 활동은 아이디어와 통찰력으로 창의적인 동시에 지속 가능한 속성을 가져야 한다고 생각한다.

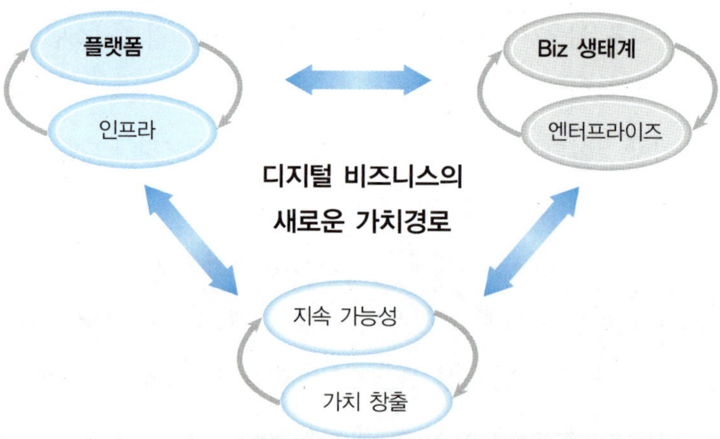

그림 1-1. 플랫폼 비즈니스의 새로운 가치경로

그렇지만 매력적인 비즈니스 모델 구성은 비즈니스의 끝이 아니라 시작이다. 고객이 진정 요구하는 가치를 파악하고, 그 가치를 만드는 핵심 프로세스를 파악하고, 그 프로세스를 실현하는 자원과 지식정보를 파악하고, 투자를 통해 수익을 달성해야 한다.

이러한 디지털 시대의 미래 지향적인 투자는 새로운 리더십과 문화가 존재하지 않는다면 가능하지 않다. 이때 필요한 지식과 스킬은 거시적이면서도 미시적인 기업가 모험 정신, 테크놀로지 잠재력을 최대로 활용할 줄 아는 지혜, 이러한 지혜를 네트워크로 연결할 줄 아는 역량이다. 이처럼 네트워크 연결망으로 실현하는 새로운 공유 또는 협업 경제는 이전과 다른 다음 특징을 갖는다.

1. Airbnb와 Uber처럼 디지털 P2P 기반 플랫폼 구축으로 오프라인 실물의 가치도 교환할 수 있는 시장을 형성하려고 한다.
2. 소유 자산과 서비스의 잠재적 활용 가치를 최대로 활용하려는 개인적 욕구를 충족하려고 한다.
3. 생산자원 자본, 토지, 인력과 더불어 집단적 행동과 집단적 지능을 연결망으로 이용하고자(예: 엔게이지먼트, 엠파워먼트) 한다.
4. 생태 환경에서 다양한 주체의 요구를 마켓, 커뮤니티, 빅데이터, 인프라 확보를 통하여 결합하고 하나의 기반으로 만들어 그 위에서 실현하고자 한다.
5. 새로운 공유경제, 콜래보레이션 경제, 네트워크 경제는 연결망 위에 사용자–제공자 사이에 신뢰가 형성되지 않으면 안 되는 법이다.

디지털 교란 비즈니스의 바탕에는 새로운 공유경제의 개념이 깔려 있다. 하버드대 Lawrence Lessig(로렌스 레식) 교수는 저서 『리믹스(*Remix*)』에서 상업경제와 구분하면서 처음 쓴 공유경제가 2008년 저성장으로 신음하는 자본주의의 대안으로 부상했다고 이야기한다. 물품, 생산설비, 서비스 등을 개인이 소유할 필요 없이 필요한 만큼 빌려 쓰고, 자신이 필요 없으면 빌려주는 공유소비의 의미를 담고 있다. 미래학자 Jeremy Rifkin(제러미 리프킨) 교수는 최근 펴낸 『디지털 사회의 한계비용 제로(*Marginal Cost Zero of Digital Society*)』에서 스스로 무너질 수밖에 없는 자본주의를 공유경제가 구원할 것이라고 주장한다. 공동체 경제와 나눔경제, 협동 · 협업경제, 사회적 경제도 비슷한 의미로 소비와 소유의 시대를 넘어 공유시대로 세상을 바꾸자는 것이다. 2008년 세계 경제위기가 공유경제를 키웠으며 경기불황으로 합리적 소비문화가 확산했으며, 때마침 스마트폰 보급으로 소셜 네트워크 서비스(SNS)가 성장해 공유경제의 기반인 모바일 플랫폼이 구축됐다.[1]

공유의 경제는 사용자와 제공자가 협업을 하는 생태계 경제를 의미한다. 왜 이러한 변화가 지금이냐고 묻는다면, 구글이 보여준 디지털 테크놀로지 기술 발전(스마트 모바일, GPS/LBS, 클라우드)과 유니버셜 검색, 각종 P2P(피어2피어) 정보 서비스들이 아날로그식 자본주의의 가정들(assumption)을 무너뜨리고 있기 때문이다. 거대 마초 기업이 아닌 스타트업 eBay가 20년 전 보여준 신뢰의 비즈니스는 도전적 기업가 정신이 절대 필요함을 명백히 보여준다. 여기에는 생태 환경 전체를 보면서도 틈새를 보고, 공급자–소비자를 함께 보고, 인풋–아웃풋을 함께 볼 줄 아는 기업가적 마인드–셋이 중요하다. 자원 비의존적이고, 가치사슬이 독립적이고, 독점적인 기업이 없는 산업이라면, 더 많은 디지털 파워를 이용하여 더 많은 비즈니스 기회가 주어질 것이라고 생각한다.

맥킨지(McKinsey) 컨설팅은 기존 산업계에서 통용되고 있는 믿음(belief)과 가정(assumption)을 다시 생각해 볼 줄 아는 능력이 디지털 시대 새로운 비즈니스 모델 창출에 유용하다고 지적한다. 예컨대, 거대 기업(macho) vs. 연결망(networked) 기업, 주도자(driver) vs. 보완자(supplie), 개방(open) vs. 폐쇄(closed), 편의품(commodity) vs. 전문품(differentiated) 등의 선택을 뒤집어 볼 줄 알아야 한다. 미래를 대비하는 엔터프라이즈는 두 가지 차원에서 생각을 해볼 필요가 있다. 하나는 고객을 더 잘 이해하는 것이고, 다른 하나는 엔터프라이즈의 비즈니스 모델을 디자인하는 것이다. 한걸음 더 들어가면 특정 제품이나 서비스에 대한 고객의 라이프 사이클을 파악하고 여기에 대

1. 세계일보, "공유경제 ABC", 2016. 2. 20.

응하는 엔터프라이즈의 라이프 사이클을 디자인함으로써 고객에 대한 지식이 필요한 정도를 먼저 알고, 그런 다음 여기에 대응하는 가치사슬(프로세스)을 디자인할 수 있으며, 나아가 프로세스의 가치사슬을 플레이어의 가치네트워크(콜래보레이션)로 트랜스포메이션함으로써 비즈니스 모델을 구현하게 된다.

디지털 교란 비즈니스에도 새로운 비즈니스 모델을 가지고 진입하려는 자(disruptor)와 현재 성공하고 있는 자(incumbent)로 구분되는 양 당사자들이 존재한다. 이노베이터인 디지털 교란자는 틈새시장에 새로운 테크놀로지를 기반으로 또는 통찰력이나 비즈니스 경험 축적을 기반으로 다양한 자원과 정보를 이전에는 경험하지 못한 우월한 방법으로 융합해 낼 줄 안다. 그러나 이미 초우량적으로 성공한 엔터프라이즈들도 쉽지는 않겠지만 교란의 비즈니스를 이어갈 수 있다. 다만 전자는 테크놀로지 PUSH 형태의 공급 중심(발명은 필요의 어머니)이며, 반면에 후자는 비즈니스 PULL 형태의 수요 중심(필요는 발명의 어머니)인 점이 다르다. 전자는 전략으로서 혁신적 디지털 비즈니스 모델에 대한 선도적 의사결정과 실천인 진입의 'First-moving(선점)'이 중요시되지만, 후자는 빠른 시장 피드백과 조정인 진화의 'Fast-learning(학습)'이 중요시된다. 이러한 노력에는 다양한 변수가 존재하여 엔터프라이즈의 조직 문화, 경영자 리더십, 조직 구조, 생산 자원, 네트워크화 정도 등 많은 요소가 포함된다. 하지만 결국 진정한 성공을 위해 중요한 요소는 일시적이 아닌 장기적 지속 가능성이라고 생각한다. 따라서 진입과 진화를 위한 상호 민첩성과 비즈니스 커뮤니티와 소셜 커뮤니티 상의 상호 협력이 요구된다.

1.1.2 디지털 교란과 공유 시대의 비즈니스 모델 사례

공유경제(sharing economy)는 협업과 협력을 강조하며 플랫폼 기반의 상호 연결 링크를 기본 조건으로 한다. 그러나 Airbnb 창업자 Joe Gebbia(조 게비아)가 정의한

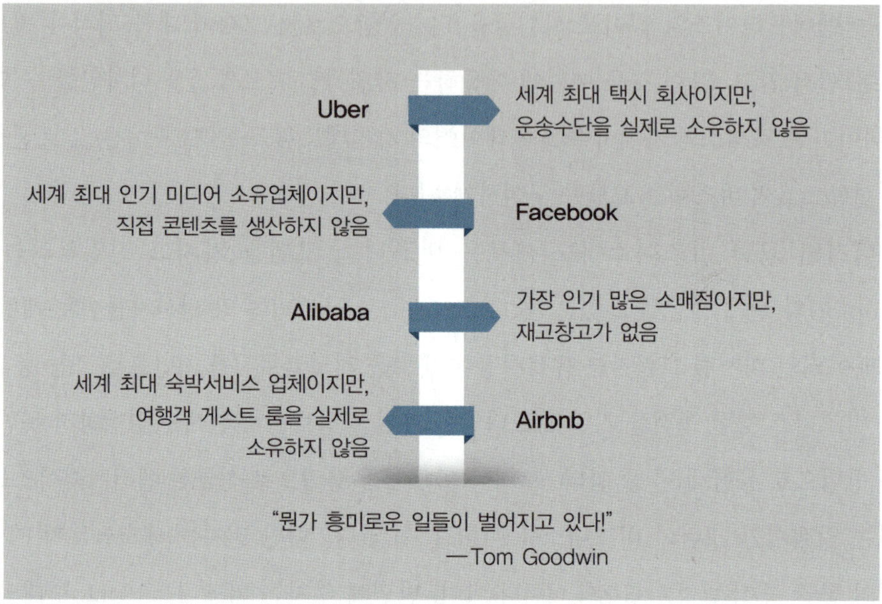

그림 1-2. 교란 시대의 새로운 비즈니스 모델

바, "a commerce but, with a human connection"은 비즈니스 플랫폼이 머신 네트워크가 아닌 휴먼 네트워크가 되어야 한다는 뜻을 함축하고 있다. 실제로 그는 원래 예술 디자인 전공자였으며 여분의 게스트 룸과 게스트를 연결시키는 수단에는 머신으로 충분하다고 생각하였다. 그래서 그는 Airbnb를 첫 도전에서 실패할 수밖에 없는 아픈 경험에서 비롯한 깨달음으로 이룬 결과라고 증언한다. [그림 1-2]에서 보면 이들은 디지털 봉이 김선달처럼 Uber는 세계 최대의 택시 기업이지만 실제로 택시를 소유하지 않고, Facebook은 세계 최대 미디어 기업이지만 직접 콘테츠를 생성하지 않고, Alibaba는 가장 인기 많은 소매유통 기업이지만 재고를 소유하지 않고, Airbnb는 세계 최대 호텔 기업이지만 룸을 소유하지 않는다.

Airbnb

샌프란시스코는 매년 수백 회의 전시회와 박람회가 개최되어 성수기에는 호텔 룸을 구하기 어려울 정도로 숙박시설이 부족한데 Airbnb 공동 창업자인 Brian Chesky(브라이언 체스키)와 Joe Gebbia(조 게비아) 두 사람은 간단한 아침식사와 아파트의 남는 공간을 여행자에게 제공해 주는 서비스를 시작했다. Airbnb의 출발은 호텔 숙박료보다 싸게 여행지에서 잠자리를 구하려는 이들과 여분의 공간을 활용해 부수입을 올리려는 수요가 맞았기 때문이다. 하지만 세계적 성공을 한 이유는 '집과 룸' 을 통해 서로 다른 문화권의 사람들이 만나는 경험이 룸 제공자나 이용자의 입소문과 SNS를 통해 서로 평가될 수 있고, 이를 제3자가 볼 수 있어 안전하게 이용할 수 있다는 경험(experience) 마케팅을 구축했기 때문이다. 2012년 미국 동북부를 강타한 허리케인 샌디(Sandy)로 이재민이 발생하자 Airbnb 회원들이 자발적으로 나서 무료로 24시간 자기 집을 개방한 것을 계기로 Airbnb에 대한 호감도는 수직 상승했다고 한다.

Uber

차량 공유 비즈니스 모델 Uber는 Forbes가 추산한 기업가치가 무려 680억 달러에 달한다. 창업 5년 만에 107년 전통의 GM의 기업가치를 넘어선 것이다. 창업 7년차에 기업가치 500억 달러를 인정받은 Facebook보다 빠르다. MIT가 '2015년 가장 스마트한 기업 50위' 에 이름을 올린 Uber의 성공비결 중 하나는 간편함이다. 간단한 회원등록 절차만 거치면 사용할 때에는 특별한 조작이 필요없다. Uber 앱을 열면 앱은 자신의 위치를 추적해 근처 Uber 차량을 탐색한다. 지도상에 목적지만 표시하면 그것으로 끝이다. 요금 결정과 경로 그리고 하차 후 결제도 미리 등록된 신용카드 정보를 이용하여 자동처리한다.

영국의 Hassle.com, 프랑스의 BlaBlaCar, 독일의 Frents, 일본의 타임뱅킹

영국의 하셀닷컴(hassle.com)은 앱을 통해 요청하면 근처에 있는 청소부를 찾아준다. 프랑스의 '자동차 풀' 중개 서비스인 블라블라카(BlaBlaCar), 독일의 음식재료를 공유하는 푸드쉐어링(food sharing)과 집에 있는 공구를 나눠 사용하는 프란츠(Frents)가 많은 인기를 얻고 있다. 공유의 대상도 단순한 물건이나 시간을 넘어 지식과 재능, 시간 등 무형의 자산으로 확장되고 있다. 일본에서 시작되어 미국과 영국 등 14개국에 퍼진 타임뱅킹은 개인들의 시간을 공유한다. 이와 같이 공유경제는 물질공유, 공간공유, 서비스공유, 시간공유로 그 범위를 넓히고 있으며 그 기반에는 개방된 네트워크로 구성된 플랫폼이 존재한다.

그 밖에도 국내에도 공유경제 비즈니스 모델이 등장하고 있지만, 여기에 포함하지는 않았다. 그 이유는 국내 기업들이 비즈니스 모델의 테크니컬 인프라를 잘 구축하고 있지만, 아직 신뢰, 안전, 프라이버시 등과 같은 소셜 인프라의 구축에 대한 확신을 갖고 있지 않기 때문이다.

1.1.3 플랫폼 비즈니스의 가치경로와 MIS

디지털 테크놀로지 변화의 흐름 속에서 웹 1.0은 2.0인 소셜 웹으로 진화하고 있다. 웹 1.0의 대표적 키워드는 포탈(portal)이며 Push 형태의 정보 제공 방식을 의미하지만, 웹 2.0의 대표적 키워드는 플랫폼이며 더불어 Pull 형태의 정보 제공 방식을 의미한다. 단순한 웹사이트 공간의 한계를 벗어나 블로그(blog), 마이크로 블로그(micro blog), 위키(Wiki) 등과 같이 비즈니스와 소셜 커뮤니티 내에서 사용자와 멤버 간의 양방향 커뮤니케이션이 이루어지는 채널이 존재하며 커뮤니티의 개방, 참여, 공유가 이루어진다. 따라서 엔터프라이즈도 이를 기반으로 네트워크화된 조직체, 즉 엔터프라이즈 2.0(E 2.0)으로 나아가고 있다.

이제 IT(Information Technology)와 ST(Social Technology)의 융합시대를 맞이하며 MIS는 패러다임 변화에 순응하여 새로운 MIS 2.0으로 이성과 감성, 공식과 비공식, 아이디어(idea)와 인사이트(insight)를 E 2.0에게 진지하게 서비스할 수 있어야 한다.

네트워크화된 엔터프라이즈란 새로운 가치넷(value net)을 의미하며 이들은 함께 협업할 수 있는 연결과 질서의 플레이 그라운드가 필요하다. MIS도 비즈니스의 지속적인 혁신과 가치창출을 위해 플랫폼 역할을 수행하고, 필요한 애플리케이션 구축과 소통에 기여해야 한다. 이러한 능력은 네트워크화된 엔터프라이즈, 즉 E 2.0 형성에 기여할 수 있을 때 비로소 존재의 의미가 생겨난다. 디지털 비즈니스 세상에서 새로운 가치창출 경로를 찾아 낸다는 것은 쉽지 않다. 새로운 시장 진입자는 틈새를 찾아 이미 성공한 경쟁자들이 경험하지 못한 전과는 다른 창의적 사고와 행태로 진입할 때, 존립과 교란이 가능해진다. 앞의 [그림 1-2]처럼 테크놀로지는 단지 자원 인프라가 아니고 플랫폼의

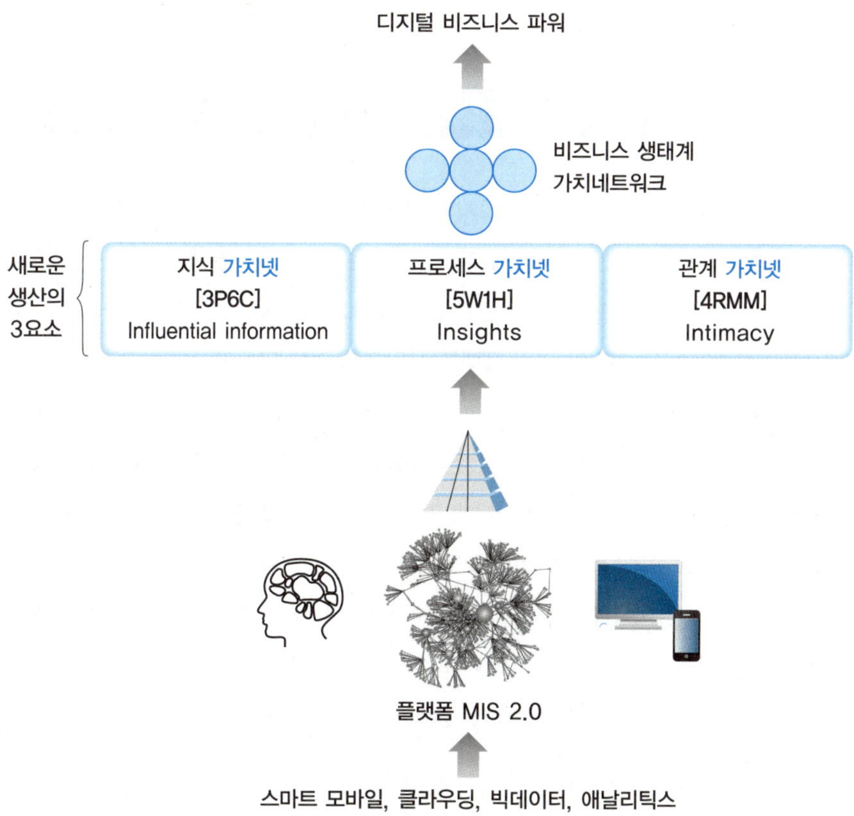

그림 1-3. MIS 2.0 디지털 비즈니스 파워

공유 기반의 역할을 하고, 엔터프라이즈는 비즈니스 생태계의 참여 역할을 하며, 가치 창출은 아이디어와 통찰력으로 창의적 지속 가능성 역할을 할 수 있어야 한다. 디지털 르네상스 시대의 도래와 함께 MIS의 새로운 역할이 기대되는 시점이다.

본서는 앞으로 MIS의 탄생, 진화, 트렌드를 핵심 이슈인 IT 이노베이션과 Biz 트랜스포메이션 시각에서 이야기하면서 최근의 Digital 디스럽션 이슈를 특히 제6장의 플랫폼 비즈니스, 제7장의 CIO의 비즈니스 모델링 역할, 제9장의 미래지향적 IT 투자의 비용-혜택 분석, 그리고 제14장의 디지털 혁신과 네트워킹을 통하여 이야기를 이어나가고자 한다.

정리하기

오늘날 전례 없는 급격한 디지털 테크놀로지의 발전으로 산업을 교란하는 비즈니스 모델 또는 개인의 욕구 충족도 가능하게 하는 공유경제 등 새로운 가치창출 경로를 이용하는 성공사례가 등장하고 있다. 이들은 엔터프라이즈의 범위를 넘어 Biz 생태계와 소통하고, 생태계의 구성원들(고객, 파트너 등)의 활동 기반인 열린 플랫폼을 인프라 위에 만들어 소통하고, 목표하는 가치 창출은 가치네트워크 내 파트너십으로 지속 가능하게 하고 있다. Apple, Google, Amazon, EBay 등의 디지털에 선도 진입한 초우량 성공기업도 있지만 최근엔 Uber, Facebook, Alibaba, Airbnb 등의 비즈니스 커뮤니티에 기반하여 빠르게 성장한 성공사례가 등장하고 있다. 그러나 American Airlines, Walmart, Dell 컴퓨터 등 전통적 기업의 IT 이노베이션을 통한 Biz 트랜스포메이션 노력을 인정하지 않을 수 없다. 하지만 창의적인 아이디어가 매력적인 비즈니스 모델을 만들어내는 과정이 비즈니스의 끝이 아니라 새로운 시작이며, 앞으로 논의할 디지털 시대에 맞는 새로운 리더십 문화가 존재하지 않는다면 지속 가능하지 않다는 것을 잊지 않아야 한다.

평가하기

➔ **제시된 문항의 빈칸(　　)을 채우거나, O/X 여부를 결정하세요.**

1. 최근에 출현하는 디지털 테크놀로지 유형으로는, 예를 들면 (　　), (　　), (　　) 등이 있다.
2. 교란적 비즈니스 성공사례로는 (　　), (　　), (　　) 등이 있다.
3. 디지털 IT의 영향력의 원천 중의 하나는 플랫폼 기반 구축이다. (O/X)
4. 비즈니스 생태계는 비즈니스 환경에서 구성원들이 서로 경쟁하는 모습을 뜻한다. (O/X)
5. IT경영과 MIS는 단어는 다르지만, 전자는 현상을 후자는 학문 영역을 의미하여 결국 같다고 할 수 있다. (O/X)

1.2 인류의 세 가지 정보처리장치 (Three Information Processors for Mankind)

[내 용]

- IT와 초우량 경영
- 초우량 성공 사례 : American Airlines
- 초경쟁 환경에서의 IT 패러다임의 변화
- 세 가지 유형의 정보처리장치(control technology)

[생각해 보기]

- 인류는 역사상 점점 더 복잡하게 발전해 온 환경을 어떻게 처리해 올 수 있었을까요?
- 경영정보학은 컴퓨터를 배우는 것일까요?
- 경영정보시스템을 배운 학생들은 주로 어느 분야에서 일하게 될까요?
- 경영정보시스템은 무엇을 학습하는 것이라고 말할 수 있을까요?

[목 표]

- 초우량 경영 환경의 필요성과 정보처리장치에 대한 이해
- 경영정보시스템(MIS)의 필요성과 학문적 변천과정

인류가 조성해 온 경영 환경은 인류 문명의 발전과 함께 사회가 발전할수록 더욱 복잡해지고 있다. 이에 대응하고 적응하기 위한 복잡성을 처리하기 위한 장치는 여러 가지 형태로 발전을 거듭해 왔다. 그러한 발전의 중심에 서 있는 분야가 MIS (Management Information System : 경영정보시스템)라고 생각한다. 여기서 다룰 두 개의 주제는 다음과 같다.

첫째, 'MIS의 필요성' 과 '정보처리장치' 에 대해 이해하는 것을 목표로 한다.

둘째, MIS의 개념이 어떻게 구성되어 왔고, 그동안 어떻게 변화해 왔는가에 대해 알아본다. 종합하면, '경영' , '정보' , '시스템' , 그리고 'MIS' 와 'MIS의 학문적인 변천과정' 에 관하여 이해하는 것을 목표로 한다.

[용 어]

가치사슬 (value chain)	경영활동을 세부적으로 분류한 것으로 서로 연동되어 부가가치를 만들어내는 기업활동을 분석하는 사고의 틀 먼저, 주 활동, 보조 활동으로 그리고 다시 세부 기능별로 분류를 하고 분석함. 산업별 또는 기업별로 특성 표현 가능. 초기에는 순차적 프로세스를 의미하였으나 요즘은 가치네트워크, 가치넷 등 다이내믹한 프로세스 특성을 뜻하는 새로운 단어로 발전됨
아웃소싱 (outsourcing)	외주 또는 위탁으로 업무를 처리하는 자원 조달 방식
얼라이언스 (alliance)	가치사슬에 대한 일종의 아웃소싱이지만 응집력이 강한 형태의 기업 간 전략적 제휴로 때로는 '적과의 동침' 도 가능함을 의미함
Informediary	정보를 중개하는 업종으로 'information + intermediary' 라는 복합어를 의미하며 e-business 시대 새로운 산업의 등장을 표현함

1.2.1 IT와 초우량 경영(IT & World-class Business)

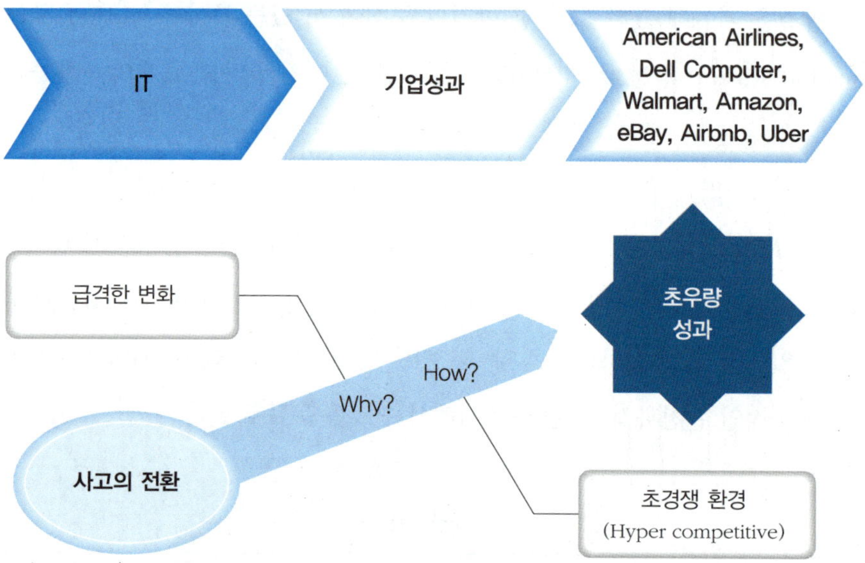

그림 1-4. IT로 초우량 경영을 향하여

인류가 가진 강력한 정보처리장치인 정보기술, 즉 'IT(Information Technology)'와 그 영향에 대해서 알아보자. 'IT(Information Technology)'는 컴퓨터, 통신, 저장에 관련된 기술, 그리고 이와 관련된 멀티미디어 기술을 총칭하는 것으로 이해할 수 있다.

세계의 많은 기업들 중 이런 정보기술을 남보다 먼저 폭넓게 활용하는 기업도 있고, 반면 그렇지 않은 기업도 있다. 세계 대다수의 경영학자와 경영인들이 '초우량 기업'의 예로 항공사 American Airlines, 컴퓨터 제조사 Dell, 대규모 유통사 Walmart, Google, Apple 그리고 변신을 거듭하는 Amazon을 이야기한다([그림 1-4] 참조).

이 기업들이 급변하는 기업환경과 소위 'hyper competitive'라는 '초경쟁' 환경에서 어떻게 그런 업적과 성장을 지속해 왔는지 생각하지 않을 수 없다. 이 기업들의 공통점은 '새로운 사고', 즉 'fresh thinking'을 통해서 정보기술을 경영 현장에 도입함으로써 초우량 성과의 성장과 업적을 달성하였다는 것이며, 그 결과들이 바로 여기서 논의하는 초우량 기업 성공사례들이다.

경영학자나 CEO들로부터 이노베이션과 트랜스포메이션을 통해 가장 성공한 기업, 그리고 성공을 지속하는 기업으로 인정받는 항공사 American Airlines 사례를 보자.

1.2.2 초우량 성공사례(World-class Performance)

초우량 기업 성공사례로 American Airlines의 예를 보면 그 안에서 다양한 e-business 시스템을 접할 수 있지만, 실제 e-business는 electronic-business만의 역사라고 하기엔 설명이 부족하며, off-line 활동에서 비롯된 성공이 online에서 지속된 성공사례라고 할 수 있다.

1968년 American Airlines는 세이버(SABRE)라는 비행기 좌석 예약정보시스템을 구축하였다. 초창기 시스템은 단순한 컴퓨터 예약정보시스템 또는 비행기 좌석 예약시스템이라고 할 수 있었으며, 사용자는 항공사 직원들이었다. 이후 여행자의 다양한 스케줄링을 담당하는 여행사의 travel agent들이 SABRE 시스템을 단말기를 통하여 접속하고 사용하게 되었다. 그 당시는 물론 인터넷 환경이 아니었으며 흔히 말하는 '전용선' 을 사용하였고, 이후 PC가 보급되면서 개인 여행자들도 SABRE 시스템을 통하여 직접 여행 관련 예약을 진행할 수 있게 된다.

CRS(Computerized Reservation System)라는 좌석예약시스템은 e-business의 발원이라고도 할 수 있고, 오늘날 경영정보시스템의 초기 형태라고도 할 수 있으며, 또한 전략정보시스템의 시초라고도 할 수 있을 만큼 여러 가지 관점에서 논의된다.

American Airlines의 CRS는 수백 대의 여객기와 수천 명의 고객 좌석을 추적하고, 예약을 대행하고 조회할 수 있는 기능을 갖추었으며, 이후 이 항공사는 CRS 시스템을 단순한 예약에만 활용한 것이 아니었다. 항공사는 업종의 특성상 여객기가 이륙한 후에는 탑승이 불가능하며, 빈 자리를 줄이기 위해 상시 가격, 즉 항공요금을 변화시킨다.

이처럼 'pricing' 을 위한 목적도 있었으며, 또한 여러 가지 마일리지 제도(또는 frequent flyer program)를 도입하여 탑승 횟수가 많은 고객에게 보너스나 무료 티켓 등의 혜택을 준다. 이와 같은 마일리지 제도의 도입도 American Airlines에서 처음 시작되었다.

이후 American Airlines는 CIS(Computerized Information System)를 이용하여 자사 외에도 타 항공사의 좌석예약을 대행하고 수수료 수입을 통해 매출을 증대시켰다. 나아가 항공사 예약 발권 시스템과 함께 여행사와 여행자들에게 여행 관련 정보를 제공하는 시스템으로 확장된다.

이와 같은 기능들은 1990년 전후로 시작되었고, 이후 다양하게 축적되어 있는 정보를 통해 여행객을 위한 호텔예약 대행, 여행지 렌터카 예약, 공연 티켓 예약, 기타 쇼핑과 같은 다양한 형태의 서비스를 지원하는 정보시스템(GDS : Global Distribution System)으로 확대되었다. 최근 사이버상에서 티켓팅을 할 경우에는 항공 티켓을 e-티켓 (electronic ticket)으로 발행하는 제도를 도입하였다.

GDS(Global Distribution System)는 유럽, 아메리카, 아시아 등의 대륙별로 관광정보를 제공하는 통합시스템으로 SABRE, AMADEUS, GALILEO, TOPAS, ABACUS 등이 있으며, 현재 대한항공은 TOPAS, 아시아나 항공은 ABACUS를 이용 중이다.

American Airlines는 어떻게 자사에 혁신 프로그램을 제도적으로 일관되게 도입하였고, 지난 40여 년 동안 지속적으로 진화하고 성장할 수 있었을까? 정보시스템을 구축하는 것도 중요하지만, 정보시스템을 어떻게 활용하는가는 더 중요하며, 나아가 정보시스템을 통하여 경쟁력을 유지한다는 것은 더욱 중요하다는 것이 우리에게 주는 교훈이라고 생각한다.

1.2.3 초경쟁 환경에서의 IT경영 패러다임의 변화 (IT Management Paradigm Change)

지금까지 내용은 IT 패러다임이 변화하고 있다는 것을 나타내며, '경쟁력의 확보' 중요성이 '경쟁력의 유지' 중요성이라는 측면으로의 패러다임 변화가 나타난다. '특정 분야에서 사회적으로 많은 사람들에게 통용되고 인정되고 있는 통념' 이라 할 수 있는 패러다임, 즉 소수 구성원의 주장이 아닌 대다수의 구성원들이 인정하고 수행하는 패러다임이 바뀌고 있다는 점이다. 여기서 언급되는 패러다임으로 이전의 '경쟁우위(competitive advantage)' 와 이후의 '민첩성(agility)' 이라는 개념을 비교해 볼 필요가 있다.

전자 [그림 1-5]는 전통적으로 물질적 자원을 이용하여 전략적 IT 응용시스템을 구축하고 기득권 유지를 위한 장벽을 만드는 반면, 후자 [그림 1-6]은 지식, 프로세스,

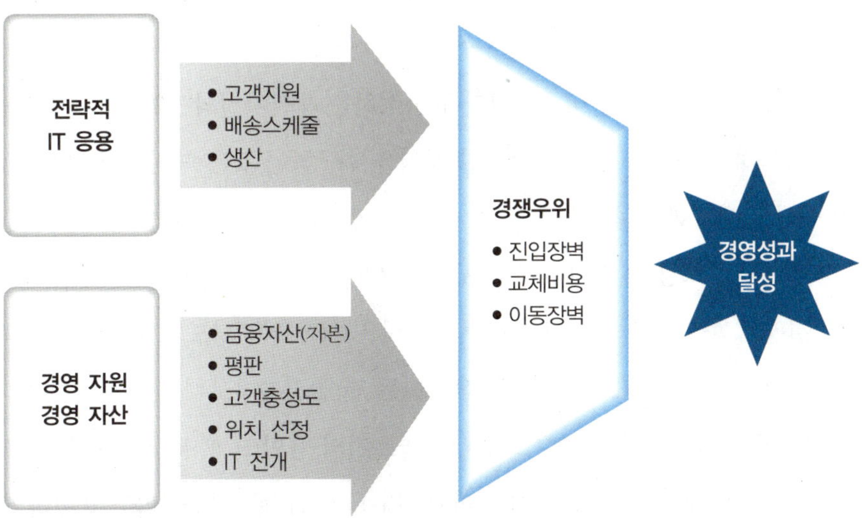

그림 1-5. Old 패러다임: 전통적 경영자원으로 경쟁우위 달성

그리고 관계 경영이라는 새로운 하이컨셉을 남보다 먼저 IT 이노베이션의 형태로 채택하여 비즈니스 트랜스포메이션을 실현하는 것이다. 이러한 사고의 전환은 생태계적으로 개방된 지식 창출, 다이내믹 프로세스, 비즈니스 관계형성이 초우량 성과를 만들 뿐만 아니라 지속하는 기반이 됨을 의미한다.

'안정적(static)' 이라는 단어와 이에 대비되는 '역동적(dynamic)' 이라는 단어가 있다. '경쟁과 변화환경에서 '안정성' 은 바람직한 것인가?' 라고 물으면 답은 yes일 수도 있고 no일 수도 있다.

경쟁에서는 안정성보다 '동적 안정성(dynamic stability)' 이 중요하다. 경쟁의 기동력 또는 민첩성(competitive agility)을 강조한 이유는 짧은 기간 동안 특정 시점에 있어서 안정성을 그대로 유지하는 상태는 마치 고인 물과 같기 때문이다. 깨끗한 물도 고여 있는 상태에서는 썩는 것처럼, 변화가 없는 경쟁력은 결국 경쟁열위에 놓이게 된다.

기업 현장에 새로운 개념과 이노베이션이 유입되고, 새로운 개념과 정보기술이 기존의 기술에 지속적으로 유입될 수 있으며, 특정 시점에 도입된 개념과 이노베이션이 착오 없이 안정적 시스템으로 운용될 수 있을 때, 그 기업의 경쟁력이 갖추어지고 생산 현장의 생산력이 지속적으로 유지될 수 있다. [그림 1-6]에서 보는 바와 같이 지식, 프로세스, 관계를 새로운 IT경영 패러다임을 구성하는 생산자원의 3요소(asset)로 인식하고, 협업을 통하여 민첩하고 지속 가능한 경영을 추구하는 것은 혁신적인 트랜스포메이션적 변화라고 생각한다(제2장 박스 'Time spent by work type' 참조).

구체적으로, [그림 1-5]에서 주요 자산으로서의 위치선정(positioning)은 비즈니스의 영역 결정의 중요성을 강조하나 [그림 1-6]은 시장 타켓팅도 중요하지만 지속적인 학습이 중요함을 말한다. 또한 어떠한 산업이든 간에 경쟁자보다 혁신적인 아이디어와 미래지향적이고 혁신적인 비즈니스와 테크놀로지의 융합(B-T 융합, 제13장 참조)으로 투자를 하는 것이 매우 중요하다. 이를 바로 'first moving' 역량이라고 표현하였다.

이와 함께 비즈니스 환경에 대한 빠른 민첩성(agility)도 중요한데, 학습에서 'first

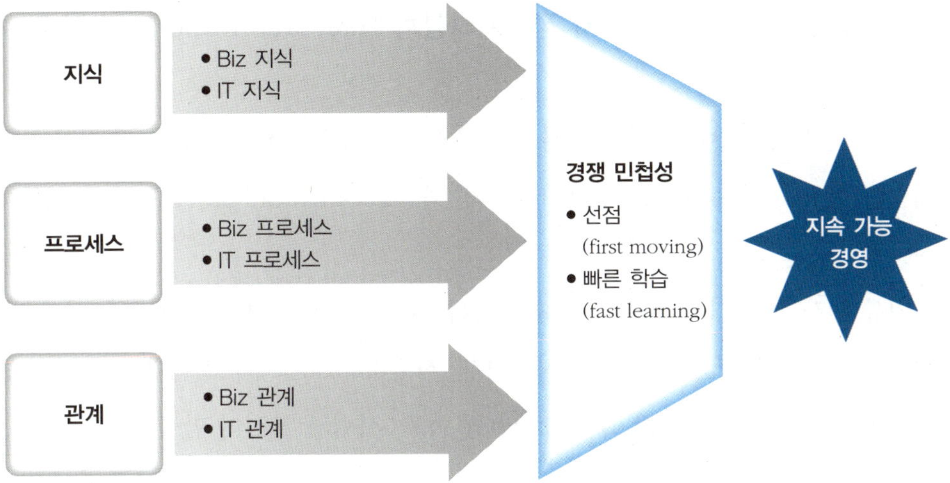

그림 1-6. New 패러다임 : B-T로 지식, 프로세스, 관계의 민첩성 차별화

moving' 과 'fast learning' 이 항상 이루어질 필요가 있다. 그러기 위해서는 파트너십(partnership), 제휴(alliance), 아웃소싱(outsourcing)과 인터넷이나 사이버 공간의 네트워크를 통한 새로운 제휴와 협력의 형태인 가치네트워킹(value networking)이 형성되어야 한다(제12장 아웃소싱 파트너링 참조). 즉, 가치창출을 독자적으로 수행하는 것보다 다양한 네트워킹과 파트너십을 통해서 참여자들이 함께 더 큰 역량으로 윈윈(win-win)할 수 있도록 가치를 창출하는 협업(collaboration)이 이루어져야 한다.

이와 같이 최근의 경영 현장은 다양한 IT와 미디어의 발전과 더불어 더욱 급격하게 변화하고 있으며 그 경영 패러다임 또한 변혁의 시점에 와 있다는 것을 이해하여야 한다.

1.2.4 인류가 가진 세 가지 정보처리장치(Three Information Processors)

오만 년간 지속되어 온 인류 역사에서 복잡성은 더욱 심화되어 왔고, 환경이 복잡해질수록 인류는 점차 새로운 정보처리장치, 즉 'information processor' 를 만들어 왔다.

인류가 가지고 있는 삼위일체적 정보처리장치는 크게 세 가지로 나뉠 수 있다. 천지창조로 하느님이 만들어낸 정보처리장치가 '사람(human)' 이라고 한다면, 사람이 만들어낸 정보처리장치는 '조직(organization)' 이고, 사람과 조직이 합심하여 만들어낸 정보처리장치를 '정보기술(information technology)' , 즉 IT라고 이해하면 무리가 없다([그림 1-7] 참조).

이미테이션 게임

24시간마다 바뀌는 암호 암호를 풀고 수백만의 목숨을 구한 천재 수학자 앨런 튜링

사상 최악의 위기에 처한 제2차 세계대전. 절대 해독이 불가능한 암호 '에니그마' 로 인해 연합군은 속수무책으로 당하게 된다.

독일군의 타자기처럼 생긴 에니그마에 암호를 입력하면 기계 안 회전체의 변환을 거쳐 글자가 출력되는데, 문제는 에니그마의 회전체 조합이 매일마다 바뀐다는 점이었다. 경우의 수는 셀 수 없이 많았고 24시간 내에 암호를 해독하지 못하면 해독은 다시 원점으로 돌아갔다.

천재 수학자였던 앨런 튜닝은 영국군의 암호 해독반에서 일하며 에니그마의 체계를 연구했다. 결국 각 분야의 수재들을 모아 기밀 프로젝트 암호 해독팀을 가동한다. 천재 수학자 앨런 튜링(베네딕트 컴버배치)은 암호 해독을 위한 특별한 기계를 발명하지만 24시간마다 바뀌는 완벽한 암호 체계 때문에 번번히 좌절했기 때문이다.

천재 수학자 앨런 튜링도 자신만만하게 이 비밀 프로젝트에 합류한다. 하지만 협업에 서툰 그는 규칙을 무시하며 독단적인 행동으로 동료들과 충돌하고, 좌충우돌의 시간 속에서 앨런 튜링은 자신을 따르는 조안 클락에게 마음의 문을 열게 된다. 그리고 그녀의 도움으로 동료들과 소통하며 암호해독기계 '크리스토퍼'를 만들게 된다. 하지만 암호 해독은 성공의 문턱에서 번번이 좌절되고 팀 역시 해체 위기를 맞이한다. 과연 앨런 튜링과 동료들은 암호해독에 성공하고 연합군의 승리를 이끌어 낼 수 있을까.

앨런 튜링이 만든 기계 "튜링 봄베'는 결국 독일군의 암호를 해독하는 데 성공한다. 나중엔 암호를 풀었다는 사실을 숨기기 위해 의도적으로 확률을 조작해야 했다.

앨런 튜닝은 인공지능의 아버지라고도 불린다. '이미테이션 게임(imitation game)'이라고 영화의 제목을 붙인 이유는 인간과 인간을 모방하는 기계를 가려내는 블라인드 테스트를 고안해 낸 것이 앨런 튜닝이기 때문이다. 인간 두 명과 기계 하나를 테스트 대상으로 한 연구에서 실험자는 질문을 통해 대화를 나누는데 기계와 인간을 구분할 수 없고, 혹은 기계가 인간으로 간주될 때 인공지능으로 인정한다. 아직까지 이미테이션 게임을 100% 통과한 인공지능은 없지만, 알게 모르게 인공지능은 우리 주위에서 빈번하고 쓰이고 있다. 애플의 Siri, 스팸분류 서비스, 구글포토, iTunes, 2016년 봄 이세돌 9단과 대결했던 알파고 역시 인공지능이다.

제2차 세계대전 중에 탄생한 이미테이션 게임은 현재까지 치열한 테스트를 거듭하고 있으며, IT 기업들은 저마다의 목적을 가지고 더 나은 인공지능 기술을 연구한다. 인공지능은 이제 스스로 글을 쓰고 그림을 그리는 수준으로 발전하고 있다. 사람의 얼굴을 구분하고 감정을 읽어내고 사람들이 좋아하는 음악 패턴을 찾아 작곡을 해내기도 한다. 개인의 일상이건 기업의 경영이건 인공지능 기술 그 자체보다 기술을 어떻게 일상과 비즈니스에 활용하느냐가 중요한 시점이라고 할 수 있다.

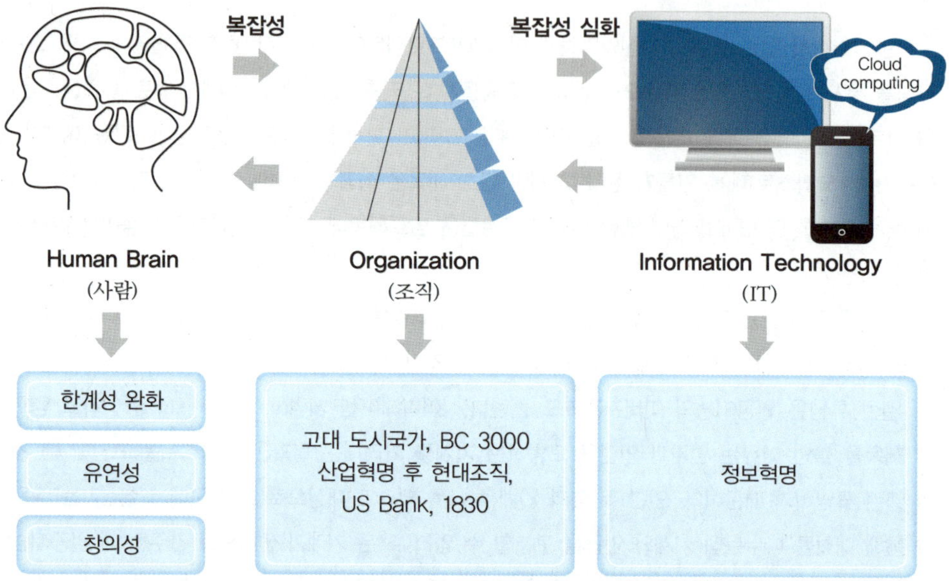

그림 1-7. 세 가지 유형의 정보처리장치

사람(개인, 전문가, 고객 등)은 많은 것을 느끼고 생각해 낼 수 있고, 학습능력과 유연성을 갖추고 있다. 하지만 사람은 신이 아닌 이상 그 능력에 있어서 한계가 있다. 신이 만들어 준 사람에게는 한계점이 존재하며 이는 크게 힘과 에너지의 물리적 능력에 따른 한계와 통계 처리나 정신적 능력에 따른 한계로 나뉜다. 이러한 한계를 극복할 수 있는 구성체가 바로 조직이다. 여러 사람들이 모여서 일을 처리하면 집단의 힘이 사고와 행동에서 발휘될 수 있다(예 : 중세의 길드조직과 산업혁명).

영화 '트로이' 의 배경은 약 3천 5백 년 전으로 거슬러 올라가는데, 조직의 가장 초기 형태가 트로이에 나타난 도시국가들이다. 메소포타미아, 이집트, 아테네 문명도 같은 형태로 이해될 수 있고, 그 후에 근대적이고 현대적인 조직은 1830년 산업혁명 당시의 형태로 역사적 관점에서 최근의 일이다. 이 두 가지가 인류가 가진 조직의 형태로서 산업혁명 이후에는 다양한 경영 현장에서 업무가 세분화, 전문화되어 나누어져 왔다.

산업혁명 당시 조직은 피라미드와 같은 형태로 작게 세분화되어 있었다. 하지만 오늘과 같은 경쟁환경에서 세분화된 조직은 경영활동을 위해 통합될 필요가 있다. 수직적 통합, 수평적 통합, 내부와 외부의 고객, 협력업체, 벤더(공급자) 그리고 컨설턴트와의 통합에 있어서 경영정보시스템의 역할이 부각되고 있다.

인류의 환경이 더욱 복잡해지자, 사람은 이번엔 정신적 한계를 극복하고자 하였으며, 그 결과가 컴퓨터 혁명이고 이는 IT 정보혁명의 시초가 된다. 처음에는 빠른 계산능력을 원했으며, 이후 문자 및 문서 처리, 음성 및 영상 처리, 웹, 그리고 최근엔 소셜 미디어 등으로 처리영역과 역량을 끝없이 넓혀간다. 기술적 네트워크는 조직을 네트워크 조직(networked organization)으로, 사람은 휴먼 네트워크로 실제 사회연결망의 모습을 재현하고 심지어 증강현실처럼 뛰어넘기까지 하는 실정이다. 즉, 정보통신기술(information technology)이 이젠 물리적, 정신적 나아가 시간적 한계를 모두 극복할 수 있게 해주는 세 번째 정보처리장치(information processor)가 된다.

지금까지 제시한 내용처럼 사람, 조직, 정보기술이라고 하는 세 가지 정보처리장치, 풀어서 표현하면 '복잡한 환경을 컨트롤하고자 하는 인류의 노력' 인 이 세 가지 처리장치 메커니즘을 어떠한 방식으로 결합하여야 체계적으로 적절하게 시스템화하여 인류의 환경 속 삶(개인, 기업, 사회)에 기여할 수 있는가를 탐구하는 것이 경영정보시스템(management information systems)의 핵심 영역이 된다.

정리하기

IT를 통한 성공과 성장을 위해서는 경영자들이 거래처리(transaction processing) 및 전략적 위치선정(strategic positioning)을 통한 타겟팅(targeting)뿐만 아니라 전략적인 학습능력(learning competency)을 갖추어야 한다. 여기에는 전통적인 물리적 자산, 즉 자원뿐 만 아니라 지적 자산인 지식(knowledge), 프로세스 이노베이션(process innovation), 눈에 보이지 않는 관계성을 통한 경영혁신(business innovation) 등이 오늘날 IT 및 미디어를 통해 활용되어야 할 대상이다. 그래야 웹 2.0을 바라다 보는 격변의 시대에 역동적이면서 동시에 안정적인 경영을 지속할 수 있게 되기 때문이다.

MIS는 인류가 가진 세 가지 정보처리장치인 사람, 조직, 정보기술을 업무에 맞게 적절하게 조율(mix & match)한다. 이것이 학문으로서 MIS가 기여하고자 하는 것이며, 기업의 업무란 복잡도가 다르기 때문에 시스템은 업무에 맞게 적절하게 차별화되어 설계되어야 하며, 이때 정보시스템의 '적절성'이라는 개념은 중요하게 다루어진다. 다음에서 MIS의 개념 탄생과 성장과정을 살펴보자.

평가하기

➔ 제시된 문항의 빈칸(　　)을 채우거나, O/X 여부를 결정하세요.

1. IT를 이용하여 가장 끊임없이 혁신과 변신을 이룩한 기업으로는 (　　)이 있다.
2. 인류가 가진 가장 최초의 정보처리장치는 (　　)이다.
3. 시스템의 인풋을 아웃풋으로 바꾸어 주는 장치를 (　　)이라고 한다.
4. 경영정보시스템은 IT를 이용하여 기업이나 조직의 기술혁신을 가능하게 해준다. (O/X)
5. 초경쟁 환경에서 IT가 기여해야 하는 것은 안정성과 위치선정(positioning) 전략이다. (O/X)

Chapter

2

the MIS의 시작

Chapter

2 the MIS의 시작

McKinsey가 말하는 성공 기업의 일(Work)에 투여하는 유형별 시간 분류

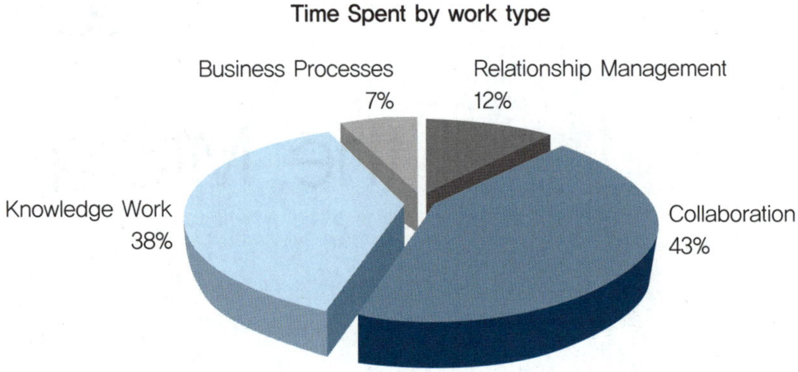

워크(Work) = **지식**(Knowledge) + **프로세스**(Process) + **관계**(Relationship) + **협업**(Collaboration)

McKinsey 리포트는 성공하는 기업의 경영활동에 관련된 투여 시간을 분석하여 그림과 같이 네 가지의 유형으로 분류하고, 각각 소요되는 시간을 비율로 나타내었다.

경영활동을 지식활동, 비즈니스 프로세스, 관계경영 그리고 협업으로 분류하는 것은 전통적인 기능별 수평적 분류나 계층적 수직적 분류와는 매우 다르게 보인다. 이들은 제1장의 [그림 1-5] 에서 비즈니스의 새로운 패러다임 역량으로 설명한 지식, 프로세스, 관계라는 세 개의 생산자산과 생각을 같이 하며, 지식경영과 관계경영이 프로세스 운영과 더불어 얼마나 가치창출에 중요하게 성공기업에서 다루어지고 있는지를 보여주고 있다. 이들 세 가지는 새로운 자산(asset)의 3요소가 됨을 앞장에서 설명하였으며, 위의 그림에 추가된 협업(collaboration)은 비즈니스 생태계 구성요소(고객, 파트너, 구성원)의 개방과 참여를 통한 협력(예: outsourcing, partnering)이 이들 3요소를 지원하는 새롭고 중요한 경쟁 기반이 되고 있음을 강조하고 있다.

각 구성요소가 차지하는 비율을 보았을 때, 기업 내부의 주요 가치창출 활동인 비즈니스 업무 프로세스 7%보다 지식경영 업무와 관계경영 업무가 각각 38%, 12%로 더 많으며, 협업 업무는 단독으로도 43%를 차지하고 있다. 이는 전통적인 경영 프로세스 영역 이외에 체계적인 지식관리와 가치사슬상의 전후방 혹은 사회적 이해관계에 있는 조직과의 관계관리와 협업의 비중이 그만큼 커졌다는 것을 의미한다. 이는 빙하에서와 같이 겉으로 보여지는 가치사슬 영역이 아닌 숨겨진 물밑 영역이 매우 큼을 보여준다.

과연 무엇이 이러한 변화를 가져오는가? 인터넷 기술과 문화가 개인적 차원을 뛰어넘어 기업 및 비즈니스 영역으로 파급되면서 기업의 직원과 외부 파트너, 고객이 함께 소셜 네트워크 서비스(SNS)와 개방형 플랫폼(open platform)을 이용해 기업경영과 가치창출에 참여하는 데에 기인한다.

이를 통해 도래되는 경영의 행태를 소위 '엔터프라이즈 2.0(Enterprise 2.0)'이라고 칭하며, 개방적이고 지속적인 참여(sustainable participation)와 공유를 기반으로 하여 기업의 가치창출에 기여하는 행태라 할 수 있다.

이로 말미암아 협업의 형태가 기존에는 정형화된 비즈니스 프로세스상 관련된 이해관계자인 타게팅된 특정 고객이나 협력업체와의 한정된 협업이었다면, 최근에는 모든 고객과 관련 업체들이 참여 가능한 참여 중심의 협업 형태로 변화하고 있다.

구체적으로, 국내 유수 기업들이 사내/사외 SNS를 구축하고, 폐쇄적이었던 private cloud 영역을 public cloud와의 중간 형태인 hybrid cloud 형태로 구현 중에 있으며, 사내 지식뿐만 아니라 사회적인 지식까지, 사내 관계뿐만 아니라 사회적 관계까지 기업경영에 활용하기 위해 분주하다.

개방적(open)이고 지속 가능한(sustainable) 참여(participatory)와 공유 중심의 Enterprise 2.0의 구성과 전략적 활용이 기업의 가치를 높이는 데 중요한 영역임을 알 수 있고, 파이차트에서 보여지는 부문별 시간 소요는 그 행태를 잘 보여주는 결과라 할 수 있다.

출처: McKinsey report (2010)

2.1 MIS의 개념과 변천(MIS Concept & Change)

[내 용]

- 경영, 정보, 그리고 시스템
- MIS의 탄생과 관련 분야
- MIS의 변천

[목 표]

- 경영, 정보, 시스템 개념의 이해
- 경영정보시스템의 이해
- 경영정보시스템의 학문적 변천과정 이해

[용 어]

시스템(system)	일련의 공통 목표를 가지고 있는 구성요소들의 집단. 개념이나 물질 구조 모두 표현 가능
인풋(input)	시스템의 구성요소로 외부로부터 시스템 내부로 들어오는 여러 가지 인적/물적 자원 또는 데이터 자료
프로세스(process)	시스템의 구성요소로 인풋을 아웃풋으로 바꾸어 주는 과정이나 절차
아웃풋(output)	시스템의 구성요소로 시스템 내에서 처리된 결과가 외부로 전달되는 가공된 형태의 자원 또는 정보
경계(boundary)	시스템의 내부와 외부를, 즉 환경으로부터 분리시켜 주는 경계
인터페이스(interface)	시스템의 경계에서 외부와 만나는 접점이나 접점에서의 활동 예 : 컴퓨터 모니터, 키보드, 기업의 콜 센터, 티켓링크, 창구, 온라인 주문 화면

먼저 MIS의 개념과 변천에 이어서 '경영', '정보', '시스템' 에 대해 개념적으로 이해한다. 이후 '경영', '정보', '시스템' 이 유기적으로 연계되어 있는 체계인 경영정보시스템에 대해 종합적으로 이해하고, 경영정보시스템이 학문적으로 어떻게 정립되었으며, 어떠한 변천과정을 거쳐왔는지 이해하는 것을 목적으로 한다.

2.1.1 경영(Business Administration)

경영학은 매우 복합적인 학문으로 사회학, 교육학, 심리학, 컴퓨터공학, 산업공학과 같이 다양한 외부 분야와 학문적으로 연계되어 있다. '경영' 이 결과적으로 무엇을 추구하는 것인지를 이해하려면 '가치창출' 이라는 개념을 먼저 생각해 보자.

경영학에 대한 일반적인 이해와 내용은 경영학원론이나 경영의 주요 기능별로 세분화된 과목에서 이미 드러난다. 경영활동은 '가치창출을 위해 순환적으로 이루어지는 일련의 행위' 라 할 수 있다. 어떠한 활동은 본원적이거나 직접적으로 경영 현장에 매우 밀접하게 관련되어 있고, 간접적이거나 보조적인 성격의 행위들이기도 하다. [그림 2-1]은 경영활동의 분류방식을 나타낸다. 일반적으로 경영학원론에서 제시된 경영활동을 분류할 때, 피라미드 경영활동 구조는 계층적으로 '수직적 분류' 가 되기도 한다.

먼저, 수직적 분류의 개념으로 목표 설정 '계획', 계획의 일관된 '실행', 그리고 실행한 결과와 계획했던 목표를 비교 · 검토하는 '관리' 또는 '통제(컨트롤)' 의 세 가지로 나뉜다. 경영학자들은 '계획' 을 Strategic planning(전략적 계획), '실행' 을 Operation(실제 업무에 대한 처리, 운용 등)으로 '관리' 를 Management Control이라는 단어로 표현하고 있다. 이와 같이 경영을 세 계층으로 나누는 이유는 계획을 통해서 활동과 작업에 대한 목표를 설정하고, 설정한 계획에 일관되게 행동이 이루어지며, 행동의 결과로 실질적인 성과가 나타나 목표관리 사이클을 형성하기 때문이다. 이때 계획했던 성과(planned performance)와 실질적인 성과(actual performance)가 일치된다면 문제가 없지만, 인간행위의 결과인 실질적 성과가 계획된 목표와 항상 일치될 수 없으며 차이, 즉 격차가 존재할 수밖에 없다. 경영활동에 있어서 격차를 어떻게 최소화할 수 있겠는가? 물론 실질적인 성과가 계획했던 성과보다 큰 긍정적 격차는 크게 문제되지 않는다. 하지만 부정적 격차의 경우, 구체적으로 실질적인 성과가 계획했던 성과에 미치지 못할 때는 경영에 문제가 있다고 판단될 수 있으며, 이 격차를 해소하거나 목표를 달성하기 위해 선택적으로 IT라고 하는 정보기술을 활용하고자 하는 일련의 활동이 경영정보시스템의 목표가 될 수 있다.

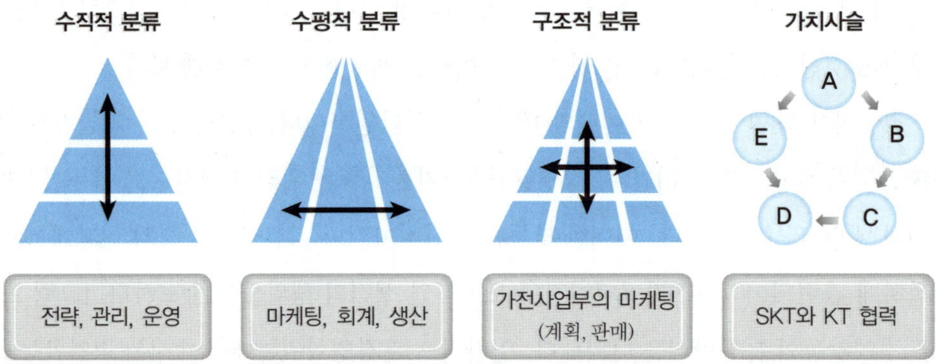

그림 2-1. 경영활동의 분류형태

[그림 2-1]에서 경영활동은 이번엔 기능적으로 '수평적 분류' 가 되기도 한다. 구체적으로 경영활동을 회계, 생산, 마케팅, 구매, R&D, 인포메이션 시스템(MIS) 등 여러 가지 형태의 경영기능으로 분류하는 것을 말한다. 특히 수평적 분류에 있어서 information system(혹은 MIS)은 경영기능에 있어서 하나의 툴, 하나의 도구로서 이해될 수 있다. MIS를 단지 툴(도구)이라고 단정짓기는 힘들지만 전통적인 개념으로는 툴로 이해되고 논의되어 왔다.

하지만 오늘날 MIS가 그동안의 진화과정을 거쳐 단순한 툴뿐만 아니라 새로운 가치, 새로운 산업, 새로운 서비스, 새로운 제품을 창출하는 특정의 기능적인 역할을 한다는 점이 경영 패러다임의 변화이다. 시스템으로서의 MIS는 단지 MIS 스스로 존재하거나 완성되는 것이 아니다. IT는 경영활동과 접목되어 두 가지 시너지 효과를 발휘할 수 있을 때 힘을 얻게 된다. 예를 들어 디자인을 하는 사람이 활용할 수 있는 소프트웨어 도구가 있다고 하면 디자인하는 데 걸리는 시간과 노력 그리고 비용을 단축시킬 수 있다. 또한 소비자가 부엌 가구를 구매할 때, 본인의 집에 가장 이상적인 설계를 하여 담당 제조업체에 연락하면, 담당자는 집으로 방문하고 노트북을 이용하여 집의 구조에 맞는 다양한 형태의 시스템을 설계하고 제시해 줄 것이다. 구체적으로, 설계자는 A, B, C라는 여러 가지 종류의 대안을 제시할 것이고 소비자는 대안에 따른 가격과 모양 등을 살펴보고 가장 적절한 것을 선택할 수 있다. 이와 같이 고객의 입장과 판매자의 입장에서 보더라도 특정 툴(도구)이 있을 때 보다 큰 만족과 서비스를 제공하고 제공받을 수 있다. 이때 인포메이션 시스템은 사용하면 도움을 주는 툴로서 기능을 분명히 가지고 있음을 알 수 있다.

수직적 · 수평적 분류와 함께 MIS에 중요한 또 다른 분류의 개념은 업무 내용의 '구조화' 정도 분류이다. 경영활동에 관련된 여러 가지 업무를 시스템 관점에서 보면 수직적 · 수평적 분류보다 '구조적 분류' 가 더욱 의미 있다. 구조적인 분류를 통해 업무를 분할하거나 분류할 때, '구조적 업무' 그리고 '비구조적 업무' 또는 '반구조적 업무' 로 나누어 볼 수 있는데 이와 같은 분류방법이 경영정보시스템에서 더욱 의미가 있다. 보통 MIS를 언급하면 '일종의 컴퓨터와 소프트웨어와 데이터 기반' 의 개념이 연상되는데 이 컴퓨터 시스템이 다양한 업무에 적용된다. 만일 특정 소프트웨어가 업무에 적용되지 않고 그저 IT 제공자의 기반 위에 전시된 하나의 패키지라면 이는 경영에 아무런 가치를 창출하지 못한다. 따라서 툴이나 솔루션(solution, 간단한 특정 목적의 소프트웨어) 또는 패키지, 소프트웨어 등은 경영활동 업무와 구체적으로 통합되거나 적용되어야 한다. 그런데 이때 적용의 대상이 얼마만큼 복잡한지에 따라 소프트웨어 또는 컴퓨팅 시스템의 복잡도도 달라진다. 예로 든 부엌 가구회사 직원이 가구를 디자인한다는 것은 디자인이라는 단어가 의미하듯 다양한 조건(예산, 스페이스 등)에 따라, 즉 유연성과 창의성이 발휘되어야 하는 정형화가 되지 않은 업무이다.

가구 디자인 업무는 디자인 개념과 예술적인 개념과 활동의 편의성 등의 개념이 복합적으로 연계되어 있기 때문이다. 하지만 일반적으로 직장에서 전형적으로 정형화된 업무라 하면, '일한 시간 × 시간당 임률' 에서 세금을 빼고 나머지를 임금이나 월 급여의 형태로 계산하는 것은 아주 단순한 일이다. 이와 같이 다양한 업무들은 구조적, 비구조적 혹은 반구조적 업무의 유형으로 나눠볼 수 있는데, 업무 자체가 복잡하면 시스템도 복잡해지기 때문에 경영정보시스템을 설계하고 분석하는 데 있어서 매우 중요한 의미를 가지고 있다.

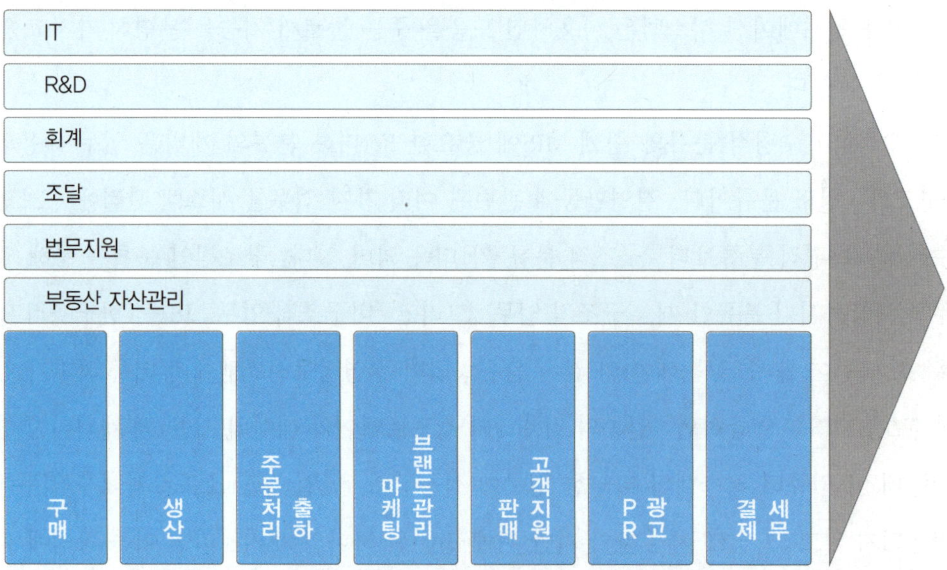

그림 2-2. 생산 유통산업의 가치사슬

경영의 업무를 분류하는 데 있어서 '가치사슬' 이라는 용어를 사용하였고 앞으로도 자주 접하게 된다([그림 2-2] 참조). 가치사슬은 가치가 여러 가지 형태로 연계되어 있다는 의미이다. 예를 들면, 일반적인 제조기업이나 상기업에서 경영활동은 '원재료/부재료(raw material)' 를 외부로부터 매입하여 잘 조합하고 통합하여 마진(이익)을 붙여 소비자에게 판매하게 되며, 이때 여러 가지 경영활동은 그 하나하나가 가치를 창출해 내는 행위이다. 가치사슬은 이와 같이 사슬 형태로 이어진 경영활동의 결과가 부수적인 마진(이익)을 가져온다는 개별적 업무 프로세스의 특성과 연계성을 표현하고 있다.

2.1.2 정보(Information)

정보에 대하여 언급하기 전에, 유사하게 인지되지만 차이가 있는 개념인 '데이터' 에 대해서 알아보자, '데이터' 는 보통 '거래에 관련된 기록(recording)' 이다. 물건을 사고, 현금을 사용하고, 새로운 사람을 직원으로 채용할 때 기록을 남길 필요가 있다.

물론 거래의 양이 아주 적은 판매 현장의 경우 현장 담당자의 기억 속에 남겠지만, 조직이 기업의 형태로 커지고, 사업이 다각화되어 복잡해지고 오랜 동안 기업 경영을 지속할수록 많은 양의 기록이 남게 된다([그림 2-3] 참조). 많은 양의 데이터를 사람의 기억, 수첩, 또는 장부에 기록한다는 것은 매우 어렵다. 이때 데이터가 가지고 있는 내용을 '이벤트(event)' 라 하는데 이는 '수많은 경영가치의 교환이 이루어지는, 즉 거래 성향을 가지고 있는 행위' 라 한다.

이러한 데이터를 관리하는 것의 주안점은 결과적으로 '자동화' 이다. 수많은 거래 기록을 어떻게 하면 보다 자동화하여 정확하고 빠르게 장부 혹은 컴퓨터 메모리에 저장할 수 있겠는가. 그것이 데이터 관리 또는 자료관리에 있어서 추구하는 바이다. 각각의 거래기록이 한 장 한 장의 벽돌(building block)과 같이 쌓이면 하나의 파일(file)이 구성되고 DB, 즉 데이터베이스(database)가 구축된다. 이때 데이터를 제품에 비유한다면

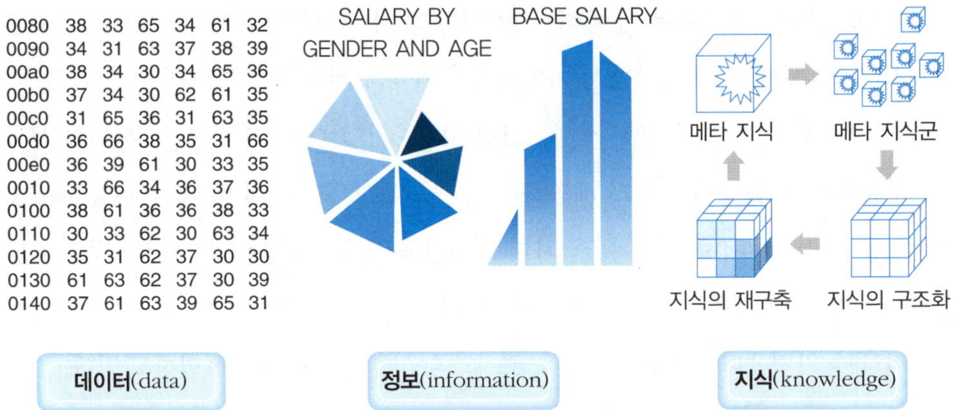

그림 2-3. 데이터, 정보, 지식

제품의 원재료와 같은 성격을 가진다. 반면, 정보(information)는 '의사결정에 도움을 주는 의미 있는 데이터' 이다. 정보는 정의에서처럼 데이터가 없이는 만들어질 수 없다. 즉, 데이터를 경영활동에 유용한 혹은 유의한 형태로 가공한다거나 적절하게 표현한 것을 '정보' 라 한다.

예를 들어 아이가 공부를 잘하고 있는데 얼마만큼 잘하고 있는지를 판단하려는 경우, 때에 따라 잘할 때도 있고 못할 때도 있고 시험의 성적이 올라가기도 하고 내려가기도 하지만 전체적으로 봤을 때 아이의 성적이 증가하고 있는 것인지 그대로인지 혹은 내려가고 있는지 판단할 필요가 있으며, 또는 주식시장에서 관심을 가지고 있는 투자 종목의 주가가 등락을 반복할 때 결과적으로 올라가는 추세인지 내려가는 추세인지를 숫자만 봐서는 쉽게 판단할 수 없다. 그럴 경우 그래프(graph)의 형태로 패턴을 시각화한다면 등락과 추세를 쉽게 판단할 수 있다. 이와 같은 데이터의 가공을 통해 판단을 보다 쉽게 할 수 있다.

따라서 정보는 적절한 수단, 툴을 이용하여 때에 따라서는 테이블(table)이나 파이형(pie), 막대형(bar), 추세형(trend) 등의 다양한 그래프의 유형으로 표현한다. 예를 들어 특정 매월이나 매년의 구체적인 경영성과 지표를 보고자 할 경우에는 테이블(table)

형태로 보는 것이 판단에 유용할 것이다. 여러 가지 형태로 데이터의 가공이 이루어진다면 앞에서 언급한 인류의 세 가지 정보처리장치 중 하나인 사람의 처리능력 한계를 극복할 수 있다. 정보를 생성할 수 있는 장치가 정보처리장치이며, 정보처리장치는 결과적으로 데이터를 가공하여 정보라는 제품을 제공해 준다. 따라서 정보시스템은 일종의 공장이고 가공 전의 재료가 데이터이고 생산되는 제품이 정보(information)라고 비유해 볼 수 있다. 이때 정보가 생성되어 전달되는 대상은 경영자 혹은 관리자, 즉 의사결정자이며, 정보시스템을 통해 '처리(processing)' 또는 '가공(manipulation)' 된 후 판단과 의사결정 역할을 사람이 담당하게 된다. 결과적으로 정보는 의사결정 환경에서 사람(경영의사결정자)의 판단을 도와주는 기능을 담당한다고 이해할 수 있다.

'정보' 는 어떻게 의사결정에 도움을 줄까? 정보의 가치 혹은 역할이라 할 수 있는 이 질문의 답은 '불확실성의 감소' 라 할 수 있다. 경영 환경에서 사장, 경영자, 관리자가 겪는 예로 "내가 특정 제품을 출시하면 소비자와 고객이 어떠한 반응을 보일까?" 하는 의사결정 상황에 불확실성이 존재한다. 다른 예로 "특정 상황에 자사 상품의 가격을 내렸을 때, 경쟁사가 가격을 따라서 내릴까, 내리지 않을까?" 하는 의사결정의 상황에 불확실성이 존재한다. 이때 경쟁사나 고객의 과거 행태(행동하는 패턴)를 이해하고 있다면 의사결정의 불확실성이 감소한다.

이와 같이 과거의 행동양식, 행동 방향을 분석하여 그들의 행태를 이해하는 방법을 통해 고객에 대한 정보를 파악하고, 경쟁사들의 가격에 대한 민감도를 정보로써 추출하여 이를 이해한다면, 의사결정자로서 불확실성은 줄어들고, 의사결정에 있어서 자신감을 가지게 된다. 이것이 바로 경영정보시스템의 역할이라고 할 수 있다.

더불어 '지식(knowledge)' 에 대해서 간단히 정리하면(제5장에서 집중적으로 설명함) '정보' 라는 용어와 상당히 유사하다. 뉴스 미디어를 통해 '정보화 사회' , '지식사회' , '지식정보사회' 등의 용어를 자주 듣는다. 이와 같이 지식과 정보를 혼용하는 이유는 유사점이 매우 크기 때문이다. 정보와 달리 지식은 정보가 상당히 체계화되어 활용하는 데 있어서 주저함이 없다는 차이가 있다. 〈표 2-1〉은 데이터, 정보, 지식의 특성을 비교해 보여준다.

표 2-1. 데이터, 정보, 지식의 비교

	데이터	정보	지식
내용	이벤트 중심	트렌드 중심	행동 중심
업무	거래내역	패턴 파악	학습
방법	표현	가공	체계화
사람의 역할	관찰	판단	경험
처리 기능	자동화	의사결정	실행
효과	거래 내역	불확실성 감소	새로운 경험

즉, 데이터 또는 정보가 가공되어 의사결정자에게 유용하게 정보화되는 과정에서 반영되지 않은 여러 가지의 주변 조건, 여건, 상황에 대한 것을 종합적으로 판단할 때, 지식은 경영정보시스템을 통해 확보된 정보가 어떻게 즉각적인 행동으로 이어질 수 있는지 혹은 액션화될 수 있는지에 초점을 맞추고 있다. 따라서 데이터나 정보 수준보다 더욱 설득력을 가지고 즉각적으로 의사결정에 활용될 수 있는 영향력을 주는 체계화된 영향력 있는 정보(influential information)를 본서는 지식이라고 새롭게 이해하여 제5장 지식경영(knowledge management)에서 상세히 다루고자 한다.

2.1.3 시스템(System)

'경영' 과 '정보' 에 관한 설명에서 이 둘은 서로 다른 영역이라기보다는 유기적으로 상호 연관되어 활용될 때 경영활동에 도움을 줄 수 있음을 언급했다. 그렇다면 다양한 매체를 통해서 언급되는 '시스템' 이라는 용어는 어떤 의미를 가질까? 다양한 분야에서 '시스템' 이라는 용어를 붙여도 이상한 경우가 별로 없다. 그만큼 시스템이라고 하는 용어가 보편화되고 있는데, 이 시스템의 특징을 살펴보면 크게 두 가지가 있다.

먼저 시스템은 그 내부에 여러 가지 요소들로 구성되어 있다. 요소들이 모여 있는 이유는 그 구성요소들이 공통의 목적을 가지고 있기 때문이다. 요약하면 시스템은 공통의 목적을 지닌 구성요소들의 집합이라고 할 수 있고, '시스템' 의 정의는 'a set of elements which work together to accomplish a common goal' 이다. 동상이몽처럼 같이 모여 있지만 다른 생각을 하고 있는 형태가 아니라 공통의 목적, 즉 'common goal' 을 서로 잘 인지하고 있는 형태이다. 그렇기 때문에 조직 내, 특히 기업 내 많은 사람들이 그 조직에 몸담고 일을 하며, 많은 협력업체들이 그 기업과 함께 거래를 하게 된다.

이와 같은 공통된 목적은 아무런 구성요소 없이 달성될 수는 없다. 항상 자원이 있을 때 그 자원을 이용하여 일을 할 수 있고, 제품을 만들어낼 수 있다. 즉, 여러 가지 '구성요소들(elements)' 이 있어야 한다. 구성요소들이 모두 조직의 공통된 목적을 이해하고 있기 때문에 그 조직에 구성요소들로 존재할 수 있다. 이때 이러한 조직을 시스템이라고 일컫는다.

예를 들면, 한국외국어대학교라는 시스템 내부에서는 학생, 교수, 여러 시설(도서자원, 컴퓨터 등), 사명이나 목적(세계화, 국제화 시대 인력양상이라는 mission이나 goal 존재)이 유기적으로 활용되고 있다. 따라서 한국외국어대학교는 시스템이다. 사이버 대학이라는 하나의 제도도 하나의 시스템이다. 즉, 시스템은 때에 따라서 개념적인 것을 일컫기도 하고, 때로는 물리적인 것을 일컫기도 한다.

물리적인 시스템을 예로 들면, 컴퓨터 시스템 내부에 처리장치, 저장장치가 있고 그것들은 유기적으로 정보처리(information processing)라는 특정의 목적을 위해 존재하고 있다. 이외에도 다양한 시스템의 형태를 생각해 볼 수 있다. 이러한 공통의 목적을 가진 구성요소의 집합인 시스템을 이해할 때에는 몇 가지 속성을 이해할 필요가 있다.

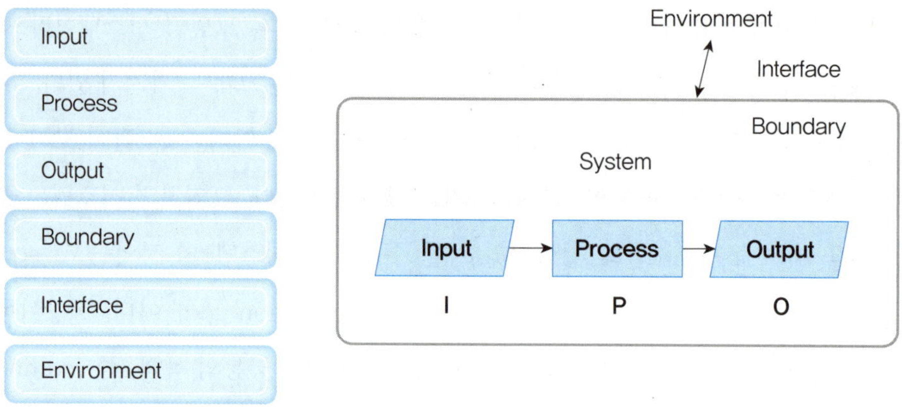

그림 2-4. 시스템의 구성요소

보통 "시스템의 구성요소가 무엇입니까?" 라는 질문에 'input, process, output으로 구성되어 있는 일련의 집합체' 라고 답한다. 시스템의 가장 기본적인 구성요소가 input, process, output이고, 시스템을 도식화나 형상화할 때 input, process, output을 [그림 2-4]와 같은 형태로 나타내기도 한다.

'process' 는 직사각형의 형태로 그리고, input과 output은 평행사변형으로 프로세스의 앞뒤에 위치시킨다. 이렇게 볼 때 왼쪽에 있는 첫 평행사변형이 인풋, 그다음의 직사각형이 프로세스, 그다음에 나오는 평행사변형이 아웃풋이다. 각각은 I, P, O로 기록하며 IPO로 간략하게 의사소통을 하기도 한다. IPO와 같은 시스템의 구성요소와 함께 boundary는 input에서 output이 묶여 있는 범위를 뜻한다. 경계(boundary) 내부에 존재하는 구성요소는 시스템 구성요소이고 경계 밖에 존재하는 구성요소는 시스템 구성요소가 아니다. 따라서 'boundary' 는 시스템과 시스템이 존재하는 환경을 분리해주는 경계선이라고 이해될 수 있다.

경계선은 '안' 과 '밖' 이 있음을 의미하며 '안' 이 시스템이고, '밖' 이 환경이다. 즉, 내부에 있으면 시스템, 밖에 존재하면 환경이다. 접점(interface)는 시스템과 환경의 중간 부분에 존재하는 것으로, 예를 들면 PC의 모니터, 키보드는 사용자와 시스템, 환경과 시스템을 연결해 주는 구성요소인 접점라고 할 수 있다. 이외에도 병원과 사회적 환경을 구분할 때, 병원을 시스템으로 이해한다면 응급실과 접수처와 같은 곳은 접점 또는 인터페이스가 될 수 있다.

'서브시스템(subsystem, 하위시스템)' 은 시스템 구성요소 중 중요한 부분으로 시스템 내부에 존재하고 있는 하위의 구성요소들을 총칭할 때 사용하는 용어이다. 컴퓨터에서 처리장치, 저장장치는 컴퓨터 내부에 존재하기 때문에 각 요소들을 총칭할 때 서브시스템이라 하며 '서브' 는 '하위' 라는 의미로 시스템과 연결하여 '하위시스템' 이라고도 표현한다. 서브시스템 개념의 예로 한국외국어대학교 내부에 존재하는 서브시스템은 대학, 행정부서, 지원부서, 도서관, 동아리와 같은 각각의 구성요소이며, 그 하위에 또 다른 서브시스템이 존재한다.

서브시스템이 하위시스템이라면 '수퍼시스템' 은 상위의 시스템이다. 사립대학교 위의 사립대학교 연합회와 같이 상위에 존재하는 각각의 시스템을 모두 '수퍼시스템(상위시스템)' 이라고 할 수 있다. 경영정보시스템을 이해하기 위해서 시스템이 무엇이고 그 구성요소가 무엇인지 그리고 인풋, 아웃풋, 프로세스, 경계, 접점, 하위시스템, 상위시스템이라는 용어를 이해함으로써 '시스템' 을 개념적으로 정리하였다.

2.1.4 MIS(Management Information Systems) 학문의 등장 연혁

MIS라는 학문분야를 살펴볼 때, MIS가 어떻게 경영학계에 등장하게 되었는지 그리고 그 탄생과 연혁 그리고 관련 학문 분야는 무엇이며, 관련 분야와 MIS의 차이점은 무엇인지 살펴보자.

MIS의 학문적 탄생지는 미국이다. 지도상 미국 중부에 위치한 오대호 옆의 미네소타대학(Minnesota Univ.), 그리고 서부 애리조나대학(Arizona Univ.)을 그 탄생지라 볼 수 있다. 두 대학에서 지금으로부터 약 40년 전 1970년대 초 경영학의 새로운 분야로

MIS, 즉 경영정보시스템 분야가 탄생하게 된다. 실무적 측면에서 본다면 일찍이 컴퓨터가 기업에서 활용되기 시작한 1955년 GE의 인사급여시스템 및 회계시스템을 중심으로 한 응용시스템(application system) 도입을 최초의 산업적 경영정보시스템 활용 시점이라고 말할 수 있겠다. 이를 MIS가 태동하게 된 시대적 연혁이라 할 수 있다.

이후 미국 동부 보스턴 지역에 소재한 저명한 MIT와 하버드(Harvard) 대학에서 MIS는 각기 다른 명칭으로 사용되며 발전하게 된다. MIT는 Decision Support Systems(DSS)라는 명칭을 사용하며 앞에서 설명한 바와 같이 DB 대신 모델링을 강조하였고, 하버드는 Information Systems(IS)라는 약칭으로 MIS 전략을 강조하며 경영정보시스템의 학문적 변화와 발전이 일어나게 된다. 그 후, 인디애나 대학(Indiana Univ.)과 노스캐롤라이나 대학(North Carolina Univ) 등에서 MIS가 점차 학문적 분야로 미국 전역과 북유럽에 확산되어 나타나게 된다. 그러나 초기의 많은 대학의 MIS 과정은 한동안 이해와 교수진의 부족으로 자리를 제대로 잡지 못하고 주로 기술적(예: 프로그래밍, 시뮬레이션, 인공지능) 내용에 머물거나 치우치는 과정을 겪기도 하였다.

한국의 경우는 지금으로부터 약 30여 년 전 1984년 최초로 한국외국어대에 그리고 국민대, 동국대에 경영정보시스템 명칭 관련 학과가 설립되기 시작하였으며, 1987년 말에 박사학위 분야가 국내에서 최초로 한국외국어대에 개설되었다. 그 후, IT의 급속한 발전과 파괴력은 MIS를 경영학 이외의 타 학문 분야, 예를 들면 행정학, 산업공학, 통계학, 도서관학에 스며들게 하였다. 미국이나 한국 각 대학에서 MIS학과의 명칭을 선택하는 것은 자유이다. 심지어 요즘 미국의 각 경영대학들은 명칭에서 '경영' 자 대신 기금을 많이 낸 사람의 이름을 대신 넣어 명명하는 추세이다. 한국외국어대는 교육부의 발전적 융합 요구로 '비즈니스(B)-테크놀로지(T)' 의 명칭을 사용하기로 하였으나 여전히 학문적 분야로서의 분류로 보면 미국에서도 우리 학술연구재단에서도 산업계에서도 'MIS' 는 MIS이고 이는 통용되는 공식 명칭이다.

경영학 자체가 여러 학문 분야(예: 사회학, 심리학, 통계학)와 관련성을 가지고 있는 것처럼, MIS도 다양한 분야와 관련성을 가지고 있다([그림 2-5] 참조). MIS 탄생에 영향을 미친 주된 분야는 컴퓨터공학, 관리회계, 계량경영이라고 할 수 있으며, 그 후 MIS가 진화됨에 따라 점차 영역이 확장되어 오늘날 그 핵심으로 떠오른 분야로는 이노베이션(innovation), 지식경영(knowledge management), e비즈니스와 트랜스포메이션(transformation), 조직생태학(organization ecology)이다. 먼저, 그 탄생 관련 분야들의 차이점을 아래에서 간략히 비교해 보고, 핵심 진화 분야와 트렌드 이슈 분야는 [그림 2-5]에서 보여주는 바와 같이 각각 별도의 장(제4장, 제5장, 제6장, 제11장, 제13장, 제14장)으로 구성하여 보다 상세히 파악해 보기로 한다.

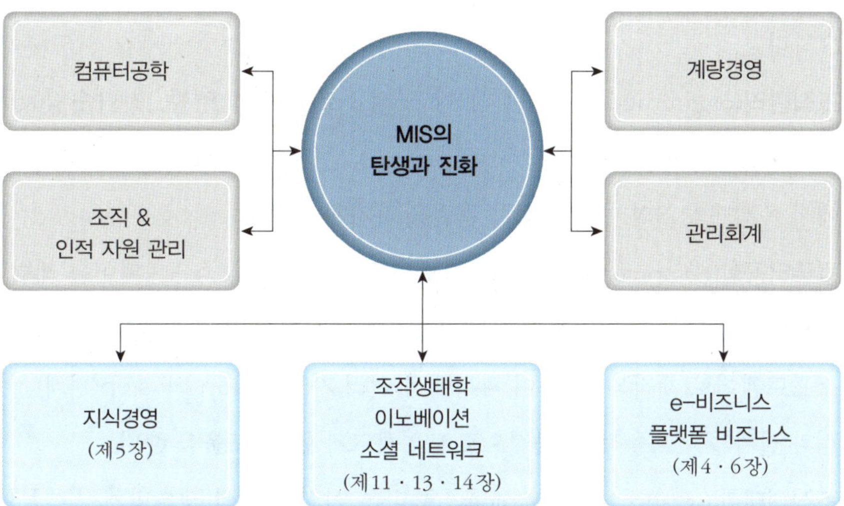

그림 2-5. MIS의 탄생과 진화 관련 분야

- **관리회계**(managerial accounting)는 여러 가지 MIS를 통한 성과측정의 예로 경영정보시스템, 전산시스템이 기업에 도입되었을 때 어떠한 효과를 내고 있는지, 매출 증대, 수익 증대, 고객 만족도, 개인능력 향상, 업무처리시간 단축, 비용절감 등을 다루며, 때로는 재무적 성과, 때로는 비재무적 성과[제11장 평가의 BSC(균형

평가표) 참조]까지 다루고 있다. 이전의 관리회계는 주로 수익성, 재무적 측면을 강조했지만, 오늘날은 비재무적 성과측정에까지 초점을 맞추고 있다.

- **OR**(Operation Research), 즉 계량경영은 특히 DSS(Decision Support System)라는 의사결정지원 시스템적(다음 2.3에서 설명) MIS에 기여하고 있다. 오늘날의 경영정보시스템은 과거와는 달리 속셈문제만을 다루는 것이 아닌 여러 가지 응용문제를 다루며 다양한 분석 모델 도구들이 필요한데, 이들을 데이터베이스(DB)에 대비시켜 모델베이스(MB)라 한다. 예를 들어, "카드회사에서 연체를 관리할 때 연체를 어떻게 줄일까?", "연체를 많이 할 만한 사람은 어떠한 개인적 · 인구통계학적 특성을 가지고 있는 사람일까?" 와 같은 여러 가지 툴, 수식 모델링이 필요하다.
- **조직관리**(organization)는 조직의 각 구성요소에 대한 영향, 전략수립(strategic planning), 변화관리(change management), 성과(performance) 등 다양한 측면에서 폭넓게 MIS와 매우 밀접한 관련을 가지게 된다.
- **컴퓨터공학**(computer science)은 정보시스템과 관련된 소프트웨어를 개발할 때, 하드웨어와 더불어 다양한 업무처리절차와 수식들이 프로그램 코딩 과정을 거쳐 소프트웨어로 제작되는데, 이 과정에서 여러 가지의 step by step(단계), 계산의 식과 절차들을 효율적, 효과적으로 도입하고자 할 때 도움을 준다.
- **조직생태학**(organizational ecology)은 다른 여러 분야의 생태학처럼 생물학으로부터 유추해 사용되는데 독립적이면서도 상호 의존하는 커뮤니티 집단(population) 전체를 분석 수준(level of analysis)으로 한다. 디지털 시대에 진입하면서 소셜, 모바일, SNS 테크놀로지는 목적과 비전을 공유하는 커뮤니티를 비즈니스 생태계로 간주하면서 그 기반으로 개방된 생태 네트워크 플랫폼을 구축한다고 이해한다.

이외에도 사회학, 심리학과 같은 다양한 분야들이 MIS라는 시스템을 뒤에서 받쳐 주고 있는 학문적으로 관련된 분야라고 할 수 있다.

정리하기

먼저 IT 활용에 있어서 경영자들이 전략적인 위치를 선정하는 타겟팅뿐만 아니라 전략적인 학습능력을 갖춰야 한다는 것을 강조하였다. 전통적인 물질적 자산뿐만 아니라 지적 자산이라고 할 수 있는 지식, 프로세스에 활용될 수 있는 정보, 눈에 보이지 않는 관계성에 대한 관리 등이 오늘날 IT가 활용해야 할 대상이다. 그리고 MIS는 세 가지 정보처리장치인 사람(human, 기업에서 직원 등 시스템 사용자, IT에 있어서의 전문가 등), 다양한 조직(organization) 형태, 정보를 만들어낼 수 있는 IT 기술(Information Technology)을 업무에 맞도록 적절하게 mix & match 하여 도입해야 한다. 업무별로 복잡도가 다르기 때문에 시스템은 업무에 맞추어서 적절하고 또한 다르게 차별화될 수 있도록 설계되어야 한다. '적절'이라는 단어를 반복적으로 사용하고 강조한 이유도 여기에 있다. MIS 탄생에 영향을 미친 주된 분야는 컴퓨터공학, 관리회계, 계량경영이라고 할 수 있으며, 그 후 MIS가 진화됨에 따라 점차 영역이 확장되어 오늘날 그 핵심으로 떠오른 분야로는 이노베이션, 지식경영, e비즈니스, 플랫폼 비즈니스 그리고 최근 조직생태학(organization ecology)이다. 여기까지 MIS의 배경을 살펴보았으며 다음 절에서 MIS의 개념적 정의, 구성요소, 그리고 유형을 살펴보자.

평가하기

➔ 제시된 문항의 빈칸(　　)을 채우거나, O/X 여부를 결정하세요.

1. (　　)은 데이터와 지식 사이에 존재한다.
2. 시스템에서는 (　　) input과 output 사이에 존재한다.

3. 경영활동을 가치를 부가하는 관점에서 분류해 주는 생각의 틀(framework)을 ( ) 또는 영어로 ( )이라고 한다.
4. 경영정보학과는 약 40여 년 전 미국에서 본격적으로 시작되었으며 국내에서는 ( )대학교에서 최초로 1984년 학위 과정이 그리고 1988년 대학원 과정이 설립되었다.
5. 경영정보학문은 테크노 경영이라고도 표현할 수 있다. (O/X)

닷컴 기업 아마존(amazon)의 혁신과 변신 : '클라우드 컴퓨팅과 멀티미디어 기업'

15년 역사의 닷컴 기업 아마존은 미래의 거대한 시장 클라우드 컴퓨팅을 이용하여 구글과 마이크로소프트 그리고 아이폰으로 모바일 산업에 등장한 애플 사이에서 새로운 서비스로 도전을 하고 있다.

먼저, 클라우드 컴퓨팅에 관하여 아마존은 자신의 전자상거래 플랫폼을 이용하는 수많은 작은 기업과 개인들에게 웹을 기반으로 하는 기술적인 환경을 제공하고 여기에 익숙해지도록 하면서 자연스럽게 일반 PC의 웹 환경 플랫폼까지 장악하려고 하였다. 이런 서비스 플랫폼에 아마존은 웹 OS라는 이름을 붙이고 아마존 웹 서비스(AWS)를 디자인했다. 아마존은 덩치가 큰 운영체제를 한꺼번에 API 형태로 개발하고 자신들이 구축한 복잡한 비즈니스 로직은 거대한 서버 클라우드 속에 캡슐화해 두었다. 그리고 이 서비스를 이용하는 최소의 비용만 받음으로써 수많은 비즈니스 파트너들이 이를 이용하도록 유도하여 아마존과 관련이 되는 수많은 작은 기업들이 사용하였다.

이렇게 2006년도에 시작한 서비스가 바로 아마존의 클라우딩(clouding) 웹 서비스 EC2의 시작이다. 인터넷에 존재하는 가상화된 저장공간과 웹 서비스를 제공하고, 사용량에 따라 적당한 비용을 부과함으로써 새로 시작하는 수많은 회사들은 초기 고정비용에 많은 투자를 하지 않아도 되고, 아마존은 사후 만일 트래픽이 늘어나게 되면 성공 가능성에 따라 자체적인 서비스 인프라는 그 이후에 구축해도 충분했다. 이후 아마존은 2007년 말 차세대 가상분산저장공간 시스템인 다이나모를 공개하며 전자상거래로 출발한 기업이 웹기반 인프라 시스템 기술에 도전하게 된다.

데이터베이스 관련 기술은 관계형 데이터베이스(RDB)가 원래 주로 쓰이며 웹 환경을 구축하는 데에도 많은 기여를 하였지만 클라우드 컴퓨팅 환경에 맞도록 설계된 것이 아니었으므로 혁신적 변화가 필요했다. 웹 환경에서 관계형 데이터베이스는 동기화가 잘 안 되어 수많은 웹 사이트나 데이터베이스가 데이터를 복제하거나 중복 처리하는 일을 할 수밖에 없어 큰 숙제였다. 서버상에서 모든 것을 구현하고 이를 인터넷에서 활용하는 개념은 과거 네트워크 컴퓨터에 대한 상상을 할 때부터 이야기하던 것이지만 실제 서비스로서 성공을 거둔 것은 아마존이 최초였다. 아마존의 성공은 구글에게도 커다란 자극이었고 뒤이어 마이크로소프트 역시 회사의 사운을 걸고 많은 투자를 하기 시작했다.

이로써 아마존은 출판 역사를 두 번이나 혁신으로 이끈 역사적인 기업이 되었으며 전통적인 구조에 거대한 변화의 바람을 불러일으킨다. 전자상거래를 확고하게 정착시킨 아마존의 혁신은 놀라웠으며 무한정의 책들을 사이버 공간에 진열하고 검색과 추천을 가능하게 함으로써 새로운 비즈니스 모델을 불러일으키며 오프라인의 전통적 산업구조를 일거에 무너뜨렸다. 아마존의 등장은 전통적인 저자-출판사-북 스토어의 구조에서 북 스토어의 존재감을 극도로 약화시켰다. 출판사는 이제 위험을 감수하면서 책을 많이 찍어서 재고로 안고 있을 필요가 없어졌고, 주문수량과 판매추이, 영업 및 마케팅 노력에 따라 효과적으로 책을 찍어내는 관리가 가능해졌다. 심지어 예약판매라는 제도를 통해 일정부분 판매량을 예측할 수도 있게 되면서 출판산업 전체가 활황에 들어갔다. 이것이 초창기 아마존이 일으킨 출판산업의 혁신 중 하나이다.

이후 아마존은 콘텐츠 제작과 관련한 혁신을 했다. 바로 킨들이라는 전자책 디바이스가 그것이다. 아마존은 킨들을 2007년 11월에 일반에게 처음 공개했다. 킨들은 전자잉크기술을 이용해서 책과 유사한 느낌을 주었고 배터리도 매우 오래가며 가벼웠기에 기존에 존재했던 전자책 디바이스들에 비해 강력한 경쟁력을 가지고 있었다. 킨들은 종이라는 실물에 인쇄하던 출판물을 완전한 가상세계에서 거래할 수 있는 토대를 마련했고 이 혁신도 결국 성공했다.

킨들의 뒤를 이어 다양한 콘텐츠 소비형 기기들이 나오면서 다양한 콘텐츠 혁신이 일어났다. 일본에서는 휴대폰에서 읽기에 적합한 형태의 소설이 나오기 시작했고 애플 아이패드는 멀티미디어 콘텐츠를 포함해서 더욱 입체적인 콘텐츠의 제작 및 유통을 부채질하고 있다.

아마존으로 대변되던 콘텐츠 시장은 이제 애플의 아이북스 및 아이패드 그리고 절판된 책들을 중심으로 스캔을 이용한 새로운 마켓을 준비하고 있는 구글이 경쟁을 벌이면서 더욱 다변화할 것이다. 이제는 출판사에서 유료 콘텐츠를 기획할 때 과다한 제작비를 부담할 필요가 없다.

디지털 저작물은 인쇄물과는 달라서 생산에 들어가는 비용이 0에 수렴하며, 저자와의 협의에 따라 다양한 계약 및 수익모델이 나올 것이다. 저자가 디지털 저작물을 직접 만들어서 출판까지 할 수 있는 능력자라면 1인 출판의 형태로 진행될 것이지만, 많은 지식 콘텐츠 생산자들은 그래도 출판사들과 기획과 마케팅, 브랜드 등 협업을 하는 방향을 선택할 것이다.

이와 같이 아마존은 뛰어난 CEO가 경영하면서 역사를 바꾸는 혁신을 지속하는 혁신기업이다. 아직까지는 IT 역사의 주인공으로 나서기에는 조금 부족하지만, 이후 기존 강자들을 꺾고 진입할 역량을 가진 회사이다. 최근에는 하드웨어 팀을 강화하고 있는데, 아마존이 취급하는 가장 중요한 아이템은 디지털 콘텐츠로서 음악과 영상까지 포함하고 있음을 감안한다면 아마존이 킨들을 뛰어넘는 새로운 멀티미디어 하드웨어를 내놓는다고 하더라도 전혀 이상하지 않은 상황이다. 아마존이 앞으로도 많은 혁신을 보여주고 많은 소비자들에게 더 나은 사회적 가치를 창출해 주기를 기대해본다.

출처: 정지훈(2010), 『거의 모든 IT의 역사』에서 발췌

2.2 MIS의 정의와 구성요소(Definition & Components)

[내 용]

- MIS의 정의
- MIS의 의의
- MIS의 구성요소

첫째로 MIS(경영정보시스템)의 정의에 대한 이해, 둘째로 의사결정 프로세스의 이해, 셋째로 MIS의 구성요소는 어떻게 이루어져 있는가에 대해 살펴본다.

[생각해 보기]

- 보고서 또는 조회 화면에도 종류가 있나요?
- 장부나 전표에도 종류가 있나요?
- 의사결정이란 어려운 것일까요, 쉬운 것일까요? 이유는?
- MIS(또는 경영정보시스템 또는 정보시스템)를 의미하는 비슷한 단어들을 열거해 보면 무엇이 있을까요?

[목 표]

- 경영정보시스템(MIS)의 정의 이해
- 의사결정 프로세스의 이해
- MIS의 구성요소 이해

MIS는 결국 기업, 조직, 행정 등의 분야에서 관리자, 경영자, 실무자들의 의사결정을 도와주는 역할을 하기 때문에 의사결정 프로세스에서 의사결정을 이해하는 것을 목표로 한다.

경영 현장에서 실제로 사용되는 MIS는 데이터 입력, 화면 조회, 경영보고서처럼 물질적인 객체로 다가온다. 그래서 MIS를 개념적으로 이해하는 것보다 좀 더 구체적으로 경영정보시스템의 구성요소에 대해 이해하는 것을 목표로 한다.

[용 어]

Interactive (상호의사소통)	사람과 기계와의 상호작용, 의사소통(양방향, 쌍방향 의사소통을 말함)
Decision Making (의사결정)	특정 이슈에 대한 대안을 만들어 선택하는 행위
Intelligence (인지단계)	'조직에서 현재 무엇을 하고 있는가?', '조직에 문제가 있는가?'에 대한 인지
H/W (Hard Ware, 하드웨어)	컴퓨터, 입력장치, 출력장치 등 컴퓨터의 물리적인 기계장치
S/W (Soft Ware, 소프트웨어)	하드웨어를 기반으로 하여 H/W를 운영하는 운영체제(O/S : Operation System)나 이를 기반으로 한 응용시스템(생산시스템, 전자문서시스템 등)
DB (Data Base, 데이터 저장소)	기업이나 조직의 여러 움직임이나 자료의 저장, 조회, 보고서 준비, 분석 등을 위해서 여러 가지 형태의 모든 자료(거래 내역, 문서, 정보, 아이디어, 영상 등)를 모아 놓은 저장소
Data Warehouse (DW, 자료창고)	일반 데이터 베이스와 다르게 복잡한 분석이나 조회를 빠르고 쉽게 컴퓨터가 할 수 있도록 새로운 저장방식으로 만들어 놓은 DB의 일종

2.2.1 MIS의 정의(Definition)

전통적으로 MIS, 경영정보시스템 또는 정보시스템은 '사람과 기계가 상호 의사소통을 하여 의사결정을 도와주는 시스템' 으로 정의된다. 영어로 표현하면 'man machine interaction system for decision making' 이다. 여기서 decision making을 지원하는 방법이 정보를 제공하는 것(by providing information)을 의미한다.

"man-machine interaction system for decision making by providing information"
(정보를 제공하여 의사결정을 도와주는 사람과 기계의 상호작용 시스템)

경영정보시스템은 man(사람)과 machine(기계)이 상호 의사소통하는 시스템이다. 일부는 사람이, 일부는 기계가 처리하는 것을 의미한다. 사람이 데이터를 넣으면 그에 따라 machine(컴퓨터와 정보통신기술)에 입력되고 machine은 요청한 정보를 찾아 관련된 정보를 전달해 보여준다(각종 문의, 조회, 처리 등). 이때 man은 회사 비즈니스 업무를 처리하는 담당 직원이나, 정보시스템 부문의 운영, 시스템 프로그래밍, 분석과 설계 등의 다양한 인적 계층을 말한다. machine은 컴퓨터, 주변기기, 연결 시스템, 정보통신, 데이터베이스 등의 다양한 테크놀로지 계층을 말한다. Interaction이란 man과 machine이 일방적으로 소통하는 것이 아니고, 상호 응답과 관련 피드백으로 소통하는 것을 의미한다. 그리고 Decision Making을 단순히 번역하면 '의사결정' 이지만, 여기서 의미하는 것은 '경영 현장에서 일어나는 모든 유형의 업무 또는 여러 가지 이벤트에 대한 결정' 을 의미한다. Information이 '의사결정을 지원한다' 는 의미는 미래의 불확실성을 해소하기 위해 IT가 정보를 제공해 주는 경우 그만큼 적절한 의사결정을 할 수 있는 가능성이 증가함을 의미한다(예: 과거의 판매나 구매 내역의 통계, 분석을 통해 미래 예측).

이러한 전통적 정의에 대하여 MIS는 보다 적극적이고 새로운 정의가 필요하다고 생각한다. 초경쟁(hyper-competitive) 환경은 본서의 부제가 보여주듯 MIS에 반응성(responsiveness), 적응성(adaptability) 그리고 창의성(creativeness)을 통한 비즈니스의 'innovative transformation' 역할을 요구하고 있다. 오늘날 데이터나 정보는 저장되어 있지 않고 항상 흐르며, 공적/사적 구분이나 공공/개인 구분도 희미해지고, 폐쇄적인 구조가 아닌 누구나 참여하는 완전히 개방된 구조로 변화하고 있다. 예를 들면, 때로는 전문가 시스템(expert system)이나 컨설턴트보다 대중(crowd)의 다양한 형식의 멀티미디어 표현이 더 정확하고 유용함을 깨닫고 이에 대한 관리의 필요성을 느끼고 있기 때문이다.

"man-machine interaction system not for only decision making but for INNOVATION & TRANSFORMATION by EXCHANGING informative contents"
(정보콘텐츠를 교환하여 의사결정뿐만 아니라 혁신과 변신을 도와주는 사람과 기계의 상호작용시스템)

2.2.2 의사결정 프로세스(Decision Making Process)와 MIS

(1) 전통적 의사결정단계 모델(Decision Making Stage Model)

MIS 기능의 핵심이 되어온 의사결정이 어떻게 이루어지는가에 대한 Simon(사이몬)의 유명한 의사결정단계 모델인 [그림 2-6]을 참조해 보기로 하자.

의사결정 프로세스는 'Intelligence(인지), Design(디자인), Choice(선택) 및 실행'의 세 가지 단계로 이루어져 있다. 의사결정 프로세스는 경영학에서 항상 다루어지며, 노벨 경제학상을 받은 학자 Simon에 의해 만들어진 모델로 경제학, 경영학, 심리학, 사회학 등의 거의 모든 분야에서 이용되고, MIS 역시 이 의사결정 모델을 이용한다.

첫 번째 단계는 문제나 기회를 발견하는 인지(intelligence) 단계이다. 자료나 보고

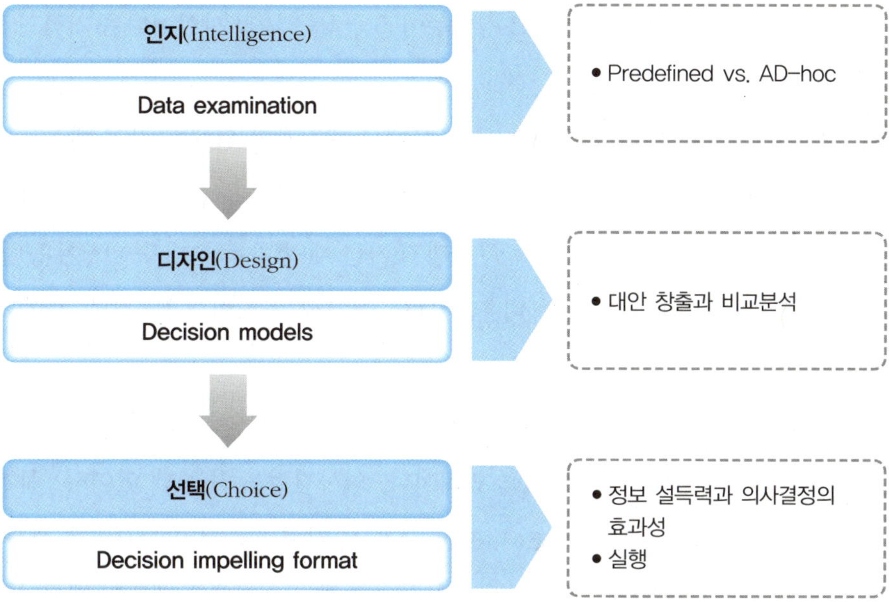

그림 2-6. Simon의 의사결정단계 모델

서를 통해 현 상태를 살펴보고, 조직 혹은 기업에 어떠한 의결결정이 필요한지를 파악한다. 인지 단계에는 'Predefined' 와 'AD-hoc' 라는 두 가지의 상황적 요소가 존재하며, 따라서 두 가지의 보고 형태가 존재한다. 즉, 인지 단계에서 구성원들은 기업이나 조직의 현황을 살펴보는 단계를 거치게 되고, 살펴보는 과정에는 보고서든 조회화면이든 사전에 정의되어 있는 유형이나, 사전에 정의되지 않고 수시로 제공되는 유형의 정보를 검색하는 단계가 있다.

먼저, Predefined(사전정의) 형태는 보고 형태와 시기, 보고에 들어가야 할 내용과 상세 위치, 데이터 표현방법이 사전에 정해져 있는 정형화된 상황이다. 예를 들면 재무제표가 좋은 예가 된다. 반면, AD-hoc(즉석) 형태는 그러한 내용들이 사전에 정의되어 있지 않은 비정형화된 상황이다. 예를 들어, 긴급보고나 예외 상황을 나타내는 유형이다. 예기치 못한 상황은 미리 그러한 내용을 나타내는 구체적 포맷을 정해놓지 않고 탄력적으로 대처하는 경우가 많다. 최고 경영층이 요구하는 특정 사안이나 주기적인 발생이 아닌 경우가 많이 해당된다.

두 번째 단계는 디자인(design) 단계로 문제를 해결하기 위해 각각의 대안을 설정하여 비교 분석하는 단계이다. 만약 서울에서 부산으로 출장을 간다고 하면 출장의 필요성을 느끼는 단계가 인지 단계이고, 부산까지 가는 대안(자동차, 기차, 비행기 등)을 찾아 리스트하고, 각각의 대안에 대한 비용과 시간, 안전성 등을 비교 분석하는 단계가 디자인 단계이다.

마지막 단계는 선택(choice)과 실행 단계로서 정보의 설득력과 의사결정의 효과성, 의사결정의 실행이 실제로 이루어지는 단계이다. 의사결정을 하는 데 있어서 '문제 인식' 의 단계와 대안을 비교 분석하는 '디자인 단계' 를 거쳐 최종적인 '선택' 을 한다.

선택은 어떻게 보면 매우 단순하게 느껴질 수 있겠지만 선택한 대로만 행동하지 않기 때문에 결코 단순하지 않다. 비용효과를 비교하여 만일 기차를 타고 가는 것이 좋다는 정보를 컴퓨터 시스템이 제공할 때, 여러 가지 상황에 맞게(비행기는 빠르지만), 왜 내가 기차를 타고 가는 것이 좋은지 납득이 되어야 선택할 수 있다. 이는 정보의 제공도 중요하지만, 그 정보의 설득력도 매우 중요하기 때문이다. 정보를 제공하는 것은 행동을 유발시키기 위한 것인데 정보가 제공된다 하더라도 설득력이 따라주지 않는다면 채택되어 실행되어도 효과가 작다.

'인지, 디자인, 선택' 의 세 단계의 과정을 거치는 동안 각각의 단계별 결과로 적절하지 않은 부분을 발견하게 되면 피드백을 통해 이전 단계로 돌아가서 수정(상황 재인식이나 대안 재설정)하는 과정을 거치게 된다.

MIS란 앞서 말했듯 의사결정을 지원하는 역할을 하는데, 이 세 단계를 모두 도와줄 수 있을 때 의사결정을 충분하게 지원한다고 말할 수 있게 된다. 만일 IS가 인지 단계를 지원하고 디자인과 선택 단계는 지원하지 않는 경우 혹은 선택 단계는 지원하는데 다른 단계는 지원하지 않는 경우, MIS는 불완전 또는 미완성 상태이다. 그러한 의미에서 이

세 단계를 이해하고, 각 단계를 모두 지원할 수 있는 정보시스템을 구축할 수 있어야 한다.

(2) MIS의 의사결정 단계별 초점([그림 2-7] 참조)

인지(intelligence) **단계**는 주로 Database(데이터베이스)에 초점을 맞추고 있다. 기업이나 조직에 문제가 있는가를 살펴보기 위해서는 데이터베이스가 있어야 한다. 조직의 다양한 활동은 데이터를 기반으로 존재한다. DB는 컴퓨터 데이터만을 의미하지 않고 수첩이나 교과서, 참고문헌, 거래일지, 전표 등이 모두 DB가 된다.

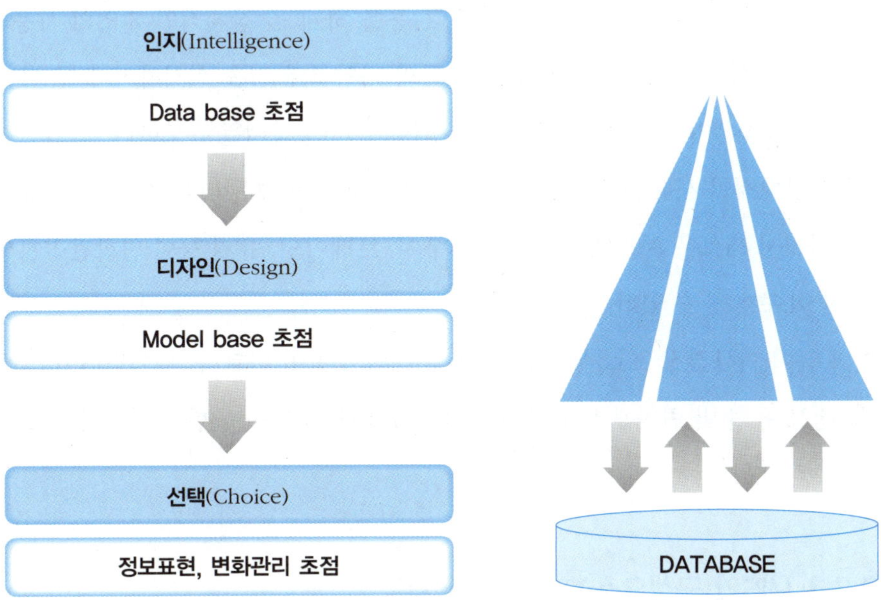

그림 2-7. MIS의 의사결정 단계별 초점

디자인(design) **단계**는 문제를 해결하기 위한 수식, 문제해결 모형(예: 응용문제를 풀기 위해 계산 전 문제를 이해하고, 수식을 세운 후 계산을 하는 경우)을 만드는 단계로서

Model Base(모델베이스)에 초점이 맞춰져 있다. 모델베이스는 다양한 형태의 문제를 해결할 수 있는 여러 가지 수식 모형을 만드는 것이다. 예를 들어, 상관관계분석, 시계열분석, 재고관리 시스템의 안전재고모형 등의 문제를 풀어낼 수 있는 수식 모형을 알면 간단히 해결되는 문제인데 만일 모형을 모른다면 어떻게 접근해야 하는지 알 수 없다. 이처럼 다양한 형태의 모델이 미리 만들어져 있다면 디자인 단계를 지원하는 데 많은 도움을 받을 수 있다.

선택(choice) **단계**는 정보의 표현이나 변화관리에 초점이 맞춰져 있다. 선택 단계는 정보의 전달에 초점을 두는 것이 아니고, 전달되는 정보에 따라 사용자가 얼마만큼 즉각적으로 반응할 수 있는가에 초점을 맞추고 있다. 특히, 선택 후 실제 행동을 유발하게 하는 변화관리는 시스템이 도입된 이후, 사용을 하게 될 잠재적인 기업의 사용자들을 대상으로 시스템 사용법이나 자료 훈련 등의 다양한 훈련을 실시하거나 왜 이 시스템을 사용해야 좋은가에 대한 동기부여를 통해 자발적인 참여를 유도한다. 만일 자발적이지 않고 강제적인 사용을 요구한다면 시스템 투자 자체가 낭비요인이 될 수 있기 때문이다. 따라서 새로운 시스템에 대한 동기부여, 트레이닝, 유지 등이 변화관리에서 발생 가능한 이슈가 될 수 있다.

이와 같이 의사결정 프로세스에 따라서 MIS의 초점이 다르다. 데이터베이스, 모델베이스, 정보 표현 및 변화관리가 적절히 이루어질 때, MIS를 통한 의사결정이 보다 부드럽게 실행된다.

2.2.3 MIS의 구성요소(Components)

MIS를 개념적으로 생각할 수 있지만, 물리적으로도 생각할 수 있다. 사이버 강의의 경우 강의를 듣기 위해 컴퓨터가 존재하고, 컴퓨터를 통해 학교에 접속할 수 있는 통신 라인이 존재하며, 강의 내용이 들어 있는 웹 서버가 존재한다. 이처럼 IS는 물질적인 시스템의 개념을 가지고 있다.

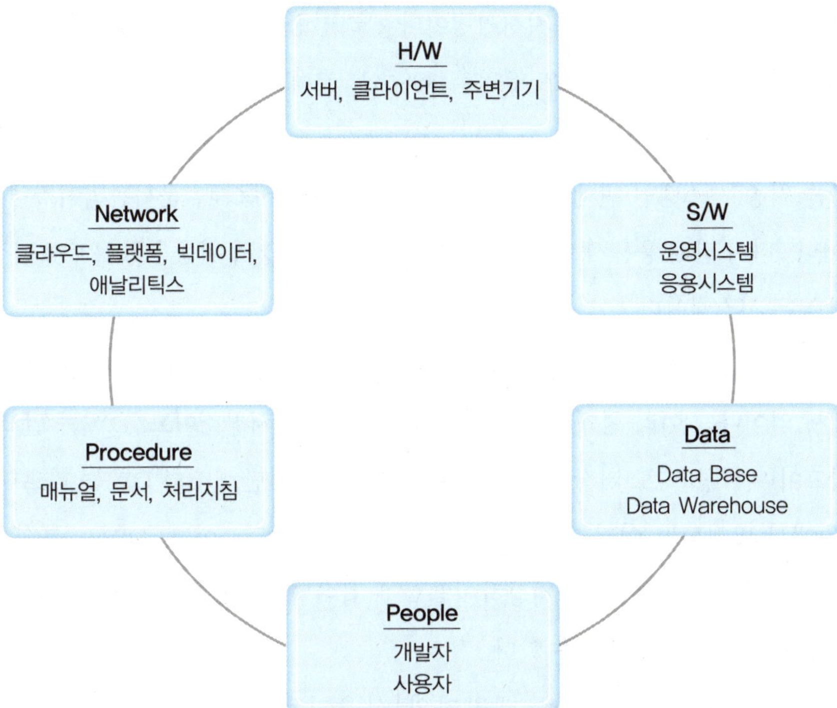

그림 2-8. **MIS의 구성요소**

온라인 교육의 경우 다양한 Client PC, Server, 커뮤니케이션 통신 라인, DB 시스템, LMS(Learning Management System: 학사관리시스템)가 총체적으로 적절히 구성될 때 IS의 실질적인 정보가 잘 전달된다. 따라서 MIS의 물질적 개념은 하드웨어(서버, 클라이언트, 디지털 디바이스 입출력 장치), 소프트웨어(OS, 애플리케이션 시스템, 앱), 데이터, 피플(관리자, 사용자), 프로시저(매뉴얼 절차), 네트워크의 여섯 가지의 구성요소([그림 2-8] 참조)가 있다.

첫째 구성요소로, **하드웨어**는 서버, 클라이언트, 클라우드, 디지털 디바이스 입출력 장치와 같은 주변기기이다.

둘째로, **소프트웨어**는 크게 운영시스템(OS)과 응용시스템(application system)으로 분류할 수 있다. 운영시스템은 지시명령이나 관리명령을 통해 응용시스템과 H/W 등의 교통정리를 해주는 OS(윈도우, 유닉스, iOS, 안그로이드)로, 가장 중요한 S/W 유형이다. 반면 응용시스템(application system, application, app, 앱)은 경영 현장에 적용하여 사용하는 각종 시스템인 판매시스템, 결제시스템, 분석시스템, 문서관리시스템, 메시징 등이다. 다시 말해 응용시스템이란 IT를 이용하여 경영의 활동을 소프트웨어적으로 만들어 놓은 시스템이다.

셋째로, **Data**(데이터)는 Database와 Data warehouse로 나눌 수 있는데, DB는 기업에서 일어나는 여러 형태의 많은 자료를 모아 놓은 저장소이고, DW는 말 그대로 자료창고이다. '창고' 도 저장소의 의미와 가치를 가지지만, DB와 DW는 다르다. DB는 기업에서 발생되는 여러 원천 자료를 저장하는 저장장소이고, DW는 분석용으로 DB에 있는 자료를 다시 복사 · 저장하여 DW에 집어넣은 상태이다. 즉, DW는 분석용이고, DB는 조회용이라고 할 수 있다.

넷째로, **People**(사람)은 개발자와 사용자로 크게 구분된다. 개발자는 Information analyst, System analyst, 프로그래머, 관리자 등이 포함되고, 그들이 개발해 놓은 IS를 사용하는 사용자가 존재한다. 이들 중 프로그래머(programmer)는 프로그래밍 언어를 이용하여 소프트웨어를 만들어내며 주로 컴퓨터공학을 전문영역으로 한다. 정보분석가(information analyst)란 경영업무 내에서 효율성과 효과성을 분석하여 문제점과 기회를 찾아내고 개선방안을 추가정보요구(information needs)와 정보흐름(information flow) 측면에서 분석하는 일종의 경영진단을 전문영역으로 한다. 반면에 시스템 분석가(system analyst)는 앞 단계에서 파악된 요구사항을 위해 어떤 IT를 각 프로세스에서 얼마만큼 어떻게 사용할 것인가를 설계한다. 앞의 과정을 개념적 설계, 뒤의 과정을 물리적 설계라고 말하기도 하며 MIS의 핵심 영역이다.

다섯째로, Procedure(프로시저)는 S/W 측면에서 처리되지 않는, 사람이 처리해야 하는 업무처리절차를 말한다. 따라서 업무 매뉴얼이나 문서, 업무처리지침 등이 IS의 구성요소가 되며, 해당 업무 빈도가 증가하거나 점차 중요해지면 관련 처리절차를 정형화하여 SW 프로그램화하게 된다.

마지막으로, Network(네트워크)는 최근 MIS의 구성요소로 등장한 요소이며, 클라우드, 플랫폼, 빅데이터, 애널리틱스 등이 있다.

이처럼 크게 여섯 가지로 구분되는 MIS의 구성요소는 모두 실질적으로 시스템을 구축할 때 필요하여, 확보되어야 할 대상이 된다.

정리하기

MIS의 새로운 정의와 그 구성요소를 살펴보았다. MIS의 궁극적 목적은 의사결정을 지원하는 것이다. 의사결정은 '인지 · 디자인 · 선택'으로 이루어진 사이클을 통해 진행된다. 어떤 사람은 선택 단계를 세분화하여 '인지 · 디자인 · 선택 · 실행(implementation)'의 4단계로 구분한다. 실행 단계는 의사결정의 선택에 따라 행동(action)하는 단계이며, 분류의 명칭이나 수의 많고 적음보다는 분류기준의 사전 기준이 중요하다고 생각된다.

MIS는 정보콘텐츠를 교환하여 불확실성을 감소시키고 사용자의 의사결정을 지원한다는 개념적 이해와 더불어 물리적으로 H/W, S/W, 데이터, 피플, 프로시저, 네트워크로 구성된 여섯 가지 자원이 모두 필요하다. 다음에서 MIS 유형과 각각의 역할을 살펴보자.

평가하기

➡ **제시된 문항의 빈칸(　　)을 채우거나, O/X 여부를 결정하세요.**

1. MIS는 (　　)과 (　　)이 서로 상호작용하는 것이다.
2. (　　)은 Intelligence, Design, Choice 3단계로 이루어진다.
3. 데이터베이스란 컴퓨터에 저장된 디지털 정보만을 이야기한다. (O/X)
4. MIS의 구성요소는 DB(data base), 컴퓨터, 사용자 등과 같은 것들로 이루어진다. (O/X)

2.3 MIS의 유형과 역할(Types & Roles)

[내 용]

- MIS의 유형과 기능
- MIS의 유형과 연관성
- DSS의 개념과 구조
- DSS와 IRS의 비교

[목 표]

- TPS, IRS, DSS, PDS의 이해와 비교
- MIS 유형의 연관성 이해

[용 어]

Periodic report	일보(일일 보고서), 주보(주간 보고서), 월보(월간 보고서) 등 정기적으로 자동 보고되는 시스템 산출물(재무제표, 대차대조표, 주간 판매 동향 등 정기보고)
Exception report	기업 운영이 정상상황에서 벗어나는 예외사항에 자동 보고 시스템 산출물(조기경보)
Demand report	시스템 사용자 요구가 있을 때 작성되는 보고서 시스템(특별 보고)

2.3.1 MIS의 유형과 역할

경영 현장에서 접하게 되는 여러 형태의 MIS의 유형에 대해 간략히 알아보고, 가장 이상적인 MIS 유형에 대해 살펴본다. 사람도 여러 유형이 있듯이 MIS도 여러 유형이 있을 수 있다.

MIS는 적용되는 분야에 따라 주로 세 개 또는 두 개의 알파벳으로 이루어진 다양한 유형이 있다. 흔히 볼 수 있는 대표적인 시스템은 〈표 2-2〉와 같다.

표 2-2. MIS의 여러 유형

CRM (Customer Relationship Management)	고객관계관리	고객과의 관계에서 필요한 서비스 및 지원 등 일련의 행위 관리를 위해 필요한 시스템
SIS (Strategic Information System)	전략정보시스템	기업이 경쟁적 우위를 가지기 위해 대외 전략을 중심으로 구축하는 정보시스템
SRM/SCM (Supply Relation/ Chain Management)	공급사슬관리	공급자와의 관계에서 필요한 구매 및 협력 지원 등 일련의 관리를 위해 필요한 시스템
EIS (Executive Information System)	임원정보시스템	최고경영자나 임원 등 관리자가 전략적·경쟁적 의사결정을 내리는 데 도움이 되는 시스템
KMS (Knowledge Management System)	지식관리시스템	기업의 기본적인 데이터 이외에도 전자문서, 이미지, 동영상, 아이디어를 축적하는 시스템
JIT (Just In Time)	적시납품	원재료 공급을 생산 현장에 적시에 할 수 있도록 하는 무재고를 통한 원부재료의 공급시스템
EIP (Enterprise Information Portal)	기업정보포털	KMS와 유사. KMS뿐만 아니라 기존에 기업에서 발생하는 여러 형태의 기본적인 DB와 통합 등 모든 정보를 하나의 DB에 구축하고자 하는 시스템
BSC (Balanced Score Card)	균형성과표	기업의 성과에 관한 '성과성적표'를 재무적인 것뿐만 아니라 비재무적인 것까지 통합하여 하나의 균형적이고 종합적인 성과측정을 도와주는 시스템

IRM (Information Resource Management)	정보자원관리	정보시스템에 관련된 모든 인적·물적 자원을 관리하여 효율적이고 효과적인 활용(배치와 플래닝)을 하고자 하는 일련의 노력과 활동
TQM (Total Quality Management)	전사적 품질관리	제품이나 서비스의 품질뿐만 아니라 기업의 전사적 관점에서 품질을 관리한다는 시스템
DSS (Decision Support System)	의사결정지원시스템	의사결정자가 반구조적 또는 비구조적 의사결정을 하는 데 필요한 정보와 모델을 제공하는 시스템
OA (Office Automation)	사무자동화	외부자료의 접근, 내부자료에 대한 간단한 보고자료의 작성을 도와주는 시스템으로서, 비서 혹은 스텝들에 의해 사용됨
ABC/ABM (Activity Base Costing/ Management)	행위원가제도	회계관리를 계정과목별 관리가 아닌 업무단위별(구매, 입고, 검수 등) 또는 행위별 관리를 하는 시스템
DW (Data Warehouse)	자료창고	분석용 DB를 별도로 설계하여 필요한 분석을 지원하는 시스템
DM (Data Mining)	데이터마이닝	저장되어 있는 분석용 DB를 분석할 수 있는 S/W

표에 제시된 항목처럼 MIS에는 다양한 형태의 IS들이 있다. 이러한 다양한 시스템 명칭은 특정 기준에 따른 것이라기보다는, 사회적 이슈나 컨설팅 회사 및 시스템 하우스 회사들의 마케팅에 영향을 받는 경우가 많다. 따라서 복잡함을 줄이고 보다 단순하고, 의미 있는 특성 분류를 하면 TPS, IRS, DSS, PDS의 네 가지 형태가 된다. 이 분류 체계는 원래 단순한 이름표(naming)의 의미가 아닌 의사결정을 도와주는 방법과 정도에 따른 네 가지 분류였으며 후에 커뮤니케이션의 진화에 따라 한 가지가 더 추가되는데, 각 시스템 유형별 구축과 실행 그리고 관리 전략을 차별화하는 데 유용하다.

TPS(Transaction Processing System)

- 거래자료 수집, 저장, 처리 시스템(사람, 기기, 원료, 제품, 서비스 등)
  예 : OA(Office Automation)
- 의사결정을 위한 데이터 또는 DB의 구축

IRS(Information Reporting System)

- 수집, 저장된 거래자료를 사전에 정의한 형태로 가공하여 전달하는 'WHAT-IS' 유형의 정보보고시스템
- 의사결정을 간접 지원
- IRS 유형
  - periodic report
  - exception report
  - demand report

DSS(Decision Supporting System)

- 수집, 저장된 거래자료를 가공하여 상황의 변화에 따른 다양한 형태의 정보를 더욱 유연하고(flexible) 빠르게 분석 및 전달하는 'WHAT-IF' 유형의 의사결정지원시스템
  예 : EIS(Executive Information System)
- 의사결정을 직접 지원

PDS(Programmed Decision System)

- 수집, 저장된 거래자료를 가공하여 사전에 정의된 의사결정 규칙에 따라 구체적 의사결정 행위를 하는 시스템
  예 : AI
- 의사결정 대행

출처 : Zmud(1983)

그림 2-9. MIS의 의미 있는 분류

2.3.2 경영정보시스템(Management Information Systems)

(1) 유형과 기능

[그림 2-10]은 왼쪽에서 오른쪽으로 보는 방식으로 이해할 수 있다. 맨 왼쪽의 Data describing organization' s external environment, Data describing organization' s internal environment가 다이어그램의 시작이 된다. 삼각형 조직 형태를 가정해 보면, 조직의 밖은 환경(environment)이고 조직 안은 시스템이다. 이러한

환경을 조금 더 엄밀하게 말하면 외부와 내부환경이 존재한다. 내부환경에서 '판매관리시스템'을 구축한다면 판매부서가 시스템이 되고, 판매부서 외의 생산, 구매, R&D, 기획부서들은 판매관리시스템의 입장에서 보면 내부환경이 된다. 조직 내부이긴 하지만 시스템은 아니고, 판매시스템 외부에 존재하기 때문에 환경이라고 할 수 있다.

이 다이어그램의 핵심은 앞서 말한 네 가지 유형의 TPS, IRS, DSS, PDS, 그리고 최근 추가된 CSS의 시스템을 적절한 연관성에 따라 화살표로 이어 놓은 것이다.

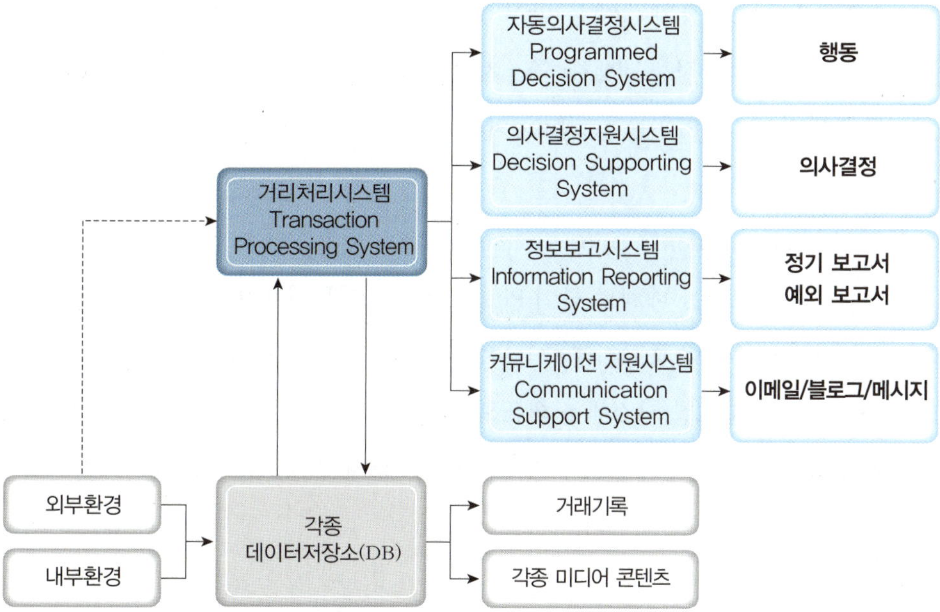

그림 2-10. 정보시스템 간의 상호연계성

- TPS에 내·외부환경의 데이터(활동상황)가 입력된다. TPS는 거래에 대한 기록을 DB에 저장하는 시스템으로 시스템의 내·외부환경으로부터 발생하는 구매, 판매, 생산과 같은 여러 가지의 활동상황을 데이터 형태로 수집하여 Database로 저장하는 시스템이다. 이렇게 수집·저장된 데이터를 IRS와 DSS가 활용한다.

활용방법을 보면 DB의 데이터를 IRS가 처리하여 재무제표와 같이 회계기준 등에 의해 미리 정의된 보고서, 예외보고서(예: 조기경보 보고서), 요구보고서(예: 임원회의 보고서)의 세 가지 형태를 만들어낸다.

- DSS 역시 DB를 통해 자료를 입력받아 분석하고 상황별 의사결정 지원(situational support of decision process)을 위해 보고서와 조회를 지원한다. 즉, 미리 사전에 정의된 보고서는 IRS가 지원해 주는 반면, 상황에 따른 의사결정지원시스템은 DSS가 지원한다.
- PDS는 DB에 저장된 data를 받아 자동화된 행동을 통해 사람(기업의 직원들)이 하고 있는 의사결정을 대행해 주는 자동화된 시스템이다. man-machine의 관계로 본다면 IRS와 PDS는 machine의 역할이 매우 크며, DSS는 man의 역할이 크다고 할 수 있다.
- CSS(communication support system)는 2000년대 후반 다양한 스마트, 모바일, 소셜 테크놀로지를 매체로 하여 Peer-Peer(s) 커뮤니케이션 채널을 지원하거나 가능하게 해주거나 증강시켜 주는 시스템이라고 할 수 있다. 이러한 시스템은 새롭게 등장한 중요한 시스템을 대표하여 커뮤니케이션 기능을 넘어 콜래보레이션을 위한 능력 확장을 가능하게 함으로써(제5장 지식경영) 증폭된 엔터프라이즈 형성을 실현할 수 있도록 한다.

(2) 정보시스템 간의 상호 연관성

종합하면, TPS는 DB에 데이터를 적재하는 역할 이외에도 거래의 현황을 그대로 보여주는 거래처리 자료와 결과, 조회하고 싶은 자료에 대한 리스트, 이벤트별 리스트를 보여주는 시스템이다. TPS는 단순한 거래처리를 기록해 주는 시스템이지만, TPS가 존재하지 않으면 DB가 존재하지 않고, DB가 존재하지 않으면 IRS, DSS, PDS가 존재할 수 없다. 즉, TPS는 엔터프라이즈의 정보라는 자원을 하나의 저장소에 차곡차곡 쌓

아주는 역할을 하기때문에 단순하지만 중요한 역할을 한다. 여기에 새로운 CSS는 엔터프라이즈 비즈니스 생태계 내부 및 외부의 다양힌 구성 멤버와 다양한 디바이스로 소통하는 E 2.0 시대의 새로운 기반 시스템이다.

2.3.3 DSS(Decision Support Systems)

(1) 개념과 구조

과거 기업들은 DSS에 관한 기술과 지식을 다양하게 갖추지 못했다. 50년 전 처음 기업에서 IT/IS를 적용하여 사용한 GE의 급여관리시스템(또는 인사급여시스템)으로 인해 MIS는 출현하였고, 이후 초기 단계에 DSS 시스템을 개발하고 구축하고자 하는 노력은 있었지만 기술과 메모리, 기술능력 등의 한계, 경험의 부족으로 인해 실현되지 못하였다. 그 후 1990년대에 들어서 비로소 컴퓨터 칩 가격의 다운, 속도의 향상 등으로 인해 복잡한 문제에 대해 대처할 수 있는 능력이 생기게 되었고, DSS가 실현되었다.

[주요 이슈]

- 비(반)구조적 업무 vs. 구조적 업무
- 의사결정 지원 vs. 의사결정 대행
- 효율성 vs. 효과성

관리를 할 수 있는 시스템, 기업의 판매 동향을 알려주는 시스템, 대리점의 위치에 관한 분석과 선정을 도와줄 수 있는 시스템, 가격 변동을 분석할 수 있는 시스템 등을 원하고 있다.

DSS에 관한 주요 이슈는 Semi- 또는 Non-Structured Task(반구조적 또는 비구조적 업무)와 Structured Task(구조적 업무)이다. 구조적이라는 의미가 단순한 '속셈 문제' 수준이라면, 비구조적이라는 의미는 '응용문제' 수준이라고 할 수 있다.

DSS는 이처럼 비구조적 업무를 도와주는 IS이다. 또한 PDS가 의사결정을 대행해 준다면, DSS는 단순히 의사결정을 지원(support)한다. 의사결정지원시스템(DSS)은 과거 사례와 선례 혹은 추세와 같은 데이터를 바탕으로 분석하여 어떤 결정을 내리는 것이 좋은지 선택 가능한 대안(alternatives) 형태로 의사결정권자 또는 경영자, 관리자에게 제시한다. 의사결정자는 IS가 주는 여러 대안을 정보의 형태로 받아서 자신이 DSS에 반영되어 있지 않은 사항을 추가로 고려하여 종합적인 의사결정을 내리게 된다. 그러므로 DSS는 의사결정을 대체하는 것이 아니라 지원하는 것이라고 할 수 있다.

이와 같은 DSS는 효율성을 강조하기보다는 효과성을 강조한다. '보다 빠르게, 보다 싸게' 가 아니라 '보다 정확하게' 문제를 풀 수 있는 방법과 정보를 제공하는 것을 목적으로 하고 있기 때문이다.

결론적으로 DSS에 대한 정의를 내리면 다음과 같다.

"DSS is a system that supports the manager seeking to solve a semi-structured problem by providing information and suggestions."
(DSS는 의사결정자가 비(반)구조적 문제를 해결할 수 있도록 정보와 제안 제공을 통하여 지원하는 시스템이다.)"

요약하자면, 과거의 자료를 분석하여 시스템이 하나의 대안을 제시해 주는 것이다. DSS는 시스템과 사용자 간의 쌍방향의 소통이 보다 빠르게 이루어져야 하고, 사용하기에 편리하여야 하고, What-is뿐만 아니라 What-if 유형의 분석이 가능해야 하며, 그 시스템에서 고려되지 않은 변수의 값의 영향에 의해 의사결정의 내용이 어떻게 달라질 수 있겠는지를 감도분석을 통해 지원해 줌으로써 경영자의 의사결정에 확신을 줄 수 있어야 한다.

(2) DSS와 IRS의 비교

DSS와 IRS에 대한 비교는 중요하여 [그림 2-11]을 통해 자세히 살펴본다.

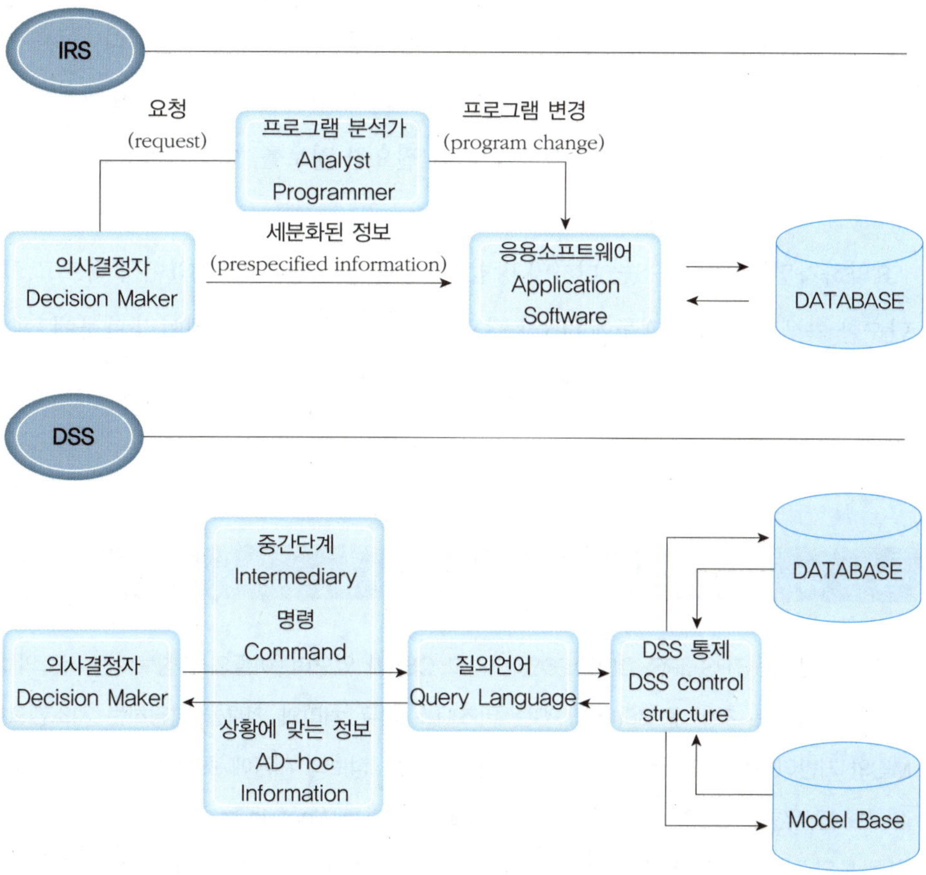

그림 2-11. DSS와 IRS의 비교

IRS는 프로그램을 할 능력을 가지고 있지 않은 의사결정자가 프로그래머에게 요청을 한다. 프로그래머나 분석가들이 그 요청을 받아 프로그램을 만들다. 그 프로그램(예 : 재무상태를 나타내는 프로그램, 재무제표 프로그램, 판매일보 프로그램 등)이 DB에 접속하여 데이터 가공을 수행하고 의사결정자에게 그 정보를 전달해 준다.

이와 달리 DSS의 경우는 프로그래머의 손을 거치지 않고 보다 쉽고 편리하게 사용할 수 있다. IRS는 주로 3세대라는 컴퓨터 언어(programming language)를 사용하지만, DSS는 주로 4세대라는 컴퓨터 명령어(query language)를 사용함으로써 시스템의 용량을 많이 차지하지만 매우 쉽게 질문할 수 있는 형태의 시스템으로 구성된다. 의사결정자가 쉽게 사용할 수 있는 명령어를 사용하여 DB의 데이터를 불러오고, 모델베이스에서 관련된 모델을 찾아 분석하며, 상황에 따라 필요한 정보를 찾아 의사결정자에게 제공해 주는 시스템이다.

요약하자면, DSS와 IRS는 디자인 방법, 구성요소, 사용 언어에 있어서 다르고, IRS는 단순한 속셈 문제이기 때문에 DB만 필요하지만, DSS는 응용문제이기 때문에 DB뿐만 아니라 모델베이스까지 필요하다는 점에서 차이가 있다.

정리하기

MIS의 유형에는 TPS, IRS, DSS, PDS, 그리고 CSS가 있으며, 이들의 명칭보다는 기능의 차이점을 이해하는 것이 중요하다. TPS는 비즈니스 업무 처리와 기록을 담당하는 시스템으로 MIS의 기반이 된다. 'What-is' 시스템 유형인 IRS는 정보의 제공에 초점을 가지며, 'What-if' 시스템 유형인 DSS는 정보의 분석에 초점을 가진다. 'What-is'는 주로 각종 리포트나 조회를 도와주는 IRS가 관심을 갖는 질문의 유형이고, 'What-if'는 시뮬레이션이나 감도분석을 도와주는 DSS가 주로 지원해 줄 수 있는 질문의 유형이다.

What-is, What-if 타입의 질문 또는 문제 형태의 차이점을 잊지 않는 것이 특히 중요하다. 왜냐하면 대부분의 경영시스템 유형이 주로 여기에 해당되며 나아가 실제로 응용시스템 개발과정에서 방법론 선택을 차별화해야 하는데 이때 중요한 개발방법론 선택의 기준이 되기 때문이다.

이번 장에서는 MIS에 관한 개념과 정의, 유형과 역할 그리고 발전과정을 살펴보았다. 그럼 다음 장에서 보다 구체적으로 한발 더 들어가, MIS를 시스템의 시각으로 바라보기로 하자. 그래서 시스템이란 무엇인지, 시스템과 모델링과의 관계, 그리고 시스템의 중요한 구성요소인 프로세스와 데이터베이스의 개념과 역할을 MIS와 연계하여 살펴보기로 한다.

평가하기

➔ 제시된 문항의 질문에 답하거나, O/X 여부를 결정하세요.

1. WHAT-IS 유형이란 무엇일까?
2. WHAT-IF 유형이란 무엇일까?
3. TPS와 IRS는 어떠한 차이점이 있을까?
4. DSS는 다른 시스템과의 호환 없이 독자적으로 작동한다. (O/X)

Chapter 3

시스템, 프로세스, 데이터베이스 (System, Process and Database)

Chapter **3**

시스템, 프로세스, 데이터베이스
(System, Process and Database)

경영 프로세스의 늪(swamp)과 정보시스템

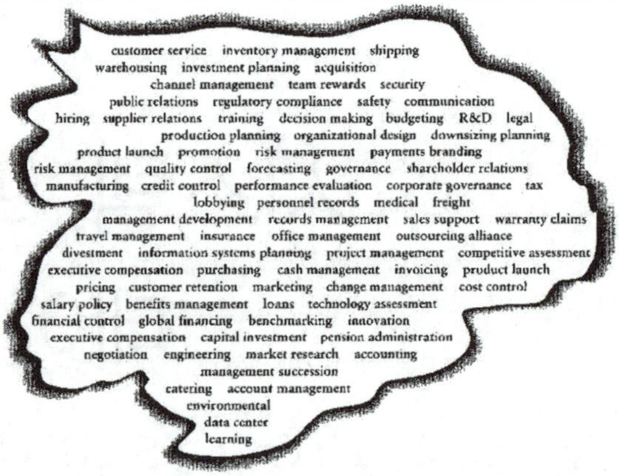

출처: Keen(1997)

오늘날 기업의 경영 기능별 프로세스는 내부환경뿐만 아니라 외부환경요인의 영향으로 복잡하고 다양한 형태로 급변하고 있다. 따라서 기업이 전략을 수행하고 목표를 달성하는 능력과 정보시스템을 이용하는 능력 간에는 상당한 관련이 있으며, 기업 목표달성을 위해 전 분야에 걸쳐 정보시스템을 전략적으로 활용하고 있다.

초기 정보시스템은 기업의 일부 기능 영역, 주로 거래 처리 영역에 있어서 자동화를 구현하는 수준에서 시작되었지만, 현재는 그림에서와 같이 기업의 다양한 기능 영역이 외부 환경적 요인을 고려하여 넓은 영역에 걸쳐 다양한 프로세스의 형태로 구현되고 있다.

'프로세스의 늪(swamp) [Keen, 1997]'과 같이 표현된 다양한 경영의 영역은 기업이라는 광범위한 시스템 내에 영역별 시스템으로 구축될 수 있으며, 시스템을 구축할 때 현실의 시스템을 모방하기도 하지만, 때로는 완전한 구현이 불가능하여 현실의 시스템을 압축하기도 한다.

경영 현장에 적절한 시스템을 분석하여 설계하기 위해서는 모델링 개념에 대한 이해가 필요하다. 복잡한 현실에서 중요한 것은 포함시키고 그렇지 않은 것은 제외시킴으로써, 그 유형은 단순하지만 중요한 것은 모두 포함하는 모델을 수립하고, 이를 시스템화할 수 있다.

경영활동에 있어서 현실이 하나라고 하더라도 정보시스템의 분석가와 설계자가 보는 시각에 따라 시스템은 얼마든지 다르게 설계될 수 있고, 필요한 정보와 분석결과가 다르게 나타날 수 있다. 그렇기 때문에 경영 현장은 사용자의 입장, 직원의 시각을 개발자와 분석가의 시각에서 적절하게 조화되고 일치될 때, 그 시스템은 보다 현실에 가깝게 설계될 수 있다.

APQC(American Productivity and Quality Center)

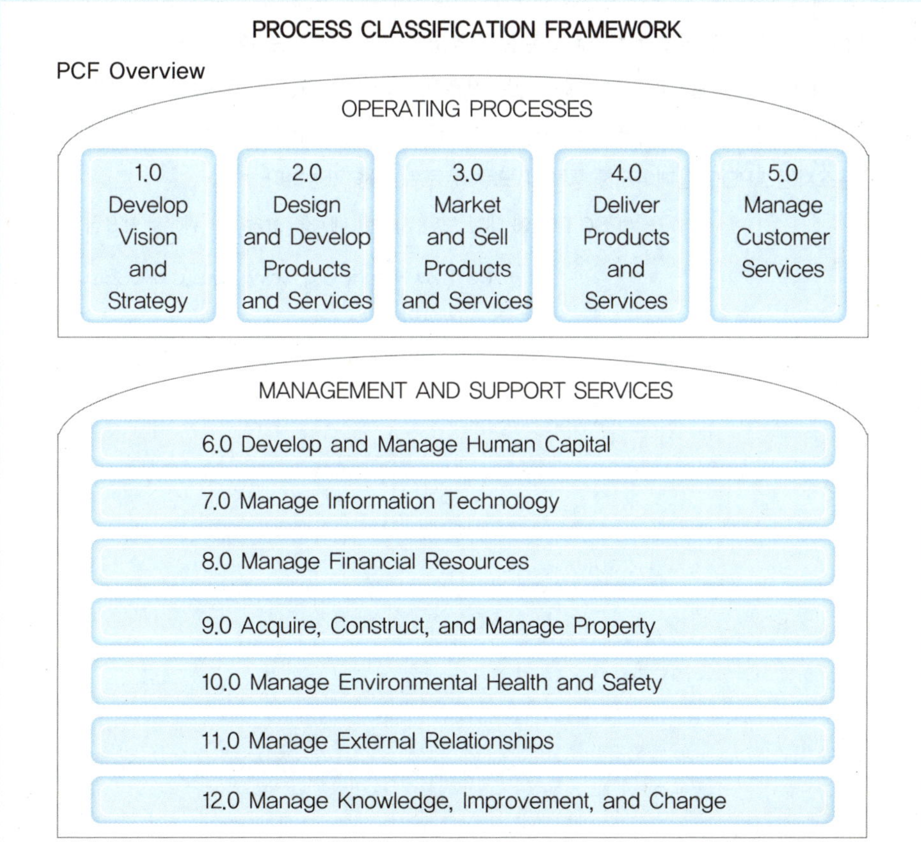

프로세스와 성과 향상을 위해 참고할 자료원으로 국제적으로 알려진 APQC는 조직들이 변화하는 환경에 빠르게 적응하고 새롭고 보다 나은 업무처리방식을 구축하여 시장에서 경쟁우위를 갖출 수 있도록 지원한다.

APQC는 생산성과 지식경영, 벤치마킹과 품질향상을 위한 동인들에 초점을 두어 베스트 프랙티스를 인지하고, 광범위하게 산재한 효율적인 개선방법들과 해법들을 찾아내며, 성공을 위해 필요한 도구들과 지식, 훈련과 함께 개별 기업들 간의 네트워크를 형성시킨다.

1977년에 설립된 APQC는 비즈니스, 교육, 정부 등 모든 영역에 걸친 전 세계적인 회원제 비영리 서비스 조직이다. 또한 APQC는 2003, 2004년 북미 가장 존경스런 지식 기업(MAKE, North American Most Admired Knowledge Enterprise)으로 선정되었다.

APQC에서 제시하는 PCF는 APQC와 회원 기업들에 의해 개발되었으며 업종, 규모 또는 지역에 관계없이 프로세스 관리와 벤치마킹을 통한 경영의 개선을 촉진하는 개방된 표준이다.

PCF는 프로세스 그룹들과 1,500개가 넘는 프로세스 그리고 관련된 활동들을 포함하여, 12가지의 기업 수준 분류로 운영과 경영프로세스를 구성하였다. PCF와 연계된 측정 자료들 그리고 벤치마킹 설문조사는 APQC 홈페이지를 통해서 모두 무료로 이용 가능하다.

– APQC PCF에 대한 보다 자세한 내용을 학습하기 위해서 제8장 ISP 참조

출처 : www.apqc.org, www.apqc.org/OSBCdatabase

3.1 시스템과 모델링(System & Modeling)

[내 용]

- 시스템의 정의
- 시스템의 성과 측정
- 시스템으로서의 응용시스템
- 모델링

앞장에서 MIS에 관한 개념과 유형과 역할을 살펴보았다. 이번 장에서는 보다 구체적으로 시스템이란 무엇인지, 모델링과의 연관성, 그리고 프로세스와 데이터베이스를 살펴본다.

시스템은 프로세스(process)와 데이터베이스(database)로 나눠진다.

첫 번째는 시스템과 모델링으로 시스템이라는 개념에 따라 모델링 혹은 모형화가 어떻게 이루어지는지를 다루며, 두 번째는 프로세스 모델링(process modeling)으로, 그 개념과 과정, 그리고 프로세스 모델링의 산출물이 무엇인지를 다루며, 세 번째는 데이터베이스 모델링(database modeling)으로, 그 개념과 과정, 데이터베이스 모델링의 산출물에 관한 내용을 다룬다.

[생각해 보기]

- 우리 생활 속에서 어떤 것을 흔히 시스템이라고 말하는지 생각해 보세요.
- 프로세스란 일련의 처리절차를 의미하는데, 좋은 프로세스와 나쁜 프로세스의 차이는 무엇일까요?
- 우리가 DB(데이터베이스)라고 말할 때 무엇을 의미하나요?
- 컴퓨터의 DB 이외에도 다른 형태로 있을 수 있을까요?

[목 표]

- 시스템의 구조와 성과 측정에 대한 이해
- 모델링의 기본 개념 이해

다음 두 개념을 토대로 시스템 모델링, 프로세스 모델링, 데이터베이스 모델링의 개념, 모델링 과정과 산출물에 대해 이해하는 것을 목표로 한다.

• 의사결정지원을 위한 시스템의 구조 이해

시스템은 시스템을 구성하는 요소가 공통의 목적을 가지고 그 목적을 추구하고 있는 집합체라고 정의할 수 있으며, IS의 경우에도 H/W, S/W, data, people, procedure의 다섯 가지 구성요소가 '의사결정(decision making)' 이라는 공통의 목적으로 구성되어 있기 때문에 시스템으로 이해될 수 있다.

• 모델링에 대한 기본 개념 이해

시스템을 구축할 때 현실의 시스템을 모방하기도 하지만, 때로는 완전한 구현이 불가능하여 현실의 시스템을 압축하기도 한다. 따라서 모델링 개념에 대한 이해가 필요로 되며, 모델링의 개념과 함께 시스템 분석과 설계(system analysis and design)가 보다 합리적으로 이루어질 수 있다.

[용 어]

시스템 (system)	시스템은 공통적인 목표를 성취하기 위해 함께 일하고 있는 구성요소들로 이루어져 있다.
인터페이스 (interface)	원래의 의미는 접점이지만, 시스템 서로 간의 정보 또는 가치 교환 경로 혹은 채널을 의미한다.

3.1.1 시스템(System)

(1) 정의

시스템(system)에 대한 일반적인 정의는 다음과 같다.

> "A system consists of elements working together to achieve a common goal."
> (시스템은 공통목적을 달성하기 위한 요소로 구성되어 있다.)

시스템의 구성요소들은 시스템의 경계(boundary)에 내재되고, 구성요소 안에는 human(사람) 중심의 처리장치, organization(조직) 중심의 처리장치, IS(information system or information technology) 중심의 처리장치 등이 존재한다. 이러한 시스템을 H/W, S/W, data, people, procedure 등의 여러 가지 구성요소로 설계를 하게 된다. 이런 시스템은 단순히 그림으로 표현한다면 몇 개의 박스로 표현될 수 있다. [그림 3-1]의 중심에 자리 잡고 있는 직사각형의 박스가 process이며, 이 프로세스는 input을 받아 output을 창출하는 일종의 '공장' 이라고 할 수 있다. 프로세스의 왼쪽에 위치하는 평행사변형의 박스가 input이고, 오른쪽의 다른 평행사변형 박스가 output이다. 프로세스 위의 평행사변형이 데이터베이스(DB : database)이다.

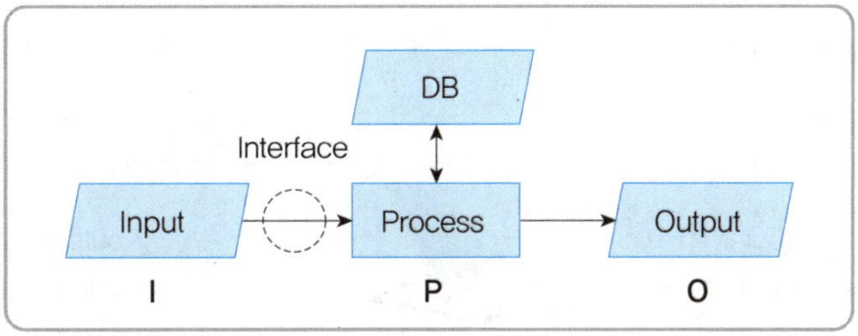

그림 3-1. 시스템의 구성요소

이 그림은 사용자가 원하는 다양한 정보 검색 요구를 input으로 받고, process에 들어 있는 S/W 또는 사람 중심의 처리장치가 DB에 저장되어 있는 제품, 고객, 구매, 판매 등의 자료에 대한 정보들을 크로스 체크(cross-check)하여 프로세스에서 필요로 하는 정보(보고서 등)를 output으로 만들어내는 과정을 설명한다. 즉, '정보' 의 기본적인 처리장치와 구성요소를 설명하는 것이다. 인터페이스(Interface)는 input과 process가 이루어지는 전달장치를 의미한다. 즉, 'input-process' 혹은 'process-output' 이 서로 정보를 교환할 수 있는 의사소통의 채널(channel) 혹은 접점을 의미한다.

(2) 성과 측정

시스템은 공통목적을 달성하기 위한 요소의 구성이므로 과연 "필요에 의해서 구축된 시스템이 잘 운영되고 있는가" 를 판단해 볼 필요가 있다.

"측정되지 않는 것은 관리될 수 없다" 라는 말이 존재한다. 이는 "학생이 본인의 성적을 알 수 없으면 본인이 어떤 수준에 있는지, 얼마만큼 잘하고 있는지 알 수 없기 때문에 발전과 학습이 잘 이루어질 수 없다" 는 의미와 같다. 일반적으로 경영학에서 IS는 '시스템의 성과측정' 과 직접적으로 연관될 수 있으며, 만일 그 시스템의 처리절차와 산출물이 얼마만큼 잘 진행되고 있는가를 모른다면 시스템의 발전이 이루어질 수 없다. 시스템의 성과는 효과(effectiveness)와 효율(efficiency)이라는 두 가지 개념으로 측정

그림 3-2. 성과측정

될 수 있다.

첫째, 효과(effectiveness)는 'doing the right things', 즉 "시스템의 목표를 어느 정도 달성하였는가?", "할 일을 얼마만큼 달성하였는가?"를 의미한다. 업무의 노력의 정도가 아닌, 경영의 결과(목적의 달성)를 의미한다. 예를 들어, 100점 만점의 시험에 있어 80점을 받은 사람이 70점을 받은 사람보다 더 효과적이라고 할 수 있다. 따라서 효과는 earning(소득)과 같은 맥락이라 할 수 있고, 결과 중심적인 개념이다. 효과 측정은 '실제로 달성한 actual output(실적)을 목표로 삼았던 planned output(목표)으로 나눈 값(actual/planned)'으로 계산된다.

반면, 효율성(efficiency)은 'doing things right'이다. 즉, "목표를 달성하기 위해 자원을 얼마만큼 소비하였는가?"를 의미한다. 예를 들어 A학점을 받기 위해 4시간을 잔 사람과, 8시간을 잔 사람의 차이가 효율성과 관련된 것이라고 할 수 있다. 효율성은 'Output/Input'의 수식으로 계산되고, 목표를 달성하기 위해 자원을 적게 소비할수록 더 효율적이라고 할 수 있다. 따라서 효율성 측정은 얼마만큼 자원을 절약(saving)하였는가에 관련되며, 결과 중심적인 측정이 아닌 과정 중심적 측정이라고 할 수 있다.

이처럼 효과와 효율은 경영에서 매우 중요한 성과 측정의 수단이라고 할 수 있고, MIS에서 경영 관련 정보를 구성하는 중요한 콘텐츠가 된다. '효과성'이나 '효율성'은 의사결정자에게 '정보(information)'의 형태로서 전달된다. 즉, 시스템은 만일 의사결정자에게 경영 효과성이 더 중요한 상황이라면 시장점유율 증가나 불량률 감소 지표를 정보로, 경영 효율성이 중요한 상황이라면 생산성이나 검수 통과율 지표를 정보로 전달하여야 한다. 이 두 가지 중에서 "어느 것이 더 중요하다"라고 단정지어 말할 수는 없다. 의사결정을 해야 하는 상황에 적절하게 우선순위가 정해져야 하기 때문이다. 만일 현재 사용할 수 있는 가용자원이 한정적이거나 비싸면 효율성 지표가 더 중요시되고, 자원에 여유가 있어서 자원의 소비가 크더라도 목표달성이 중요하다면 자연적으로 효과성 지표가 더 중요할 것이다.

요약하면, 경영의 현장에서 MIS는 투자의 규모, 자원의 소비량, 원가 절감과 같은 '효율 중심의 MIS' 와 시장 점유율의 증가, 고객의 만족도, 불량률과 같은 '효과 중심의 MIS' 가 존재한다. 이러한 '경영정보' 는 경영의 성과 지표와 밀접하고 유사한 형태를 가지고 있다. 이것을 경영정보시스템에서는 '정보' 라고 지칭하고, 경영학에서는 '성과측정 지표' 라고 지칭하는데 이 둘은 매우 유사한 개념을 다른 단어로 표현한 것이다.

(3) 예시 : 시스템으로서 응용시스템 구성과 흐름

[그림 3-3]의 이 다이어그램은 여러 개의 시스템이 상위시스템의 구성요소로 존재하는 일반적 응용시스템을 나타낸 것이다. 따라서 여러 개(4개)의 프로세스와 input/output 세트(set)가 그림에서 평행사변형과 직사각형의 조합으로 존재한다. 그림에 표현된 직사각형은 각각 입력 자료 검증을 위한 검증, 정렬, 갱신, 조회 과정이 결합된 체인으로 총 네 개의 하위시스템(subsystem)이 표현되어 있다. 전체적으로 보면 하나의 IS이지만, 내부적으로 다양한 기능을 하고 있는 네 개의 sub-system으로 구성되어 있다.

- 데이터 검증을 위한 'verifying subsystem'
- 데이터 정렬을 위한 'sorting subsystem'
- 데이터 갱신을 위한 'updating subsystem'
- 정보 출력을 위한 'output subsystem'

입력된 자료의 검증을 위해 'verifying subsystem' 에 검증할 입력 자료인 input data가 들어간다. 예를 들어 기말고사를 채점하고 학생들의 성적을 통해 학점을 입력하면 검증 시스템이 작동이 된다. 만일 학생이 누락되었거나 학교 DB에 저장되어 있지 않은 사람의 성적을 입력하려고 한다면 이 검증 시스템이 valid data인지 invalid data

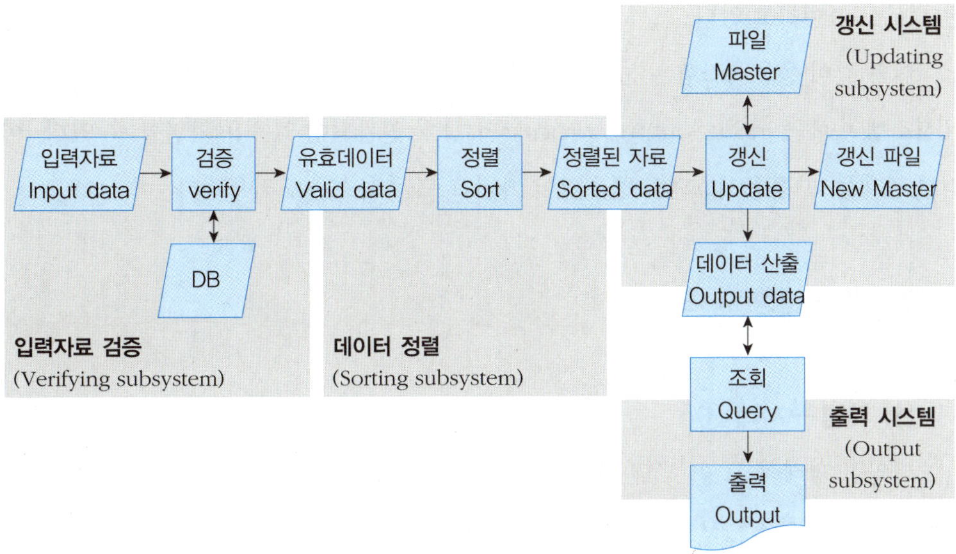

그림 3-3. 응용시스템의 흐름 예시

인지 판단을 하고 valid data(올바른 데이터)는 채택, invalid data는 거부된다. 기업에서는 항상 수량, 가격, 담당자, 구매자, 시기, 장소 등에 대한 data가 사람에 의해서 입력되기 때문에 이런 data에 관한 검증이 수행되어야 한다.

'sorting subsystem'은 올바른 데이터를 입력 받은 후 데이터 순서를 적절하게 정하는 것을 말한다. 예를 들어 알파벳 순서나 학번 등의 순서로 data의 체계, 구조를 수정하면 'sorted database'가 생성된다.

sorted data를 이용하여 'updating system'이 기존에 저장되어 있던 master 파일(입학 이후의 총 학점이 저장된)을 불러 최신 정보, 즉 sorted data로 업데이트하면 갱신된 파일인 new master 파일이 생성된다.

이어서 output data가 산출될 수 있는데, 이 data를 통해 학생들이 자신들의 특정 학기 성적을 조회할 때, 'query subsystem'이 학생들의 성적이나 성적표를 output 형태로 구성하여 보여준다. 최종 output 도형은 문서보고서 형태의 output임을 독특한 심볼로 표현하고 있다.

이와 같이 응용시스템은 눈높이에 따라 시스템 속에 서브시스템이 존재하고, 그 서브시스템 속에는 input, output, process가 상호 연관되어 있음을 확인할 수 있다. 이러한 관계는 IT 응용시스템의 경우만이 아니고 모든 시스템에 적용된다.

3.1.2 모델링(Modeling)

(1) 개념—사례 ①

다양한 형태의 모형, 모델, 프레임워크, 그리고 시스템 매뉴얼은 복잡한 현실에서 중요한 것을 포함시키고 그렇지 않은 것은 제외함으로써 단순하지만 중요한 것은 모두 포함하는 이미지를 형상화하고, 이를 전달, 상호 이해 그리고 시스템화하는 데 사용하게 된다.

그림 3-4. 모델링에 대한 다양한 관점

[그림 3-4]에서 볼 수 있듯이 현실(reality) 혹은 사실(fact)은 매우 복잡한 형태의 모형으로 보인다. 이렇게 복잡한 현실은 보고자 하는 측면 혹은 관점에 따라 삼각형, 직

육면체, 기둥의 형태로 다양하게 보여질 수 있다. 예를 들어, 의류회사의 매출이 증가했다는 것은 하나의 현상과 현실이지만, 그 현실이 영업사원의 노력에 의한 것인지, 생산공장에서 불량률의 감소에 기인한 것인지, 디자인 부서에서 제품을 잘 설계했기 때문인지, 이 현상을 보는 시각에 따라 다양하게 해석될 수 있다. 즉, 경영활동에서 현실이 하나라고 하더라도 정보시스템의 분석가와 설계자가 보는 시각에 따라 시스템은 얼마든지 다르게 설계될 수 있고, 필요한 정보의 보고와 분석이 다르게 나타날 수 있다. 그렇기 때문에 경영 현장에 있는 사용자의 입장과 직원의 시각 그리고 개발자와 분석가의 시각이 적절하게 조화되고 일치될 때, 그 시스템은 보다 현실에 가깝게 설계될 수 있다.

이처럼 복잡한 현실을 반영한 시스템은 다양한 시각이 잘 반영되어 모두 내재되어 있어야 한다는 것이 IS를 분석하고 설계하는 데 어려운 점이라고 할 수 있다.

(2) 모델링 단계—사례 ②

그렇다면 좋은 모델 혹은 좋은 시스템의 조건은 무엇일까? 좋은 시스템적 모형은 간결성과 더불어 종합성을 갖추어야 한다. 종합성은 중요한 사항이 종합적으로 모두 내재되어 있어야 한다는 것을 의미한다. 모델링을 하는 단계는 [그림 3-5]와 같다.

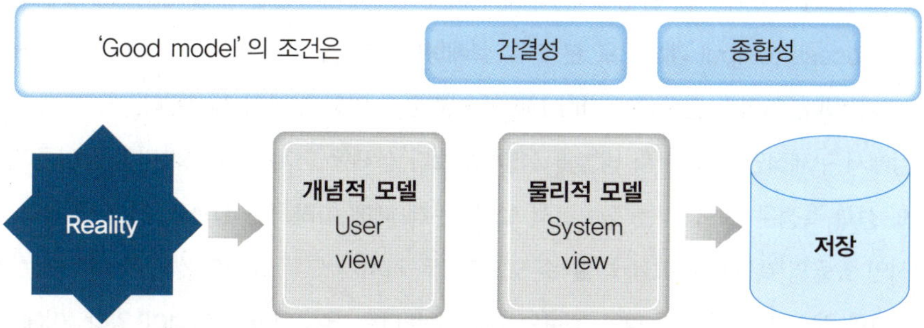

그림 3-5. 모델링 사례

먼저 항상 특정 형태로 정의될 수 없는, 분석 대상인 '현실(reality)' 에 대해 개념적 모델화를 시도한다. 즉, 모델링의 1차적 단계에는 개념적 모델링(user view)으로, 기업의 직원들과 관리자(경영자)들, 즉 시스템 사용자들이 현재의 시스템 상황에 대하여 어떻게 바라보고 있는가, 구체적으로 "현재 무엇이 문제인가?" 혹은 "추가 정보로 필요한 것은 무엇인가?", "보고서의 형태나 화면의 구성에 어떤 문제점을 가지고 있는가?" 와 같이 현실과 요구사항들을 설계한다.

두 번째 단계에서는 물리적 모델링(system view)을 통해 정보기술(DB, 통신, S/W, DW, 화면 설계 등)의 전문가들이 앞 단계의 매니저 등 사용자들의 요구사항을 바탕으로 IT를 이용하여 기술적으로 모델링을 진행한다. 이를 통해 마지막 단계에서 S/W, DB 등이 구축된다.

정리하기

모델링은 시스템 구현을 위한 청사진과 같다. 경영 현실이 개념적 모델로 적절하게 분석되었을 때 시스템이 제대로 설계될 수 있고, 그에 따라 물리적 시스템이 적절하게 구축될 수 있다.

경영정보시스템은 시스템의 관점에서 이해하여야 한다. 따라서 현실 세계의 시스템 구성요소를 input, process, output 개념으로 분석 및 설계하는 시스템 모델링 지식과 관련된 기술을 배울 필요가 있다. 이러한 필요성에 따라 MIS의 방법론적 이해 부분이 제시된다.

제8장에서 구체적인 IS의 구축 방법을 접할 때 보다 상세한 단계적 절차와 방법을 다룬다.

경영의 성과 측정은 MIS에서는 정보로서 보여지는데 때에 따라서는 결과중심적인 효과와 과정중심적인 효율의 측면으로 크게 나눌 수 있으며, 두 가지가 모두 경영의 성과를 나타내는 것이고, 경영의 성과로서 중요한 경영 정보의 대상이 된다는 유사점과 차이점이 있다. 이에 대한 이해가 경영 현장에서 시스템을 진단, 분석, 설계, 계획을 수립하는 데에 정보를 제공하는 도구가 된다.

즉, 정보가 없이 진단, 분석, 설계 모두 불가능하고, 반대로 진단, 분석, 설계 시 이러한 지표를 활용하고 추가적인 정보를 제공하기 위해 노력하는 것이 MIS 모델링의 역할이라고 할 수 있다.

평가하기

제시된 문항의 O/X 여부를 결정하세요.

1. 개념적인(Conceptual) 것은 물질적인 것이 아니기 때문에 시스템이 될 수 있다. (O/X)
2. 효과와 효율은 어느 것이 더 중요하다 말할 수 없다. (O/X)

다음 문장이 효과와 효율 중 어느 것에 해당하는 내용인지 선택하세요.

3. 얼마만큼 계획한 목표를 달성하였는가? (효과, 효율)
4. 계획한 목표를 달성하는 데 얼마만큼의 자원을 소비하였는가? (효과, 효율)
5. 결과중심적 (효과, 효율)
6. 과정중심적 (효과, 효율)

3.2 프로세스 모델링(Process Modeling)

[내 용]

- 프로세스 모델링의 주요 이슈
- 프로세스의 전통적 분류
- 프로세스의 새로운 전략적 분류
- 프로세스의 핵심성
- 프로세스의 전략적 분류와 대응방안
- 프로세스 Flowchart

[목 표]

- 프로세스 모델링 개념의 이해
- 프로세스 모델링 과정의 이해
- 프로세스 모델링 산출물의 이해

프로세스 모델링의 기본 개념과 프로세스 모델링 과정에서 이루어지는 행위들, 그리고 그 과정 속의 산출물로 어떤 유형들이 있는지 이해하는 것을 목표로 한다.

[용 어]

5W1H	what?: 어떠한 프로세스인가? where?: 어느 부서(위치)인가? who?: 입력의 담당자(고객, 전산부서, 인사부서 등)가 누구인가? when?: 여러 업무의 순차는 어떠한가? how?: 어떻게 처리하는가? why?: 왜 그 일을 해야 하는가?
identity(정체적), priority(우선적), background(지원적), mandated(제도적)	저명한 교수이자 컨설턴트인 P. Keen이 제안하는 전략적 중요도에 따른 네 가지 프로세스 유형으로 프로세스 이노베이션에 대한 타겟팅을 고객 및 가치의 관점에서 분류하고, 해결방안을 선정하는 데에 유용한 가이드가 된다.

3.2.1 프로세스 모델링의 주요 이슈

프로세스는 기업에서 일어나는 여러 가지 행위, 활동, task를 의미하며, 이러한 프로세스에는 다섯 가지의 주요 이슈가 있다.

프로세스의 분류	• 대분류, 중분류, 소분류
핵심 프로세스의 파악	• 전통적 평가방법 • 빙하이론적 평가방법
프로세스의 구성	• 프로세스 • 휴먼, 테크놀로지
AS-IS 모델링	• 5W1H로 자세히 분석
TO-BE 모델링	• 새로운 기능의 통합

그림 3-6. 프로세스 모델링의 주요 이슈

첫 번째 이슈는 프로세스의 분류이다. 프로세스는 대분류, 중분류, 소분류 등 눈높이에 따라 여러 가지로 분류가 가능하다. 이러한 분류를 통해서 두 번째로 제시될 중요한 이슈인 핵심 프로세스를 찾아낼 수 있다. 예를 들어, 음식점에서 어떤 음식을 먹을지에 대한 의사결정을 내릴 때 어떤 메뉴가 준비되어 있는지 알고 나면 선택과 선택에 따른 활동과 행위가 가능하다.

두 번째 이슈는 그 분류에 따라서 핵심 프로세스를 찾아 '타겟팅' 하는 것으로 핵심 프로세스의 파악이라 한다. 이러한 핵심 프로세스의 파악에 있어서는 전통적인 평가방법(무엇이 중요한 것인지, 무엇에 문제점이 있는지, 가산점을 줄 것인지 등)과 보다 전략적인 측면의 빙하이론적 평가방법이 있다.

세 번째 이슈는 프로세스의 구성이다. 프로세스를 '해야 할 일' 이라고 한다면 그러한 일을 하는 당사자 혹은 담당자의 구성을 의미하며, 담당자에는 사람과 테크놀로지의 두 가지 유형이 있다. 구체적으로 기업에서 다양한 일을 하고자 할 때 "무슨 일을 할 것인가" 가 중요하고, "사람이 처리를 할 것인가", "기술적으로 처리할 것인가" 혹은 "사람과 기술이 적절하게 믹스(mix)되어 처리 가능한가" 라는 일종의 프로세스 디자인에 관련되는 이슈이다.

네 번째 이슈는 현재의 프로세스를 어떻게 이해할 수 있는가와 관련된 AS-IS 모델링이다. AS-IS 모델링의 의미는 현상분석으로 다음 이슈인 TO-BE 모델링과 대비되는 개념이다. 즉, 현재의 업무 프로세스의 흐름이 어떻게 이루어지고 있는가를 문서화한 것이다.

반면, TO-BE 모델링은 재설계의 의미로 어떠한 형태의 새롭고 혁신적인 방법으로 혹은 이상적인 방법으로 바꿀 것인지에 관한 개념이다. 따라서 TO-BE 모델링은 '현재의' 프로세스가 아닌 '미래의' 업무프로세스 흐름으로 설계하는 것을 의미한다.

프로세스의 AS-IS 모델링의 주요한 방법은 5W1H이다. 타겟팅된 프로세스를 잘 이해해야 해당 프로세스에 문제가 있는지, 또 그 프로세스 구성요소의 어느 서브프로세스에서 문제가 있는지를 파악할 수 있다. 이렇게 프로세스를 잘 이해한다는 것은 5W1H를 적절하게 나타낼 수 있는 것을 의미한다. 즉, what: 어떠한 프로세스인가?, where: 어느 부서(위치)인가?, who: 입력의 담당자(고객, 전산부서, 인사부서 등)가 누구인가?, when: 여러 업무의 순차는 어떠한가?, how: 어떻게 처리하는가?, why: 왜 그 일을 해야 하는가?(원가절감, 전략적 연계 등) 등 현재 프로세스의 흐름을 분석하고자 할 때, 5W1H를 문서화하여 표현할 수 있다면 문제점을 더욱 잘 파악할 수 있다.

앞에서 시스템을 문서화할 때 기본적으로 'Input-Process-Output' 과 같이 물질 중심, 즉 what과 when을 중심으로 이해하였다면, 프로세스에 대한 이노베이션을 추구할 때에는 보다 상세하게 파악하여야 한다. 즉, 최근에는 what뿐만 아니라 방법과 담당자를 포함하는 5W1H를 모두 업무의 흐름도에 표현할 수 있어야만 혁신적인 설계가 가능해진다는 것을 알아야 한다.

끝으로 TO-BE 모델링은 AS-IS 모델링이 적절히 이루어진 후에 미래의 프로세스 디자인 설계안을 새롭게 제시하는 것으로서 여러 가지 원칙이 존재한다. 지리적 한계나 시간적 한계를 무시하거나 순차적으로 처리되어야 할 일을 동시에 병행처리(처리시간 단축, 원가의 절감)하는 것 등이 포함된다.

3.2.2 프로세스(Process)

(1) 전통적 분류

MIS는 경영, 정보, 시스템적 사고와 연계되어 있으며, 여기서 경영은 가치를 창출해 내는 기업이나 조직에 있어서의 순환적 활동이다. 프로세스는 다양하게 분류될 수 있는데, 먼저 계층적 분류란 수직적 분류를 의미하며 수행되는 업무의 계층에 따른 분류이다.

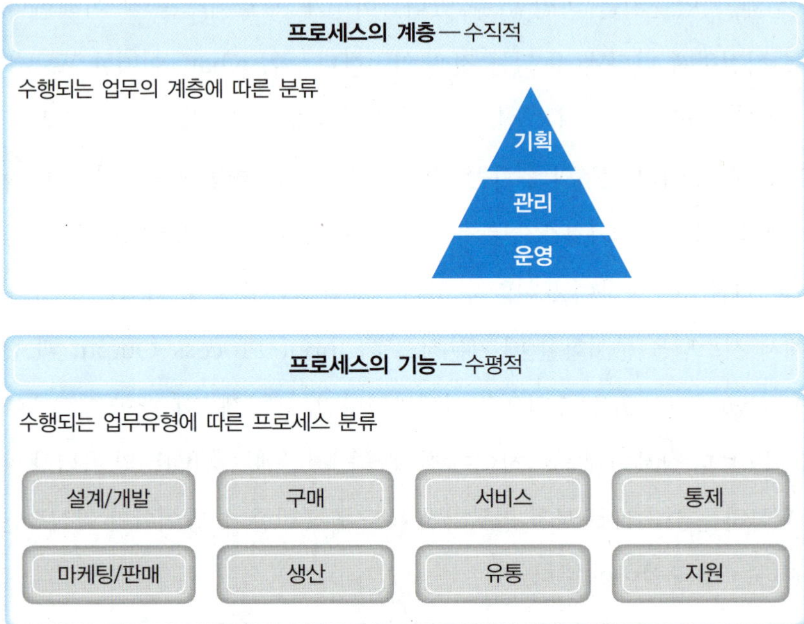

그림 3-7. 프로세스—전통적 분류

프로세스를 기업 구성원 중심으로 보면 최고 경영층(사장, 임원)-중간관리층-실무자 계층으로 분류할 수 있다. 최고 경영층은 기업이나 조직에서 이루고자 하는 새로운 전략의 수립, 자본의 투자 등의 기획 업무를, 중간관리층은 관리, 실무자들은 운영업무를 수행한다. 수직적 계층의 수는 조직이 크면 클수록 세분화되는 경향이 있다. 즉, 계층의 수준은 조직의 크기와 비례가 된다.

수평적 분류는 수행되고 있는 경영의 기능 또는 업무의 유형의 따른 분류이다. 설계/개발, 구매, 서비스, 통제, 마케팅/판매, 생산, 유통, 자원 등 실질적 운영에서 일어날수 있는 기능적 특성에 따른 분류이다.

전통적으로 프로세스는 경영학자들에 의해 수평적, 수직적으로 분류되어 왔으나, 프로세스 모델링에 있어서는 분류에 따른 효익이 무엇인지를 먼저 이해해야 하고, 어떤 프로세스가 더 중요하며 우선되어야 하는지를 전략적으로 고려해야 한다. 그 이유는 처리되어야 할 많은 업무와 한정된 자원이라는 제약 때문이다.

(2) 새로운 전략적 분류

전략적 분류를 통해 전략적으로 보다 더 중요하고, 시장 개척에 더욱 의미가 있거나, 고객들이 더 중요하게 생각하는 업무에 투자하면 투자 대비 효과가 클 것이라고 판단할 수 있다. 그러나 세상 일이 모두 노력에 비해 그 효과가 나타나는 것은 아니다.

예를 들어 수능의 경우 아무리 노력을 해도 학생들 사이의 변별력이 쉽게 가려지지 않은 과목이 있는가 하면, 조금만 공부를 해도 학생들 사이의 변별력이 쉽게 나타날 수 있는 과목이 있다. 이처럼 투자 대비 효과가 크게 나타난다면 기업 경영에 있어서 당연

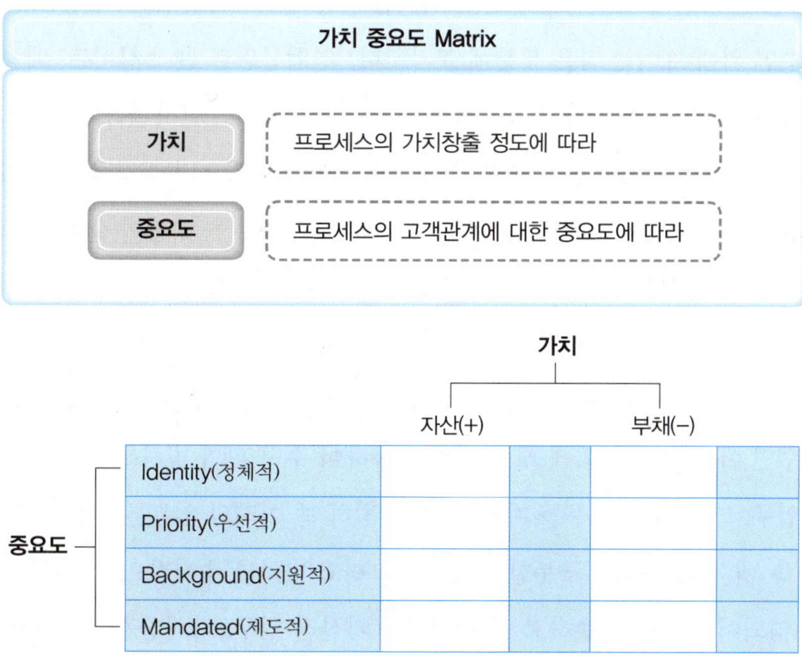

그림 3-8. 프로세스—새로운 전략적 분류

히 그 분야에 정보자원을 투자하는 선택과 집중이 가장 바람직하다. 이를 자원 투자의 전략적 관점이라고 할 수 있다.

저자가 좋아하는 저명한 교수이자 컨설턴트인 Keen(1997, 2000)이 제안하는 전략적 분류는 중요도에 따라 identity(정체적), priority(우선적), background(지원적), mandated(제도적)의 네 가지 프로세스로 분류된다. 이렇게 분류된 네 가지 유형은 자산적 업무와 부채적 업무로 구분되며, 기업에서 이루어지는 업무들을 모두 4×2의 8가지 유형으로 분류할 수 있다(제8장 ISP에서 8.2의 BOX 내용 참조).

이해를 돕기 위해 중요도에 따른 네 가지 프로세스 분류를 '빙하'에 비유할 수 있다. 빙하는 대부분 물속에 잠겨 있으며 수면 위로 보이는 것은 1/9에 불과하다. 즉, 수면 위에 보이는 부분은 매우 작고, 수면 아래에서 지지하고 있는 부분이 훨씬 크다는 것이다.

이처럼 빙하 전체가 기업에서 일어나는 업무 전체라고 하면, 고객에게 보이는 것은 빙하의 수면 위에 보이는 작은 부분에 불과하다. 영업사원과 판매 사이트, 배송과 A/S 처리 부분은 고객에게 보이지만, 그 뒤에서 재무, 경리, 회계, 인사관리 등의 업무, 최고경영층의 리더십 같은 경우는 기업에서 모두 이루어지고 있으며 실질적으로 고객의 눈에는 보이지 않는다. 즉, 고객의 입장에서 고객의 눈에 보이는 부분이 잘 이루어지고 있으면 고객은 그 기업이 좋은 기업이라고 인지하게 되고, 그렇지 않으면 반대로 이해하게 된다. 이것이 신뢰도에 연관되고 이러한 신뢰도가 재구매나 장기구매로 연결된다.

이때 고객의 눈에 보이는 수면 위의 업무는 정체적 업무에 해당된다고 할 수 있다. 그리고 수면 아래의 빙하를 세 개로 다시 분류하여 수면 위의 빙하를 지탱하는 업무를 우선적 업무, 그 아래의 업무를 지원적 업무, 빙하 맨 아래의 업무를 제도적 업무로 분류하여, 총 네 개의 층으로 구분할 수 있다. 그리고 빙하를 수직적으로 분류하면, 기업이 잘 운영되어 수익을 창출하고 있는 업무를 자산적 업무, 가치창출에는 별로 도움이 되지 않는 업무를 부채적 업무로 분류한다. 따라서 기업에서 일어나는 수많은 업무를 4

×2 매트릭스에 프로세스 단위로 분류한 후, 정체적 업무에 투자적 우선순위를 둘 수 있다.

(3) 핵심성

프로세스의 핵심성은 먼저 고객이 중요시하는 프로세스를 찾아내고, 기업의 입장에서도 중요한 프로세스라고 여겨진다면 그것이 기업에 있어서 가장 핵심적인 업무가 될 수 있다는 개념이다.

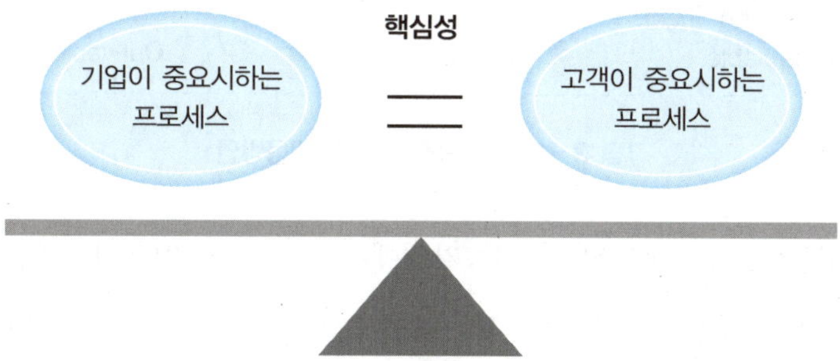

그림 3-9. 프로세스의 핵심성

만약 고객이 중요시하는 업무와 기업이 중요시하는 프로세스가 불일치한다면 어떻게 해야 할까? 오늘날의 기업들은 고객 중심의 경영활동을 수행한다. 만일 아무리 좋은 제품과 서비스라 하더라도 고객이 필요로 하지 않는다면 기업은 생존할 수 없다.

따라서 고객이 중요시하는 프로세스가 우선시되어야 한다.

(4) 전략적 분류와 대응방안

[그림 3-10]의 테이블은 Keen의 전략적 프로세스 분류에 따른 대응방안이다.

중요도 \ 가치	자산(+)	부채(-)
Identity(정체적) more than acceptable	OK	급진적 개선 Radical
Priority(우선적) more than acceptable	점진적 개선 Incremental	급진적 개선 Radical
Background(지원적) acceptable	점진적 개선 Incremental	외부로 맡김 Out-tasking
Mandated(제도적) acceptable		외부로 맡김 Out-tasking

그림 3-10. 전략적 분류와 대응방안

먼저 아래부터 보면, 제도적 업무는 기업에서 원하지 않지만 하지 않을 수가 없는 업무이다. 제도적 업무는 수익을 창출하는 업무는 아니다. 예를 들어 직원들의 의료보험이나 국세청에 제출하는 세무 관련 보고업무 등은 기업의 입장에서 이윤이 되는 업무는 아니다. 따라서 제도적 업무에는 자산적 업무에 해당되지 않고, 오히려 적자가 나는 부채적 업무이다.

다음으로, 정체적 업무와 우선적 업무가 적절히 처리되고 있다면 문제가 되지 않지만, 만일 이 두 업무에서 적자가 나고 있다면 급진적(radical), 즉 혁신적 대응방안을 강구해야 한다. 이런 급진적 방안을 위한 대표적 방법론으로 BPR(Business Process Reengineering)이 해당하고, 반면, 점진적인(incremental) 방안을 위해서는 TQM(Total Quality Management)이 여기에 해당한다.

다시 말해, 정체적 업무와 우선적 업무에 우선적 투자가 필요하고, 이 두 업무의 대응방안은 급진적이며 혁신적인 개선방안을 수행해야 하고, 반면 잘 처리되고 있는 우선적 업무와 지원적 업무와 같이 고객의 눈에는 보이지 않지만 기업의 입장에서는 중요하다고 사료되는 업무에 있어서는 점진적인 개선을 하는 것도 괜찮다.

만일 지원적 업무와 제도적 업무 중에서 수익을 창출하지 못하는 업무는 외주를 주는 아웃태스킹(아웃소싱의 일환으로 해당 프로세스의 운영까지도 모두 위임하고 결과에 책임을 지도록 함)을 해야 한다. 외주라는 것은 계약에 의한 파트너십을 이용하여 내가 처리하는 것보다는 외부에서 처리하는 것이 더욱 빠르고 싼 가격으로 처리 가능하다면 외부에 맡기는 것을 의미한다. 하지만 그것이 고객과 관련된 업무라면 아웃태스킹의 대상이 되지 않고, 내부에서 처리되어야 한다. 이때 프로세스 단위별 행위원가계산(activity based costing: ABC)이 주요한 기준체계로 활용됨으로써 두 가지 대안이 비교될 수 있어야 한다.

(5) 프로세스 Flowchart

[그림 3-11]은 프로세스의 Flowchart로, 맨 윗줄에는 예시로 고객, 시스템, 기업, 택배, 즉 업무 담당 부서나 담당자인 D1, D2, D3, D4 등과 시간(time), 비용(cost), 품질(quality)을 기입한다. D1, D2 등의 D는 경리, 회계, 설계 등의 해당 부서나 담당자를 표현한 것으로 부서의 이름이나 담당자를 기록하면 된다. 왼쪽 맨 첫 줄에는 번호가 순차적으로 기록되어 있고, 이 번호들은 업무의 처리 순차성을 나타낸다. 빠른 번호 순서대로 업무의 처리 순서가 부여된다. 그러므로 이 그림은 프로세스의 흐름도 역할을 할 수 있는 도구로 업무의 흐름이 위에서 아래로, 왼쪽에서 오른쪽으로 흘러가도록 작성된다.

예를 들어, 고객이 물건을 주문한다면(Y축의 1번, X축의 1). 고객에 해당하는 셀(고객 Y1)에 '주문요청' 이 기록되고, 2. e비즈니스의 경우 주문이 기업의 시스템에 전달되어 '주문을 접수' 하고, 3. 자동으로 '대금을 청구' 하면, 4. 고객은 '해당 금액을 지불' 하고, 5. '지불 완료' 가 이루어지면 6. 담당이 '주문 확정' 후 7. '배송지시' 를 수행한다. 9. 고객이 제품을 전달받으면 10. 주문이 종결되는 업무프로세스를 볼 수 있다. 이

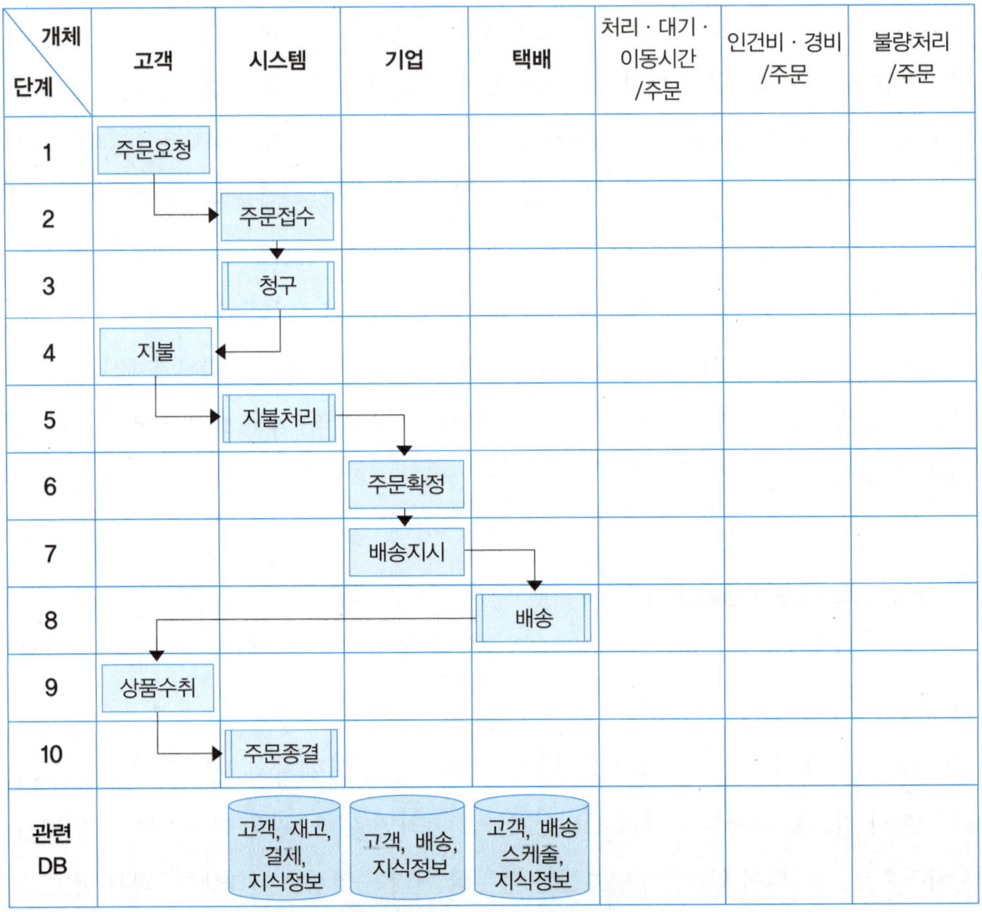

그림 3-11. 프로세스 흐름도(process flowchart)**와 평가요소**

예시는 고객 포함 총 4 개의 액터(actor)가 관여되어 있고, 10단계 액션(action)이 전체 프로세스에 걸쳐 발생하였다. 10단계의 업무적 순차성과 어떤 서브프로세스가 일어나는지 알 수 있고, 누가 담당하고 있는지 파악이 가능하다. 즉, 누가, 무엇을, 언제, 어떻게, 왜 등 5W1H가 이와 같은 그림으로 표현이 가능하고, 오른쪽의 시간, 비용, 품질은 각 프로세스에서 업무를 처리하는 시간(처리시간), 비용(처리비용), 품질(불량률) 평균 측정치가 기입되어 프로세스 분석(예: 벤치마킹, 현황 파악과 재설계)에 대해 유용한 자료가 된다.

예를 들면, 여러 담당에서 처리되던 업무가 하나의 웹 단계로 축소되어 고객의 입장에서는 세 개의 액터로 처리된 것으로 보이며, 책임의 중심점이 더욱 강화될 수 있다. 또한 Y축의 10단계 중 배송을 제외한 전 단계가 온라인 자동화된다면 그만큼 시간, 비용, 불량률의 감소가 이루어질 수 있다. 쉽게 요약하면, 이와 같이 프로세스 모델링에 있어서의 TO-BE 모델링은 프로세스 흐름에서 확인할 수 있는 X축의 담당자의 축소, 그리고 IT 사용, 업무 통폐합 등을 통한 Y축의 단계 축소를 의미하는 것이며, 이것이 TO-BE 프로세스 모델링이 지향하는 것이다(제4장 e비즈니스에서 다시 설명).

정리하기

프로세스 모델링 중 AS-IS 모델링에서는 현 프로세스에 대한 담당자 혹은 업무 흐름의 5W1H 문서화(documentation) 능력이, TO-BE 모델링에서는 업무 프로세스의 흐름을 고객의 관점에서 단순화, 자동화, 통합화하는 방법론적 능력이 중요하다. 왜냐하면 먼저 현황을 면밀히 표현할 수 있어야 현재 프로세스의 문제점이 보이고, 이에 따른 새로운 개선이나 혁신이 비로소 체계적으로 만들어질 수 있기 때문이다.

평가하기

➔ 제시된 문항의 O/X 여부를 결정하거나, 질문에 맞는 답을 고르세요.

1. 현 시스템의 상태를 표현할 때 As-Is Process이다. (O/X)
2. BPR은 점진적으로 프로세스를 개선하는 것을 의미한다. (O/X)
3. 기업은 업무의 중요도를 평가할 때, 고객이 아닌 기업의 시각에서 찾아야 한다. (O/X)

4. 가치의 중요도 Matrix에서 프로세스에 대한 전략적 분류가 아닌 것은?

① 정체적 프로세스 ② 협동적 프로세스

③ 지원적 프로세스 ④ 우선적 프로세스

⑤ 제도적 프로세스

3.3 데이터베이스 모델링(Database Modeling)

[내 용]

- DB 모델링
- DB 시스템의 일반적 모형
- 객체와 속성의 개념(예)
- RDB와 정규화
- ERD

[목 표]

- 데이터베이스의 개념
- 데이터베이스의 자료가공 과정
- 데이터베이스의 산출물 이해

DB 모델링이란 동적인 업무 흐름이 아닌 기업의 데이터와 정보들이 어떻게 저장소인 DB에 저장되어야 하는가와 관련된다. 그 후 프로세스는 DB에 저장되어 있는 데이터를 사용하고 다시 저장하는 과정을 한다. 따라서 DB가 잘 설계되어야 업무에 있어서 효과적 · 효율적으로 자료 허용과 접근이 가능해진다. DB 모델링의 기본 개념, 과정, 산출물에 대해 이해하는 것을 목표로 한다.

[용 어]

객체(entities)	자료 수집의 대상 예: 학생, 교수, 수강과목, 학과
속성(attributes)	자료 수집 대상의 특성 예: 학생의 이름, 전화번호, 학과, 수강과목
관계(relationship)	객체 사이의 연관성 예: 1대 1 관계, 1대 N 관계, N대 M 관계 – 전공학과와 학생 사이의 객체 관계는 1대 N 관계이다. – 학생과 수강과목 사이의 객체 관계는 N대 M 관계이다.

3.3.1 DB 모델링(DB Modeling)

데이터베이스(database: DB)는 쉽게 말해 데이터의 모음(collection of data)인 Data Base를 말한다. 하지만 경영정보학적 측면으로 말한다면 단순히 데이터의 집합체라는 설명만으로는 부족하다. DB는 보다 쉽고 빠르고 정확하게 사용(use), 갱신

데이터베이스	'데이터의 모음' 이지만, 저장, 업데이트, 조회 및 전달이 효율적/효과적으로 이루어질 수 있는 구조로 설계되어야 함
개체(Entities)	무엇이든지 자료수집의 대상이 되는 것 any type of 'thing' about which data is collected
속성(Attributes)	객체의 특성으로 DB의 구체적 항목을 의미 a characteristic of interest about an entity
관계(Relation)	객체와 개체의 연결 정도 association between entities

그림 3-12. 데이터베이스 용어

(update), 조회 및 전달이 효율적/효과적으로 이루어질 수 있는 구조로 설계되어야 한다.

DB에서 흔히 사용되는 용어인 ERD에서 E는 Entity(개체)에 해당한다.

개체(Entity)는 'any type of thing about which data is collected', 즉 자료를 수집해야 할 대상에 해당한다. 때에 따라서 대상은 물질적인 형태를 지니기도 하고, 만족도나 서비스 정도, 품질 정도 등의 개념을 갖기도 한다. 학교의 경우에는 교수, 학생, 수강생 등이 모두 개체에 해당한다.

속성(Attribute)은 'a characteristic of interest about an entity', 즉 수집하려는 자료의 특성을 말한다. 다시 말해 속성이란 개체에 대해 관심을 가지고 있는 속성을 이야기한다. 예를 들어 학생이라는 개체에 대해서 학과, 학년, 연락처, 수강과목 등과 같은 것이 속성이 될 수 있다.

마지막은 관계(Relation)의 개념이다. 관계란 여러 개체들이 존재할 때 그 개체들의 연관성을 이야기하는 것이다. 그 관계의 종류는 1:1, 1:N, N:M의 세 가지 관계가 존재하는데, 예를 들어 기업의 제품 개체와 부품 개체의 관계를 보면 일반적으로 하나의 제품은 여러 가지 부품 조합의 형태를 띠고 있기 때문에 제품과 부품은 1:N의 관계를 갖는다고 할 수 있다. 이 관계를 그림으로 표현한다면 제품과 부품 사이의 하나의 선을 그리고 부품 쪽에 새의 발과 같은 표시를 해주면 이 두 개체의 관계가 1:N의 관계임을 나타낸다.

3.3.2 DB 시스템의 일반적 모형

DB의 시스템을 구축하고자 할 때 어떠한 단계를 거치는지 살펴본다. 오늘날에 있어서는 DB와 file이라는 단어를 혼용하고 있기 때문에 개념적인 차이에 크게 의미를 두지 않지만, 학문적으로 구분을 하면 여러 개의 file이 모여서 DB를 만든다.

앞서 말한 1:N의 관계를 갖는 제품 DB와 부품 DB라는 표현을 사용하였지만 정확히 말하면 제품 table, 부품 table이라는 용어를 사용해야 한다. 하지만 현실적으로 많은 사람들이 혼용을 하고 있는 추세이다. 정확한 의미로서의 DB는 여러 개의 파일(DB file, log file, control file 등)로 묶여서 하나의 데이터베이스 시스템을 구성한다.

DB의 시스템을 구축 또는 설계하는 일반적인 방법은 [그림 3-13]과 같다.

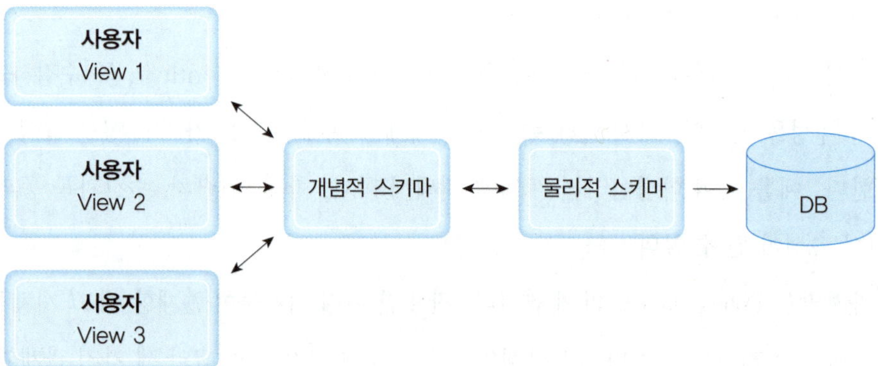

그림 3-13. 데이터베이스 시스템 설계 및 구축의 일반적인 방법

궁극적인 목적은 원통으로 그려져 있는 DB를 구축하는 것이다(DB를 표현하기 위해 원통을 사용한 이유는 기업에서 큰 시스템의 디스크들이 여러 장 모여 하나의 원통 모양으로 구성되기 때문이다). 예를 들어 '학적관리시스템' 의 DB를 구축한다면, 그 시스템의 사용자는 수강생, 교수, 담당 직원 등 여러 명이 있을 수 있고, 이에 따라 사용자들이 보는 View(응용 관점)는 여러 가지 유형이 있을 수 있다. 즉, 학적관리시스템을 구축할 때, 개체는 무엇이 있고, 그 개체에 있어서 필요한 속성이 무엇이 있는지를 파악하기 위해, 관점이 각각 다른 수강생, 교수, 직원의 입장에서 개체와 속성 그리고 관계를 분석하여 통합하면 하나로 통합된 개체와 속성들의 모임인 '개념적 스키마(logical schema or conceptual schema)' 가 형성된다.

개념적 스키마 구축 이후에 IT 관련 전문가들이 물리적 패키지를 도입하여 인덱스화 작업, 메모리 용량 증설, 접근경로 설계 등의 작업을 하는 것을 물리적인 스키마라고 한다. 이와 같은 물리적인 스키마까지 완료되어 실질적인 데이터 속성과 엔티티 항목이 등록되면 DB의 구축이 완료되었다고 한다.

요약하면, DB 시스템의 일반적인 모형 구축 단계는 먼저 사용자 정보 요구사항의 구체적인 형태인 각각의 'View(주관적 체계 또는 활용관점)'를 파악하고, 이를 통합하여 개념적 스키마를 구축하며, 그에 따라 데이터베이스 전문가들이 물리적인 스키마를 통해 DB를 구축한다.

3.3.3 개체와 속성의 개념과 예시

개체와 속성의 개념과 그것들의 구성에 대한 이해를 돕기 위해 수강과 관련 파일의 예를 우선 쉽게 테이블로 작성하였다. 이러한 테이블이 컴퓨터의 디스크에 저장되어 있다고 생각하면 된다.

수강

강의번호	학번	과목명	이름	주소	이수코드	이수구분	학년	학점
A501	34313	MIS	김영철	분당	1	전공필수	2	B+
A501	36120	MIS	권태형	서울	1	전공필수	3	C+
A502	38412	통계학	신동원	일산	3	일반선택	1	A0
A502	36120	통계학	권태형	서울	2	전공선택	3	A0

그림 3-14. **개체와 속성의 개념**(예시)

정의와 학생의 관계를 기록하는 엔티티는 수강이고, 이 수강내역에 대한 자료를 수집한 것이다. 테이블을 살펴보면 수강에 대한 강의번호, 학번, 과목명, 이름, 주소, 이수코드, 이수구분, 학점 등의 9개의 자료 속성(attribute)이 있다. 자료속성은 구체적인 테이블이 만들어지면 '필드(field)' 라는 명칭으로 불린다. 따라서 이 테이블은 9개의 필드를 가지고 있다.

필드에는 구체적인 값이 들어 있다. 4명의 수강생에 관련된 기록이 있고, 학번은 '학생' 을 식별하는 고유하고 중복되지 않은 키(key)이며, 강의번호와 학번을 함께 식별하면 '수강학생' 을 식별하는 고유한 키가 된다. 한 줄의 값들을 총칭하는 것을 레코드(record) 혹은 인스턴스(instance)라고 하며, 즉 네 개의 레코드 혹은 인스턴스가 발생하였다고 할 수 있다.

이처럼 구축된 혹은 구성된 DB(file)의 필드(field)에 들어가 있는 구체적인 값을 '밸류(value)' 라고 한다. 필드라는 단어가 들판을 의미하며 값을 저장 가능하기 때문에 단어 '필드' 를 사용한다. '신동원' 이라는 학생의 학년 저장 필드에는 '1' 이라는 값이 저장되어 있고, 통계학 학점 필드에 'A0' 라는 값이 저장되어 있다. 이와 같이 필드라는 것은 자료속성의 값이 들어갈 수 있는 저장 위치를 지칭한다.

DB 모델링은 역사적으로 다음에 설명하듯 세 가지 방법 체제로 발전하여 왔지만 오늘날 대표적으로 쓰이는 테이블 형태의 '관계형 데이터베이스(Relational Data Base : RDB)' 에 관한 핵심 원칙인 정규화(normalization)를 설명하기로 한다.

3.3.4 RDB와 정규화(Relational DB & Normalization)

데이터 모델링을 하는 데 있어서 집을 짓는 방법은 크게 RDB(Relational Data Base), 계층형 DB, 네트워크형 DB의 세 가지 종류가 있다. RDB는 계층형 DB나 네트워크형 DB가 아닌 테이블 형태의 매우 단순한 구조를 갖는 DB로 이해하기는 쉬우나 저장되는 데이터의 양이 많을 경우 계층형 DB나 네트워크형 DB에 비해 처리속도와 메모리 용량에서 한계를 가지며, 반면에 분석과 설계상의 많은 유연성 확보로 오래 전부

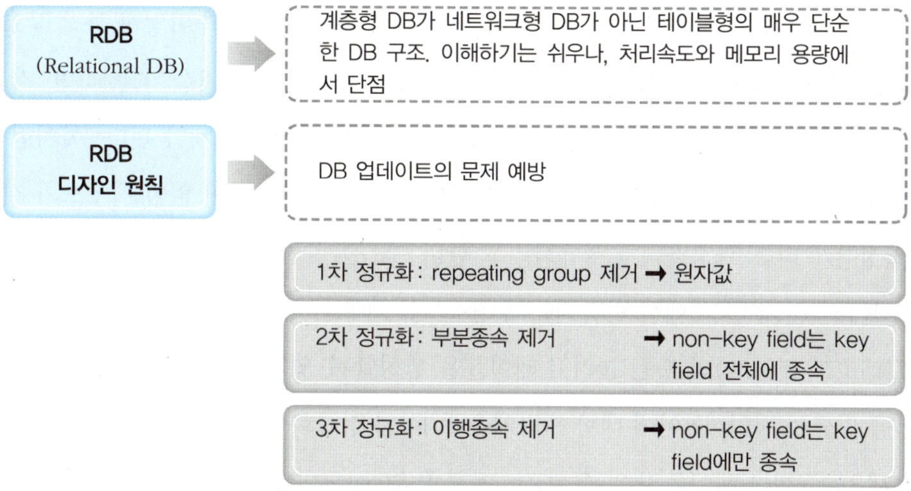

그림 3-15. RDB와 정규화

터 데이터베이스 시장에서 주류로 굳어져 왔다.

RDB를 디자인하는 데는 정규화라고 불리는 몇 가지의 원칙이 존재한다. 정규화(normalization)라는 원칙이 필요한 이유는 초기에 적절하게 설계한 DB 구조도 시간의 흐름에 따라 업데이트가 필요한데 업데이트를 할 때 데이터의 불일치, 중복저장 등의 여러 문제를 방지하기 위함이다. DB 정규화는 주로 다섯 가지 원칙이 존재하지만 중요한 세 가지의 원칙만을 다룬다.

제1 정규화는 반복군(repeating group)이 존재해서는 안 되는 것을 의미한다. 이전의 [그림 3-14]의 예를 다시 찾아가 보도록 하자. 이 수강내역 파일을 보면, 현재 4명의 학생 중 권태형 경우만 전체 9개의 강의 내역 속성 중 강의번호, 과목명, 이수코드, 이수구분, 학점 5개의 속성이 두 번 다른 과목을 수강한 것으로 나타나 두 번 다른 값을 저장하고 있는 반면, 남은 네개의 속성인 학번, 이름, 주소, 학년은 단지 같은 사람 수강 내역이기 때문에 같은 속성이 같은 값을 싣고 따라 다니고 있을 뿐이다. RDB형 파일인 테이블의 모양은 사각형의 형태를 띠므로 모든 필드의 개수가 사람, 개체, 속성에 상관

없이 일정해야 하는데 권태형 학생처럼 수강 과목의 차이가 난다면 이렇게 하지 않고는(즉, 권태형 데이터를 만일 다른 학생들처럼 하나의 열(row)에서 두 번 저장 처리한다면) 각 학생 레코드의 길이가 일정하지 않게 되어 사각형 테이블 원칙에 문제가 된다. 이처럼 같은 열 내에서 같은 속성 필드가 다른 값이 있다는 이유로 반복됨이 없이 레코드의 길이를 일정하게 하는 과정을 1차 정규화라고 한다. 좀 길게 설명했지만 이를 해결하기 위해선 불규칙하게 열 내에서 반복되는 수를 늘리는 대신 그 반복되는 수만큼 동일한 주키로 레코드 열(row)의 수를 늘려서 테이블을 생성할 수 있다. 해결책이 오히려 데이터 중복을 만드는 것일까? 이에 대한 해결책은 2차 3차 정규화에서 이어진다.

제2 정규화는 테이블 내의 속성 간 '부분종속(partial dependency)' 을 제거하는 방법이다. [그림 3-14]에서 수강을 식별하는 주키(ID)로 강의번호와 학번을 묶어 사용한다면(밑줄로 표시하였음) 학생학번별 수강강의별 강의내역을 찾아가 과목명과 성적 등을 알아낼 수 있다. 만일 강의관련 주키가 이처럼 복합키 형태로 되어 있지 않다면, 학번만으로는 어떤 과목의 수강내역인지 알 수 없고, 강의번호만으로는 어떤 학생의 수강내역인지 알 수 없기 때문에 수강을 의미있게 기록하기 위해서 레코드에 두 키를 묶어서 이처럼 복합키 또는 복합주키(composite key)라는 형태로 사용한다. 그런데 수강신청 취소 등의 업데이트 상황을 예로 생각해 보자. 수강기록이 불필요하여 학생의 수강레코드를 사용 중인 복합키를 이용해 지운다면 강의와 학생에 관련한 속성이 모두 지워진다. 이를 해결하는 방법으로 복합키인 강의번호와 학번에 각각 종속된(부분 종속된) 속성 필드들을 별도로 '강의' 와 '학생' 테이블을 생성하여 옮기고, 각각 강의번호와 학번에만 종속되도록한다. 이로써 수강, 강의, 학생내역을 업데이트하더라도 서로 독립적으로 안전하게 유지할 수 있다. 단, 분리되는 상대방의 주키 값을 자기의 테이블 내에 외래키(foreign key)로 저장해 놓아야 헤어진 상대(상대 테이블과 관련된 관심 속성의 값을)를 찾아가는 길을 컴퓨터가 인지할 수 있다.

제3 정규화는 키필드에 종속된 넌-키(non-Key) 필드가 다른 넌-키 필드 속성를 종속시킬 수 없도록 한다. 수강내역별 키에 종속된 '이수코드'는 넌-키 필드이면서 '이수구분'을 종속시키고 있으며, 이를 이행종속(transitive dependency)이라 하는데, 이를 제거하면 키 필드가 아닌 특정 속성 값(value)의 변경으로 다른 속성 값이 따라서 변경됨을 막을 수 있다. 제2정규화와 제3정규화가 모두 종속관계가 있는 집합을 외부로 분리한다는 점에서 유사지만, 종합해 보면 넌-키 필드는 키 필드에만 종속되며, 키 필드가 변화하면 넌-키 필드인 해당 속성들은 반드시 따라 변화해야 함을 의미한다. 이를 해결하는 방법은 서로 종속되는 넌-키 필드 속성 중 하나를 남기고 나머지 속성을 별도의 테이블로 분리 생성한다. 이때에도, 헤어질 때 상대방 주키 값을 자기의 테이블 내에 외래키(foreign key)라는 이름으로 저장해 놓아야 헤어진 상대(상대 테이블과 관련된 관심 속성의 값을)를 찾는 길을 컴퓨터가 인지할 수 있다.

수강

강의번호	학번	이수코드	학년	학점
A501	34313	1	2	B+
A501	36120	1	3	C+
A502	38412	3	1	A0
A502	36120	2	3	A0

강의

강의번호	과목명
A501	MIS
A501	MIS
A502	통계학
A502	통계학

학생

학번	이름	주소
34313	김영철	분당
36120	권태형	서울
38412	신동원	일산
36120	권태형	서울

이수

이수코드	이수구분
1	전공필수
1	전공필수
3	일반선택
2	전공선택

그림 3-16. 제3정규화 완료한 테이블

결과적으로 수강내역을 기록할 때 강의, 학생, 이수의 키만을 가져와 기록할 수 있으므로 중복을 최소화할 수 있고, 각 테이블에서 일관된 삽입, 삭제와 수정이 가능해진다. 한 가지 주의 할 것은 반복군, 복합키, 넌-키 간 종속성이 DB 모델링에 절대적으로 있어서는 안 된다는 뜻은 아니다. 특히 1) 반복군으로 메모리의 낭비가 적은 경우, 2)

복합키의 일부가 아닌 전체에 관련 속성들이 종속되는 경우, 3) 넌-키 간 종속이 있는 속성들에 자주 접근하고 그 속성의 업데이트 빈도가 낮은(휘발성이 낮은) 참조파일(reference file)의 경우 주의하여 사용할 수 있다.

3.3.5 ERD(Entity Relationship Diagram)

ERD(ER Diagram)란 각 응용시스템 특성상 자료수집의 대상이 되는 개체 간의 관계를 보여주는 유용한 그림이다. [그림 3-17]에서 예시한 ERD를 살펴보면 교수, 교과목, 강의, 수강, 전공, 이수 학생의 총 일곱 개 엔티티가 관계 설정된 것을 알 수 있다.

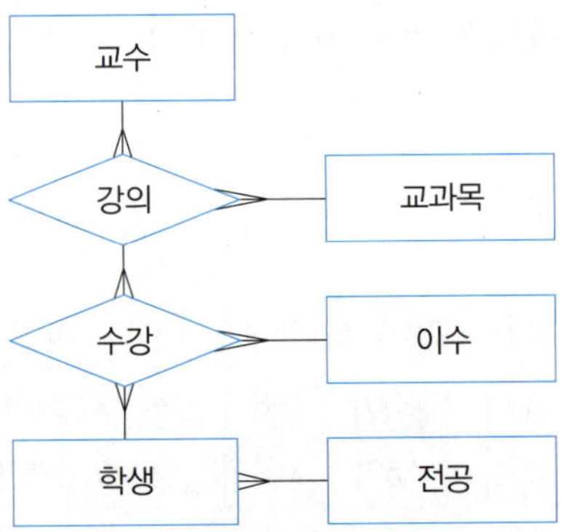

그림 3-17. ERD의 예

각각의 엔티티는 서로 1:1, 1:N, N:M 관계(relation)를 형성하고 있는 것을 확인할 수 있는데, N:M이라는 관계는 양쪽이 서로 다수의 엔티티로 연결된다는 것을 의미한다. 예를 들어 교수와 교과목은 N:M의 관계를 갖는데, 한 명의 '교수'는 여러 개의 교과목을 '강의' 할 수 있고 하나의 '교과목'은 여러 명의 교수가 분담하여 가르칠 수 있는 다수 대 다수의 관련성을 갖는다. '교수'가 '교과목'을 '강의' 하면 '학생'은 '수강' 의 형태로 관계를 형성한다. '학생' 과 '강의' 또한 '수강' 을 매개로 하여 N : M의 관계를 형성한다. '강의' 와 '수강' 처럼 각각 '교수' 와 교과목' , '강의' 와 '학생' 사이에서 관계를 형성하는 집합을 관계성 집합이라 하며 이들은 두 엔티티 간에 어떤 사건이 존재하는지를 설명해 준다. N : M 외에 교수와 강의, 교과목과 강의, 이수와 수강, 전공과 학생, 학생과 수강은 N : 1의 관계를 갖는다. 이처럼 ERD는 엔티티를 보여주고 각각의 엔티티 사이에 있어서의 관련성을 그림상으로 표현한 것이다. 어떤 시스템이 어떤 개체로 구성되어 있는지를 한눈에 파악해 볼 수 있는 전체적인 그림이라고 할 수 있다. 이러한 그림에 맞추어 DB와 관련된 장비와 메모리 용량 그리고 관리 매뉴얼을 구축한다.

정리하기

모델링을 중심으로 시스템 모델링, 프로세스 모델링, 데이터베이스 모델링에 관하여 이야기하였다. 시스템은 프로세스와 데이터베이스로 구성되고, 프로세스 모델링은 정보와 데이터의 흐름을 주로 다루며, 데이터베이스 모델링은 정보와 데이터가 어떻게 집을 짓고 있는가를 다룬다. 데이터베이스 모델링에서는 개념적 모델과 물리적 모델의 차이를 이해해야 할 필요가 있다. 개념적 모델링은 사용자들의 정보의 요구사항을 찾아 집합화하는 것이고, 이후에 시스템 전문가가 ERD 작성, 메모리 구성, 시스템 전산화 등의 물리적 모델링을 진행한다. 그렇기 때문에 개념적 모델링이 적절하지 않으면, 물리적 모델링은 당연히 제대로 진행될 수 없다.

entity, attributes, relationship으로 표현되는 ERD가 RDB 설계의 대표적인 산출물이라고 할 수 있으며, ERD의 그림을 그릴 경우 attribute, 즉 속성까지 그리는 경우도 있다.

최근 가장 많이 쓰는 데이터베이스의 형태는 RDB(관계형 데이터베이스)이다. RDB는 테이블로 만들어져야 하기 때문에 세 가지의 정규화 원칙이 존재한다. 정규화가 되지 않으면 정보의 수정 및 갱신과정에서 중복과 불일치가 발생하기 때문에 데이터 모델링을 할 때 반드시 정규화

과정이 수행되어야 한다.

평가하기

➔ **제시된 문항의 빈칸(　　)을 채우세요.**

1. DB에서 자료의 수집대상을 (　　)이라고 한다면, 그 대상의 특성을 (　　)이라고 한다.
2. 요즘 가장 자주 사용되는 DB구축방법은 (　　)형 데이터베이스이다.
3. DB정규화 과정에서 중복, 반복되는 항목이 없게 하는 것이 제 (　　) 정규화이다.
4. (　　)이 모여서 파일이 되고, 파일이 모여서 (　　)이 된다.

PART 2

Evolutions

제4장 e-비즈니스와 트랜스포메이션

제5장 지식경영

제6장 플랫폼 비즈니스

제7장 MIS 관리 변화와 CIO의 비즈니스 모델링

제8장 ISP

제9장 미래지향적 IT 투자와 분석

제10장 SDLC와 시스템 획득

제11장 IT/IS 실행

제12장 MIS 평가

Chapter 4

e-비즈니스와 트랜스포메이션 (E-Business & Transformation)

Chapter 4 e-비즈니스와 트랜스포메이션 (E-Business & Transformation)

아마존의 e-비즈니스와 트랜스포메이션

인터넷 서점으로 시작한 아마존은 초기 사업 모델에 안주하지 않고 끊임없이 새로운 비즈니스 모델을 창출하고, 혁신성과 미래 성장 가능성을 높이 평가받아 기업의 브랜드 가치도 꾸준히 상승하고 있다.

"새로운 씨를 뿌려 나무를 길러내고자 하는 강한 의욕과 시간을 들여서라도 이를 실행한다는 점이 아마존의 뛰어난 자질이다"[아마존 CEO 제프 베조스(Jeff Bezos)] 신사업의 성공을 위해서는 선발자가 되려는 기업가 정신과 실행력이 무엇보다 중요함을 강조하며 구체적으로 비즈니스 모델 혁신을 거듭했고, 그 결과 지난 10년간 약 10배에 달하는 고성장을 이루어냈다.

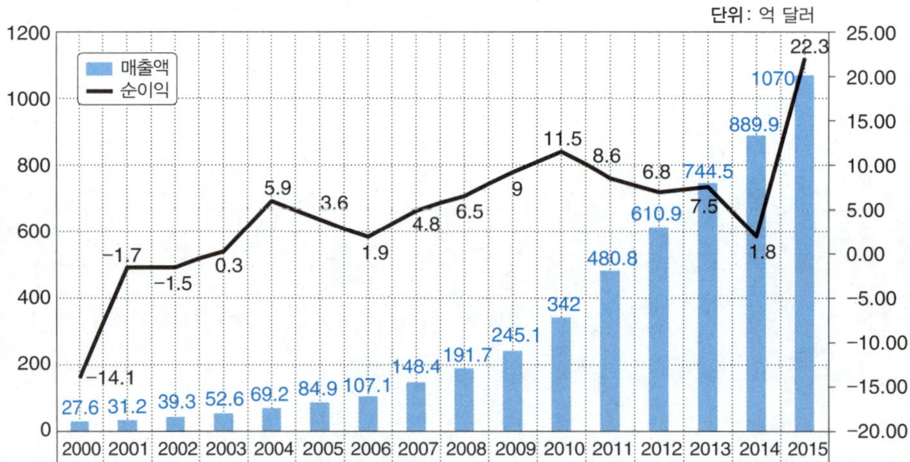

2000	2001	2002	2003	2004	2005	2006	2007	2008	2009	2010	2011	2012	2013	2014	2015
276	31.2	39.3	52.6	69.2	84.9	107.1	148.4	191.7	245.1	342	480.8	610.9	744.5	889.9	1070
−14.7	−1.7	−1.5	0.3	5.9	3.6	1.9	4.8	6.5	9	11.5	8.6	6.8	7.5	1.8	22.3

출처: Amazon Annual report(2002 ~ 2015)[1]

1. http://phx.corporate-ir.net/phoenix.zhtml?c=97664&p=irol-reportsannual

비즈니스 모델 혁신과 변신(Innovation & Transformation)

아마존의 성장을 뒷받침한 비즈니스 모델 혁신은 크게 다섯 가지로 살펴볼 수 있다.

첫째, 온라인 종합 유통사업(1995년부터) 서적에서 일반 제품으로 품목 수를 확대함으로써 이베이(eBay)를 추월

둘째, 온라인 제휴 마케팅, 'Affiliate Program'(1996년부터) 온라인 제휴 마케팅으로 인터넷 비즈니스의 대표적인 수익 모델 구성

셋째, 클라우드 컴퓨팅(cloud computing), Amazon Web Service(2002년부터) 클라우드 서비스 시장을 선도하여 아마존의 주요 사업으로 부상

넷째, 전자상거래, Amazon Merchant Services(2006년부터)

기업이나 개인에게 아마존의 관련 플랫폼을 제공, 웹사이트 구축부터 결제, 배송에 이르기까지 전 과정에 대한 서비스를 제공

다섯째, e-book 사업, Amazon Kindle(2007년부터)

e-book 시장, 출판업계의 아이팟(iPod)을 꿈꾸며 출판유통에 커다란 구조변화를 가져옴

최근에는 Amazon.com의 플랫폼과 애플리케이션에 직접 접근하여 개발 가능한 Amazon Enterprise Solution과 다양한 웹서비스를 제공하고 있다.

비즈니스 모델 창출 기반

아마존이 이같은 비즈니스 모델 혁신을 달성할 수 있었던 데는 핵심 자원, 파트너, 고객, 비즈니스 환경 등을 중심으로 새로운 가치를 제안하는 다음과 같은 기반들이 존재한다.

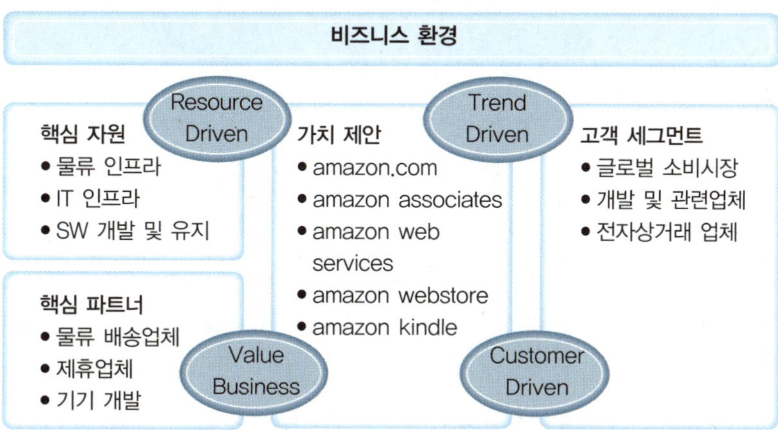

1. Resource-Driven : 비용요소인 인프라(infrastructure)와 기존 사업의 역량을 융합하여 타사가 모방하기 어려운 새로운 핵심역량을 창출한다. IT와 물류 인프라를 기반으로 여러 신사업을 창출해 냈으며 그 수익으로 전체 인프라 투자비를 줄여 수익률을 크게 높일 수 있었다.
2. Value Business : 자사의 역량에 국한하지 않고 다양한 파트너의 자발적 참여를 유도하여 비즈니스 가치에 부합하는 영역으로 사업을 확대한다. 아마존이 현재 역량으로 '할 수 있는 일들'만 하는 것에 머물지 않고 '해야 할 일들'에 도전할 수 있게 하는 힘이 되었다.
3. Customer-Driven : '고객 중심'은 아마존의 기업철학으로 고객을 위한 가치 혁신이 신사업 추진의 계기가 되고 있다. 고객이 요구하기 전에 요구사항을 파악하고 해결하려는 노력을 통해 새로운 사업기회를 찾아낸다.
4. Trend-Driven : 시장 트렌드를 앞서 예견하고 그 속의 성장 기회를 지속적으로 발굴하여 사업화한다. 이처럼 신사업의 성공을 위해서는 선발자가 되려는 기업가 정신과 실행력이 무엇보다 중요하다.

출처 : "아마존의 끝없는 변신", SERI 경영노트 제72호(2010. 9. 9.)

4.1 인터넷과 e-비즈니스(E-Business)

[내 용]

- 인터넷 시대와 그 특징
- e-비즈니스와 e-비즈니스 시스템
- e-비즈니스의 성공요소

[생각해 보기]

- e-비즈니스란 무엇일까요? 우리가 흔히 볼 수 있는 예를 생각해 보세요.
- e-비즈니스 성공기업으로 어떤 기억이 생각나십니까?
- e-비즈니스를 하면 돈 벌기가 더 쉬울까요, 어려울까요? 이유는 무엇입니까?
- 온라인 비즈니스, e-비즈니스, 전자상거래 모두 같은 의미일까요?

[목 표]

- 인터넷 시대의 변화에 따른 비즈니스 패러다임(paradigm) 이해
- e-비즈니스의 정의와 성공요소 이해

[용 어]

e-비즈니스	비즈니스 관계 창출과정에 있어서 관련자들 사이의 전자적 가치(e돈, e물건, e서비스 등) 교환
e-비즈니스 시스템	e-비즈니스 활동을 도와주는 정보시스템

정보처리장치로서 컴퓨터의 발전으로 지난 휴먼과 조직의 인류 복잡성 처리 노력과 함께 정보기술(IT)이 삼위일체를 형성하였지만, 그 후 인터넷 혁명은 또 새로운 막강한 파워를 추가했다. 제4장에서는

첫째로, 인터넷 혁명에 따른 유니버설 비즈니스 영향을 이해하고

둘째로, eBiz와 eBiz 시스템 개념과 정의를 이해하고

셋째로, e-비즈니스의 성공요소가 어떻게 구성되어 있는지 파악하는 것을 목표로 한다.

4.1.1 오늘날의 사회 변화

(1) The 'ICE' age

오늘의 사회는 'ICE age' 라고 불린다. ICE age라는 개념은 영국 교수인 Sampler(샘플러)에 의해 처음 소개되었다. ICE를 직역하면 '빙하시대' 라 할 수 있겠지만, 여기서 ICE란 'Internet Changes Everything' 의 약자로써 '인터넷은 모든 것을 바꾼다' 는 의미이다. 인터넷은 원하는 정보를 때와 대상, 장소의 구애 없이 접근 가능하게 해준다. 즉, 의사소통에 있어서 지리적, 시간적 한계를 극복할 수 있다. 또한 이처럼 정보와 지식이 원하는 대로 어디든 갈 수 있는 환경에서는 전략적 자원으로서 정보의 가치가 더욱 부각된다.

예를 들어 IBM의 경우 컴퓨터를 만드는 제조회사로 생각되겠지만, 실제 회사 인력자원의 6%만이 제조업무에 관여하고 나머지 훨씬 많은 직원들은 지식과 정보에 기반한 컨설팅(consulting), 프로세스(process) 진단 등의 업무를 담당한다. 이런 IBM이 제조회사인지 혹은 서비스 회사인지를 단정짓는 것은 어렵다. 또한 컴퓨터, 자동차, 가전제품의 구성요소인 실리콘 칩의 경우 생산원가의 1%만이 재료비로 구성되고 나머지는 설

계비용 등에 투여되고 있다. 이처럼 기업경영과 일반 생활에서 정보처리가 차지하는 비중이 매우 커졌다.

이러한 점들을 종합해 보면, 지금 시대를 네트워크 기반의 지식과 정보에 의한 '변화의 시대' 혹은 '경쟁의 시대', '불안정한 시대' 라고 정리할 수 있다. 이는 또한 우리에게 기회가 주어진 '기회의 시대' 를 의미하기도 한다. 따라서 경쟁은 심하지만 그 경쟁에서 이긴다면 그만큼 돌아오는 효과 또한 매우 크다고 할 수 있다.

(2) 변화의 특징

위와 같은 변화의 구체적인 사항을 여러 측면에서 살펴보자.

먼저 방카슈랑스(Bancassurance)나 금융권에서의 보험상품 출시 혹은 기타 상품과의 통합과 같이 '산업장벽/진입장벽' 이 제거됨에 따라 기존 산업의 경계가 무의미해지고 있다.

또한 고정된 가격은 '다단계 가격(micro pricing)' 으로 변화한다. 과거에는 제품이나 서비스에 대해 하나의 고정된 가격만이 존재했지만 요즘에는 고객이 사용한 만큼만 지불할 수 있다.

그리고 내부 정보의 유통뿐만 아니라 외부 정보와의 유통경로도 새롭게 만들어지고 있으며 블로그(blog)나 특정 대상을 위한 커뮤니티(community) 혹은 산업별 커뮤니티 등 여러 가지 형태의 다양한 커뮤니티들이 존재한다. 과거에는 하나의 공식적인 조직만이 존재했지만 이제는 다양한 비공식적인 사이버(cyber) 공동체가 존재하게 되었다.

이와 함께 과거가 물리적인 제품의 시대였다면 최근은 'e-book' 이나 'e-news', 'e-marketing' 등 모든 제품이나 서비스가 전달되고 만들어지는 과정(process)이 대부분 디지털(digital)화된 'digital economy' 시대이다.

또한 과거의 '인력 이동' 은 비자를 받아 사람이 실질적인 이동을 하는 것을 의미했지만, 오늘날의 인력 이동은 사이버상의 협업 또는 협동을 의미하기 때문에 국경을 초월한 '사이버 이민' 의 시대라고 할 수 있다. 미국의 S/W(software) 회사와 S/W 부분 기술이 잘 발달된 인도와의 협업이 그 실제 사례이다.

그 이외에 인터넷을 기반으로 한 글로벌 경영의 시대로 말미암아 상거래에 있어서 과거엔 제조자가 가지고 있던 주도권이 고객으로 전이되는 현상 등이 오늘날의 주요 변화라고 할 수 있다.

4.1.2 인터넷 시대

(1) 인터넷 시대의 파워

인터넷 시대인 오늘날, 파워를 가진 주체는 생산자, 유통자, 소비자 중 누구라고 할 수 있는가?

산업혁명 시대는 사람이 가지지 못한 물리적인 힘을 갖는 기계와 에너지의 혁명 시대라고 할 수 있다. 하지만 요즘 시대는 정보고속도로 위에 형성된 정신적인 혁명 시대라고 할 수 있다. 일반적으로 고속도로는 물리적인 제품을 이동시키는 자동차 고속도로로서 의미이지만, 여기서 의미하는 고속도로는 인터넷을 기반으로 만들어진 정보의 고속도로를 뜻한다.

과거의 소비자는 매우 수동적이었지만 오늘날의 소비자는 그렇지 않다. 과거의 지식계급에는 소수 경영자들만이 해당되었지만, 오늘날은 소비자들 또한 지식계급으로서 여러 가지 변화 혹은 경영의 혁신 등을 흡수할 수 있는 급격히 향상된 능력을 가지게 되었다. 즉, 지식과 정보가 보편화된 수평적인 세상이 도래했다고 할 수 있다. 따라서 소비자들은 과거에는 단순 사용자에 불과했지만, 오늘에 이르러서는 혁신의 주역인 혁신가이다. 인텔(Intel)의 펜티엄 칩(Pentium chip)이나 브릿지스톤(Bridgestone)의 타이어와 같은 경우가 소비자들이 직접 제품의 하자를 발견하여 혁신을 이룬 보편적인 예가 될 수 있다.

(2) 정보중개상(Informediary)

산업별로 새로운 형태의 산업이 많이 나타나고 있는데 그 대표적인 예가 새로운 형태의 중개상인 'informediary' 이다. 과거에는 물류 혹은 물질적인 제품을 중개하였지만 오늘날은 가격을 찾아주거나 티켓의 예매와 발급을 대행해 주는 등 지식과 정보를 유통시켜 주는 중간매체로 정보중개상의 개념이 등장하였다. information(정보)과 intermediary(중개상)를 합성한 단어인 'informediary' 가 그 의미를 나타내고 있다. 이러한 형태로는 경매, 역경매, 입찰, 공동구매, 가격비교 등의 새로운 산업이 많다.

(3) 인터넷의 특성

사용자들과 기업경영인들에게 이러한 큰 변화를 가져다 준 인터넷의 특성을 살펴본다.

첫째, 인터넷은 동기화/비동기화를 모두 가능하게 한다. 사용자들은 포털사이트(portal site)를 통해 정보를 받아볼 수 있고, 그들이 원하는 정보를 요구할 수도 있는 쌍방향 의사소통이 가능해졌다.

둘째, 보편적(universal) 접근이 가능하다. 인터넷이 때와 장소를 가리지 않고(any-time & any-where) 누구든(any-user) 어떤 정보에 상관 없이(any-information) 접근이 가능한 기반임을 의미한다.

셋째, 멀티미디어(multimedia) 접근이 가능하다. 과거의 정보는 주로 문자나 숫자로만 이루어져 있었지만, 오늘날에는 스캐너(scanner)나 디지털카메라 등으로 인해 이미지(image) 정보와, 동영상 정보 등 멀티미디어를 이용한 지식정보의 교환이 가능해졌다.

넷째, 1:1 접근이 아닌 1:N 접근이 가능하다. 영상, 음성, 텍스트(text) 등을 이용해 동시에 많은 사람에게 정보의 전달이 가능하다.

마지막으로, 이러한 모든 특성들을 통해 인터넷은 개인에게 새로운 기회와 역할을 부여하는 기반이 된다. 경영 환경에서 본다면 닷컴(.com) 기업과 eBiz 기업 등이 등장하였고, 혁신가로서의 소비자들과 의사소통을 통해 새로운 제품의 생성과 변경을 통한 혁신을 이룰 수 있게 되었다.

4.1.3 e-비즈니스와 e-비즈니스 시스템

(1) 정의

e-비즈니스는 'electronic business' 의 축약어이며 이때 business란 가치의 교환(exchange of value)으로 정의된다. 물품을 구매함에 따라 지불하는 돈, 보너스포인트 교환 등의 수단이 모두 가치의 교환에 해당된다고 할 수 있다. 이러한 가치를 교환하는 당사자들이 'player' (또는 partner)이고, 관련된 player 사이에 가치의 교환이 전자적으로 이루어지는 일련의 비즈니스 행태가 e-비즈니스 혹은 전자상거래이다. 사실 전자상거래는 가치의 교환, 즉 단순한 고객과의 관계를 의미하지만 e-비즈니스는 가치교환, 주문, 처리뿐만 아니라 인사, 계약, 구매, 디자인, 배송 등 모든 비즈니스가 전자상으로 진행되는 형태를 말한다. 따라서 e-비즈니스란 '비즈니스 관계 창출과정의 관련자들 사이의 전자적 가치교환' 이라고 정의할 수 있다. e-비즈니스 시스템이란 e-비즈니스 시스템을 지원해 주는 'Information System' 을 말한다.

(2) 수익성

e-비즈니스는 전통적인 기업에 비하여 가치창출에 있어서의 수익성이 매우 크다.

전통적 비즈니스의 경제적 수익성에 관한 그래프를 살펴보면, [그림 4-1]과 같이 매출(수익)과 비용을 의미하는 두 개의 선이 모두 정방향으로 증가한다. 전통적인 제조

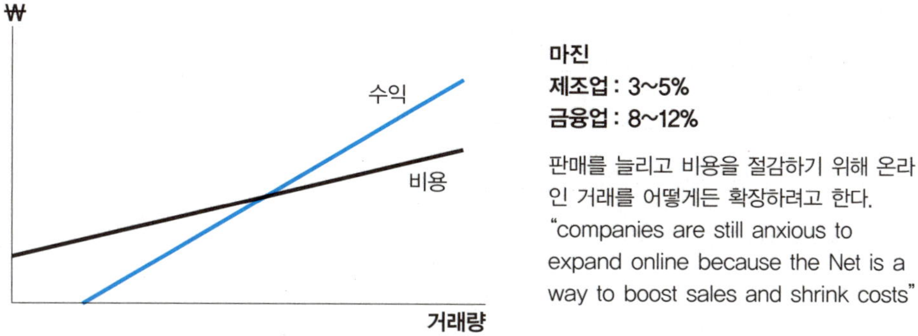

그림 4-1. 전통적 비즈니스의 경제적 수익성

업의 마진(margin)은 평균 3~5%이고, 금융업은 제조업보다는 조금 높은 8~12%로 겨우 두 자리 수를 넘긴 수치이다.

많은 기업들이 IT가 너무 급변하고 투자비용이 크기 때문에 IT에 대한 투자가 쉽지 않다고 이야기한다. 하지만 그럼에도 불구하고 기업들이 혁신의 방법 혹은 판매 증대와 비용 감소를 위한 방법으로서 IT를 기반으로 활용하지 않을 수 없다는 내용의 기사가 『비즈니스위크(*Business week*)』에 실렸다.

e-비즈니스의 경제적 수익성을 나타내는 그래프를 살펴보면 전통적인 기업보다 e-비즈니스의 수익성이 매우 강하다는 것을 확인할 수 있다. 비용(cost)곡선은 고정(fixed)된 반면 거래량의 증가에 따라 수익 곡선은 지속적으로 증가한다([그림 4-2] 참

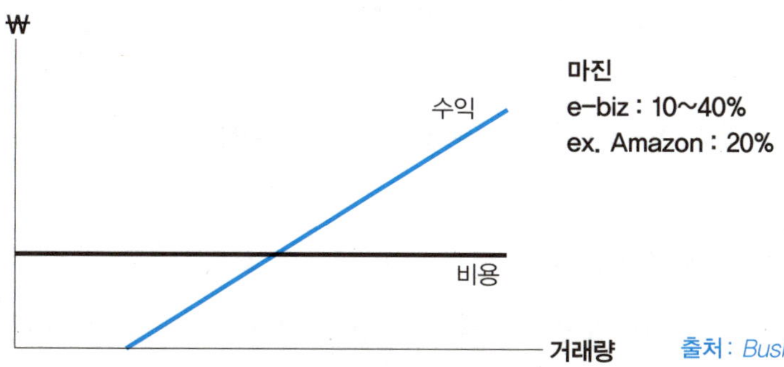

출처: *Business week*

그림 4-2. e-비즈니스의 경제적 수익성

조). 『비즈니스위크』에 의하면 e-비즈니스는 보통 10~40%의 마진을 창출하고, 아마존닷컴의 경우에도 마진이 20%라고 한다.

반면, 성공하는 e-비즈니스 기업들은 경제적 초수익을 창출한다. 일반적인 e-비즈니스 기업은 비용(cost)곡선이 고정되어 있지만 성공하는 e-비즈니스 기업은 비용 곡선이 감소하고 있는 것을 확인할 수 있고, 이에 따라 마진은 훨씬 증대된다([그림 4-3] 참조). 이렇듯 성공하는 e-비즈니스가 될 수 있는 방법은 데이터마이닝(data mining), CRM(Customer Relationship Management) 등의 분석을 통해 기업에 보다 많은 기여를 하는 'best' 고객을 찾고 그 'targeting'에 맞는 마케팅을 강화하여 그에 따라 광고와 홍보의 효과를 증가시키는 것이다. 또한 best 서비스, best 프랙티스(고객에게 보이는 업무: front office; 기업의 부동산, 인적자원 등의 관리와 같이 고객에게 보이지 않는 업무: back office), best 지식 등 기업의 프로세스와 지식의 관리 정도에 따라 e-비즈니스의 경제적 수익성은 더욱더 강화된다.

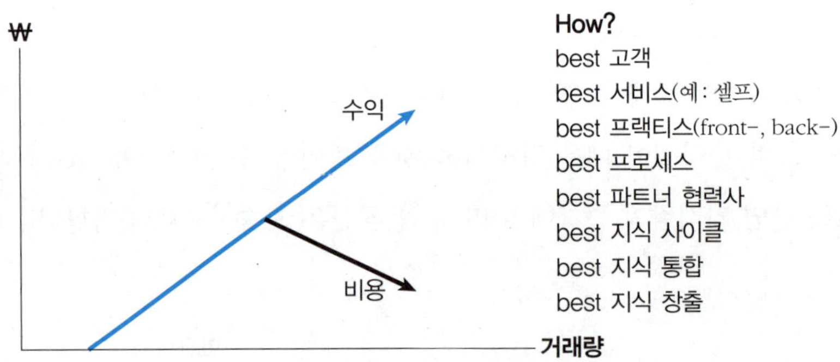

그림 4-3. 성공하는 e-비즈니스의 경제적 초수익성

(3) e-비즈니스의 성공요소

성공적인 e-비즈니스 모델을 창출하기 위한 첫 번째 요소는 많은 고객이 가입하여 많은 트래픽(traffic)을 발생시키는 것이다. e-비즈니스 기업은 배송만 물질적으로 이루어지고 광고, 기획, 디자인 설계 등이 모두 디지털 환경에서 이루어지기 때문에 변동적이 아닌 고정적인 성격을 갖는다. 은행의 ATM은 이용하는 고객의 수와 상관 없는 고정적인 비용인 것과 같이 인터넷 역시 거래량에 따라 비용이 증가하는 변동비가 아닌 고정비 성격을 가지고 있기 때문에 거래의 증가에 따라 매출 혹은 마진이 증가한다.

두 번째 요소는 전략적 제휴와 아웃소싱(outsourcing)을 많이 활용하는 것이다. 과거에는 토지를 구매하고 사람을 관리하고 지식을 축적하는 것까지 기업에서 일어나는 모든 과정이 물질적으로 이루어졌기 때문에 시간이 지남에 따라 새로운 환경에서는 기존의 BM(Business Model)이 무겁고 낡은 BM으로 도태한다. 반면 오늘날은 배송을 제외한 주문, 광고, 기획, 설계 등의 모든 업무를 전자적으로 진행할 수 있기 때문에 적절한 partner를 선정하여 협업과 아웃소싱을 통해 빠르게 새로운 회사를 만들어낼 수 있다.

세 번째 요소는 시장분석, 핵심역량분석, 제품분석, 유통경로분석, 고객분석 등의 지식활용을 통해 새로운 지식창출을 지속적으로 해나가야 하는 것이다. e-비즈니스 환경 하의 성공모델은 진입장벽이 낮고, 변화가 빠르고, 고객의 변덕이 심하다는 특성들 때문에 하나의 성공 모델이 지속적으로 성공할 수 있다는 보장이 없다.

마지막으로 이러한 세 가지의 성공 요소들 안에 고객들을 'lock-in' 시켜야 한다.

정리하기

인터넷의 특성은 단순 자동화를 넘어 동기화(sync)/비동기화(async), 보편적 접근(universal access), 멀티미디어 사용, 1 : N 접근 등이다. 이러한 특성을 바탕으로 디지털 경제(디지털 프로세스와 디지털 프로덕트)가 가능하게 되었다. 이에 따른 새로운 비즈니스 패러다임은 이제 고객중심적 관계를 강화하는 것이어서, 산업혁명 시대에는 사회경제적 주도권이 생산자나 유통자에게 있었지만 오늘날과 같은 인터넷 시대에서는 향상된 접근기반과 접근기회로 인하여 정보 불균형은 해소되고 대신 주도권을 고객이 갖게 되었다. 디지털로 움직이는 경제 속의 e-비즈니스 성공요소를 꼽아보면 고객회원과 거래량이 증가해야 하고, 지식정보를 만들고 활용해야 하며, 사내외 지식전문가나 타 산업과의 가치창출 네트워킹을 통해 지식 활용을 해야 한다. 그래야 거래비용 감소, 관계구축과 유지, 베스트 프랙티스를 통한 새로운 비즈니스 패러다임 하의 성과달성이 가능해진다.

평가하기

제시된 문항의 O/X 여부를 결정하거나 질문에 맞는 답을 고르세요.

1. 인터넷 시대의 파워는 생산자가 가진다. (O/X)
2. 전통적 비즈니스의 수익성보다 e-비즈니스의 수익성이 높은 이유는 고정비용 때문이다. (O/X)
3. 인터넷의 특성이 아닌 것은?

   ① 양방향적 접근　② 언제, 어디서나 접근 가능
   ③ 멀티미디어를 이용한 접근　④ 1대 1의 의사소통 접근
   ⑤ 개인에게 새로운 기회 부여

4.2 e-비즈니스의 체계(E-Business Architecture)

[내 용]

- Net 기반의 e-비즈니스 시대
- Net 기반의 정보 공유
- e-비즈니스 기술적 아키텍처(technological architecture)
- 응용시스템

[목 표]

- 기술적 아키텍처의 필요성 이해
- 기술적 아키텍처의 구성 이해

e-비즈니스의 기술기반이라고 할 수 있는 기술적 아키텍처가 왜 필요한지에 대하여 알아보고 어떻게 구성되어 있는지 이해한다.

[용 어]

인트라넷(Intranet)	인터넷 기술과 통신규약을 이용하여 조직 내부의 업무를 통합하는 정보시스템
엑스트라넷(Extranet)	인터넷 기술을 사용하여 특별히 '친한(필요한)' 공급자 · 고객 · 협력업체 사이의 인트라넷을 연결하는 협력적 네트워크(network)

4.2.1 Net 기반의 e-비즈니스 시대

[그림 4-4]는 Net 기반의 e-비즈니스를 표현한 그림이다. 왼쪽 그림은 Net 기반을, 오른쪽은 e-비즈니스의 당사자들을 표현한 그림이다. 네트워크는 인터넷 기반이지만 대중을 기반으로 한 네트워크도 있는 반면 'intranet'과 'extranet'의 경우 fire wall(방화벽)이라는 장치를 통해 접근이 가능한 사람과 불가능한 사람을 구분하여 접근 권한을 달리 준다. 별도의 접근 권한이 필요 없이 누구든 접근이 가능한 인터넷의 웹 서버(web server)는 제품의 광고, 홍보, 혹은 채용공고 등의 정보가 제공된다. 즉, Net 기반에는 세 가지의 기반이 존재한다. 'Internet, Intranet, Extranet' 이다. 'Internet' 이란 우리 기업에 관심을 가지고 있는 사람이라면 누구든지 접속이 가능하여 필요한 지식 정보를 조회하고 가져갈 수 있고, 'Extranet' 은 기업의 특정한 파트너나 협력업체들이 작업을 하기 위해 알아야 하는 지식정보를 공유하기 위한 네트워크 기반이다. 반면, 'Intranet' 은 기업 내부의 직원들을 대상으로 하며 내부의 직원들만 볼 수 있는 지식정보를 제공하는 기반이다.

오늘날 인터넷을 중심으로 한 기업환경의 변화에 있어서 'Net 기반' 은 세 가지가

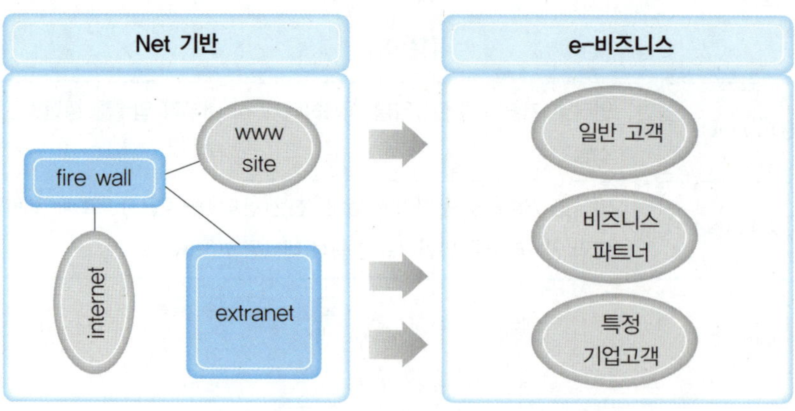

그림 4-4. Net 기반의 e-비즈니스 시대(sns는?)

있고, 그 세 가지의 다른 대상자인 일반고객, 비즈니스 파트너, 특정 기업고객에게 제공할 수 있는 지식정보는 차별화되어야 한다.

4.2.2 Net 기반의 정보 공유

앞서 이야기한 'Internet, Extranet, Intranet' 의 구분에 따른 정보 공유에 관해 자세히 내용을 살펴본다.

Internet의 대상은 일반 대중(public)이고, 일반 대중에게 공유하는 지식의 내용은 기업에서 사용하고 있는 업무 직종에 관한 안내, 마케팅, 홍보(campaign), 투자자를 유치하기 위한 정보, 기업과 관련된 뉴스 등이 있다. Extranet은 특정 고객이나 비즈니스 파트너를 대상으로 하며, 전달하고자 하는 내용은 마케팅, 영업(sales), 제품 정보 등이다. Intranet의 대상은 내부의 종업원이나 직원들이고, 인사관리, 회사의 재무, 중장기적인 교육, 제품에 관한 설계 정보 등이 전달될 수 있다.

이처럼 Net에 따라 대상이 다르고, 그 대상에 따라 보여주고자 하는 지식정보 콘텐

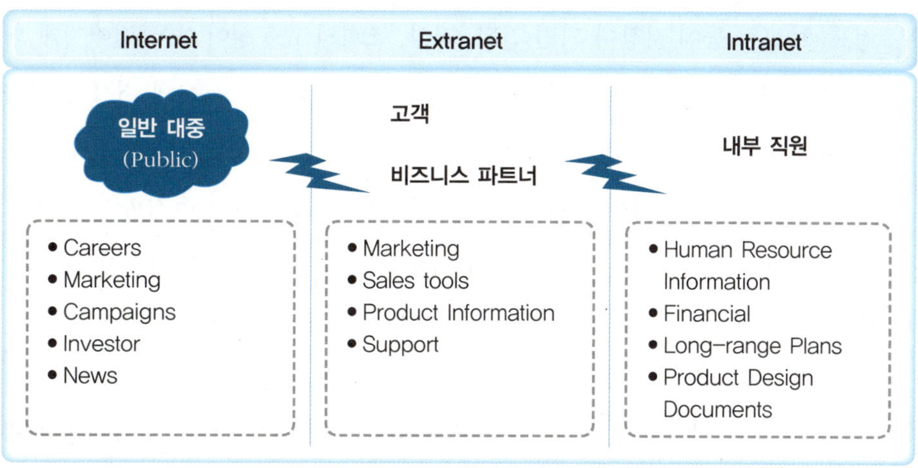

그림 4-5. Net 기반의 정보공유(sns는?)

츠의 유형이 달라진다고 할 수 있다. 이는 기술에 의한 것만이 아니며 사람이 대상에 따라 적절하게 정보의 전달과 저장 구조를 설계해야 한다.

4.2.3 e-비즈니스 기술적 아키텍처(Technological architecture)

(1) 필요성

지금까지 이야기한 Net 기반이라는 것은 기술적 기반이기 때문에 가능한 것이다.

하지만 이것의 기술적인 면만 생각해서는 안 된다. 깔려 있는 케이블(cable)을 통해 정보의 고속도로를 구축한다. 정보고속도로는 휴먼 네트워크와 지식을 공유하고 업무를 협업할 수 있는 프로세스의 네트워크를 만들어 줄 수 있는 기술 기반을 구축한 것이다. 기업이 해야 할 프로세스 혹은 업무(task)를 처리하는 당사자를 살펴보면 상황에 따라 휴먼(직원, 협력업체, 고객), 테크놀로지 등이 복합되어 있다. 이처럼 기술 기반은 휴먼 네트워크와 업무프로세스를 만들어 준다는 점에서 기술적 아키텍처가 필요하다고 할 수 있다.

테크놀로지는 지식정보 콘텐츠를 전달/저장하는 데에 매우 효율적인 역할을 한다. 장부, 전표, 보고서 등에 저장이 되면 전달, 저장, 조회의 효율성이 매우 떨어지게 되지만 디지털화되어 DB(data base) 혹은 지식베이스(knowledge base)에 저장이 된다면 그 효율성이 매우 강화될 수 있다.

사람의 역할은 지식정보와 콘텐츠를 창출하는 것이다. 기술은 아직까지 새로운 지식정보의 창출과 제조는 불가능하기 때문에 사람이 그 부분의 역할을 해주어야 한다.

지식은 비즈니스 프로세스에 통합이 되어 보다 일을 쉽게 처리해 주는 역할을 한다. 예를 들어 은행에서 한 사람에게 카드를 발급해 준다면, 그 사람의 지불능력에 맞는 초기 한도를 정해 줄 수 있는 지식이 있어야 한다. 전문가적인 지식이 DB에 저장되어 있다면 신입사원도 저장된 지식을 통해 업무를 이행할 수 있다. 즉, 업무의 성과와 효율성을 강화시켜 줄 수 있는 것이 지식의 역할이다.

프로세스는 비즈니스 관계의 구축이다. 프로세스가 어떻게, 얼마나 고객에게 서비스를 잘 제공할 수 있는가에 따라 고객이 제품을 재구매하거나 혹은 장기고객으로 남아 있을 수 있는가를 결정지을 수 있다.

e-비즈니스 환경에서의 성공요소 중 '보다 많은 회원의 확보(트래픽, traffic)' 요인이 있는데, 트래픽은 고객의 베이스, 즉 계층이 얼마나 넓고 많은가를 의미한다.

새로운 고객을 한 명 찾아내는 데는 기존 고객을 유지하는 것보다 10배의 비용이 든다. 이는 기존 고객이 새로운 고객의 10배의 역할을 하고 있다는 것을 의미한다. 따라서 새로운 고객을 찾는 것이 중요한 것이 아니라 고객과의 관계를 잘 구축하여 그들이 다시 재구매를 할 수 있고, 장기고객으로 남아 있을 수 있도록 하는 것이 중요하다는 말이다. 이것을 비즈니스 관계 구축이라고 할 수 있고, CRM(Customer Relationship Management)이 요즘 중요하게 여겨지는 이유가 기존 고객의 유지가 얼마나 중요하게 여겨지는가를 보여준다고 할 수 있다.

(2) 구성요소

e-비즈니스의 기술적 아키텍처는 Interface Layer(접점 계층), Access Layer(접근 계층), Intelligence Layer(지능 계층), Application Layer(응용시스템 계층), Transport Layer(전송 계층), Repositories Layer(저장 계층)의 6가지의 계층으로 기술적 기반이 구성되어 있다.

(3) 6계층 아키텍처(architecture)

앞서 설명된 것을 더 상세하게 설명한다면 먼저, 고객, 직원, 타사의 협력업체 직원 등이 IS 또는 e-비즈니스 시스템의 사용자(user)가 된다. 이러한 사용자들이 결과적으로 접근하고자 하는 대상은 가장 아래 부분에 위치하고 있는 데이터, 지식 등의 저장소이다. 저장소(repository)는 DB 혹은 지식베이스, 문서베이스 등이 해당되는데 네 가지 정도로 구분한다면 데이터 웨어하우스(data warehouse), 기간 시스템(legacy systems), 문서 저장소(document repositories), 공공 폴더(public folders)로 구분된다. 일반적인 기업에서 고객, 구매업체, 공급처들과의 거래 내용을 'transaction(거래)' 이라고 할 수 있는데, 이러한 거래활동 혹은 운영활동을 할 때마다 수많은 데이터가 발생되고 저장된다. 이러한 거래 관련 데이터들이 기간 시스템을 통해 모여 운영을 도와주는 측면(입금, 출금, 판매, 입고, 출고, 검수 등)에서 활용이 된다. 반면 데이터의 일부분이 분석용 데이터로 옮겨지는데 그 데이터들이 모인 것이 DW(데이터 웨어하우스, data warehouse)이다. 즉, 기간 시스템은 운영용 DB이고, DW는 분석용 DB라고 할 수 있다. 문서의 저장소는 여러 형태의 문서들이 저장되는 장소이고, 공공 폴더는 고객, 협력업체, 내부 직원들에 의해서 기업의 활동을 개선하거나 혁신할 수 있는 여러 가지 창의적인 아이디어들이 저장되는 장소이다.

결과적으로 사용자들은 여러 가지 형태의 자료들이 저장되어 있는 저장소에 접근할 것이며 그 과정에서 여러 계층을 거치게 된다. Interface Layer(접점 계층)는 사용자들이 맨 처음 IS 혹은 컴퓨터 화면을 통해 보게 되는 첫 화면으로서, 검색 엔진이 숨어 있고 첫 화면을 통해 자신들이 찾고자 하는 정보의 세계, 지식 맵(map)을 볼 수 있는 'universal access browser' 이다. 인터페이스 계층에서 시스템에 접근할 수 있는 사람인지 아닌지를 체크하는 역할을 하는 '방화벽(fire-wall), 보안(security), 시도(challenge), 응답(response), 인증(authentication)' 등과 같은 접근에 대한 확인 작업을 하는 계층이 Access Layer(접근 계층)이다. 다음으로, Intelligence Layer(지능 계층)는 주로 개인화(personalization)를 한다. 요즘 시대는 정보와 지식이 부족하여 문제가 되는 것이 아니라 정보의 홍수시대라고도 불릴 만큼 정보의 양이 방대하여 문제가 된다. 이러한 많은 정보 속에서 사용자가 원하는 정보만을 보여주는 것을 개인화라고 할 수 있다. 이를 위해서는 사용자들이 자신에 관한 정보를 등록해야만 하고, 그를 통해 마치 자신들만을 위해 시스템이 작동되는 것처럼 보일 수 있는데 이러한 것을 '지능화' 라는 용어로 표현한다. 그다음으로, Application Layer(응용 시스템 계층)는 실질적인 S/W가 이루어지는 작업으로서 일정관리(calendar), 사내 전문가가 누구인지를 찾는 시스템인 'yellow pages' 그리고 때에 따라 적절한 분석이 이루어지는 다양한 형태의 분석 S/W가 내장되어 있는 부분이다. 애플리케이션 계층은 e-비즈니스의 기술적 아키텍처의 가장 중요한 부분으로 바로 다음에서 조금 더 자세히 다뤄진다. Transport Layer(전송 계층)는 문자 그대로 내가 요구했던 내용을 저장소에 전달해 주고, 저장소에서 찾아준 정보를 다시 애플리케이션에 전달하여 마지막으로는 사용자들에게 내용을 전달한다.

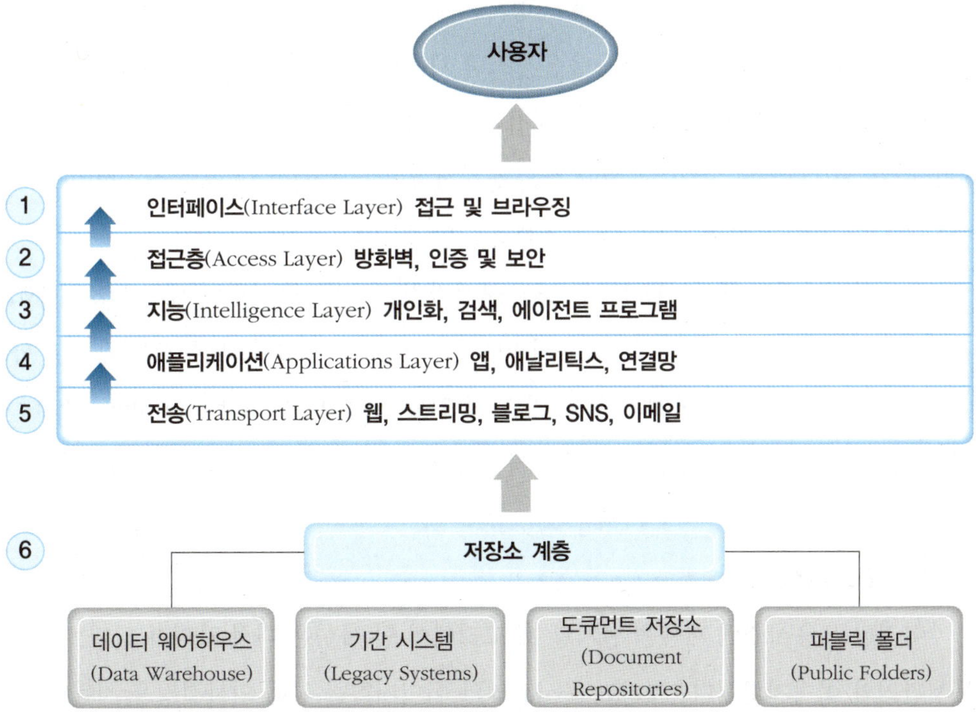

그림 4-6. e-비즈니스의 기술적 아키텍처

이처럼 e-비즈니스는 기술적으로 6개의 계층적 구조를 가지고 있지만 사용자들에게는 6개의 계층이 다 보이지는 않고 저장소를 들여다 볼 수 있는 일종의 창문과 같은 역할을 하는 인터페이스 계층을 통해 시스템을 들여다 보게 된다. 따라서 사용자들은 인터페이스가 비록 보여지는 것에 불과할지라도 인터페이스가 잘 구축이 되었다면 시스템이 잘 구축되었으며 믿을 만한 회사라고 판단한다. 그렇지만 e-비즈니스를 구성하는 6개 계층(layers)에서 없어도 되는 계층은 없다.

4.2.4 핵심 계층인 응용시스템(Applications)

(1) 개념

6계층 아키텍처에서 비즈니스를 실행하는 응용시스템 계층이 핵심에 위치하기 때문에 더 자세히 설명하도록 한다. 응용시스템 계층의 목적은 경쟁적 우위를 창출하는 것이다. 그 목적은 분석, 일정관리, 사내전문가를 찾아주는 지식(knowledge)과 관련된 yellow page 등이 될 수 있다. 이와 같은 경쟁적 우위를 창출할 수 있는 실질적인 S/W가 내장되어 있는 것이 응용시스템 계층이라고 할 수 있다.

응용시스템에는 웹사이트 분석 도구, 문서관리 시스템, 토론방에 대한 DB, SCM, CRM, DSS, KM, BSC 등의 지식응용시스템 등이 내장되어 있다. 또한 일정관리나 사내에서 특정한 지식 분야에 대해 누가 가장 잘 알고 있는지, 즉 "Who knows what?"에 관한 것을 전화번호부와 같은 형태로 저장해 놓은 yellow page도 포함된다.

(2) 고려사항

이러한 응용시스템 계층을 설계할 때 고려해야 할 사항은 다섯 가지가 있다. 첫째, 문서관리와 이미지화이다. 그리고 문서관리와 이미지화를 통해 의사결정을 지원할 수 있는 시스템인 DSS가 잘 구축이 되어야 한다. 이외에도 전자결제시스템을 가능하게 하는 또는 관련 부서 혹은 그룹이 공동으로 빠르게 의사소통을 할 수 있도록 도와주는 시스템인 그룹웨어(groupware)나 협업도구(collaborative tools) 등이 있다. 텔레컨퍼런싱(video conference), 이메일 시스템, 전자결제 시스템 등이 그 예이다. 그리고 응용시스템을 잘 도와줄 수 있는 데이터 관리가 고려사항에 포함된다.

정리하기

e-비즈니스 기술적 아키텍처는 지식 정보의 효율적 전달과 창출, 비즈니스 프로세스의 실행, 비즈니스상의 고객이나 협력업체들과의 관계의 강화를 도와준다. 지식정보를 공유할 수 있는 기반을 e-비즈니스의 기술적 구조가 도와주기 때문이다.

이러한 구성요소는 6계층으로 되어 있으며, 응용시스템 layer가 가장 중요하고, 응용시스템 layer를 통해서 사용자들이 저장소 layer를 이용하여 원하는 지식정보를 접속, 조회한다. 그 예는 CRM, SCM, DSS, KM, BSC(성과측정시스템) 등으로서, 응용시스템 layer에 포함되어 있다.

평가하기

➜ 제시된 문항의 빈칸(　　)을 채우거나, 질문에 답하세요.

1. 내부의 직원들만 볼 수 있고 접근할 수 있는 네트워크는 (　　)이다.
2. e-biz 기술적 아키텍처 계층 중에서 사용자가 처음 접하는 화면은 (　　) 계층이다.
3. e-biz 기술적 아키텍처 계층 중에서 실질적인 소프트웨어가 내장되어 있고, 경쟁우위를 창출하는 핵심적 계층은 (　　) 계층이다.

4. 기술적 아키텍처의 네 가지 요소가 하는 역할을 올바르게 연결하시오.

① 테크놀로지	ⓐ 콘텐트의 전달, 저장의 효율성
② 휴먼	ⓑ 지식정보 콘텐트 창출
③ 지식	ⓒ 비즈니스 프로세스의 실행
④ 프로세스	ⓓ 비즈니스 관계의 구축

4.3 e-트랜스포메이션의 주요 이슈(E-Transformation Issues)

[내 용]

- e-비즈니스 트랜스포메이션
- 프로세스 및 인터페이스 디자인
- 전통적인 모델 및 이상적인 모델

[생각해 보기]

- e-트랜스포메이션의 프로세스에 대한 이해
- 기업의 e-트랜스포메이션의 실행 시 주요 이슈 파악
- 파트너십 구축을 위한 전략 이해

[용 어]

First moving	새로운 비즈니스 모델로 다른 기업보다 먼저 시장에 진입하는 것
Fast learning	빠르게 새로운 지식을 창출하여 신제품이나 업무 혁신을 만들어내는 것

4.3.1 e-비즈니스 트랜스포메이션

이번에 살펴보고자 하는 것은 온라인 기업이 오프라인 기업과 어떻게 다른가에 관한 내용이다. [그림 4-7]을 살펴보자. Off-line(왼쪽) 그림과 On-line(오른쪽) 그림의 차이점은 무엇인가? 'Business process' 를 그린 박스와 'symbol' 의 수는 같지만 오프라인의 경우에는 고객에게 유입되는 화살표가 1개, 나가는 화살표가 1개인 반면 온라인의 경우는 고객에게 붙어 있는 화살표가 4개로 증가했다. 이 그림에서 화살표가 의미

하는 것은 정보(information)의 흐름이다. 고객에게 들어가는 정보의 흐름이 오프라인의 경우에는 매우 단순하지만, 온라인의 경우에는 매우 다양해진다. 큰 직사각형 'box' 는 기업 혹은 조직의 범위를 보여주고, 그 안에 포함되어 있는 작은 box들은 업무의 'sub-process' 혹은 작은 업무(task) 단위이다. 즉, 이 기업에서는 4개의 업무 프로세스가 일어나고 있다는 것을 알 수 있다.

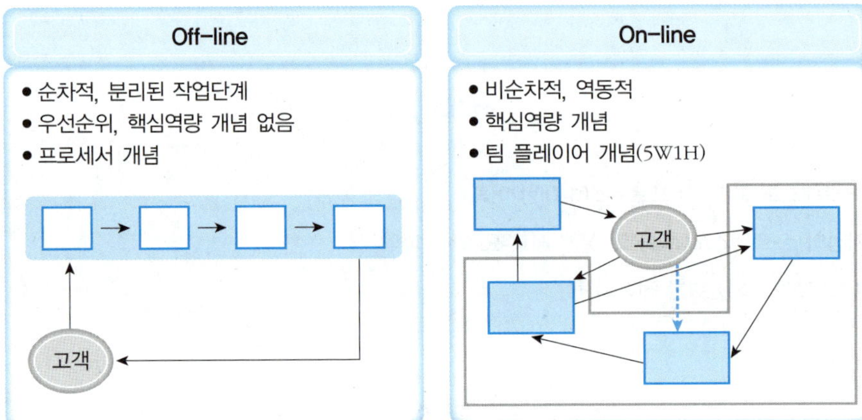

그림 4-7. 온-오프라인의 차이점

왼쪽 오프라인 그림의 경우, 고객이 첫 번째 프로세스로 주문 신청을 하면 그 안에서 재고를 확인하고, 제품이 없을 경우 제품을 주문한다. 그리고 제품이 도착하면 고객에게 청구서와 함께 전달을 하는 전통적인 오프라인 업무 프로세스라고 할 수 있다. 반면 오른쪽 그림은 비순차적이며 역동적이다. 또한 우선순위가 존재하고, 핵심역량의 개념이 도입되어 있고, 업무 처리를 담당하고 책임을 지는 플레이어, 즉 'player or processor' (플레이어라고 부르자)가 분리 추가되었다.

[그림 4-7]의 예를 보면, 네 가지 프로세스를 처리해야 하는 경우, 오프라인 기업은 네 가지 업무 모두를 스스로의 오너십(ownership)으로 직접 처리할 것이다. 반면 온라

인 기업은 네 가지 중 한 가지는 자사에서 분리하여 외부의 협력업체와 손을 잡고, 나머지 세 가지는 기업 내부에서 처리할 수 있다. 외부 업체와 협력할 수 있는 부분은 배송의 경우가 가장 대표적이다. 어떤 업무를 아웃소싱(혹은 파트너십)할 것인지, 하지 않을 것인지를 판단하는 것이 바로 '핵심성'에 대한 판단이라고 할 수 있다(제3장 프로세스 모델링의 '핵심성' 부분 참고). 기업의 핵심업무는 직접 처리하는 것이 좋다. 오른쪽 그림에서 보면 온라인의 경우 업무를 처리하는 당사자가 두 개의 기업으로 이루어져 있음을 볼 수 있다.

이와 같이 오프라인 기업과 온라인 기업은 업무처리방식이 상이하다. 온라인의 경우, 고객에게 더 높은 만족을 줄 수 있고 보다 높은 마진을 창출할 수 있다. 따라서 오프라인 기업이 온라인 기업으로 트랜스포메이션되어야 한다는 것을 확인할 수 있다.

4.3.2 e-트랜스포메이션

(1) e-트랜스포메이션 단계

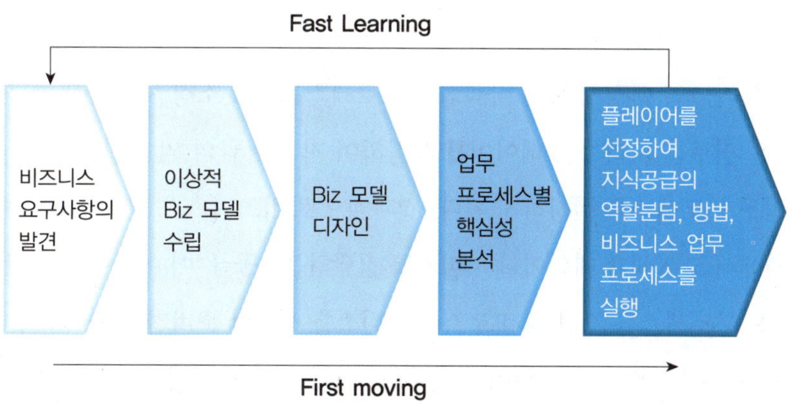

그림 4-8. e-트랜스포메이션의 단계(First Moving & Fast Learning)

[그림 4-8]은 e-트랜스포메이션이 진행되는 순서이다. 왼쪽에서 오른쪽으로 기업의 전환이 이루어지는 것을 확인할 수 있다. 인터넷 기반으로 새로운 비즈니스를 하고자 할 때 가장 먼저 행하는 것은 수익성 있는 비즈니스 모델을 만드는 것이다. 이후에 관련된 자원을 활용하여 회사를 등록한 후 운영이 시작된다.

본 그림은 비즈니스를 하기 위한 준비작업을 보다 상세하게 나타낸 것이다. 첫 번째 단계는 시장에 어떤 수요가 있는가를 파악하여 비즈니스 요구사항을 발견하는 단계이다. 새로운 비즈니스를 시작하기 위한 경우, 이미 운영되고 있는 회사가 프로세스를 온라인의 형태로 바꾸고자 하는 경우에 해당된다. 즉, 시장에 그 제품이나 서비스에 대한 수요가 어느 정도 존재하느냐를 찾아내는 단계이다.

수요가 확인되면 그 후 업무 프로세스가 어떻게 흘러가고, 직원의 수, 업무 담당자, 수익성 확보 방법 등을 파악하여 이상적인 비즈니스 모델을 만든다. 이 단계는 어디까지나 '이상적인' 비즈니스 모델이다. 실질적인 지식을 가지고 있는 사람을 발견할 수도 있고 그렇지 못할 수도 있다. 따라서 다음 단계에서 보다 현실적인 비즈니스 모델을 디자인할 필요가 있다. 그러므로 이상적인 비즈니스 모델을 중심으로 세부적인 어떠한 업무 프로세스가 필요한 것인가를 분석한 후 그중에서도 무엇이 핵심인가를 찾아내야 한다. 이토록 핵심성을 강조하는 이유는 핵심성 있는 프로세스를 아웃소싱 주어서는 안되기 때문이다. 즉, 핵심성 없는 비핵심적 프로세스를 아웃소싱 처리해야 한다.

다음은 업무를 처리할 플레이어를 선정하여 지식 공급의 역할 분담, 방법 수립, 비즈니스 업무 프로세스를 실행하게 된다. 결과적으로 비즈니스가 실제 실행되는 것은 마지막 단계에서 고객에게 제품이나 서비스를 전달하는 '공급'이 이루어지는 단계이다.

이러한 프로세스를 거친 후 비로소 비즈니스를 시작할 준비가 되었다고 할 수 있다.

또한 이는 매우 빠르게 이루어져야 한다. 이러한 빠른 처리를 'First Moving' 이라고 한다. First Moving은 경쟁업체나 다른 사람들이 사업에 대한 비즈니스 모델을 알아내기 이전에 빠르게 준비해야 한다는 것으로 다른 누구보다 빠르게 시장에 진입하여 선점해야 한다. 누구든 빠르게 가길 원하지만 그렇지 못한 것이 현실이다. 그렇기 때문에 오너십(ownership)의 개념으로 모든 작업을 처리해서는 First Moving을 이룰 수 없다. 따라서 파트너십(partnership)의 개념을 가지고 업무를 대신 처리해 줄 수 있는 협력업체를 모으고 이들을 통해 준비해야 할 일을 줄일 수 있다. 또한 전문적 지식을 가지고 있는 플레이어를 빠르게 선정하여 다른 기업이 그 비즈니스를 하는 것보다 빠르게 시장을 선점하여 산업에 진입할 수 있다. 이러한 개념은 e-비즈니스의 개념이기에 가능하다. 만약에 비즈니스의 형태가 과거 굴뚝산업인 오프라인 중심의 형태라면 제품 · 업무처리가 물리적이기 때문에 빠른 처리가 불가능하다. 하지만 온라인 기반이라면 중요한 모든 프로세스가 전자적으로 처리되기 때문에 보다 빠른 처리가 가능하게 된다.

하지만 비즈니스 모델을 수립하여도 시장의 규모나 타켓팅한 고객이 예상했던 것과 다른 경우가 발생할 수 있다. 따라서 끊임없는 비즈니스 모델에 대한 조정(modification)이 필요하다. 이러한 변환의 마지막 단계를 통해 실질적인 데이터 분석 후, 확인 · 확신 · 검증을 할 수 있고 그에 따른 비즈니스 모델 수정이 비로소 가능해진다. 위의 과정을 통해 지속적인 경쟁력을 확보할 수 있기 때문에 비즈니스 모델에 대해 검증하는 빠른 학습과 지식경영이 중요하다고 할 수 있다.

정리해 보면, e-트랜스포메이션에 대한 중요한 개념(key point)은 'First Moving'과 'Fast Learning' 이다.

(2) 프로세스 디자인

e-트랜스포메이션을 하기 위한 몇 가지 핵심 이슈가 존재한다. 그 첫 번째가 프로세스 디자인이다. 가상기업이란 모든 것이 디지털 이코노미 형태로 소프트웨어적으로 이루어지는 기업이다. 이는 e-비즈니스의 규칙과 규정이 모두 소프트웨어적으로, 그리고 반복적으로 이루어진다는 것을 의미한다. e-오너십을 기반으로 기업 내부에서 처리되는 프로세스는 핵심 프로세스로서 모든 것이 가상기업의 형태로 소프트웨어적으로

반복 처리되는 업무이다. 반면 내가 할 수 없는 업무는 e-파트너십으로 선정하여 지식을 외부로 연결시켜야 한다. 그 아래의 단계는 e-오너십으로 처리되는 사항이지만, 절반은 전자적으로, 절반은 사람에 의해 처리되는 프로세스이다. 이러한 것으로 처리할 수 없는 업무가 예외처리라고 할 수 있다. 예외사항이나 긴급사항 혹은 콜센터(Call Center)로 고충이 접수되는 사항은 예외적으로 처리할 수밖에 없고 주로 사람 중심의 업무처리가 되어야 한다. 이러한 전체적인 것은 상황에 따라 사람과 기계가 업무를 처리하는 사람-기계 상호작용(man-machine interaction)을 반영한다. e-비즈니스 '룰(rule) 지식' (예: 처리 매뉴얼 지침)은 반복적으로 처리되는 업무로 소프트웨어적으로 기계가 처리하는 업무에 해당되고, 때에 따라 그렇지 못한 업무는 파트너십을 이용하여 외부의 아웃소싱에 의해 처리하는 것이다. 일부분은 사람이 기계적으로 처리되는 업무이지만 예외적인 업무는 극단적인 경우로 완전히 사람에 의해 처리되는 업무이다.

따라서 기업은 기업에서 발생하는 여러 가지 업무 프로세스 중에서 세 가지의 처리

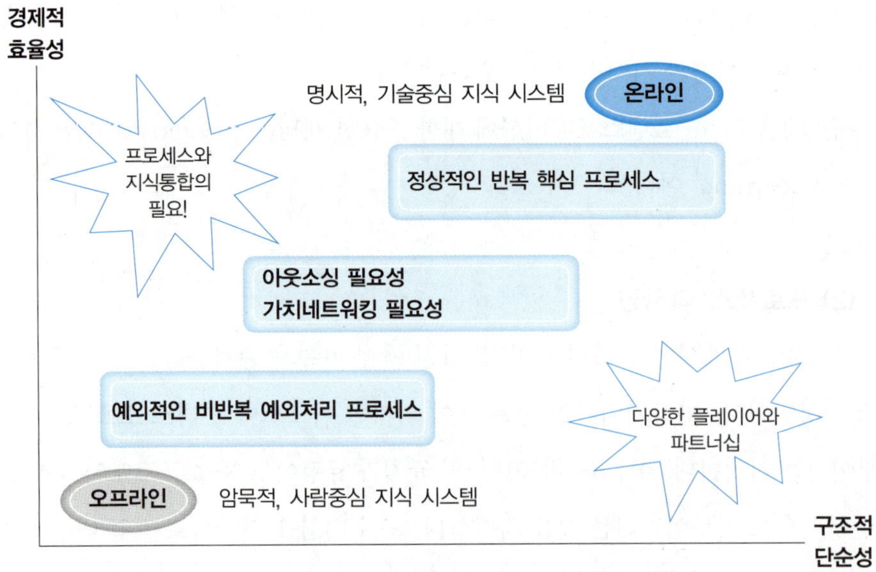

그림 4-9. 비즈니스 프로세스와 지식통합 디자인 유형

업무를 적절하게 설계하여야 한다.

(3) 인터페이스 디자인

두 번째 주요 이슈는 인터페이스 디자인으로 네 가지의 유형이 있다. 이 네 가지 유형은 지식정보 콘텐츠가 개인적으로 전달되는 것인지, 대중적으로 전달되는 것인지, 의사소통이 되는 방법이 쌍방향적인지, 단방향적인지에 의한 2×2 매트릭스로 표현된다.

첫째, e-지식정보카탈로그 경험 및 비교평가이다. 이것은 모든 사람에게 똑같은 정보와 지식이 전달되는 형태이고 단방향적이다. 조회해 볼 수 있는 것을 구체적으로 요구할 수 있는 것이 아니라 모든 사람들에게 똑같이 대중화(customization)되는 것으로 가장 초보적인 형태이다.

둘째, 콘텐츠의 다양한 맞춤과 개인화가 이루어진 형태이다. 즉, 'micro' 적인 맞춤 서비스가 가능하다는 것을 의미한다. 고객이나 직원이 등록한 관심사항에 따라 보여주는 정보가 달라질 수 있다. 이는 게시판 같은 형태와는 다르게 맞춤화된 e-비즈니스 정보이다.

셋째, 셀프서비스 및 back-office 추적조회가 가능한 형태이다. 이는 인터랙티브(interactive)한 경우를 의미하며 e-비즈니스가 주는 정보만을 볼 수 있는 것이 아니라 본인이 원하는 정보를 조회해 볼 수도 있는 형태이다. 예를 들어, 외국으로 소포를 보냈을 때, 송장번호를 이용해 현재 소포가 어느 위치에, 어떤 상태에 놓여 있는가를 조회하여 확인이 가능한 경우가 이러한 형태에 해당한다. 필요한 지식정보를 셀프서비스로 고객에게 제공할 수 있는 장치가 되어 있으면 인터페이스가 인터랙티브하다고 할 수 있다.

넷째, 플레이어와 협업, 고객 커뮤니티 구축, 전문가적 지식의 공유까지 가능한 디자인이다. 여러 형태의 커뮤니티 사이트가 개설되어 제품과 서비스에 관한 다양한 평가와 의견이 저장되고 그것을 통해 기업이 새로운 제품이나 서비스에 대한 혁신적인 방법을 도출할 수 있다. 이를 통해 기업이 개선될 수 있는 동기가 마련된다면 이는 가장 발전적인 형태로서 새로운 지식정보가 양방향으로 창출되는 단계이다. 앞선 세 가지 단계는 지식정보의 활용 단계이지만, 본 단계는 지식의 창출까지 가능하므로 가장 발전된 단계라고 할 수 있다.

어느 단계가 제일 중요한 단계라기보다 네 가지 형태의 모든 단계가 누적적으로 제공되어야 하고, 흔히 [그림 4-10]에서 볼 수 있는 바와 같이 I → II → III → IV 단계로 발전된다.

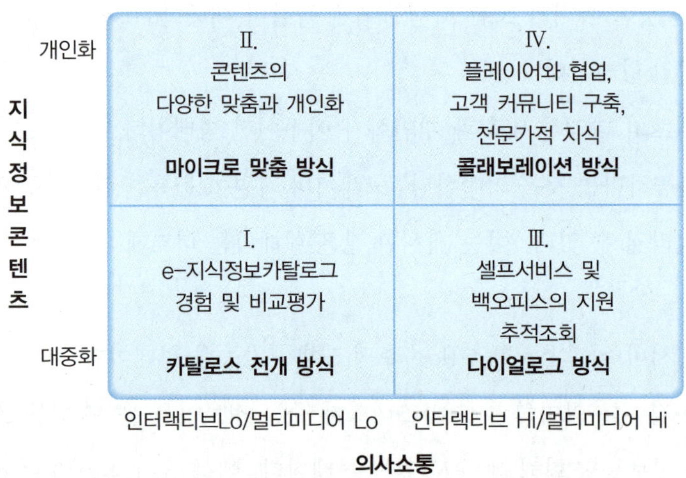

그림 4-10. eBiz 인터페이스 디자인과 의사소통 방식

4.3.3 전통적인 모델 및 이상적인 모델

(1) 전통적인 off-line 모델

지금까지 공부한 내용을 보다 쉽게 이해하기 위한 예시를 제공하고자 한다. [그림 4-11]은 전통적인 주문에서 제품이 확인·배송되면 금액을 청구하고 제품을 받고 금액을 지불하기까지의 과정을 그려놓은 그림이다. 그 과정을 자세히 살펴보면 다음과 같다. 고객이 세일즈맨을 통해 제품을 주문하면 세일즈맨은 시스템을 통해 주문사항에 대한 고객정보, 제품정보, 판매정보를 조회한다. 문제가 없다면 주문을 처리하여 배송을 의뢰한다. 주문처리를 의뢰받은 담당자는 다시 한 번 제품의 재고정보를 확인하여 배송을 지시한다. 지시된 배송사항에 따라 세금계산서를 만들어 청구서를 발급하고 발급된 청구서가 고객에게 전달되면 고객은 제품을 받은 후 해당 제품에 대한 결제를 하게 된다. 결제 후엔 결제된 내용이 기업의 회계 시스템에 저장되고 해당 금액은 은행으로 입금된다.

[그림 4-11]에 그려진 업무 모델에서 몇 명의 플레이어가 모든 프로세스를 처리하고 있는지를 살펴보자. 이 프로세스에서 플레이어는 고객과 직원 단 두 유형이다. 모든 것이 사람에 의해 처리되고 배송과 청구가 물질적인 형태로 처리된다는 것을 볼 수 있다. 따라서 이 프로세스가 전통적인 굴뚝기업의 오프라인 형태 프로세스라는 것을 확인

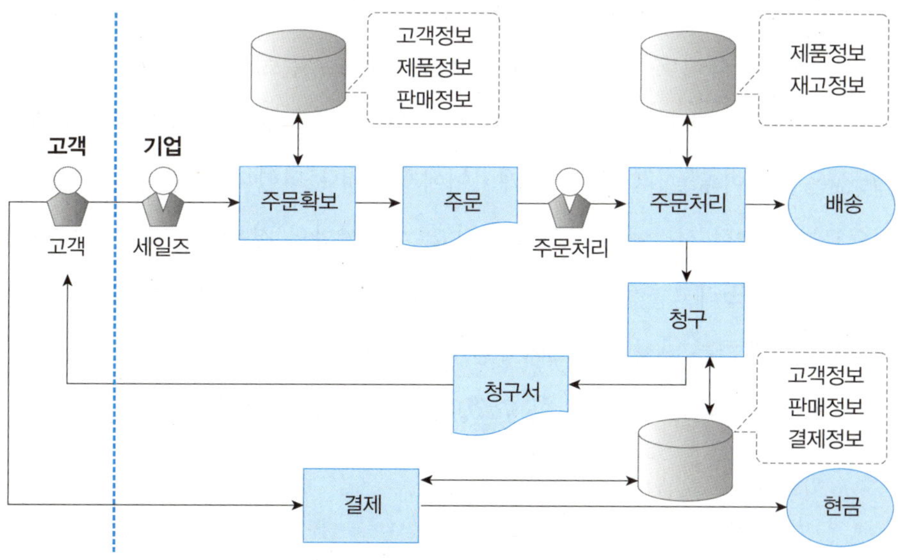

그림 4-11. 전통적인 모델

할 수 있다. 또한 세일즈맨은 고객·제품·판매정보를 가지고 있으며 주문 담당자는 제품·재고정보를 따로 가지고 있는 통합되지 않은 DB를 확인할 수 있다.

종합해 보면 이 기업은 아직 e-비즈니스로 트랜스포메이션이 되지 않은 기업임을 알 수 있다.

(2) 이상적인 on-line 모델

이상적인 e-트랜스포메이션 프로세스 형태는 핵심 지식이 존재하고 프로세스와 지식이 통합되어 있다. 또한 오너십이 아닌 파트너십 지식 협업으로 이루어지고 있으며 의사소통 미디어가 사람 중심만이 아니라 다양한 테크니컬한 형태로 이루어지고 있다. 이상적인 모델에서는 고객·기업·공급처·중개자라는 네 플레이어가 존재한다. 이를 통해 기업이 파트너십으로 구성되어 전체적인 프로세스가 나누어져 있다는 것을 확인할 수 있다.

이 같은 모델에서 프로세스들은 반드시 사람의 손을 거쳐야만 처리되는 것이 아니라 on-line, 즉 기계 중심의 처리로 이루어진다. 고객은 세일즈맨을 거치지 않고 본인이 직접 인터넷 웹사이트를 통해 원하는 제품을 찾아 주문하고 결제방법을 선택한다. 또한 주문의 실행 단계에서도 자동적으로 소프트웨어 처리가 진행된다. 만약 고객이 구매하고 싶은 제품이 없을 경우에만 플레이어에게 직접 문의한다. 이와 같은 프로세스는 1차적으로는 기술적 시스템에 의해 처리되고, 예외상황의 경우에만 사람에 의해 처리되므로 e-비즈니스라고 할 수 있다. DB의 통합, 파트너십에 의한 업무처리, 1차적 기계 중심의 업무처리를 바탕으로 예외사항에서만 사람이 업무처리를 하는 것이 e-트랜스포메이션의 가장 큰 특징이라고 할 수 있다.

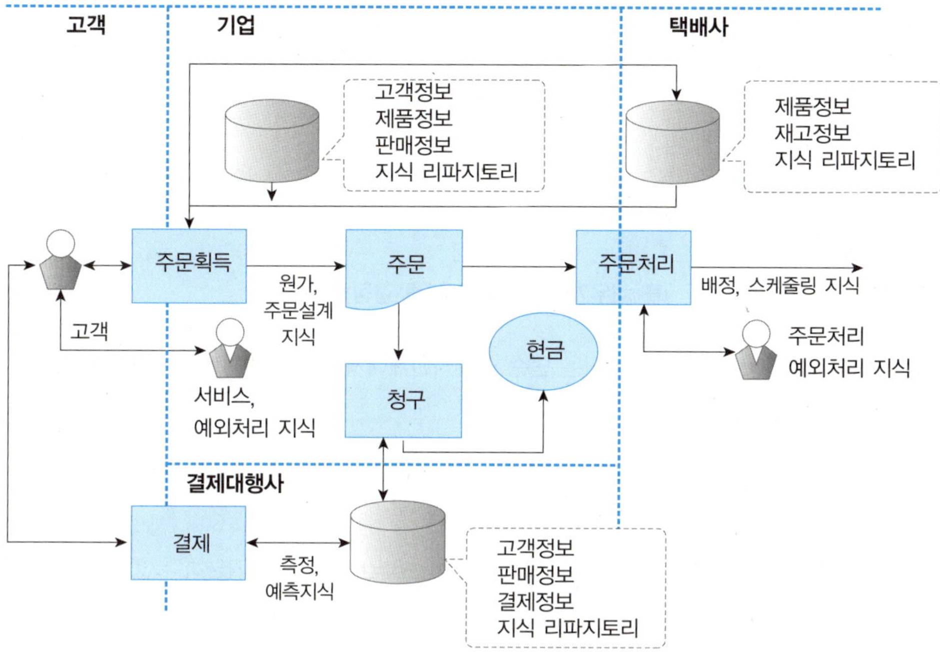

그림 4-12. 이상적인 모델

정리하기

e-트랜스포메이션을 위한 단계에서는 'First Moving'과 'Fast Learning'이 중요하다.

기업이 e-트랜스포메이션을 하고자 할 때 주요 이슈로는 프로세스 디자인과 인터페이스 디자인이 있다. 그리고 각각의 프로세스 처리방법 결정에 있어서는 업무의 성격에 따라 '룰 베이스(rule base)'로 처리할 것인지 '휴먼 중심'으로 처리할 것인지를 적절하게 선택하여야 한다. 또한 인터페이스 트랜스포메이션 디자인에서 고려해야 할 사항은 개인화-대중화, 의사소통의 단방향-양방향이며, 카탈로그형, 상세맞춤형, 다이알로그형, 콜래보레이션형으로 진행 · 발전하도록 할 필요가 있다. 이러한 내용을 전통적 오너십 중심의 off-line 형태와 이상적 파트너십 중심의 on-line 형태로 트랜스폼되는 방법을 본 장에서 그림으로 예시하고 설명하였다. 다음 제

5장에서는 e프로세스가 트랜스포메이션에 탑재할 명시적, 암묵적 지식의 특성과 역학을 학습해 보기로 하자.

평가하기

제시된 문항의 빈칸( )을 채우거나, O/X 여부를 결정하세요.

1. 온라인 기업이 하는 IT 아웃소싱은 단순한 계약관계에서 ( ) 관계로 발전되어야 효과를 지속적으로 향상시킬 수 있다.
2. 기업이 비즈니스 모델을 수립하고 지속적으로 수정하고, 조정해 나가기 위해 필요한 것은 ( )이다.
3. 퍼스트 무빙(first moving)의 형태는 오프라인과 온라인 산업 모두 가능하다. (O/X)
4. 인터페이스의 형태 중 지식이 창출도 되는 단계는 네 번째 'collaborative' 참여 단계이다. (O/X)

Chapter 5

지식경영 (Knowledge Management)

Chapter 5

지식경영 (Knowledge Management)

5.1 지식과 지식의 유형(Knowledge Types)

[내 용]

- 지식경영의 필요성
- 지식, 지식경영, 지식경영시스템
- 지식자산의 특성과 유형
- 지식경영의 교훈 및 동향

비즈니스의 경쟁력은 그것도 지속 가능한 경쟁력은 정상적 거래 처리와 함께 비정상적 거래의 처리 역량에서 온다. 왜냐하면 전자는 누구나 할 수 있지만 후자는 그렇지 않다. 전자에 필요한 형식화된 지식은 누구나 관리할 수 있지만 후자에 필요한 비형식화된 암묵적 지식은 그렇지 않기 때문이다.

초기의 IT는 자료처리(data processing)를, 그 후 정보관리(information management)를 그리고 이제 지식경영(knowledge management)을 지원하며 점차 영역과 역할을 확대해 왔다. 이러한 변화는 환경의 복잡성과 지식경영의 역량 확대에 따른 진화이다.

이 장에서는

첫째로, 지식과 정보에 대한 이해와 정보시스템과 지식시스템의 연관성을 이해하고

둘째로, 지식의 모듈화된 가치사슬을 이해하고

셋째로, 지식 관리와 지식 기반의 시스템에 대해 학습해 본다.

[생각해 보기]

- 지식이란 무엇일까요? 자료, 지식, 정보는 다 같은가요, 다른가요?
- 지식은 기업에서 어디에 쓰이나요? 지식을 분류할 필요가 있나요?
- 지식 가치의 요람에서 무덤까지에는 어떠한 선택이나 단계가 있을까요?
- 지식은 엔터프라이즈 내에서 누가 관리하나요?

[목 표]

- 지식경영 필요성에 대한 이해
- 지식, 지식경영, 지식경영시스템의 개념 이해
- 지식자산의 특성 및 유형 이해
- 지식경영의 교훈 및 동향에 대한 이해

본 장에서는 지식과 정보의 차이에 관하여 보다 심도 있게 다룬다. 또한 지식이란 무엇이며 지식의 유형은 어떻게 분류할 수 있는지, 지식의 특성은 어떠한지 그리고 지식경영이 왜 필요한지 이해하는 것을 목표로 한다. 마지막으로 지식에 대해 시스템적으로는 어떻게 다른 접근을 할 수 있는지 이해해 보고자 한다.

[용 어]

Socio-Technical System (STS)	시스템을 설계할 때 기술적 특성뿐만 아니라 최종사용자(사람 관점)의 참여를 크게 고려하는 시스템 설계 방법론. 영국의 Mumford(멈퍼드) 교수가 이론화 및 방법론화하여 전 유럽에 확산되고 미국에 전파되었으며, 시스템 설계를 기술설계와 조직설계의 융합으로 접근하여 매우 실용적임
명시(형식)적 지식 (Explicit Knowledge)	공식적인 지식으로서 단순한 형태이거나, 정형화된 지식으로서 단순한 방법으로도 전달될 수 있는 지식들(예 : 업무 매뉴얼, 규정, DB, 어법적 처리 등)
묵시(암묵)적 지식 (Tacit Knowledge)	단순한 절차나 과정이 아니라 복잡하고 비공식적인 지식으로서 다양한 표현과 방법으로 전달을 해야 하고 때에 따라서 개인의 경험을 포함하는 지식을 말함(예 : 노하우, 리더십, 자전거 타는 법, 예술, 어의적 처리 등)
베스트 프랙티스 (Best Practice)	남보다 먼저, 그리고 더욱더 완벽하게 문제를 해결할 수 있는 비즈니스 업무처리 방법

5.1.1 지식경영의 필요성

(1) 지식자산의 지속적 개선

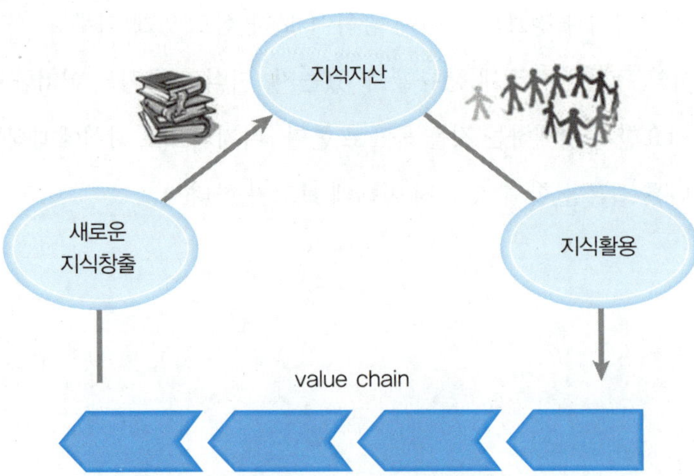

그림 5-1. 지식자산 사이클

[그림 5-1]은 지식자산의 지속적인 개선 사이클을 표현한 것이다. 책으로 표현되어 있는 지식자산 유형 그림은 어떤 매체를 통해 저장되어 있는 지식의 저장소를 나타내는 것으로서 지식 라이브러리 또는 도서관이라고 불러도 되겠다.

반면 많은 사람들이 모여 있는 지식자산 유형 그림은 기업이나 조직의 사람들이 자신의 머릿속에 가지고 있는 개인지식의 저장상태를 의미한다. 이처럼 지식은 경우에 따라 사람의 머릿속 혹은 매체를 통해 지식자산, 지식재산 또는 지식자원이라 불릴 수 있는 형태로 소유된다.

하지만 지식의 창출과 저장보다 더 중요한 것은 지식의 활용이다. 지식의 활용이란 업무를 수행할 때 다양한 방법으로 지식을 이용하여 부가가치를 만들어내는 것을 의미한다. 기업의 가치사슬 형태로 얽혀 있는 수많은 업무에서 지식이 활용됨으로써 지식가치가 창출 및 부가된다. 이러한 세 가지 프로세스를 통해 새로운 지식이 창출되는 과정을 거친다. 따라서 지식자산은 지속적인 '창출-저장-활용'의 순환적 사이클로 고려되어 측정되어야 한다.

(2) 지식자산의 역할

지식자산이 중요하다고 여겨지는 이유는 다음과 같이 점점 더 디지털 시대의 e-비즈니스 혹은 일반적인 비즈니스에서 지식자산이 중요한 역할을 하기 때문이다.

첫째로, 비즈니스의 요구에 대해 빠른 대응을 할 수 있다. 지식을 가지고 있다면 고객의 문의나 최고 경영층이 알고자 하는 고객의 동향, 경영의 현상과 미래 예측에 대하여 빠른 대응을 할 수 있다. 예를 들어 제품의 주요 소비층을 20~30대로 예상하였는데 실제는 어떠한가를 판단할 때 관련 지식이 없다면 대응하는 것은 불가능하다. 이처럼 지식은 여러 비즈니스 참여자의 요구에 빠르게 대응할 수 있는 자산이 된다.

둘째로, 직원의 엠파워먼트(empowerment)를 가능하게 한다. 엠파워먼트란 직원들이 지식을 가짐으로 인해서 그만큼의 새로운 업무처리능력 또는 역량이 생겼다는 것을 의미한다.

셋째로, 의사결정의 향상이다. 지식을 가지고 의사결정을 한다면 그만큼 불확실성을 해소하면서 정확하고 빠른 의사결정을 할 수 있다. 또한 미래의 변화에 대한 예측과 대응을 할 수 있다.

넷째로, 비즈니스 모델을 프로세스로 트랜스폼하여 실행을 가능하게 한다. 새로운 비즈니스 모델을 세운 후에도 실행에 필요한 세부적인 합리적 프로세스와 처리지침이 없다면 실패로 이어질 수 있다.

마지막으로, 한번 비즈니스 모델을 성공적으로 세운다고 해서 그 비즈니스 모델이 영원히 성공적이라고 할 수 없기 때문에 변화(고객의 변심, 새로운 테크놀로지의 출현, 경쟁사의 전략 변화 예측)에 맞는 분석과 재설계 역시 지식자산의 중요한 역할이다.

5.1.2 지식(Knowledge), 지식경영(Knowledge Management), 지식경영시스템(Knowledge Management System) 정의

지식이란 가치창출 목적의 행위를 실질적으로 일으킬 수 있는 일련의 체계화된 정보를 의미하고, 이는 정보와의 차이점이 된다. 정보는 조각이나 벽돌에 해당되고, 벽돌과 같은 것이 잘 체계화되어 있을 때 제대로 된 집을 지을 수 있는 것처럼 정보를 체계화시킨 것이 바로 지식에 해당한다.

시스템적 관점에서 '잘 만든다'는 것은 일련의 행위(행동)를 유발시킬 수 있는 메커니즘까지 갖춘 것을 의미한다. 예를 들어, 열심히 노력하여 규칙을 만들어 놓았다고 하더라도 업무 처리 담당자가 적절치 않다고 판단하여 이용하지 않으면 그것은 잘 만들었다고 할 수 없다. 그렇기 때문에 지식은 자신 있게 행동을 유발할 수 있는 형태로서 **설득력**(persuasive power) 또는 **영향력**(influence)을 가져야 하고 바로 이것으로 정보와 지식을 구분지을 수 있다. 따라서 **지식경영**은 자료와 정보를 지식으로 변환시킬 수 있는 역량과 과정이라고 할 수 있다. 즉, 데이터나 자료에 의미가 잘 부여되고, 정보가 잘 만들어져서 결국 지식으로서 가치를 만들도록 하는 일련의 행위를 지식경영이라고 한다.

지식경영시스템은 지식관리시스템과 지식응용시스템의 두 가지 형태가 존재한다.

지식관리시스템은 필요한 지식 자체를 데이터나 정보로부터 만들어내고, 저장하는 시스템으로서, 검색과정이나 검색화면, 지식의 전달과 저장과정이 해당한다. 이는 기업에서 지식을 관리할 수 있는 일종의 프로세스를 말하며 결과적으로 지식베이스(knowledge base)를 의미하는 시스템이다. **지식응용시스템**은 지식기반의 업무운용, 업무처리를 의미한다. 지식기반의 판매관리시스템, 공정관리시스템, 설계시스템과 같이 지식을 활용하는 것이 궁극적인 목적이다.

이상과 같은 두 가지 유형의 지식 관련 시스템을 총칭하여 **지식시스템**(KMS)이라 한다. KMS의 대표적인 사례 유형을 보면 먼저, 아이디어관리시스템의 형태로 일종의 제안제도로서 미완성된 상태의 아이디어를 감지 및 분류하고 검색을 지원하는 시스템의 가장 초보적인 형태가 있다. 또 하나, 도큐먼트와 콘텐츠 관리시스템은 사내에서 각종 도큐멘테이션, 이미지, 영상들을 분류, 저장, 검색하는 업무를 지원하는 시스템 형태이다. 두 가지 시스템 모두 궁극적으로는 지식기반의 업무처리시스템으로서 발전되어야 한다.

5.1.3 지식자산 특성

(1) 주요 특성

지식자산은 다음과 같은 다양한 특성을 가진다.

첫째, 지식은 어의적 의미의 파악과 측정이 어렵다. 지식은 의미를 표현하는 것이기 때문에 본 뜻을 나타내는 것이 쉽지 않다.

둘째, 다양한 형태로 존재하며 그 변화가 역동적이다. 숫자, 문자, 동영상, 이미지 등의 다양한 형태로 존재하며 내가 아는 것을 경쟁사가 아는지 모르는지에 따라 지식이 될 수 있고 지식이 되지 않을 수 있다. 나에게는 지식이지만 나보다 더 유능한 사람에게는 지식이 되지 않을 수 있고, 새로 접한 사람에게는 지식이지만 그렇지 않은 사람에게는 지식이 아닌 상식이 될 수 있다. 이처럼 대상에 따라 지식의 가치가 다르게 나타날 수 있다.

셋째, 지식은 조직 내의 행위자들이 실제 경험을 통하여 이해하는 것이다. 경험하지 않으면 대략적인 이해만 가능할 뿐 실질적인 의미를 파악하는 것은 불가능하다.

넷째, 지식은 사용할수록 늘어난다. 다른 물질적인 자산이나 사람이 가지고 있는 에너지는 사용할수록 줄어들지만 지식은 사용할수록 성장하고 새로운 지식의 창출과 이해가 증가한다.

다섯째, 지식은 그 영향력이 매우 강하다. 지식을 가지고 있으면 업무의 단축이 가능하고 처리 속도가 빨라져 그에 따라 원가절감과 소비자 만족의 증가를 유발할 수 있다.

여섯째, 이러한 지식을 축적하는 데는 많은 시간이 소요된다. 복잡하고 새로운 지식일수록 이해하고 지식을 활용하는 데 시간이 많이 걸린다.

(2) 혁신과정 및 성공요인

지식의 궁극적인 목적은 혁신의 강화, 베스트 프랙티스(남들보다 먼저 초우량적으로 업무를 처리할 수 있는 업무처리방식)의 창출이기 때문에 중요하다. 이러한 베스트 프랙티스를 실천하기 위해서는 지식을 먼저 알아야 한다. 하지만 아는 것에 안주하여 행동으로 실행하지 않거나 의사결정에 이용되지 않으면 기업의 성장에 아무런 기여를 하지 못한다. 이처럼 지식은 인지를 한 후에 설득이라는 과정을 거쳐야 행동으로 옮겨질 수 있다. 예를 들어 모든 학생들은 공부를 해야 좋다는 것은 인지하고 있지만 왜 공부를 해야 하는지에 관하여 이해하지 못하기 때문에 알고 있는 것을 행동으로 옮기지 못한다.

즉, 지식은 설득과정을 통해서 당사자가 행동하겠다는 의지인 의사결정으로 옮겨지고, 그 행동이 실제 업무에 적용될 때 비로소 지식을 통한 가치가 창출되고 업무성과가 발생한다.

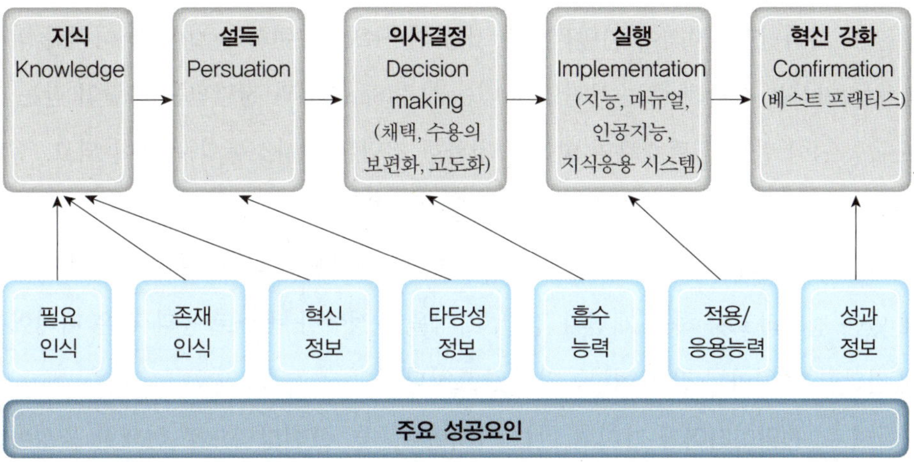

그림 5-2. 지식자산의 혁신과정 및 성공요인

[그림 5-2]에서 볼 수 있는 일련의 과정은 지식이 어떻게 혁신과 연관되는가를 표현한 것이다. 그림의 하단 부분에 나타난 주요 성공요인 중 필요인식, 존재인식, 혁신정보들은 지식의 잠정적인 원천을 의미하고 타당성 정보, 흡수능력, 적용능력, 성과정보 등은 지식이 만들어지는 과정에 영향을 미치는 요인이다.

다시 말해 지식경영에서 중요한 것은 지식 혹은 메시지의 전달이 아니라 설득력 있는 표현과 전달이다.

5.1.4 지식자산의 유형

(1) 의사소통의 영역과 사이클

지식은 혼자 스스로 만들어지는 것도 있지만 공유(knowledge sharing)되고 함께 사용될 때 자라난다. 지식이 전달된다는 것은 의사소통이 된다는 것이고, 이러한 의사소통에는 지식을 전달해 주는 사람인 보내는 사람(Sender)과 전달받는 사람인 받는 사람(Receiver)이 반드시 존재하며 따라서 정확한 전달은 의사소통의 목적이 되고, 정확한 전달은 다음과 같은 두 가지 중요한 조건을 요구한다.

첫째로, **표현미디어** 방식의 결정이 지식전달에 영향을 미친다. 보내는 사람의 마음속에 있는 전달하고자 하는 개념과 경험, 지식을 음성이나 텍스트 등과 같은 미디어를 통해 전달할 때 얼마나 잘 표현하는가가 중요하다.

둘째로, **전달미디어**가 가지고 있는 가치이다. 즉, 표현방법으로 선택한 음성이나

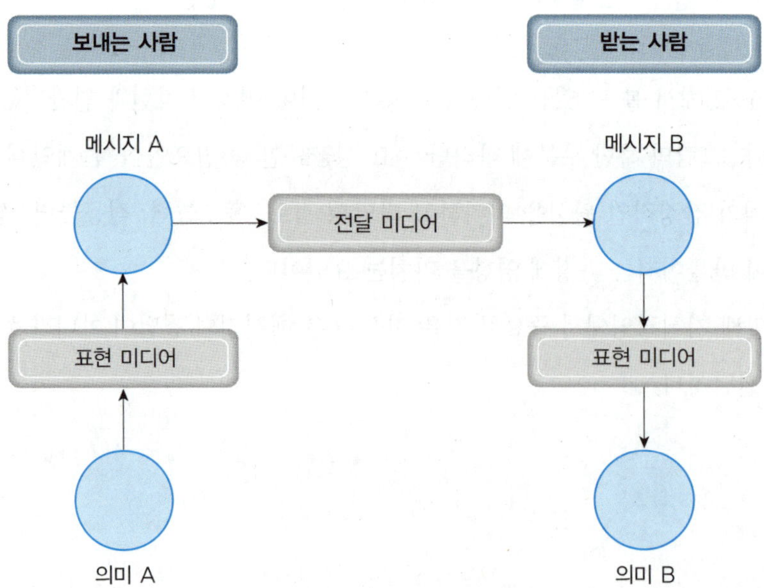

그림 5-3. 의사소통과 미디어

텍스트와 같은 표현방법이 얼마나 손상 없이 제대로 전달되는가를 말한다.

이러한 두 가지의 중요한 요건을 제대로 갖추면 전달하고자 하는 지식의 '의미' 가 잘 변환되고 전달되어, 받는 사람이 내용의 의미를 잘 이해할 수 있다. 이처럼 의사소통은 지식경영에서 과정을 나타내고, 이러한 과정에서 사용되는 두 가지 표현미디어와 전달미디어의 선정이 '잘' 이루어져야 한다.

(2) 지식의 유형

지식의 유형은 명시적 지식(explicit knowledge, 형식지)과 묵시적 지식(tacit knowledge, 암묵지)의 두 가지 형태가 있다. 형식지는 공식적인 지식이고 단순한 미디어를 사용해도 이해하는 데 어렵지 않은 지식의 형태를 의미한다. 반면 암묵지는 비공식적인 지식, 복잡한 지식을 의미한다.

속셈 문제나 인구파악과 같은 이해하기 쉬운 단순한 지식도 존재하지만 어느 위치에 매장을 지을 것인지를 결정하는 것과 같은 복잡한 지식도 존재한다. 또한 자전거 타기, 무술은 아무리 도큐멘테이션화가 잘 되어 있다고 하더라도 이해하고 실행하는 것은 쉽지 않다.

따라서 명시적 지식을 전달할 때에는 설명이 많지 않은 텍스트 중심이나 기술 중심(인터넷 기반)과 같은 단순한 미디어를 사용해도 괜찮지만 묵시적 지식은 대역폭이 풍부한 미디어를 사용해야 한다. 다시 말해 사람과 사람이 만나서 의사소통을 하는 경우에는 단순한 음성이나 텍스트가 아닌 다양한 형태로서 의사소통을 하기 때문에 그 대역폭이 넓다. 예를 들어, 책 또는 인터넷 강의만 통해서 공부한다면 대역폭이 좁은 것이고, 표현과 전달의 한계가 발생할 수 있다.

표 5-1. 지식의 유형 및 특성

의사소통	지식 유형	지식형성 방법	특성
기술적 의사소통	명시적 지식	외면적 형상화 (Externalization) 이성적 모델링	• 조직적 관심(과업달성) • 단순한(lean band width) 미디어 사용 • 공식적, 계획적 구조 • 제한된 영역(focused, lean information)
사회적 의사소통	묵시적 지식	내면적 개인 학습과 커뮤니케이션 학습 (Internalization) 소셜 네트워킹 감성적 휴먼화	• 개인적 관심(삶의 질) • 풍부한(rich band width) 미디어 사용 • 비공식적, 자생적 구조 • 넓은 영역(diverse, rich information)

이처럼 지식의 유형에 따라 선택해야 하는 표현의 방법 및 미디어의 선택에 차이를 두는 것이 지식경영을 하는 데 중요하다.

5.1.5 지식경영의 교훈 및 동향

지식시스템(Knowledge System)이 기술적인 시스템인가, 인간적인 시스템인가에 관하여 전문가들은 정보시스템(Information System)과 마찬가지로 기술 중심과 사람 중심 모두를 보아야 한다. 메시지를 전달하는 측면에서는 기술적인 능력이 강하지만, 설득력 있는 지식을 전달하는 측면에서는 감성적인 사람 중심의 역할이 강하기 때문에 지식경영시스템을 사회기술적 시스템(Socio-Technical System)이라고 할 수 있다.

또한 지식의 90%는 묵시적인 지식이라고 할 수 있다. 다시 말해 사람이 사용하는 지식이나 기업에 저장되어 있는 지식을 100으로 기준을 잡는다면 형식적인 지식은 10% 정도에 불과하고, 대부분이 묵시적 지식으로 이해하기 어렵고 반구조적인 복잡한 형태로 존재한다. 즉, 기업에서 데이터베이스를 잘 구축한다고 하더라도 실제로 가치를 만들어낼 수 있는 지식은 10%에 불과하다고 할 수 있다.

사람의 머릿속에 저장되어 있는 사람 중심적인 지식은 면대면(face-to-face)의 커뮤니케이션이나 공동체 모임을 통해서 전달된다. 이러한 점이 지식경영을 아직 실용적으로 정립하지 못한 원인이라고 할 수 있으며 지식경영의 어려운 점이라고 할 수 있다. 향후 다양한 소셜 미디어의 발전은 개방, 소통 그리고 비용 측면에서 많은 어려움을 해결해 줄 것이다.

정리하기

지식이란 가치창출 목적의 행위를 실질적으로 일으킬 수 있는 일련의 체계화된 정보이다. 지식의 유형에는 명시적 지식과 암묵적 지식이 존재하고, 암묵적 지식이 90% 정도를 차지하고 있다. 이러한 지식의 유형에 따라 지식경영시스템(KMS)의 디자인은 차별화되어야 한다. 지식창출의 과정은 크게 창출–공유–활용의 세 가지로 이야기될 수 있으며, 이 세 가지가 적절하게 순환적으로 이루어지는 것이 KMS라고 이해할 수 있다. 다양한 소셜 테크놀로지가 발전되어 개방과 소통이 보다 쉬운 발전된 형태의 KMS가 새로운 명칭으로 융합되리라고 생각한다.

평가하기

➔ 제시된 문항의 빈칸(　　)을 채우거나, 질문에 맞는 답을 고르세요.

1. 지식을 이용한 혁신과정을 올바르게 나열한 것은?

   [보기 : 1. 실행, 2. 혁신강화, 3. 의사결정, 4. 지식, 5. 설득]

   ① 1–3–2–5–4　　② 1–2–5–4–2

   ③ 4–5–1–3–2　　④ 4–5–3–1–2

2. 지식이란 가치창출 목적의 행위를 실제로 일으킬 수 없다. (O/X)

3. 지식은 여러 가지 형태로 저장이 가능하다. (O/X)

4. 지식을 창출하고 활용하기 위해서 의사소통은 필수적이다. (O/X)

5.2 지식의 가치사슬(Knowledge Value Chain)

[내 용]

- 지식처리 모드(mode)
- 지식처리 노드(node)
- 사례연구—미국 포춘 100대 기업 KMS 사례

[목 표]

- 지식의 가치사슬 이해
- 사례연구를 통한 지식경영의 적용 시 고려사항 이해

앞서 살펴본 지식의 순환과정을 보다 상세하게 표현하고 분석하기 위하여 지식의 가치사슬(knowledge value chain)이 어떻게 지식의 순환과정을 이루고 있는지 이해해 보고자 한다. 그리고 정교한 지식처리 프로세스 모델의 모드(mode)와 노드(node) 개념, 그리고 지식을 실제 사례에 적용할 때 유용함에 대해 알아보고자 한다.

[용 어]

감지(Sensor)	다양한 의사소통 경로를 통해 새로운 지식의 발생을 감지
선별(Filter)	지식의 중요도 및 적절성을 선별
발송(Router)	지식의 전달 대상을 선정
전달(Carrier)	지식을 전달하는 전달수단 그 자체
해석(Interpreter)	활용을 위해 지식의 의미를 이해
학습(Learner)	지식을 이해함으로써 학습되는 단계
수정(Modifier)	지식이 불확실하거나 활용 목적과 맞지 않을 때 수정을 가함

5.2.1 지식처리 모드(Mode)

정보를 표현하는 메시지의 흐름에 관한 커뮤니케이션 이론 그리고 메시지의 인지에 관한 인포메이션 프로세싱 이론은 매우 유용하다. 그 이유는 현상의 상태를 나타내는 신호(signal)가 메시지로 표현되어 전달되고, 이것이 조직 내에서(또는 개인의 두뇌에서) 해석되고 의미가 부여되어 결국 가치창출을 위하여 지식화되기 때문이다. 지식창출, 지식 활용 그리고 확장은 기술적 · 사회적 의사소통, 즉 두 개의 지식처리계층(mode)으로 이루어진다. 이들 의사소통 모드들은 상호 대체하기보다는, 상호보완 및 강화하는 경향을 나타내므로(Contractor and Eisenberg, 1990; Kramer, 1982), 지식경영자(CKO)는 업무의 복잡성과 지식의 형상화 수준에 맞추어 적절하게 적용(match) 또는 혼용(mix)하여야 한다.

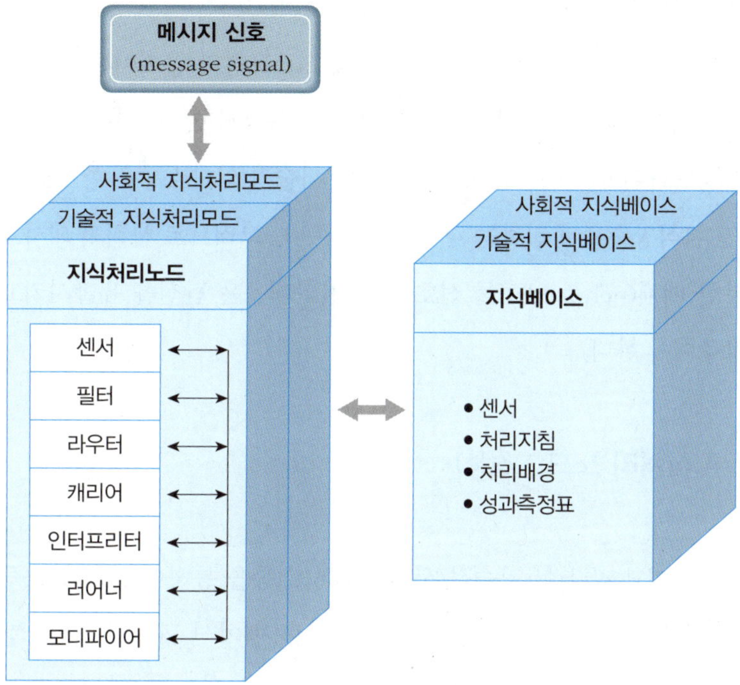

그림 5-4. 지식처리모형의 모드(Mode)**와 노드**(Node)

(1) 테크니컬 의사소통 모드(Technical Interaction Mode)

커뮤니케이션 이론의 채널(conduit)모형과 인지(cognition)이론의 정보처리모형은 다양화보다는 단일화된 데이터, 의사결정, 전달형태에 가치를 둔다. 따라서 정립된 지식집단은 정형화된 메시지로 의사소통을 함으로써 조직문화를 창출하고 조직 내의 업무 흐름과 통합을 원활히 하는 경향을 가지고 있다. 그러므로 기술적 의사소통은 전달능력이 풍부하지 않지만 잘 구조화되고 의사소통의 효율성이 높은 매체(lean media)에 적합하며, 전달내용은 일관성과 논리성을 확보해야만 한다.

(2) 소셜 의사소통 모드(Social Interaction Mode)

커뮤니케이션 이론의 언어게임(language game)모형과 인지이론의 서술(narrative) 모형은 단일화보다는 다양화된 논리와 해석 및 표현을 인정한다. 따라서 비정립화된 지식집단은 비정형화된 이야기(narration) 형태의 서술적 의사소통을 함으로써 예외적 현상의 인지 및 지식창출을 촉진하는 경향을 보여준다. 그러므로 사회적 의사소통은 전달능력이 풍부한 매체(rich media)를 선호하며, 전달내용은 관심을 유발시키고 그럴듯한 설득력을 갖추어야 한다.

5.2.2 지식처리 노드(Node)

조직(또는 개인과 집단)이 기술적/사회적 의사소통을 통하여 지식을 습득하고 창출한다고 보는 시각은 조직을 커뮤니케이션 또는 인포메이션 프로세싱 시스템으로 보는 시각이다. 커뮤니케이션 시스템은 신호(signal) 또는 메시지의 상호교류를, 인포메이션 프로세싱 시스템은 이러한 메시지의 해석과 처리를 강조하고 있다. 대부분의 정보 전달을 단계적 모듈화로 다음과 같이 나눌 수 있는데 지식의 창출과 활용도 마찬 가지라고 생각한다.[1] 커뮤니케이션 이론과 인포메이션 프로세싱 이론을 처리과정 측면에서 종합하여 모델화하면, 지식처리모형은 지식처리 노드와 지식저장 노드로 구성된다. 보다 구체적으로 외부로부터의 신호 또는 메시지를 **감지**, **선별**, **발송**, **전달**, **해석**, **학습**, **수정**하는 7개의 처리 노드 유형(담당자, 부서, 또는 기술; knowledge processing node)과 이들 7개의 처리 노드 유형의 역할을 지원하는 **지식베이스**(knowledge base)로 구성된다.

지식사이클의 구성요소를 상세하게 살펴보면 그 과정은 7개의 지식처리 노드와 1

---

1. Zmud, R., "Opportunities for stategis information manipulation through information technoloty use," *Orgization and communication technology*, 1990.

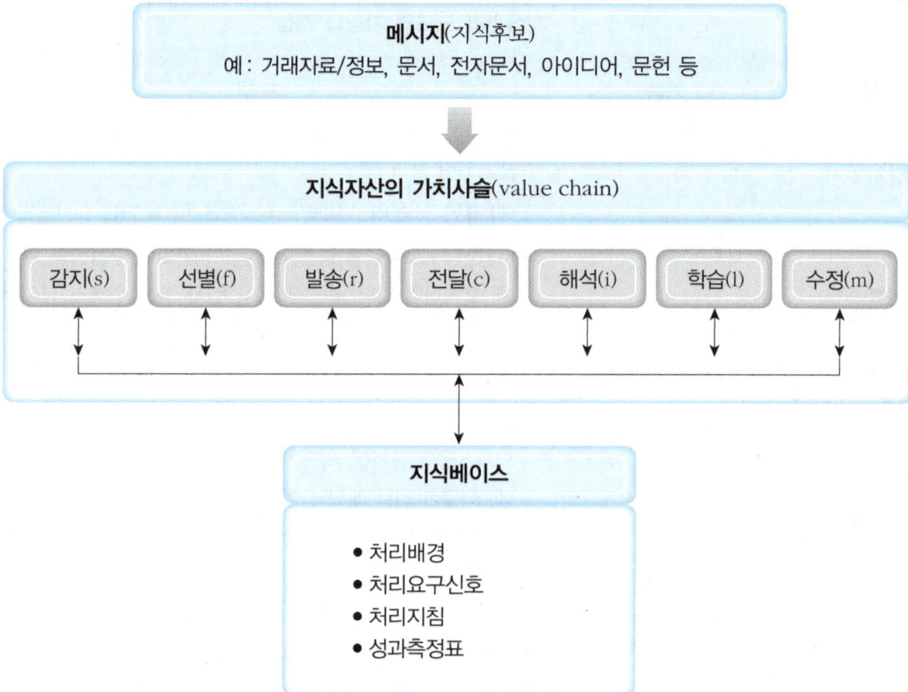

그림 5-5. 지식처리 모듈화 모형

개의 저장 노드를 거친다. 7개의 노드는 지식을 처리하고자 할 때 '감지-선별-발송-전달-해석-학습-수정' 하는 일련의 과정을 거친다. 따라서 지식관리를 잘 한다는 것은 기업이나 개인들이 7개의 작은 단위의 행위를 잘 처리할 수 있어야 한다는 것이고, 어느 하나가 빠진다면 처리과정이 불완전하다고 할 수 있다.

감지는 새로운 지식의 출현과 존재를 인지하는 것을 의미하고, **선별**은 많은 지식 가운데서 그 잠재적 가치를 판단하여 구분할 수 있는 필터링을 의미한다. **발송**은 전달하고자 하는 대상 선정을 의미하고 **전달**은 적절한 멀티미디어 전송이나 직접 만나는 등의 여러 가지 전달수단 그 자체를 뜻한다. **해석**은 지식을 전달받거나 감지한 다음 그 안에서 지식의 의미를 이해하는 것으로 사용자가 해석한 것에 따라 행동을 하고 이해가 많이 될수록 **학습** 단계라고 한다. 반면 전달받은 지식이 불확실하거나 적용하고자 하는

표 5-2. 지식관리 노드의 기능과 지침

구성요소	기능	지침
감지(센서)	메시지(아이디어, 정보 등)의 감지	• 다양하고 적절한 의사소통매체를 통한 접근경로의 확보와 메시지의 감지 예) 휴먼 및 온라인 네트워크: 커뮤니티 활성화, 전자저널 등
선별(필터)	메시지의 선별, 선택	• 다양한 사고와 경험을 존중하는 조직문화와 구성원의 확보 예) 오피니언 리더, 유연한 심의, 심사 조직, 인덱스 검색, 텍스트 검색, 우선순위, 선호순위 등
발송(라우터)	메시지 이동의 방향 설정	• 유연한 심의, 심사 조직 구성 예) 네트워크 확보
전달(캐리어)	메시지의 이동	• 의사소통의 동기성, 비동기성 확보 예) 적절한 전달 매체 선정 • 전달상의 비의도적 변환 방지, 보안 확보 예) 암호화, 프라이버시
해석(인터프리터)	메시지의 저장, 활용을 위한 해석	• 해석의 단순화, 신속화, 편견과 오류 방지 • 의사결정 룰에서 모든 상황별 규칙의 확보 • 활용의 경제적 · 운영적 · 기술적 타당성 설득력 제공 예) 메시지의 원천 신뢰성, 가치 평가
수정(모디파이어)	메시지의 변환, 수정	• 요약, 압축, 가공 등의 변화 시 왜곡과 오류의 방지 예) 기본원칙의 범위, 제약조건의 설정
학습(러어너)	새로운 학습과 지식의 창출	• 현 지식체계에 대한 가정과 요인 검증, 성과측정 성과표의 작성 예) 지식체계 내용 및 경제적 · 운영적 · 기술적 타당성의 수정
지식베이스	지식의 저장	• 지식베이스 구조 및 표현의 체계화 및 표준화로 지식의 활용과 재창출을 활성화 예) 처리지침, 배경, 메타지식, 인덱싱, 성과기록 등

대상에 잘 맞지 않는 경우에 지식을 조정하는 과정을 **수정** 단계라고 한다. 이러한 과정이 적절히 이루어질 때 지식의 가치창출이 보다 성공적으로 이루어질 수 있다.

5.2.3 사례연구

(1) 미국 포춘 경영 매거진 100대 기업의 KMS 사례 개요[2]

지식관리시스템의 설계에 대한 모드(mode)와 노드(node) 개념의 간결성과 유용성 이해를 돕기 위해 성공기업으로 알려진 미국의 한 회사에 이 프레임워크를 적용해 설명하고자 한다. 이 기업은 미국 내 60개 지역에서 사무설비 A/S와 판매를 하는 포춘 매거진 100대 기업에 들어가는 회사이다.

이 기업에서는 고객만족과 자산의 수익성을 향상시키기 위하여 전자도서관(electronic library system)이라고 불리는 베스트 프랙티스 지식공유시스템을 만들고자 하였다. 이 시스템에는 공식적인 시스템과 사내의 비공식적인 시스템의 두 가지 유형이 내재되어 있었다. 공식적 '전자도서관' 시스템은 텍스트 중심의 비동기적인 기술적 시스템 의사소통이고, 지역별 비공식적 '네트워크 그룹' 시스템은 다양한 미디어를 활용하는 동기적/비동기적 소규모의 소셜 의사소통의 형태로 운영되었다. 즉, 두 개의 시스템이 공존하는 형태로 운영되며 지식관리시스템은 판매업무와 A/S 업무에 도입이 되고, 소셜(social) 시스템과 테크니컬(technical) 시스템 두 유형이 동시에 기업에 도입된 형태이다.

도입된 시스템 구성을 설명하면, 의사소통방법은 동기식(쌍방향)과 비동기식(단방향)이 모두 가능했고, 사용한 미디어는 텍스트, 오디오, 비디오가 모두 가능하게 만들어졌다. 또한 지식에 대한 아이디어와 경험에 대한 저장방법은 익명과 실명이 모두 허용되었다. 메모리에는 키워드를 입력하여 관련된 지식을 보다 빨리 찾을 수 있는 인덱싱 기능이 있었다. 인덱싱 기능은 지식 그 내용 자체와 지식과 관련된 전문가 정보를 입력하여 검색할 수 있었다. 그리고 새로운 업무처리 과정상에 떠오른 좋은 아이디어인 베

2. Goodman and Darr, *MIS Quarterly*, 1998

스트 프랙티스와 관리방침을 제안하고 창출할 수 있는 내용이 저장되어 있었다. 메모리에 저장되어 있는 잠재적인 지식과 커뮤니케이션할 수 있는 기술적/사회적 의사소통방법을 사용한 사용자는 두 가지 유형이 있다. 적극적인 사용자로 지식을 제공하는 제공자와 제공된 지식을 조회하여 사용하는 수동적인 사용자이다. 제공자는 지식의 창출과 전달에 기여하고, 지식을 업무에서 활용하는 당사자들은 본인들의 문제점을 해결하고 검색하는 데 사용하며, 문제와 해결에 대한 일치성을 비교 및 검토한다.

(2) 사례의 지식창출 vs. 지식활용 사이클 분석

[그림 5-6]은 사례의 지식창출 및 지식활용 사이클 전체를 보여주는 다이어그램이다. 본 사례의 지식시스템 사이클 다이어그램에 7+1 노드 개념을 결합하여, 괄호 안의 각 영문자는 각 노드가 담당하는 기능적 역할과 일치하는 지식처리 노드 유형의 머리글자를 표시한 것이다.

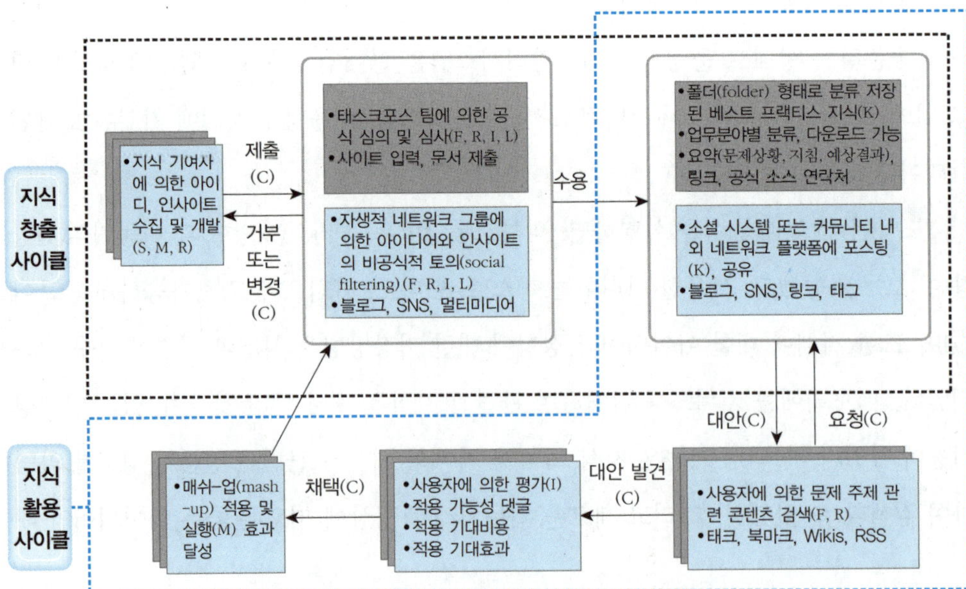

그림 5-6. 지식창출 및 지식활용 사이클

먼저, 지식창출 사이클에서는 직원에 의해 베스트 프랙티스가 수집 및 개발된다. 새로운 아이디어나 업무 처리방식을 회사의 공식화된 기구에 심사를 요청하거나 공식화되지 않은 회사 내의 커뮤니티나 대화방에 전달할 수 있다. 지식창출 사이클에서 두 번째와 세 번째 단계를 나타내는 각각의 이중 박스는 앞에서 설명한 모드(기술적 모드 vs. 사회적 모드)를 표현한 것으로, 위쪽 작은 박스는 공식적/기술적 시스템을 의미하고, 아래쪽 작은 박스는 비공식적/사회적 시스템을 의미한다. 이러한 이중구조(dual structure) 시스템에서 심사가 이루어져 내용이 괜찮으면 다음 단계로 채택(accept)이 일어나고, 그렇지 않으면 거부 또는 추가정보나 수정을 요청하게 된다.

공식적인 시스템으로 제출되어 채택된 내용들은 컴퓨터 시스템의 폴더 형태로 공식 저장되어 사내의 베스트 프랙티스 아이디어로 분류가 이루어지며, 이에 따라 한 페이지 정도의 문제상황에 대한 대처방법, 지침, 예상 결과 및 연락처 등이 네트워크 커뮤니티에 자유롭게 저장된다. 반면에, 비공식적 시스템으로 채택되면 커뮤니티의 자유로운 운영 특성에 따라(공식화된 매뉴얼에 의해 저장되는 것 대신) 토의 및 이메일 등 개인적 연락처가 다양한 형식으로 저장된다. 이처럼 지식창출 사이클에는 공식적 시스템인 테크니컬 모드로서의 지식경영시스템과 비공식적 시스템인 자발적 커뮤니티 형태의 소셜 모드로서의 지식경영 시스템 두 가지 모두가 존재한다. 지식이 어느 곳에 저장되는가는 직원들의 취향에 따라 결정되는데 커뮤니티에서 많이 추천된 것을 추후에 지식관리 담당자가 공식화하기 위하여 변환하는 경우도 있다.

지식활용 사이클은 직원(사용자)이 문제의 주제와 관련된 베스트 프랙티스를 검색하고 탐색하는 것을 말한다. 따라서 본인이 찾고자 하는 지식내용을 검색이나 요청을 하면 지식경영시스템이 그에 따른 대안을 응답해 주고, 대안을 발견한 직원은 공식화된 혹은 비공식화된 시스템에서 전달받은 베스트 프랙티스 내용을 적용 가능성, 비용, 기대효과 등을 종합적으로 판단하여 적용하고 실행 판단을 내린다. 또한 그러한 결과와 수정사항 등은 피드백되어 지식의 제안이 이루어지고 그에 따라 다시 지식창출 사이클이 시작된다.

(3) 사례 모드와 노드 효과 분석

사례를 통해 본 두 가지의 시스템이 공존하는 시스템을 도입한 효과에는 다음과 같은 차이점이 있었다. 기술적/공식적 시스템을 의미하는 전자도서관시스템은 A/S 업무에는 도움이 되었지만 판매 관련 업무에는 큰 도움이 되지 않았다. 반면 비공식적 소셜 시스템인 지역별 네트워크 그룹은 판매업무에 더욱더 효과적이었다. 예를 들어, 사내 디지털 도서관의 지식베이스(document knowledge base)는 구조적으로 명료하게 컴포넌트화 및 인덱스화(explicit)되어 있어 업무의 복잡성이 적은 A/S 업무에 활용하고 지역별 네트워크 그룹의 사람 지식베이스(human expert)는 멀티미디어 지식베이스만큼 구조화되어 있지는 않으나(tacit) 다양한 미디어(face-to-face, e-mail, conference call, toll-free number 등)를 활용함으로써 업무의 복잡성이 큰 영업업무에 더욱 효과적이었음을 이 사례는 보고하고 있다. 이러한 결과는 매우 중요한 의미를 가진다. A/S 업무는 상당히 정형화된 업무라고 할 수 있으며 A/S 순서, 절차, 사용부품 등은 정형화되어 있다. 하지만 판매업무는 상황에 맞춰 고객이나 클라이언트를 설득해야 하는 비정형적 업무이다. 따라서 정형화된 업무에는 테크니컬적인 공식적 시스템이, 비정형화된 업무에는 소셜 중심의 비공식적 지식경영시스템이 더 효과적이라는 것을 알 수 있다.

정형화된 업무는 반복적이고 단순화된 업무이기 때문에 기술 중심으로 만들어도 되지만, 비정형화된 업무는 주로 사람을 중심으로 하기 때문에 저장을 할 때 지식 자체의 내용보다는 사내외 전문가를 만날 수 있는 연결 정보를 저장하는 것이 더 효과적인 지식관리시스템이 될 수 있음을 의미한다. 따라서 이러한 현상은 지식경영에 대한 실행이 성공적으로 이루어지기 위해서는 본 모형이 제시하는 바와 같이 지식처리 사이클 내부에 지식처리 7 + 1 노드와 2 모드(node & mode)의 개념을 함께 도입하여 그 이해와 분석 및 설계방법을 세분화하고 구체화하는 것이 유용함을 보여주고 있다.

(4) 개선점 요구

본 KMS 사례에 대해 직원들이 당시 피력한 개선점은 다음과 같았다. 제안내용에 대한 심사기간이 길었고, 제안내용에 따라서 표현하기 어려운 내용이 있었기 때문에 노력이 많이 들었으며 멀티미디어 툴(예: 오디오, 비디오, 그래픽)의 활용이 결여되었다. 그리고 검색 시 조금만 틀려도 검색되지 않는 경우가 발생하여 검색에 대한 불만족이 나타났고, 유연한 어의적(semantic) 검색이 가능했으면 좋겠다는 의견이 나왔다. 또한 저장된 베스트 프랙티스의 개인적/조직적, 지식적/업무적 평가시스템, 즉 지식의 유용성에 대한 사내의 보상시스템이 강화되었다면 좋았을 것이라는 내용들이 나타났다.

정리하기

지식관리모드에는 기술적 의사소통과 사회적 의사소통이 있다. 지식관리 노드에는 지식처리 노드와 지식저장 노드가 있다. 지식저장 노드는 저장위치를 의미하고 지식처리 노드는 '감지 + 선별 + 발송 + 전달 + 해석 + 학습 + 수정'의 모든 내용이 절차적으로 정확하게 규정되어 있을 때 완전한 지식가치의 순환사이클이 이루어질 수 있다.

지식베이스는 지식을 저장하는 장소이며, '처리배경 + 처리신호 + 처리지침 + 성과측정' 등이 저장된다.

정형화된 업무에는 테크니컬적인 공식적 시스템이 더 효과적이고, 비정형화된 업무에는 소셜 중심의 비공식적 지식경영시스템이 더 효과적이다. 지식창출 사이클, 지식활용 사이클과 관련된 노드 유형의 차이점은 다음과 같다.

첫째, 각 사이클을 구성하는 관련 노드의 기능상 유무 차이는 다양한 베스트 프랙티스의 원천을 확보함으로써 지식베이스의 창출과 재창출이 주로 이루어지는 센서와 러어너에서 나타난다.

둘째, 양 사이클을 구성하는 관련 중복 노드의 기능상 강도 차이는 기존 지식베이스에 대한 탐색과 적용이 주로 이루어지는 필터와 모디파이어에서 나타난다.

평가하기

➔ **제시된 문항의 빈칸(　　)을 채우거나, 질문에 답하세요.**

1. 감지, 선별, 발송, 전달, 해석, 학습, 수정 단계를 지식처리 (　　)이라고 한다.
2. (　　) 단계는 메시지를 변환 수정하기 위한 단계이다.
3. (　　) 기술은 기술적 의사소통에 매우 긍정적인 효과를 갖는다.
4. 업무에 맞는 효율적인 시스템을 서로 연결해 주세요.

① 정형화된 업무	ⓐ 공식적(기술적) 시스템
② 비정형화된 업무	ⓑ 사회적(사람 중심적) 시스템

5.3 지식경영-지식기반의 경영시스템(Knowledge-based Business Systems)

[내 용]

- KMS 구축절차와 구축모델 세트
- 지식경영시스템 구축을 위해 필요한 자원의 역할

[목 표]

- KMS 구축절차와 구축절차에서 사용하는 개념적 모형 이해
- 공공부문 및 민간부문의 KMS 사례와 유형 파악
- 휴먼과 테크놀로지의 역할 이해

여기에서는 KMS의 구축을 위한 개념적 모형 설계를 가이드할 수 있는 비교적 체계적인 방법론으로서, 'The common KADS Methodology' (Guus Schreiber et al.)를 소개하고자 한다. 다음으로 정보시스템에서 지식시스템으로 이어지는 과정에 나타난 전형적인 초기의 KMS를 해외의 공공부문 및 민간부문의 사례와 유형을 통해 파악한다. 그리고 KMS 구축에 있어 사람과 테크놀로지 자원과 역할에 대한 이해와 스킬 습득을 목표로 한다.

[용 어]

인터페이스(Interface) **계층**	처음 지식을 접하는 접점
액세스(Access)	접근에 대한 확인, 대상의 적절성을 점검
인텔리전스(Intelligence)	대상에 맞는 적합한 지식을 제공
애플리케이션(Application)	다양한 시스템이 실행될 수 있는 시스템의 소프트웨어가 내장되는 계층
네트워크(Network)	리파지토리와 사용자 사이에서 서로 지식이 전달될 수 있도록 해주는 계층
리파지토리(Repository)	분석용 데이터 웨어하우스, 기존시스템의 데이터베이스, 도큐멘테이션 저장소, 창의적 아이디어를 공유할 수 있는 것들로 구성된 자료 저장소

5.3.1 KMS(Knowledge Management System)

(1) 구축절차

The Common KADS 시스템 구축 방법론(system development methodology)은 원래 네덜란드에서 개발되어 북유럽 국가의 많은 금융회사를 중심으로 퍼져 나갔으며 그 후 미국의 카네기 그룹 및 일본의 IBM 등을 거쳐 전 세계적으로 알려졌다. 또한 지식시스템뿐만 아니라 IS 및 프로세스 이노베이션 등 다양한 시스템 분석과 설계에 활용되어 왔다. Common KADS는 크게 3단계, 그리고 세부적으로는 $3 \times 2 \times 1 =$ 총 6개의 모듈 구조(suite)로 되어 있으며 매우 체계적으로 조직 분석과 설계를 할 수 있는 방법론이다.

여기에서는 KMS의 구조적 특성을 다루기로 한다.

첫 번째 단계는 **개요 파악**(context)이다. 현실적으로 기업경영에 있어 중요한 업무와 급한 업무 등을 파악하여 필요한 핵심 지식자산을 발견한다. 그리고 중점적으로 강점과 약점을 분석하여 타겟팅하는 단계로 기업경영의 중요한 첫 번째 요소가 된다. 따라서 타겟팅 분석이 이루어져야 한다.

두 번째 단계는 **컨셉화**(concept)이다. 개요 파악 내용에 맞추어 현재 기업이 가지고 있는 지식정보에 개선할 점이 없는지, 추가적으로 확보해야 하는 지식정보의 유형이 무엇인지, 시스템의 인터페이스나 프로세스상에서의 개선할 점이 무엇인지 분석하고, 설계하여 각 사항에 대한 대안과 처리방안을 찾아낸다.

세 번째 단계는 **실행요소**(artifact)이다. 변화의 실행, 결과의 측정에 따라 재작업의 여부를 결정한다. 이러한 단계들이 KMS의 구축절차로서 일반적인 경영정보시스템의 구축절차와 큰 맥락에서 유사한 형태를 지니고 있다.

이러한 단계의 KMS의 구축 프레임워크는 예를 들면 디지털 도서관(자료실, 정보센터, 지식센터), 다양한 디지털 비즈니스, IT 컨설팅 회사의 프로세스 진단시스템 등 지시관리시스템과 지식기반 지식경영시스템들이 모두 대상이 된다.

(2) KMS 구축을 위한 모델 세트

[그림 5-7]은 KMS를 구축하기 위한 방법론적 구성을 그림으로 간략히 설명한다.

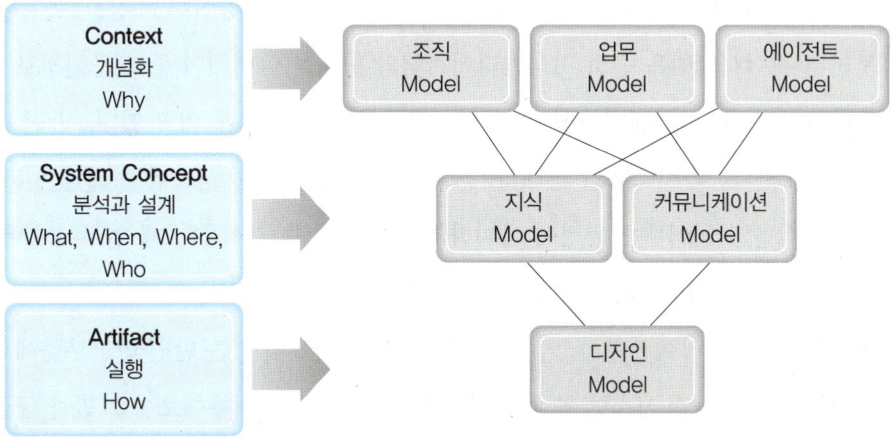

그림 5-7. KMS 구축모델 6개 구조

앞서 설명한 대로 KMS는 '개념화 ➡ 분석과 설계 ➡ 실행' 단계로 구축된다.

가장 먼저 개념화 단계에서 조직개념, 조직미션, 조직사명, 조직의 제품과 서비스 등 조직을 분석하는 조직모델이 이루어진다. 그리고 그에 따라 어떤 업무가 가장 핵심적인가를 찾아내는 업무 모델링 단계가 진행되고, 업무의 처리 담당자들을 지칭하는 에이전트(또는 액터)가 어떠한 역할을 수행하는지를 파악하는 에이전트 또는 담당자 모델링 단계로 이어진다. 분석과 설계 단계에서 이루어지는 지식 모델링은 각각의 에이전트들이 업무를 수행하는 데 있어서 지식의 많고 적음 등을 분석하는 지식분석 단계이고, 이후 관련 부서나 담당자들 사이에서의 지식의 흐름인 커뮤니케이션, 인터액션 사이에서의 장애요인이 없는지를 분석하는 커뮤니케이션 모델링이 이루어진다. 이러한 모든 것이 종합되면 지식경영시스템에 대한 개념적 디자인(물리적 모델링 이전의 설계안)이 만들어지게 된다.

(3) KMS 사례와 유형

이러한 구축 단계에 의거하여 KMS를 초기에 선도로 도입했던 사례를 살펴본다. 상단의 사례는 주로 공공부분이며 하단의 사례는 주로 민간기업의 사례이다. 이러한 사례들을 바탕으로 공공부문과 민간기업의 지식시스템 도입의 상이한 특징을 보여준다. 공공부문의 지식시스템은 주로 지식관리시스템의 형태를 나타내며 주로 문헌정보시스템, 통합DB시스템, 도큐멘테이션 관리 시스템의 성격을 강하게 띠고 있다. 반면 민간부문은 주로 지식관리시스템의 형태라기보다 지식기반의 응용시스템 형태를 띠고 있다. 단지 지식을 만들어내는 과정이 아니라 확보되어 있는 지식을 실제 업무에 활용(설계, 진단, 분석, 예방 등)하고 있는 예를 많이 볼 수 있다.

즉, 공공부문의 지식관리시스템은 아직 1단계에 머물러 있는 반면 민간부문에서는 차세대의 지식기반 응용시스템 쪽에 많이 치우쳐 있는 것을 미루어보아 그만큼 공공부문에 있어서의 지식경영시스템이 많이 뒤떨어져 있음을 확인할 수 있다. 향후 공공부문이든 민간부문이든 또한 관리이든 응용이든 좀 더 복잡하고 어려운 업무에 좀 더 암묵적 지식을 활용하여 비즈니스 창출과 서비스에 적극적으로 기여하는 지식시스템으로 나아가야 한다.

표 5-3. KMS 도입 사례와 유형

텍사스 주	전자 도큐멘테이션 관리시스템
보스톤 시	재산세 경감신청 처리시스템
캔자스 주	운전면허 관리시스템
아리조나 주	Maricopa 시의 선거 관련 문헌정보시스템
네덜란드	Maastricht 시의 사회복지 관련 문헌정보시스템
미국 국방부 기술정보센터	과학기술정보 관리시스템
네브라스카 주	농민융자 추적시스템: 농민들이 가지고 있는 땅을 다양한 행정 부서에서 이중 융자를 받음으로 인해 도산의 가망성이 발생할 수 있기 때문에 이러한 문제를 방지하기 위하여 통합된 시스템을 통해 융자를 종합적으로 관리할 수 있는 시스템. 즉, 정보통합시스템과 유사한 성격을 가지고 있음
미국 노동부	산업재해와 복지 관련 규정 안내시스템
캐나디안 퍼시픽 레일로드	디젤엔진오일 분석(예방유지보수)시스템: 오일의 점성을 파악하여 오일이나 부품의 교체시기를 결정하여 문제 발생을 조기에 예방할 수 있는 시스템
파이낸셜 프로포마스	신용분석시스템: 개인의 신용을 분석하여 신용등급 분류의 기준이 될 수 있는 일종의 전문가 시스템의 형태를 띠고 있는 지식시스템
일렉트로콤	기계운영 관리(진단, 수리, 훈련)시스템
일렉트릭 파워 리서치 오토메이션 테크놀로지	베어링 진단시스템
멀티로직	관리종목 주식의 설계시스템: 투자에 대한 포트폴리오를 구성하여 일정한 투자 금액을 어디에 얼마만큼 투자할 것인가의 결정을 돕는 시스템

5.3.2 지식경영시스템 구축을 위해 필요한 역할

(1) 인적 자원

지식경영시스템을 구축하기 위해 필요한 인적 자원과 지식경영시스템과 관련된 인적 자원 역할에 대하여 살펴본다.

먼저 지식을 제공해 주는 지식 제공자(provider, author라고 함)가 필요하고, 기업 혹은 조직에서 관리되어야 하는 타겟 지식을 찾아내는 지식 분석가(engineer/analyst), 그러한 지식을 시스템으로 구성하기 위해 접근방법, 인증방법, 전달방법 등을 개발하는 사람 혹은 지식DB의 디자이너와 같은 지식시스템 개발자, 실제로 지식을 사용하는 지식 사용자(owner, user, audience라고 함), 전체적으로 총괄하는 프로젝트 매니저(Project Manager: PM), 지식경영을 총괄하여 담당하는 최고임원인 CKO(Chief

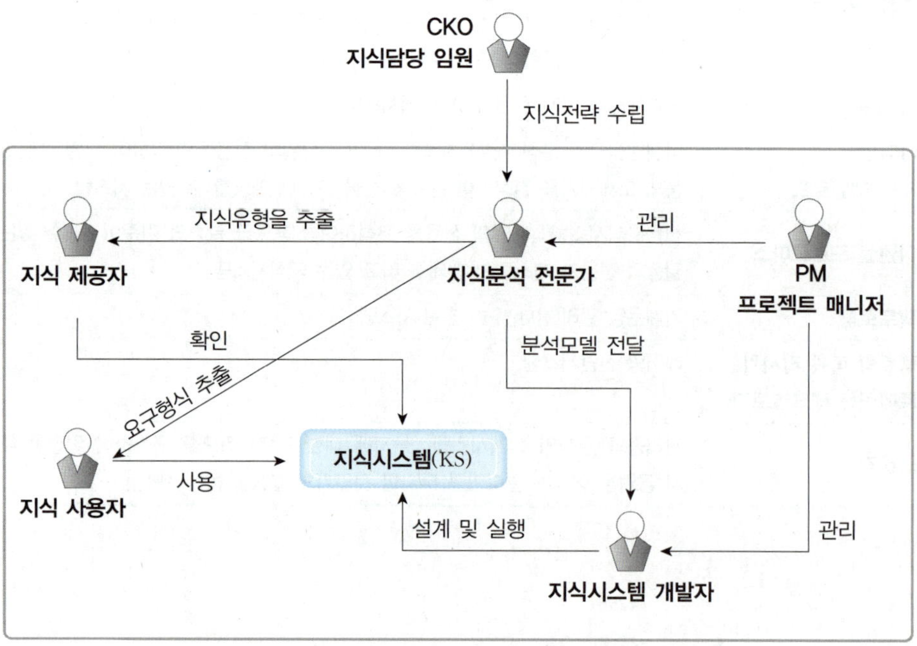

그림 5-8. 지식경영시스템 인적 자원과 역할

Knowledge Officer 또는 CIO가 담당) 등의 인적 자원이 필요하다.

[그림 5-8]에서 가장 위에 그려져 있는 CKO가 지식경영의 전략을 계획하고, PM

표 5-4. KMS 구축을 위한 지식가치사슬 7개 구성요소(노드)별 CKO의 과제

구성요소	CKO의 과제
감지	• 다양한 매체를 이용하여 다양한 메시지를 감지할 수 있도록 제도화/자동화 • 이노베이터 다양한 핵심 구성원의 참여 확보 (예: 지식창출 비용 및 노력의 분담과 보상, 시스템화)
선별	• 다양한 메시지가 조직 내에 흡수 또는 추출되는 조직문화 형성 • 대내외적 연계성 활용으로 기존의 사고와 새로운 사고의 틀을 지속적으로 수정/구축 (예: 조직 내 오피니언 리더의 활용)
배정	• 조직 내에 폭넓은 네트워크(접근의 적은 비용, 편리성, 유연성) 구축 (예: 이메일, 소셜 미디어, 포럼의 활용과 활성화를 위한 메타지식, 네트워크의 활용) • 묵시적 지식은 지식-전문가의 위치지도, 명시적 지식은 유연한 지식내용의 분류체계 설계가 중요
전달	• 메시지에 대한 적절한 매체의 선택기회 제공 • 의사소통의 비동기성(예: store, forward)/동기성(예: 다자간통화, 화상회의) 확보, 커뮤니케이션 미디어
해석	• 입력 메시지 해석의 의도적·비의도적 편견과 오류 방지 –입력 메시지 해석의 단순화, 신속화(예: 지식베이스 내 상황 및 처리지침의 다양성 확보, 예외상황 처리규칙 최소화)
학습	• 다양한 모델링으로 지식을 가시화(개념 모델링, 시스템 모델링) • 현 지식체계에 대한 가정과 요인검증 –지식의 가치성과 측정표 작성(예: 지식을 이용한 의사결정의 적중률)
변환	• 메시지의 요약, 압축, 코드화, 수정 변환 시 왜곡과 오류의 방지 (예: 지식표현의 용어와 양식의 표준화, 지식베이스 내 상황 및 처리지침의 다양성 확보로 변화의 필요성을 최소화)
지식베이스	• 지식베이스에 대한 입력, 처리지침, 배경/목적, 성과기록 –측정, 보안(접근경로 및 범위) 등의 기술적 체계/개념적 체계에 대한 책임 중심점 설정 (예: 온라인-오프라인 지식베이스 설계 및 유지, 비용, 이용도, 만족도) • 지식베이스 구조의 체계화/표현의 표준화로 지식의 통합과 공유를 활성화 (예: 메타지식, 지식 사이트와 네트워크 맵, 지식 유형화 및 모델화)

을 선정한다. 선정된 PM은 지식 분석가를 활용하여 지식을 가지고 있는 사람들을 대상으로 지식을 추출(elicit)한다. 이렇게 추출된 지식은 지식시스템(Knowledge System)에 저장되고, 사용자들은 지식시스템(KS)의 검색을 통하여 저장되어 있는 지식을 사용한다. 사용자들이 지식시스템을 실제 사용하기 이전에 개발자(혹은 시스템의 설계자)들은 지식을 저장하는 것을 돕거나 검색엔진을 개발한다. 위와 같은 사람들이 지식경영시스템을 구축하는 인적 자원이고, 그들의 연관관계를 [그림 5-8]을 통해 알 수 있다.

이러한 모든 역할을 한 사람이 담당하는 것은 어렵다. 하지만 반드시 다른 사람들이 각각의 역할을 수행해야 하는 것은 아니다. 때에 따라서는 통합적으로 수행될 수 있다.

(2) 테크놀로지 자원

지식시스템을 구축하여 지식을 체계적으로 관리하고 창의적으로 활용하는 데에 응용되는 기술적 요소들은 다음과 같은 〈표 5-5〉를 포함하고 있다.

표 5-5. 지식경영시스템의 기술적 요소

• Web, Web 2.0	• 지식 인지
• 지식 플랫폼, 그굽웨어, 클라우드, 빅데이터, 애날리틱스	• 지식 검색 지식 스코어링
• 지식 지도(knowledge map) 'who know's what' 중심의 전문가 연결콘택트 포인트	• 에이전트 프로그래밍
• 온라인-오프라인 사내의 교육 프로그램	• 전문가 시스템
• 사내외 지식베이스	• 사례기반 시스템
• 엔터프라이즈 내 통용어 정의 사전(dictionary)	• 네트워크 구축과 네트워크 분석 툴

[그림 5-9]는 지식경영시스템을 구축하는 데 사용 가능한 기술적 요소들이 어떠한

그림 5-9. 지식경영시스템의 기술적 요소 체계

체계를 가지고 있는지를 나타내고 있다. 그림은 e-biz의 체계와 유사한 형태를 띠고 있다. 두 가지가 유사한 기술적 체계를 가지고 있는 이유는 오늘날 지식의 흐름과 저장이 인터넷 혹은 매스미디어 기반이기 때문이다.

e-biz의 가장 중요한 부분이었던 애플리케이션 부분이 지식경영의 경우에는 지식관리, 도큐멘테이션과 콘텐츠 관리, SNS 계정 관리, 웹사이트와 네트워크 분석, 성과측정 시스템인 EIS(BSC), 전문가 시스템(ES), SCM, CRM 등의 유형으로 나타나는데, 애플리케이션들이 경우에 따라 통합되기도 하고 개별적으로 구축되기도 하는 것이 지식경영시스템의 응용 애플리케이션 계층에서 나타나는 현상이다.

정리하기

본 장에서 소개한 Commom KADS (2000) 방법론은 크게 3단계, 그리고 세부적으로는 3 × 2 × 1 = 총 6개의 모듈 구조(suite)로 되어 있으며 지식을 중심으로 한 매우 체계적인 조직분석과 설계방법론이다.

6개의 모델 구조: 조직 모델(mission/vision), 업무 프로세스 모델(핵심업무 프로세스), 에이전트 모델(플레이어/행위자의 업무영역 설정), 지식 모델(지식의 요구사항), 커뮤니케이션 모델(플레이어들 사이의 인터페이스, 업무분담, 순서), 디자인 모델

지식경영시스템을 구축하기 위해서는 인적 자원(CKO, CIO, PM, 지식, 엔지니어, 지식 기여자, 지식 사용자, 지식시스템 설계자 등)과 테크놀로지 자원이 필요하다. 지식경영시스템(KMS) 프로젝트 팀이 위에서 설명한 방법론을 따르게 되면 총 6개 모듈 세트를 이용하게 된다. 핵심성에 따라 목표업무를 선정하며, 그 업무의 특성에 따라 의사소통의 방법(사회적/기술적 모드 선택)을 차별화하고, 선정된 목표업무를 지식관리 사이클의 구성요소인 노드(감지, 선별, 배정 등), 또는 지식집약 업무 패턴별로(분석형, 종합형 등) 접근방법 및 처리방법을 활용하여 상세 설계하는 절차를 따르는데 크게 보면 결국 IT 응용시스템의 분석과 설계를 지식 관점에서 수행하는 것이라고 할 수 있다.

평가하기

➔ **제시된 문항의 O/X 여부를 결정하세요.**

1. KMS 구축 시 개념화에서는 조직, 업무, 에이전트를 모델링해야 한다. (O/X)
2. CKO는 지식경영의 전략을 수립하는 사람이다. (O/X)
3. 우리 기업, 우리 조직에서 관리해야 할 대상 지식이 무엇인가를 찾아내는 사람은 지식 제공자이다. (O/X)
4. KMS를 구축할 때는 시스템 구축의 일관성을 위해 한 사람이 통합적으로 담당하여야 한다.

(O/X)

5. 애플리케이션들은 반드시 개별적으로 독립성을 갖고 구축되어야 한다. (O/X)

e-biz의 지식 집약적 응용문제 분류 및 템플리트 관련 지식모델 재사용 방법론

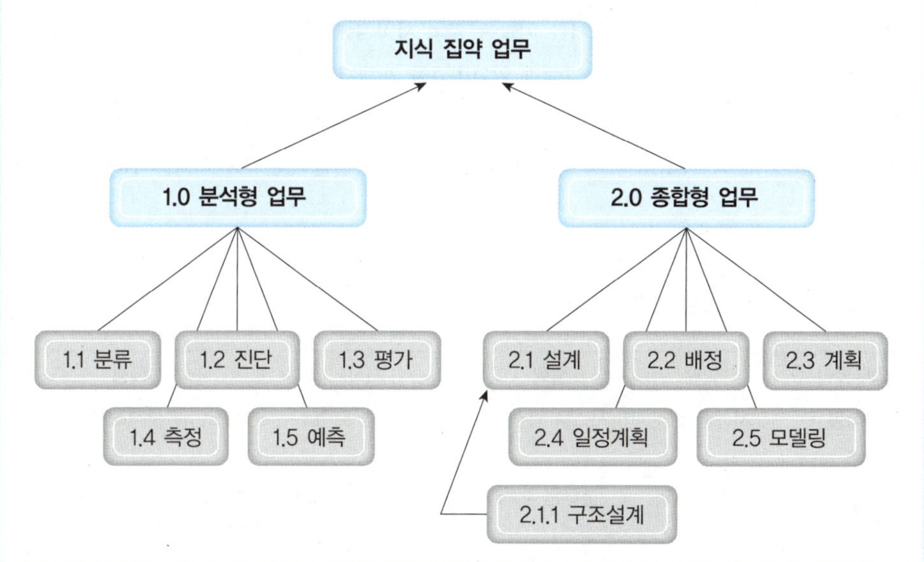

지식-집약적 업무에 관한 분류모형(knowledge-intensive task classification framework)은 응용문제처럼 상대적으로 복잡한 지식체계를 사용하는 업무의 분류방법을 보여주고 있다. 복잡한 지식을 사용하는 업무들을 분류하여 템플리트처럼 패턴화한다면 실제로 재사용될 때 매우 유용한 문제해결 방안을 빠르게 만들어낼 수 있다.

각 유형은 고유 기능 특성상 프로세스의 구조나 필요한 지식 그리고 의사소통 방법이 다를 수밖에 없으며 따라서 패턴을 내포하고 있다. 이에 따라 의사결정을 하게 되는 사용자는 해결하고자 하는 문제의 유형을 찾아 위의 그림에서 적절한 지식모형 템플리트를 벤치마킹하여 재사용하면 시간과 품질 측면에서 많은 효과를 기대할 수 있다. 이 프레임워크는 먼저, 지식-집약 업무를 분석형과 종합형으로 나누었으며 현재 하위 두 수준까지 더 분류하고 있다. 아래 두 개의 표에 분석형과 종합형 템플리트들의 유형과 특징을 정리한다. 예를 들면, 위 그림에서 '1.2 진단'이라는 지식 템플리트는 경영진단, 건강진단, 자동차성능 진단, 학업진단, 프로세스 진단 등 각종 '진단' 업무에 적용 가능하겠다. 나아가 이 진단형 템플리트를 매우 구체적으로 그 접근방법 및 처리방안까지 전문가가 사전에 매뉴얼 형태로 만들어 놓는다면 다양한 벤치마킹과 더불어 지식 재사용과 확산에 많은 기여를 할 수 있다. 모델링에 필요한 기본적인 논리체계와 처리방법, 필요한 지식내용을 사전에 정의해 놓는다. 사용자는 문제 상황에 맞도록 템플리트를 적용 또는 응용해 재사용 및 벤치마킹을 할 수 있도록 해준다. 따라서 지식집약적인 어려운 문제를 해결하는 데에 매우 유용한 프레임워크라고 생각되어 소개한다. 이 방법론은 아래의 표처럼 이들 유형의 차이점을 비교하고 있으며, 'The Common KADS [2000]'는 매우 상세한 다이어그램과 알고리즘을 객체지향기법을 이용하여 유용하게 제시하고 있어 조금 어렵지만 타 분야로부터 유사한 혁신 베스트 프랙티스를 찾아 애자일 방법론으로 재사용하는데(제8장 ISP의 INSIDE-OUT 혁신 방법론 참조) 혹시 관심 있는 사용자들을 위해 여기 소개하였다.

분석형 지식-집약 문제의 비교

업무유형	입력	출력	지식	특징
1.0 분석형 anaysis	시스템 관찰	시스템 특성화	시스템 모형	시스템을 분석적으로 설명
1.1 분류형	분류대상의 특징	분류된 객체	특징-객체 클래스 연관성 지식	클래스의 분류 유형 집합이 사전에 정의되어 있음
1.2 진단형	문제증상, 불평	클래스	시스템 행위 모형	적용환경에 따라 출력형식이 다양함(인과적 사슬, 상태, 컴포넌트 등)
1.3 평가형	현상 설명	결함범위	지식	평가는 일정 시점에 수행됨(감시와 다름)
1.4 측정형	시스템 데이터	의사결정 유형	기준, 규범지식	시스템은 시간에 따라 변화
1.5 예측형	시스템 데이터	불일치 유형	정상적 시스템 행위에 관한 지식	태스크(task)는 반복 수행됨

업무유형	입력	출력	지식	특징
2.0 종합형 synthesis	요구사항	시스템 구조	구성요소, 제약조건, 선호	시스템을 종합적으로 설명
2.1 설계형	요구사항	목적시스템 서술	컴포넌트, 제약조건, 선호내용의 지식	컴포넌트의 창조적 설계 포함
2.1.1 구조 설계형	요구사항	목적시스템 서술	컴포넌트, 골격 설계, 제약조건, 선호	설계의 한 형태, 모든 컴포넌트가 사전에 정의됨
2.2 배정형	2개의 객체집합, 요구사항	A → B	제약조건, 선호	할당은 1:1일 필요는 없음
2.3 계획형	목표, 요구사항	실행계획	실행대안, 제약조건, 선호내용 지식	실행계획은 부분적으로만 시간적 순서를 가짐
2.4 일정 계획형	직업, 행위, 자원, 시간, 요구사항	작업행위가 자원시간에 할당됨	제약조건, 선호내용 지식	시간적인 특성을 가지는 것에서 할당과 다름
2.5 모델링형	요구사항	모델	모델요소, 모형화된 모델, 제약조건, 선호내용지식	창조적 합성을 포함

Chapter 6

플랫폼 비즈니스

Chapter

6 플랫폼 비즈니스

플랫폼 비즈니스 모델

Airbnb는 Brian Chesky(브라이언 체스키)와 Joe Gebbia(조 게비아)가 2008년에 설립했고 인터넷을 통해 이용자와 민박시설 제공자 간의 거래환경을 제공하는 인터넷 플랫폼이다. Airbnb는 인터넷 플랫폼에 '공유경제' 개념을 도입하여, 숙박서비스 사업의 운영방식을 혁신적으로 전환하며 새로운 플랫폼의 가치를 생성했고, 최대 온라인 숙박중개업체로서 독보적 위치에 올랐다. 500명의 직원, 1천만 명의 이용자를 보유하고 있으며, 192개국에서 서비스를 제공하는 Airbnb는 2년 사이 4배 증가한 10조 9천억 원으로 성장하였는데, 힐튼의 기업가치가 23조 6천억 원, Hyatt 호텔이 9조 720억 원임을 감안한다면 놀라운 성장이 아닐 수 없다.

[TEDTalk BUSINESS, Feb. 2016] 공동창업자 겸 예술디자이너 Joe Gebbia가 이야기하는 흥미로운 Airbnb BEHIND the 스토리

"Airbnb는 어떻게 신뢰를 디자인하는가?"(How Airbnb designs for trust?) : '공유경제 vs. 상거래' 의 차이란? "공유경제(Sharing economy) = 휴먼 관계에 신뢰가 있는 상거래(commerce, but with a promise of a human connection) … 그래서 stranger(이방인) = NOT danger(위험)

"여러분께 이야기를 들려드릴 텐데 제가 빨간 마즈다 차 트렁크에 거의 납치될 뻔했던 이야기부터 시작하겠습니다."

디자인 학교를 졸업한 다음 날 마당에서 벼룩시장을 열고 있었는데 한 사람이 빨간 마즈다 자동차를 몰고와 대고는 물건들을 살펴보는 겁니다. 제가 만든 작품 하나를 샀어요. 알고 보니 그날 밤 혼자 마을에 왔는데 평화봉사단에 가기 전에 국경을 넘는 여행을 하고 있었대요. 그래서 제가 맥주 마시자고 초대했고 그는 세상을 변화시키고 싶다는 자기 열정에 대해 얘기했습니다. 날이 어두워지기 시작하자 저는 많이 피곤해졌어요. 저는 계산서를 받으면서 그만 이런 걸 묻는 실수를 했습니다.

"그럼 오늘 어디서 묵을 거예요?" 그 사람 말이 사태를 악화시켰죠. "사실, 잘 곳이 없어요." 저는 "앗, 이런!" 하는 생각이 들었어요. 어떻게 해야 할까요? 우리 다 그런 경험 있죠? 이 사람을 집에 묵게 해야 할까요? 그렇지만 방금 만난 사람이잖아요. 그는 평화봉사단에 간다고 하지만 진짜 그런지 저는 모르죠. 그리고 마즈다 차 트렁크에 납치되고 싶지 않다고요. 트렁크가 얼마나 작은데요! 그런데 저는 이렇게 말하고 있었습니다. "내 거실에 자고 갈 수 있는 공기침대가 있는데." 그러자 머리는 이렇게 말합니다. "잠깐, 뭐라고?" 그날 밤, 저는 침대에 누워 천장을 보며 생각했죠. "세상에, 내가 무슨 짓을 한 거지? 생판 모르는 남이 거실에서 자고 있다니. 정신병자면 어쩌지?" 제 불안감은 계속 커져서 침대를 나와 까치발로 문으로 가서는 방문을 잠궜습니다. 다행히 그는 정신병자가 아니었어요.

그 뒤로 우리는 계속 연락하고 있죠. 제 마당에서 그가 산 예술작품은 그의 교실에 걸려 있어요. 지금은 교사입니다. 그게 제가 처음으로 누군가를 재워 준 경험이었고 저의 관점을 완전히 바꿔주었습니다. 저는 공포를 재미로 바꾸는 것이 창의력의 선물임을 늘 믿고 있었죠. 그래서 제 단짝친구이자 새 룸메이트인 브라이언 체스키에게 이렇게 말했어요. "브라이언, 돈 좀 벌 수 있는 방법을 생각해냈어. 우리 집을 디자이너용 조식 제공 숙소로 바꿔서 우리 마을에 오는 젊은 디자이너에게 제공하는 거야. 무선 인터넷, 작은 책상, 침대 매트리스, 그리고 조식도 매일 제공하는 거지. 어때?"

저희는 기본적인 웹사이트를 만들었고 공기침대 조식제공 숙박이 탄생했습니다. 세 명의 운 좋은 손님이 마룻바닥에서 20달러짜리 공기침대에 머물렀습니다. 그런데 그들이 좋아하더라고요, 저희도 그랬고요. 저희가 만든 햄과 스위스 치즈 오믈렛은 손님을 위해 만들다 보니 맛이 완전히 달랐습니다. 도시 여행도 시켜주고 마지막 손님에게 작별을 고하고 문을 찰칵 닫았죠. 브라이언과 저는 서로 쳐다보며 이랬습니다. 우리 방금 친구도 사귀고 월세도 벌 방법을 찾은 거야? 일은 시작되었습니다. 저의 예전 룸메이트, 네이트 블레챠지크가 공학기술 공동 창립자로 함께 했습니다. 저희는 투자자들을 이렇게 설득했습니다. "저희가 웹사이트를 구축해서 사람들의 가장 사적인 공간인 침실, 욕실 등을 공개적으로 사진을 올리게 하는 겁니다. 손님이 오면 주로 닫아두는 방들을요. 그리고 나서 인터넷으로 생판 모르는 사람을 초대해서 집에 재우는 겁니다. 완전 대박이겠죠!"

저희는 대박이 터지길 기다렸지만 아무 일도 없었어요. 제정신이라면 낯선 사람을 집에 재우는 서비스에 투자할 리가 없을 겁니다. 어째서 그럴까요? 어릴 때부터 낯선 사람은 위험하다고 배웠으니까요. 문제가 생기면 자신이 아는 방법에 기대게 되죠. 저희는 디자인밖에 아는 게 없었습니다. 예술학교에서 디자인이란 무언가의 모양과 촉감 이상의 총체적인 경험이라고 배웁니다. 물체를 가지고는 그렇게 배웠지만 이번에는 저희는 한 번도 만난 적 없는 사람들과 총체적인 신뢰를 쌓는 것을 목표로 삼고 있었습니다. 디자인으로 이게 가능해질까요? 신뢰를 쌓는 디자인이 가능할까요?

여러분께 저희가 목표로 하는 신뢰가 어떤 건지 잠깐 맛보게 해드릴 게요. 여러분이 심리적 안전지대를 벗어나게 하는 30초간의 실험을 해보겠습니다. 여러분의 핸드폰을 꺼내세요. 핸드폰을 꺼내셨으면 잠금화면을 풀어주세요. 이제 잠금이 풀린 핸드폰을 왼쪽 분에게 건네주세요. 집주인이 처음으로 손님에게 집을 보여줄 때의 기분입니다. 핸드폰보다 더 개인적인 유일한 것이 여러분의 집이니까요. 사람들은 단순히 문자메시지만 보는 게 아니라 여러분의 침실을 보고, 부엌과 화장실을 봅니다. 다른 사람의 잠금이 풀린 휴대폰을 들고 있는 느낌이 어떠신가요? 대부분은 책임감을 느낍니다. 바로 그게 손님들이 자고 갈 때의 느낌이죠. 바로 이것 때문에 저희 회사가 존재할 수 있는 겁니다. 이제 핸드폰을 돌려주세요.

이제 여러분께선 저희가 당면한 신뢰 문제를 경험해보셨으니 저희가 그동안 발견한 몇 가지 사실을 알려드리겠습니다. 만약 우리가 이 실험의 설계에서 작은 것 하나만 바꾸면 어떨까요? 여러분의 이웃이 먼저 자신의 이름과 고향, 자녀들이나 애완견 이름을 말하면서 소개한다면요? 사람들이 150개의 후기에서 이런 말을 하는 겁니다. "잠금화면 풀린 핸드폰을 정말 잘 들고 있어요!" 여러분의 핸드폰을 건네줄 때 기분이 어떠셨나요? 결론적으로 보니 잘 고안된 사용후기 시스템이 신뢰 형성의 핵심이었습니다. 저희가 처음에는 제대로 하지 못했습니다. 사람들은 안 좋은 후기를 남기는 걸 힘들어합니다. 결국, 저희는 후기를 공개하기 전에 손님과 집주인 둘 다 평가를 남길 때까지 기다리는 걸 배웠죠.

후기가 세 개 이하면 별 변화가 없습니다. 하지만 10개 이상의 후기가 있으면 모든 게 바뀝니다. 높은 평판이 높은 유사성을 능가합니다. 올바른 디자인이 실제로 우리가 가진 가장 뿌리 깊은 편견을 극복하게 도와줍니다. 저희가 또 배운 것은 적당한 신뢰를 구축하는 데 적당한 양의 공개가 필요하다는 겁니다. 이것은 손님이 집주인에게 메시지를 처음 보낼 때 일어납니다. "어이" 처럼 지나치게 적게 말하면 수락률이 떨어집니다. 또 너무 많은 걸 공유해도 그렇습니다. "저는 어머니와 사이가 좋지 않아요."

일이 안 될 때도 분명 있습니다. 손님이 허락 없이 파티를 열어서 집을 망가뜨린 적도 있죠. 집주인이 손님들을 빗속에 세워둔 적도 있어요. 초기에는 제가 고객센터 역할을 했어요. 그래서 제 핸드폰으로 직접 전화가 왔죠. 저는 신뢰 파괴의 최전선에 있었습니다. 정말 그런 전화를 받는 것은 최악이었습니다. 생각도 하고 싶지 않을 정도죠. 전화한 사람의 실망한 목소리는 제 생각에는 아직까지도 저희가 끊임없이 개선하게 만드는 가장 강력한 동기입니다.

다행히도 1억 2천3백만 건의 숙박 중에서 문제가 있는 건 1%도 안 되었습니다. 알고 보니 사람들은 신뢰를 당연하게 생각하더군요. 그리고 신뢰가 올바로 작용하면 완전히 마법 같습니다. 제가 그 용어를 들었을 때 사실 저는 별로 내키지 않았습니다. 어떻게 공유와 거래가 함께 있을 수 있죠?

확실히 하자면, 이것은 상업이잖아요. 하지만 이것을 임대 산업이라고만 하기엔 부족할 겁니다. 공유 경제란 인간의 유대을 약속하는 산업입니다. 사람들이 자신의 일부를 공유하고 그것이 모든 것을 변화시킵니다.

오늘날 대부분의 여행이 어떤지 아실 겁니다. 마치 패스트푸드 같다고 봅니다. 효율적이고 일률적이죠. 지역특색이나 진정성을 희생시키는 대신에요. 만약 여행이 마치 거대한 지역적 경험의 뷔페 같다면 어떨까요? 여러분이 방문하는 곳 어디든 지역의 중심 시장이 있어서 여러분이 있는지도 몰랐던 마을에서 여러 술집을 돌아다니며 완전히 취하는 경험을 할 수 있다면요? 아니면 5성급 식당의 주방장에게 요리를 배운다면 어떨까요? 오늘날 집은 사생활과 단절이라는 주제로 설계됩니다. 집이 완전히 공유되기 위해 설계된다면 어떨까요? 어떤 모습이 될까요? 도시가 공유하는 문화를 포용하면 어떨까요? 저는 고립과 단절 대신 공동체와 연결을 가져오는 공유되는 도시의 미래를 봅니다. 한국의 도시 서울에서는 실제로 이것을 시작했습니다. 수백 개의 정부부처 주차장의 용도를 변경해서 주민들과 공유하게 했습니다. 살 곳이 필요한 학생들을 집에 남는 방이 있는 자녀가 없는 가정과 연결해 주었고요. 또한 다음 세대의 공유경제 신생 벤처기업을 재정적으로 지원하는 창업 지원 사업을 시작했습니다.

오늘밤에 저희 서비스에서만 191개국의 78만5천 명의 사람들이 낯선 사람 집에서 지내거나 낯선 사람을 집에 맞아들일 겁니다. 저희는 새로운 걸 발명한 게 아닙니다. 손님을 친절히 접대하는 것은 계속 있었습니다. 저희 같은 웹사이트도 많이 있었습니다. 그럼 어째서 저희만 성공할 수 있었던 걸까요? 행운과 시기가 적절했던 걸 제외하고 저는 신뢰의 요소들을 가지고 신뢰를 쌓아가기 위한 설계를 할 수 있다는 걸 배웠습니다. 디자인으로 우리의 뿌리 깊은 낯선 사람은 위험하다는 편견을 극복할 수 있습니다. 그것이 저는 놀랍습니다. 그리고 저를 흥분하게 합니다. 저는 빨간 마즈다 자동차를 볼 때마다 이것을 생각합니다.

디자인이 세계의 모든 문제를 해결하지는 못합니다. 하지만 이 문제를 해결하는 걸 도울 수 있고 진전을 가져올 수 있다면 다음에는 무엇을 위한 디자인을 할 수 있을지 저는 궁금합니다. 감사합니다.

6.1 교란적 플랫폼 비즈니스

[내 용]

- 플랫폼의 의미
- 플랫폼의 구성체계
- 플랫폼 비즈니스의 긍정적 산업과 부정적 산업
- 플랫폼 비즈니스 기회의 함정과 회피 방안

[생각해 보기]

- 플랫폼과 네트워크는 무슨 관계인가요?
- 항상 좋은 건가요? 아니면 장점과 단점이 있나요?
- 플랫폼 테크놀로지 체계는 어떻게 구성되어 있나요? API(application programming interface)란 뭔가요?
- 플랫폼 기반으로 성공한 비즈니스 사례로는 뭐가 있나요?
- 플랫폼과 네트워크는 무슨 관계인가요?

[목 표]

- 플랫폼, 생태계, 네트워크의 관계를 이해한다.
- 플랫폼 체계의 구성요소와 각각의 역할을 이해한다.
- 플랫폼 비즈니스 방식의 관리에 대해서 학습한다.

비즈니스는 업무의 복잡성과 반복성에 따라 그 프로세스 위에 적절한 지식 유형을 탑재할 때 목적이 달성됨을 앞 장에서 설명하였다. 그러나 이러한 적절성의 판단은 사물과 현상에 대한 다양한 이미지 사고(image thinking)의 영향을 받는다. 이때 그 합리적인 판단과 함께 한걸음 더 들어가 어떻게 경쟁을 위한 창의성을 확보할 것인가. 플랫폼에 관한 기본적 사고(platform thinking)는 비즈니스 생태계(business ecology)를 구성하는 플레이어들이 어디서 어떻게 자유롭게, 창의롭게, 정의롭게 활동할 것인가 하는 생각에서 시작되었다.

머신 + 휴먼 중심의 MIS, 소위 'man/machine' 패러다임 ➞ 'participant/platform' 패러다임으로 바뀌면서 상호 연결뿐만 아니라 질서 조정의 관리가 필요하게 된다. 휴먼 측면의 고객, 협력업체, 파트너들과 머신 측면의 새로운 클라우드, 빅데이터, 애날리틱스(후에 설명) 등의 디지털 테크놀로지의 역할들이 여기에 포함된다.

[용 어]

플랫폼(platform)	플랫폼이란 "비즈니스 네트워크에 내부 및 외부로부터 플레이어들이 플러그-플레이 방식으로 참여, 상호 작용하여 가치를 생성, 교환, 엔게이지먼트할 수 있도록 하는 유연하고 자유로운 공유 기반"이다.
플랫폼 콜래보레이션	플랫폼 기반을 만들어 특정 가치사슬에서 우수한 파트너십을 만들어 비즈니스를 빠르고 싸고 유용하게 활용할 수 있도록 협력함으로써 목적을 달성하는 공조 행동 방식
플랫폼 컨테이너	다양한 하드웨어, OS, 스마트 모바일 테크놀로지, 케이블링, 클라우딩을 활용하여 플레이어들이 공유할 콘텐츠를 확보하는 저장소
플랫폼 실패요인인 숨은 함정	플랫폼 체계의 구축에도 불구하고 실패가 일어날 수 있는 숨은 함정에는 전략의 부재, 모호한 마켓 설정, 참여자의 가치평가 불균형이 있다.

6.1.1 플랫폼 비즈니스

오늘날 엔터프라이즈 비즈니스 가치사슬의 많은 부분이 디지털 플랫폼 기반으로 빠르게 변모하고 있으며, 이는 경쟁력 강화와 비즈니스 교란의 원천이 된다. 따라서 디지털 IT를 더 이상 IT 전문가의 손에만 맡겨둘 수 없고 최고 경영층에게 과거와 다른 모습의 새로운 디지털 리더십이 필요하다고 Zmud와 Samba(머드와 삼바)[2015]는 말한다. 마치 전쟁이 너무 중요하면 장군에게만 맡겨둘 수만 없다는 것과 같다. 플랫폼을 기술 관점과 비즈니스 관점에서 생각해 볼 수 있다. 전자는 기술적 기반을 의미하며 후자는 비즈니스적 기반을 의미하는데 두 부분 모두 기본적으로 개방, 참여, 공유의 웹 2.0 기반 특성을 따라야 한다. e비즈니스 이후 왜 다시 플랫폼 비즈니스에 관심을 가져야 하는가? 디지털 테크놀로지는 이전의 닷컴 e-비즈니스의 온라인 영역뿐만 아니라 오프라인 실물 경제까지 빠르게 트랜스포메이션시키고 있기 때문이다. 이러한 현상이 우리가 교란 비즈니스에 집중해야 하는 이유이고 플랫폼은 그 중개 역할의 기반이 된다. 플랫폼의 연결과 질서 유지가 필요한 이유는 Google 및 Naver, Wiki, Facebook 및 twitter 지식정보 공유 그리고 Amazon, eBay, Airbnb, Uber, kakao에서 보는 바와 같이 하나의 기반이 가치 교환, 의견 교환, 정보 수집, 권한 강화를 통해 봉이 김선달식 비즈니스를 수행하고, 교란과 피교란의 디지털 혁명을 만들어 가기 때문이다.

플랫폼 구축의 목적은 네트워크상의 다양한 플레이어들이 다양한 가치의 생산과 소비에 참여(participation)하고 상호작용(interaction)하도록 환경(인터페이스)을 제공하는 것이다. 여기서 플랫폼(platform)이라는 단어는 "다른 것을 들어올려 그 위에 설 수 있도록 하는 하나의 기반"을 의미하며 다양한 기능을 수행하기 위한 구조적 기반 인프라가 된다. IT경영 환경에서는 첨단 및 전통의 기술적 · 사회적 자원 위에 필요한 애플리케이션을 올려 데이터를 교환하고 저장하고, 창출 가능하게 연결 조정한다는 데에 의미가 있다. 다시 말하면, IT 플랫폼은 기업 경영의 인프라가 되어 비즈니스 애플리케이션 실행을 위한 기반이 되는 IT 공유자원이다. 반면에, 비즈니스 플랫폼이란 "비즈니스 네트워크에 내부 및 외부로부터 플레이어들이 플러그-플레이 방식으로 참여, 상호작용하여 가치를 생성, 교환, 엔게이지먼트할 수 있도록 하는 유연하고 자유로운 공유 기반" 이다" [권태형 · 우현종, 2015].

그러나 플랫폼의 존재만으로 처음부터 참여와 상호작용이 가능하지는 않으며, 보통 수요자의 요구나 공급자의 요구 발생의 선후 관계를 닭과 계란의 순서처럼 따지기는 힘들지만, 보통 다음과 같은 단계로 플랫폼을 실행한다. 플랫폼 생각의 전도사 Sangeet Paul(상지 폴)은 "플랫폼이 드디어 닭과 달걀의 문제를 해결했다" 라고도 묘사한다. 플랫폼이 이러한 역할을 실현하는 방법은 다음과 같다.

- 동기를 부여할 수 있는 비즈니스 모델에 참여자(participant)들을 해당 플랫폼의 네트워크 구성원으로 유인한다.
- 참여 플레이어들이 플랫폼 위에서 가치를 창출하고 교환할 수 있도록 하는, 즉 플랫폼과 원거리 인터페이스가 되는 API 소프트웨어 툴을 제공한다.
- 참여 플레이어들이 지속적으로 플랫폼으로 다가오도록 하는 효용가치를 마련하여 네트워크 효과(network effect) 또는 스노우볼 효과(snow ball effect)를 촉발한다(예: 단순 정보 전달이 아니라 영향자나 오피니언 리더의 폭넓은 링크를 이용한 기하급수적 유발 효과).
- 플랫폼 인프라 위에서 참여자 상호 간 그리고 콘텐츠/상품/서비스와 적절히 일치시켜 교환이 이루어지게 한다.

[그림 6-1]은 연결과 질서 유지를 위한 플랫폼이 엔터프라이즈 인프라와 애플리케이션 사이에 위치해 자원과 서비스를 제공하는 기반임을 표현하고 있다.

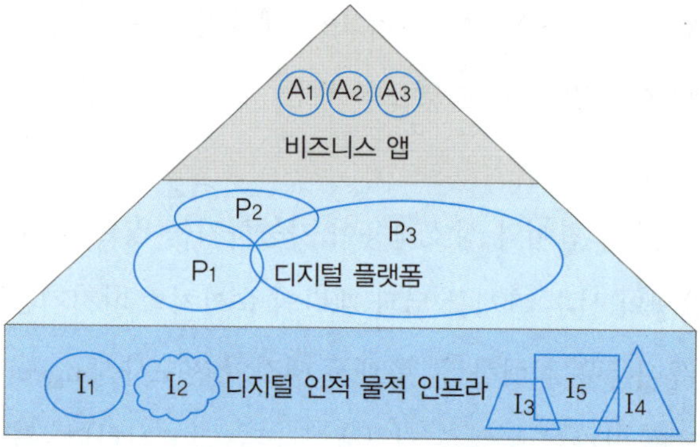

디지털 인프라, 플랫폼 그리고 비즈니스 앱의 계층적 체계

플랫폼에는 마켓, 커뮤니티, 데이터 축적, 툴과 디바이스 등 다양한 비즈니스 모델이나 기능을 지원하는 멀티 플랫폼이 존재할 수 있다. 또한 이를 기반으로 다양한 비즈니스 프로세스는 앱의 형태로 개발되어 존재하게 된다.

예를 들면, 엔터프라이즈가 비즈니스 조달 파트너 플랫폼을 구축한 후 필요한 프로세스를 앱으로 만들어 필요한 정보를 디지털 디바이스를 통해 예비 파트너 또는 직원에게 공급하고, 이후 공식 프로세스를 진행한다.

그림 6-1. 디지털 인프라, 플랫폼 그리고 비즈니스 앱의 계층적 체계

플랫폼 기반 비즈니스는 후에 설명할 플랫폼 구성체계(platform architecture)에서 강조하는 위치에 따라 다양한 비즈니스 모델 유형을 가지지만, 모든 구성요소를 최적의 방법으로 결합하여 우월성을 가지려 하는 것은 공통점이다.

이러한 사고는 과거 e-Biz 시대의 계획적이고, 조직중심적이고, 닫힌 환경에서 전개된 지식 성숙(knowledge maturity) 프레임워크를 자발적이고, 생태동반자적이고, 열린 플러그-플레이 사고로 해석하는 비즈니스의 플랫폼 구성체계(platform architecture)이다. 어느 요소에 중점을 두느냐에 따라 여러 가지 비즈니스 모델이 나올 수 있으며 환경의 변화에 대한 인식력, 적응력, 창의력이 플랫폼 비즈니스의 생존과 번영의 분기점이 된다(예: Facebook vs. MySpace에서 MySpace는 지속적인 데이터 수집과 분석 활용 실패, Apple vs. Nokia에서 Nokia는 인프라 콘테이너의 생태기반 구축에 실패). 성공 모델들은 아래에 설명하듯 개방, 참여, 공유를 추구하고 양방향 의사소통하며 대중의 사적 소셜 활동에 관심을 가지고 네트워크 효과(network effect), 롱 테일 효과(long tail effect)를 활용할 줄 안다.

6.1.2 플랫폼 비즈니스의 특성

디지털 시대 플랫폼 파워는 비즈니스의 환경, 제품과 서비스, 경쟁 방법을 바꾸어 놓았다.

- 전략적 플래닝에서 **생태적 이머징**: 디지털 르네상스 시대를 맞이하여 옴니채널을 이용하며 빅데이터 저장소를 만들어 전략의 가정(assumption)을 전제하지 않고 상황 그대로 분석하여 통찰력을 만들고 민첩한 행동을 실현할 수 있게 한다.
- 순차적 흐름에서 **플러그-플레이** 흐름(plug-play): 엑스트라넷처럼 원래 외부 환경에서 접근하고자 하는 사람은 운영주체의 허락을 받아야만 패쇄적으로 닫혀 있는 타 시스템에 접속이 가능하다. 반면에, 플러그-플레이 방식이란 별도 허락이 필요 없이 공개된 플랫폼 접속 프로그램(API)을 이용하여(plug-in) 타 시스템 기반에 활동(play)이 가능하다. 응용프로그램 개발자는 안드로이드나 애플 운영시스템 체제 위에 마켓플레이스, 커뮤니케이션, 콘텐츠를 앱으로 만들어 올려 물품의 가치를 교환하고 지식정보를 공유할 수 있다(eBay, Alibaba, Amazon, Facebook, Airbnb, Uber).
- 일방소통에서 **양방소통**(interaction): 플랫폼 비즈니스의 핵심적 역할은 네트워크 구축과 참여자 간의 양방향 상호소통이며 소통의 내용이 분석과 아이디어와 통찰력으로 상호 가치를 창출한다.
- 헤드(head) 중심에서 **롱-테일**(long-tail) 중심: 전통적인 자원의존 산업보다는 새로운 생산 3요소에 의존하는 산업이 플랫폼 비즈니스에 바람직하다. 진입장벽이 낮으며 독점 기업이 없을 땐 더욱 그러하다. 이런 경우엔 기여도 측면에서 과거의 소수 VIP 고객 중심, 즉 머리 부분이 아닌 대중 고객 중심(즉, 긴 꼬리 부분)에 집중하는 것이 고객이나 참여자의 혜택과 기여도가 클 수 있다.

6.1.3 플랫폼의 구성체계

디지털 비즈니스를 위한 플랫폼이 네트워크 인프라, 애플리케이션/솔루션, 서비스 그리고 구조적/비구조적 데이터를 연계시키는 모델로서 역할을 다하기 위하여 어떻게 플러그-플레이를 구성하는지 살펴보면 다음과 같다. 이들은 API(application programming interface)라는 연결과 통제 기능을 포괄하는 내외부 통합 운영 모듈을 구성한다. 플랫폼 체계를 구성하는 계층적 요소와 설명을 [그림 6-2], 〈표 6-1〉로 정리한다. 이 그림이 설명하고자 하는 실제 작동의 유형은 다음과 같은데, 강조하고자 하는 것은 맨 아래 환경에 대한 이미지에서 출발하여 소비자와 제공자의 가치창출에 이르기까지 마켓플레이스, 커뮤니티, 리포지토리, 기술과 신뢰 인프라 등의 다양한 결합 방식이 나타날 수 있다는 것이다.

환경에 대한 이미지(cognition) ➡ 마켓플레이스(collaboration)/커뮤니티(커뮤니케이션), 데이터 리포지토리(contents)/디지털 테크(socio-tech container) ➡ 가치창출(create)

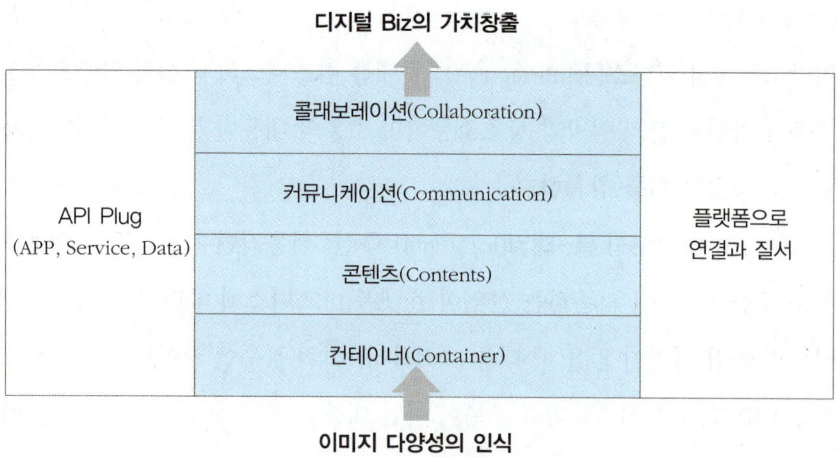

그림 6-2. 플랫폼의 4계층 가치창출 구조

표 6-1. 플랫폼 구성체계 설명

구성요소	설명	예
콜래보레이션	가치네트워크상의 플레이어 간 제휴	가치사슬에서 다양한 소싱으로 파트너십을 만들어 생태시스템 가치네트워크를 구축하고 협업함으로써 디지털 Biz 프로세스 이노베이션과 트랜스포메이션을 실현
커뮤니케이션	커뮤니케이션 디바이스와 메시징	멀티미디어 기기 및 스마트 모바일 클라우드 네트워크를 통해 참여 파트너와 소통하고 결속 또는 엔게이지먼트를 강화
컨테이너	신뢰 문화 리더십, 그리고 하드웨어 및 디지털 기기와 운영 소프트웨어(OS) 자원	다양한 스마트 모바일 테크놀로지, 케이블링, 클라우딩을 활용하여 최소한으로 빠르고 싸고 유용한 테크놀로지 능력 확보, 그리고 디지털 문화와 경영자 리더십
콘텐츠	플레이어의 공유 및 서비스 지식베이스	디지털 테크놀로지와 센서, 레이더 등을 이용하여 환경 데이터, 정보, 활동 등 베이스를 구축하여 저장을 촉진하고 공유하고 지원
연결과 질서	엔터프라이즈 내 계층 간 데이터베이스 및 데이터웨어하우스(DB & DW) 흐름 지원	계획적, 공식적, 구조화된 데이터를 중심으로 자동화된 거래처리, 보고서, 의사결정을 지원하는 데이터 흐름과 내외부 접근과 상호 연결 조정
API 플러그-플레이	비즈니스 생태계 내·외부 및 소셜 미디어의 데이터 흐름 지원	열린 네트워크에서 떨어진 장소에서도 비즈니스 환경에 관한 소셜, 비공식적, 비구조화된 데이터를 연결할 수 있도록 인터페이스 접점용 소프트웨어를 제공

그러나 우리가 특별히 주목해야 할 것은 플러그-플레이 접속과 결속 형태의 플랫폼 생태 비즈니스 사고가 가져오는 새로운 기업 문화적 요소이다. Uber와 Airbnb는 각각 참여자들을 통해 1백만과 1백5십만이 넘는 자동차와 룸을 제공하고 있는데, 이용자의 불안감과 제공자의 소속감을 어떻게 유지하느냐는 경영자의 또 다른 도전일 수밖에 없다. 전통적인 조직체와 달리 구성원의 개념이 고정적이지 않고 항상 유동적이기 때문이다. 발명은 필요의 어머니이지만 사용자의 창의력과 적응력(innovativeness and adaptiveness)은 디지털 비즈니스 트랜스포메이션의 충분조건을 채워준다. 물론 오늘날 디지털 파워는 스마트 테크놀로지, LBS, GPS, API, WIFI, 가상현실, 클라우딩 등으로 무장된 플랫폼을 만들어 원동력 역할을 담당하지만, 더불어 참여자의 아이디어와 통찰력 창출과 플레이어들 간 상호 신뢰와 안전 장치 강화로서, 예를 들면 반품처리, 안심귀가, 거래보험 등은 제공자를 엠파워먼트하고 엔게이지먼트를 활성화시킨다. 네트워크 스노볼 효과를 만들어낼 수 있는 플랫폼 비즈니스로의 새로운 문화를 요구한다.

6.1.4 플랫폼 비즈니스의 산업[1] : 위협요소와 해결방안[2]

디지털 테크놀로지를 이용해 비즈니스 생태계에서 휴먼, 콘텐츠, 조직, 자원을 연결망으로 구축하고 조정하는 비즈니스 모델로 트랜스폼한다는 것은 참여의 가치창출에도, 투자에 따른 이익창출에도 중요하다. 디지털 시대의 성공기업들은 iTunes, Appstore 기반의 Apple이 대표적이다. 앞에서 설명한 바와 같이 시장을 교란하는 형태로 등장하고 있지만, 과연 어떠한 구체적인 상황에서 플랫폼 비즈니스와 플랫폼 교란이 일어날 수 있는지 이해하는 것은 관심의 대상이 되지 않을 수 없다. 왜냐하면 디지털 자원과 정보로 진입장벽이 허물어지고(낮은 진입장벽) 소비자가 쉽게 판매자를 바꿀 수 있다(교체비용 감소)는 것은 기회이자 동시에 위험이 되기 때문이다.

일반적으로 플랫폼, 특히 교란적 플랫폼 비즈니스 특징으로는 산업 간 연계성이 없는 독자적인 산업으로서 게이트 키퍼(gate keeper) 행태의 장애물(이전과 확산에 있어서 통과해야 할 걸림돌)이 없고, 환경 내 인포메이션이 중요한 역할을 하고 그 불균형이 심한 산업(예 : R&D, 컨설팅)일수록 바람직하며, 반면에 자본 집약적이며 규제가 심하고

---

1. *Platform Revolution : How Networked Markets Are Transforming the Economy and How to Make Them Work for You* By Geoffrey Parker, Marshall Van Alstyne and Sangeet Paul Choudary [2016]
2. "Tech Savvy : Is It Time to Build Your Own Platform?," Blog, March 18, 2016.

기회비용이 높을수록(예 : 제조업, 환경 민감 산업) 바람직하지 않다.

(1) 긍정적 산업 유형

인포메이션 집약인 경우 : 오래전부터 인포메이션은 중요한 자원이 되었지만, 정보가 거래 관계에 결정적일수록 플랫폼 비즈니스의 대상이 된다. 이미 텔레콤이나 첨단 미디어 산업은(예 : 카카오톡) 교란 비즈니스의 대상이 된다.

인력이 많이 소요되는 경우 : 소매업이나 출판업은 인적 자원을 소비하는 대표적 산업이며 이들은 가동률에 따른 탄력성이 쉽지 않은 자원이다. 그러나 디지털 발전의 덕분으로 수많은 디지털 출판이 온라인상에서 가능해졌고 교란이 진행 중이다. 구매자와 판매자들도 다양한 창의적 플랫폼을 활용하면 예술가, 작가, 변호사, 중고품 거래 등의 시장이 앞으로 흔들릴 것이라고 예상한다.

상호 연계성이 없이 주로 독립적이고 단순한 경우 : 플랫폼 비즈니스는 P2P 거래의 상호 접근 비용과 탐색 효율성을 향상시켜 마켓을 통합한다. Yelp, OpenTable, Etsy, Uber, Airbnb 같은 마켓 플랫폼은 때로는 글로벌, 때로는 로컬 지역에서 편의성과 유용성을 만들어낸다.

인포메이션 불균형이 큰 경우 : 공정거래나 착한 거래란 전문적 · 비전문적 인포메이션이 균등하게 접근 가능할 때 더욱 가능해진다. 의사, 변호사, 세무, 컨설턴트와 같은 전문 분야는 상대적으로 타 산업보다 지식정보의 축적에 대한 불균형이 존재한다. 플랫폼은 이런 지식정보를 필요한 만큼 사용한 만큼만 비교 구매할 수 있게 하여 불균형을 해소 시켜 공정한 손쉬운 거래를 가능하게 하여 기존 산업을 교란하는 경우가 된다.

(2) 부정적 산업 유형

이러한 인식에도 불구하고, 은행, 교육, 의료 산업은 쉽게 교란되지 않는 경향이 있는데 이것은 다음과 같은 특별한 속성이 따르는 경우이다.

규제가 심한 경우: 은행, 의료, 군수와 같은 분야는 위험성이 크고 규제도 크다. 일반적으로 규제는 담당 업무와 의무자들 편이고 신규 진입자들을 경계한다. 이에 맞서는 인터넷 뱅킹이나 원격 진료 등 새로운 시도가 일어나고 있지만 유관의 규제와 더불어 시장의 만족도는 아직 탐탁지 않다.

적절한 배정이 잘못된 경우에 따르는 대가가 위험하게 큰 경우: 금융 컨설턴트나 메디컬 전문의 연결 실수 등에서 발생하는 비용은 다른 업종 플랫폼에서 잘못된 정보를 제공하여 발생하는 것보다 훨씬 높다. 소비자들은 잠재적 비용이 이렇게 높은 경우엔 쉽게 들어오려고 하지 않는다.

자원 집약적 산업인 경우: 전통적 생산 자원의 집약도가 큰 산업은 인터넷 처리에 별로 호의적이지 않다. 이러한 산업의 승자는 보통 쉽게 필요 자원에 접근·관리하고, 복잡한 구조를 관리 통제할 줄 아는 제너럴 스페셜리스트들이다. 예를 들면, 오일, 가스, 광물, 농업 등이 여기에 속한다. 그러나 점점 더 산업 전반에 제품과 서비스의 디지털화가 확산될 것이며 물리적 자원에 밀착된 산업이라 할지라도 필요 자원 간의 융합성이나 플레이어들간의 연결망 필요성이 부각될수록 스마트, 모바일, 소셜 테크놀로지 발전과 함께 디지털화는 확산될 것이다.

6.1.5 플랫폼 비즈니스의 함정과 회피[3]

플랫폼 시대에 eBay, Apple, Google, Amazon, Facebook, Airbnb, Uber는 전통적 산업을 플랫폼 비즈니스로 흔들어 놓았다. 하지만 이론 다음에는 실전이 있고, 실전의 성공 뒤에는 더 많은 실패가 있게 마련이다. 성공이든 실패든 이 시대 엔터프라이즈 기업의 중심에는 테크놀로지 특히 인포메이션 테크놀로지가 필요조건이 되지만, 산

3. http://sloanreview.mit.edu/article/how-to-avoid-platform-traps/

업을 창조 또는 교란에 성공하는 비즈니스 중심에는 플랫폼이라는 원동력이 있다.

플랫폼은 디지털 테크놀로지를 적절히 조합해 그 결과를 가치 있는 데이터 형태로 만들어 참여자에게 전달하는 생태 네트워크 기반을 제공한다. 이러한 기반 양면에 각각 존재하는 사용자와 제공자 형태의 참여자(예: 사용자-개발자, 소비자-판매자)를 연결시켜 거래와 같은 가치교환을 촉진시켜 준다. 이노베이션은 항상 그렇듯, 먼저 진입하여 민첩하게 변화에 반응하고 대응할 줄 알아야, 즉 학습할 줄 알아야 가능하다. 이 사실을 이미 알고 있으면서도 경영자들이 빠지기 쉬운 다음과 같은 일련의 함정들이 있다.

1. **전략 부재**로 비즈니스의 명확한 가치체계 설정에서 애매모호한 입장(질 vs. 양이 아닌 무차별 확대: Groupon의 실패)
2. 마켓의 **모호한 설정**(대중마켓(mass mkt) vs. 틈새마켓(niche mkt)이 아닌 무차별 설정: Myspace의 실패)
3. 비즈니스의 참여자 유형의 **가치 균형과 조화 부족**(소비자 가치 vs. 제공자 가치 vs. 플랫폼 운영자 가치의 차별: Nokia의 실패)

결국, 플랫폼 비즈니스의 성공은 잠시 눈길만을 끄는 앱과 콘텐츠의 조합은 아니다. 대신, 사용자와 제공자 그리고 플랫폼 운영자까지 아우르는 삼자의 진정한 입장과 가치를 균형 있게 설정할 줄 알아야 한다. 여기에는 비즈니스 사이클에 따라 흐르는 첫째, 확실한 전략 수립, 둘째, 명확한 마켓 설정, 셋째, 모든 관계 참여자 그룹 가치 균형을 조화시킬 줄 아는 역량이 충분조건이 된다. 어느 한 가지라도 빠져 있는 비즈니스 모델이라면 아무리 플랫폼 비즈니스라고 할지라도 결코 지속 가능하리라고 생각하지 않는다.

정리하기

플랫폼 기반이 기존의 자동화나 e비즈니스와 비교하여 그 파워를 전달하는 4가지 특성은 다음과 같다.

- 디지털 르네상스를 맞이하며 전략적 플래닝 ➜ 생태적 이머징; 최적화 ➜ 자율화 중심으로 트랜스포메이션한다.
- 기존의 가치사슬 실행에서처럼 순차적 처리 방식과 달리 플러그–플레이 플랫폼 접속 프로그램, 즉 API를 이용하여 타 시스템 기반 위에서 가치창출과 가치교환이 가능하도록 한다.
- 플랫폼 비즈니스의 핵심적 역할은 플랫폼에서 연결되는 참여자 간의 일방소통이 아닌 상호소통이다.
- 플랫폼 기반이 형성해 주는 네트워크는 크라우드(crowd) 소싱 형태의 투자나 공유 형태의 소비를 협업할 수 있게 해줌으로써 대상 고객의 머리에 비교되는 긴 꼬리의 집단적 힘(예: 구매, 지식, 데이터)을 플랫폼 연결망으로 표출하게 해준다.

플랫폼 비즈니스의 성공은 테크놀로지, 콘텐츠의 조합만은 아니다. 사용자와 제공자 그리고 플랫폼 운영자까지 삼자의 정확한 입장을 균형 있게 설정할 줄 알아야 한다. 비즈니스 사이클을 이해하여 첫째, 확실한 전략 수립, 둘째, 명확한 마켓 설정, 셋째, 모든 참여자 그룹 간의 가치균형을 설정할 줄 알아야 하는 것이 관리의 핵심이 된다.

평가하기

➔ **제시된 문항의 빈 칸(　　)을 채우거나, O/X 여부를 결정하세요.**

1. 플랫폼의 구성요소로 그중 3가지만 들으시오. (　　), (　　), (　　)
2. 플랫폼은 인프라와 앱의 사이에 위치한다. (O/X)
3. 플랫폼은 참여자(플레이어)들을 닫힌 네트워크 기반을 만들어 보호해야 한다. (O/X)
4. 플랫폼 비즈니스는 e비즈니스와 같은 개념이다. (O/X)

5. 플랫폼 비즈니스에 적절한 산업은 물리적 생산 자원에 집약적이어서 협력과 규제가 많이 필요한 산업이다. (O/X)

6.2 클라우드, 빅데이터, 애날리틱스

[내 용]

- 클라우드
- 빅데이터
- 애날리틱스

[생각해 보기]

- 클라우드(클라우드 컴퓨팅)는 왜 클라우드(cloud)라 하나요?
- 빅데이터는 무엇이 빅(big)인가요?
- 애날리틱스는 분석에 대한 방법론인데 과거의 분석과 무엇이 다른가요?
- 이상의 테크놀로지들은 플랫폼과 무슨 관계가 있나요?

[목 표]

- 디지털 시대 클라우드의 4가지 구성요소와 역할 이해
- 디지털 시대 빅데이터의 4V 특성과 역할 이해
- 디지털 시대 애날리틱스 분석 방법론과 주목받는 직업인 데이터 과학자의 역할과 스킬 요건 이해
- 이상의 각각의 테크놀로지에 대한 트렌드 이해

웹 2.0의 개방과 참여와 공유는 인간 대 인간, 조직 대 조직, 그리고 인간 대 조직 등의 관계, 나아가서는 머신과의 관계까지도 끊임없이 변화하는 구조로 만들어내고 있다. 이러한 변화는 디지털 웹 2.0 시대 엔터프라이즈 2.0(E 2.0)에게 하드웨어-소프트

웨어, 플랫폼-인프라, 데이터 통합-운영, 구조적-비구조적 지식 확보, 조직-환경 데이터 축적, 아이디어-통찰력의 분석 등의 민첩성과 유연성을 제공해 준다. 이러한 파워 변화의 중심에 있는 테크놀로지가 클라우드, 빅데이터, 애날리틱스이며, 그 특성과 활용을 알아보기로 한다.

[용 어]

클라우드	클라우드란 엔터프라이즈가 언제 어디서나 손쉽게 인터넷 접속으로 테크노로지 파워를 제공받는 주문형 IT 서비스를 의미한다. 클라우드 서비스는 IT 자원을 소유 대신 빌려 쓰는 방식으로 비용과 구축 시간을 절감할 수 있으며, 시간적, 공간적 제약을 변화시켰다.
빅데이터	스마트 모바일 테크놀로지는 다른 디지털 테크놀로지와 결합해 정형화된 거래 데이터뿐만이 아닌 오디오/비디오 그리고 다양한 센서로 사운드와 움직임까지도 콘텐츠화하여 데이터를 만들어내고 있다. 이런 엄청난 양과 질의 데이터를 만들어 저장하여 분석이 가능해지게 하는 능력을 말한다.
애날리틱스	비즈니스 애날리틱스는 빅데이터를 단순화시키고 동시에 새로운 정보를 생산해 내고 좀 더 복잡한 질문을 이끌어내는 모습으로 등장하기도 하고, 그러한 질문에 대답할 수 있는 통찰력 파워를 찾아내 주기도 한다
데이터 과학자	데이터 과학자란 틀에 박힌 사고와 마인드셋에서 벗어나 비즈니스 통찰력을 찾아내는 전문가를 말한다. 단순한 통계나 OR/MS 공식이 아닌 새로운 인지적, 사회적, 문화적 융합된 탐구정신을 통하여 비즈니스에서의 탐색, 발견, 조사, 설득력을 제시할 수 있어야 한다.

6.2.1 클라우드 트렌드

클라우드 컴퓨팅(cloud computing 또는 clouding) 서비스란 엔터프라이즈가 언제 어디서나 손쉽게 인터넷 접속으로 IT 파워를 제공받는 주문형 IT 서비스를 의미한다. 클라우드 서비스는 IT 자원을 소유 대신 빌려 쓰는 방식이다(예: 좁게 말하면

ASP(application service provider)로부터 IT 자원을 빌려 쓰는 것이고 넓게 말하면 아웃소싱하는 방식). 따라서 관련 비용과 구축 시간을 절감할 수 있게 되었으며, 나아가 업무의 시간적, 공간적 제약을 없앰으로써 업무방식도 변화시켰다. 클라우드 서비스는 모바일화, 개인화, 개방화의 IT 트렌드에 맞춰 더욱 활성화될 전망이다.[4] 기업은 파트너와(예: LotusLive) 또는 사내에서(예: Yammer) 빠르게 콜래보레이션을 시작할 수 있으며, 새롭게 창업하는 경우 저렴하게 필요한 만큼 IT 자원을 서비스로 사용할 수 있고, 고객들은 언제 어디서나 온라인 서비스를 받을 수 있다. 이러한 개념 하에서 Facebook이나 Twitter, Google App Engine도 클라우드 서비스이며, 중요한 것은 인프라 투자 없이 바로 시작할 수 있다는 점으로, 필요하면 자기 기업 내 IT와 클라우드 서비스 기업의 API(application program interface)[5]로 모빌리티와 애플리케이션을 만들어 링크시키면 된다.

Cloud 컴퓨팅이 필요한 7가지 이유

1. The cloud has moved from "when" to "how".
   클라우드는 '시기' 관점에서 '방법' 관점으로 전개되고 있다.
2. As the economic climate improves, the cloud adoption discussions are moving from cost to value and from tactical to strategic.
   경제적 여건이 개선됨에 따라 클라우드 채택에 대한 논의들은 '비용'에서 '가치'로 그리고 '전술'에서 '전략'으로 전개되고 있다.
3. Reducing hardware cost, increasing competition amongst vendors, and economies of scale have put the customers in a driver's seat.
   하드웨어 비용이 감소하고 공급업자들 사이의 경쟁이 심화될수록 규모의 경제는 고객들을 조정하

4. "클라우드 컴퓨팅 서비스 전개와 시사", SERI 신규보고서, 2010.
5. 멀리 떨어져 있는 외부의 SW나 데이터를 내부 플랫폼 기반에 연결시켜 주는 보통 공개된 인터페이스 프로그램.

는 위치에 둔다.

4. Customers have realized that TCO of software should be a vendor's problem, and not theirs.
고객들은 소프트웨어의 총 소유비용이 고객들 자신의 문제가 아닌 공급업자의 문제여야 한다는 점을 깨닫고 있다.
5. Cloud will deliver the optimization savings to pay for future innovations.
클라우드는 미래 혁신을 위해 지불해야 하는 비용에 대해 최적화된 절약방법들을 제공해 준다.
6. Future innovations will arrive cloud first and maybe never as an option on-promises.
미래 혁신은 가장 먼저 클라우드로 도래하며, 아마도 전제적인 선택 요건은 결코 아니다.
7. Time to value, ease of use, and good-enough functionality will lead as the primary drivers for SaaS adoption.
가치실현 시간, 사용 용이성, 충분한 기능성들이 주요한 동인으로서 SaaS의 도입을 이끌 것이다.

경영 민첩성은 세상이 좁아질수록 그리고 변화가 빠를수록 오늘날 경영의 이슈가 되고 있다. 클라우드 민첩성 효과는 비용의 축소보다는 신속성에서 찾는다.[6] 인포메이션을 공유하고 창의적으로 활용하는 데 있어서 시장과 소비자의 반응, 엔터프라이즈 내 데이터와 프로세스 흐름, 플레이어들 간 협업으로 신제품을 출시하고 가치사슬 플레이어들의 관계를 유지 · 지속하는 데 기여한다. 따라서 클라우드 서비스 채택의 성공은 플랫폼 기반에서 참여자들이 콘텐츠를 공유하고, 사내외 프로세스 흐름을 원활히 하고, 파트너 플레이어들 간의 관계를 유지하여 새로운 비즈니스 모델을 구축할 수 있는 능력을 확보하는 리더십과 문화가 만들어져야 하는 것이다. 보안의 문제는 아직도 채택을 망설이는 경영자들의 주된 관심 사항으로 남아 있다. 클라우드 서비스는 4계층 구조로 되어 있어서 각 역할이 [그림 6-3]처럼 다르며 필요한 만큼 사용자, 개발자들이 플랫폼이나 인프라 투자 없이 사용할 수 있다는 것이 큰 장점이다. 클라우드 컴퓨팅은 4계층

6. https://hbr.org/resources/pdfs/comm/verizon/19319_HBR_Report_Verizon_Cloud_6.pdf

구조로 SaaS(Software as a service), DaaS(Development as a Service), PaaS(Platform as a service), IaaS(Infra as a service)로 이루어진다.

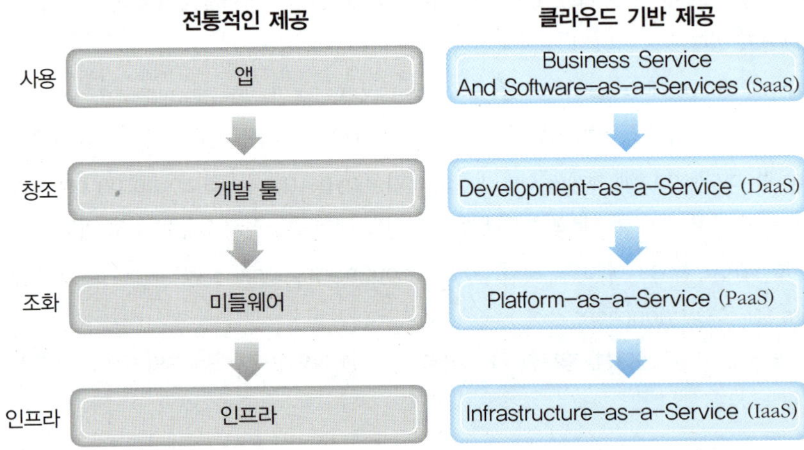

출처: R. Wang and Insider Associates(2010)

그림 6-3. 클라우딩의 4계층 구조체계

- SaaS(소비 계층): 비즈니스를 위한 가장 주된 역할을 담당 … 보통 gmail이나 hotmail 같은 웹메일은 전부터 존재했지만, 이것을 SaaS라고 부르지는 않았으나 google docs, salesforce.com과 같은 업무용 소프트웨어가 웹 기반으로 등장하면서 SaaS라는 말이 생겨났다. 앱을 서버나 PC 대신 클라우드에 설치하여 온라인 및 모바일 환경에서 바로 필요한 만큼 사용 가능하게 되었기 때문이다. 이에 따라 시스템 측면에서는 구축, 운영, 유지에 대한 비용 회피에 장점이 있고, 비즈니스 측면에서는 원가절감, 신속성, 민첩성의 장점이 있기 때문이다.
- DaaS(창출 계층): 고도화된 사용자를 위한 지원 툴 … 맨 위 소프트웨어와 맨 아래 인프라 계층 사이에 애플케이션(app) 개발용 DaaS와 PaaS가 위치한다. 모든 앱의 맞춤 개발을 클라우드 서비스로 이전하게 되고, 클라우드 얼리어댑터(early

adopter)들은 시스템 개발을 위해 하드웨어, 소프트웨어 등 개발 환경 준비를 기다릴 필요 없이 비즈니스 앱 개발을 위한 Ruby, Python 같은 툴을 활용하여 빠르고 쉽게 디자인, 테스트, 시험 가동할 수 있다.

- PaaS(플랫폼 계층) : 연결성을 단순화하고 새로운 테크놀로지 등장 공유 기반 … 비즈니스 생태계 개념 등장에 따라 비즈니스 플랫폼, 스마트 모바일 플랫폼, 소셜 플랫폼, 통찰력 분석 플랫폼이 여러 기능으로 특화하고 있으며 비즈니스에 꼭 필요한 테크놀로지 구성과 사양을 개발자들에게 공유기반으로서 전달해 DaaS가 가능하도록 한다. 데이터 이동 수준을 소프트웨어 자료실(libraries) 수준으로 하는 폭넓은 연계를 시도한다.
- IaaS(인프라 계층) : 복잡성을 줄이고 경영을 단순화 … 비즈니스 디지털화가 클라우딩을 촉진시켜 프라이빗 또는 퍼블릭 클라우딩 벤더들은 경비를 감소 또는 거래 신축성을 유지하는 데 주력하게 된다. 따라서 비즈니스는 전반적인 클라우딩 채택을 준비하고 비즈니스 플랫폼을 사용하기 쉽게 하기 위한 하드웨어, 소프트웨어, 네트워크 등 종합적 IT 기반을 제공한다.

클라우드 컴퓨팅의 트렌드는 기업 전체가 새로운 클라우드 개념으로 디지털화되어 있다고 하더라도 아직 테크놀로지의 잠재력을 일깨워 최대한 사용하지는 못하고 있다. 문제점으로는 전통적인(legacy) IT 시스템들의 한계가 새로운 융합의 심각한 장애가 되기도 하며, 긍정적으로는 매우 낮은 가격으로 클라우드 서비스를 이용하여 소셜 미디어를 포함한 SaaS로 온라인화된 솔루션과 툴 인프라를 구축할 수 있다. 또한 보수적인 CIO라면 보안의 문제로 퍼블릭 클라우딩 전에 먼저 프라이빗 클라우딩을 시작하거나 퍼블릭 클라우드의 백업으로 프라이빗을 구축한다. 주요 산업 분야에 대한 해킹 시도는 퍼블릭 방식을 꺼리게 될지 모르며 애플리케이션 소프트웨어는 퍼블릭에, 데이터는 프라이빗에 두는 하이브리드 방식을 하게 할 수 있다. 결국, 다음 수준에 도달하기 위해서는 더욱 인프라 기반에 융합된 솔루션으로 발전되어야 한다.

6.2.2 빅데이터 트렌드

2015년은 빅데이터 업계에 중요한 한 해였다. 보다 많은 기업이 다양한 형식 및 규모의 데이터가 의사결정을 내리는 데 있어 매우 중요하다는 사실을 인식했다. 이를 기반으로, 대량의 데이터는 물론 비관계형이나 비구조화된 데이터 형식을 지원하는 시스템이 계속 증가할 것으로 예상되며, 이러한 시스템은 기업 내부 IT 시스템에서도 원활하게 운영되도록 진화하고 발전할 것이다. 디지털 시대는 다양한 테크놀로지 발전에 따른 빅데이터 홍수 속에서 의사결정을 향상시키고 아이디어와 통찰력으로 현재와 미래의 비즈니스 모델 경쟁력을 확보하려 한다. 이때 스마트 모바일 테크놀로지는 다른 테크놀로지와 결합해 정형화된 거래 데이터뿐만이 아닌 오디오/비디오 그리고 다양한 센서로 사운드와 움직임까지도 콘텐츠화하여 거대한 양의 데이터를 만들어내고 있다.

빅데이터는 요즘 '빅(big)' 단어답게 세상을 바꿀 것이고 그 영향력은 인터넷을 능가할 것이라고까지 말한다[Andrew McAfee and Erik Brynjolfsson, 2012].[7] 이러한 인식 뒤에는 다음과 같은 주목할 만한 점이 있다. 근본적으로 **빅데이터**란 "세상이 만들어내고 있는 엄청난 양의 데이터에서 의미 있는 아이디어와 통찰력(idea and insight)을 분석해 낼 수 있는 능력"을 말한다. Walmart[8]가 우리들의 구매 습관은 고객 DB에서 찾고, 내부 재고량은 물품 DB에서 알아보고, 고객 위치는 고객의 스마트폰으로 추적한 정보를 기반으로 해서, 수초 내에 만일 바베큐 그릴을 구매한 고객이 날씨 좋은 날 Walmart 매장 가까운 곳에 와 있을 때 그릴 청소용품 재고가 있다고 쿠폰을 그 고객 스

7. "Big data: The management revolution," Andrew McAfee and Erik Brynjolfsson, *HBR*, Dct. 2012.
8. Walmart는 매 시간마다 2.5페타바이트(perabyte) 이상을 고객 거래 데이터로 구축해 낸다. 1페타바이트란 100만의 4제곱인 100조를 말한다.

마트폰에 보내준다면 어떻겠는가? 놀라운 서비스이기도 하지만, 그 이전에 이렇게 많은 양의 데이터 수집과 분석이 가능함이 더욱 놀랍다.

빅데이터의 수집과 4V + 3W 속성

오늘날 거의 모든 사물과 현상이 데이터화(datafication)되고 있다. 데이터화는 디지털 미디어, 멀티미디어, 스마트 모바일 테크놀로지 등에 의해 가속화되고 여기에는 소셜 미디어, 책과 음악과 영상의 디지털화와 더불어 카메라, 센서, 음향기기, 레이더 등이 세상 모든 것(향후 촉감과 냄새도)을 추적하고 측정할 수 있게 해주고 있다. 예를 살펴보자.[9]

- 책을 읽을 때 주변이나 상황 데이터는 기록되지 않는다. 만일 지금 킨들(kindle)을 이용해 읽는다면 어디를 얼마나 자주 얼마나 빨리 읽고 있는지가 기록된다.
- CD를 듣는다면 주변이나 상황 데이터는 기록되지 않는다. 만일 지금 스마트폰이나 디지털 기기로 듣는다면 얼마나 어떤 곡을, 얼마나 자주, 언제, 어떤 순서로 듣는지가 기록된다.
- 우리는 스마트폰을 가지고 있으며 스마트폰은 우리들의 위치, 사용하는 앱, 전화와 문자 그리고 영상을 주고받는 사람 등을 끊임없이 기록하고 노출하여 간다. 센서 사용이 빠르게 증가되면서 온도에서부터 전력 소모, 바다의 이동, 교통 흐름, 심장의 박동에 이르기까지 거의 모든 것이 모니터링되고 있다.
- 각종 스마트 기기(자동차, TV, CCTV, 시계, 몸무게 저울 등)는 끊임없이 상황과 행동을 측정 기록하고, 원하면 블루투스로, 와이파이로 알려주기도 한다. 이런 데이터는 우리의 활동, 칼로리 섭취와 소비, 수면 시간과 동기화되어 분석된다. 하

9. http://www.linkedin.com/today/post/article/20130527063838-64875646-what-the-hell-is-big-data

루 메일 유통 수는 10억 건 이뤄지고 인터넷 검색, 각종 업데이트, 포스팅이 수십 억 건 이루어진다.[10]

데이터의 양만 증가하고 있는 것이 아니라, 데이터의 새로운 유형도 증가해서 숫자로 된 거래 기록 외에도 문자, 영상, 웹 로그, 사운드, 센서 데이터 등 다양하다. 그래서 빅데이터는 IT 데이터 관점에서 4V의 특성을 가지고 있다고 정의한다. 한동안 빅데이터의 개념 정의에서 많이 언급됐던 **3V** 속성, 즉 양(Volume), 속도(Velocity), 다양성(Variety)에 정결성(Veracity)이 추가되어(혹 가치(value)도 더 추가되기도 함) **4V**를 구성하고 있다. 한편, 비즈니스 데이터 관점에서 **3W**는 '무엇인가(what)', 데이터에 대한 추론과 함의는 '그래서 무엇인가(so what), 나아가, 데이터에서 필요한 의사결정은 '지금은 무엇인가(now what)'를 의미한다.[11] **IT 측면인 'V 요소'와 비즈니스 측면인 'W 요소'**를 결합해 주는 것이 바로 빅데이터 환경이라고 할 수 있다. IT와 비즈니스의 문화적 차이를 좁히기 위해 해결해야 할 과제는 여전히 많이 남아 있으며, 나아가 진정 무엇을 가치로 해야 할지도 모르고 그렇게 시작하는 빅데이터 분석은 아무 소용이 없을 것이다. 할 필요가 없는 일은 당연히 잘할 필요도 없다는 말과 같다.

빅데이터 트렌드는 사전 전략 수립 여부가 성과와 밀접한 관계를 나타내고 있으며, 양(volume), 속도(velocity), 다양성(variety)과 같은 양적 데이터 중심에서 정결성(veracity)과 같은 질적 데이터 중심으로 이동하고 있다. 또한 빅데이터의 구성요소는 〈표 6-2〉처럼 2×2 매트릭스 형태로 구조적/비구조적 그리고 조직 중심/생태환경 중심으로 나누어 볼 수 있다. 각 셀에 대한 데이터 유형은 예시한 바와 같으며, 빅데이터 활용의 미래는 전통적 레거시 DB에서 ERP/DW 데이터를 거쳐 현재 소셜 데이터로 이

10. Google의 CEO Eric Schmidt는 데이터의 양 증가에 대하여 다음과 같이 말한다: "From the dawn of civilization until 2003, humankind generated five exabytes11 of data. Now we produce five exabytes every two days and the pace is accelerating."

11. 박진수 한국테라데이타 대표, 2013. http://www.datanet.co.kr/news/articleView.html?idxno=67275

표 6-2. **빅데이터 데이터 속성 매트릭스**[권태형, 우현종, 2015]

분석수준 / 데이터 속성	조직 수준 (계획성)	개인 및 사회적 수준 (비계획적) 환경의 역동성
비구조적 암묵성 (Qualitative)	ERP 가치혁신 유용성, 편리성, 대표성, 혁신성	소셜 사회적 영향 집단성, 개별성, 가치공유, 편향성
구조적 형식성 (Quantative)	Database 형식적 무결성 무결성, 정확성	Data Warehouse 형식적 온전성 완전성, 접근성

동하고 있는데 이들은 상호 배타적이 아닌 다양한 데이터가 메시-업(mesh-up) 축적되어 필요에 따라 활용되고 있다[우현종, 2015].

6.2.3 애날리틱스 트렌드[12]

빅데이터를 설명하며 애날리틱스(분석론)에 대해 조금 언급했지만, 빅데이터와 애날리틱스 개념 차이는 대상(object)과 프로세스(process) 차이이다. 대부분 실시간성을 가진 이런 데이터는 기업이 경쟁자보다 민첩하게 움직일 수 있도록 해준다. 데이터는 오늘날 소셜 네트워크, 이미지, 센서, 웹, 그 밖에 전혀 구조화되지 않은 소스로부터 수집 가능하다.[13] **비즈니스 애날리틱스 또는 분석론**(business analytics)은 방대한 양의 데이터를 훨씬 적은 양의 정보로 축약함으로써 데이터를 단순화시키고 동시에 숫자가 아닌 **의미를** 제공함으로써 가치를 증폭시킨다. 그리하여 비즈니스 분석은 새로운 비즈니스 의미를 생산해 내고 좀 더 복잡한 질문을 이끌어내는 모습으로 등장하기도 하고, 그

12. http://sloanreview.mit.edu/projects/the-hard-work-behind-data-analytics-strategy/?utm_source=twitter&utm_medium=social&utm_campaign=darept16
13. McAfee and Brynjolfsson, 2012

러한 질문에 대답할 수 있는 파워를 갖기도 한다.

비즈니스 의미란 새로운 통찰력 발견으로, 예를 들면, 제품별, 유통 채널별, 고객별로 매출액과 이익이 분석에 적용되면 단순거래 수준 통계 파악만이 아니고 거래 내에서 무엇이 왜 일어나고 있는지를 찾아 새로운 전략이 수립될 수 있음을 뜻한다.[14] 이러한 통찰력은 향후 빅데이터의 세계에서 통찰력(예: 비즈니스 분석, 재무분석, 원가분석)을 낼 수 있는 교육과 훈련 그리고 호기심 성향을 갖춘 전문가(예: 후에 설명)인 **데이터 과학자**(data scientist)[15]의 역할이다.

세계 최대 전자상거래사인 Alibaba는 빅데이터 분석을 위하여 'CNB 데이터' 센터를 설립하였고, 수석 데이터 애널리스트인 데이터 과학자 양친은 Alibaba의 3개 플랫폼인 타오바오, 티몰, 쥐화산에서 거래되는 데이터를 분석하였다. 그가 꼽은 중국의 최신 eBiz상 거래 5가지 트렌드는 다음과 같다.[16]

- 젊어지고 있는 소비층으로 일부 산업은 28세 이하가 주도(예: 스마트폰, 화장품, 의류 등)
- 중장년층뿐 아니라 젊은층까지 건강 관련 제품 판매 증가율이 전체 판매 증가율 훨씬 상회(예: 헬스 기구, 견과류, 공기청정기 등)
- 소비의 개성화로 2차 산업에 대한 소비욕구 증가(예: 애니메이션, 영화 관련 완구제품, 애니메이션, 의상 등)
- 스마트 기기 선호(예: 스마트 워치)
- 전통 문화제품에 대한 젊은이들의 항수로 수요 증가(예: 전통의류)

---

14. 높은 매출에도 불구하고 수익이 너무 낮으면 거래처 분석을 통하여 주문 비용이나 최소 주문 단위를 높여 주문량을 많게 할 수도 있다.
15. "Data Scientist: The sexiest job of the 21th century," *HBR*, T. Davenport and D. J. Patil, Oct. 2012.
16. "올댓차이나", NEWSIS, 2016. 6.10. http://m.news.naver.com/read.nhn?mode=LSD&sid1=101&oid=003&aid=0007281831

그 밖에 현재 알리바바에서 모바일 거래 비중은 현재 약 70%로, 온라인 쇼핑 수단이 PC에서 모바일로 옮겨가는 것이 아니라 처음부터 모바일로 시작하는 현상이 중소도시에서 일어나고 있다고 한다. 농촌에 거주하고 있는 7억 명 소매판매에서 차지하는 비중은 10%에 불과하지만 소비채널 부족이 원인이라고 전략적으로 판단하여 '농촌 타오바오' 를 새로 만들어 농민들에게 좀 더 친근한 접근성 있는 구매 채널을 제공하고자 한다고 한다.

그러나 MIT와 SAS[2016]의 최근 조사에 의하면 빅데이터 분석은 아직 아이디어 수준에 머무르고 있어서 전략적 계획으로서 추진되지 못하고 있다.[17]

결국, 진정한 데이터 과학자(data scientist)의 역할이 강조되는데, 디지털 시대 경영자는 이전의 통계 분석 또는 데이터 분석가(data analyst)와 무엇이 다르고 같은지, 향후 어떻게 찾아 육성해야 하는지가 필요한 리더십이 된다.

데이터 과학자 vs. 데이터 분석가

디지털 시대의 빅데이터 분석을 담당하는 데이터 과학자(data scientist)와 이전의 데이터 분석가(data analyst)는 〈표 6-3〉과 같은 차이점을 나타내고 있다.[18] 표가 강조하는 것은 그들은 역할과 필요한 자질이 크게 다르다는 것이며, 분석은 분석을 위한 것이 아니라 전략적 비즈니스 행동을 설득력 있게 유발해야 하는 것이라는 점이다.

데이터 과학자는 틀에 박힌 사고와 마인드셋에서 벗어나기 위하여 존재한다. 그들은 OR/MS나 통계적 공식이 아닌 새로운 인지적, 사회적, 문화적 융합된 탐구정신을 통하여 탐색, 발견, 조사, 설득력을 제시하기 위하여 존재함을 결코 잊지 말아야 한다. 애널리틱스 활용 트렌드는 사전에 계획하여 저장되는 구조적 데이터를 담당하던 데이터

17. "The Data & Analytics Report" by *MIT Sloan Management Review and SAS*, 2016.
18. Jeanne Harris and Vijay Mehrotra, "Getting Value From Your Data Scientists," *MIT SMR*, Sep. 16, 2014.

표 6-3. 데이터 분석가 vs. 데이터 과학자

	데이터 분석가	데이터 과학자
데이터 유형	구조적 · 반구조적, 대부분 양적 자료	비구조적이고 양적 · 질적 데이터(이미지, 소리, 텍스트 등)를 포함한 모든 유형
선호 도구	데이터 저장소에 포함된 통계나 모델링 도구	R과 Python 같은 수학용 프로그래밍언어, 기계학습, 자연어 처리와 하둡(Hadoop)같은 멀티서버에 기반한 데이터 접근과 조작하는 오픈소스 도구
업무 성격	보고, 예측, 처방, 최적화	탐색, 발견, 조사, 시각화
배경 지식	계량경영, 통계학, 응용수학, 예측분석	컴퓨터 사이언스, 데이터과학, 의식변화연구(symbolic systems), 인지과학
필요 인식 마인드셋	경영자로 인식: 69% 새로운 아이디어 탐색자: 58% 전형적 프로젝트 외부에서 통찰: 54%	경영자로 인식: 96% 새로운 아이디어 탐색자: 85% 전형적 프로젝트 외부에서 통찰: 89%

분석가의 단순 분석 수준을 벗어나서 위치, 센서, 오디오, 비디오 등으로 저장되는 비구조적 데이터까지도 담당하는 인적 자원인 데이터 사이언티스트를 확보하려는 문화가 확산되고 있다. 그러나 빅데이터 분석이 트렌드를 이루는 근본적인 원인은 데이터 과학자와 기술자들뿐만 아니라 비즈니스 사용자를 수용할 수 있는 기능이 점차 제공되기 때문이다. 또한 중요한 기능 중 하나는 사람들에게 직접 보여줄 수 있는 비주얼라이제이션이다. 단순히 말로 전달하거나 수치 또는 차트를 보여주는 것이 아니라 사용자들이 차트 및 그래프로 데이터와 직접 상호 작용할 수 있는 비주얼라이제이션을 해줌으로써 의사결정을 명백(compelling)하게 해준다.

정리하기

플랫폼에 기반하는 클라우드, 빅데이터 그리고 애널리틱스의 종합적인 트렌드는 클라우드는 하이브리드 형태로 진행될 것이며 엔터프라이즈가 계획적으로 수집하는 전통적 구조적 거래 DB 이외에도 비즈니스 환경에서 위치와 센서 그리고 소셜 네트워크를 통하여 자생적으로 자연스럽게 흘러 들어오는 비구조적 상황 데이터를 어떻게 처리할 것인가에 모아지고 있다. 여기에는 전통적 데이터 분석가가 아닌 데이터 과학자(data scientist)와 같은 새로운 직종의 인적 자원 개발이 부상하고 있지만 풍부한 지식과 경험을 가진 진정한 전문가 확보가 쉽지 않다. 앞에서 빅데이터의 특성과 그 구성 도메인에서 언급한 것처럼 빅데이터에 대한 애널리틱스란 데이터의 양과 함께 질을 요구하며 거래 DB 이외에 상황 데이터와의 연계 분석을 요구한다. 분석 전용 DW(데이터 웨어하우스) 접근방법이 상황 데이터를 분석에 포함하긴 하였지만 여전히 데이터 모델링 체계상 사전 계획된 범위를 벗어나기 어려웠고, 그렇다고 ERP 접근방법이 전사적 데이터 분석을 통합적으로 추구하였지만, 내부 지향적이며 계획적 처리의 한계를 벗어나 관련 생태계 전반을 분석해 통찰력을 얻지는 못했다. 즉, 비즈니스 생태계에서 일어나고 있는 거래 내용 분석뿐 아니라 거래 플레이어들의 인터랙션까지지도(예를 들면, 구매자 인식체계, 구매 패턴, 팬(fan) 마케팅의 엔게이지먼트 분석까지도) 요구하고 있는데 그 대안으로 등장하고 있는 것이 각종 경영과학, 통계적 분석과 네트워크 분석(제14장 참조)을 통하여 이를 해석하고 전략적 행동을 추구하는 역량이다.

평가하기

➡ **제시된 문항의 빈칸(　　)을 채우거나, O/X 여부를 결정하세요.**

1. 클라우드의 4가지 구성체계는 (　　), (　　),(　　), (　　)이다.
2. 빅데이터의 4V 중 양적 속성은 (　　)이며 수집하고 분석하기가 어렵다.
3. 빅테이터 분석을 가능하게 해주는 애널리틱스란 그 툴의 사용법을 배우면 충분하다. (O/X)
4. 빅데이터 개념은 거래 DB, DW(데이터 웨어하우스), ERP, 소셜 DB 등 다양한 데이터를 축

적하여 필요에 따라 적절히 활용하여야 한다. (O/X)

5. 데이터 과학자는 연봉이 많지만 비교적 되기가 쉬운 편이다. (O/X)

Chapter

7

MIS 관리 변화와 CIO의 비즈니스 모델링

Chapter
7 MIS 관리 변화와 CIO의 비즈니스 모델링

Web 1.0에서 Web 2.0+로 … 당신의 기업은 어디에?

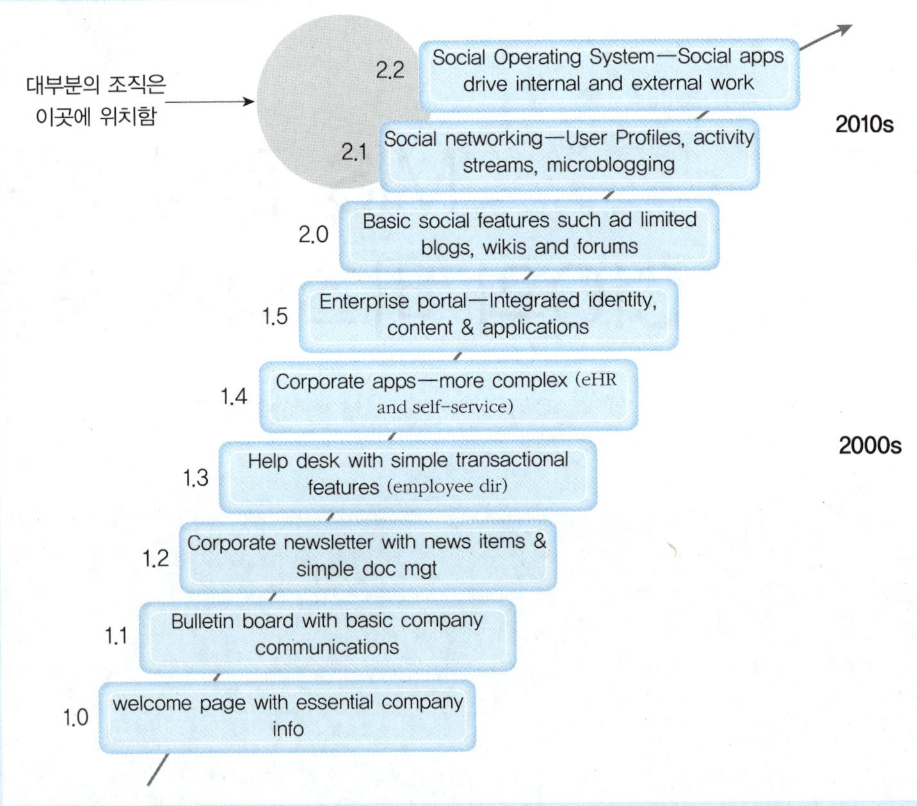

기본적인 기업 정보를 홈페이지에 소개하는 Web 1.0에서 2010년대에는 소셜 애플리케이션을 기업 내부나 외부에서 업무를 할 수 있도록 해주는 소셜 운영시스템을 지원하는 Web 2.0까지 발전하고 고도화되어 왔다. 대부분의 기업들이 Web 1.5와 2.0 사이에 있다.

Web 1.0은 단지 정보 제공의 목적으로 제작되었으며, 제공되는 콘텐츠는 사이트 소유자에 의해 독자적으로 만들어졌고 한 방향의 의사소통이 주를 이루었다. Web 1.5로 발전되면서, 거래가 가능한 기능을 추가하여 제한된 양방향 의사소통을 허용한다. 그러나 콘텐츠는 아직도 사이트 소유자에 의해 생성되고 통제된다.

소매 사이트는 Web 2.0 개념으로 전이되는 가장 좋은 사례이다. 초기 버전은 제품에 대한 그림과 설명만 있고, 고객은 전화를 통해 주문을 했다. 시간이 흘러 고객은 주문을 온라인으로 할 수 있게 되고 소매점 대표와 제한된 의사소통을 할 수 있었다. 비록 소매 사이트가 많은 Web 2.0 기능을 제공하지만, 아직 제한이 있다.

순수한 Web 2.0 개념의 애플리케이션은 유럽 도시 마을 어디에나 가면 중앙에 있는 광장처럼 다른 사람과 서로 상호 작용할 수 있는 플랫폼(platform)이 구축됨으로써, 사용자들이 마치 자기 사이트 같이 개방, 참여, 공유를 통한 상거래, 커뮤니티 소통, 학습을 할 수 있는 것이다.

7.1 디지털 MIS 핵심 관리영역

[내 용]

- 디지털 IT 경영 MIS 관리영역
- 디지털 IT 투자 의사결정 주체

[생각해 보기]

- 디지털 MIS에서 필요로 하는 핵심 관리영역은 무엇일까요?
- 기업에서 IT 자원 및 정보시스템을 담당하는 최고 총책임자(chief information officer : CIO)는 누구를 일컫는 것일까요?
- CIO의 역할이 과거에 더 중요시되었을까요, 아니면 현재에 더 중요시될까요?
- 전통적인 IT MIS 전문가와 웹 기반 MIS 전문가는 어떻게 다를까요?
- IT MIS 전문가를 직원이나 경영층이 좋아할까요, 좋아하지 않을까요?

[목 표]

- IT MIS 관리 개념
- 구체적인 MIS 관리의 대상이 되는 영역 파악과 분류
- MIS 관리영역 중 현업에서 사용될 응용시스템 이해

디지털 MIS 관리는 정보기술자원 혹은 정보자원의 관리 등 여러 가지 형태로 이야기되어 왔다. 오늘날 Web 기반의 시대로 디지털 웹 기반 MIS 관리에 대하여 알아본다.

첫째, MIS 관리영역은 엔터프라이즈 MIS에서 주로 무엇을 하는지 알아본다. 그 종

류에는 프로세스 관리, 인적 자원 관리, 데이터 관리 등 여러 가지가 있을 수 있다.

둘째, 디지털 MIS 책임자인 CIO의 전통적인 역할에 대해 알아보고, 오늘의 Web 기반 시대에서 역할이 어떻게 변화해 왔는지 살펴본다.

[용 어]

전략적 디지털 IT 포트폴리오	디지털 자원을 투자하여 구축하고자 하는 시스템 관련 프로젝트의 리스트와 우선순위 설정
디지털 IT 보편화, 고도화	보편화는 수평적으로 넓게 유사한 업무에 채택한 타겟 IT 잠재력을 최대한 확산시키고 체화시킴 고도화는 수직적으로 깊게 복잡한 업무에 타겟 IT 잠재력을 최대한 확산시키고 체화시킴

7.1.1 디지털 테크놀로지 관리의 핵심역량과 엔터프라이즈의 진정한 가치창조

세계적으로 성공한 기업들은 디지털 IT 관리에서 폭넓은 유사점이 나타나며 매우 차별화된 IT 관리를 실천하여 진정한 가치창조를 실현하고 있다.

개별 엔터프라이즈 IT 관리의 적절한 역할과 전략수립을 위한 관리의 핵심역량(Core Competence)은 공통분모를 알고 있다면, 핵심역량 요소의 발견이 타 기업의 IT 관리전략 수립, 실천의 품질, 적절성을 진단하는 주된 수단이 된다. IT 관리의 핵심역량에 대한 측정과 분석은 현재의 좌표와 향후 목표의 차이에 대하여 말한다. 핵심 구성요소에 관한 상대적 중요도는 기존 IT 관리의 약점과 강점을 이해하도록 해주며, IT 관리의 역할과 전략을 설계하고, 나아가서 합리적인 IT Portfolio를 구축할 수 있도록 해줌으로써 IT 투자에 대한 효과를 극대화하는 진정한 가치창조를 가능하게 한다. [그림 7-1]의 접근방법은 엔터프라이즈 전반에서 중장기적인 핵심 정보기술 활용영역을 업무 측면에서 예측하여, 중장기적 구조를 구축하기 위한 근거로 활용된다.

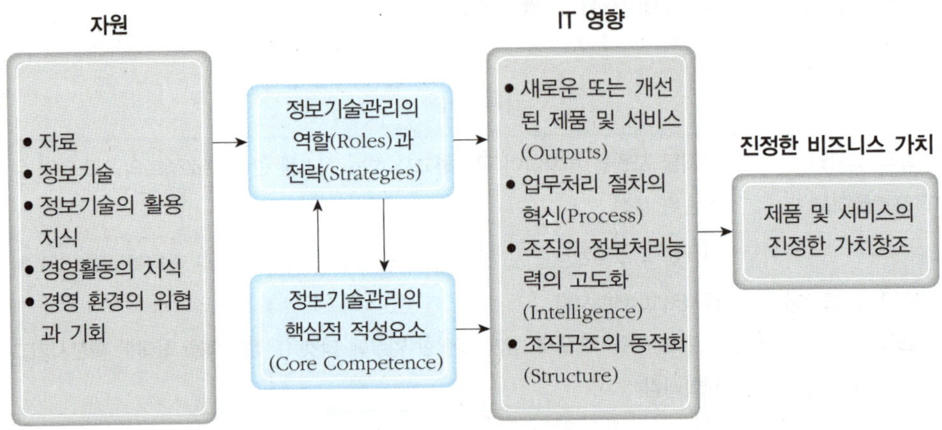

그림 7-1. 정보기술(IT) 관리와 비즈니스 가치창조

다음에 나오는 실제적인 체계적 방법론의 개발에는 미국 FERF(Financial Executives Research Foundation)의 후원으로 20여 명의 미국 최고의 저명한 대학교수 및 컨설턴트들(Zmud, Hammer, Keen, Nolan, Rockart 등), 그리고 316개의 기업들이 참여하였다.

디지털 정보기술(IT) 관리의 핵심역량 진단

[그림 7-2]를 보면 왼쪽에서 오른쪽으로 향하는 흐름이 존재한다. 그림의 가장 오른쪽에 점선으로 표시된 '전략적 포트폴리오 설정'을 확인할 수 있는데, 이는 투자의 대상이 되는 영역을 의미한다. 주식투자의 경우를 예로 들자면, 주어진 자금을 특정 분야에 투자하여 가장 큰 이익을 창출하기 위한 대상을 전략적 포트폴리오로 구성하는 경우라고 할 수 있다. 그래서 전략적 포트폴리오란 디지털 자원을 투자하는 집단이라고 할 수 있다. 물론 전략적 포트폴리오는 기업의 환경에 따라 달라진다. [그림 7-2]에서

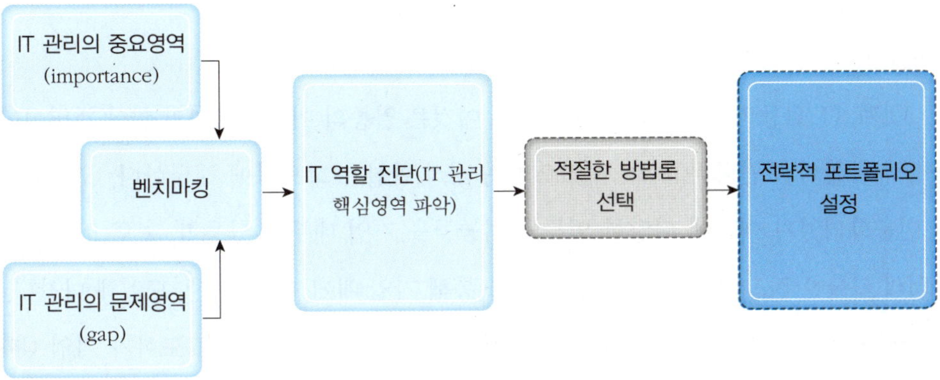

그림 7-2. MIS 관리 역량의 진단

점선으로 표시된 두 가지 영역은 다음 제8장 ISP(Information Systems Planning)에서 자세히 다루도록 한다. 여기서 주로 언급할 부분은 MIS 관리의 핵심요소이며, 이는 환경을 설정하여 포트폴리오를 구성하기 이전에 엔터프라이즈의 가장 핵심적인 영역이 무엇인지를 설정하는 것이다.

[그림 7-2]의 'IT 역할 진단(IT 관리 핵심영역 파악)'은 IT 역할을 진단하여 가장 핵심적인 영역으로 방향을 설정할 때 ISP를 통하여 보다 전략적인 포트폴리오가 만들어질 수 있음을 나타낸다. 이러한 핵심영역을 설정하는 방법을 보면, 자신의 중요 영역을 초우량기업의 IS 투자 영역에 벤치마킹(benchmarking)하여 목표치와 현상의 수준 비교를 통해 차이의 크기(즉, 발생한 gap이 크면 클수록 문제가 큰 영역)로 중요 영역과 문제 영역을 파악한다. 자신의 중요 영역이 문제 영역일지라도 다른 기업에서 잘 추진하고 있는 부분이라면 기업 내에서 매우 핵심적인 영역이 된다고 할 수 있다. 즉, 핵심이라는 개념에 대한 판단 기준으로 '중요도'와 '갭'이라는 두 가지 요소를 기준으로, 만일 중요하지 않은 영역에서도 문제가 없다면 핵심적인 영역이라고 할 수 없다고 판단한다.

7.1.2 MIS 관리 핵심영역의 유형

첫째, IT 활용의 보편화와 고도화이며 이것은 일종의 이노베이션의 확산 개념이다. 수평적 확산이 보편화라고 할 수 있으며 수직적 확산은 고도화에 해당한다. 오늘날 IT가 범용화되었기 때문에 다양한 업무와 기능들을 기업 내부에 활용할 수 있고, 외부로부터의 기술 이전, 지식 공유시스템 구축을 통해 기업 내에 침투, 확산, 도입해 나간다.

둘째, 외부시스템과의 전략적 연계이다. IT 활용의 보편화와 고도화가 기업 내부의 확산이라고 한다면, 이것은 외부시스템과의 연계를 추구하는 것이다. 기업 외부의 공급처, 고객, IT 벤더 등과 함께 기업 내부의 콘텐츠를 공유할 수 있는 체계로 구축하는 것을 말한다.

셋째, IT 활용에 대한 사업부서 리더십이다. 오늘날 시스템 구축은 거래 중심의 처리가 아니고 고객 기여 등의 복잡한 패턴 분석 중심으로 이동하고 있다. 이러한 복잡한 업무는 프로그래머보다 현업 사람들이 가장 잘 알고 있기 때문에 시스템이 복잡해지고 고도화될수록 현업 리더십의 중요성이 강조되는 것은 당연하다. 현업의 리더십이 IT 부서에 잘 적용될 수 있도록 지원하는 것을 강조한다.

넷째, 프로세스 모델링이다. 프로세스의 재설계나 품질관리시스템인 TQM과 같은 프로세스 모델링은 IT와 현업부서 사이에서의 업무 흐름의 재설계, 단축, 고객과 단일 접점 추구 등과 같은 결과를 배출하기 때문에 MIS에서 핵심 영역의 하나가 된다.

다섯째, IT 플래닝(IT planning)으로 다음 장에서 언급될 ISP를 말한다. ISP는 향후 구축하고자 하는 대상을 선정, 설정하는 과정을 의미하며, 비즈니스 전략과 IT 전략의 연계, 현업에서 가장 많은 부가가치를 창출할 수 있는 우선순위를 선정하여 IT 자원의 집중 투자 등이 해당된다.

여섯째, IT 기반 구축(IT infrastructure)이다. DB 기반, 네트워크 기반, 인적 자원 기반, S/W 기반, 플랫폼 기반이 연결과 조정이 잘 만들어져 있다면 IT 인프라가 잘 구축되어 있다고 할 수 있다.

마지막으로 데이터 센터의 효용이다. 데이터 센터는 다양한 유형과 내용의 데이터 저장과 연결, 처리와 운영의 안전을 담당하는 목적으로 존재하는 곳으로서 다양한 디지털 테크놀로지 간의 운용과 의사소통이 잘 이루어져 한다.

표 7-1. 디지털 MIS 관리 핵심역량(core competency) **영역의 유형**(총 29개 요소)

7개 영역	29개 요소
1. 디지털 정보기술 전개의 비즈니스 보편화와 고도화 (9개 요소) (Business Deployment of Digital IT)	1) 새로운 IT 등장 기술의 가치평가—새롭게 등장하는 IT의 잠재적 비즈니스 가치평가 2) 현업과 IS 담당자들 사이의 관계 강화—조직 내 여러 전문 분야에 걸친 팀들의 활용 3) 효과적인 업무관계—사업부서 관리자와 IT 서비스 직원 간의 효과적 업무관계 4) 성공적인 IT 애플리케이션의 전파—적절한 부서에 성공적 앱, IT 시스템, 플랫폼, 서비스의 이전 5) IT 관련 지식의 확산—조직 내 사업부 관리자의 IT 관련 지식의 적절성 확보 6) IT 투자가치의 전파—조직 내 IT 투자가치 가시화 7) 적절한 IT 정책—IT 정책의 적절성 8) 적절한 IT 채택 의사결정—IT 채택 의사결정의 적절성 9) 정확한 효과적인 IT 성과 측정 시스템—IT 성과측정 시스템의 효과성
2. 외부시스템과의 전략적 연계 (3개 요소) (External Networks)	1) CRM(고객관계관리시스템)—기업의 고객과 전자적인 연계의 존재 유무 2) SCM(공급자관리시스템)—기업의 공급자와 전자적인 연계의 존재 유무 3) IT 벤더의 관계 강화—IT 기반 제품과 프로세스의 기술 이전과 개발을 위한 외부 파트너
3. 디지털 IT 활용에 대한 사업부서 리더십 (2개 요소) (Line Technology leadership)	1) 현업의 IT 오너십 강화—현업 관리자 비즈니스 책임 내 IT 프로젝트의 오너십 2) 구성원의 IT 참여—프로젝트 내용 '챔피언'으로서 바람직한 성향

4. 프로세스 혁신 (3개 요소) (Process Innovation)	1) 새로운 IT에 대한 분석과 도입 성향의 강화—IT 툴과 응용시스템의 새로운 활용 가능성을 발견하기 위한 구성원 성향 2) 프로세스 혁신—조직 내 적절한 부서에 비즈니스 프로세스 혁신(개혁, 재설계) 3) 프로세스의 가시화 및 도큐먼트화 - 조직 내 조직적 활동들의 시각화
5. 디지털 IT 플래닝 (4개 요소) (IT planning)	1) 비즈니스 전략과 IT 전략의 연계 강화—IT 전략과 비즈니스 전략의 융합 2) IT를 통한 기업의 비전과 가치 증진—IT가 비즈니스 가치에 어떻게 공헌할지에 대한 비전의 명확성 3) 효과적인 IT 플래닝—조직 내 효과적인 IT 계획 4) 효과적인 IT 프로젝트 관리—효과적인 IT 프로젝트 관리
6. 디지털 IT의 플랫폼 인프라 구축 (6개 요소) (Digital IT Platform Infrastructure)	1) IT 업무 프로세스 적절성 2) DB 체계 적절성 3) 네트워크 체계 적절성 4) IT 스킬 지식기반 적절성 5) S/W 관리 매뉴얼 적절성 6) 응용시스템 구축 효과성
7. 데이터 센터의 효용 (2개 요소) (Data Center Utility)	1) 정보처리 프로세서 체계 적절성 2) 품질보증 및 보안체계 적절성

7.1.3 투자 의사결정에 대한 영향요인 유형

〈표 7-2〉는 전통적 IT 시스템 유형에 대한 IT 투자를 결정하는 영향력 주체들의 성향을 3개 수준으로 평가한 결과를 나타내고 있다. 엔터프라이즈가 주체 위치와 추구하고자 하는 목표에 따라 집중적으로 투자하는 영역은 밀접한 연계성을 띠고 있다. 여섯 가지 영역 중에서 가장 중요한 영역을 결정하는 영향요인으로 크게 최고 경영층, 위원회(committee), IT의 다양성 등 세 가지의 요인이 존재한다.

최고 경영층은 전략적 시스템에 가장 큰 영향력을 가지는 반면 유지보수에는 관심이 작은 것을 알 수 있다. IT 부서는 주로 전통적 시스템 구축에만 영향력을 발휘하고 있으며, 엔터프라이즈 전체를 관장하는 조종위원회(steering committee)는 민주적 참여 기구이기는 하지만 추진력은 별로 없다. 상호 갈등으로 전반적인 IT 투자에 큰 영향을 끼치지 않는다. 반면 전반적으로 가장 큰 영향력을 발휘하는 것은 IT의 다양성인데, 엔터프라이즈가 보유하고 있는 IT 구성이 다양할수록 시스템 유지보수를 제외하고는 다양한 시도를 효과 있게 추구한다. 특히, 유지보수에 대한 투자는 새로운 IT 또한 도입으로 귀찮음을 대체하는 성향을 짐작하게 한다. 하지만 현재 디지털 테크놀로지 발전의 가속화로(테크놀로지-push, 니즈-pull) 디지털화와 데이터화가 더욱 빠르게 진행되고 있어서 의사결정 주체 전반에 걸쳐 시스템 유형별 투자의사결정을 조화 있게 할 수 있는 리더십이 필요하다.

표 7-2. 영향요인과 6개 응용시스템 투자 의사결정

구분	IT 부서	최고 경영층	위원회(IS/User)	IT 다양성
전략 시스템	L	H(+)	L	L
전통적인 시스템	M(+)	M(−)	M(−)	H(+)
의사결정 시스템	L	L	L	L
인프라 구축	L	L	L	M(+)
프로세스 모델링	L	L	L	H(+)
유지보수 시스템	L	H(−)	L	H(−)

정리하기

디지털 IT 관리영역에는 IT 활용에 대한 보편화와 고도화, 전략적 연계, 프로세스 모델링, 현업의 리더십 향상, MIS에 대한 전반적인 마스터 플래닝, 인프라 구축, 데이터 센터의 운영이 있으며, 이러한 MIS 관리영역의 중요도와 문제 영역을 분석하여 핵심영역을 파악할 수 있다. 이러한 투자에 대한 결정에는 엔터프라이즈 내에 다양한 주체가 영향을 미치는데 IT 부서, 최고 경영층, 조종위원회 그리고 보유 IT 다양성이 존재한다.

영향력 정도에 대한 패턴은 산업 유형, 규모, 시기에 따라 변화될 수 있으며, 보여주고 있는 연관성은 엔터프라이즈 IT 체계에 대한 의존적 패턴과 성향을 잘 보여준다고 생각한다. 하지만 이러한 차이도 디지털화와 디지트화가 확산되어 빠르게 감소하리라고 생각한다.

평가하기

제시된 문항의 O/X 여부를 결정하거나, 질문에 맞는 답을 고르세요.

1. IT 관리 핵심영역을 파악할 때 'IT 관리의 중요 영역'만을 고려해야 한다. (O/X)
2. IT 투자 대상으로 유지보수의 우선순위가 가장 높다. (O/X)
3. 초우량 기업을 대상으로 해서 그들이 하고 있는 것을 이해하는 것은 IT 핵심영역 설정 시 중요하다. (O/X)
4. 응용시스템 투자 의사결정의 영향요인이 아닌 것은?

   ① 최고 경영층의 비전

   ② IT 위원회 및 사용자 위원회

   ③ IT의 다양성

   ④ 공급자

7.2 디지털 CIO의 역할 변화(Role Change)

[내 용]

- MIS의 책임자 디지털 CIO의 역할에 대한 이해
- 디지털 CIO의 역할 변화와 역할 변화 요인에 대한 이해
- IT 기반 innovation을 위한 디지털 CIO의 역할에 대한 이해

[목 표]

- MIS 전문가에게 주어지는 새로운 사명
- 디지털 CIO의 역할과 역할 변화
- 디지털 CIO의 역할 변화요인
- IT 기반 innovation을 위한 디지털 CIO의 역할

디지털 시대 MIS 책임자의 역할 변화에 대한 내용을 살펴본다. MIS의 책임자(chief information officer : CIO)는 디지털 자원을 책임지고 있는 최고 임원을 의미한다. 그 직급은 사장, 부사장, 부장 등이 될 수 있지만 직급보다는 권한과 의무의 최고책임자라는 의미가 더 강하다. 디지털 CIO(또는 짧게 CIO)는 기술 변화에 맞춰 그 역할 역시 변화하여야 한다.

IT 조직의 역할과 책임에 대한 새로운 사고가 요구되고 있는데, 과거에는 개발자, 유지보수자, 기술자(developer, maintainer, technocrat)가 IT 전문가를 대변했는데 더 이상 적절하지 않으며, 지금은 혁신가, 컨설턴트, 홍보자, 체인지 에이전트(innovator, consultant, marketer, change agent)로 변화하여 적극적이고 종합적인 사명과 IT 관리를 요구하고 있다. 따라서 MIS 관리 주제를 두 가지 이슈로 나누어 학습하는 것을 본 절

의 목표로 한다.

첫째, MIS 관리의 핵심이며, 둘째, CIO(chief Information officer)의 역할 변화이다.

[용 어]

developer	시스템 개발자
maintainer	시스템 유지보수자
technocrat	시스템 기술자
Change agent 또는 broker	외부에서 나타나고 있는 새로운 디지털 IT 기술을 선별하여 기업 내부로 전달하여 변화를 시도하는 사람
Champions	특정 이슈 영역에 관심을 두고 관련 지식을 가장 잘 이해하여 다른 사람에게 이를 설득력 있게 전달할 수 있는 카리스마적 인물

7.2.1 MIS 전문가에게 주어지는 새로운 사명

과거의 MIS 전문가는 흔히 개발자(developer), 유지보수자(maintainer), 기술자(technocrat)를 의미했다. 오늘날 정보기술의 보편화/고도화로 인해 MIS 전분가는 혁신가(innovator), 판매자(marketer, 활성화를 촉진시킬 수 있는 사람), 컨설턴트(consultant, 업무에 대한 분석, 진단), 체인지 에이전트나 브로커(change agent, broker, 외부에서 나타나는 새로운 IT 기술기반을 선별하여 기업 내부로 전달해 줄 수 있는 링커), 사내 전략가 및 조언가, 외부 영향자(influencer) 등의 명칭으로 불리는 것이 더 어울린다고 할 수 있다. 이처럼 MIS 전문가들에게 주어지는 사명이 과거와는 크게 달라지고 있다.

7.2.2 디지털 CIO 역할 변화

(1) 변화의 요인

디지털 시대 기업에서 사내 MIS 전문가로서 IT 관리의 총 책임자인 CIO의 역할과 책임은 아무리 강조해도 지나치지 않는데, 이를 오늘날 시대의 흐름과 함께 변화하게 하는 요인을 살펴본다.

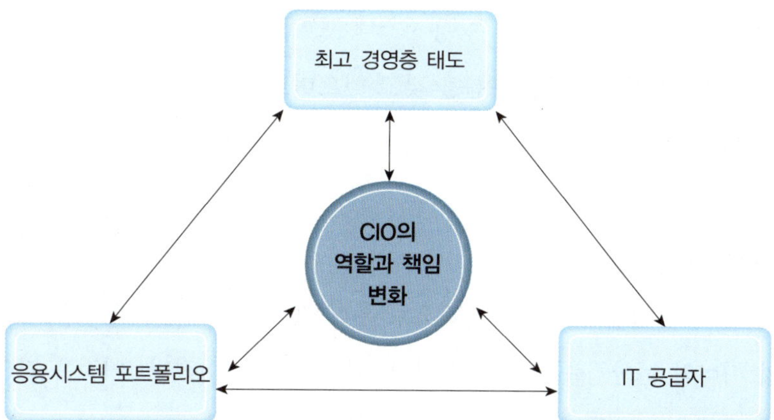

그림 7-3. **변화의 요인**

먼저 최고 경영층의 태도 변화에 따른 변화이다. 만일 최고 경영층이 디지털 플랫폼이나 인프라 구축이 중요하다고 여긴다면 CIO는 그에 따른 적절한 역할을 수행해야 하고, 고객 관련 시스템 구축이 중요하다고 느낀다면 그에 관련된 시스템을 구축해야 한다. 반면 최고경영자가 그러한 중요성을 느끼지 못한다면 CIO는 CEO가 그 중요성을 느낄 수 있도록 해야 한다.

이러한 이유로 인해 [그림 7-3]에서 쌍방향의 화살표가 표현되었다. 즉, 최고 경영층의 태도와 CIO의 역할과 책임이 쌍방향적이라고 할 수 있다. 과거와 같이 CIO를 단순한 기술자로 생각한다면 화살표의 모양이 양방향이 아닌 위에서 아래로 일방향으로 표현되어야 한다.

또한 응용시스템의 포트폴리오를 사내에서 어떻게 잡고 있는가에 따라 CIO의 역할과 책임이 달라지며, 또한 CIO의 역할과 책임은 응용시스템의 포트폴리오를 그 기업과 조직에 맞게 적절히 설계할 수 있어야 한다.

IT 공급자들은 항상 새로운 디지털 솔루션 등 다양한 기술을 개발하고 기업에 제공한다. 또한 CIO는 기업이 어떠한 IT 자원에 대하여 획득할 수 있는 역량이 필요하다.

이와 같이 최고 경영층의 태도, 응용시스템 포트폴리오의 구성, IT 공급자와 CIO의 역할과 책임은 항상 유동적인 흐름을 갖고 있으며, 적절한 대응과 역량이 요구되고 있다는 것을 알 수 있다.

(2) 디지털 기술 환경의 변화

IT 발전은 크게 컴퓨터 기술의 발전으로 흔히 대형 컴퓨터인 메인 프레임 시대, 클라이언트와 서버의 분산컴퓨터 시스템 시대, 웹 시대로 이어졌다. 이것은 기술환경의 변화이기도 하지만 MIS 환경 변화라고도 이해할 수 있다.

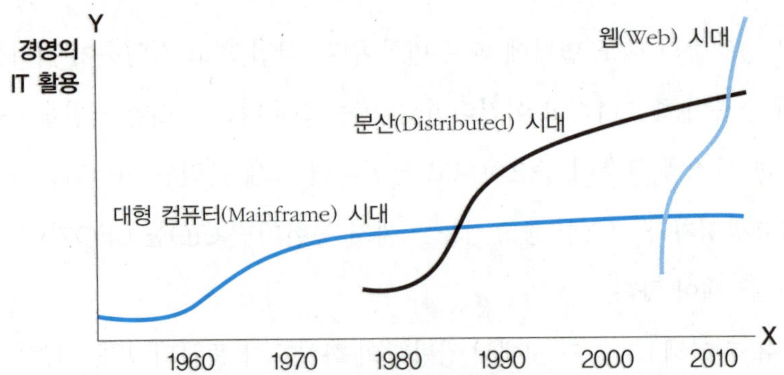

그림 7-4. 기술환경의 변화

[그림 7-4]의 그래프에서 X축은 1960년대부터 2000년대를 포함하는 시간흐름이고, Y축은 경영 혹은 조직에 있어서 IT 활용의 고도화 정도이다. 과거 메인 프레임, 즉 대형컴퓨터 시대는 1960년대부터 시작하여 누워 있는 S커브의 모양으로 서서히 증가하여 지금도 지속되고 있지만 활용의 범위가 크게 증가하고 있지는 않다. 반면 분산컴퓨터 시대는 1980년대 초반부터 시작하여 지금까지 지속되고 있고 이로 인한 경영의 IT 활용은 훨씬 많은 성과를 가져다 주었다. 이는 작은 시스템을 네트워크화하여 사용함으로써 유지보수나 부분적인 시스템의 응용을 나누어 개선, 분석, 활용하여 순발력과 유용성이 커진 것이다. 마지막으로 웹 시대는 짧은 기간 동안 빠르고 폭발적으로 성장하였고 지금까지 지속되고 있다.

현재의 21세기에는 메인 프레임, 분산 컴퓨터, 웹, 나아가 웹 2.0 시대가 모두 동시에 존재하고 있다.

(3) CIO의 역할 변화

각 시대별 IT 응용 포트폴리오(application portfolio), 경영층의 태도(attitude), IT 공급자(supplier), CIO에 대한 변화를 살펴본다.

먼저, 응용 포트폴리오이다. 메인 프레임 시대에는 주로 EDP(Electronic Data Process), 주문처리, 사무자동화에 포커스가 맞춰져 있었다. 분산 컴퓨터 시대에 들어 주로 IT/IS(Information Technology/Information System), DIS(Decision Information System), SIS(Strategic Information System), BPR(Business Process Reengineering), ERP(Enterprise Resource Planning)와 같이 고도화되어 통합과 분석을 강조하는 시스템으로 이동하였다. 오늘날의 웹 시대에서는 e비즈니스, 지식경영, CRM, SRM, e-learning, 그리고 개방과 참여의 공유 및 협업시스템(sharing and collaboration system), 생태시스템(ecosystem)과 같은 형태로 바뀌고 있다.

다음으로, 경영층의 태도의 경우 메인 프레임 시대에는 비용절감, 표준화, 자동화에 관심을 가졌고, 분산 컴퓨터 시대에는 전략적 활용, ERP, 인프라 구축에, 웹 시대에는 가치네트워킹, 이노베이션, 트랜스포메이션, 기업 생태계 협업에 관심을 가진다. Web 기반이 진화를 거듭하는 최근에는 유연성과 순발력, 추적시스템, 사회 공동체적 협업으로 일시적인 성공이 아닌 지속적인 성장을 추구하는 마인드를 가진다.

지금과 같은 Web으로의 환경 변화는 하루 아침에 이루어진 것이 아니라 IT 이노베이션의 핵심 서플라이어가 있었기 때문에 가능한 것이었다. 메인 프레임 시대에는 IBM이 있었고, 분산시대에는 MS, Intel이 있었으며, ERP 부문에서는 SAP과 오라클이, 아웃소싱 부문에서는 IBM과 엑센츄어 등이 주도적인 역할을 하였고, 웹 시대에는 Sun 시스템과 Cisco 시스템과 같은 네트워크 공급자가 있으며, 검색엔진에는 야후, 구글이, 멀티미디어에는 애플이, 마켓플레이스에는 아마존 등이 많은 기여를 하고 있다.

이러한 변화를 집약하여 CIO의 역할과 책임을 요약할 수 있다. 우선 메인 프레임 시대의 CIO는 전산센터 소장과 같은 EDP 매니저였으며 매우 수동적인 기술자적 역할을 하였다. 분산 컴퓨터 시대에 들어서 비로소 CIO와 IT architect라는 명칭이 등장하였고, CIO가 보편적인 명칭이 되었다. 오늘날 웹 시대의 경우에는 IT만이 아닌 비즈니스 이노베이터 및 트랜스포머로 확대 변화하고 있다.

표 7-3. CIO의 역할 변화

구분	대형 컴퓨터	분산 컴퓨터	Web
응용 포트폴리오 (Application Portfolio)	EDP TPS, IRS 사무자동화	DSS, SIS, BPR, ERP	e-비즈니스, 지식경영, CRM, SRM, e-learning, 협업시스템
경영층의 태도 (Attitude)	비용절감 표준화 자동화	전략적 활용, ERP 구축, 인프라 구축	가치네트워킹, e-트랜스포메이션
IT supplier	IBM 등	MS, Intel, SAP, 오라클 등	Sun, Cisco, 야후, 구글, 애플 등
CIO 역할과 책임	EDP Manager	CIO, IT 플래너	IT 이노베이터, 트랜스포머

7.2.3 디지털 CIO 역할

(1) 디지털 IT 기반의 이노베이션과 트랜스포메이션을 위한 CIO의 역량

CIO는 IT 기반의 혁신과 변신을 수행하는 역할을 해야만 하는데 이를 위해서는 구체적인 핵심 프로세스를 형성할 줄 알아야 한다. 이를 위해서 CIO는 새로운 아이디어를 찾아내는 능력이 있어야 하고(비전), 특정 프로젝트에 대하여 깊은 관심과 이해능력이 있어야 하고(프로젝트 챔피언), IT에 대한 신뢰성을 제공할 수 있는 파워를 제공해야 한다.

따라서 CIO는 사내에서의 핵심영역이 무엇이고 기업과 조직의 성공요인이 무엇인지 이해하여야 핵심 대상을 쉽게 찾아낼 수 있고, 그 대상을 중심으로 ISP와 포트폴리오와 우선순위를 구축할 수 있다.

또한 CIO는 디지털 활성화를 위한 새로운 인력인 데이터 과학자(data scientist) 육성, 사내 · 외의 다양한 플레이어들 사이의 협업체계 구축, 디지털 문화 형성의 역할, 그리고 새로운 테크놀로지인 플랫폼 빅데이터, 클라우드, 애널리틱스 등의 인프라를 만들어낼 수 있는 능력을 가져야 한다.

(2) CIO의 필요 지식과 기술 특성

CIO는 다양한 디지털 테크놀로지와 비즈니스, 즉 IT에 대한 기술적 능력과 경영능력을 모두 소유하여야만 성공할 수 있는 CIO가 될 수 있다. 이러한 디지털 CIO의 특성을 자세히 살펴보면 먼저, 핵심 비즈니스 이슈와 현업 당사자의 입장을 잘 이해하고, 의사소통 기술과 사내 정치력을 소유할 수 있어야 한다. 또한 현재와 미래의 IT 동향을 이해할 수 있어야 하고, IT 기술의 리더십을 소극적이 아닌 적극적인 방법으로 수행할 수 있어야 하며, 항상 최고 경영층과 소통하고 신뢰를 받고 즐길 수 있어야 한다. 그럼으로써 비즈니스와 테크놀로지의 사내 융합에 성공적으로 다가갈 수 있다.

그림 7-5. CIO의 필요 지식과 기술 특성

정리하기

Web 기반 시대의 CIO는 핵심 비즈니스 이슈와 현업 당사자의 입장을 이해하고, 의사소통 기술과 사내 정치력을 소유하고 있어야 한다. CIO가 IT 담당 최고임원이기 때문에 IT만 알아도 된다는 오해를 할 수 있지만 그것은 과거(1960~1980년대 초반)의 이야기일 뿐이다. 따라서 CIO는 현재와 미래의 IT 동향을 이해하여, IT 기술의 리더십을 소극적이 아닌 적극적인 방법으로 수행하여야 한다. 적극적인 방법이라는 것은 경영분야에 활용할 수 있는 프로젝트를 추진하는 능력이 있어야 한다는 것을 의미한다.

전통적인 EDP Manager, CIO, IT Architect의 역할과 함께 이들은 Web 기반 시대의 새로운 BIZ Modeling, Visionary IT 구축, CKO로서의 역할과 책임을 수행할 것으로 생각된다. CKO는 Chief Knowledge Officer로 지식담당으로서 정보기술을 통해 사내의 수직적 · 수평적 의사소통의 활성화를 위한 역할과 책임을 수행하여야 한다.

평가하기

➜ **제시된 문항의 O/X 여부를 결정하거나, 질문에 맞는 답을 고르세요.**

1. CIO는 경영도 할 줄 알아야 하고 IT에 대한 지식도 있어야 한다. (O/X)
2. CIO는 조직문화를 형성하는 역할도 있다. (O/X)
3. 과거의 CIO와 오늘날의 CIO의 역할은 동일하다. (O/X)
4. CIO의 역할 변화 요인이 아닌 것은?

   ① 최고 경영층의 태도

   ② 고객의 태도

   ③ 응용시스템 포트폴리오

   ④ IT 공급자

7.3 비즈니스 모델

교란적 비즈니스 모델링(disruptive busiess modeling) 방법론 — '뒤집어 생각하기'[1]

교란적 혁신의 시대는 기존 비즈니스 모델을 위협하고 있다. 다음은 기존 엔터프라이즈가 어떻게 혁신적 사고로 새로운 비즈니스 모델을 만들어낼 수 있겠는가에 유용한 방법론을 제시하고 있다.

❶ **동종 산업에서 가장 지배적인 비즈니스 모델의 윤곽을 그려라.**

오랫동안 지속되어 온 가장 핵심적인 가치창출 방법은 무엇인가?

❷ **가장 중요하고 오랫동안 간직해 온 믿음과 가정들을 지원개념으로 낱낱이 해부하라.**

고객의 요구와 상호작용, 기술, 규제, 비즈니스 경제, 그리고 운영방식들에 대한 개념들이 어떻게 핵심적인 신념을 보강하는가?

❸ **근본적인 믿음과 가정들을 완전히 뒤집어서 생각하라.**

적어도 현재 자사가 속한 산업에서 어느 누구도 생각할 수 없는 급진적이고 새로운 가설을 설정하라.

❹ **분별하라. 엔터프라이즈의 믿음과 가정의 재구성을 시험하라.**

이미 다른 업종 내에서 검증된 재설계 모델을 응용하면 비즈니스의 타당성을 개선할 수 있다. 제품과 서비스의 혁신과 달리 비즈니스 모델 혁신은 산업 간에 전이된다.

❺ **재구성된 믿음과 가정을 당신의 새로운 비즈니스 모델에 적용하라.**

일단 엔터프라이즈가 믿음과 가정의 재구성 단계에 이르면, 가치창출을 위한 메커니즘은 스스로 재구성된 믿음과 가정을 논리적 함의로 매우 그럴듯하게 이끈다.

---

1. Jong, M. D., Dijk, M. V., "Disrupting beliefs: A new approach to business-model innovation," *Mckinsey Insights & Communications*, July 2015

교란적 혁신의 사례는 매우 많지만 어떻게 그들만의 교란적 역량을 달성했는지 잘 알려져 있지 않다. 어떻게 그들이 진입장벽을 걷어내고, 보이지 않았던 가능성을 달성할 수 있게 되었을까, 간단히 말해, **교란적 혁신 모델링**은 어떤 과정을 통해 만들어졌을까?

1. 동종 산업에서 **가장 지배적인 비즈니스 모델의 윤곽**을 그려보아라. 동종산업에서 오랫동안 지속되어 온 가장 핵심적인 가치창출 방법은 무엇인가?
2. 가장 중요하고 오랫동안 간직해 온 **믿음이나 가정들을 개념적으로 낱낱이 해부**하라. 고객의 요구와 상호작용, 기술, 규제, 비즈니스 경제, 그리고 운영방식들에 대한 개념들이 어떻게 핵심적인 믿음과 가정을 보강하는가?
3. 근본적인 믿음과 가정들을 **완전히 뒤집어서 생각**하라. 적어도 현재 엔터프라이즈가 속한 산업에서 어느 누구도 생각할 수 없는 급진적이고 새로운 가설을 설정하라.
4. 재구성된 믿음이나 가정 **비즈니스 타당성을 시험**하라. 이미 다른 업종 내에서 검증된 재설계 모델을 응용하면 비즈니스의 타당성을 개선할 수 있다. 제품과 서비스의 혁신과 달리 비즈니스 모델 혁신은 산업 간에 전이된다.
5. 재구성된 믿음과 가정을 엔터프라이즈의 **새로운 비즈니스 모델에 적용**시켜라. 일단 엔터프라이즈 구성원이 갖는 믿음과 가정이 재구성 단계에 이르면, 가치창출을 위한 이노베이션과 트랜스포메이션 메커니즘이 작동할 것이다. 물론 엔터프라이즈는 현존하는 비즈니스 모델에서 새로운 비즈니스 모델로의 전환이 필요하며 이때 심혈을 기울여야 하고, 정교한 타이밍도 필요하다.

교란적 비즈니스 모델 재구성 요소

경영자는 고객 관계, 핵심 활동, 전략적 자원, 그리고 경제적 모델의 비용 구조와 수입 흐름 등을 구성하는 비즈니스 모델의 핵심 요소들 각각을 체계적으로 점검할 수 있다. 각각의 요소들로도 비즈니스 모델의 다양한 혁신이 가능하다. 이와 같은 비즈니스 모델 혁신은 공통된 분모를 가지고 있는데, 바로 비즈니스의 디지털화이다.

1. **고객관계의 혁신**: 고객 충성도(loyalty)로부터 엠파워먼트(empoqment)로 … 고객 충성도가 재구매, 장기구매를 이끌어내므로 고객을 충성도로 가두려 함은 전통적으로 맞지만, 디지털로 무장된 고객은 제품 교체비용이 들지도 않고 엔터프라이즈는 그들을 가두어 놓을 방법도 없으니 차라리 열어주어 그들을 자유롭게 해주는 대신 우리가 할 일을 디지털 고객이 스스로

즐겁게 할 수 있는 방안을 찾는다.

2. **경영활동의 혁신**: 효율적(efficient) 활동으로부터 인텔리전트(intelligent) 활동으로 … 전통적으로 효율성 증가가 더 많은 이익을 가져다 주지만, 급변하는 시대에 고객의 선호 사양 변화나 디지털 환경 변화는 갑자기 기존 제품이나 서비스를 쓸모 없게 만들어 다이어팅(dieting) 전략을 쓸 틈도 주지 않는다.
3. **자원확보의 혁신**: 오너십(ownership)으로부터 파트너십(partnership)으로 … 자원이 있어야 생산이 가능함은 전통적으로 맞지만, 자주 사용하지 않을 일시적인 자원이라면 아웃소싱 이나 아웃태스킹, 나아가 파트너십 관계를 구축한다.
4. **비용의 혁신**: 저비용(low cost)에서 제로(0) 비용로 … 전통적으로 고객이 많아지면 상품을 더 준비해야 함은 맞지만, 디지털 상품은 추가 생산비용(한계생산비)이 들지 않아 고객이 많을수록 제로에 근접한다. 특히, 계획된 투자비용이 회수되는 시점부터가 그렇다. 예를 들면 비싼 통신 요금제를 무제한 음성·문자 요금제로 바꾸어 경쟁력을 강화하고 만족도를 높일 수 있다.

[내 용]

- 전략적 선택
- 비즈니스 모델 창출 방안
- 새로운 비즈니스 모델 출범 전 물어야 할 질문 6가지

[생각해 보기]

- 비즈니스 모델을 만드는 것은 어려울까요, 쉬울까요? 왜 그럴까요?
- 비즈니스 모델이란 무엇일까요? 돈 버는 방법일까요?
- 고객 vs. 이윤 그리고 핵심 프로세스 vs. 핵심자원, 어느 것이 더 핵심일까요?
- 혁신적 새로운 비즈니스 모델이란 무엇인가요? 신산업, 신제품, 신공정 프로세스, 신지식, 기타?
- 성공요인으로서 꼭 점검해야 할 리스트가 있다면 무엇일까요?

[목 표]

- 비즈니스 모델을 구성하는 4가지 핵심요소를 이해하고 사례 적용
- 테크놀로지와 비즈지스 모델의 관계 이해
- 비즈니스 모델과 시장 선도 진입(first move), 빠른 학습(fast learn)의 관계 학습
- 비즈니스 모델링 과정의 관리방안 이해

MIT 경영대학이 세계 5,000명의 경영인을 대상으로 조사한 연구에 의하면, 기업은 현재 하고 있는 비즈니스보다 미래에 뭘 할 것인지를 더 중요하게 여긴다고 답했다. 그러나 성공하는 비즈니스 모델링은 만만치 않으며 고객도 생각하고 기업도 생각해야 하는 퍼즐 맞추기이다. 경영자나 사업 부서장의 역할은 무엇이고, CIO인 MIS 책임자의 역할은 무엇일까?

[용 어]

비즈니스 모델	비즈니스 모델이란 가정(assumption)에 따른 전략적 선택으로서 소비자 가치를 창출하고 조직 수익성을 달성하고자 하는 방법이라고 정의한다.
고객 가치 모델링	고객이 요구하는 가치는 무엇인가를 찾기 위해 고객 프로세스(예: 고객 라이프 사이클)를 정의해 보고 고객은 누구이고 그들은 왜 우리 제품을 구매할까를 정의한다.
엔터프라이즈 자원 모델링	고객 가치와 엔터프라이즈 핵심 프로세스를 실행하기 위한 테크놀로지, 지식정보 등 유형 및 무형 모든 자원을 포함한다.
핵심 프로세스 모델링	고객이 기대하는 주요 가치 실현을 위한 비즈니스 프로세스의 핵심 부분을 찾아낸다. (예: 프로세스 플로우 차트(제3장)를 설계해 고객 라이프 사이클과 비교해 본다.)
엔터프라이즈 수익성	비즈니스 모델의 핵심 프로세스를 핵심 자원으로 실행한 결과로 엔터프라이즈가 얻을 수 있는 수익구조와 수준을 파악한다.

7.3.1 비즈니스 모델링

비즈니스 모델이란 현실에 대한 지각된 이미지로서 가정(assumption)에 따른 전략적 필요 요소의 선택이 고객 가치를 창출하고 기업 수익성을 달성하고자 하는 특별한 방법이라고 정의한다. 따라서 비즈니스 모델링은 가치를 정의하고 자원을 투입하여 비즈니스 미션(시장, 제품, 지역, 관측의 영역 설정)의 달성뿐만 아니라 마켓에 선도 진입하고 빠른 학습을 할 줄 아는 적응과 대응 능력이 필요하다. 비즈니스 모델 설정에 대한 이해는 다음 4가지 구성요소를 가지는데 개념과 사례를 비교해 보기로 하자([그림 7-6] 참조). 여기서 선택이라 함은 아래에 나타나듯이 목표하는 **고객가치**와 **수익성** 그리고 이를 위한 **핵심 자원**과 **핵심 프로세스**를 의미한다.

- **고객 요구 가치**: 비즈니스 모델의 타겟이 되는 정확한 고객 베이스의 정의로, 가장 오류가 발생하기 쉬우며 어떤 제품을 누구에게 팔 것인가, 그들은 왜 우리 제품을 살 것인가를 냉철하게 분석하여 고객이 추구하는 가치를 정의.
- **엔터프라이즈 수익성**: 예상 고객 수에 따른 매출 발생과 비용 구성을 바탕으로 (예: 품목별 원가제도(재료비, 인건비, 경비), 프로세스별 원가제도(생산, 판매, 구매)) 비즈니스 수익성을 분석.
- **핵심 자원**: 비즈니스에 필요한 핵심 자원에 대한 구체적 정의이며 유형 자원(매장, 창고, 공장 등)과 무형 자원(브랜드, 지적 자산 등) 그리고 디지털 자원(HW, SW, NW, DB 등 디지털 인프라)을 포함.
- **핵심 프로세스**: 비즈니스 모델을 실행함에 있어서 고객 가치를 수익성 있게 창출하는 일련의 핵심 프로세스를 찾아 프로세스의 개선과 혁신을 정의.

[그림 7-6]은 비즈니스 모델의 구성요소 프레임워크(고객 가치, 수익성, 핵심 프로세

스, 핵심 자원)을 제시하고 있으며, [그림 7-7]과 [그림 7-8]은 각각 디지털 테크놀로지 집약적 산업인 Apple과 다품종 원스톱 매장 산업인 Walmart의 비즈니스 모델 4요소에 대한 예와 차이를 보여준다.

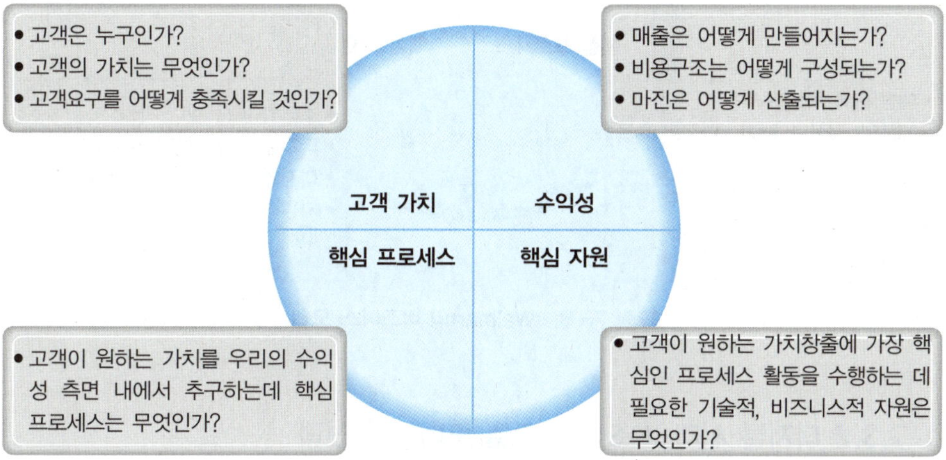

그림 7-6. 비즈니스 모델의 구성요소

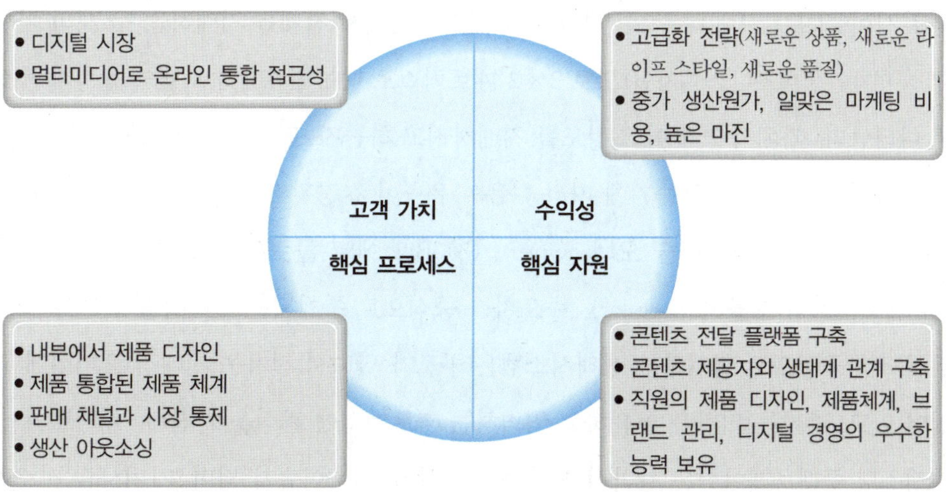

그림 7-7. Apple의 비즈니스 모델

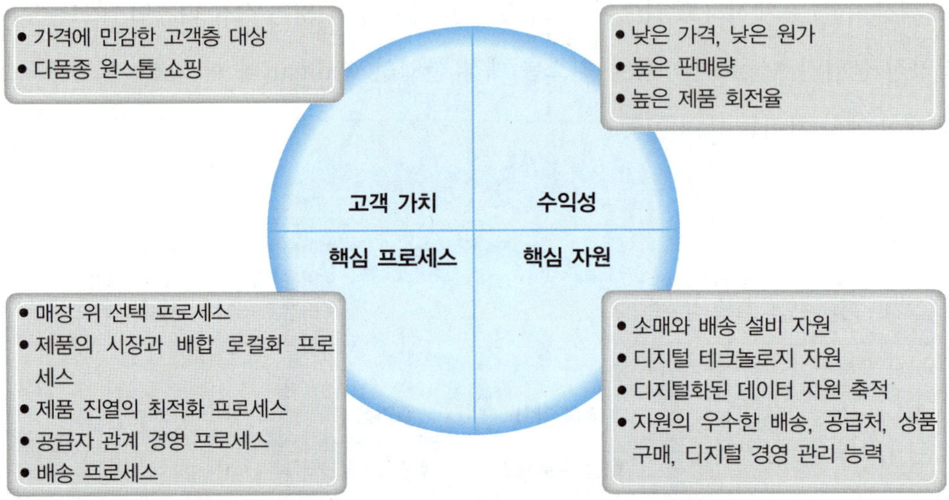

그림 7-8. Walmart의 비즈니스 모델

7.3.2 디지털 시대 비즈니스 모델 도메인과 선택

다음 [그림 7-9]처럼 X축은 가치사슬에서 에코시스템으로, 그리고 Y축은 고객 라이프 사이클(또는 이에 대응하는 기업 가치사슬) 일부에서 전체를 지배하는 두 개의 차원(지식 디자인×비즈니스 디자인)으로 2×2 매트릭스로 나누면 4가지 모델의 유형과 특성이 나타난다. 가치사슬의 어느 정도를 지배하려고 하는지, Biz 생태시스템의 플레이어로 어떻게 참여하려고 하는지에 따라 다음의 유형이 결정된다: (1) 가치사슬 **서플라이어**(supplier), (2) 가치사슬 **오너**(owner), (3) Biz 에코 **플랫포머**(platformer) 운영자, (4) 에코시스템 **모듈러**(modular). 주도자를 중심으로 통제되는 가치사슬과 파트너 네트워크를 중심으로 협업하는 생태시스템은 구조가 달라서 전자는 지배적 오너십에 관심이 있고, 후자는 기반을 공유하고 협력하는 파트너십에 관심을 가진다. 디지털의 생태시스템 콜래보레이션은 창의성과 지속 가능성 추구의 이슈가 되며, 가치사슬 시스템 지배는 고객에 대한 직접적 엔게이지먼트 여부와 빅데이터 분석의 활용 주체가 되고자 하는 이슈가 된다.

예를 들면, 디지털 시대 Biz 모델링과 선택에 관하여 살펴보면, 1. 디지털 테크놀로지인 빅데이터, 애널리틱스, 소셜 미디어, 모바일 앱을 이용해 고객 라이프 사이클 전반에 서플라이어를 이용하여 공룡처럼 라이프 스타일 전반에 다양한 유통 채널로 파고들 수 있다(예: Walmart). 2. 오픈 플랫폼 기반을 제공하여 모듈 프로바이더와 함께 클라이언트-프로바이더의 모든 관계를 생태시스템으로 연결해 주고 수수료를 3등분 나누면서 전체 파이를 키우면서도 혁신과 지속 가능 경영으로 나아갈 수 있다(예: Amazon). 3. 시장을 지배하는 거대 기업에 공급자로서 가치사슬의 일부 기능이나 제품 영역을 담당할 수 있다(예: OEM). 마지막으로, 4. Biz 생태 연결망에 플러그-플레이 방식으로 전문성을 발휘할 수 있다. 이러한 유형들이 엔터프라이즈에게 주어지는 선택

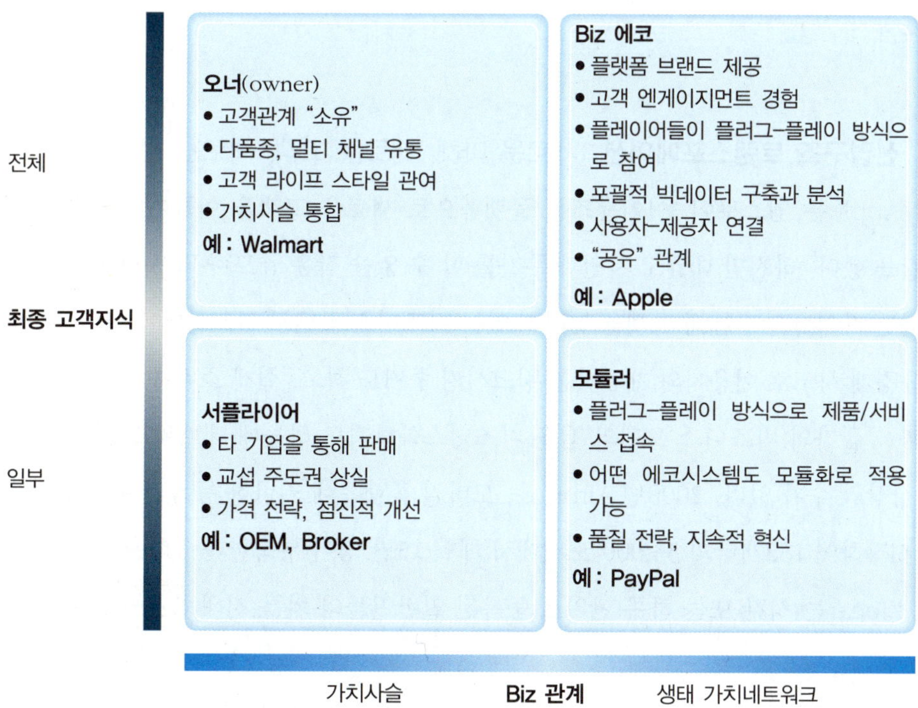

그림 7-9. 디지털 시대 비즈니스 모델의 유형

지이고 유형에 따라 비즈니스 영역의 넓이와 깊이가 달라진다. 이때, 경영자에게 요구하는 필요 역량은 적절한 변화추구 능력과 기술적 네트워크의 구축과 설계 능력이지만 이것만으로 충분하지는 않다. 서로 아직 잘 모르는 참여자들 간에 신뢰를 구축하는 디자인 이슈는 중요성을 인지하지 못하거나 아니면 알면서도 쉽게 하지 못하는 충분조건이 된다. [그림 7-9]는 이러한 설명을 요약하고 있다.

7.3.3 비즈니스 모델링 창출 방안

저명한 Andrew McAfee(앤드류 맥아피)는 다음의 5가지 디지털 활동이 디지털 데이터로 측정되어 디지털 애널리틱스(오픈소스이든 개발한 것이든)로 분석되고, 이어서 디지털 통찰력이 제공되면 이를 디지털 마켓에서 비즈니스 모델을 만들어 가는 방식을 보여준다.

산업구조 트랜스포메이션: 새로운 마켓, 새로운 고객, 새로운 전달 방법

Apple은 앱스토어, 아이튠즈를 플랫폼으로 새로운 고객을 이끌어내는 혁신가적 역할을 했다. 하지만 대규모 자원과 투자를 할 수 없는 작은 규모나 막 시작한 스타트업이라면 가치사슬의 틈새 마켓을 진정성 있는 비즈니스 모델로 파고들어야 한다. 이들은 공유경제 사고로 이용자와 제공자를 링크시켜 주기도 하고, 실제 소비자의 라이프 스타일과 공급자의 비즈니스 모델의 갭을 비즈니스화하기도 하는데 네트워크 기반이 없다면 상상할 수가 없다. 2008년 Airbnb는 모바일 플랫폼에 기반한 등록된 룸 공유[2] 사업을 시작하여 182개국의 33,000 도시에서 매일 15만 명이 투숙한다. Uber는 등록된 차를, Zipcar는 시간 또는 하루 단위로 등록된 일반인들의 차를 시내 요소요소에서 연결

2. 수수료 배분은 투숙자 3%, 호스트 6~12%, 그리고 게스트 룸에 대한 1백만 달러 보험 가입.

시켜 주고 있으며, Daimler Mercedes Benz는 분 단위로 차를 빌려주고 있다. Amazon, eBay, Paypal, 마이크로소프트 Xbox, Sony Playstation, Square도 공급자와 사용자 혹은 개발자와 사용자를 직접 연결시켜 주는 플랫폼을 브로커 기반으로 사용함으로써 전통적인 사업 방식을 교란 또는 파괴하고 있다.

디지털 대체재: 새로운 제품이 기존의 제품을 대체하고 추가 시장 창출

약 20년 전, 우편이 이메일과 전자문서로 바뀌고, 이메일이 다시 소셜 미디어로 바뀔 때, 개인과 조직은 즐거워했지만 모든 것이 긍정이지만은 않았다. 호주에서는 2012년 3년 만에 우편물의 양은 17%, 매출은 20% 각각 삭감되었고, 결국 30년 만에 점유율은 100%에서 1%로 축소되었다. 디지털의 사진기가 출현했을 때 Kodak 필름은 대체되고 말았다. 하지만 Fuji 필름은 LCD 평면 필름으로 이동하여 성공적인 변신을 이루어냈다. 북유럽 국가들은 1990년대에 온라인 뱅킹 형태의 eBox, 즉 전자사서함을 만들어냈다. eBox는 정부가 B2C 형태의 공문서나 비즈니스 거래 내용을 가정에 보안 메일로 전달하고, 장기 저장하기 위해 도입한 일방통행적 시스템이다. 보내는 사람(sender)에게는 경제적이고, 받는 사람(receiver)에게는 주요 내용을 평생 보관할 수 있도록 하는 장점이 있다.

디지털 제품 이노베이션: 테크놀로지 융합으로 혁신 단행

스타트업 벤처사가 새로운 환경 변화에 적합한 수익 모델을 창출하는 것은 종종 접하지만 대형 엔터프라이즈에게는 쉽지 않다. 그러나 꼭 그렇지만은 않다. Nike+는 운동화, 센서, 아이팟, 스마트폰, GPS, FuelBand를 결합하여 운동량, 소모량, 하루 발걸음 수 등을 측정 분석하여 제공하는 서비스를 테크놀로지와 인포메이션을 결합해 만들어냈다. 그러나 사실 빅데이터 축적 및 활용은 개인에게만 유용한 것은 아니며, Nike도 고객의 라이프 스타일과 활동 데이터 축적으로 자체적으로도 필요한 R&D에 중요한 정

보를 덤으로 확보할 수 있게 되었다. 간단한 예를 들면, '겨울철에 미국인은 유럽인이나 아프리카인보다 더 자주 달리기를 하지만 더 짧은 거리를 달리며, 전 세계적 평균은 35분이다' 와 같은 통찰력이다.

가치 전달경로의 새로운 Biz 룰: 제품 아닌 가치를 전달하는 방법의 변환

지금까지의 예가 산업 내의 전통적인 비즈니스 룰, 대체재 발견, 새로운 제품 혁신에 관한 것들이었다면, 이번엔 고객에게 필요한 가치를 어떻게 전달할 것인가에 대한 생각의 트랜스포메이션이다. 자동차는 전통적으로 딜러 유통망(대리점 회사)을 통하여 판매되며 판매 시 작성하는 계약서를 통해 고객 데이터베이스를 그들이 독점하게 된다. 세계에서 가장 안전한 자동차라는 명성을 가진 Volvo는 딜러들이 가지고 있는 고객정보 및 거래정보 데이터를 딜러와의 교섭을 통해 얻어내고 상생의 방법을 찾았다. 자동차 판매 유통 채널은 B2B 형태로 그대로 유지하지만, 고객 데이터베이스를 넘겨 받아 인포메이션 서비스를 각 고객에게 맞춤으로 제공함으로써 B2B 채널을 ➡ B2B2C로 변경했다. 즉, Volvo 자동차는 소셜 미디어, 소셜 데이터, 애날리틱스, 스마트 모바일 테크놀로지를 결합하였고, Facebook, Twitter, Youtube를 판매가 아닌 고객서비스를 위해 사용하였으며, 'Volvo-on Call' 버튼을 개발해 차내에 부착하여 운전 중 모바일 상담 콜과 긴급상황에 GPS로 대처할 수 있게 하였다. 이러한 가치 전달경로 트랜스포메이션은 고객에게는 접속 기회와 서비스를 강화하고 판매 딜러에게는 브랜드 이미지 제고를 통한 매출 증대 비즈니스 모델이다.

가치 창안 이노베이션: 테크놀로지와 라이프 스타일 데이터의 융합

어떤 경우는 기존의 두 다른 산업의 목표가치가 각자가 소유하는 데이터로 통합함으로써, 어떤 경우는 이미 파트너로서 공유하고 있는 데이터를 활용함으로써 추가적 통찰력을 만들어낸다.

전자의 예로, 일본의 Tokyo Marine Holdings(도쿄해상보험)은 전통적인 캘린더식 보험계약기간 대신 개인 라이프 스타일에 적용되는 단기 계약을 생각해 냈다. Docomo 텔레콤사은 지리적 위치와 보험상품을 융합하여 골프, 스키 등 여행지에서 '일시보험' (One-time-Insurance)을 모바일 앱으로 라이프스타일에 맞추어 필요한 만큼만 선택하는 상품을 만들었다.

후자의 예로, 1996년에 설립된 Entravision Communication은 미국 라틴계 라디오와 TV의 지역방송사 100개를 운영하고 있다. 이 기업은 자체 내부 고객 데이터와 파트너사가 가지고 있는 외부 데이터를 결합하여, 즉 인터넷 방송 가입신청서 및 파트너사가 가지고 있는 계약서 정보를 빅데이터로 분석하여 마케팅에 활용하는 애널리틱스 분석 능력을 보유하고 있다. 이후, 이런 능력과 경험을 토대로 새롭게 외부에 비즈니스화하는 Luminar사를 설립하고 Lestle, Genral Mills, Target 등의 대형회사들을 고객으로 삼고 있다. 결국 단순한 보험사와 방송사로 출발했지만 추후 새로운 비즈니스 가치를 남보다 먼저 인지하고 필요한 내부/외부 빅데이터 통합과 애널리틱스 분석을 통해 때로는 새로운 상품을 출시하고 때로는 디지털 테크놀로지 활용으로 확장하는 모습을 보여준다.

7.3.4 새로운 비즈니스 모델 출범 전 반드시 물어야 할 질문 6가지

MIT 경영대학이 전 세계 5,000명의 경영인을 조사한 연구에 의하면, 기업은 현재 하고 있는 비즈니스보다 미래에 뭘 할 것인지를 더 중요하게 여긴다고 보고하고 있고, IBM이 750명의 최고경영자를 인터뷰한 연구는 CEO가 받는 경쟁의 압박감은 현재보다도 미래의 비즈니스 모델 이노베이션을 원하고 있다고 보고한다. 자원이 한정되어 있는 기업은 현재를 넘어 미래의 비즈니스 모델에 관심을 가져야 지속성장이 가능해진다고 믿는다. 현재의 비즈니스 모델에 따른 매출과 이익은 시간이 지날수록 감소할 것이며 따라서 새로운 모델이 요구된다. 제시된 다음의 6가지 질문은 프로세스 트랜스포메이션 전략인 5W1H 프레임워크와 유사하며, 제9장에서 이야기할 IT 투자에 따른 효과, 특히 재무적 수익성이 우선은 성공의 전제 조건이 된다고 생각한다.[3]

1. 새 비즈니스 모델은 어떤 필요성을 충족시키나? (customer value innovation)
2. 고객 요구나 필요성을 충족시키려면 어떤 활동을 해야 하나? (content innovation)
3. 그 행동들이 서로 연결되려면 어떤 새로운 방법이 있나? (structure innovation)
4. 누가 활동을 수행해야 하나? 파트너? 고객? 이러한 책임 중심 지배구조는 어떻게 조정하나? (governance innovation)
5. 가치네트워크 참여자들에게 이 비즈니스 모델에서 어떻게 가치창출 역할 분담을 하나? (technology innovation)
6. 이 비즈니스 모델이 만들어내는 총 가치 중 재무 수익모델은 무엇인가? (profitability)

마지막으로 종합하면, 성공하는 **CIO 로드맵**은 사회기술적 시스템 디자인(socio-technical approach) 철학과 기업문화 구축을 전제조건으로 요구하고 있다.[4] 지구상에서 가장 큰 슈퍼마켓 기업 Kroger의 CIO가 강조한 제언은 아주 단순하면서 어렵다고 할 수 있지만 그는 그대로 실천하였다고 하니 우리가 경청할 필요가 있다.

---

3. http://sloanreview.mit.edu/article/creating-value-through-business-model-innovation/?social_token=7128c6d7f10b471dce3960105e1e809d&utm_source=twitter&utm_medium=social&utm_campaign=sm-direct#ref26 "Creating Value Through Business Model Innovation"
4. Kroger is a huge company, with almost $110 billion in revenue and 400,000 employees. Given his experience, Chris' perspective is highly valuable and can teach us a lot.

1. 디지털 서비스 제공자로서 믿음이 가는 신뢰성을 가져라.
2. 경영을 제대로 배워라.
3. 모든 경영층과 좋은 관계를 가져라.
4. 자신의 테크놀로지 지식 업데이트를 위하여 사내외 전문가들의 말을 경청하라.

정리하기

MIS 경영과 관리를 책임지는 CIO의 역할은 테크놀로지 발전과 비즈니스 경험의 축적에 따라 변화하여 왔다. 특히 웹 시대 이후 산업장벽이 무너지고 경쟁이 심화됨에 따라 CIO 역할에 미래를 대비하는 새로운 비즈니스 모델 창출이 부각되었다. 불확실한 미래에 남보다 먼저 디지털 테크놀로지를 활용하는 비즈니스 모델을 찾아 투자한다는 것은 만만치 않으며 핵심성과 수익성이 관건이 된다. 비즈니스 모델링의 4가지 핵심 구성요소를 고객 요구 측면, 기업 수익 측면, 업무 프로세스 측면, 필요 자원 측면에서 제시하고 Apple과 Walmart 사례와 함께 살펴보고 성공을 위한 관리 개념과 사고의 틀을 제시하였다.

평가하기

➔ 제시된 문항의 빈칸(　　)을 채우거나, O/X 여부를 결정하세요.

1. 비즈니스 모델링은 원래 돈을 버는 방법을 찾는 것이다. (O/X)
2. 디지털 이후 성공적인 모델링은 더 쉬워졌다. (O/X)
3. CIO와 현업 경영자들과의 관계는 모델링에 매우 중요하다. (O/X)
4. 비즈니스 모델은 환경의 변화에 따라 진화하여야 한다. (O/X)
5. 비즈니스 모델링의 4가지 구성요소는 고객 및 기업 측면을 고려하는데 그 4가지는 (　　), (　　), (　　), (　　)이다.

Chapter

8

ISP (Information Systems Planning)

APQC PCF(Process Classification Framework : 프로세스 분류 프레임워크)

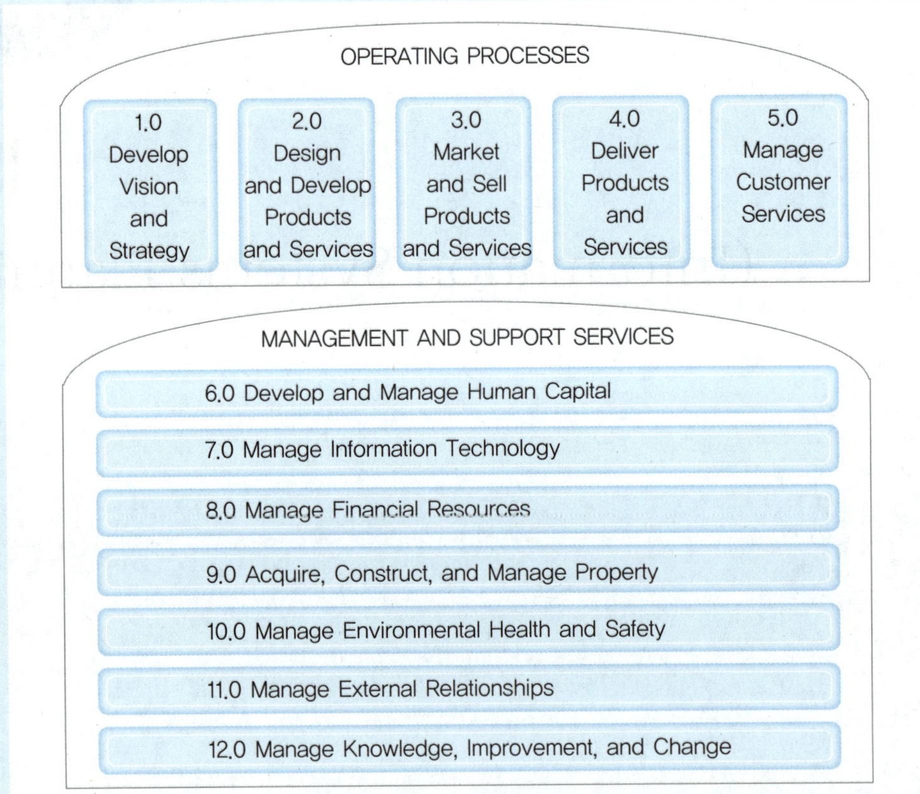

APQC(미국 생산품질 센터, www.apqc.org)가 개발하여 20여 년간 많은 기업에서 사용해 오고 있는 APQC PCF는 기업이 타 경쟁사 또는 타 연관 산업과 비교 벤치마킹함으로써 프로세스 이노베이션을 가능하게 해주는 프레임워크 툴이다. 수많은 프로세스가 가득찬 '프로세스 늪(swamp)[Keen, 1997]'을 탈피하여 기업의 프로세스들을 체계적으로 설계하고, 성과를 측정하고, 창

의적인 통찰력을 갖는 것은 경쟁력의 핵심이 된다. 이러한 측면에서 PCF는 기업의 프로세스를 설계하는 데 베이스가 될 수 있는 유용한 프레임워크이다.

APQC는 PCF를 1990년대 초에 개발하여 현재까지 정기적으로 업데이트하고 있다.

PCF 프레임워크는 그림에서 보는 바와 같이 크게 운영(operation)프로세스 5개, 지원(support)프로세스 7개로 총 12개의 프로세스 그룹 카테고리로 구성되어 있다. 그리고 각 카테고리는 다음 그림에서 보여주는 것과 같이 하위 3개 수준, 즉 총 4개 수준(level)으로 기업의 프로세스를 체계적으로 분류하고 있다. 이러한 프로세스 체계는 세상의 모든 프로세스를 다 포함할 수는 없으며, 또한 각 산업이나 기업이 모든 프로세스를 다 필요로 하지도 않는다. 따라서 APQC는 PCF를 기본적인 프레임워크로 사용하도록 권장하고 있으며, 요즘은 모든 산업에 적용하는 기본 PCF뿐만 아니라 항공방위산업, 자동차산업, 금융산업, 방송산업, 소비재산업 등 다양한 산업별 PCF도 제공하고 있다.

1.0 Develop Vision and Strategy (10002)

- **1.1 Define the business concept and long-term vision (10014)**
  - **1.1.1 Assess the external environment (10017)**
    - 1.1.1.1 Analyze and evaluate competition (10021)
    - 1.1.1.2 Identify economic trends (10022)
    - 1.1.1.3 Identify political and regulatory issues (10023)
    - 1.1.1.4 Assess new technology innovations (10024)
    - 1.1.1.5 Analyze demographics (10025)
    - 1.1.1.6 Identify social and cultural changes (10026)
    - 1.1.1.7 Identify ecological concerns (10027)
  - **1.1.2 Survey market and determine customer needs and wants (10018)**
    - 1.1.2.1 Conduct qualitative/quantitative assessments (10028)
    - 1.1.2.2 Capture and assess customer needs (10029)
  - **1.1.3 Perform internal analysis (10019)**
    - 1.1.3.1 Analyze organizational characteristics (10030)
    - 1.1.3.2 Create baselines for current processes (10031)
    - 1.1.3.3 Analyze systems and technology (10032)
    - 1.1.3.4 Analyze financial positions (10033)
    - 1.1.3.5 Identify enterprise core competencies (10034)
  - **1.1.4 Establish strategic vision (10020)**
    - 1.1.4.1 Align stakeholders around strategic vision (10035)
    - 1.1.4.2 Communicate strategic vision to stakeholders (10036)

이러한 APQC PCF는 실제로 사용해 본 결과 혁신적인 프로세스 트랜스포메이션(예: ABM, TQM, CRM, SCM, BPR)에 매우 유용하여 여기에 소개한다.

출처: www.apqc.org

8.1 ISP와 접근방법(ISP Approaches)

[내 용]

- 전통적인 ISP 체계
- 엔터프라이즈 경영과 디지털 IT를 이용하는 IS, 즉 IT/IS(information technology/Information system) 전략적 프레임워크
- ISP 접근방법과 다중전략
- ISP 접근방법상의 주도적 역할

경영과 IT, 또는 비즈니스와 테크놀로지의 통합은 MIS의 미션이었고 얼라인먼트(alignment)나 컨버전스(convergence) 등의 용어를 이용해 강조되어 왔다. 본 장에서는 IT의 파워를 경영 현장에 투입하는 작전 계획이라 할 수 있는, 즉 비즈니스와 테크놀로지 결합을 플래닝 활동으로 학습하고자 하며, 후에 제13장에서 비즈니스와 테크놀로지 통합에 따르는 구체적 관리 전략(Business-Technology Management)을 실행 현장 활동으로 학습하고자 한다.

본 장은 IT/IS의 전략적 중장기 활동을 계획하는 ISP(Information Systems Planning)에 대하여 크게 두 가지로 나누어 파악할 필요가 있다.

첫 번째는 "ISP란 무엇인가" 그리고 "ISP를 위한 접근방법의 유사점과 차이점은 무엇인가", 두 번째는 "ISP 산출물인 디지털 마스터 플랜 구성요소는 무엇인가" 그리고 구체적으로 들어가서 "엔터프라이즈 내 · 외부 분석방법의 유사점과 차이점은 무엇인가"이다.

[생각해 보기]

- 플래닝(planning) 또는 계획 수립이란 쉬운가요, 어려운가요? 왜 그럴까요?
- 자기 기업에 맞는 전략을 찾기 위해 어느 부분을 고민하면 좋을까요?
- 새로운 기술은 늘 환영받는 것일까요?
- 엔터프라이즈의 경영전략과 디지털 IT/IS 전략은 어떤 관계일까요? 독립적일까요?
- 정보시스템 마스터 플랜을 위해서는 어떠한 사람들이 참여해야 할까요?
- 기업의 전략은 많을수록 좋을까요, 적을수록 좋을까요?

[목 표]

- ISP의 미시적/거시적 접근에 대한 이해
- 디지털 IT/IS 포트폴리오 개념과 구성방법
- 경영과 IT/IS의 통합과 연계 필요성
- ISP 수행 주도세력의 차이점과 선택

본래 ISP란 Information Systems Planning으로 정보시스템 계획 혹은 MIS 마스터 플래닝으로도 불렸지만 최근에는 간단히 ISP란 용어로 사용되고 있다. MIS의 초반에는 ISP가 주로 미시적인 접근으로 이루어졌다면, 1980년대에 들어 비로소 엔터프라이즈나 조직 전반의 거시적 관점에서 정보자원 우선순위 결정이나 IT 투자 포트폴리오 결정 등을 위해 IS 혹은 애플리케이션 시스템(IS : application system)의 거시적 분석과 설계를 목표로 하고 있다.

이에 맞춰 본 장에서는 IT와 IS를 잠시 겸용 또는 혼용하기로 하며 학습목표를 살펴본다.

첫째, IT를 비즈니스와 연계하여 이해하는 것을 목표로 한다. 이것은 IT 업무를

'경영 속의 경영(business within business)'으로 경영 업무 안에서 IT경영을 이해해야 한다는 의미이다. 이 두 분야는 통합되어 연계성이 있어야 하고 이에 맞게 엔터프라이즈가 추구하는 방향과 IT가 추구하는 방향이 같아야만 한다. 즉, 경영과 IT의 연계성과 방향성을 강조하는 말이다.

둘째, ISP의 접근방법에 어떠한 것들이 있는지, 또한 ISP의 주도적 역할을 수행하는 담당자 유형이 달라질 때 실행에 있어 어떠한 차이가 있는지 비교 분석하여 이해하는 것을 목표로 한다.

[용 어]

ISP (Information Systems Planning)	엔터프라이즈 전반의 경영전략을 IT경영과 연계하여 IT 기반의 IS 구축 포트폴리오인 MIS 중장기 전략적 계획을 수립하는 과정으로 MIS 마스터 플래닝(MIS master planning)이라고 하기도 함.
BOTTOM-UP	아래(하위 실무 계층)에서 위(최고 경영층)로 올라가는 방향을 나타내는 말로 현재의 문제점을 발견하기 위해 가장 기초적인 자료(data)를 기반으로 분석하여 IT/IS 포트폴리오를 수립하는 접근방법
TOP-DOWN	위(최고 경영층)에서 아래(하위 실무계층)로 내려오는 방향을 나타내는 말로서 새로운 경영 방침이나 전략을 지원하는 정보시스템을 찾아 구축하기 위해 핵심적인 경영의사결정(decision)을 기반으로 분석하여 IT/IS 포트폴리오를 수립하는 접근방법
INSIDE-OUT	내부(사업부서나 부서)에서 외부(엔터프라이즈)로 나가는 방향을 나타내는 말로서 사업부나 부서와 같은 내부 수준[일부(INSIDE)]에서 엔터프라이즈 전체 수준[다른 부서(OUT)]으로 확산시키기 위해 내부 성공사례를 기반으로 분석하여 IT/IS 포트폴리오를 수립하는 접근방법
OUTSIDE-IN	외부(생태환경)에서 내부(엔터프라이즈)로 들어오는 방향을 나타내는 말로서 이상적인 또는 창의적인 시스템을 엔터프라이즈로 이전하기 위해 외부(초우량기업, 벤더, 컨설팅)의 베스트 프랙티스를 기반으로 분석하여 벤치마킹함으로써 IT/IS 포트폴리오를 수립하는 접근방법

8.1.1 ISP(Information Systems Planning) 체계

ISP란 엔터프라이즈의 종합적인 정보자원에 관하여 중장기 전략적 플랜(중장기 MIS 종합 전략 계획)을 수립하는 것을 말한다. 이것이 MIS에서 매우 중요한 비중을 차지하는 이유는 이 청사진에 따라 그 엔터프라이즈의 향후 IT 인프라 및 응용시스템 구축에 대한 연구와 개발(R&D) 일정이 만들어지기 때문이다.

ISP는 정보시스템에 대한 계획이지만 실제 행해지는 현업의 업무에 맞춰 타당성과 정당성이 확보될 때에 비로소 이슈가 될 수 있다. 즉, IT 자원을 활용하여 모든 업무에 전략적으로 적용해야 하는데 ISP 실행을 위해서는 우선 전체 계획수립방식 혹은 MIS 마스터 플래닝에 대한 정당성과 타당성이 확보되어야 한다. 이를 통해 많은 사람들의 동참을 이끌어낼 수 있고 또한 기꺼이 최고경영자가 투자를 결정할 것이다. 따라서 ISP는 그러한 정당화의 과정이라고 생각할 수 있다.

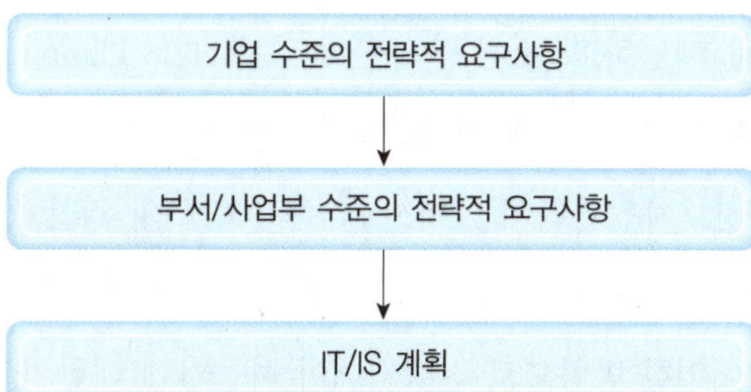

그림 8-1. ISP 체계

전통적인 ISP 체계는 세 단계로 구분된다.

첫 번째 단계는 '기업의 전략적 요구사항' 단계로 기업 전체적인 관점에서 프로세스 단축이나 신규상품 출시 혹은 인적 자원의 새로운 확보, 새로운 컴퓨터 도입 등이 해당된다.

두 번째 단계는 '부서별/사업부별 요구사항(business unit strategic needs)' 단계이다. 첫 번째 단계와 같은 전략적 단계이긴 하지만 보다 작은 단위의 전략적 필요성이라고 할 수 있다. 더 나아가 세부적인 부분에서의 전략적 방향성까지 모두 같아져야 한다.

부서별/사업부별 플랜이 구축되면 마지막 단계로 'IT/IS plan'이 만들어지게 되며, 이 단계를 흔히 ISP라고 한다.

이와 같은 흐름이 전통적인 ISP 체계인 이유는 'Top-Down'의 형태로 흘러가기 때문이고, 근래에는 이와 같은 Top-Down의 형태뿐만 아니라 'Bottom-Up'을 포함한 양방향성을 강조하기도 한다.

8.1.2 경영과 IT의 전략적 관계 프레임워크

[그림 8-2]는 앞서 설명한 [그림 8-1]을 보다 구체적으로 그린 것이라 할 수 있다.

그림을 전체적으로 훑어보면 오른쪽 상단[사명(Mission) ➡ 강점과 약점]이 기업경영전략 계획의 수립에 해당하고, 오른쪽 하단의 부분(IT/IS Planning ➡ Application)이 ISP의 구체적인 프로세스와 행위에 해당한다. 또한 왼쪽에 보이는 평행사변형들(2개)과 직사각형(1개)은 정보자원관리에 있어서 IT 혹은 CIO의 역할 설정에 해당한다. 즉, 맨 아래의 'IT/IS Management Assessment(IT/IS 관리 측면의 진단, 제7장 참조)'는 기업에서 MIS 관리가 어떠한 방향으로 진행되어야 하는가에 대한 방향을 제시하는 평가 부분이며 이는 그 위의 'IT/IS 역할'을 설정하는 데 쓰인다. 이것이 다시 오른쪽의 'IT/IS Planning'으로 feedback 혹은 feed-in되는 것이다. 이와 더불어 'IT/IS 역할' 평행사변형에서는 새로운 IT의 발전 방향과 최신 동향 등을 제공하는데 이것 역시 오른쪽의 'IT/IS Planning'에 인풋이 되는 것을 볼 수 있다.

그림에서 도형의 모양이 평행사변형과 사각형으로 나뉘는데, 평행사변형은 인풋 혹은 아웃풋을 나타내며 직사각형은 프로세스를 나타낸다. 다시 말해 프로세스는 가공하는 과정을 의미하며 평행사변형은 그 프로세스에서 필요로 하는 여러 가지 입력물과 출력물을 의미한다.

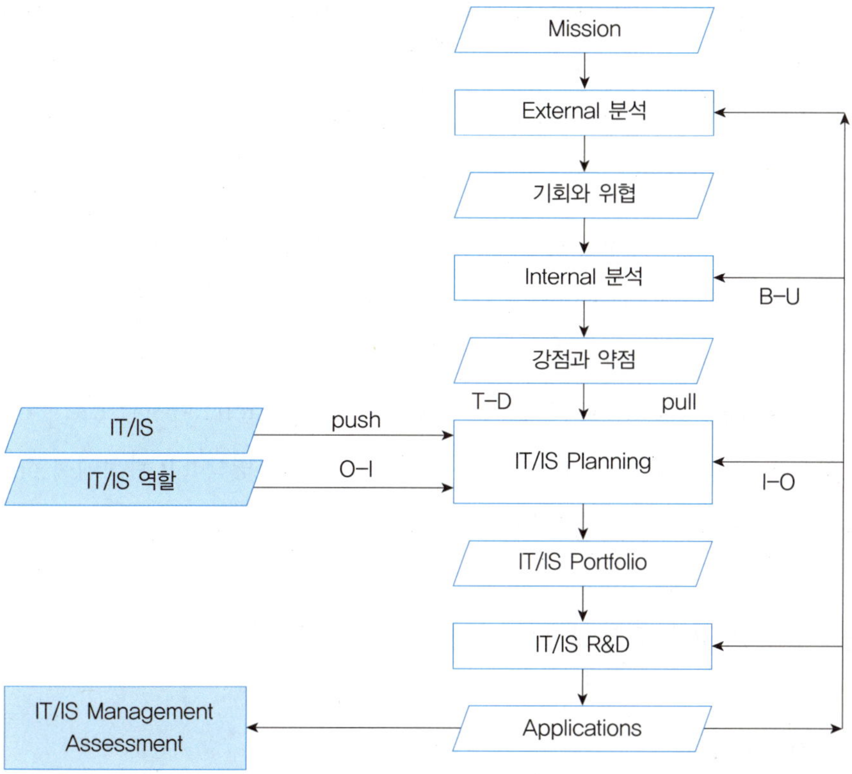

그림 8-2. 경영과 IT의 전략적 프레임워크

[그림 8-2]를 더욱 자세히 살펴보자. 맨 위의 'Mission'은 기업이 존재하는 이유라고 할 수 있는 기업의 '사명'을 의미한다. 이러한 미션에 따라 기업이나 조직의 외부환경을 분석하는 것이 외부(external) 분석이다. 외부환경에는 경쟁자나 공급자 등이 해당되고 이러한 외부환경 분석에 따른 산출물로 기업 혹은 조직에게 주는 기회와 위협을 도출해 낸다. 이후 내부(internal) 분석을 통해 기업의 강점과 약점을 정의 내린다.

이러한 모든 과정을 거치면 비로소 기업의 경영전략이 수립되었다고 할 수 있다.

이렇게 경영전략이 수립되면 'IT'의 발전 방향과 'IT/IS의 역할'을 함께 고려하여 'IT/IS의 플래닝'이 시작된다. 해당 프로세스는 여러 가지 접근방법들을 활용하여 진행하며 IT/IS 포트폴리오라는 산출물이 발생한다. 여기서 포트폴리오(portfolio)란 기업에서 해당 IT/IS에 관련하여 확보해야 하거나 개발을 하게 될 정보자원의 투자 대상이다. 즉, 향후 몇 년 동안 기업에서 구축해야 할 IT에 대한 우선순위와 일정 계획이라고 할 수 있다. 이와 같은 단계를 거쳐 IT/IS 구축(R&D)이라는 프로세스를 통해 시스템의 분석과 설계가 행해지고 그 결과 새로운 시스템이 구축된다. 이러한 과정을 통해 마지막으로 응용시스템(applications)이 만들어져 실제 경영 환경에서 사용되는 것이다.

해당 그림에 표기되어 있는 'B-U'는 Bottom-Up approach이고 'I-O'는 Inside-Out approach, 'O-I'는 Outside-In approach, 마지막으로 'T-D'는 Top-Down approach를 의미하며 이것은 다음 절에서 설명할 ISP 과정에서 시스템을 분석하고 설계하는 네 가지 접근방법의 유형이다.

8.1.3 ISP 구축 목적과 접근방법

(1) 접근방법 개요

[그림 8-3]은 포트폴리오(portfolio)를 구성할 때, 즉 정보시스템을 구축할 때의 기준이 되는 접근방법에 관한 내용이다. 접근방법은 네 가지로 분류될 수 있는데 첫째, 기업전략시스템, 둘째, 기간시스템이라고도 불리는 구매, 생산, 판매와 같은 기업의 기본적인 가치사슬을 만들어내는 전통적 하부구조시스템(기간시스템이라고도 함), 셋째, 정보기술확산시스템, 넷째, 외부로부터 새로운 정보기술을 활용할 수 있는 아이디어를 얻어 사내에 최초로 기술을 도입하는 정보기술이전시스템의 네 가지 유형으로 포트폴리오가 구축될 수 있다.

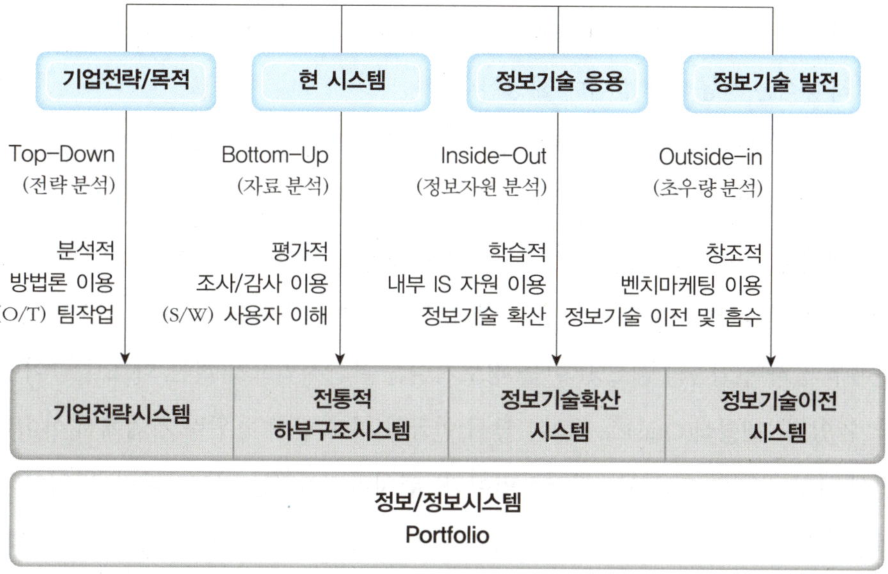

그림 8-3. ISP 접근방법과 다중전략

기업 전략시스템은 **하향식**(Top-Down), 전통적 하부구조시스템은 **상향식**(Bottom-Up), 내부의 성공 사례를 엔터프라이즈 전체(외부)로 확산시키는 IT/IS 확산 시스템은 **외향식**(Inside-Out), 기업 외부의 초우량 기업을 통해 아이디어를 받아 혁신 시스템을 기업 내에서 최초로 도입하는 정보기술이전시스템은 **내향식**(Outside-In)을 선택한다. 이처럼 포트폴리오는 여러 가지의 유형으로 구성되며 각각에 맞는 ISP 접근 방법 또한 다르다.

하향식(Top-Down)에서 'Top' 은 기업의 전략을 정의 내리는 임원, 최고경영자 등을 의미한다. 이 접근방법은 경영자들이 의사결정을 내릴 때 지원할 수 있는 기업 내부의 정보시스템을 구축하는 것을 목표로 한다. **상향식**(Bottom-Up) 접근방법에서 'Bottom' 은 기업의 일선 업무를 처리하는 실무자들이다. 따라서 이 접근방법은 실무자들이 업무를 처리하는 과정에서 느끼는 어려움을 유지, 보수, 개선하는 것이다. 하향식 접근방법의 경우에는 최고경영자의 이해가 중요하다고 할 수 있지만 상향식 접근방법의 시발점은 실무자들이기 때문에 사용자들의 이해가 상당히 중요하다. 이와 같은 상향식과 하향식은 전통적인 방법에 해당한다.

외향식(Inside-Out)은 기업 내부의 성공사례를 전사적으로 확산시키고자 하는 것이다. 예를 들어 특정 타 부서에서 클라우드 시스템으로 큰 성공을 거두었다면 클라우드 시스템에 대한 이해를 바탕으로 전사적으로 모든 부서에서 활용할 수 있도록 만드는 것이 여기에 해당한다. 이 접근방법은 학습적인 측면과 내부 IS 자원을 이용하려는 측면이 매우 강하며(일종의 인소싱) 이는 정보기술을 확산시키고자 하는 의도가 숨어 있다고 할 수 있다. **내향식**(Outside-In)은 앞서 언급한 바와 같이 초우량 기업에서 아이디어를 얻어 기업 내부에 도입하는 접근방법이다. 벤치마킹이라는 것은 초우량 기업의 아이디어를 모방하여 더 좋은 시스템을 창출하는 것(일종의 아웃소싱)이기 때문에 내향식 접근방법의 대표적인 사례라고 할 수 있다.

(2) 4가지 ISP 주요 접근방법 비교

① 상향식(Bottom-Up)

첫 번째 접근방법은 상향식(Bottom-Up)으로 이 방법은 이 다음에 바로 설명되는 하향식(Top-Down)의 전략분석과는 대조적으로 자료분석(data analysis)이 중심이 되는 시스템 계획방법이다. 상향식 접근방법이 자료분석인 이유는 실무자들이 일을 처리하는 데 있어서 정보의 역할이 매우 크고 그 정보가 데이터적인 측면이 강하기 때문이다. 따라서 상향식 접근방식은 새로운 시스템을 구축하고자 하는 것이 아니라 현재 사용하고 있는 시스템의 문제점을 파악하기 위해 데이터를 수집하여 추가로 필요한 정보가 무엇이고 배제하여야 하는 정보가 무엇인지를 파악한 후 문제점 발견 시 이를 해결하는 전통적인 접근방법이다. 기존 시스템의 문제점 발견과 개선이 주 목적이므로 시스템 사용자에 대한 이해가 중요하며, 평가적 작업이 주를 이룬다. 평가를 위해 주로 조사 및 감사방법이 사용되며 이를 통해 기업 내부의 강점과 약점(S/W: Strength/Weakness)을 도출해 낼 수 있다. 이러한 상향식 접근방식은 1960~1970년대에 가장 일반적으로 사용하였던 방법이기도 하다.

② **하향식**(Top-Down)

두 번째 접근방법인 하향식(Top-Down)은 기업에서 현재 활용하고 있는 시스템을 유지, 보수, 수정하는 것이 아니라 보다 새로운 업무를 지원(support)하고자 IS를 새롭게 구축하는 것이기 때문에 전략분석이 중심이 된다. 이것은 결국 전략적 의사결정을 지원하는 시스템 구축을 의미하므로 'decision analysis' 라고도 말할 수 있다. 이러한 새로운 IS는 경영적인 측면에서 필요시된다. 예를 들어 주문 이전의 견적서 관리를 하지 않던 기업이 고객에 대한 빠른 서비스를 위하여 견적서 관리가 필요하다는 경영적 판단이 내려지면 이에 맞추어 견적관리 시스템이 만들어지기 때문에 의사결정이 먼저 이루어지고 그에 따른 IS가 구축되는 하향식 방식이다. 즉, 기존에 존재하고 있는 시스템적인 문제점을 해결하는 것이 아닌 새로운 시스템 구축의 접근방법이다. 이처럼 하향식 접근은 경영활동을 함에 있어 주요한 의사결정(decision)이 어떤 것들이 있는지 파악해야 한다. 그리고 파악한 부분이 현재 정보시스템으로 지원받지 못하고 있다면 'decision making model' 을 만들어 그에 필요한 자료(data)를 수집하여 IS를 구축할 수 있다. 그러므로 시스템 구축 시 경영의 전략적 의사결정들에 대해서 분석하는 작업이 주를 이루며, 이 과정에서 기업의 기회와 위협(O/T : Opportunity/Threat)이 도출될 수 있다. 또한 새로운 의사결정 모델을 만드는 방법론들이 시스템 구축계획에 이용된다. 이러한 방식은 1980년대 전반에 주를 이루었으며 상대적으로 나중에 접근방법의 필요성을 깨닫게 되었기 때문에 통제 모델(control model)이 아닌 미래지향적인 계획 모델(planning model)이라고 할 수 있다.

③ **외향식**(Inside-Out)

세 번째 접근방법인 외향식(Inside-Out)은 1980년대 후반에 주를 이룬 접근방식으로, 사용자 스스로의 문제점을 발견하고 해결방안을 탐색하여 그에 맞추어 데이터를 수집하고 새로운 시스템을 구축한다. 그 과정에서 사내의 성공 시스템 확산과 활성화를 강조한다. 즉, 엔터프라이즈 내 일부 부서에서 클라우드 시스템, DW(Data Warehouse) 시스템, DM(Data Mining) 시스템, 애널리틱스 시스템 등과 같이 가장 성공한 성공사례가 무엇인지를 파악하여 유사한 방식으로 다른 부서로 확산하고 전파하는 방법을 말한다. 이러한 접근방법으로 시스템 구축 계획을 하기 위해서는 내부의 IS 자원 이용이 중심이 되며, 정보자원 분석 작업이 주를 이루게 된다. 외향식은 모범적인 정보기술 확산을 목표로 하며, 그 과정이 학습적인 특징이 있다.

④ **내향식**(Outside-In)

마지막으로 내향식(Outside-In)은 1990년대 전반에 걸쳐 나타난 방법으로 기존 시스템의 개선이 아닌 가장 이상적인 시스템을 발견하고자 하는 방법이다. 가장 이상적인 시스템이라는 것은 실행 가능 여부를 생각하지 않고 기업에서 필요로 하는 가장 이상적인 시스템을 백지에 그려보고 그에 맞추어 실행 가능한 대안을 설계하는 것이다.

이러한 방법은 창조적이고 혁신적인 아이디어를 만들어낼 수 있다는 점에서 각광을 받았으며 벤치마킹이 내향식 접근방법의 가장 대표적인 사례라고 할 수 있다. 그러므로 초우량 기업 및 사례 분석이 ISP의 주를 이루는 선행작업으로 수행된다. 내향식 접근방법은 미래지향적인 시스템을 구축하고, 우량의 정보기술 이전 및 흡수를 목적으로 한다. 내부와 외부 간의 커뮤니케이션은 위와 같은 아이디어 교환을 활성화시키기 때문에 이 접근방법은 결국 커뮤니케이션이 중심이라고도 할 수 있다.

결국, 이들의 유사점과 차이점을 이해한 후 IT/IS 포트폴리오 구축 목적에 따라 접근방법을 달리 선택하여야 한다.

8.1.4 ISP를 주도하는 세력(Leading Forces)

(1) 5가지 ISP 주도세력

ISP 접근방법은 아이디어의 제안 단계부터 예산이 배정되고 포트폴리오가 도출된다. 또한 실제 시스템이 구축되기까지 주도적 역할을 누가 할 것인가에 따른 구분도 가능하다. 물론 실제적으로 행동을 하는 것은 사람이지만 사람이 속해 있는 곳은 기업 외부의 IT 관련 벤더(공급자), 컨설턴트 혹은 기업 내부의 사용자, 시스템 전문가 등 다양하다.

첫째, 'Business Lead'(경영 주도) 접근방법은 기업경영에 초점을 맞추고 기업 내부의 현업 사람들이 주도권을 가지고 있는 방식을 말한다. 이 방법은 계획수립의 목적과 필요성을 느껴야만 실행하기 때문에 매우 수동적이다. 그리고 IS 계획 수립자가 ISP를 주도하며 흔히 이사회가 심의를 한다. 즉, 경영자가 주도적인 역할을 하며 표어는 'It' s a common sense' 이다. 따라서 많은 사람들의 의견이 합의를 이루면 마스터 플랜 혹은 포트폴리오에 추가를 하는 상식적 맥락의 방법이라고 할 수 있다.

따라서 이 방식의 장점은 단순하고 기업경영 위주이며 추진의 수용이 용이하다. 즉, 이 접근방법은 문제가 있을 때, 그 문제의 해결을 위해 지원해 주는 방식이기 때문에 현업 사람들이 거부할 이유가 없어 저항이 거의 없다는 것을 의미한다. 반면 계획적이 아닌 즉흥적(ad-hoc) 방법이며 또한 일반적으로 중간관리자나 실무자의 참여가 더 많기 때문에 경영자의 참여가 미약하다는 단점이 있다.

둘째, 'Method Driven'(방법론 주도) 접근방법은 전 세계적으로 많은 컨설팅 회사 혹은 시스템 패키지(package) 회사들이 자신들 나름대로 만든 독자적인 테크닉 혹은 방법론에 기반하여 단계적(step by step)으로 ISP를 진행하는 방법이다. 즉, 경영자적 방법이기보다 'method' 중심 혹은 테크닉 중심의 방법론이다. 미국의 17개 대기업을 조사한 자료를 보면 이들 중 CSF(Critical Success Factor)는 7개 기업, BSP(Business

System Planning)는 4개 기업, Porter의 경쟁세력(Competitive Forces) 모형 또는 가치사슬(Value Chain) 모형은 4개 기업에서 사용한다. 이처럼 많은 기업에서 방법론를 배우려고 노력하고 있다. 앞서가는 기업의 경우에는 관리자들이 우수한 방법론을 가지고 있기 때문에 방법론이 크게 중요하지 않을 수 있지만 이러한 방법론들이 워낙 유용한 것으로 알려져 있어 초우량 기업들도 방법론을 공부하여 적절하게 활용하는 경우가 많다. 이처럼 Method Driven 접근방법은 매우 많은 기업에서 이용하고 있다. 이 방법론은 주로 하향식 흐름을 따르며 방법론에 대하여 가장 잘 알고 경험이 많은 컨설턴트들이 주도한다. 그리고 방법론 중심 접근방법에서 추진하고 있는 표어는 "It' s good for you" 이다. 이러한 맥락에서 컨설턴트들은 이 접근방법이 매우 좋은 것이기 때문에 당신들도 배워 활용하라는 의미로 제안을 한다.

이 방법의 장점은 정형화된 방법이기 때문에 추진력이 강하다는 장점이 있지만 그렇다고 해서 항상 내용의 질이 좋은 것은 아니다. 방법론 중심이기 때문에 유연성이 적절치 않을 수 있어 성공은 유동적이라고 할 수 있다. 또한 사용자의 참여 기회가 적고 부적절한 방법론을 선정하면 좋지 않은 결과를 낼 수 있다는 단점을 가지고 있다.

셋째, **'Administrative'(운영위원회 주도)** 접근방법은 관리적으로 기업의 포트폴리오를 구성하는 방법이다. 기업의 위원회를 구성하고 기업 내 규칙 및 규정에 대한 해당 위원회의 적합 여부를 판단하여 예산배정을 하는 방침이다. 자원의 분배에 초점을 두고 있으며 포트폴리오의 구성을 목적으로 한다. 그리고 이 접근방법은 현업의 사람들에게 문제 개선에 필요한 것을 제안하는 Bottom-up Approach이다. 심의는 조정위원회(steering committee, 기업에서 자원분배에 관련한 갈등 등을 조화시키는 역할)나 실무추진위원회가 하게 된다. 추진하는 모토는 내부의 룰에 맞으면 예산을 반드시 받는 형평의 개념을 가진 "Survival of the fittest" 이다. 이 방법의 장점은 시스템의 생존력이 확보되며 사용자의 제안 및 참여가 활동적이다. 반면 단점은 비전략적이며 관료주의가 클 수 있고 자원이 제약될 경우에는 경쟁이 심해질 수 있다.

넷째, 'Technology(기술 주도)' 접근방법은 기술적 접근방법으로서 외부의 새로운 기술을 기업 내부의 청사진에 도입하여 기술적 하부구조를 구축하는 것이 목적이다. 기술은 여러 가지 플랫폼(platform)적인 하부구조의 역할을 한다. 그러한 하부구조 위에 다양한 애플리케이션(application)이 만들어지기 때문에 기술 중심의 접근방법은 주로 하부구조 중심으로 구축의 목적이 담겨 있다. 설득을 얼마나 잘할 수 있는가가 심의에 중요한 영향을 미치며 표어는 "We nearly aborted it(하마터면 예산을 받지 못할 뻔했다)" 이라고 할 수 있다. 이유는 기술 중심이기 때문에 아직 사용해 보지 않았고, 얼마나 도움이 될지 확신할 수 없어 현업 사용자들이 기꺼이 찬성을 해주지 않기 때문에 위원회를 통과하기 어렵다. 이 방법은 기술혁신이 가능하다는 것과 기술적 하부구조 체계의 구축이 용이하다는 장점이 있지만, 회사의 지원을 확보하는 것이 어렵고 시스템이 부분적으로 구축되며 내부적으로 복잡하다는 단점이 있다.

마지막으로, 'Organizational' (조직적 주도) 접근방법은 조직적인 접근방법으로 가장 좋은 접근방법이라고 할 수 있다. 학습 중심이고 프로젝트 팀이 ISP를 주도하는 비정형적인 접근이다. 따라서 파트너십으로써 IT 종사자와 현업 사람들이 적절하게 프로젝트 팀을 구성하여 합의를 통한 포트폴리오를 구축한다. 이 방법의 장점은 현업과 IT가 어느 한쪽이 주도적으로 하는 것이 아니기 때문에 점진적인 변화가 가능하며, IS User와의 원만한 관계의 유지가 가능하다. 반면 User의 설득을 확보하여야 하기 때문에 기술적 하부구조의 형성이 지연될 수 있으며, 추진력이 약하다는 단점이 있다.

(2) 5가지 ISP 주요 주도세력 비교

〈표 8-1〉은 위의 다섯 가지 방법을 비교한 표이다. 첫 행은 네 가지의 접근방법이며 왼쪽의 첫 열은 방법론, 실행, 과정, 경쟁 우위적 측면에서 비교하여 H(High), M(Medium), L(Low)의 세 개의 레벨로 표시하였다. 즉, 각각의 ISP 접근방법을 실행 방법론의 견고성, 과정의 복잡성, 실행의 수월성 그리고 경쟁우위 제공 정도를 다섯 가지

기준으로 평가한 표이다. 표에서 알 수 있듯이 현업과 IT의 합의를 통해 이룰 수 있는 조직적 접근방법이 가장 높은 레벨의 H가 세 개나 있으므로 가장 좋은 접근방법이라고 판단할 수 있다. 반면 방법론적(method driven) 방법이 가장 많이 사용되는 방법이지만 실질적으로 도움을 주는 것은 미약하다고 할 수 있다.

즉, 조직적인 방법이 가장 성공할 가능성이 뚜렷하다고 할 수 있으나 각 접근방법을 적절히(mix & match) 활용하는 것이 좋다고 할 수 있다.

표 8-1. ISP를 주도하는 다섯 세력의 비교

	경영 주도	방법론 주도	운영위원회 주도	기술 주도	조직 주도
방법 견고성	L	H	L	H	M
과정 복잡성	L	L	M	L	H
실행 수월성	M	L	H	M	H
경쟁 우위성	H	L	M	L	H

정리하기

ISP란 기업의 종합적인 정보자원에 관하여 IT/IS 중장기 전략적 플랜(중장기 MIS 종합 전략 계획)을 수립하는 것을 말하며, 흔히 그 결과물을 MIS 마스터 플랜이라고 부른다.

이것이 MIS에서 매우 중요한 비중을 차지하는 이유는 이 청사진에 따라 그 기업의 향후 IT 인프라 및 응용시스템 구축에 대한 연구와 개발(R&D) 일정이 만들어지기 때문이다. 또한 ISP는 'business within business'(경영 속의 경영)로 이해해야 하는데 그 이유는 경영의 목표와 IT 및 IS 포트폴리오의 목표 방향성이 같아야 자원의 선택과 집중이 적절하게 이루어질 수 있기 때문이다. ISP는 궁극적으로 최적의 포트폴리오를 도출하는 것이며 이 과정에서 **상향식, 하향식, 외향식, 내향식** 접근방법이 수반된다. 또한 주도하는 세력의 비중에 따라 **경영 주도, 방법론 주도, 운영위원회 주도, 기술 주도, 조직적 주도** 접근방법으로 구분해 볼 수도 있다. 이처럼

ISP를 수행하기 위한 접근방법은 다양하게 존재한다. 결국은 ISP의 목적과 수행능력에 따라 적용과 혼용(mix & match)을 하는 방법으로 추진되어야 한다.
다음에는 ISP의 구성요소와 도출을 위해 수반되는 구체적인 분석방법에 대해 알아본다.

평가하기

제시된 문항의 빈칸(　　)을 채우거나, O/X 여부를 결정하세요.

1. 조직적 주도(organizational) 접근방법의 장점은 기술적 하부구조의 형성이 용이하고 추진력이 강하다는 것이다. (O/X)
2. 기술 중심(technical) 접근방법은 시스템을 부분적으로 구축하게 된다. (O/X)
3. 현업의 사용자들은 새로운 기술에 대해 주로 긍정적으로 생각한다. (O/X)
4. 기업의 전략을 지원하고자 하는 플래닝은 (　　) 분석방법을 이용한다.
5. 현재 시스템의 문제점 개선을 목적으로 하는 플래닝은 (　　) 분석방법을 이용한다.
6. 내향적(Outside-In) ISP 플래닝 접근방법이 강조하는 것은 (　　)이라고 할 수 있다.

8.2 ISP의 구성요소와 분석방법(Components & Analysis)

[내 용]

- ISP의 구성요소
- ISP의 내부/외부환경 분석
- 내부환경 가치사슬
- DB/Process Matrix
- 전략적 선택의 원칙

[목 표]

- ISP의 구성요소에 대한 이해
- 내부/외부 환경을 고려한 ISP 분석방법 이해
- ISP 분석을 통한 산출물 도출에 대한 이해

ISP는 방법론적으로 보면 IT/IS 포트폴리오를 만드는 과정이고, 그 산출물을 보고서의 형태로 작성한다. 최종 보고서는 일정계획을 담고 있고 후에 이 일정과 자원배분에 따라 실제 정보시스템 구축작업을 하는 것이다. 본래 분석이란 잘하려고 하면 끝없이 어렵고 적당히 하고자 하면 아주 쉽기 마련이다. 따라서 물리적 산출물로서 MIS 마스터 플랜 보고서를 도출해 내는 ISP가 어떻게 구성되며, 보고서를 만드는 과정에서 수반되는 조직의 내 · 외부 분석방법에 대해 알아보는 것을 목표로 한다.

[용 어]

다섯 가지 경쟁세력모형 (5 Force Model)	• 미국 하버드 대학의 마이클 포터가 주장하는 모델로 기회와 위협의 원인을 찾아낼 수 있는 기업 외부의 다섯 가지 개체들에 대해 설명하는 모델 • '기존경쟁자 간의 경쟁 정도', '공급자들의 교섭력', 구매자들의 교섭력', '잠재적 진입자들의 위협', '대체재의 위협'으로 구성되어 있음 • 그렇지만, 전략적 아웃소싱, 상생 파트너 경영이 새로운 경영 패러다임이 되는 시대에 이 모델도 이제 한계점에 도달했다고 판단되기에 물러나야 할 때가 아닌가 생각됨
CSF (Critical Success Factor)	• 미국 MIT 대학의 존 록카트의 개념으로 '주요(핵심) 성공요인'이라는 말로 번역되며, 기업에서 아주 비중 있게 다루어야 할 중요한 업무 분야를 말함 • 5 +/− 2 = 3~7개의 반드시 잘 관리되어야 할 소수의 업무를 뜻하고 컨설턴트들에 의해 1980년대부터 유명해졌으며 선택과 집중, 핵심과 비핵심의 차별화와 체계화를 잘 설명함

8.2.1 ISP(Information Systems Planning)의 구성요소

(1) 개요

ISP 절차는 대략 네 개의 구성요소로 구성되어 있다.

첫 번째는 엔터프라이즈 스스로가 왜 ISP를 하려고 하는가와 관련된 정보시스템의 목적이다.

두 번째는 현재 역량으로 조직이 가지고 있는 IT/IS 자원은 무엇이 있는가 혹은 지금까지 수행해 온 디지털 기술의 흡수 역량은 무엇인가와 관련된 부분이다.

세 번째는 디지털 환경의 변화로 현재 외부에서 일어나는 다양한 환경의 변화는 어떻게 나타나고 있는가에 관련된 것이다. 여기에는 방법론, 소프트웨어와 솔루션(solution), 패키지(package), H/W(hardware)가 해당한다.

마지막은 지금까지의 과정을 통해 목표로 삼은 것을 구체적 실행 계획으로 수립하는 것이다.

여기에는 H/W 구입 일정계획, S/W 구입 일정계획, S/W 개발 일정계획, 디지털 요원 충원 및 조직계획 등이 해당한다. 요원이라는 것은 새로운 시스템을 구축하기 위한 시스템 분석가, 프로그래머, 시스템 엔지니어, DB 전문가, 데이터 과학자 등과 같은 MIS 인적 자원을 말하며 이 요원들을 새롭게 충원할 것인가 아니면 아웃소싱을 활용할 것인가와 같은 이슈가 존재한다. 또한 조직계획은 향후에 IT/IS 부서를 어떻게 조직화할 것인가 등과 같다. 구체적 계획의 구성요소에서 가장 핵심적인 것은 포트폴리오(portfolio)라고 할 수 있으며 여기서 포트폴리오란 앞에서 설명하였듯이 향후 그 엔터프라이즈 자신이 마스터 플랜의 추진 일정계획에 따라 구축하고자 하는 핵심 IT/IS 투자 리스트라고 할 수 있다.

ISP의 목적은 한정적인 예산을 가지고 어떻게 IT/IS에 투자해야 기업이 필요한 MIS 관련 인적 · 물적 자원을 확보할 수 있는가 하는 질문에 대한 답을 하는 것이며, 따라서 조직 전반적인 이해가 매우 중요한 부분이다. 포트폴리오의 구축이 ISP의 목표라고 말할 수 있지만, 사실 더 중요한 것은 전사적인 관점에서의 핵심요소가 무엇인지를 실무자와 경영자 혹은 IT 부서와 현업 사이에서 이해하고, 공유하고 그리고 콜래보레이트하는 것이 보다 큰 ISP의 목적이다.

(2) 엔터프라이즈의 사명(Mission)이란?

사명 또는 미션(mission)이란 기업이 존재하는 이유이다. ISP에서 사명을 중요시하는 이유는 그 기업에서 진정으로 무엇이 더욱 중요하고, 처리되어야 하는 업무 과제인지를 판단할 수 있는 근거가 되기 때문이다. 의사결정이 판단기준에 따라 달라질 수 있는 것처럼 ISP에서도 우선순위를 결정하고 포트폴리오를 도출하기 위한 기준이 존재한다. 사실 엔터프라이즈 전체가 추구하는 방향을 이해하고 공유하며 정의 내리는 것이

ISP의 절반이라고도 말할 수 있지만, 경영자가 비즈니스 사명을 정의하는 것도 중요하며 전체 구성원에게 전달하고 합의하는 것은 역시 쉽지 않다.

따라서 다음과 같이 기업의 사명을 정의하기 위한 네 가지 요소를 중심으로 표현하여 소통하도록 한다(〈표 8-2〉 참고).

첫째, **제품영역**(product scop), 즉 제품과 서비스 영역에 대한 정의를 내린다. 어떤 제품과 서비스를 왜 제공하려는 것인가에 대한 결정이다. 관련 산업의 이슈 그리고 물적-지적, 물질-디지털, 온라인-오프라인 등의 이슈가 있다.

둘째, **고객영역**(customer scope), 즉 누구에게 제공할 것인가를 결정한다. 인구 통계학적 이슈 그리고 전통-첨단, 소유-공유, 헤드-롱테일 같은 이슈가 있다.

셋째, **지리적 영역**(geographical scope), 즉 제품이나 서비스를 어느 지역에서 팔 것인가를 결정하는 지역적 이슈가 있다.

마지막으로, **역량 특성**(unique competences), 즉 경쟁의 차별화와 수단을 결정한다. 특화 방식, 마케팅, 모니터링 및 분석 방식 등의 이슈가 있다.

표 8-2. IT 기업 사명 예시

	현재(misson)	**미래**(vison)
제품 영역(무엇을)	• 공장자동화 시스템 개발 • IT 교육센터 운영	• 공장자동화 그리고 가상(virtual) 공장 시뮬레이션 시스템 및 원격 모니터링 시스템 개발 • 가상현실(VR) 교육센터 운영 • 시스템 통합 컨설팅
고객 영역(누구에게)	• 반도체 생산기업 • IT 교육기관	• 반도체 및 장비 생산기업 • 디지털 기술 교육 기관
지리적 영역(어디서)	• 한국	• 글로벌
경쟁 특성(어떻게)	• 신기술 도입의 신속성 • 웹 관련 기술	• 가상현실(VR)로 페이퍼 공장 디자인 및 다양한 센서 활용으로 특화된 신속하고 유연한 모니터링 기술 • VR, 애자일, 센서, 네트워크 관련 기술

〈표 8-2〉는 반도체 공장자동화와 IT 교육에 특화하는 소프트웨어사가 가상현실(virtual reality)과 애자일(agilile) 개념을 도입하여 시스템 개발, 교육과 트레이닝, 컨설팅 등 종합 시스템 하우스로 발전하고자 하는 모습이다.

요약하면, 기업의 사명은 어떤 제품을 어느 시장, 어느 지역에서 어떠한 경쟁수단을 통해 경쟁할 것인가에 대해 명확한 정의가 내려져 있어야 한다. 이러한 것을 강조하는 이유는 사명이 애플리케이션 포트폴리오를 설정하는 데 중요한 역할을 하기 때문이다. 사명과 직접적으로 연계가 되어 있다면 포트폴리오의 상위에, 간접적으로만 연계되어 있다면 상대적으로 하위에 설정되어야 하는 것이다. 기업의 사명은 한번 정해졌다고 불변하는 것이 아니라 환경이 변화하면 그 변화에 맞춰 바뀔 수 있는 것이다. 따라서 기업의 현재뿐만 아니라 미래 모습까지 포함하여 비전(vision)의 형식으로 표현되어야 한다.

8.2.2 ISP의 외부환경 및 내부환경 분석(External and Internal Analysis of Environments)

(1) 외부환경 분석(External analysis)

외부환경 분석이라는 것은 산업환경을 분석하는 활동이다. 엔터프라이즈나 조직을 쉽게 전통적 삼각형 형태로 표현하면 자체의 내부 통제를 받지 않고 대신 경계(boundary) 밖에 있으면서 스스로 변화하는 영역을 환경이라 할 수 있다. 그 환경의 구성요소들은 고객, 경쟁자, 공급자, 대체재 등이 이에 해당하며 이 대상들을 분석하는 것이 외부환경 분석이다. 외부환경(external) 분석은 기업의 사명을 기반으로 기업의 기회와 위협을 파악하는 단계이다.

실제 상황에서 기업의 기회와 위협에 영향을 미치는 외부환경들을 정의하는 것은 그리 간단하지 않다. 외부환경은 크게 기업에 간접적으로 영향을 주는 외부환경들과 직접적으로 관련이 있는 외부환경들이 있다. 간접적인 환경들로는 정치적/법적 환경, 사회적/문화적 환경, 경제적 환경, 기술적 환경 등이 있고, 직접적인 환경들로는 앞서 언급한 고객, 경쟁자, 공급자, 대체재뿐만 아니라 언론매체나 지역사회, 정부와 금융기관 등이 있다.

외부환경 분석 모형으로 흔히 많이 쓰이는 모델 중 하나인 Michael Porter(마이클 포터)의 다섯 가지 경쟁세력 모형을 살펴보자. 이 모형은 기업의 외부환경 중 다섯 가지의 주요한 대상을 분석해 기업에게 가장 핵심적으로 기회와 위협이 되는 원인들을 알아내는 모형이다. 기업의 전략은 많다고 좋은 것이 아니라, 오히려 적을수록 기업의 투자와 관심, 그리고 노력이 집중되어 성공할 확률이 높다. 즉, 선택과 집중이 실행에 있어 매우 중요하기 때문에, 핵심요인을 찾기 위해 전략을 버리는 것을 주저할 필요가 없다. 즉, 타겟팅을 해야 할 소수의 내용을 찾아내는 것이 가장 중요하며 이것이 ISP의 지름길이 된다.

다섯 가지 경쟁세력이란 다음과 같다.

- 먼저, 기존 산업은 그 엔터프라이즈가 속해 있는 산업의 성장률, 집중도, 산업에서 설비의 중요도, 제품의 차별화는 어떻게 되어 있는가, 고객이 거래회사를 바꾸는 데 치러야 하는 대가 혹은 비용이 얼마나 되는가를 말하는 전환비용 등을 파악한다.
- 다음, 잠재적 경쟁자 분석은 잠재적 온라인, 오프라인 진출 기업이 얼마나 많이 존재하는가, 잠재적인 기업이 시장에 진출하기 위한 어려움은 어떠한 것이며 그 정도는 어떠한가(진입장벽) 등을 파악한다. 이를 위해 산업규모의 경제성, 제품 차별화, 유통경로에의 접근 가능성(즉, 유통채널을 확보하는 데 들어가는 비용의 파악), 상표 이미지의 영향력, 규모의 경제 이외의 경쟁 우위를 달성하는 방법상에서의 어려움, 다른 사업과의 연관성, 기업가의 경영철학 등과 같은 영향력 등을

분석한다.

- 공급자 분석은 엔터프라이즈나 가치네트워킹이나 콜래보레이션에서 필요한 물적, 지적 자원 및 디지털 테크놀로지 관련 벤더 등을을 공급하는 대상으로 그들에 대한 분석에는 공급자별 구매액 변동추이, 공급업체 변동추이, 공급자의 집중도, 부품별 공급비중, 교체비용(공급자를 바꿨을 때의 비용), 대체제 분석(공급자의 상품에 대한 대체품) 등이 이루어진다.
- 구매자 분석은 고객이나 소비자 또는 이용자에 대한 그들의 라이프 스타일, 구매비중, 구매 물량, 교체비용(구매제품 교체에 따른 비용) 등에 대한 분석이다. 여기에는 디지털 환경에서 다양한 유통경로가 새로이 등장함에 따라 시간, 장소, 위치, 기후, 이벤트 등의 상황 조건에 대한 분석이 더욱 필요해지고 있다.
- 마지막으로, 대체재 분석은 디지털 시대 다양한 온라인과 오프라인에서 새로이 등장하는 대체품 성장과 확산 추세, 대체품의 특징, 대체품에 대한 구매자 반응 등이 이루어진다.

(2) 외부환경의 기회와 위험

외부환경 분석을 통해 산출해 내고자 하는 것은 기업에게 가장 많은 기회를 주는 것과 위협의 원인을 제공하는 것이 어떠한 항목인지를 찾아내고자 하는 것이다.

〈표 8-3〉은 실제 반도체 기업의 외부환경 분석을 통해 찾아낸 결과로 다섯 가지의 기회(opportunity) 요소와 다섯 가지의 위협(threat) 요인에 대한 것이다. 같은 산업 내 기업이라 할지라도 그 기업이 선두 기업인지, 후발 주자인지, 주도 기업인지 지원 기업인지 등에 따라 기회와 위협 항목과 내용이 달라질 것이다. 아래의 예는 반도체 산업에서 후발 주자 기업의 예에 해당하는 기회와 위협의 항목과 내용을 간단히 나타내고 있으나 실제로는 항목별 상세한 분석이 이루어진다.

표 8-3. 외부환경분석 결과 사례

기회	위협
• 산업 성장률이 높다 • 기존기업의 보복위협이 낮다 • 기업의 우위를 지키기 어렵다 • 많은 구매물량이 있다 • 고객의 거래사 교체비용이 낮다	• 산업의 집중도가 높다 • 업체 이미지가 영향을 준다 • 제품의 차별화가 어렵다 • 인건비가 비싸다 • 인력의 이동이 많다

〈표 8-3〉의 사례에서 기회요인을 보면, 산업의 성장률이 특히 높다. 즉, 시장에서의 규모가 점점 커지고 있다는 것이므로 현재 산업에 계속 남아 있는 것이 좋다는 판단을 내릴 수 있다. 또한 기존 기업의 보복위협이 낮고 기업의 우위를 지키기 어렵기 때문에 현재 성장하고 있는 기업의 상황으로서 얼마든지 경쟁자를 무너뜨릴 수 있는 기회가 있으며, 많은 구매기회 물량이 있기 때문에 고객 측면에서 잠재적인 수요가 많을 수 있다. 또한 고객의 입장에서 전환비용이 낮기 때문에 시장에 대한 침투 가능성이 열려 있다는 것을 의미하고 이러한 환경적인 요소가 개방되어 있다는 것을 의미한다. 반면 위협요인을 보면, 산업의 집중도가 특히 높다. 즉, 몇 개의 기업이 산업을 독점하고 있다. 또한 업체 이미지가 영향을 주기 때문에 후발업체는 업체 이미지를 상승시켜야 한다는 과제가 주어진다고 할 수 있고, 제품의 차별화가 어려우며, 인건비가 비싸다. 그리고 인력의 이동이 많기 때문에 인력을 지키려는 노력의 일환으로 인사고과시스템, 보상시스템 등을 잘 만들어서 지원할 필요가 있다. 따라서 기회를 더욱 발전시키기 위한 IS 지원 포트폴리오를 만들고, 반면 위협요소를 감소시킬 수 있는 IS를 만들어낼 필요가 있다.

(3) 내부환경 분석(Internal analysis)

외부환경이 분석되면 내부환경 분석을 진행한다. 내부환경 분석은 말 그대로 내부에 있는 요소를 분석하는 것이지만 주의해야 할 것은 앞에서 파악한 외부환경의 기회와 위협 내용에 근거하여 상대적으로 분석해야 내 · 외부 환경 연계성이 이루어질 수 있다.

내부환경 분석은 주로 다음과 같은 기업의 세 가지 측면을 조합하여 상호관계를 중심으로 진행되는데 **DB 유형**(고객정보, 제품정보, 공급자 정보, R&D 정보 등), **업무 프로세스 유형**(회계, 생산, 마케팅, HR 등), **애플리케이션 시스템 유형**(기능상 마케팅 시스템, 생산시스템, 구매시스템 등)이 해당된다. 여기서, 업무 프로세스와 응용시스템의 분류는 같을 수도 있고 다를 수도 있다. 예를 들어, 영업시스템은 영업부서뿐만 아니라 구매부서까지 같이 사용할 수 있는 것처럼 하나의 시스템을 여러 부서에서 공동으로 사용하는 것이 가능하기 때문이다. 이러한 측면 외에, 조직부서도 분석에 사용될 수 있는데 기업 내부의 직급 체계나 분류 등과 같은 조직구조를 말한다.

(4) 내부환경에서의 가치사슬(Value chain) 활용

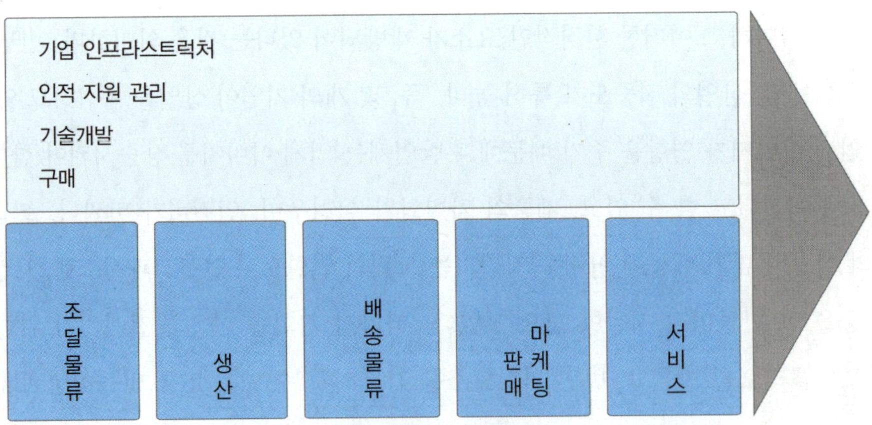

그림 8-4. 가치사슬

내부환경을 분석할 때, 업무 프로세스를 분류하는 방법에는 제3장에서 프로세스를 설명할 때 언급한 APQC의 **'프로세스 분류 프레임워크**(PCF)**'** 또는 Michael Porter

의 **가치사슬모델**(value chain)을 유용하게 사용할 수 있는데, 전자는 매우 정교하고 체계적이며, 후자는 단순하여 이해하기 편하다. 부가가치를 창출하는 일련의 업무 프로세스로 상호 연계성을 보여주는 가치사슬(value chain)의 경우, 상단부분은 기업에서 필요한 자원을 확보하는 지원 프로세스로 기업 인프라스트럭쳐(company infrastructure), 인적 자원 관리(human resource management), 기술개발(technical development), 구매(purchasing : 소모품, 집기, 고정자산의 구매)가 해당되며, 하단은 주된 운영 프로세스로 조달물류(inbounding logistics : 생산현장에서 필요한 원부자재 구매), 생산과 운영(operations), 배송물류(outbounding logistics), 마케팅과 판매(marketing and sales), 서비스(services)가 해당한다([그림 8-4] 참조). 내부환경 분석 시 이러한 틀에 맞추어 분석 대상기업에 대한 해당 내용을 채워 넣고 분석하게 된다. 그 후 가장 잘하고 있는 것과 가장 못하는 부분을 찾아내어 내부환경에 대한 강점과 약점을 도출하게 된다. 결국, 외부환경에서는 기회와 위협요소를, 반면에 내부환경 분석은 외부 환경요소를 기준으로 기업 내부 강점과 약점을 찾아내게 된다고 이해하면 되는데 흔히 이것을 SWOT(strength-weakness and opportunity-threat)라 합쳐 부른다.

(5) DB/프로세스 매트릭스

복잡해 보이는 〈표 8-4〉는 실제 회사에서 ISP를 수행한 것의 일부를 예를 들어 그려놓은 것이다. 표 왼쪽에는 여러 가지 DB 영역을 유형별로 구분해 놓았고, 윗부분은 경영층과의 심층 인터뷰를 통해 결정적으로 중요하다고 파악된 주요 성공요인(CSF : Critical Success Factor) 후보를 표시하였다. 테이블상에는 숫자로 표기되어 있으나 실제로는 각 번호마다 '고객지원의 강화', '효율적인 설비관리', '해외시장의 확대' 등과 같이 그 기업에서 도출되어 기술된 CSF 항목들이다. 이러한 19개의 CSF 후보요소들을 DB 영역과 연계시켜 매트릭스 형태로 분석한 테이블이다.

즉, 하나의 DB와 연관되어 있는 업무 프로세스(CSF)에서는 그 DB에 저장되어 있는 정보를 인풋으로 사용한다는 것을 의미한다. 이와 같이 DB 영역과 잠재적 CSF의 연계에 따른 상관관계와 합계의 점수를 통하여 기업에서 가장 중요하게 관리되어야 하고 집중적으로 투자되어야 하는 DB(가장 많이 활용되고 있는 DB)와 CSF(가장 복잡한 구성을 이루고 있는 최종 CSF)를 파악할 수 있다. 따라서 이 방법은 조직의 전체적인 부분의 분석과 설계라고 할 수 있으며 결국 이러한 매트릭스 표의 도출을 통해 ISP에서 초점을 맞추어야 할 부분의 윤곽을 파악할 수 있다.

표 8-4. DB/Process Matrix 사례

DB 영역	CSF 후보목록											관련도
	1	2	3	4	5	~	15	16	17	18	19	
홍보	X										X	3
기술		X										3
R&D		X										4
규정/직무								X		X		7
평가/감사										X		6
대외정보		X	X	X	X	·					X	12
경영전략/목표		X				·						4
인사						·					X	4
판매/계약	X		X		X					X		11
CLAIM												1
거래선/고객		X										4
공정								X				4
생산	X	X	X		X		X	X	X	X	X	16
계	4	8	5	2	4		3	9	3	6	5	

(6) ISP 구축의 주요 대안과 선택

기업은 위와 같은 영역들을 찾아낸 후에 적절한 애플리케이션(application), 즉 앞

으로 구축해야 할 영역을 찾고 그것을 ISP의 결과물로 도출해야 한다. 이를 위해서는 최근 성공하는 기업들이 추구하는 원칙을 살펴보고 ISP 구축에 반영해야 하는데, 그것들을 살펴보면 다음과 같다.

- 첫째, 제품의 정보 컨셉트를 증가시키는 것이다. 이 원칙은 가급적이면 제품이나 서비스에 여러 가지 정보가 내재될 수 있도록 해야 한다는 것을 의미한다. 즉, 정보를 제품과 통합시켜 제품뿐만 아니라 정보까지 같이 판매하는 스마트 제품이 되어야 한다.
  이를 실행하기 위해서는 웹사이트나 커뮤니티를 만들어 고객들이 쉽게 이용할 수 있는 방법을 제공해야 한다.
- 둘째, 개인화된 제품, 즉 맞춤정보를 제공하는 것이다. IT 발달에 힘입어 고객화(customization)가 되지 않는 상품은 점점 외면받는 시대가 되고 있다.
- 셋째, 제품과 프로세스의 결합으로 'hub', 'case manager/team', 'single contact point', 'one stop shopping'과 같이 여러 가지 제품과 서비스를 판매하고자 할 때 한 장소에 모아서 판매할 수 있어야 한다. 또한 고객이 제품 구매에 수반되는 여러 행동을 한 접점에서 모두 실행할 수 있도록 IS가 지원 가능한 형태로 구성되어야 한다. 다시 말해 제품과 서비스 구매 전 탐색부터 시작하여, 구매, 교환, 문의, 반품 등의 모든 행위가 한 접점에서 이루어지도록 IS가 구성되어야 한다.
- 넷째, 고객을 위한 업무를 위해 정보를 제공해야 한다. 고객이 활용하고 검색할 수 있는 정보를 풍부하게 만들어야 한다.
- 다섯째, 고객이 거래 프로세스에 접근 가능하게 함으로써, 그들로 하여금 직접 거래 추적을 할 수 있도록 IS 구성을 추구해야 한다.
- 여섯째, 거래처리시스템에 공급자나 고객들이 접속할 수 있도록 채널을 구축해

야 한다.

- 일곱째, 다양한 커뮤니티 구축을 통해 항상 고객이나 공급자들과의 의사소통의 장을 열어두어야 한다.
- 여덟째, 외부와의 파트너십을 통한 전략적 제휴를 활용해야 한다(다음의 박스내용 '프로세스의 새로운 전략적 네 가지 분류' 참조).
- 마지막으로, 업무활동의 효율성 향상으로 'fix the front-end', 즉 시스템을 모두 바꾸는 것이 불가능하면 최소한 고객에게 보이는 부분만이라도, 쉽게 말하면 잘 화장 또는 포장하라는 것을 의미한다.

프로세스의 새로운 전략적 네 가지 분류—가치/중요도 Matrix 분류 체계

		가치	
		Doing good(+)	Doing not good(-)
중요도	Identity(정체적) **프로세스** 고객과 파트너의 인터페이스가 이루어짐(예: 배송)		
	Priority(우선적) **프로세스** 위와 같이 접점에서 이루어지는 업무를 실제로 가능하게 해줌(예: 배송 스케줄)		
	Background(지원적) **프로세스** 위의 업무에 필요한 물적, 인적 자원을 확보(예: 기사 및 차량관리)		
	Mandated(제도적) **프로세스** 법과 규정에 따라 비용이 발생하더라도 반드시 해야 하는 업무(예: 세금, 보험)		

- **가치**: 프로세스가 가치를 창출하는 정도(돈을 버는지 아닌지)
- **중요도**: 고객이 프로세스를 피부로 느끼는 정도

조직에서의 다양한 프로세스 구성을 빙하 형태에 비유하고 있으며, 빙하의 해면 위와 아래의 차이점은 고객 및 파트너 입장에서 보았을 때 얼마나 가시적으로 노출이 되느냐를 나타내고 있다(예:

프런트 오피스 업무와 백 오피스 업무). 위 그림과 다음 표에서 프로세스가 위에 자리잡고 있을수록 고객은 직접 그 업무를 접할 수 있으며 따라서 전략적 중요성을 강조하고 있다. 해당 기업은 이 분류 체계를 이해하여 프로세스 분류를 완성하고 다음의 표가 제시하는 TQM, BPR, 아웃소싱/아웃태스킹과 같은 혁신과 변신 방안을 그 구체적 처리 방안과 함께 적용할 것을 유용하게 제시하고 있다 [Keen, 1997, 2000].

프로세스의 전략적 특성에 따른 트랜스포메이션 대응방안

		가치	
		Doing good(+)	Doing not good(-)
중요도	**Identity**(정체적) **프로세스** More than acceptable		BPR
	Priority(우선적) **프로세스** More than acceptable	TQM	BPR
	Background(지원적) **프로세스** Acceptable		아웃소싱/ 아웃태스킹
	Mandated(제도적) **프로세스** Acceptable		아웃소싱/ 아웃태스킹

		비즈니스룰 이용	파트너십 이용	오너십 이용
중요도	**Identity**(정체적) **프로세스** More than acceptable	*		*
	Priority(우선적) **프로세스** More than acceptable	*	*	*
	Background(지원적) **프로세스** Acceptable	*	*	
	Mandated(제도적) **프로세스** Acceptable	*	*	

- **비즈니스 룰 이용**: SW를 이용하여 프로세스를 룰–베이스(rule–base)로 자동화 처리
- **파트너십 이용**: 아웃소싱/아웃태스킹을 파트너 관계를 형성하여 필요한 스킬이나 지식을 외부에서 획득
- **오너십 이용**: 위와 반대로 비즈니스 핵심(core) 분야를 자체 역량으로 처리하여 고객 관계를 강화함으로써 거래비용을 감소하고 재구매 장기 구매를 유도

  → 상위 프로세스일수록 오너십 형태 처리를 강조하고, 비즈니스 룰 등 업무 표준화는 전체 프로세스에 필요함을 제시하고 있다.

정리하기

ISP를 통한 MIS 마스터 플랜 수립과정 구성은 1. 정보시스템의 목적, 목표, 구조, 2. 현재능력, 3. 기술 및 환경의 변화, 4. 구체적 계획(포트폴리오, 일정계획, 비용과 효과, 역할)으로 되어 있다. 이러한 ISP를 수행하기 위해 전사적인 관점에서 경영의 핵심요소가 무엇인지를 파악하여야 하며 이를 위해 기업의 사명을 파악해야 한다. 이후, 기회(opportunity) 및 위협(threat) 그리고 강점(strength) 및 약점(weakness)을 중심으로 흔히 SWOT라 부르는 외부환경 분석을, 그리고 가치사슬을 중심으로 구체적 내부환경 분석을 수행하게 된다.

이렇게 분석된 결과를 바탕으로 기업의 인터뷰를 통한 그 기업의 핵심 성공요인(CSF) 파악과 경영정보 DB 영역을 매트릭스 형태로 비교하여 해당 기업에서 가장 중요하게 관리되어야 하며 많은 투자가 이루어져야 하는 영역을 도출한다. 그리고 이에 따라 투자 우선순위를 결정함으로써 정보시스템 포트폴리오와 관련 자원의 확보계획을 만들어내는 것으로 ISP로 인한 중장기 MIS 청사진은 마무리된다.

평가하기

➔ **제시된 문항의 빈칸(　　)을 채우거나, O/X 여부를 결정하세요.**

1. 기업의 전략은 적을수록 좋다. (O/X)
2. 내부환경 가치사슬의 'purchasing'은 기업에서 필요로 하는 원부자재를 구매하는 행위를 말한다. (O/X)
3. CSF의 숫자가 많을수록 기업의 성공확률도 높아진다. (O/X)
4. 외부환경 분석은 (　　)과 (　　)을 찾기 위한 것이다.
5. 데이터(정보)/Process Matrix 테이블에서 DB 영역과 CSF 영역에 대한 분석은 가장 중요한 영역을 찾아 각 영역의 투자 우선순위에 (　　)을 선택과 집중으로 전략적 투자를 하기 위한 것이다.

Chapter

9

미래지향적 IT 투자와 분석

(Visionary IT Investment and Analysis)

Chapter 9

미래지향적 IT 투자와 분석 (Visionary IT Investment and Analysis)

9.1 미래지향적 IT 투자(Visionary IT Investment)

[내 용]

- 미래지향적 IT 프로젝트 투자
- 미래지향적 프로젝트 사례
- 정당화 프로세스의 단계

[생각해 보기]

- 미래지향적인 IT 프로젝트란 어떻게 다를까요?
- 미래지향적인 IT 프로젝트가 승인받는 과정과 영향을 주는 요인은 무엇일까요?
- 이와 관련하여 CIO가 할 수 있는 역할은 무엇일까요?
- 이러한 노력은 산업이나 기업의 환경에 따라 다를까요, 같을까요?

[목 표]

- 미래지향적 IT 프로젝트의 특성에 대한 이해
- IT 프로젝트의 정당화 과정에 대한 이해

제8장에서 살펴본 ISP는 조직 내 디지털 자원의 포트폴리오를 도출하는 과정이라고 할 수 있다. 그리고 이후 실질적인 투자가 이루어지게 되는데 본 장에서는 이와 관련된 미래지향적 IT 프로젝트의 특성이 무엇인가를 이해하고 미래지향적 IT 프로젝트를 정당화하는 과정이 어떻게 이루어지는가에 대해 이해하고자 한다.

[용 어]

미래지향적 프로젝트 (visionary IT investment)	관련 산업에서 최초로 또는 혁신적으로 시도되는 새로운 개념의 미래 중심적 프로젝트
프로젝트 챔피언	특정의 프로젝트 이슈에 내재된 고유의 비즈니스 가치를 잘 이해하고, 다른 중요 의사결정자에게 설득력 있게 전달할 수 있는 능력과 신뢰를 가진 인물
펀딩(funding)	프로젝트에 필요한 예산을 확보하기 위한 일련의 노력이나 활동

미국정부 자료에 의하면 1987년 미국 기업의 직원 일인당 IT는 $1,500였지만 2004년에는 $5,100로 3배를 나타내고 있다. 이러한 투자는 오피스, 창고 그리고 시설 투자와 맞먹는 금액을 의미하는 것이다. 저명한 Andrew McAfee(앤드류 맥아피)에 의하면 격동의 환경에 처해 있을수록 더 많은 투자경영을 나타내고 있으며 원래 잘하고 있던 기업들은 투자로 약 50%, 잘 못하고 있던 기업들은 약 20%의 평균 수익률 상승을 가져왔다.[1] 기존의 잘하고 있는 기업들을 살펴보면 디지털 쿠폰, 디지털 디스플레이, 디지털 모니터링 등을 하고 있다. 하지만 미래경영을 하고 있는 기업이라면 거의 모두가 시도하는 것이며, 특히 디지털 시대 미래지향적 새로운 비즈니스 모델 창출은 환경의 요구를 파악하여 인프라 구축, 전략 수립, 비즈니스와 테크놀로지 융합과 궁극적으로 교란적 비즈니스 지원까지 해야 할 일이 끝이 없다. 그래서 디지털 격변의 시대 IT

1. Zmud, Robert and Sambamurthy, Vallabh (2014-04-21), *No Excuses: Realizing Promised Benefits from Digitization* (Kindle Locations 131-133), Legerity Digital Press, Kindle Edition.

투자는 언제, 어떻게 할 것인지에 대해 경영자는 고민하지 않을 수 없다.

9.1.1 미래지향적 IT 투자(Visionary IT Investment)

(1) 프로젝트

IT 프로젝트는 소프트웨어 개발, 데이터베이스 구축, IT를 이용한 경영 환경의 이노베이션 및 트랜스포메이션 등 여러 가지를 의미한다. IT 투자는 IT 프로젝트와 관련된 많은 투자와 예정된 일정을 준수하고, 목표한 성과에 도달해야 하는 등 여러 가지 요인들로 인해 쉽지 않다. 하지만 이 많은 요소들 중에서 가장 먼저 생각되어야 하는 것은 어디에 투자하여야 할 것인가를 결정하는 것이다. 실제로 투자를 해야 하는 곳에 투자가 되지 않는다면 투자의 목적으로 생각한 바람직한 결과를 도출하지 못하기 때문이다.

여기서는 미래지향적인 투자와 일반적인 투자를 구분하고자 한다. 미래지향적 투자란 일반적인 투자와 매우 다른 특성을 가지고 있다. 즉, 미래지향적인 프로젝트는 남들보다 더 앞서가는 투자, 국내외에서 남들이 미처 생각하지 못했던 최초의 아이디어를 가지고 이를 현실화하기 위한 투자라는 특징이 있다. 따라서 미래지향적인 투자는 혁신성을 가지고 있으며 이러한 혁신적 아이디어는 누구나 쉽게 이해할 수 있는 것이 아니기 때문에 조직 내부의 투자 승인이 어렵다는 특징을 가지고 있다.

또한 미래지향적 투자를 위한 혁신적 아이디어는 아무나 생각할 수 있는 내용이 아니고 때로는 한 명이 아니라 여러 명에 의해 생각될 수 있다. 또한 그 결과는 현재뿐만 아니라 미래에도 기대했던 효과와 기대하지 못했던 효과까지도 포함한 많은 성과를 가져다 주게 되며 지속적인 노력이 필요하다는 특성 또한 가지고 있다.

(2) 투자는 도전

미래지향적 IT 투자는 도전이다. 도전은 위험이 따르고 복잡하다는 의미를 포함한다. 미래지향적 투자는 투자를 하더라도 예정대로 잘 진행되지 않을 수도 있다는 많은 불확실성을 가지고 있고, 남들보다 앞서기 위해서는 많은 비용과 큰 규모가 필요하기 때문에 많은 투자가 요구된다. 또한 남들이 아직 생각하지 못한 교란적 비즈니스 모델, 시스템 구조, IT의 응용 활용 등을 강조하는 새로운 개념의 모델이 필요하고, 조직 내에서 많은 관심과 몰입이 필요한 프로젝트가 미래지향적인 프로젝트라고 할 수 있다. 즉, 어느 한 사람이 프로젝트를 좌지우지할 수 있는 것이 아니고 조직 내의 많은 관심이 필요한 프로젝트라고 할 수 있다.

(3) 프로젝트 사례

프로젝트 투자에 대한 어떠한 흐름이 있는지를 살펴보면, 첫째, 스마트 혹은 인텔리전트한 시스템이 주요 트렌드를 구성하고 있다. 스마트 혹은 인공지능적 시스템에 대한 투자가 새로운 IT의 미래지향적인 투자가 될 수 있다. 둘째, 프로세스에 관한 혁신과 변신이 미래지향적 투자라고 할 수 있다. 시스템의 한 구성요소인 프로세스는 역동적이고 흐름이 있어 어렵기 때문이다. 셋째, 시스템의 또 하나의 구성요소인 DB이다. 테크놀로지의 발달로 인한 디지털화(digitiation)된 빅데이터 구축과 활용이 가능하여 아이디어와 통찰력 분석이 가능해졌기 때문이다.

프로젝트 사례 중 건강 분야에는 인공지능적인 처방 시스템(intelligent order entry), 여러 요인에 의해 발생할 수 있는 의약품 부작용을 방지할 수 있는 시스템(detection of adverse care events) 등이 있다. 식품 분야에는 데이터마이닝(DM)에 따른 맞춤화된 서비스나 판촉을 위한 시스템, 생산 분야 혹은 고객지원 분야 등에는 프로세스를 단축하거나, 사람이 관여하지 않도록 하는 등 프로세스를 혁신하는 플랫폼 기반 프로젝트 등이 있다.

이처럼 미래지향적 프로젝트의 성공사례 트렌드를 살펴보면 남들보다 앞서가고 인공지능적이며, 다른 곳에서는 생각하지 못했던 것이며, 새로운 이미지 사고를 통하여 기존의 가정들을 파괴하여 남들이 모방하기 쉽지 않은 프로젝트 등이 해당한다.

9.1.2 정당화 프로세스의 단계(Justification process)

프로젝트나 투자를 시작하기 위해서는 프로젝트에 대한 내부의 승인, 즉 프로젝트에 대한 'funding' 승인이 필요하다. 아래에서 이러한 funding 승인이 이루어지고 프로젝트 팀이 구성되기 전까지 어떤 일이 일어나는지를 알아본다.

정당화 프로세스는 비전(envisioning), 판매(selling), 승인(formal approval)의 세 단계로 구분할 수 있다.

① 비전(envisioning) **단계**

첫 번째 단계는 'envisioning', 즉 비전 만들기 단계이다.

이 단계는 프로젝트에 깔려 있는 아이디어와 개념을 만들고 발전시킨다. 이때, 혁신적인 새로운 아이디어를 만들어야 하는데, 아이디어를 만들기 위해서는 매우 짧은 시간에 만들어질 수도 있지만 난상토론을 진행하거나 많은 사람들로부터 자문을 구하거나 혹은 컨설팅 회사 등을 통해 진행되어 오랜 시간이 소요될 수 있다. 'selling' 단계로 넘어가기 이전에 기술적인 타당성이 존재하는가, 즉 아이디어를 추진하기 위해 필요한 기술이 시장에 이미 나와 있는가 혹은 성공이 가능한가에 대해 생각되어야 한다. 또한 사내에서 내부적으로 아이디어에 대한 찬성과 반대의 지지자가 비공식적으로 나타나게 되며 아이디어에 대한 전문가 혹은 전도사인 프로젝트 챔피언(project champion)이 등장하는 단계이다.

② 판매(selling) 단계

다음 단계는 'selling' 단계이다. 즉 아이디어의 판매, 마케팅 혹은 설득 단계이다. 펀딩(funding)을 결정한 '주요 인물(significant others)' 에게 세일즈맨(salesman)이 되어 아이디어를 셀링한다. 세일즈맨의 입장에서 고객은 펀딩을 결정하는 사장 혹은 추진 위원회 등이 된다. 그리고 비계획적이고 사전에 교육되지 않은 프로젝트 추진 팀(ad hoc project team)은 공식 · 비공식의 모든 채널을 동원하여 의사결정자들을 설득하기 위한 노력을 해야 한다. 이들을 설득하는 것은 한 번에 이루어지기 매우 힘들며 때로는 끝날 것 같지도 않은 것에 대한 설득이 이루어질 수도 있다.

③ 승인(formal approval) 단계

마지막 단계는 'formal approval', 즉 승인 단계이다. 이 단계는 투자 의사결정이 공식적으로 승인되는 단계이고 funding되는 것이 확정되었기 때문에 비공식적으로 프로젝트를 찬성하여 추진해 왔던 '추진 팀(ad hoc team)' 이 공식적인 프로젝트 팀으로 탈바꿈될 수 있다. 이 단계에서는 필요한 프로젝트 예산(funding)이 편성되고 프로젝트 넘버가 공식적으로 부여되며 전통적인 프로젝트 관리(project management) 단계에 들어가게 된다.

정리하기

미래지향적 IT 프로젝트란 관련 산업에서 최초로 또는 혁신적으로 시도되는 새로운 개념의 미래 중심적 프로젝트를 말하며, 이를 통해 전략적으로 경쟁력이 있는 핵심 역량을 달성하고자 한다. 따라서 관련된 IT 프로젝트 예산 배정과 투자승인이 더욱 쉽지 않음은 당연하다. 비즈니스적 사고에 기반하여 IT를 위한 IT가 아니라 경영을 위한 IT로서 창의적 사고, 비즈니스적 타당성에 초점을 맞춰 조심스럽게 진행되어야 한다. 프로젝트 승인을 위한 정당화 절차는 아이디어 구성(vision making), 판매(marketing), 승인(formal approval)의 3단계이다. 아직은 공식화되지 못한(가상 프로젝트 넘버가 붙여진 상태) 예비 프로젝트 팀(ad hoc project team)은 펀딩을 위한 프로젝트 아이디어 'selling'을 성공시켜야 한다.

평가하기

➔ 제시된 문항의 빈칸(　　)을 채우거나, O/X 여부를 결정하세요.

1. 미래지향적 프로젝트는 (　　), (　　), (　　) 과정을 통하여 이루어진다.
2. 특정의 프로젝트에 관심을 가지고 조직 내에서 다른 사람의 의견에 영향을 미치는 핵심 인물을 (　　)이라고 한다.
3. 프로젝트는 아무리 좋은 아이디어라고 할지라도 필요한 재무적 자원인 (　　) 또는 (　　) 없이는 진행될 수 없어 재무적 자원은 매우 중요하다.
4. 미래 중심의 프로젝트는 일반 프로젝트와 그 성격이 별로 차이가 없다. (O/X)

9.2 IT 투자 정당화 요인과 디지털 CIO

[내 용]

- 프로젝트 투자 정당화 요인 다섯 가지
- 프로젝트에 있어서 CIO의 역할과 특징

[목 표]

- 프로젝트 정당화 프로세스에 영향을 미치는 요인 이해
- 프로젝트에 있어서 CIO의 역할과 특징에 대한 이해
- 관련 산업과 기업환경에 따른 차이점 이해

여기에서는 앞서 살펴본 미래지향적 투자의 내부 승인을 위한 정당화 프로세스에서 고려해야 할 요인이 무엇인가를 파악하고 정당화 프로세스에서 디지털 CIO의 역할이 무엇인지에 대해 알아보고자 한다. 이를 위해 미래지향적 IT 프로젝트 승인에 영향을 주는 다섯 가지 요인과 CIO 역할을 이해하며 이러한 노력이 관련 산업이나 기업환경에 따른 차이가 있는지를 파악해 보고자 한다.

[용 어]

프로젝트 리더	프로젝트의 내용을 가장 잘 실무적으로 이해하고 추진할 수 있는 능력을 소유하고 있는 인물, 리더십의 소유자
프로젝트 스폰서	프로젝트의 실행에 관하여 관심을 가지고 재무적 · 물질적 · 인적 자원을 지원해 줄 수 있는 인물, 즉 스폰서십의 소유자

9.2.1 다섯 가지 요인(5 Factors for Justification)

[그림 9-1]은 미래지향적 IT 투자 정당화와 관련된 다섯 가지 요인을 표현해 둔 것이다. 첫 번째 요인은 혁신가(innovator)로 혁신(innovation)을 가져다 주는 사람이다. 두 번째는 프로젝트 챔피언이다. 프로젝트 챔피언은 아직 공식화되지 않은 프로젝트인 예비 프로젝트에 대한 전도사를 지칭한다. 세 번째는 최고 경영층(executive)의 스폰서이며, 네 번째는 IT의 신뢰성(혹은 타당성)이다. 마지막은 재무적 신뢰성이다. 이와 같은 다섯 가지의 요인들이 미래지향적 IT 투자 정당화 프로세스의 중요한 구성요소라고 할 수 있다.

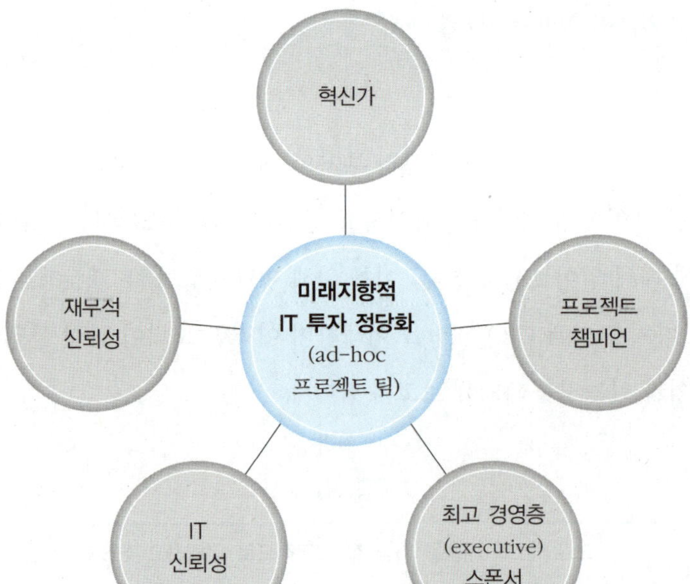

그림 9-1. 투자 정당화 요인

(1) 혁신가(Innovator)

혁신가(innovator)는 초기의 새로운 아이디어를 개념화하여 조직 내에 제시하는 사람을 의미한다. 혁신가들이 조직 내에서 존재하는 위치는 그 조직 내에서 IT가 차지하는 위상에 따라 다르다. 아이디어는 대략적으로 CIO, 사용자, 외부컨설턴트 등 세 가지의 원천(source)이 있다. 이 중 IT에 크게 의존하고 있는 기업이라면 CIO가 아이디어를 제시하며 혁신에 참여할 수 있다.

하지만 IT 의존도가 낮은 기업도 일반적인 경리회계, 현금의 입출금 혹은 물품의 입출고 재고 관리, 일반적 연구개발 등에서 IT의 사용이 보편화(표준화)되어 있다. 즉, IT 비의존 기업은 CIO가 기술적인 방법을 추구하여 기술적으로 해결할 수 있고, 기술적 아이디어를 제시해 줄 수 있다. 다시 말해 IT 의존도가 낮은 기업은 타 회사에게 없는 업무나 정보 분석처리 혹은 업무 프로세스 절차에 대해 IT 전문가들이 아닌 실제 업무를 담당하는 실무 담당 매니저들이 나서야 한다.

따라서 IT 의존 기업은 IT 전문가인 CIO가 아이디어를 제시하며 혁신에 참여할 수 있는 반면 IT 비의존 기업은 반도체 사업 본부장, 가전제품 사업 본부장 등과 같은 기업 내 사업부문장(senior business executive), 즉 현업 부서의 책임자들이 새로운 아이디어를 제시한다. 이처럼 IT 의존 기업과 비의존 기업에서의 혁신가의 대상은 달라야 한다.

여기서 IT에 의존한다는 것에 대한 구분은 경영활동에 있어 IT의 역할이 잠시 멈췄을 때 그로 인해 기업에 영향을 미치거나 타 회사와 경쟁할 때 IT가 중요한 요소가 될 수록 IT 의존 기업이라고 할 수 있고 금융기업이나 투자기업 혹은 항공기업과 같은 첨단기업이 대표적인 의존 기업의 예가 될 수 있다. 반면 IT가 경쟁의 수단으로서 큰 요인이 되지 않거나 IT의 역할이 잠시 멈추더라도 기업에 큰 영향을 미치지 않는다면 IT에 대한 의존도가 낮은 기업이라고 할 수 있다.

(2) 프로젝트 챔피언(Project champion)

두 번째 요인인 프로젝트 챔피언은 관련 사업부문장으로서 프로젝트 사업의 고유한 가치를 이해하며 프로젝트에 관련된 아이디어와 그 아이디어의 가치 그리고 중요성을 가장 잘 이해하고 있어야 한다. 그리고 다른 중요한 임원들에게 전달할 전략을 생각해 내야 하는데 전략을 자신만 잘 이해하고 끝나는 것이 아니라 중요한 임원이나 사장 등에게 자신의 아이디어를 전달 혹은 판매할 수 있어야 조직 내에서 프로젝트에 대한 투자 예산을 받아낼 수 있다.

또한 이것을 설득력 있는 표현으로 말할 수 있는 능력과 신뢰성(ability and credibility to tell a compelling story)을 모두 갖추고 있는 인물이라고 할 수 있다. 이와 같은 프로젝트 챔피언이 될 수 있는 사람은 보통 CIO나 해당 사업부의 담당 임원 등 기업 내 최고 경영층의 멤버인 경우가 많다. 즉, 중간에 위치하고 있는 사업부서장이나 담당 임원 등이다.

프로젝트 챔피언은 아이디어 송인 혹은 예산 배정담당의 의사결정자에게 설득력 있는 스토리(compelling story)를 전달할 수 있어야 한다. 'compelling' 이라는 단어는 '거부할 수 없는, 마음에 와 닿는, 강압적인, 뿌리칠 수 없는' 의 의미를 가지고 있다.

따라서 기업 내에 많이 존재하는 프로세스, 업무, 전략 속에서 제시한 아이디어가 회사의 관심사항과 매치된다면 많은 사람들의 관심을 이끌어낼 수 있다. Compelling story를 위해서는:

첫째로, 핵심 프로세스 또는 전략적 관심사에 초점을 맞춰야 한다. 전달하려고 하는 성공사례나 기술의 획기적인 측면 혹은 그 내용이 우리 회사의 주요 관심이 되어야 하는 이유 등을 포함하고 있어야 한다.

둘째로, 소수 관심대상에 한정되어야 한다. 내용을 설명할 때 너무 다양한 내용을 다루는 것이 아니라 사내에서 가장 중요하다고 생각되는 top 3 전략이나, 가장 핵심적인 top 3 프로세스에 한정하여 이야기한다면 더 많은 관심을 이끌어낼 수 있다.

셋째로, 가능한 새로운 개념으로 표현해야 한다. 아무리 좋은 내용을 가지고 있더라도 포장이 빈약하면 안 된다. 같은 내용이라고 하더라도 많은 사람들이 새로운 내용이라고 인식하도록 설명해야 더 많은 관심이 생길 수 있다. 일반적으로 컨설팅 회사들이 같은 내용을 다른 용어로 바꾸어 설명하여 새로운 내용처럼 들리게끔 하는 것과 같다.

넷째로, 기대치는 보수적으로 접근하여야 한다. 기대치라는 것은 비용과 효과 두 가지로 생각할 수 있다. 즉, 기대되는 비용과 기대되는 효과가 기대치이다. 하지만 기대치이기 때문에 실질적으로 얼마만큼 발생하는가는 정확하게 파악할 수 없다. 기대의 예상치를 접근하는 데에는 긍정적과 비판적 두 가지 접근방법이 있다. 비판적 접근은 비용은 크게 잡고 수익이나 효익은 가급적 작게 잡는 방법이다. 만일 사장과 같은 의사결정자가 수익을 너무 부풀렸다고 판단한다면 자신이 제안한 아이디어가 송두리째 날아갈 수 있기 때문에 비판적인 접근이 이루어져야 한다.

마지막으로 기술적 측면은 가능한 배제하고 진행하여야 한다. 전문적인 단어는 가급적 피하고 설명하는 것이 설득력 있는 스토리를 전달하는 방법이 될 수 있다.

(3) 최고 경영층 스폰서(Executive sponsor)

바람직한 프로젝트는 리더십과 스폰서십이라는 두 가지 요건을 갖춘다. 리더십은 아이디어의 제시 혹은 프로젝트 추진 팀(Ad hoc project team)의 리드라고 할 수 있고, 스폰서십은 뒤에서 밀어주고 필요한 자원을 할당해 주는 것 등을 말한다.

스폰서는 두 가지 기능을 수행하게 된다. 첫 번째는 프로젝트에 필요한 예산을 배정해 주는 역할을 의미하는 프로젝트 펀딩이다. 두 번째는 예비 프로젝트에 대한 보호와 양육이다. 회사 내의 프로젝트 챔피언이나 혁신가에게 아이디어를 듣고 그 아이디어에 대해 공감한다면 아이디어를 진행하기 위해 비판세력으로부터 프로젝트 아이디어를 보호하는 방어막 역할을 해주어야 한다.

이러한 최고 경영층은 의사결정구조에 따라 그 소속 위치가 다르다. 만일 기업이 매우 관료적이라면 최고 경영층은 대개 임원들이 담당하고 이는 대부분의 기업들이 해당된다고 할 수 있다.

반면 기업가적(enterpreneurial)인 환경, 즉 큰 기업이 아닌 자영업과 같이 한 사람의 사장이 회사에 미치는 영향력이 매우 크며 가족 중심인 회사의 경우에는 사업부서장이나 부서장급이 최고 경영층이 되고 단독적인 의사결정이 이루어진다. 마지막으로 팀 중심으로 의사결정이 이루어지는 기업의 경우에는 위원회(예: MIS 추진위원회, 혁신위원회 등)의 팀이 최고 경영층에 해당한다.

이러한 역할을 하는 사람들은 주로 프로젝트 챔피언과 지속적인 의사소통을 하는 경우가 많다. 즉, 최고경영자는 IT 관련 프로젝트 챔피언과 관계가 매우 긴밀해야 하고, 혁신가가 가져온 아이디어를 프로젝트 챔피언이 설득력 있게 전달하며 최고 경영층은 그 아이디어를 수용함으로써 서로 간의 의사소통이 원활하게 그리고 빈번히 이루어져야 한다.

의사결정구조	소속 위치
• 관료적(bureaucratic) • 기업가적(enterpreneurial) • 팀 중심(team-based)	• 대개 임원급(executives) • 사업 부문장/부서장급 • 위원회급(management team)

그림 9-2. 최고 경영층의 의사결정구조에 따른 소속 위치

(4) IT 신뢰성(Credibility)

IT 신뢰성이라는 요소 역시 IT 프로젝트의 미래 정당화 과정에서 중요한 영향력을 미친다. 프로젝트의 제안이 들어왔을 때 그 프로젝트가 타당하고 적절한 것인지를 판단할 때 중요한 요소 중 하나가 IT의 기술력이다.

이는 IT가 실제로 존재하는가, 실제로 필요한 기능을 감당해 낼 수 있는가를 의미하는 타당성(credible), 실제로 필요한 만큼의 돈을 조달할 수 있는가를 의미하는 가용성(affordable), IT의 기능에 대하여 의심하지 않더라도 IT가 기업에 수용되어 꽃을 피울 수 있는가를 의미하는 실행 가능성(implementable) 등을 말한다. 실행이 불가능한 경우는 직원들이 외부로 드러나거나 드러나지 않더라도 반대를 할 때, 기술력이 부족하여 잘 이해하지 못할 때, 사용자의 사용능력이 부족할 때 등이다.

내부 IT 그룹의 기술적 신뢰성은 흔히 유동적이다. 이처럼 IT 담당자들을 기업에서 신뢰하지 못할 때에는 자문팀이나 컨설팅팀 등과 같은 외부의 힘을 빌려 신뢰성을 높인다. 또한 관련 사업 부문/부서장이 추진세력을 리드해 나가야 한다. 일반적으로 인프라적인 프로젝트는 현업 부서 담당자보다 IT 관련 담당자가 리드하는 것이 좋고, 응용시스템의 경우에는 현업의 부서장이 리드하는 것이 좋다. 만일 CIO가 믿음직스럽지 못하고, 현업 부서장들도 아이디어에 대해 지식이 부족하여 이러한 것이 가능하지 않은 경우에는 새로운 CIO를 영입하는 방법도 있다. 이러한 모든 노력은 IT 프로젝트의 신뢰성을 확보하기 위한 과정이 될 수 있다.

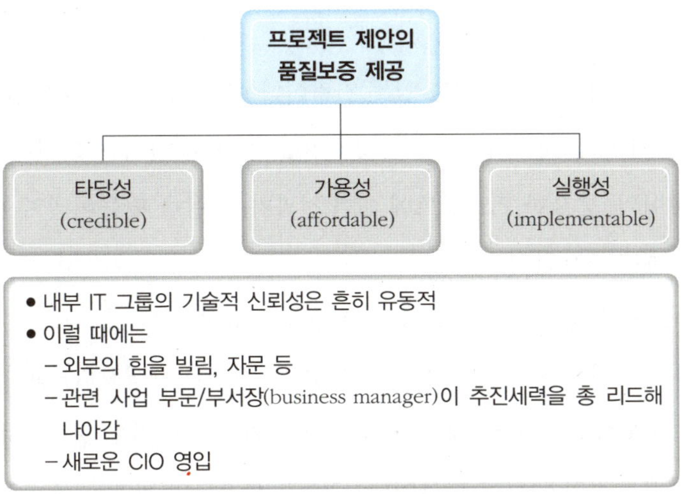

그림 9-3. IT 신뢰성

(5) 재무적 신뢰성

마지막 요인은 재무적 신뢰성이다. 프로젝트의 재무적 가치를 검증해 내야 한다. 이 요인에서는 비용효과 분석이 중요한 키워드가 될 수 있다. 즉, 비용효과 분석이 비판적(보수적)으로 이루어져야 한다. 이를 위해서는 프로젝트 챔피언과 최고 경영층의 역량이 필요하다. 재무적 타당성을 검증해 주는 최고 경영층은 재무담당 임원인 CFO가 해당된다. 또한 장기간으로 지속되는 대형 프로젝트의 경우에는 사내에서 비용과 혜택 또는 효과(cost-benefit) 분석을 위한 팀을 구성하여 권한을 위임하거나 외부에 위촉할 수도 있다.

9.2.2 디지털 CIO의 역할과 특징

(1) CIO의 역할

디지털 시대 CIO는 예비 프로젝트의 틀을 구체화하는 역할을 해야 한다. 비전 메이킹을 해야 하고 프로젝트에 대한 전파와 예비 프로젝트에 대한 신뢰성을 만드는 등의 역할이 해당된다. 이러한 사항은 사내 주요 관심사의 보관함 역할을 하는 것이라고 할 수 있다.

CIO는 회사 내에서 이루어지고 있는 전략이나 핵심 프로세스와 사업 계획이 무엇인지 등의 핵심 내용에 대해 항상 모든 것을 알고 있어야 한다는 의미이다. 그래야만 CIO가 비전 메이커, 중요한 프로젝트에 대한 전파자, 믿음을 만들어낼 수 있다. 따라서 CIO의 역할이 매우 중요하다.

또한 CIO는 긍정적인 사내 문화를 구축해야 한다. 어떠한 경우에는 CIO와 사내의 디지털 문화가 일치되지 못하고 따로따로 움직이는 경우가 발생한다. 심지어 사장과 직원, 담당 CIO가 융합되지 못한 채 삼색의 문화를 가지고 있기도 한다. 하지만 CIO는 회사에서 IT에 우호적인 문화를 만들어내야 하고, 사장과의 관계도 우호적이어야만 한다. 만일 좋은 아이디어가 들어온다고 하더라도 조직의 문화가 좋지 못하면 성공하지 못할 수 있고, 반대로 조직의 문화가 좋다면 직원들은 그에 따라가는 경향이 있기 때문에 아이디어의 성공을 이끌어낼 수 있다. 따라서 CIO는 우호적인 문화를 만들어야 하는 책임을 가지고 있다고 할 수 있다.

(2) CIO의 특성

이러한 중요한 역할을 담당하는 CIO가 가져야 하는 특성에 대해 살펴본다.

첫째로, CIO는 회사의 주요한 이슈를 항상 알고 있어야 하고,

둘째로, 뛰어난 커뮤니케이션 스킬 및 정치적 역량을 소유하고 있어야 한다. 여기서 정치적이라는 것은 사내의 역학적 내용을 잘 이해하고 있는 설득력과 파워를 소유하고 있는 것을 의미한다.

셋째로, 현재와 미래의 IT를 이해해야 한다. 즉, IT의 바람직한 발전 방향을 알고 있어야 한다.

넷째로, 자신의 IT에 대한 리더십을 적극적으로 활용할 수 있어야 한다. 스폰서십은 사장이 지니고 있다고 하더라도 리더십은 CIO가 가지고 있어야 한다.

마지막으로, 최고 경영층으로부터 신뢰를 얻고 있어야 한다. 이러한 특성을 지닌 CIO가 가장 바람직한 CIO라고 말할 수 있다.

정리하기

미래지향적 IT 프로젝트 정당화란 예비 프로젝트로 아직 공식화되지 않은 비공식적인 프로젝트이므로 예산 배정이 확보되지 않은 프로젝트이다. 이러한 프로젝트가 공식 승인을 받기 위해서는 혁신가, 프로젝트 챔피언, 스폰서, 재무적 타당성, IT 타당성의 다섯 가지 핵심 구성요소

가 있어야 한다. 위의 다섯 가지 요소 중 가장 중요한 요소가 있다기보다 모든 요소가 골고루 갖춰졌을 때 예산에 대한 배정이 이루어질 수 있다.

CIO가 프로젝트에 대한 기술과 IT에 대한 지식을 가지고 있고, 최고 경영층과 좋은 관계를 가지고 있을 때 CEO를 통해 funding이 이루어질 수 있다.

최근 연구결과에 의하면 점점 경쟁이 심화되고 있는 시점에 일반 단순 프로젝트보다는 미래지향적인 프로젝트가 더 많은 경쟁력과 성과를 가져다 주고 있으며 이는 기업의 규모, 산업, 조직구조에 관계 없이 적용되고 있는 것으로 입증되었다. 따라서 CEO와 프로젝트 추진팀은 정당화 과정을 잘 알고 있어야 한다.

평가하기

제시된 문항의 빈칸(　　)을 채우거나, O/X 여부를 결정하세요.

1. 미래지향적 프로젝트가 공식적 승인을 받기 위해서는 다섯 가지 핵심 구성요소의 역할과 타당성 확보가 중요한데, 이는 (　　), (　　), (　　), (　　), (　　)이다.
2. (　　)은 프로젝트의 타당성 또는 정당성을 확보하기 위해 조직 내 공식적/비공식적 설득을 시도하게 되고, 이를 통해 funding에 성공하여 새로운 프로젝트가 탄생하게 된다.
3. 재무적 타당성을 분석하기 위해서 일반적으로 (　　) 분석을 실시하게 되며 비판적(보수적)인 분석이 이루어져야 한다.
4. 미래지향적 프로젝트란 미래의 프로젝트를 총칭하는 것이다. (O/X)
5. 미래 중심의 프로젝트는 일반 프로젝트와 그 성격이 별로 차이가 없다. (O/X)

9.3 투자의 효과를 위한 여섯 가지 경로(six pathways)

[내 용]

- IT 투자 혜택(효과) 4가지 경로(넓은 의미에서 경우에 따라 혼용하기로 함)
- IT 투자 혜택(효과) 라이프 사이클
- 비용–혜택(비용–효과, cost–benefit) 분석

[생각해 보기]

- IT에 투자해도 바라는 결과가 잘 안 나오는 경우도 있나요?
- 효과와 효율 개념을 분리할 때 차이와 공통점을 다시 한 번 생각해 보세요?
- 비용과 성과는 각각 한 번에 발생하는 것이 아닌가요?
- 비용은 어떻게 분류되나요?
- 혜택은 어떻게 분류되나요?

[목 표]

- 투자와 혜택의 개념 이해
- 디지털 IT 투자의 특성 이해
- 투자에 따르는 총 비용 개념 이해
- 투자에 따르는 총 혜택 개념 이해

미래를 준비하는 투자는 그 자체로서 의미를 가지지만 기대하는 혜택(효과나 효율)이 나와야 바람직하다. 특히 디지털 시대 IT 투자는 긴 기간을 걸쳐 발생하는 경우가 많다. 먼저 투자에서 혜택에 이르는 다양한 경로를 알아본다. 그 다음에 각 경로에 있어서

주로 많이 사용되는 유형(재무적)과 무형(비재무적)의 경우를 다 고려해야 하지만 여기서는 재무적 분석과 문제점을 비용-혜택 구조 분석(cost-benefit analysis)을 통해 알아보기로 한다. 비재무적 분석은 전략적으로 미리 설정된 항목에 대해 이해관계자들의 인식 정도를 측정해서 각 항목에 대해 역시 사전에 정한 가중치를 이용하여 전환 시키는 방법이 일반적이다.

[용 어]

투자 혜택 경로	투자의 기본 가정 하에서 투자가 기대 혜택에 도달하기까지 경로로 1. 비즈니스 모델의 우수성, 2. 프로세스의 효과성, 3. 프로세스의 효율성,4. 테크놀로지 우수성이 있다.
총비용-총혜택	고객은 누구이고, 어떤 기여를 할 것이고, 우리 제품이 그들을 얼마만큼 충족시킬 수 있을까를 단기간이 아닌 관련되는 전체 기간에 대하여 수집 · 정의한다.
비용의 유형	플래닝 비용, 구축 비용, 유지보수 비용, 교육훈련 비용
혜택의 유형	비용 절감, 회피 비용, 가치 향상
숨어 있는(hidden) 비용과 효과	비용-혜택 분석에서 비용에는 구축 이전에 발생하는 플래닝 그리고 구축 후에 발생하는 유지보수 비용, 교육훈련의 비용, 그리고 혜택에는 투자에 따라 발생하는 회피하게 된 비용, 가치의 상승 부분이 잘 보이지 않거나 의도적으로 제외하는 경향을 말한다.

9.3.1 투자 효과의 경로와 비용효과 분석

IT경영을 책임지는 CIO는 제8장 ISP(information systems planning)에서 논의한 바와 같이 여러 가지 유형이 있겠지만 비즈니스 플래닝과 IT 플래닝은 상호 밀접한 연관을 갖지 않으면 안 된다. 새로운 IT의 이전과 확산이 중요하지만 제13장에서 이야기할 내부 비즈니스와의 융합과 연관성 이슈 또한 매우 중요하다. 다양한 기회와 문제점에 대한 아이디어와 통찰력은 스토리 박스가 만들어져 펀딩과 투자 효과로 이어져야 한다(예: 아이디어 ➡ 스토리 박스 개발 ➡ 펀딩 ➡ 비즈니스 플랫폼/클라우드/빅데이터/애널리틱스 ➡ Biz 트랜스포메이션 ➡ 재무적 성과). 원래 IT 이노베이션을 통한 비즈니스 트랜스포테이션은 특정의 업무 단위, 일련의 연관 업무 프로세스, 비즈니스 영역에 폭넓게 나타날 수 있는데[권태형, 2014], [그림 9-4]는 디지털 IT 투자가 효과에 이르기 까지 4가지 경로를 상세히 보여준다. 각각의 경로는 상호 배타적이라고 할 수 없으며 링크 선의 굵기는 영향력의 크기를 나타낸다.

그림에 나타난 경로를 보면 디지털 IT 투자는 새로운 비즈니스 모델 구축, 프로세스 혁신, 또는 테크놀로지 운영(예: 하드웨어, 소프트웨어 데이터, 네트워크)과 서비스(예: 이메일, 웹 디자인)를 통한 서비스 증대에 영향을 미치기도 하고, 또한 먼저 테크놀로지 운영과 서비스에 영향을 미치고 그 다음 프로세스 효율성과 효과성에 다시 비즈니스 모델 창출에 영향을 줌으로써 계층적이고 역동적인 경로가 존재함을 보여준다.

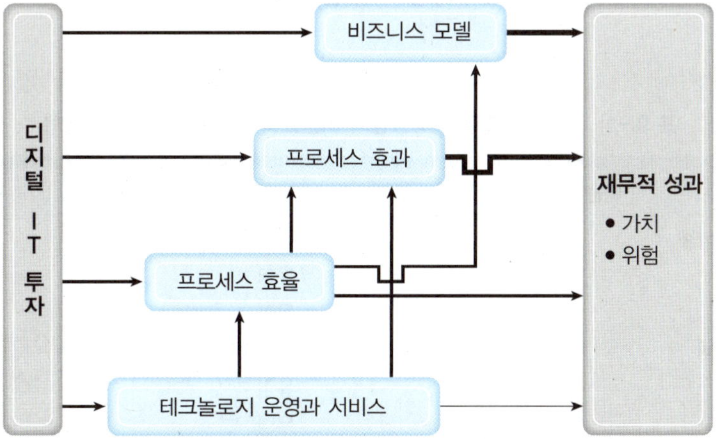

그림 9-4. 디지털 IT 투자의 재무적 성과에 미치는 경로

[그림 9-5]는 디지털 IT 투자에서 다년간에 걸쳐 다양한 비용과 혜택이 발생함을

가상의 예를 통해 보여준다. 이 기간 중에 발생하는 비용과 혜택의 세부항목은 〈표 9-1〉에 나타내고 있다. 즉, 1년 간의 계획 기간이 구축 프로젝트 전에 존재해 있었으며 1년의 구축 기간 종료를 마치고 설치 후 5년간 활용되었음을 나타낸다. 여기서 강조하고자 하는 것은 디지털 IT 투자는 그 수명이 있으며 단계에 따라 각 유형과 정도가 다르게 발생 한다는 것이므로 총체적 흐름을 분석하지 않으면 투자와 미치는 영향은 왜곡되고 상호 신뢰성은 형성되지 못한다.

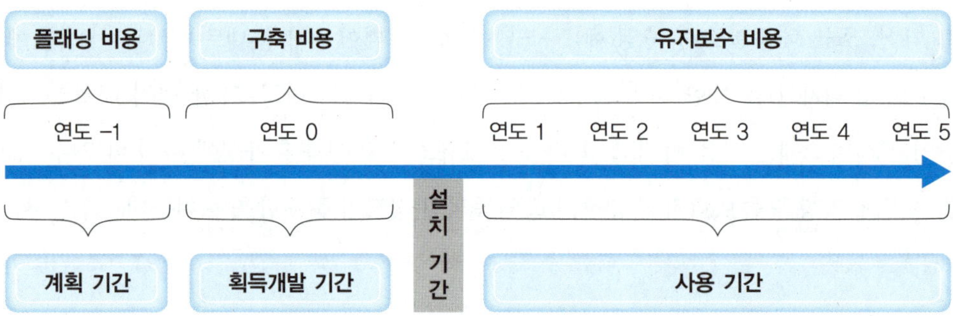

그림 9-5. 투자-효과 라이프 사이클의 구축 비용과 유지보수 비용

표 9-1. IT 투자 재무적 타당성의 비용효과 분석을 위한 세부 항목

비용	효과
• 플래닝 비용 유형 무형 • 구축 비용 유형 무형 • 유지보수 비용 유형 무형 • 교육훈련 비용	• 비용 절감 유형 무형 • 회피 비용 유형 무형 • 가치 향상 유형 무형

〈표 9-1〉은 비용과 혜택 또는 효과의 다양한 유형을 나내는데, 흔히 비용 추정은 구축 단계에만 있는 반면 혜택 추정은 현재의 비용 절감 효과에만 초점을 맞추는 경우를 종종 보이고 있다. 하지만 실제로는 그 밖에 단계에 따라 여러 가지 다른 유형이 발생되므로 주의하여야 한다. 〈표 9-2〉는 디지털 투자에 있어서 일시적으로 발생하는 비용과 반복적으로 발생하는 비용에 대한 차이점을 설명하고 있으며 이러한 차이는 사이트 구축, 인프라나 플랫폼 구축에 관련된 테크놀로지 및 인적 비용이 디자인, 개발, 설치를 기점으로 해서 그 전에 발생하는 경우와 유지보수나 업그레이드처럼 그 후에 발생하는 경우로 나누어짐을 알 수 있다.

표 9-2. 디지털 제안과 관련이 있는 비용

초기 비용	유지보수 비용
초기 하드웨어와 소프트웨어 구성요소 구입비용	실행된 기술 솔루션과 비즈니스 솔루션의 운영 중에 발생하는 비용
기술 솔루션과 비즈니스 솔루션의 설계, 개발, 설치에 관여하는 기술 요원, 비즈니스 요원, 컨설턴트의 임금	실행된 기술 솔루션과 비즈니스 솔루션의 유지보수와 개선에 관여하는 기술 요원, 비즈니스 요원 그리고 컨설턴트들의 임금
시설 준비비용	하드웨어와 소프트웨어 라이센스 수수료, 유지보수 비용, 업그레이드 비용
설치 전 훈련비용	설치 후 훈련비용
설계, 개발, 설치 기간 동안 업무장애	종업원의 새로운 업무사례 학습, 솔루션 유지보수 및 활동 개선과 연관된 업무장애

투자에 따르는 혜택이나 효과도 앞에서 설명했던 것처럼 비용감소, 회피비용, 가치증대로 나타나는데 〈표 9-3〉은 현재 발생하고 비용의 감소(cost reduction)뿐만 아니라 신규 투자가 없었으면 지속적으로 발생하게 되는 비용의 회피(cost avoidance)를 가치 증대 효과와 함께 산출하는 것을 보여주고 있다.

표 9-3. 효과 유형의 예

효과(이익) 유형	예제
비용 절감	현재 직원 인건비 감소 현재 매출원가 감소 현재 재고유지 비용 감소 재고부족으로 인해 발생하는 판매손실 감소
비용 회피	미리 예상한 업무량의 증가를 처리하기 위한 추가 인력 불필요 새로운 물류센터를 지을 필요 없음
가치 향상	안정적인 비용구조로 매출총이익이 증가 판매성장률 증가 재구매율 증가 새로운 제품 소개 비율의 증가 제품이나 서비스 향상 비율이 증가

IT 투자 이전(before)과 이후(after)의 차이 분석: 비용-효과 분석(cost-benefit analysis)의 핵심 이슈

전통적인 IT 투자 분석은 비용과 효과에 대한 계량적 분석으로 이루어져 왔다. 전략적이고 위험한 요소에 대한 계량적 반영이 어렵다는 분석의 한계에도 불구하고 이러한 분석은 매우 중요하며, 따라서 비용-효과 분석의 핵심 이슈와 관련된 구성요소에 대한 간략한 개념 설명과 가이드를 제시하고자 한다. (a)와 (b)는 산업유형에 따른 매출과 비용 발생 패턴이 다름을 보여주며, (c)는 새로운 IT 투자가 비용의 회피와 매출 증대로 흡수되는 현상을 보여준다. 이러한 이해는 통용되는 ROI(Return On Investment, 투자수익률)와 같은 IT 투자를 위한 재무분석의 정확성과 설득력 향상을 가능하게 해준다.

IT 투자 이전(before)**의 매출과 비용 : 두 유형**(a, b)

(a) 규모의 경제

- 제조업
- 높은 고정비, 낮은 변동비
- 매출에 따른 개별 직접비용은 감소

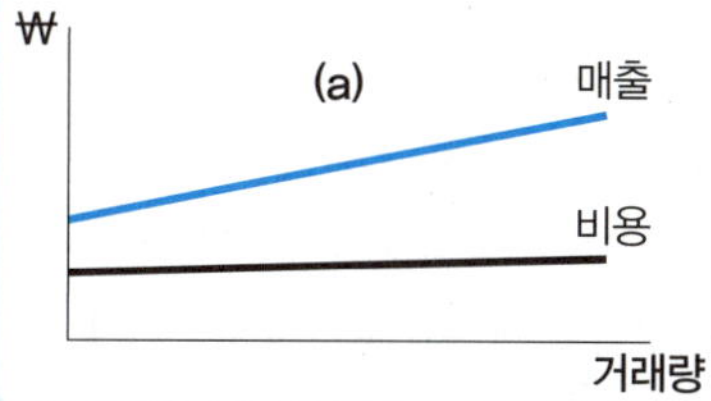

(b) 비규모의 경제

- 서비스업
- 낮은 고정비, 높은 변동비(거래량 증가에 따라 처리비용이 따라서 증가)
- 매출에 따른 개별 직접비용은 증가

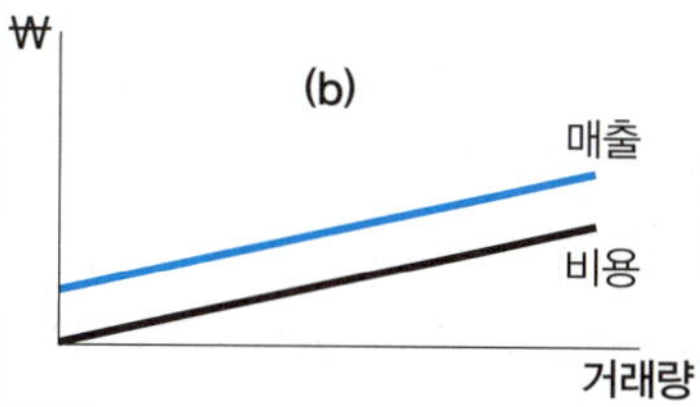

IT 투자 이후(after)**의 매출액과 비용 : IT 투자로 인한 가치 = 매출의 증가 + 비용의 회피**

- 비용(변동비용)이 투자 시점 이후에도 거래량에 따라 증가하나 그 전과 달리 가파르지 않고 완만하여 그만큼 비용을 흡수하기 때문에 비용 회피가 가능
- 원가 구조를 수익성 중심으로 근본적 재설계
- 업무 프로세스를 자동화, 단순화, 최적화한 결과로 비용절감 효과와 더불어 고객만족을 통해 매출을 증대하는 효과 달성 가능

(c) IT를 통한 매출 증가와 비용 회피(cost avoidance)

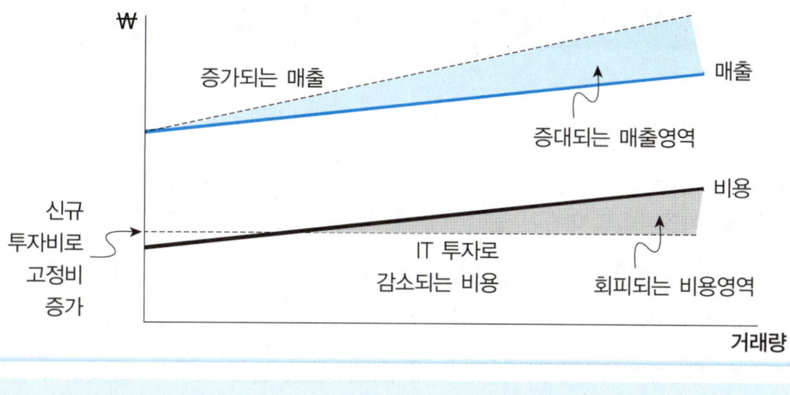

IT 투자를 통한 매출 증대와 비용 회피—IT 투자 이후의 매출액과 비용

1. IT 투자에 따른 비용과 효과에는 눈에 잘 보이지 않는(hidden) 많은 요소가 존재하며(플래닝, 교육, 유지 및 보수, 통신 등), 이들은 투자로 구축하려고 하는 시스템의 전체 라이프 사이클과 관련된다. 이들의 비중은 초기 투자 비용의 몇 배에 해당하게 되며, 또한 효과 역시 학습 효과로 초기에 점증하다가 체감하게 되므로 라이프 사이클(시스템 수명 보통 3~5년) 전체에 대한 측정이 중요하다. 그렇지 않으면 편향된 부정확성으로 인해 분석의 의미가 없게 된다.
2. 비용에는 초기(one time) 발생과 반복 발생하는 비용이 있으며 흔히 하드웨어와 소프트웨어 비용에 국한하는 것은 잘못이다. 사전 및 사후 모든 비용이 포함되어야 한다.
3. 효과에는 매출 관련 효과와 비용 관련 효과가 있으며 매출의 증대와 함께 인건비나 재료비 및 경비가 감소되는 것도 비용 발생의 회피(cost avoidance)로서 효과에 포함되어야 한다.
4. 따라서 비용과 효과 분석은 총비용–총효과 관점에서 이루어져야 한다(total cost–total benefit).
5. 규모의 경제에서는 주로 고정비용 감소를, 한편 비규모의 경제에서는 변동비용 감소를 효과로 기대할 수 있다.
6. 이외에도 정상적인 기회와 위험요소들을 어떻게 계량화하느냐는 오랫동안 이 분야의 숙제가 되어 왔다. 결국 아직까지의 해결방법은 이런 요소들에 대한 기회는 플러스, 위험은 마이너스 가중치를 활용하는 것이며, 그 후 가중치에 대한 민감도 분석(sensitivity analysis)을 통해 다양한 경우를 시뮬레이션하여 비교해 그 투자의사결정의 강도를 테스트하는 것이라고 할 수 있다.

정리하기

디지털 시대 IT 투자에 따르는 기대 혜택이 비즈니스에 나타나지 않는 경우는 3가지: 1. 원래 없었든지, 2. 잘못 판단되었든지, 3. 테크놀로지 미성숙이다. 그 문제는 테크놀로지만의 타당성 이슈가 아니고 비즈니스의 이슈가 된다. 디지털 투자는 CEO, CIO 그리고 이해 당사자들에게 정확하게 이해되어 매력적으로 보일 때 가능하다. 이러한 투자는 항상 그 근거가 되는 가정(assumption)이 존재하는데 가정이 유효할 때가지만 타당성을 갖는다. 그때 나타나는 경로에는 4가지: 1. 비즈니스 모델 우수성, 2. 프로세스 효과성, 3. 프로세스 효율성, 4. 테크노롤지

우수성이 있다. 강조하고 싶은 것은 목표하는 해당 경로에 대하여 투자 재무적 비용-혜택 분석을 함에 있어서 전체(투자 및 구축 전후)를 포함하는 총 비용과 혜택을 따져보아야 한다.

평가하기

➔ 제시된 문항의 빈 칸(　　)을 채우거나, O/X 여부를 결정하세요.

1. 디지털 투자에 대한 비용-혜택 분석은 비용 분석과 혜택 분석이 거의 같은 정도로 어렵다. (O/X)
2. 투자 비용의 유형에는 (　　), (　　), (　　)이 포함된다.
3. 투자 혜택의 유형에는 (　　), (　　), (　　)이 포함된다.
4. 디지털 투자가 최종 투자 성과로서 혜택이나 가치로 연결되는 경로에 새로운 비즈니스 모델 발견이 포함되지는 않는다. (O/X)
5. 투자 전략이란 비즈니스 환경에 대한 가정 인식에서 출발, 즉 그때까지만 유효하다. (O/X)

Chapter

10

SDLC와 시스템 획득
(Systems Development Life Cycle & Systems Acquisition)

Chapter 10

SDLC와 시스템 획득
(Systems Development Life Cycle & Systems Acquisition)

시스템 모델링 다이어그램(System Modeling Diagram)

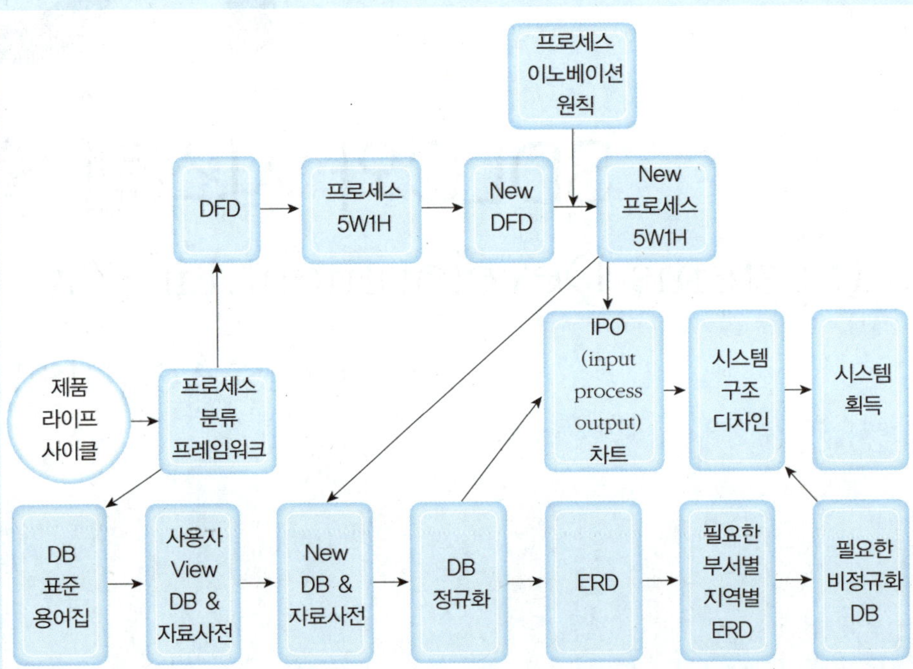

기업에서 시스템 도입을 위해서는 시스템 모델링 프로세스를 따른다.

시스템 도입을 위해 기업은 가장 먼저 정리되어 있지 않은 복잡하고 엉켜 있는 현재의 경영 환경과 제품의 라이프 사이클을 분석하여 핵심 타겟 프로세스를 선정하고 타겟팅된 프로세스에 대한 AS-IS 모델링과 TO-BE 모델링을 진행한다. 위 그림의 두 번째 프로세스인 프로세스 분류 프레임워크(process classification framework)는 APQC의 PCF를 예로 들 수 있다(상세한 사항은 제3장과 제8장 참조). 프로세스 분류 프레임워크 작성 이후 시스템 모델링 프로세스는 두 갈래로 나누어지며 상단에 위치한 과정들은 기업의 '프로세스'를 분석하기 위한 과정이고 하단의 부분은 'DB(데이터베이스)'를 분석하는 과정이다.

프로세스의 분석과정과 DB 분석과정 모두 앞부분의 AS-IS 분석과 뒷부분의 TO-BE 분석으로 나뉘어 진행된다. 프로세스는 DFD(Data Flow Diagram)와 프로세스 flow 차트를, DB는 ERD(Entity-Relation Diagram)과 자료사전(data dictionary)을 작성하고 분석하여 재디자인함으로써 진행된다. 이와 같이 나누어서 진행되는 중간 산출물은 그림이 보여주는 바와 같이, 결국 IPO 차트를 통하여 프로세스 내 어떤 행위가 순차적 단계로 어떤 인풋 데이터를 사용하여 어떤 아웃풋 정보를 생성하는지 정의함으로써 다시 통합된다.

이후 시스템을 위한 시스템 구조가 작성되고 이를 바탕으로 한 테이블이 생성되고 프로그래밍이 이루어지면 시스템에 대하여 시스템 획득의 두 가지 방안(Make 혹은 Buy)에 대한 선택이 이루어진다. 이러한 결정을 내리는 것은 컨설턴트의 역할이 된다.

이와 같이 그림을 통해 확인할 수 있는 일련의 과정은 시스템 분석과 설계의 과정을 나타낸다.

10.1 ISP와 SDLC(Information Systems Planning & Systems Development Life Cycle)

[내 용]

- ISP와 SDLC의 관계와 관계 프레임워크
- SDLC의 개념과 단계 그리고 장단점
- SDLC의 대안으로서 ERP, Outsourcing

ISP(Information Systems Planning)와 SDLC(Systems Development Life Cycle) 사이에 어떠한 관계가 있는가에 대하여 다룬 후 시스템 개발의 대안으로서 ERP(Enterprise Resource Planning)와 아웃소싱에 대한 내용을 살펴본다.

[생각해 보기]

- (정보)시스템이 만들어지는 것도, 다른 것들처럼 방법상 어떤 순서가 있을까요?
- 시스템을 만드는 사람과 사용하는 사람은 같을까요, 다를까요?
- 시스템을 만드는 것은 쉬울까요, 어려울까요? 이유는?
- 직접 정보시스템을 만드는 것이 어렵거나 귀찮다면 다른 어떤 방법이 있을까요?

[목 표]

- ISP와 SDLC의 관계에 대한 이해
- SDLC 시스템 개발 방법론의 기능과 구조에 대한 이해
- SDLC의 대안, ERP와 Outsourcing에 대한 이해

본 장에서는 ISP와 SDLC의 관계를 이해하고 SDLC라는 시스템 개발 방법론(구조적 방법론)의 구조와 기능 그리고 SDLC의 대안에 관한 내용을 알아보는 것을 목표로 한다. 일반적으로 시스템이 개발되기 이전 혹은 개발된 이후에 어떠한 작업들이 수행되는지를 알려면 시스템을 도입하기 위해 가장 먼저 어떠한 기능이 필요한가를 생각해 볼 필요가 있다. 그 이후 직접 개발할 것인지 아니면 외부에서 만들어진 것을 도입할 것인지, 또한 개발하는 것이 어려울 것인가 아닌지를 판단한다.

[용 어]

SDLC	systems development life cycle(시스템 개발 수명 주기)을 의미하며 응용시스템을 개발하기 위한 순차적 분석과 설계의 방법론
시스템 분석	시스템을 진단 평가하여 사용자로부터 정보 요구사항을 찾아내는 것
시스템 설계	찾은 정보 요구사항을 산출해 내기 위한 입력, 출력, 프로세스를 디자인하는 것
DFD	Data Flow Diagram으로 응용시스템 내에서 자료의 흐름을 보여주는 흐름도
ERD	Entity-Relation Diagram으로 응용시스템 내에서 객체(관심 사물 또는 개념) 간의 관련성을 보여주는 연관도
시스템 개발 (development)	시스템을 구축하기 위한 일련의 분석과 설계행위
전환(conversion)	기존의 시스템을 새로운 시스템으로 전환 가동시키는 행위
설치(installation)	새로운 시스템을 사용 현장에 설치하는 행위
실행 (implementation)	여기서는 좁은 의미로 설치 완료된 시스템을 사용자들이 비즈니스 현장에서 업무에 사용할 수 있도록 준비하는 행위로 준비와 사용을 다 포함
시스템 프로토타입	시스템 개발에서 빠르게 툴을 이용하여 원형초본(prototype)을 만든 후 이를 실제 업무 테스트 실행과정을 반복하여 정확하게 목적시스템을 완성시키는 방법상의 원형시스템

10.1.1 ISP와 SDLC

(1) ISP와 SDLC 관계 프레임워크

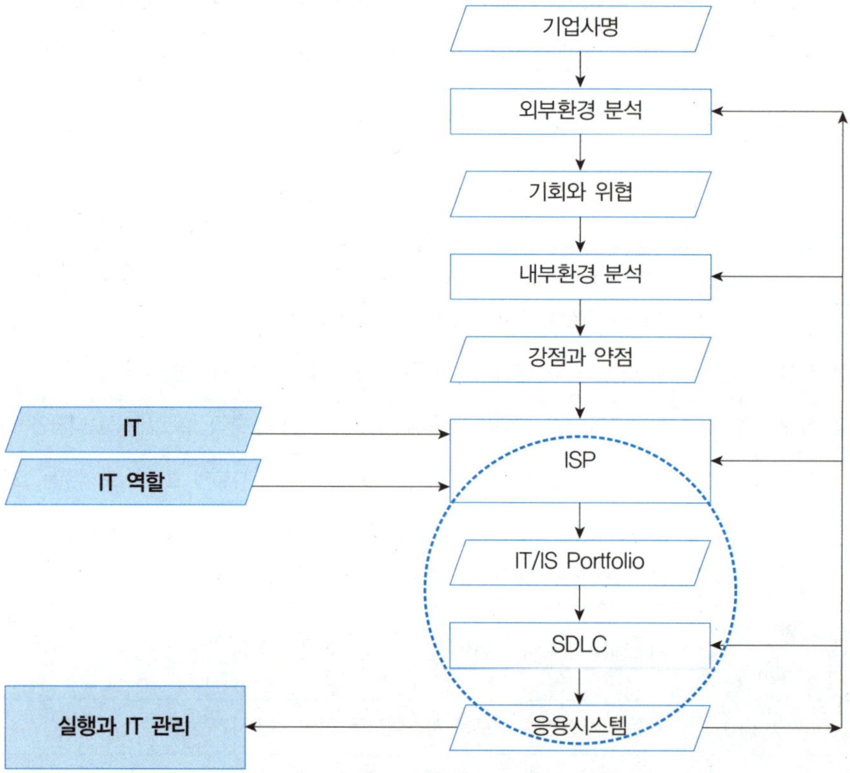

그림 10-1. ISP와 SDLC 관계 프레임워크

[그림 10-1]은 제8장 ISP(Information Systems Planning) 부분에서 이미 제시된 ISP 수립과 실행에 관한 그림이다. 그림의 하단을 보면 동그라미 안에 해당되는 부분이 있는데 자세히 살펴보면 ISP 과정을 통해 IT/IS 포트폴리오를 만들고, 이것을 기반으로 하여 SDLC가 이루어지며 이 과정을 통해 직접 사용할 수 있는 IS, 즉 애플리케이션인 '응용시스템' 이 만들어진다는 것을 알 수 있다. 즉, 이 응용시스템을 만들어내는 방법

론이 바로 **SDLC**라고 할 수 있다.

또한 이 그림을 통해 시스템 개발 전에 그것을 개발할 방법론과 업무 수준의 분석 및 자세한 구축계획들이 이미 마스터 플랜 **포트폴리오**상에 만들어져 있어야 한다는 것을 예상할 수 있다.

(2) IT/IS SDLC R&D

R&D(Research & Development)는 연구와 개발을 의미한다. 우리가 공부하려는 SDLC와 R&D 모두 개발과 관련된 것으로 이 두 가지 개념은 연관되어 있다. R&D가 어떤 연구를 진행하여 필요한 것을 만들어내는 것과 마찬가지로 SDLC 역시 기업(사용자)에서 원하는 것을 H/W(hardware), OS(operating system), DB 등의 여러 가지 장비를 갖추어 프로그램을 개발, 테스트, 사용 등을 하는 것을 의미한다.

이번 장의 내용은 제8장 [그림 8-2] 경영과 IT의 전략적 프레임워크에서 **IT/IS R&D**라고 표현된 SDLC와 관련된 내용이다. 사용자들이 원하는 것이 무엇이고, 기업에서 현재 필요로 하는 것은 무엇이며, IS 포트폴리오를 통해 결정된 내용은 무엇인지 심층적으로 분석하여 그것에 맞는 시스템을 만들어내고자 하는 좀 더 실제적인 분석과 설계 단계에 대한 내용들을 다룬다.

양복을 구매할 때 기성 양복을 구매하거나 맞춤 양복을 구매하는 것처럼 IS 역시 때로는 패키지나 유명 시스템이나 소프트웨어를 **구매**(buy)하여 사용하기도 하고 때로는 **직접 개발**(make)하기도 한다. 이와 같이 직접 개발할 것인지 아니면 구매할 것인지를 결정하는 것은 매우 중요한 사안이다. 직접 만들 경우에는 어떠한 단계를 거치고, 제품이나 S/W 혹은 시스템을 구매하는 경우에는 어떠한 작업이 필요한가를 알 필요가 있다. 기업에서 제품을 구매한다는 것도 결국은 내가 아닌 다른 누군가가 그 제품을 만드는 것이다. 'Buy' 혹은 'Make' 모두 주체만 다를 뿐 SDLC라는 시스템 개발 방법론을 통한 행위가 일어나야만 시스템이 탄생될 수 있다.

표 10-1. 시스템 구매와 직접 개발의 비교

Buy	Make
구입 편리	복잡
저렴/고가	중간
유지보수 적음	유지보수 많음
증가 추세	현저히 감소 추세

시스템을 구매(Buy)하는 경우에는 대량 생산되며 패키지화되어 있기 때문에 많은 기업이 구매가 가능하고 상대적으로 비용은 작다. 또한 이미 많은 테스트 과정을 겪었

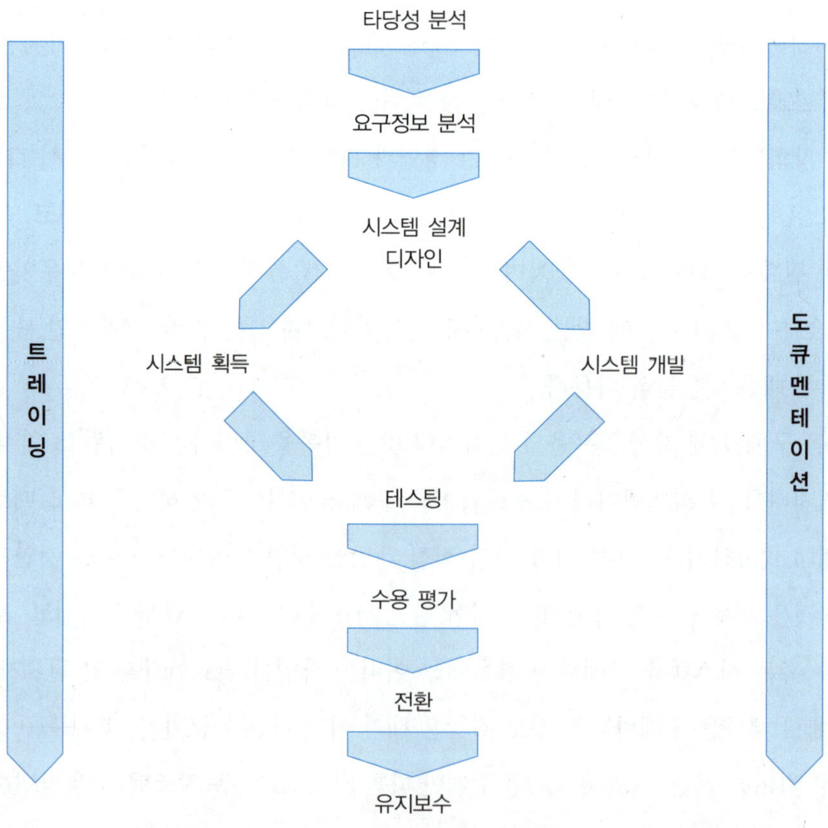

그림 10-2. 시스템 실행 활동의 전통적인 절차

기 때문에 유지보수를 할 필요성도 작다. 하지만 직접 만드는 경우에는 매우 복잡한 과정을 겪으며 다른 곳에서 검증받지 못한 시스템을 도입하므로 유지보수의 필요성이 크고 그 비용 역시 크다. 그러나 이러한 장점들에도 불구하고 기업 자체의 핵심적이며 독특한 업무 프로세스를 지원하는 정보시스템을 구축하고자 할 때는 구매에 어려움이 있으며, 새로운 방식의 업무 프로세스를 지원하고자 하는 경우에도 이러한 일이 발생할 수 있다. 시스템 개발과 획득을 전반적 프로세스로 함께 이해하자면 [그림 10-2]와 같다.

표 10-2. SDLC 활동

활동	설명
타당성 분석	시스템 구축과 실행 결정을 하기 위한 정보를 만들어내는 타당성 분석
요구분석(정보분석)	시스템으로 비즈니스 요구를 맞추기 위한 인풋, 프로세스, 아웃풋과 관련된 각 속성들을 찾아내는 분석(개념적 분석)
시스템 설계(시스템 설계)	요구분석 내용을 충족시키기 위한 하드웨어, 소프트웨어, 데이터, 네트워크 물적 자원과 운영관리 인적 자원을 설계(물리적 설계)
시스템 획득	시스템의 내부 자체 개발 대신 외부 구입 경우의 제안 요구서(request for proposal : RFP) 준비, 공고, 제안서 비교, 분석, 구매 획득
시스템 개발	인풋, 아웃풋, 프로세스와 관련된 상세 알고리즘, 레이아웃, 프로그램화 노력
테스트	특히 내부에서 개발된 시스템에 실제 샘플 데이터를 넣어 가동해 봄으로써 정확도, 의존도를 검증
수용 평가	내부에서 개발되었거나 또는 외부로부터 구매된 시스템에 대한 최종 소유권 이전 관련 모든 단계를 평가
변환	새로운 시스템으로 전 시스템을 대체 변환하는 활동으로 시점에 따라 일시, 점진, 병행 방식으로 변환
유지보수	시스템 기능과 비즈니스 요구 간의 적절성인 소위 'fit'에 대한 품질보증 노력
트레이닝	실행을 위한 스킬, 지식, 매뉴얼의 이해와 관련된 교육과 훈련 제공
도큐멘테이션	사용자와 운영자를 위한 지침서와 구축 과정에 대한 해설서의 문서화

10.1.2 SDLC의 이해

(1) 개념

SDLC는 정보시스템 개발 프로젝트의 주요 단계와 시간을 설명하는 구조적 방법론이다. 구조적 방법이라는 것은 순차적인(step by step) 과정을 거치는 것이라고 할 수 있다. 즉, 징검다리를 건너는 것과 같이 특정의 한 과정을 건너뛰려고 하면 실수가 발생할 수 있다. SDLC는 매우 구조화되어 있고 표준화되어 있어서 체계적이라는 장점을 가지고 있기는 하지만 너무 경직되어 있다는 단점 역시 가지고 있다.

(2) 6단계

시스템 개발 수명주기(SDLC)의 단계를 구분하는 방법은 학자마다 그리고 컨설팅 회사의 방법론에 따라서 다르다. 그 단계들을 보면 적게는 5단계에서 많게는 11단계까지도 구분되는데 전체의 내용을 크게 들여다보면 기본적인 과정 자체는 서로 비슷하다. 대표적인 단계를 정리해 보면 아래와 같다. 여기서는 총 6단계로 구성되며, 각각의 단계들에서 실행되는 내용을 살펴보자.

① 시작(initiation) **단계**

첫 번째 단계는 프로젝트의 **시작**(initiation)이다. 프로젝트 시작 단계는 SDLC의 초기 단계로 현 시스템의 문제점이나 새로운 시스템의 필요성을 인지하여 프로젝트 추진이 시작되는 단계이다. 시스템 개발을 착수하기 전, 즉 SDLC의 진행 전까지 앞서 언급된 ISP의 수립에 일련의 개발 프로젝트가 설정되어 예산이 배정되고 비공식적 프로젝트 팀이 공식적 프로젝트 팀으로 탈바꿈하여 프로젝트가 'kick off' 되기까지의 과정이 있었다. 이와 마찬가지로 SDLC의 프로젝트 시작 단계에서는 프로젝트의 팀을 구성하여 PM(Project Manager), 팀장, 구성 멤버, 자문위원, 실무 참여자 등을 결정한다.

② 타당성 조사(feasibility studies) **단계**

두 번째 단계는 **타당성 조사**(feasibility studies)이다. 이 단계에서는 문제를 정의하고, 요구사항들을 분석하며 시스템 개발에 실현타당성이 있는지를 확인하는 단계이다. 일반적으로 실현 타당성은 크게 세 가지의 부분에서 조사한다. 첫째, 기술 타당성 부분으로 시스템 구현에 필요한 기술적 부분(예: DB, S/W, 통신 기술, RFID, 최신 기술도입 등)들이 실현 가능한지에 대한 판단이 필요하다. 둘째, 시스템 구현에 따라 예상되는 비용 대비 효과에 대해 추상적이 아닌 구체적인 수치를 통해 분석하고, 실행 결과가 긍정적이라고 예상되면 프로젝트 비용에 대한 조직의 능력도 평가하는 경제적 타당성 조사가 실행되어야 한다. 마지막으로, 만들어진 시스템을 제대로 흡수하여 사용할 수 있는 역량이 되는지를 파악하는 운영적 타당성을 조사한다. 이외에도 윤리적 타당성이나 법적 타당성 및 다른 제약조건들의 확인이 필요하다.

③ 논리적 분석(logical analysis) **단계**

세 번째 단계는 **논리적 분석**이다. 논리적이라는 것은 물리적이 아니라 개념적인 분석을 의미하는데 본 단계에서는 'AS-IS 분석' 이 수행된다. 이것은 현재 시스템을 분석하여 문제점을 찾아내 어떤 기능과 정보들이 필요한지를 분석하는 현황분석을 의미한다. AS-IS 분석을 하기 위해서는 실제 조직에서 활용되는 절차와 내용들을 살펴보고, 업무가 수행되는 실제 작업장을 관찰하고, 담당자 면담을 하거나 설문 등을 진행한다. 이를 통해 파악된 조직의 업무 프로세스 도식화를 위해서는 일정한 툴을 활용한다. 정보의 흐름을 모델링하기 위해서는 DFD(Data Flow Diagram)를, DB의 정리를 위해서는 ERD(Entity Relationship Diagram)를 활용한다. 이러한 프로세스와 데이터 모델링의 필요성과 개념에 대해서는 앞서 제3장에서도 설명한 바 있으니 참고하기 바란다.

④ 물리적 설계(physical design) 단계

네 번째 단계는 **물리적 설계/획득**이다. 물리적 단계에서는 논리적 단계의 AS-IS와 대비되는 'TO-BE 분석'을 진행한다. 이 단계는 새로운 시스템의 요구사항을 실제로 어떻게 물리적으로 구현할 것인지를 디자인하는 청사진을 그리는 단계로서 보통 입력, 출력, 처리방법 등을 설계한다. 또한 물리적으로 시스템을 구축하는 단계이기도 하다. 그리나 때로는 시스템 '개발'을 위한 물리적 설계 단계를 진행하지 않고 앞의 논리적 설계 후 그에 맞는 시스템을 구매하는 경우도 있기 때문에 시스템 '획득'이 물리적 설계의 부분을 대신하는 경우가 있다.

[그림 10-3]은 앞서 설명된 DFD의 예시이다. 이 그림은 성적 처리와 관련된 내용으로 정사각형 3개(학생, 교수, 교무처), 직사각형 2개(학급/학점 파일, 학생 파일), 동그라미 2개, 화살표로 구성되어 있다. 각각 그려진 심볼 모형에 따라 의미하는 바가 다르다. 동그라미는 처리 프로세스, 즉 일종의 행위를 의미하며 정사각형은 행동을 담당하는 주

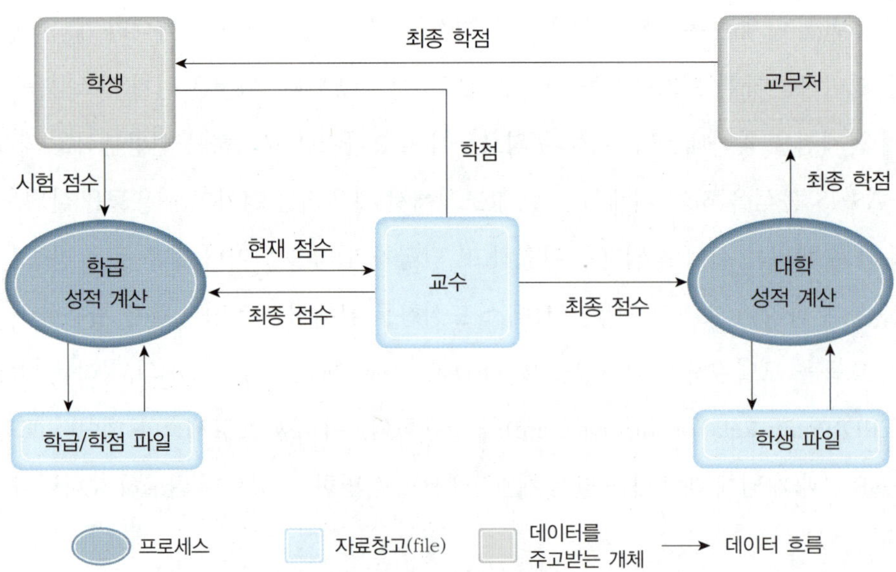

그림 10-3. 학생성적 DFD 예

체(actor)를 의미한다. 화살표는 정보 혹은 자료의 흐름을 보여주며 직사각형은 자료 혹은 정보의 저장소이다. 저장소이기 때문에 장표, CD 등의 다양한 형태를 띤다. DFD의 전체적 흐름을 살펴보면 학생이 시험을 보고 학급성적 계산이라는 프로세스를 통해 시험이 채점되면 현재 점수가 쓰여 있는 화살표의 흐름을 따라 교수에게 전달이 된다. 교수에게 결과가 전달된 후 성적등급이 결정되고 그 결과가 학생 파일 저장소에 저장이 되는 동시에 교무처에게 전달이 된다. 결과를 전달받은 교무처는 시스템 등을 통해 학생들에게 그 결과를 전달하고, 학생들은 접속을 하여 그 결과를 확인한다. 이와 같이 현실에서 일어나는 작업들을 그림으로 알기 쉽게 그려 놓은 것이 DFD이다. 현장에서 일어나는 행동들이 연속적으로 연계된 절차의 흐름으로 표현이 가능하다는 것을 확인할 수 있다.

IPO(Input, Process, Output) 차트는 문제점을 체계적으로 분석하고 설계하는데 유용한 보편화된 도구(tool)이다. 이 차트의 구성은 아래처럼 3부분으로 나누어져 있는데 앞 단계에서 파악된 DFD(ERD도 활용)를 참조하여 작성된다. 이 방법론은 비즈니스 업무 분석(B)(개념과 활용의 사용자 중심 시각)과 테크놀로지(T) 설계(하드웨어와 소프트웨어의 개발자 중심 시각)의 현황(as-is)과 해결(to-be) 단계에서 두 번 작성될 수 있는데 흔히 전자는 귀찮다고 건너뛰기도 한다. 그러나 두 단계의 밀접한 상호소통과 구조적 일관성 그리고 프로그래밍을 위하여 널리 사용되고 있어서 꼭 알아둘 필요가 있다.

시스템을 프로세스를 중심으로 보면 원재료와 산출물의 관계처럼 다음의 레이아웃을 가진다.

1. **인풋**(input) : 프로세스 실행을 위하여 필요한 데이터 소스(화면, 문서, DB) 위치명과 데이터 항목명
2. **프로세스**(process) : 산출물 단위별 과업 달성을 위하여 수행해야 할 수작업 프로시저(procedure)나 컴퓨터 프로그램

3. **아웃풋**(output) : 프로세스 실행 목표를 통하여 만들어야 할 결과물(화면, 문서, DB) 위치명과 인포메이션 항목명

인풋(I)	**프로세스**(P)	**아웃풋**(O)
화면명, 장표명, 파일명, 데이터명 등을 적절히 기입 1. 2. 3.	절차, 수식, 알고리즘 등을 특히 순차적으로 적절히 기입 1. 2. 3.	화면명, 장표명, 파일명, 정보명 등을 적절히 기입 1. 2. 3.

그림 10-4. IPO 차트

⑤ 실행(implementation) 단계

다섯 번째 단계는 **실행**(implementation)이다. 네 번째 단계까지를 거쳐 만들거나 획득된 시스템을 사용 가능하도록 구현하는 단계이다. 교육과 훈련, 시스템에 대한 설치 등이 필요하며 이러한 작업이 거의 동시에 이루어진다. 전문가들에 의한 S/W 혹은 H/W 설치방법에는 여러 가지 방법이 존재한다. 병행 전환, 직접 전환, 파일럿 전환, 단계 전환 등이 있다. 각각의 기업이 처한 상황에 따라 시스템을 실행하는 방법이 달라야 하는데, 예를 들어 현장에서 운영되고 있는 구형 시스템과 새로 만들어진 혹은 새로 구입한 신형 시스템이 같이 존재해야 하는 경우에는 병행 전환방식을 채택한다. 왜냐하면 신형 시스템의 안전성이 아직 확보되지 않아서 두 개의 시스템을 일정기간 함께 작동해야 하기 때문이다. 반면 특정한 시기를 정해 일괄적으로 현 시스템의 작동을 정지하고 새로운 시스템의 가동을 시작하는 경우를 직접 전환이라고 한다. 파일럿 전환과 단계적 전환은 모두 단계적 처리를 의미하지만 파일럿이라는 것은 시범 운영을 통해 문제점이 없다면 전사적으로 확대하는 방법인 반면 단계 전환은 다단계적으로 확대를 하는 방법이다. 따라서 파일럿 전환은 1단계 전환으로서 단계적 전환의 한 부분으로 생각될 수 있다.

⑥ 유지보수(maintenance) 단계

마지막 단계는 **유지보수**이다. 이미 완성이 되었다고 하더라도 완벽한 것은 아니기 때문에 수정 및 보완을 하는 단계에 해당한다. 즉, 이 단계는 성공적인 운영과 업데이트를 통해 무결점의 신형 시스템을 사용할 수 있도록 하는 단계이다.

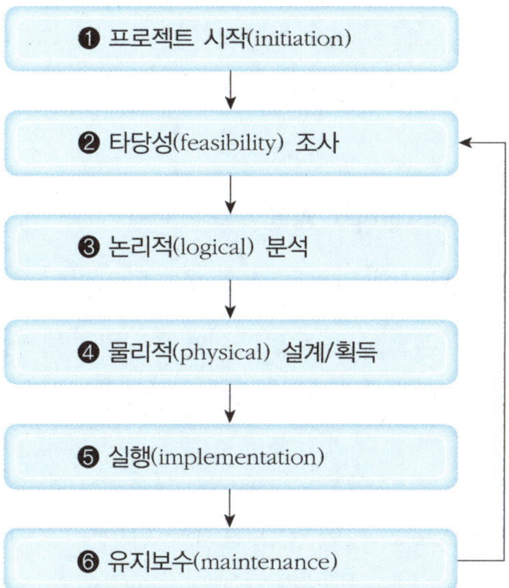

그림 10-5. SDLC의 6단계

(3) 장단점

시스템을 개발하는 여러 가지 방법론 중 SDLC 방법론의 장점은 구조적이고 체계적이며 책임의 소재가 명확하다는 것에 있다. 이 방법론에서 실행되는 업무들은 모두 단계별로 연계되어 처리되기 때문에 SDLC를 이용하면 그때그때의 담당자와 책임자가 분명하게 드러나는 것이 가능하다.

반면 SDLC는 일단 한번 시작되면 마지막 단계, 즉 개발이 되어 실행되는 단계에서 비로소 잘못된 사항을 확인할 수 있다는 단점이 있다. 따라서 환경의 변화 같은 원인에 의한 중간 단계의 업무 변경이 매우 어렵다. 이는 역동적 방법이 아닌 순차적인 방법으로 인한 단점이라고 할 수 있다.

SDLC의 일정을 관리하는 것 역시 중요한 사항이다. 일반적으로 SDLC의 일정관리 툴은 간트 차트(Gantt chart)와 단계별, 행위별 걸리는 시간을 화살표를 이용해 그리는 PERT(Program Evaluation & Review Technique) 기법 등이 있다.

10.1.3 SDLC의 대안(Alternatives)

(1) 프로토타이핑(Prototyping) 방법

SDLC의 대안이 될 수 있는 방법으로는 프로토타이핑이 있다. 본래 프로토타입의 뜻은 '원형' 을 의미한다. 그러므로 프로토타이핑은 '원형을 만드는 것' 을 의미하는데 이것을 시스템 개발에 적용하는 것이다. 프로토타이핑은 SDLC 방식의 문제를 해결하기 위한 방법이 될 수 있다.

[그림 10-6]은 시스템 프로토타이핑의 절차를 나타낸 것이다. 가장 먼저 사용자의 요구 분석이 이루어지는데 그 후 바로 초기 프로토타입 시스템을 개발한다. 이는 'quick & dirty' 방법으로 만들고 체험해 볼 수 있도록 기능이 대략 갖추어진 초기 버전이다. 그러므로 프로토타이핑의 장점은 시스템의 구현 형태를 도큐멘테이션상에서만 살펴보고 예측하는 것이 아니라 실제로 초기 형태의 모양(원형)으로 시험삼아 구현해 살펴본 후 다음 단계를 진행할 수 있다는 것이다. [그림 10-6]에서 볼 수 있듯이 초기에 만들어진 프로토타입(prototype)은 사용자들의 평가를 거쳐 그 평가가 반영된 새로운 프로토타입으로 구축되고 테스트된다. 이것은 다시 프로토타입의 적절성을 평가하는 단계로 이어지며 이러한 과정의 반복은 초기 목표한 시스템이 만들어질 때까지 그리고 사용자 요구사항이 만족될 때까지 이루어진다. 이러한 사용자 피드백의 반복 반영이 프로토타입 방법론의 장점이다.

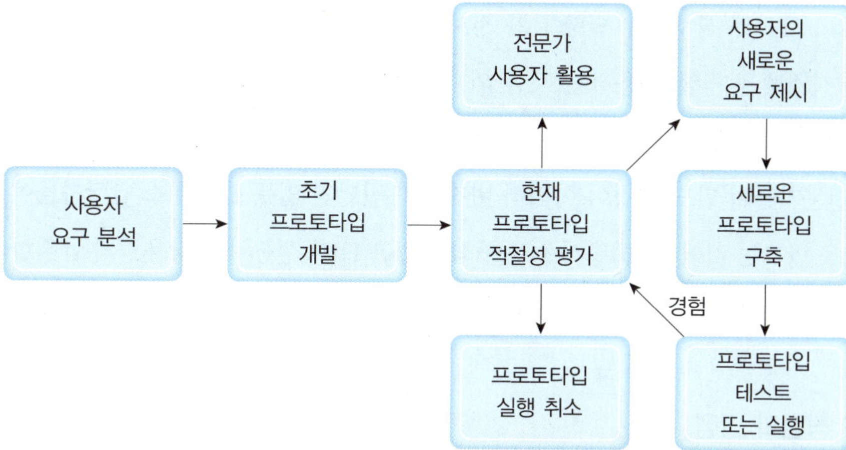

그림 10-6. 시스템 프로토타이핑 절차

(2) 객체지향적 개발(Object-oriented methodology)

SDLC의 두 번째 대안은 객체지향적 개발이다. 객체는 업무라기보다 업무의 환경에서 당연히 있어야 할 대상으로서 현실적인 세계를 기초로 만들어진다. 예를 들어 보험처리시스템에서는 보험자와 자동차, 사고기록 등이 객체로 인식되는데 이것들은 반드시 존재해야 하는 대상들이다. 객체지향 방법론에서는 어느 기업에 도입되는 것과 상관없이 그 시스템에서 반드시 필요한 객체들, 즉 자료의 수집 대상들을 가장 먼저 파악하고 자료 수집 대상(객체)과 대상(객체) 사이의 관계에서 반드시 존재하여야 할 것을 기초로 시스템을 구축한다. 객체지향적 방법론에서 필요한 툴은 UML(Unified Modeling Language)이며, 이 방법론의 장점은 재사용 가능성으로 인해 유사한 시스템을 만들 때 개발시간이 단축되며 소프트웨어 품질 향상을 기대할 수 있는 것이다.

(3) 최종사용자 중심 개발(End-user computing)

① 정의

SDLC의 또 다른 대안은 최종사용자 중심 개발이다. 이 방법은 시스템 사용자

(system user, 예: 실제 업무 담당자)가 정보시스템을 직접 개발하여 사용하거나 타인이 개발한 시스템을 직접 사용하는 것을 의미한다. 기업이 직접 시스템을 개발하는 것이 기업 차원의 'Make' 라면 최종사용자 중심 개발은 기업 내에서도 시스템 전공자들이나 IT 전문가들이 만드는 것이 아니라 비전문가 집단인 업무 프로세스 담당자들이 직접 시스템을 만드는 것이다. 최종사용자 중심 개발은 IT의 성능과 저장용량의 급격한 증가와 가격 인하, 경험의 축적 등으로 인해 가능하다.

② 장점과 단점

최종사용자 중심 개발에도 장단점이 존재하는데, '요구 만족' 이 가장 대표적인 장점이 된다. 원하는 것을 직접 만들기 때문에 다른 사람과 커뮤니케이션을 할 필요가 없어진다. 만일 개발자를 통해 시스템을 개발한다면 의사소통 과정에서 문제가 발생할 수 있다. 반면 비전문가들에 의해 개발되는 것이기 때문에 전문성이 떨어진다. 그렇기 때문에 사용자들이 직접 만드는 시스템은 사용하기 쉽고 간단한 S/W가 대부분이므로 기존에 존재하는 S/W를 바탕으로 수정하여 사용하는 경우가 많다.

정리하기

기업이 하나의 시스템을 도입하는 방법에는 기업 자체 개발의 방법과 이미 만들어진 시스템을 구매하는 방법이 있다. 시스템 구매는 이미 패키지로서 대량생산이 되어 검증이 이루어져 있기 때문에 더욱 많은 기업이 시도하고 있다. SDLC는 시스템을 개발하는 대표적인 방법론이며, '도입 ➞ 타당성 조사 ➞ 논리적 분석 ➞ 물리적 설계/획득 ➞ 실행 ➞ 유지보수' 의 여섯 단계로 이루어져 있는 구조적이고 체계적인 개발방법이다. 'Garbage in, garbage out' 이라는 표현과 같이 만일 최종사용자들의 요구사항이 잘못 전달되면 받아보게 되는 내용도 역시 말하자면 쓰레기(garbage)가 된다.

SDLC의 대안이 될 수 있는 방법은 프로토타이핑, 객체지향적 개발 방법론, 최종사용자 중심 개발 등이 있다.

다음에서는 시스템 획득, 구매의 대표적인 사례가 되는 전사적 자원관리(Enterprise Resource Planning : ERP) 시스템에 대해 살펴보자.

평가하기

➔ 제시된 문항의 빈칸(　　)을 채우거나, O/X 여부를 결정하세요.

1. SDLC는 Systems Development Life Cycle의 약자로 시스템 수명주기라고 하며, (　　), (　　), (　　), (　　), (　　), (　　)으로 구성된다.
2. SDLC는 '시스템 개발'과 관련된 (　　)과 (　　) 등 모든 활동을 진행하고 관리하기 위한 개념적 프레임워크이다.
3. SDLC는 매우 구조화되고 정형화되어 있어 (　　)적인 장점과 (　　)된 단점을 모두 가지고 있다.
4. 논리적 분석 시에 흔히 사용하는 두 개의 툴은 (　　)과 (　　)이다.
5. 물리적 설계란 새로운 시스템의 요구사항을 실제로 어떻게 기술적으로 구현할 것인가를 (　　), (　　), (　　) 측면에서 설계한다.
6. SDLC에는 여러 가지 대안이 있으며, 따라서 SDLC의 순차적 체계도 자연히 무시된다. (O/X)

10.2 ERP와 아웃소싱(Enterprise Resource Planning & Outsourcing)

[내 용]

- ERP(Enterprise Resource Planning) 시스템의 배경과 특성
- Outsourcing의 배경과 특성
- 시스템 획득 대안의 비교

[목 표]

- ERP 개념과 도입 단계에 대한 이해
- 아웃소싱(outsourcing)의 개념과 단계에 대한 이해
- 시스템 획득 대안의 비교에 대한 이해

ERP(전사적 자원관리시스템)와 아웃소싱(외주, 외탁)에 관련된 내용으로 ERP의 개념과 단계 이해, 아웃소싱의 개념과 단계를 이해하는 것을 목표로 한다. 본래 소싱은 자원 획득을 의미하며 인소싱이 아닌 아웃소싱이기 때문에 외부에 필요한 업무나 처리를 부탁하는 외주, 외탁을 의미한다.

[용 어]

시스템 획득(acquisition)	사용하고자 하는 목적 시스템을 만들거나(make) 구매(buy)하여 확보하는 행위
ERP	전사적 자원관리시스템을 의미하며 모듈 형태로 연결된 베스트 프랙티스(best practice) 수준의 통합 패키지 시스템
아웃소싱	필요한 기능이나 자원을 외부에서 확보하는 소싱(sourcing) 방법으로 인소싱과 대비
사용자 컴퓨팅(EUC)	End-User Computing으로 업무를 담당하는 현업 구성원들이 전문 개발자들에게 의존하지 않고 직접 시스템을 만들어 사용하는 행위

10.2.1 ERP(Enterprise Resource Planning)

(1) 정의

ERP(Enterprise Resource Planning)는 상업적인 전사적 소프트웨어 패키지로서 분석 중심이 아닌 거래처리(transaction) 중심으로 데이터와 비즈니스 프로세스의 모듈을 전사적으로 통합하여 운영하는 시스템이다. 또한 모듈별로 구매가 가능하고 내부적으로는 모든 모듈들이 연계되어 구성된다.

(2) 특성

ERP의 몇 가지 특성에 대해 알아본다. ERP는 패키지이며 여러 기능적 모델이 통합되어 있고 연계되어 있다. 또한 성공사례인 베스트 프랙티스의 절차적 시스템이 수용되어 있으며 도입하는 기업에 맞추기 위해 약간의 조정이 필요할 수 있다. 특정 분야에서 기업과 잘 맞지 않는다고 느껴지면 일종의 맞춤화 절차가 필요하다.

ERP를 공급해 주는 공급사는 SAP, Baan, Oracle, Softpower, SDS 등이 있으며 SAP나 Oracle은 전 세계적으로 명성이 높은 글로벌 브랜드 기업이며 Softpower나

SDS는 해당 분야에서 중요한 역량을 가지고 있다.

(3) 왜 ERP인가?

ERP가 부각된 것은 기술적 이유와 비즈니스적 이유가 있는데 먼저 기술적으로는 ERP를 통해서 응용시스템의 통합이 가능하다는 장점 때문이다. 만일 기업 내 시스템들이 통합되지 않는다면 효과와 효율 측면에서 많은 문제가 발생할 수 있다. 예를 들어 판매관리시스템의 경우 주문을 받은 내용이 구매부서에 전달이 되고, 실시간으로 입출고, 재고의 내용이 생산 현장에 전달되어야 원활하게 시스템이 흘러갈 수 있다. 만일 각각 시스템이 중복되고 연계가 되지 않거나 재작업 처리를 해야 한다면 많은 비용을 발생시키며 자료의 불일치를 초래할 수 있다. 따라서 통합은 시스템 개발에서 매우 중요한 내용이 된다. 또한 ERP는 화면이나 출력방법, 코드체계와 같은 인터페이스 역시 통합되어 있으며 ERP 패키지의 대량생산으로 인해 이미 제품 출시과정에서 많은 오류가 수정되었기 때문에 유지보수 비용이 감소된다. 그리고 자료입력의 중복이 배제될 수 있고 분석의 어려움이 해소될 수 있으며 기반이 확고하여 많은 전문가들이 이미 DB, 네트워크, 코드체계 등을 잘 만들었기에 IT 하부구조 체계의 향상이 가능하다. 또한 기술적 역량의 한계를 극복할 수 있으며 컴퓨터 운영 비용을 감소시킬 수 있다.

기술적 이유의 중요성 못지않게 비즈니스적 요소 역시 ERP 부각에 있어 중요한 이유가 된다. ERP는 전문가 집단이 만들고 초우량 기업 성공사례와 **베스트 프랙티스**가 이미 포함되어 있어 이노베이션 효과를 동시에 달성 가능하다. 이외에 ERP는 비즈니스 성장에 따른 시스템 유연성을 확보할 수 있으며 다국적 언어와 화폐단위의 처리가 가능하다. 그리고 경우에 따라 비공식적인 비즈니스 프로세스를 관리할 수 있으며 데이터와 기록관리가 표준화되어 있어 이에 따라 경영비용 역시 감소될 수 있다. 이와 같이 다양한 기술적 이유와 비즈니스적 이유로 인해 기업들이 직접 시스템을 개발하지 않고 ERP를 도입한다고 할 수 있다.

(4) 왜 ERP가 아닌가?

반면 ERP를 도입해서는 안 되는 경우도 존재한다. 앞서 이야기한 대로 ERP는 통합되어 있고 연계가 잘 되어 있으며 베스트 프랙티스가 포함되어 있다는 측면에서 장점이 존재하는 것인데 오히려 표준화되어 있기 때문에 도입하려는 기업의 환경과 맞지 않을 수 있다.

모든 기업은 국가적 그리고 기업적 측면과 같은 다양한 환경 속에서 존재한다. 따라서 경우에 따라 ERP에 포함되어 있는 업무처리 순서와 방법이 기업에서 실제 행해지고 있는 업무처리 방법들과 일치하지 않는 **유연성 결여** 경우가 발생한다. 그러므로 ERP의 업무처리 순서와 방법을 따를 것인지 아니면 기업의 기존 프로세스에 맞게 시스템을 맞춤화할 것인지가 하나의 이슈가 된다. 기업이 독특한 영업처리방식을 가지고 있거나 편법이기는 하나 예외적 업무 진행의 경우들이 있는데, 예를 들어 분기 말의 경영지표를 위하여 밀어낸 상품이 다시 반품될 때 판매(sales) 금액을 추적하여 조정하기 어렵다. 즉, 편법 사용으로 인한 문제가 발생하여 다시 돌려놓아야 할 경우 시스템상에서 처리가 불가능할 수 있다. 또한 ERP는 경영 환경의 지속적인 변화를 시스템으로 수용하기가 어렵다.

즉, 처리절차나 방법의 변화 혹은 사업 부서의 통폐합 같은 상황이 발생하는 경우 유동적으로 조정이 가능하여야 하는데 ERP는 전사적 시스템으로서 시스템의 범위가 너무 넓기 때문에 그러한 변화에 대한 빠른 수용이 불가능하다.

ERP에 대한 대안으로서 **Data Warehouse**(자료창고)가 존재한다. 만일 ERP를 도입할 만큼의 자금력이 충분하지 않은 중소기업의 경우에는 DW를 도입하여 필요한 분석보고서를 S/W를 통하지 않고 직접 DB에 접근하여 자료를 분석할 수 있다. DB가 거래처리 자료들에 대한 단순 기록과 보관의 기능을 가지고 있다면 DW는 거래처리 내용들을 쉽게 분석할 수 있도록 특정 패턴과 분석기준을 바탕으로 자료를 저장하고 있는 DB의 변환 형태이다. 따라서 ERP가 처리할 수 있는 기능을 DW가 대신 분석할 수 있는 경우에는 ERP를 채택하지 않아도 되는 이유가 될 수 있다. 이러한 이유로 DW는 **'가난한 자의**(poor man's) **ERP'** 라고 불리기도 한다.

(5) ERP 도입 4단계

이번에는 ERP를 위한 단계를 살펴보도록 한다. ERP 도입 단계는 SDLC와 크게 다르지는 않지만 일종의 패키지를 도입하는 것이기 때문에 차이가 존재하며 "투자-구축-실행-확산"의 4단계로 구성되어 있다(〈표 10-3〉 참조).

① 투자 단계

첫 번째 단계에서는 모든 시스템과 마찬가지로 ERP 역시 가장 먼저 시스템에 대한 필요성 인지와 **투자** 의사결정이 이루어져야 한다. 따라서 ERP도 아이디어를 어떻게 하면 의사결정, 즉 funding으로 이을 수 있는가에 대한 노력이 필요하고, **'Ideas to dollars'** 가 첫 단계가 된다. 이 단계에서는 최고경영자가 사내 관련자에게 회사에 대한 비전을 제시(top-down)하거나, 회사 사용자들이 최고경영자에게 시스템에 대한 필요성을 제고(bottom-up)한다.

② 구축 단계

두 번째 단계에서는 투자 의사결정된 시스템에 대한 **구축**이 이루어져야 한다. 기업에 맞는 ERP가 어떤 것인지 비교하여 결정한다. 따라서 구축 단계는 **'dollars to assets'** 단계이다. 이 단계에서는 전사적 시스템에 대한 변화 관리와 전문가 확보가 필요하다. 도입하는 ERP와 기업과의 상호 비교를 분석하여 유사한 프로세스와 기존 기업 시스템에서의 부족한 프로세스, 혹은 기존 시스템에만 존재하고 ERP에는 누락되어 있는 프로세스가 무엇인지를 파악하기 위해 경험이 많은 컨설턴트와 기술적 전문가, 분석가 등이 반드시 필요하다.

③ 실행 단계

세 번째 단계에서는 'assets to impacts' 표현처럼 **시스템 사용**이 이루어져야 한다. 모든 시스템은 사용되어야만 그 효과가 발생한다. 좋은 시스템이라고 하더라도 잘 사용되지 않는다면 효과를 창출할 수 없다. 따라서 도입한 ERP의 성과를 최대화시키기 위해 사용자 교육이 필요하고 잘 통합되고 기업에 맞춤화되어야만 한다. 즉, 내부의 기존 프로세스가 ERP에서 제시된 베스트 프랙티스와 합리적으로 잘 맞아 수행되어야 한다.

표 10-3. ERP 도입 성공을 위한 단계

ERP 도입 단계	주요 내용
1. 투자 'Ideas to dollars'	최고경영자 참여
	비즈니스 현황과 시스템의 필요성을 정확히 진단
	ERP의 기능과 한계를 정확히 이해
	관련 사내 직원들에게 사례와 비전을 전달
2. 구축 'dollars to assets'	사내 다양한 그룹의 참여
	기술자원, 방법론, 전문가 확보
	변화관리
	지식과 경험이 있는 IT 전문가 참여
3. 실행 'assets to impacts'	사용자 교육
	잘 통합되고 맞춤화된 ERP
	비즈니스 프로세스의 재설계
	변화관리를 위한 인적 · 재무적 · 기술적 자원의 확보
4. 확산 'impacts to outcomes'	경영자와 관리자의 실천적 활용
	성과의 추적
	시스템, 기술, 하부구조, 사람, 프로세스의 유연성
	확산을 위한 적절한 기술적 · 인적 자원

④ 확산 단계

마지막 단계에서는 활용 가능한 모든 영역에 **확산**이 이루어져야 한다. 일반적인 응용시스템은 특정 분야, 특정 기능에 적합한 시스템이지만 ERP는 하나의 시스템 아래에 기능별 모듈이 존재하기 때문에 도입 후 전사적으로 고도화, 보편화될 수 있도록 확산되어야 한다.

10.2.2 IT 아웃소싱(Outsourcing)

(1) 정의

일반적으로 아웃소싱은 외부로부터 필요한 자원을 조달(sourcing)하는 것이라고 정의될 수 있다. 기업들이 생산활동을 하기 위해서는 조달이라는 기능이 필요한데 기업 내부에서 조달하는 것을 in-sourcing이라고 한다. IT outsourcing이란 기술력 부족, 비용절감 등의 이유로 인해 다른 전문회사로부터 IT 관련 운영, 유지보수, 통신, SW 개발, DB 지원 등 일부 또는 모든 서비스를 제공받기로 하는 것을 의미한다.

(2) 특징

연구 결과에 따르면 IT 아웃소싱은 지난 10년간 10배 이상 증가하여 일종의 트렌드를 형성하였다. 하지만 다수의 기업에서 아웃소싱에 대해 여러 형태의 불만을 토로한다. 미국/유럽 등지의 아웃소싱을 활용하고 있는 고객사 160개 기업들의 불만사항을 살펴보면 자신들이 필요한 인력을 아웃소싱을 통해 구하기 어렵다는 인력 구성 취약(스태핑)에 대한 불만이 43%이며 아웃소싱의 범위에 대한 불확실한 정의로 인한 불만이 약 41%였다. 즉, 아웃소싱을 위탁하는 기업과 서비스 제공 기업과의 이해상충에 관한 문제가 다수 야기되고 있다는 것이다. 또한 38%는 계약 범위에 관한 불만을 표출하였다. 이러한 불만들을 바탕으로 아웃소싱의 장단점을 정리할 수 있다.

먼저 아웃소싱을 통해 기업이 가지고 있지 못한 지식을 획득할 수 있고, 인적 자원을 절약할 수 있다는 점은 장점이다. 내부의 전문가가 부족하여 아웃소싱을 선택할 수도 있지만 기업의 고급인력들을 단순한 업무에 투입시키는 것을 방지하고자 선택할 수도 있다.

그러나 아웃소싱으로 인해 기업 내부의 자료가 외부로 유출될 수 있는 가능성이 존재하며 종속성(의존성)이 생길 수 있다는 측면이 아웃소싱의 가장 큰 단점이다.

(3) 상생 유형

IT 아웃소싱에는 여러 가지 형태의 상생 유형이 존재한다. [그림 10-7]을 통해 서비스를 제공하는 당사자와 서비스를 받는 당사자들의 관계를 살펴보자.

그림 10-7. IT 아웃소싱의 상생 유형

관계 유형 중 가장 좋지 않은 관계는 그림의 오른쪽 하단에 위치한 갈등이 매우 많이 존재하는 '불행한 적대적 관계' 이다. 그림에서 표현된 심볼은 관계의 '폭발' 을 의미한다. 반면 가장 이상적인 관계는 오른쪽 상단의 '행복한 지속적 관계' 에 해당한다. 이 관계는 오늘날 많은 기업들 간에 볼 수 있는 상생관계와 win-win 관계, 파트너 관계들이다. 그리고 행복하지는 않지만 상호 간의 서비스가 잘 이루어지고 있다면 '상호보완 관계, 협력 관계' 라고 할 수 있다. 기업 간 관계가 초기 단계일 수도 있고 또는 지속적이지 않은 일시적 관계라면 서로 잘 알지 못하는 소위 'unknown', 즉 잘 모르는 상태이다.

이와 같이 아웃소싱은 네 가지의 관계가 존재할 수 있다. 오늘날 같은 경쟁심화의 환경에서는 주 타겟이 되는 경쟁사를 이기거나 시장 확대를 위해 적과의 동침을 선택하는 경우도 있다. 그 대표적인 예로서 적대적 관계일 수도 있는 삼성과 소니의 협력을 들 수 있을 것이다.

(4) 아웃소싱 도입의 6단계

IT 아웃소싱은 총 여섯 단계로 이루어져 있으며 각 단계적 활동과 목표를 알아본다. 그러나 이러한 계약 중심의 아웃소싱 방안은 비즈니스 파트너 관계로 발전될 수 있을 때 진정한 효과를 당사자들이 성취할 수 있다(제12장 후반에서 앞으로 상세 설명함). 첫 단계는 '범위(scoping)' 로 어떤 범위까지 계약할 것인가를 결정하는 단계이다. 그 이후에는 어떤 담당자를 선정할지 결정하는 '선정(evaluation)' 단계가 이어지며, 이후 계약(negotiation), 운영(transition), 조정(middle), 갱신(mature) 단계로 이어진다. 갱신 단계에서는 IT 아웃소싱의 계약을 지속할 것인지 해지할 것인지를 결정한다. 〈표 10-4〉는 각 단계별 활동의 특성을 요약한 것으로, 특히 단계별 목표를 보면 이 표와 같이 우선 범위 단계는 대상 업무에 맞는 공급자를 파악하는 것이고 선정 단계는 공급자를 선정하고 최종적 계약조건(offer)을 제시하는 것이며 계약 단계는 계약서를 작성하는 것이다. 계약서 작성은 매우 중요한 부분으로서 서비스를 어떤 수준까지 제공할 것인지를 명확하고 명쾌하게 작성해야만 이후 야기될 수 있는 문제를 막을 수 있다. 운영

단계는 운영상의 지표를 설정하는 것이고 조정 단계는 목표 이상의 성과를 달성하도록 하는 것이며 마지막으로 갱신 단계는 마지막 전환 단계의 문제를 예방하는 것이다.

표 10-4. IT 아웃소싱의 단계적 활동과 목표

	범위 (Scoping)	선정 (Evaluation)	계약 (Negotiation)	운영 (Transition)	조정 (Middle)	갱신 (Mature)
활동	핵심 IT 역량의 발견	기본 서비스 설정	RFP 기본 내용의 확인	계약서를 사내 IT 스태프에게 배포	성과를 벤치마킹하고 조정함	공급자의 투자 부분 조정
	아웃소싱 대상 업무 파악	기본 비용 설정	서비스 범위 협의	계약서의 해석과 이해	기술과 경영 환경 변화에 따라 수정	서비스 연장 또는 해지
활동	-	RFP	책임의 범위 결정	계약 이후에 발생하는 문제 관리 프로세스/설정	서비스 공급자를 가치창출에 활용	(50% 변경, 34% 해지, 11% 연장)
		공급자 평가 기준의 결정	가격 결정	H/W S/W의 통합, 안정화, 표준화 실행		
		입찰공고를 내외부에 공개	직원 파견 시 조건 결정	서비스의 범위, 수준, 비용, 책임 위치 설정		
			계약서 변경에 대한 절차를 변경	추가 서비스 지불과 관리		
				서비스의 현대적 기대치		
				대외적으로 공식적인 발표		
목표	대상 업무에 맞는 공급자 파악	공급자 선정과 최종 Offer	계약서 작성	운영상의 지표 설정	목표 이상의 성과 달성	마지막 전환 단계의 문제 예방

(5) 현황

IT 아웃소싱은 더욱 보편화될 것이며 향후 30~35%의 예산이 IT 아웃소싱에 사용될 것이다. 이러한 확산을 위해서는 기업 간의 신뢰관계 구축이 기반이 되어야 하며 또한 이것이 가장 중요한 문제이다. 그리고 아웃소싱은 주로 콜센터나 배송 등의 비핵심 프로세스에 더 많이 적용된다. 비핵심 프로세스에 주로 이용되는 이유는 자료 유출이 가장 큰 원인이라고 할 수 있으며 앞으로는 핵심 분야에서도 전문성을 가지고 있지 않은 기업은 그 전문성을 찾기 위해 아웃소싱을 적용하는 등 점차적으로 추세가 변할 것으로 예상된다.

하지만 인건비 절감 차원에서 글로벌 아웃소싱을 하는 경우가 최근 많아 그러한 아웃소싱 기업이 많은 국가에서 아웃소싱이 확산될수록 실업문제가 더 악화될 수 있다는 비판적 측면(예: 미국)의 이슈가 제기되기도 한다.

10.2.3 시스템 획득(acquisition) 대안의 비교

지금까지 시스템을 획득하는 방법으로서 SDLC에 의거한 개발, ERP 도입, 아웃소싱의 세 가지를 다루었는데 과연 어떤 방법이 언제 적절한 것인가를 비교해 볼 필요가 있다. 〈표 10-5〉 시스템 획득 대안의 비교는 비용, 위험도, 요구만족, 구축 용이성, 유지보수 필요, 전사적 영향/기여도를 기준으로 작성되었다.

- 비용 면에서 보면 규모가 큰 고급 패키지를 도입하는 방법, 즉 ERP가 사실 가장 높다(컨설팅 및 맞춤화를 포함하면 더욱 그렇다). 규모는 작지만 내부 개발과 아웃소싱 모두 높은 편이다.
- 위험도의 경우도 세 방법 모두 비슷하게 어느 정도의 위험요소들이 존재하는데, 자체 개발의 경우는 기술력 부족이 위험요소가 될 수 있고, ERP 도입 시에는

표 10-5. 시스템 획득 대안의 비교

	비용	위험도	요구만족	구축 용이성	유지 보수 필요	전사적 영향/기여도
자체 개발	H	M/H	H	M	H	제한적
ERP(패키지)	H+ (H)	M/H (L)	L	L	M/H	매우 큼 (제한적)
아웃소싱	M/H	M	L	위탁	위탁	아웃소싱 정도에 따라 다름

내 · 외부 프로세스의 일치성 문제가 발생할 수 있으며, 아웃소싱의 경우는 자료 유출 문제가 가장 큰 위험요소가 될 수 있다.

- 요구만족의 측면에서 보면 자체 개발하는 경우는 기업 내부의 요청에 따라 그에 맞춰 시스템을 만들어 내는 것이므로 각각의 요청사항들을 세세하게 반영시킬 수 있기 때문에 그 만족도가 가장 높다고 할 수 있다.
- 개발 및 유지보수 측면은 자체 개발된 시스템의 경우 그것에 대한 외부의 객관적인 검증을 받지 못하였기 때문에 유지보수의 필요성이 높은 경우가 많다. 그러나 ERP의 경우는 개발과정에서 이미 많은 문제가 발견되고 해결되었을 가망성이 크므로 ERP를 그대로 따라간다면 유지보수의 필요성이 크지 않다. 하지만 ERP 패키지를 변동 없이 활용하는 것이 아니라 기업 프로세스에 맞춰 변화를 시켜 사용하는 경우에는 유지보수의 필요성이 커질 수도 있다.
- 마지막으로 전사적 영향과 기여도의 경우에는 베스트 프랙티스가 반영되어 있는 ERP가 가장 크다.

정리하기

시스템의 획득 대안에는 전통적으로 SDLC에 기반하는 자체(내부) 개발 외에도, ERP/패키지 도입방법, 아웃소싱이 있다. ERP란 브랜드형 통합 패키지로, 데이터와 비즈니스 프로세스를 전사적으로 통합하고 운영시켜 주는 기능을 가지고 있다. ERP의 도입 단계는 [투자 ➞ 구축 ➞ 실행 ➞ 확산(보편화와 고도화)]으로 진행된다. EPR는 전사적 시스템이기 때문에 확산이 매우 중요하다. 아웃소싱은 기술력이 부족하거나 비용절감을 위해 다른 전문회사와 IT 관련 운영, 유지보수, SW 개발 등 일부 또는 모든 서비스를 제공받기로 하는 것을 의미한다. 도입 단계는 [범위 ➞ 선정 ➞ 계약 ➞ 운영 ➞ 조정 ➞ 갱신]으로 진행된다. ERP와 아웃소싱 모두 최근 매우 높은 증가 추세를 보이고 있으나 자체 개발을 포함하여 이들 중 어떤 방식을 선택하는가의 결정은 쉽지 않다. 의사결정에 기준이 되는 고려사항들로는 비용, 위험도, 요구만족, 구축용이성, 유지보수 필요, 전사적 영향/기여도 등이 있다.

다음 장에서는 시스템 구축 이후 실제로 사용되는 단계가 되는 실행(implementation)에 대하여 살펴보자. 이 MIS 실행은 1970, 1980년대 MIS의 학문적 발전에 주류를 이루며 크게 기여한 영역이며 MIS를 컴퓨터공학이나 산업공학과 차별화하는 핵심 분야라고 할 수 있다.

평가하기

➔ **제시된 문항의 빈칸(　　)을 채우거나, O/X 여부를 결정하세요.**

1. 시스템을 획득하는 대표적인 대안에는 전통적 방법인 (　　) 이외에도, (　　), (　　)이 있다.
2. ERP는 전사적으로 기능을 통합하고 모든 기능이 best practice 수준으로 (모듈)별, 그러나 통합적으로 구성되어 있는 전사적 자원시스템으로 영어로 (　　)이라고 한다.
3. ERP의 도입 4단계는 1 (　　), 2 (　　) , 3 (　　), 4 (　　)이다.
4. 아웃소싱의 도입 6단계는 1 (　　), 2 (　　), 3 (　　), 4 (　　), 5 (　　), 6 (　　)이다.
5. 요구만족이 가장 큰 시스템 방법은 '자체 개발' 이다. (O/X)
6. 맞춤화 및 컨설팅을 포함하여 비용이 가장 큰 시스템 획득방법은 '아웃소싱' 이다. (O/X)

Chapter

11

IT/IS 실행

(MIS Implementation)

Chapter 11

IT/IS 실행 (MIS Implementation)

현대 기업정보시스템 구축, 무엇이 문제인가[1]

과거 사례에서 배우는 IT 레슨—스케줄 지연, 비용 초과, 성과 미달 그리고 기본 원칙 …

"전문가는 전문의로서 역할 수행해야, 내부 기능 간 연계성 절대적"

대형화 · 고도화되는 현대 정보시스템

지난 10년 동안 국내 대부분의 기업들은 기업정보시스템 구축에 많은 관심과 투자를 증대시켜 오늘날 이들의 정보시스템은 대형화, 고도화되고 있다.

미국의 한 통계에서도, 이러한 투자는 1980년대에 기업자본 투자의 27%에서 1991년에는 35%로 늘어난 것으로 조사돼 있다. 미국의 금융시장을 중심으로 한 서비스 산업의 경우만 보더라도 지난 10년간 약 6백조 원에 달하는 엄청난 금액을 쏟아 넣었다. 이러한 투자에 대한 기업의 결과는 과연 무엇이었을까.

그동안 기업의 급여관리, 재무회계관리, 판매관리 등을 중심으로 운영업무를 사실상 많이 전산화했다고 할 수 있다. 그러나 믿을 만한 조사에 의하면, 사무생산성은 변화된 게 거의 없거나 오히려 감소된 것으로 나타나 있다. 또한 기업의 경영층은 볼 수 있는 자료는 존재하지만 쓸만한 정보는 없다고 아직도 불평을 하고 있다. 또한 구축 과정에 있어서도 종종 스케줄 지연, 비용 초과, 미완성 및 성과 미달의 결과에 따라 시스템 전문회사 및 프로젝트의 변경과 포기가 점차 많아지고 있다.

미국의 대형 시스템의 경우 이러한 사례는 약 35%에 달하고 있으며, 이에 따라 정보시스템의 '문제해결사' 적인 새로운 비즈니스가 부상하고 있는 실정이다. 이러한 사례에는 미국 굴지의 보험회사와 지방 행정부의 시스템, 그리고 유명한 시스템 전문회사까지도 포함하고 있다.

몇 개의 사례를 요약하면 다음과 같다.

---

1. 오래전 글이지만 문제점과 해결방안은 아직도 중요하고 타당하다고 판단되어 여기에 게재.

• **사례 1 : 보험회사 올스테이트**

유명한 보험회사인 올스테이트(All State)는 1982년에 시스템 전문회사인 EDS와 5년간 50억 원을 투자, 운영업무를 자동화하고 신규 보험상품의 도입기간을 3년에서 한 달로 단축하기 위한 계약을 했으나, 그 두 배의 비용을 쓰고도 결국은 5년 후 새로운 회사와 1993년을 목표로 800억 원을 또다시 투자해야 하는 새로운 계약을 체결했다.

• **사례 2 : 의료보험회사 블루크로스/블로쉴드**(위스콘신 주)

역시 유명한 의료보험회사인 블루크로스/블루쉴드(Blue Cross/Blue Shield, 위스콘신 주 소재)는 1983년 이후 1년 반 내에 1,500억 원을 투입하여 다섯 대의 컴퓨터에 의해 처리되던 모든 서비스를 통합하기 위한 시스템을 구축했으나, 결과는 자료의 부정확과 불일치로 1년간 3만 5천 명의 고객을 상실했다.

• **사례 3 : 의료보험회사 블루크로스/블로쉴드**(메사추세츠 주)

같은 계열의 블루크로스/블루쉴드(메사추세츠 주 소재)는 1986년부터 5년간 PMSC라는 보험관리시스템 전문회사와 계약하고 900억 원을 투입하여 효과적인 고객관리를 위한 시스템을 시도했으나, 같은 기간 동안 놀랍게도 30만 명의 고객 감소와 시스템의 미완성이라는 결과를 초래했다.

• **사례 4 : 오클라호마 주의 직원복지시스템**

오클라호마 주는 1983년 미국의 빅에잇(Big Eight)에 속하는 한 유명한 회계법인과 4억 원의 직원복지시스템 개발을 계약했으나 불성실한 관리로 인해 2년 후 4배의 비용으로 다시 책정하고, 결국 8배의 비용을 투입한 후 최근에 겨우 완성했다.

• **사례 5 : 리치몬드 시의 공공요금 징수시스템**

리치몬드 시는 1984년 유명한 시스템 전문회사인 아서 영(Arthur Young)과 수도 및 가스요금 통지 · 조회시스템을 10억 원에 계약한 후 1987년까지 완성되지 않아 결국 1988년에 계약취소를 단행했고, 아서 영은 계약파기에 대한 소송을 하고 있다.

국내의 경우에도 물론 프로젝트의 규모는 아직 작지만 위의 경우와 유사한 사례들이 나타나고 있다. 말하자면 A전문회사와 계약한 후 스케줄의 지연 또는 성과 미달 등의 이유로 실망한 고객 회사는 그후 관계를 끊고 B전문회사와 계약하는가 하면, B전문회사와 계약한 후 실망한 다른 고객회사는 반대로 A회사와 계약을 하는 실정이어서 더욱 안타까운 실정이다.

이러한 가운데 컴퓨터나 소프트웨어 회사와 관련 분야의 전문가들은 정보시스템과 관련된 새로운 또는 변형된 용어들을 마치 만병통치약처럼 이해 없이 전달하고 또한 기업의 관련자들은 이러한 용어를 쫓아다니고 있는 실정이다. 그럼 무엇이 문제인가.

2중 연계성 확보가 기업정보시스템 구축의 기본 선행원칙

국제화 · 다변화되고 있는 기업환경 속에서 현대 기업이 건강하게 그 성장을 계속하기 위해서는 정보시스템을 새롭게 활용하기 위한 새로운 사고가 요구되나 아직 이에 대한 준비가 뒤따르지 못하고 있다.

오늘날의 정보사회에서는 산업사회에서의 획일적인 대량생산만으로는 장기 재고를 증가시킬 뿐이며, 오히려 다양한 대량생산체제가 필요하다. 급격히 변화하는 사회적 요구와 기술의 발전 아래에서는, 고정된 안정성이란 오직 침체만을 의미하며, 동적 안정성이 요구된다.

따라서 정보시스템의 측면에 있어서 단일 목적의 시스템을 개별적으로 구축하는 것은 자원의 비효율적인 활용과 기껏해야 자료의 중복저장과 불일치, 사실 확인을 위한 시간의 낭비 및 정보활용의 지연을 초래할 뿐이며, 다목적 시스템의 구축을 위한 하부구조의 정립이 요구된다.

즉, 현대적 기업경영에 필요한 것은 진정한 의미의 경쟁력을 제고시켜 줄 수 있는 환경적 합리성(개인적이거나 부서별 목적 추구 이상의)에 입각한 정보시스템이다. 기업정보시스템의 그동안의 문제점은 내외환경 간, 내부기능 간 연계성(connectivity)의 결여라고 단언할 수 있으며, 역으로 연계성의 확보가 현대 기업정보시스템 구축의 기본적인 선행원칙이어야만 한다.

현실적인 문제점으로도 많은 기업과 전문회사, 그리고 전문가들조차도 아직 과거의 고정관념적 시스템의 접근방법을 사용하는 것이라고 할 수 있다. 예를 들면, 많은 사람들이 기업의 정보시스템을 여러 개의 기존 분야로 나눈 다음, 각 분야에 대한 시스템의 문제점을 하나씩 완성해 나갈 것을 제안하기도 한다.

하지만 그럴듯해 보이는 이러한 방법은 전체적인 정보시스템의 관련성과 경영업무체계의 재구축이 선행되지 않으면, 여러 개로 나누어진 분야의 숫자만큼 문제점을 불러일으키는 경우가 허다하다.

성공적 시스템 구축을 위한 노력

사례에서 나타난 문제점들의 요인에 대한 우리 국내 전문가들의 준비는 어떠할까. 새로운 지식 및 기술에 대한 이해와 습득의 기회가 얼마나 주어지고 있을까. 전문회사의 영업사원이 약속한 내용이나 제안서에 약속한 내용이 실제 프로젝트 결과와는 얼마나 일치할까. 계약할 때 참여한 고급전문가는 계약 후 새로운 계약을 얻어내기 위해 분주하여 대학을 갓 졸업한 신입사원에게 맡겨 놓지는 않은가. 이에 대해 고객회사의 사용자는 프로젝트의 목표일이 지나 비용이 초과될 때까지 아무런 역할도 담당하지 않으려고 하지는 않는가. 의사가 환자를 직접 대면하지는 않고 문진을 통해 잘못 처방하듯, 검증되지도 않는 설문지를 만들어서 애매모호한 질문을 하고 현명한 대답을 기대하지는 않는가. 이외에도 하나의 사무실 안에 있는 사람의 수를 세는 방법과 전국의 인구조사를 하는 방법은 분명히 달라야 하듯이 단순한 프로젝트와 복잡한 프로젝트를 처리하는 기술이 달라져야 한다.

결론적으로 오늘날 현대 기업경영이 요구하는 정보시스템은 그 자체가 합리적인 내부 기능의 연계와 이러한 내부시스템과 외부시스템의 연계인 2중 연계로 성격상 복잡할 수밖에 없으며, 이에 대한 준비가 필요하다고 할 수 있다. 대부분의 시스템 지연과 포기 또는 성과 미달은 흔히 계획단계에서부터, 앞에서 살펴본 여러 가지의 요인들이 얽혀서 잘못되고 있음을 지적할 수 있다.

따라서 우리가 얻을 수 있는 교훈으로서 지적할 수 있는 것은 다음과 같다.

- 시스템의 개별적 · 나열적 분석이 아닌 총체적 · 심층적 분석
- 하드웨어나 소프트웨어 엔지니어링의 집착 이전에 보다 기본적인 정보 체계와 경영업무체계의 정립
- 경영전략 및 경영관리시스템 분석에 운영 업무 중심의 분석방법론의 반복 사용이 아닌 새로운 방법론의 적용
- 시스템 전문가는 약사로서의 역할을 수행할 것이 아니라 전문의로서의 역할 수행
- 환자인 사용자 시스템의 보호자 확보 및 맡은 역할의 수행

이상과 같이 새로운 노력을 하지 않는 한 현재 각 기업에서 추진하는 시스템의 대형화, 고도화는 성공하기 힘들다고 할 수 있다. 즉, 그 이름이 임원정보시스템, 전문가시스템, 의사결정지원시스템 등 무엇이든지 간에 그 시스템의 구축은 미완성 또는 완성이 되더라도 비용의 초과, 프로젝트의 지연, 성과 미달의 결과를 벗어날 수 있다고 생각할 수 없다.

출처: 권태형(1992. 9. 5), 하이테크논단 특별기고문

11.1 시스템(미시적) 수준의 IT/IS 실행(Micro Implementation)

[내 용]

- 실행(implementation)의 개념
- 변화관리의 개념과 변화과정 모형
- 변화에 대한 저항
- 시스템 수준의 IS 실행과 그 특성
- 시스템 수준의 IS 실행의 성공과 성공요인과 그 측정

이전 장에서 정보시스템 개발 프로젝트의 주요 단계와 시간을 설명하는 구조적 방법론인 SDLC(System Development Life Cycle)에 대해 이해하였다. SDLC의 다섯 번째 단계로 설명된 '실행'은 시스템이 만들어지고 난 후 사용이 가능하도록 구현하는 단계이다. 여기서는 IT/IS의 실행(implementation)과 관련하여 시스템 수준의 IS 실행과 조직 수준의 IT 실행에 대한 내용으로 구성되어 있다. 원래 실행이라는 개념은 변화 자체뿐만 아니라 그 다음 이어지는 행동을 포함한다. 시스템의 변화를 구축하는 것으로 끝나는 것이 아니라 구축 이후 여러 현상이 발생할 수 있다. 시스템을 도입할 때는 단순히 구축이 목적이 된다고 할 수 없다. 다시 말하면, 시스템 도입은 IT나 IS의 구축과 더불어 다양한 조직과 사용자에 의한 활용(사용)과 조율이 병행되어야 함을 말한다. 이와 함께 IT 또는 IS 성공의 의미와 측정방법이 무엇인가에 대하여 알아보고자 한다.

[생각해 보기]

- 사내 특정업무에 정보시스템이 새롭게 도입되었다면 그래도 해야 할 일 남아 있을까요?
- 변화란 어려운가요, 쉬운가요? 왜 그럴까요?
- 새로 도입한 시스템을 사용자들이 거부하거나 사용을 망설인다면 어떻게 해야 하나요?
- 요즘의 IT가 주로 다기능/다목적인 점을 감안한다면, IT 도입에서 '성공'이란 무엇을 의미한다고 생각하시나요?
- 테크니컬(technical) 네트워크와 소셜(social) 네트워크는 둘 다 네트워크인데 차이점은 무엇일까요?

[목 표]

- 변화관리의 개념과 변화과정 모형에 대한 이해
- 변화관리의 중요성과 저항에 대한 이해
- 시스템 수준의 IS 실행에 대한 이해
- 시스템 수준의 IS 실행 성공요인과 그 측정에 대한 이해

변화관리의 개념과 그 중요성에 대하여 살펴보고 정보시스템 구축의 성공전략, IT 도입의 성공 전략에 대하여 살펴본다. 또한 근래 매우 중요해지고 있는 네트워킹이 IT의 혁신적 사용과 활용에 영향을 주는지, 네트워크의 영향과 IT/IS 성공의 밀접한 관계는 어떠한지에 대해 학습하는 것을 목표로 한다.

[용 어]

실행	협의는 시스템구축 설치 후 실천적으로 사용하는 것을 의미하며, 광의는 도입한 테크놀로지의 잠재력을 전사적으로 최대화함을 의미
해빙	비전과 위기의식을 통한 변화 또는 개선 및 혁신 필요성의 인식 (felt needs thru crisis and/or vision)
변화	테크놀로지, 방법론, 경험, 프로젝트 관리를 업무에 적용 (task & technology fit, methodology, experience, project management)
결빙	사용, 성과 달성, 서비스, 안정화, 학습, 제도화 등 변화가 정착됨을 의미 (use, performance, service, routinization, learning, institutionalization)

11.1.1 실행의 개념(Implementation concept)

시스템의 구축 목적은 단순히 '구축' 에 초점이 맞춰져 있는 것이 아닌 '사용' 이 매우 중요하다. 따라서 시스템 사용에 영향을 주는 요인을 파악하고 경영학적 맥락에서 매우 중요한 개념인 '태도' 와 MIS의 '실행' 이 어떤 관계를 가지고 있는지 살펴본다. 또한 시스템 개발 및 획득 이후의 변화를 이해하고 문제점을 파악하는 것에 대해 알아본다.

실행(implementation)은 본래 MIS에서 매우 중요한 핵심이다. 컴퓨터공학과 경영학을 구분 짓는 매우 중요한 구성요소 중 하나가 바로 실행이라는 개념이다. 컴퓨터공학 분야에서는 "어떻게 하면 컴퓨터와 IT를 보다 잘 만들 수 있을까" 하는 관점에서 처리속도(speed), 저장능력(memory)에 초점을 맞추고 있지만, MIS는 "어떻게 하면 시스템을 잘 사용할 수 있고, 기업의 성과에 많은 도움을 가져다 줄 수 있으며 시장점유율과 고객만족을 증가시킬 수 있는가" 에 대하여 초점을 맞추고 있다. 따라서 실행은 개발(development)의 개념과 다르다는 것을 이해하여야 한다.

실행은 미시적 시각의 IS 실행과 거시적 시각의 조직 전체의 실행이라는 두 가지의

	미시적 시각(시스템)	거시적 시각(조직 전체)
변화 단계 이론	재결빙(refreezing)	재결빙(refreezing)
수준	개별 시스템 수준	전사적 수준
대상	IS 실행	IT 실행
초점	적용(Adaptation) 및 수용(Acceptance) 초점	채택(Adoption) 및 확산(Diffusion) 초점
목표	사용 & 만족	전파 & 확산
방법론	분석 & 설계	연구 & 개발(R&D)

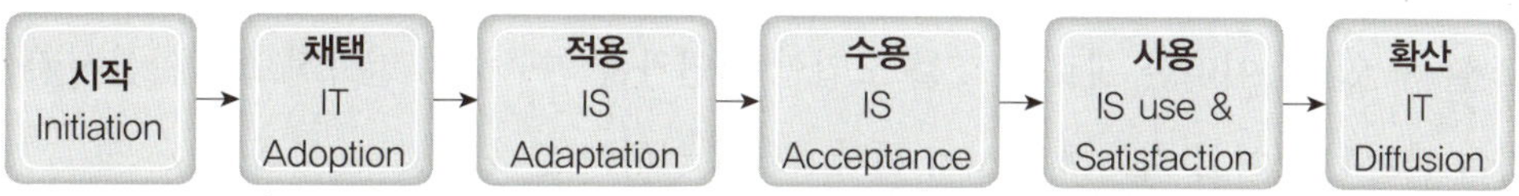

그림 11-1. 이노베이션 시각의 거시적 IT 실행 모형

개념으로 구분될 수 있다. IT/IS의 도입 역시 넓은 범위에서 '변화(change)' 라고 할 수 있다. 요즘 시대에는 IT의 변화, 사회적 패턴의 변화, 경영 패러다임의 변화 등 모든 분야에서 빠른 속도로 변화한다. 여기서 변화를 얼음에 비유하자면 얼음이 녹고, 그 상태에서 다른 얼음판의 형태에 맞춰 다시 결빙되는데 그 변화한 모양이 결빙(freezing) 혹은 재결빙(refreezing)되는 것을 의미한다.

먼저 미시적 시각에서의 시스템은 하나의 IS를 구체적으로 개발하여 실행하는 개념이다. 여기서 관심을 가져야 할 것은 사용자가 이 IS를 수용(accept)할 것인가 거부(reject)할 것인가에 대한 것으로 목적은 수용이라고 할 수 있으며 IS의 수용을 통해 사용도와 만족도가 증가하게 된다.

미시적 시각에서의 방법론은 분석과 설계이다. 쉽게 말해 이전에 언급하였던 SDLC 방법론이 분석과 설계에 해당하는 것이므로 미시적 시각에서의 방법론에 해당한다.

미시적 시각의 실행과 거시적 시각의 실행은 모두 재결빙(refreezing)에 해당한다는 공통점이 존재하지만, 많은 차이점을 가지고 있다. 가장 먼저 조직 전체의 수준은 하나의 개별적인 IS의 수준이 아닌 전사적 수준에 해당하며 대상은 IS보다 범용적인 IT의 실행에 해당한다. 주요 초점은 시스템 개발(development)과 사용자의 수용(acceptance)을 중심으로 전후 단계에 있어 차이가 있다. 실제로 사용하기 이전에 사용하고자 하는 시스템은 도입 결정이 있어야 하고, 그 후에는 실제 획득이 일어난 후 사용을 통하여 조직 내에 넓게 확산시킬 것인가에 대해 관심을 갖기 때문에 보다 거시적인 관점이다. 마지막으로 방법론의 경우에는 시스템 관련 연구와 개발(R&D)에 해당한다고 할 수 있다. 어떠한 새로운 IT를 도입할 것인가를 연구하여 전사적으로 확산시키는가와 관련된 것이기 때문에 거시적 시각에서의 실행이 된다고 할 수 있다.

Kwon과 Zmud가 IT 도입부터 확산과정을 '시작(Initiation) ➡ 채택(IT Adoption) ➡ 적용(IS Adaptation) ➡ 수용(IS Acceptance) ➡ 사용(IS Use & Satisfaction) ➡ 확산(IT Diffusion)' 이라는 여섯 단계 모델로 제시한 것은 매우 혁신적 기여로 평가된다(뒤 11.2에서 다시 상세히 설명). 왜냐하면 이 모델은 다양한 인접 학문 분야에서 이루어진 유사한 실행(implementaion) 연구 패러다임을 분석하고 종합하여 하나의 미시적 시각의 실행과 거시적 시각의 실행을 통합 모델로 연관지어 나타냈기 때문이다. 이 모델에서의 채택과 확산은 거시적 시각, 수용과 사용은 미시적 단계의 실행에서 초점을 두고 있다.

11.1.2 변화과정 모형(Change Process Model)

(1) Lewin(레빈)의 변화과정 모형

Kurt Lewin(커트 레빈)[2]의 유명한 변화과정 모델(Change Process Model)은 앞서 이야기한 '해빙(unfreezing) ➡ 변화(change) ➡ 결빙(refreezing)' 의 세 단계로 구성된다. IT 실행을 앞에서 언급한 것처럼 변화로 이해하고 Lewin이 제시하는 변화의 과정과 비교하면 다음과 같은 비교의 의미를 찾을 수 있다.

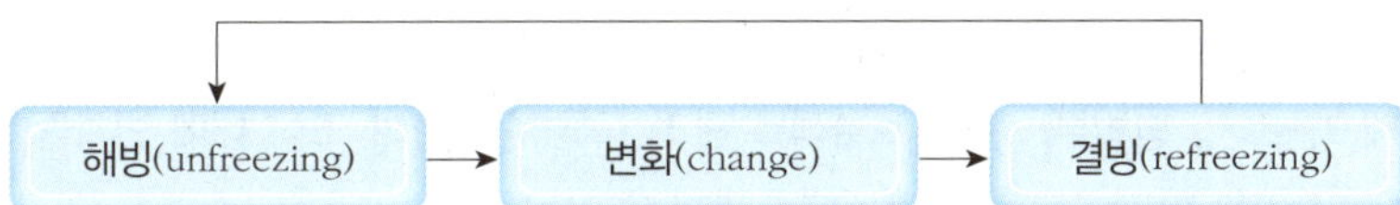

그림 11-2. Lewin의 변화과정 모형

이와 관련한 몇 가지 질문이 존재한다. 먼저 시스템 변화도 변화의 과정을 따르는가?

답은 Yes이다. 즉, 시스템의 변화도 변화라고 봐야 한다. 따라서 시스템 개발, 시스템 도입, 시스템 사용 등은 모두 변화의 일원에 해당한다. 따라서 변화 이론을 통해 MIS의 성공으로 갈 수 있는 길을 볼 수 있는데, 시스템 구축 방법론인 SDLC는 기본적으로 변화의 단계로 이해하면 된다. 그렇다면 해빙, 변화, 결빙의 세 단계 중 어느 단계가 가장 중요할까? 이 질문에 대한 확실한 답은 쉽지 않지만, 과거에는 '변화' 의 단계(예: 시스템 개발)에 너무 초점을 맞추고 있었으나 최근에는 필요하지 않은 시스템을 개발할 필요도 없고, 일단 도입된 시스템도 최대한 활용되어야 한다는 시각이 넓어지고 있는 실정이다.

2. 독일에서 태어나 미국으로 이주한 저명한 개인, 조직 심리학자로 오하이오 대학, MIT 대학 교수를 역임했으며 드물게도 심리학, 물리학, 조직학을 섭렵했으며 시스템 다이내믹스를 창건하고 발전시켰다.

(2) 변화 단계

변화의 3단계에 대하여 자세히 살펴보도록 한다.

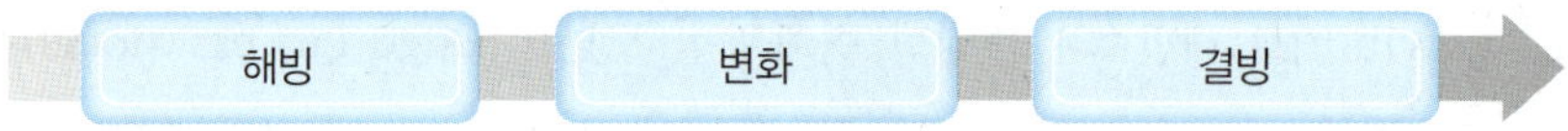

그림 11-3. 변화과정 모형

- **해빙**: 비전과 위기의식을 통한 변화 또는 혁신의 필요성을 인식하는 단계 → [발명이 필요 push & 필요가 발명 pull]
- **변화**: 테크놀로지, 방법론, 경험, 프로젝트 관리 등을 종합하여 조직 내에 변화를 도입하는 단계(비즈니스-테크놀로지 FIT, 방법론 FIT, 경험과 지식 FIT, 프로젝트 관리 FIT) → [변화를 생산]
- **결빙**: 시스템 사용, 성과 달성, 서비스 또는 지원, 안정화, 학습, 전파와 확산 등 변화를 정착시키는 단계를 의미 → [인스티튜션화]

해빙(unfreezing)은 비전과 위기의식을 통한 변화 또는 혁신의 필요성을 인식하는 단계이다. 즉, 변화의 필요성을 인식하는 단계이다. 만일 변화가 왜 필요한지에 대해 인식하지 못한다면 그만큼 동기부여(motivation)가 떨어지고 창의적인 아이디어를 제시할 수 없다. IT의 경우 새로운 IT가 개발되었다면 새로운 변화가 시작된다. 이처럼 새로운 IT의 도입이 기업의 경쟁우위에 도움을 줄 때, 이는 'Technology'가 변화를 'push' 하는 현상이다. 반면, 기업이 필요성을 느낀 것을 찾는 것은 변화를 스스로 잡아당기는 'demand pull' 이다. 과거에는 '필요하면 발명이 이루어진다' 라는 표현이 일반적이었지만, 오늘날 기술의 변화가 너무 빠르기 때문에 '발명은 변화를 야기시킨다' 라는 표현으로 바뀌어야 한다. 즉, 새로운 기술의 발명은 기업에게 필요성을 느끼게 한다. 두 가지 표현 중 어느 관점이 옳은 관점이라기보다는 두 관점 모두 중요하다고 할 수 있다.

변화(change)는 비즈니스-테크놀로지 융합, 방법론, 경험, 프로젝트 관리 등을 종합하여 조직 내에 변화를 도입하는 단계로 변화를 생산 혹은 제조하는 단계이다.

결빙(refreezing)은 시스템 사용, 성과 달성, 서비스 또는 지원, 안정화, 학습, 전파와 확산 등 변화를 정착시키는 단계를 의미한다. 이러한 모든 사항들이 이루어진다면 변화가 전혀 새롭지 않고 인스티튜션화되는 상태라고 할 수 있다.

(3) 변화에 대한 저항

일반적으로 사람들은 변화에 저항한다. 변화에 대한 거부감을 가지고 있는 이유는 변화에 대한 두려움, 불확실성, 변화로 인한 자신의 위치와 파워의 상실에 대한 걱정, 또는 새로운 IT로 인한 업무의 축소 등이 있다. 또한 변화의 좋고 나쁨을 떠나 자신들이 만든 것이 아니기 때문에 상관하지 않거나 혹은 거부하는 소위 'NIH' ('Not Invented Here') 신드롬도 있다. 이러한 저항요소들을 어떻게 해결할 수 있을까? 먼저 변화에 대한 저항은 자연스럽다는 것을 인식해야 한다. 변화로 인한 불안함을 지원하기 위해 트레이닝을 시키거나 파일롯(pilot) 시범을 통해 보여주고 혹은 변화 동참에 대한 보상을 지원한다면 자연스럽게 해빙이 이루어질 수 있고, 변화에 대한 참여를 이끌어낼 수 있다. 이러한 사항이 잘 이루어진다면 변화가 조직 내에서 잘 이루어질 수 있게 된다. 이처럼 MIS의 실행으로 이어지기 위해서는 IT 측면에서도 커다란 변화의 이론을 적용하여 만들어진 시스템에 대한 거부감을 줄이고 자발성을 잘 이끌어내야 한다.

11.1.3 시스템(미시) 수준의 미시 IS 실행(Micro Implementation)

(1) 정의

시스템 수준에서의 IS 실행이란 획득한 시스템을 조직 내에 설치(install)한 후 목적대로 사용(use)하여 성과 달성이 가능하도록 하는 과정을 말한다. 앞에서 설명한 대로 시스템에 대한 거부, 불만족, 성과 미달은 시스템 자체 성능에 상관 없이 구축의 목적을 달성하지 못하게 하고 따라서 MIS 실행은 실패가 되고 만다. MIS 실행 성공과 실패에 대하여 매우 많은 연구가 지금까지 이루어져 왔다. 결론은 원인이 테크놀로지 자체에만 있는 것이 아니고 그 밖에 모든 조직의 구성요소와의 인터랙션으로부터 나타난다는 것이다.

IT 또는 테크놀로지는 오늘날 글로벌 환경에서 점점 더 아무나 쓰는 편의품(commodity)화되어 간다(예: 서버, 네트워크, ERP, 디지털 디바이스 등). 내가 가지고 있는 IT 자원은 다른 기업도 쉽게 획득할 수 있는 물품이 되고 있는 것이 현실이다. 하지만 테크놀로지가 같다고 하더라도 활용 방법과 범위 그리고 결과도 똑같을 수 있는 것은 아니다. 최적의 활용이란 획득에서 결정되는 것이 아니라 실제로 학습하고 경험이 쌓여야 가능한 것이다. 따라서 미시적 시스템 관점에서의 성공은 시스템 제작이나 구입이 아닌 사용과 만족, 성과 달성에 초점이 맞춰져야 한다.

(2) 조직 구성요소와 소시오-테크니컬(Socio-Technical, 사회기술적) 시스템 디자인

IT와 같은 테크놀로지는 조직에서 하나의 구성요소일 뿐이다. 조직에서는 컴퓨터 테크놀로지, 네트워크 테크놀로지, DB 테크놀로지 등 다양한 테크놀로지가 존재한다.

[그림 11-4]는 조직의 네 가지 구성요소에 관한 것으로 테크놀로지(Technology), 과업(Task), 사용자(Human), 구조(Structure)이다.

새로운 디지털 테크놀로지가 엔터프라이즈나 조직에 도입되면 단순하게 테크놀로지만 변화하는 것이 아니라 도입에 따른 업무 역시 변화하고 사람, 구조형태가 모두 변화하게 된다. 현장에서 테크놀로지를 사용하는 사람은 감소할지라도 그 테크놀로지를 운영하고 유지 · 보수 · 관리하는 사람들은 증가한다. 조직의 계층적 구조도 적절하게

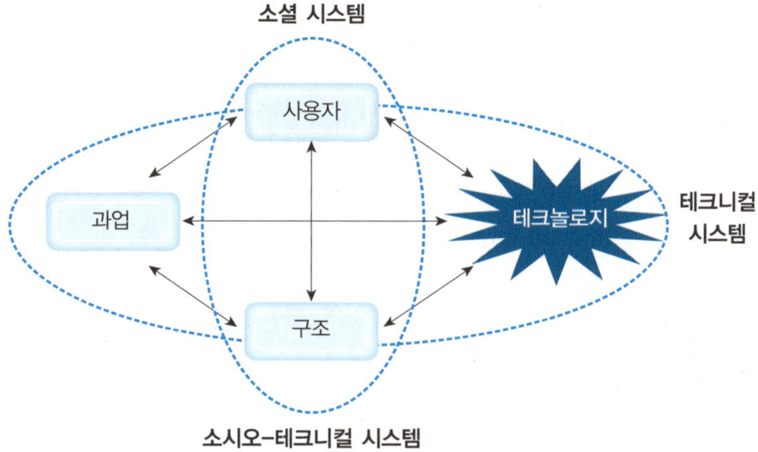

그림 11-4. 조직 구성요소 모형과 소시오-테크니컬(사회기술적) 시스템

변화하며 이는 자연스러운 현상이 된다. 따라서 테크놀로지의 변화에 따라 조직의 구성요소가 경직되어 변화할 수도, 변화하지 않을 수도 있다.

어떻게 해야 할까? 즉, 테크놀로지 도입에 의한 변화의 경우 그 외의 조직 구성요소를 어떻게 설계하는 것이 보다 더 좋은 성과를 가져올 수 있을까? 조직 구성요소 그림에서 과업과 테크놀로지는 기술적(technical) 시스템을 나타내고 사용자와 구조는 사회적(social) 시스템을 나타낸다. 두 시스템은 합치면 STS(Socio-Techincal System, 사회-기술적 시스템)가 된다. 이것은 소셜(Social) 시스템과 테크니컬(Technical) 시스템이 모두 변화하여 최적화가 될 때에 조직 내에 테크놀로지의 도입이 성공적일 수 있음을 뜻한다.

과거 기술 중심의 MIS 설계는 이제 사람 중심의 조직 설계와 연계되어 두 개의 최적화가 동시에 이루어지는(dual optimization) 시스템 변화가 시스템 실행의 성공 열쇠이다. 전자는 조직의 주어진 과업 달성을 목표로 하나, 후자는 사용자가 비즈니스 태스크 또는 과업을 수행하는 동안 얻어지는 자기 학습과 자기 만족을 목표로 한다. 참여와 학습을 통한 자기 발전의 기회가 주어질 때 시스템 거부란 있을 수 없고 오히려 테크놀로지에 대한 활용은 저절로 증가한다는 것이 여러 번 언급한 유럽 경영학의 어머니 Mumford(멈퍼드)가 강조하는 Socio-Technical Work Design이다. Mumford는 보다 실무적인 방법론까지 제시하고 있으나 여기서는 생략하기로 한다.[3]

(3) 실행 과정(implementation process)

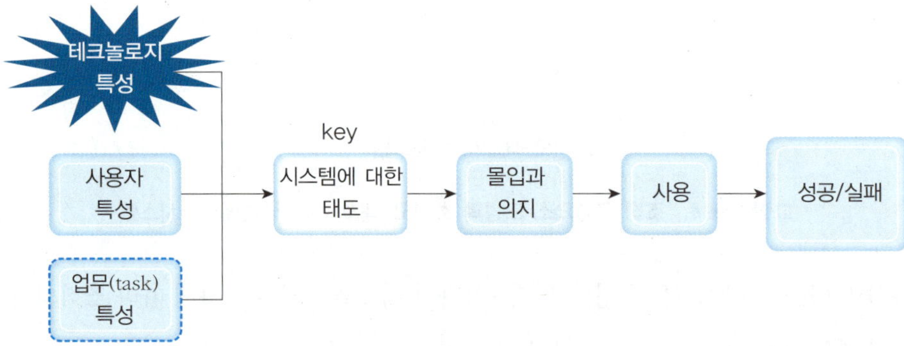

그림 11-5. IT 성공의 태도 모형

사용자(user)가 정보시스템을 이용하여 과업(업무)을 수행할 때, 시스템 특성, 사용자 특성, 업무 특성에 따라 사용자(직원)는 자신의 시스템에 대한 '태도(attitude)'를 형성한다. 이러한 태도는 그가 가지고 있는 과거 교육과 훈련, 자신의 프로파일 차이에 따라 다르며, 이러한 태도는 또한 업무를 실행하기 전 심리적인 의지(시스템에 대한 사용의지)의 정도에 영향을 미친다. 이러한 정도에 따라 '사용'의 정도와 빈도가 결정된다. 결과적으로 채택 의사결정을 통해 도입한 시스템이라면 사용을 더 많이 하는 조직일수록 IT의 파워를 가져오기 때문에 성과와 성공의 정도는 높아진다. 따라서 사용자 특성과 그가 맡고 있는 업무 특성 그리고 조직 내 위치 특성을 시스템이 모두 지원하도록 하는 '사용'이라는 MIS 실행(MIS implementation)의 개념은 MIS에서 변화 관리와 함께

3. 권태형, 『IT경영 MIS 세미나 2.0』, e프레스, 2014 부록 참조.

중요시되고 있다. IT를 구입(도입)하는 것보다 사용 혹은 활용하는 것이 더욱 중요하지만 국내의 경우 과거 기계적인 하향식 문화에서는 이러한 점들이 경시되어 왔다고 할 수 있다. 이와 같은 사용을 결정하는 주요한 요인이 바로 '태도' 이다.

(4) 대표적 주요 속성

우선 IT의 기술적 속성으로는 online/offline, 1:1/1:N, 동기화(온라인, 쌍방향 의사소통)/비동기화(의사소통이 실시간이 아닌 경우), 인프라(e-mail, DB, Network System)/응용(판매관리, 생산관리, 설계시스템) 등이다. 사용자 속성의 경우에는 성별, 나이, 직업 등과 같은 인구통계학적 특성과 의사결정 스타일 등이며 업무의 특성은 운영업무/관리업무, 룰 중심/예외처리 등이 있다.

시스템의 편리성, 유용성, 목적 일치성 등이 태도를 결정할 수 있는 특성이다. 태도는 쉽게 말해 좋고 싫음과 같은 호의성 또는 선호성(preference)이라고 할 수 있다. 사용시간과 사용빈도, 사용 범위 등이 사용의 속성이 되며, 시스템에 대한 전반적인 만족도, 화면, 기능 절차, 색깔, 코드 체계, 서비스 응답시간 등과 같은 다양한 만족도가 만족에 대한 여부를 결정하는 특징이 된다. 마지막으로 궁극적인 목적이라고 할 수 있는 성과의 특성은 개인의 사용자 측면, 업무 측면, 조직 측면의 성과 등 여러 가지 성과가 존재할 수 있다.

(5) 사용자 태도와 전략

호의적인 사용자 태도를 형성하는 것은 매우 중요하다. 이는 시스템 기능과 업무 기능의 적합성(fit)이 관건이며, 우호적인 사용자 태도의 확보가 핵심(key)이다. 우호적인 태도를 가지고 있지 않으면 사용하려는 의지로 연결되지 않기 때문에 사용빈도가 줄어들고 이로 인하여 제대로 된 성과를 창출할 수 없다. 우호적이지 않은 태도일 경우 생길 수 있는 시스템에 대한 거부(resist)는 MIS 실패의 주범이 된다. 따라서 우호적인 태

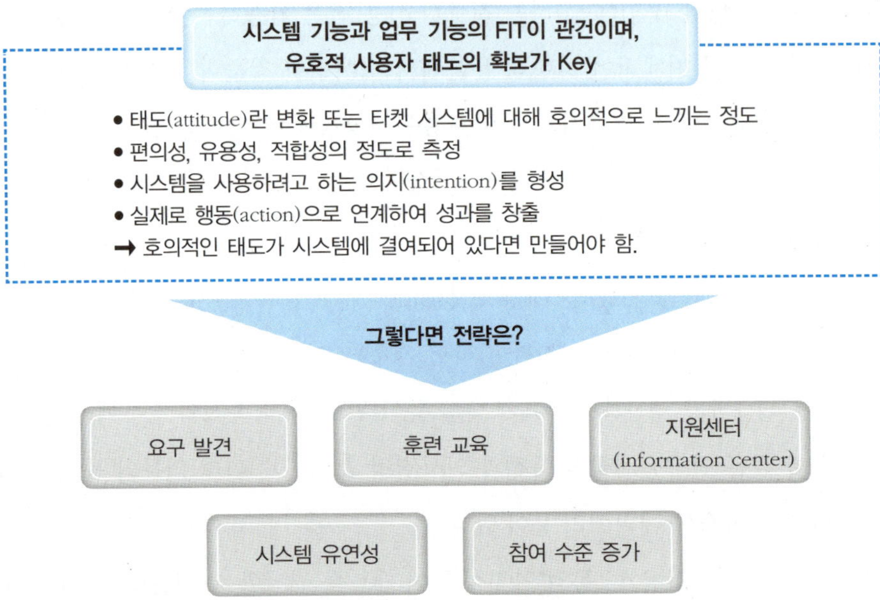

그림 11-6. 사용자 태도와 전략

도를 확보하기 위한 전략은 사용자의 요구 발견과 훈련 교육, 사용자들을 위한 특별한 지원팀인, 예를 들면 IBM이 만들어낸 용어로 **정보지원센터**(information center)의 구성, 시스템 유연성 증대, 참여 수준 증대 등이 있다.

(6) 성공요인 참여(participation)

시스템 실행의 성공요소로 한 가지만 꼽으라면 참여(participation)이다. 따라서 참여에 대한 수용성을 증가시켜 시스템에 대한 저항을 줄여야 한다. 그러기 위해서는 먼저 변화에 대한 저항을 자연스럽게 받아들여야 한다. 이를 위해서 획득된 시스템에 대한 시범 시스템을 만들어 작은 피드백을 통하여 일단 작은 성공을 거두면(small success story) 그 이후에 많은 사람을 참여시키는 것은 문제가 되지 않는다. 또한 최고 경영층이 관심을 가질수록 사용자들이 따르기 때문에 최고경영자의 실질적인 참여와 지원이 중요하고, 사용자들의 시스템 개발 과정 참여 정도에 따라 더 많은 호의적 감정을 형성

그림 11-7. 사용자 참여의 역할

할 수 있다. 또한 시스템 전문가의 지식과 경험에 따라 시스템의 성공이 가능해진다.

민주적 참여가 중요한 이유는 시스템을 개발하는 사람과 사용하는 사람이 다르기 때문이며 만일 만드는 사람과 사용하는 사람이 같다면 개발자가 혼자 만들어도 사용자가 100% 참여하는 것이지만 실제로는 개발자와 사용자 관점의 차이가 존재하기 때문에 사용자의 참여가 증가할수록 시스템에 대한 공동책임과 수용성(거부감의 반대)은 증가하게 된다.

정리하기

디지털 테크놀로지 도입에 따른 변화도 '해빙-변화-결빙'의 3단계 '변화이론' 과정을 거친다. 단계 중 어느 것이 가장 중요한가를 생각해 보면 지금까지는 '변화'에만 그 중요성의 초점이 맞춰졌지만 오늘날에는 그에 못지않게 변화의 인식(해빙)과 결과에 대한 안정성(결빙)이 중요하다.

미시적 수준, 즉 시스템 수준의 실행(implementation)에서의 성공이란 조직 내에서 새로운 테크놀로지의 도입 같은 기술적 변화는 조직의 다른 구성요소(사용자, 구조, 업무)에도 영향을 미치며 따라서 적절한 변화가 연동되어야 기술 도입의 성공이 가능하다. 점점 더 복잡한 엔터프라이즈 내에서 성공적으로 구축되기 위해서는 테크놀로지 전문가의 참여보다는 사용자의 참여가 더 중요하다. 정보시스템이 일단 구축된다고 해서 시간이 지나감에 따라 사용자들이 저절로 사용하게 되는 것은 아니며 여러 가지 저항이 따르게 된다. 따라서 전략적으로 관리하여 효용성의 향상으로 만들어내는 것이 중요하고 이로 인해 사용에 대한 의지가 향상되면 더 많은 시스템 성공과 비즈니스 성과 달성을 가능하게 한다.

평가하기

제시된 문항의 빈칸(　　)을 채우거나, O/X 여부를 결정하세요.

1. 조직의 구성요소에는 테크놀로지, (　　), (　　), (　　)의 네 가지가 있으며, IT 도입 시 이들을 모두 고려해야 한다.
2. 디지털 테크놀로지 또는 IT 도입에 따른 변화는 (　　), (　　), (　　)의 3단계 '변화이론' 과정을 거친다. 이 중 시스템의 개발은 (　　) 단계에 해당한다.
3. IS 실행과정에서 가장 중요한 성공요인은 (　　)이라고 할 수 있다.
4. 일반적인 실행 또는 IS 실행(IS implementation)이란 구축한 정보시스템을 사용자들이 스스로 효과적 · 효율적으로 사용할 수 있도록 준비하는 과정을 의미한다. (O/X)
5. IT 사용 정도에는 사용자의 인구통계학적 특성(성별, 나이, 직업 등)의 차이가 없다. (O/X)

11.2 조직(거시적) 수준의 IT/IS 실행(Macro Implementation)

[내 용]

- 조직 수준의 IT 실행
- 조직 수준의 IT 실행 프로세스
- 조직 수준의 IT 실행 요인
- 채택/확산요인 모형
- 상황적 영향과 커뮤니케이션에 의한 영향
- 조직문화와 IT성숙도
- IT 확산의 성공경로

[목 표]

- 조직 수준의 IT 실행에 대한 이해
- IT의 채택/확산요인 모형에 대한 이해
- 상황적 영향과 커뮤니케이션 영향에 대한 이해
- 조직문화와 성숙도 요인의 중요성 이해

앞의 11.1 내용은 미시적 수준의 개별 시스템 성공에 관한 내용인 반면, 이번 11.2 내용은 엔터프라이즈 또는 조직(거시적) 수준에서 어떻게 하면 IT를 전사적으로 실행시킬 수 있는가와 관련되어 있다.

디지털 IT를 이용하는 IS 시스템 도입 결정이 이루어진 이후에 벌어지는 상황과 결과에 대하여 설명하고, 도입 후 엔터프라이즈 내 성공에 중요한 요인들에 대하여 논의해 본다. 이 요인들은 MIS 관련 자원과 경험 축적 그리고 성숙도와 같은 상황적 영향과 내부 커뮤니케이션의 영향이다. 창의적인 내용이 조직 내로 물처럼 흘러 들어오고, 조직은 그 물을 잘 받아줘야 살아날 수 있기 때문에 두 가지 요인이 모두 중요하다. 따라서 엔터프라이즈 내부 MIS와 관련된 자원과 문화와 성숙도라는 기능의 중요성에 대하여 학습하는 것을 목표로 한다.

[용 어]

Initiation	시작을 의미하지만 여기에서는 새로운 IT의 도입 필요성을 인지함을 뜻함
채택(Adoption)	새로운 IT 도입을 채택하는 의사결정
획득(Adaptation)	채택한 IT를 시스템적으로 구현(맞게 적용)함을 의미, 비유적으로 표현하자면 시스템을 사용자들에게 판매하기 전 단계로 생산 또는 제조하는 것을 의미
수용(Acceptance)	사용자가 시스템을 바라보는 개인적 태도를 의미하며, 사용이라는 행동 개시 이전의 전제조건으로 저항 대신 수용함
활용(Use/usage)	결과적 산출물로 시스템의 사용과 성과 만족을 뜻함
Diffusion	채택한 IT 시스템의 잠재력을 사내 또는 조직 내에 충분히 보편화하고 고도화하여 확산을 수평적/수직적으로 IT 활용 잠재력을 최대화하는 정도

11.2.1 조직(거시) 수준의 IT 실행(Macro Implementation)

조직 수준의 디지털 IT 실행이란 시스템을 조직 또는 특정 사용자 커뮤니티 전반에 전파하여 적절히 활용하고자 하는 노력이라고 정의할 수 있다. 사용자 커뮤니티 혹은 사용자 집단이란 조직, 사업부, 팀 등이 될 수 있다. MIS 연구에서 조직 수준의 IT 실행 개념은 1980년대 이전인 초기에는 별로 다루어지지 않았다. 왜냐하면 당시에는 미시적, 즉 개별 시스템의 개발(development)과 실행(implementation)도 기술과 경험 부족의 상태로 구축 목적 달성이 쉽지 않아 전체적 · 장기적 관점은 갖기 어려운 시기였다. IT 기술의 발달은 메모리와 속도 그리고 멀티미디어의 발달로 그 영역과 범용성을 급격하게 향상시켜 주어 새로운 테크놀로지의 도입 및 기존 테크놀로지의 새로운 활용으로 엔터프라이즈 수준에서 장기적 시각을 갖게 해 주었다. IT/IS 포트폴리오 플래닝 연구, 이노베이션 채택과 확산 연구가 MIS 분야에서도 새로운 중요한 이슈로 나타나게 된다.

IT/IS 채택(adoption)이 추구하는 바는 남보다 빠른 채택이 경쟁력을 가져다 준다는 점이다. 같은 테크놀로지라 하더라도 경쟁자보다 창의적인 아이디어를 새로운 비즈니스 모델에 먼저 활용한다는 점이 조기 경쟁력 확보의 수단이 된다.

IT/IS 확산(diffusion)이 추구하는 바는 채택된 IT 혁신의 최대 활용이다. 요즘 시대의 정보기술은 다기능, 다목적 테크놀로지이기 때문에 잠재력이 크다. 따라서 정보기술을 도입할 때 특정 부서에서 특정 목적으로만 사용하기보다 엔터프라이즈 내 보다 넓고 다양한 부서가 사용할 때 비용효과 측면에서 더욱 성공이라고 말할 수 있다.

11.2.2 조직 수준의 IT 실행 프로세스(IT Implementation Process)

앞에서 설명한 내용을 좀 복잡하고 어렵지만 자세한 다이어그램으로 살펴보면 [그림 11-8]과 같다.

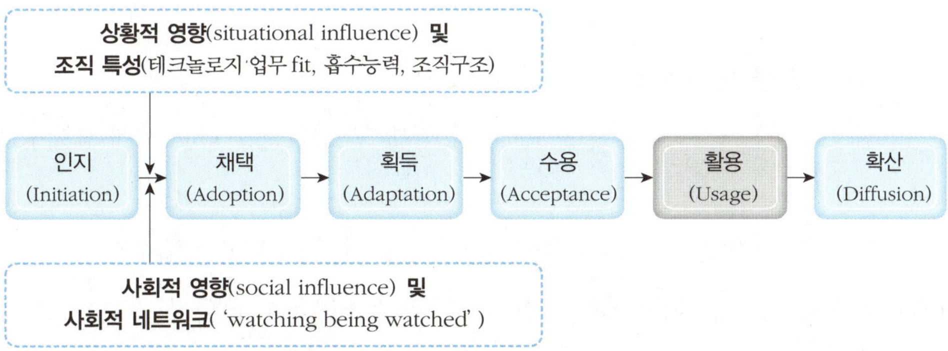

그림 11-8. 조직 단위 수준의 IT 실행요인

새로운 테크놀로지에 대한 인지 혹은 기존 테크놀로지의 활용방법에 대한 인지(initiation)가 이루어진 후 채택(adoption)이 이루어지고 시스템의 도입이나 개발과 같은 획득(적용의 의미, adaptation)과 거부감 없이 수용(acceptance)된 것이 활용 또는 사용(usage)이 되어 궁극적으로 확산(diffusion)되었을 때 조직 수준에서의 IT가 잘 실행되었다고 말할 수 있다. 이와 같은 조직 수준의 IT 실행 프로세스에서 상황적 영향(situational influence)과 사회적 영향(social influence, 사회적 네트워킹, 커뮤니케이션 네트워킹)이라는 두 가지 중요한 요인이 존재한다.

상황적 영향은 조직의 특성을 말하는 것이다. 테크놀로지와 해당 기업과의 적절성, 흡수능력, 조직구조가 잘 부합하는가 등의 요인을 말한다. 아무리 좋은 씨앗(IT)이라고 하더라도 준비되지 않은 기업에 떨어진다면 단순한 아이디어의 수준에 그치고 만다.

사회적 영향은 남들이 어떻게 하는가를 자세히 모니터링하고, 외부 조직 역시 해당 조직이 어떻게 하고 있는가를 주시하는 'watching being watched' 이다. 즉, 환경에 대한 쌍방향의 커뮤니케이션이 매우 중요하다는 것을 알 수 있다. 해당 조직 혼자서 결정하는 것이 아니라 사회적인 집단의 흐름으로써 결정될 수 있다.

11.2.3 조직 수준의 IT 실행 요인(Factors)

(1) 채택/확산 요인 모형

[그림 11-9]는 앞서 언급된 프로세스와 함께 그 요인들을 더 자세히 보여주고 있다.

그림의 마지막 박스인 '조직 수준 IT 확산' 은 조직 수준의 IT 실행의 성공에 있어 IT가 조직 수준에서 안정되고 정착, 확산되는 것을 보여준다.

그렇다면 조직 수준 IT 확산에 영향을 주는 것은 무엇인가? 먼저 점선으로 되어 있는 도입하는 IT와 조직의 적합성을 의미하는 '상황적 영향' 과 실선으로 되어 있는 해당

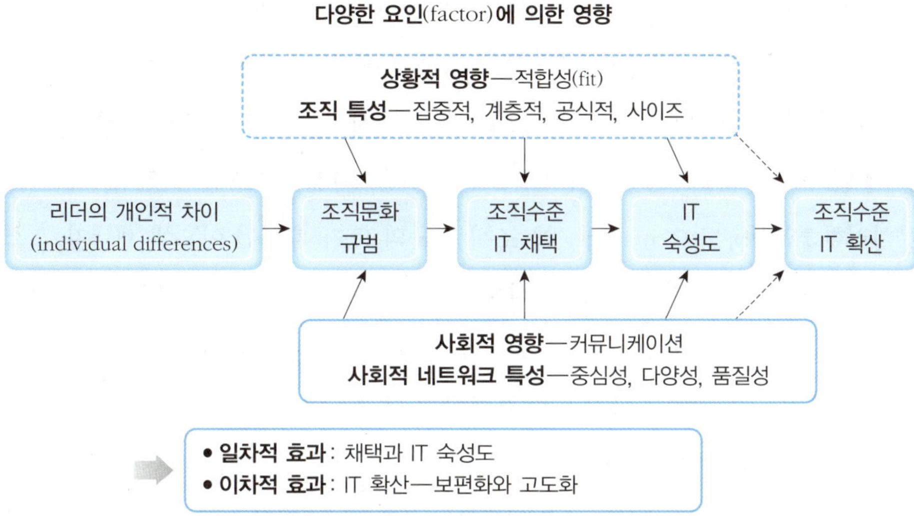

그림 11-9. IT 채택/확산(adoption/diffusion) 요인 모형

기업이 기업 환경에서 어느 위치에 자리잡고 있는지에 관한 커뮤니케이션을 의미하는 '사회적 영향' 이다. 사회적 영향에 의해 사회적 네트워크 특성 기업은 독자적인 의사결정보다 점차적으로 집단의 의사결정으로 변화하고 있다.

그림에서 어떤 기업이 주변 환경의 다양한 커뮤니케이션 네트워크(network)상에서 중심에 위치하고 있는지, 다양한 정보를 받아들이고 있는지, 받아들이고 있는 정보의 품질이 좋은지 등과 같이 커뮤니케이션 내용, 양, 빈도 등이 조직 수준의 IT 확산에 큰 영향을 주고 있기 때문에 실선으로 표시되어 있다. 다른 실선으로 연결되어 있는 IT 성숙도(maturity)의 경우 역시 조직 수준의 IT 확산에 매우 중요한 영향을 미치고 있다. IT 성숙도는 그 IT를 받아들일 준비가 되어 있는 정도를 의미한다.

예를 들면, 기업에는 DB(Data Base)와 DW(Data Warehouse)가 존재하는데 DW의 경우 '거래처리' 목적이 아닌 '거래내용 분석' 이 목적인 데이터베이스이며, DB와 DW의 구축방법 또한 상이하다. DB는 연결망(ERD) 형태로 구축하며, DW는 별(STAR) 형태로 구축하는데 그 운영 형태는 상황에 따라 조건(기준)을 만들어 가며 분석을 할 때보다 미리 만들어진 조건(비유를 하면 태양이라는 주제(subject)를 중심으로 시간, 장소, 방법 분석 조건을 미리 위성처럼 설정하여)을 이용하므로 빠른 접근이 가능하다. 하지만 DW의 경우 DB의 이해와 경험 없이는 도입이 불가능하다. 이처럼 특정의 IT를 도입할 때 얼마만큼 성숙되어 있는가가 중요한 역할을 한다는 것을 알 수 있다.

이러한 IT 성숙도(IT maturity)는 조직 수준의 IT가 채택된 이후에 채택자 스스로 경험을 쌓은 수준이다. 미시적 IT/IS 실행에서 태도가 중요하듯이 거시적 IT/IS 실행에서는 조직문화와 규범(IT climate)도 중요한 역할을 한다. 이와 같이 조금은 복잡한 도입 경로와 과정을 통하여 세 가지의 큰 요인이 조직 수준의 IT/IS를 채택할 때 도입 의사결정과 확산할 때 전개 의사결정에 영향을 주게 된다.

이제부터는 한 걸음 더 들어가 **경영리더십**, **상황적**, **사회적** 요인들의 구체적 요인과 영향을 살펴보고자 하는데 MIS에 처음 입문하는 사람은 바로 다음에 나오는 **조직 리더의 개인적 차이**를 제외하고는 11.2.4 **실행의 성공경로** 바로 앞 부분까지 건너뛰어도 무방하다.

(2) 조직 리더의 개인적 차이

조직 리더 이론은 조직 수준의 IT 실행 과정에서 [그림 11-10]처럼 리더(예: CEO, CIO)의 역할과 특성이 집단 규범과 문화를 형성하는 중요한 요인들이라고 주장한다. 각 요인을 보다 자세히 살펴보기로 한다.

먼저 리더의 개인적 차이(individual differences)이다. 성격 차이, 교육과 경험의 차이, 의사결정 스타일 차이(직관적/분석적), 인구통계학적 차이(성별, 연령, 나이)가 존재할 때 사람들은 IT를 바라보는 시각이 다를 수밖에 없다. 여기서 의미하는 '개인' 이란 개인적 사람일 수도 있고, 개별적 기업일 수도 있다. 또 다른 요소로는 채택의 속도에 차이가 있을 수 있다. 위험을 바라보는 시각이 위험감수(risk taking)인지, 위험회피(risk reverse)의 스타일인지에 따라 다를 수 있다. 마지막으로 혁신의 창의성에 따라 차

그림 11-10. **리더의 개인적 차이**

이가 있을 수 있다. 혁신의 창의성은 기술 수용의 결과와 밀접한 관계를 보이는 개인 성격, 새로운 IT를 실험하는 개인의 자발성이다.

(3) 상황적 영향

상황적 영향(situational influence)이란 자원 중심 관점에서 내가 충분한 자원을 얼마나 확보하고 있는지를 의미한다. 만일 자원이 풍부하지 않으면 IT 도입에 장애가 생

▶ **기능 : 장애**(prohibitions), **촉매**(facilitators)

테크놀로지
– 업무 fit(적합성)

- **업무요구, 개인능력, 기술의 기능성 간 적합성**
  - 도입의 목적과 테크놀로지 특성의 적합성은 프로젝트 funding 및 태도에 많은 영향을 미침
  - 복잡한 다차원적 개념이고, 선행하는 작업, 기술, 개인들 사이의 상호작용의 상황 포함

▶ **조직의 특성**

조직 계층의 복잡성
비즈니스 룰의 공식성
의사결정의 중앙 집중성
(−)

조직규모
개방성
대외의존성
(+)

그림 11-11. **상황적 요소**

길 수 있고, 자원이 풍부하면 새로운 변화가 활성화될 수 있다.

따라서 테크놀로지와 기업 업무의 적합성(fit)이 크다면 프로젝트에 대한 예산 배정, 태도 및 그 밖의 규범에 많은 영향을 미칠 것이며 더 호의적인 분위기를 이끌어낼 수 있다. 반대의 경우에는 호의적인 분위기가 아닌 적대적인 분위기가 형성되어 변화가 잘 이루어지지 않는다. 이처럼 테크놀로지의 상호작용은 상당히 복잡하고 어려운 개념이며, 선행하는 작업과 기술, 개인들 사이에 상호 협력 상황이 모두 포함되어 있다. 즉, 상황적 요인은 장애와 촉매의 기능을 가지고 있어 경우에 따라 인적, 물적 경험 등이 모두 포함되어 있다.

반면 **조직의 특성**은 조직의 구조를 의미하는데 어떤 조직은 계층적 조직(다단계)이며, 어떠한 조직은 계층적 구분이 강하지 않다. 오늘날 많은 기업은 조직의 계층을 단순화시키는 추세인데 그 이유는 조직 내에서의 커뮤니케이션을 활성화시키고 참여의 정도를 높이기 위해서이다. 즉, 계층이 중요하기보다 능력과 각각의 프로젝트에 대한 적합성이 더 중요하다는 의미이다. 따라서 조직 계층의 복잡성이 하나의 특성을 야기할 수 있다. 복잡한 조직일수록 혁신의 속도는 느려질 수 있으며, 비즈니스 룰의 공식성이 높아서 유연성이 떨어지는 경우에 조직의 혁신성이 떨어진다. 또한 의사결정이 중앙에 집중되어 있을 때에도 새로운 테크놀로지가 늦게 도입되는 경향이 있다.

그 다음, 흔히 대기업처럼 **조직의 규모**(size)가 크면 인적 자원과 물적 자원이 상대적으로 많으므로 새로운 테크놀로지의 도입이 더 빠르게 이루어질 수 있으며, 그리고 개방성과 대외의존성이 높으면 테크놀로지 도입에 양(+)의 영향을 미친다.

이와 같이 조직의 상황적 · 구조적 특성이 다름에 따라 특정의 테크놀로지가 도입되는 속도는 달라질 수밖에 없다. 따라서 좋은 테크놀로지라고 하더라도 모든 기업에 똑같은 속도로 퍼져 나가는 것은 아니다.

(4) 사회적 영향

사회적 영향(social influence) 이론은 정보 흐름과 관계 중심의 개념으로 경영 리더의 개별적 의사결정은 스스로 판단하는 것이 아니라 사회적 관계와 커뮤니케이션으로부터 영향을 받아 이루어진다는 주장으로 오늘날의 소셜 미디어와 소셜 네트워크 현상과 역할을 설명하는 기반이 된다. 조직이나 개인이 의사결정을 하는 유형에 관련하여 모방적 혁신(의사결정), 강제적 혁신(의사결정), 합리적 혁신(의사결정)의 세 가지 이론적 모델이 존재한다.

표 11-1. 사회적 의사결정 프로세스와 사회적 네트워크

세 가지 사회적 의사결정 프로세스

- **모방**(mimetic) 심리 모델 : 단순한 모방보다 훨씬 복잡한 중요성의 인지 프로스세스의 포함, 개인들 사이에 공유된 의미의 구조 발생
- **강제**(coercive) 심리 모델 : 동료들로부터의 정보는 개인의 태도와 행위에 영향
- **합리**(rational) 판단 모델 : 규범적 필요성과 적합성

사회적 네트워크

- **혁신**적인 아이디어 전달이나 검증
- **사회적**(social) 커뮤니케이션 vs. **기술적**(technical) 커뮤니케이션
- 커뮤니케이션 미디어 : **대중매체**는 전달, **개인매체**는 설득에 영향을 미침
- 선도적인 IT 채택(adoption) 의사결정을 촉진(moving first)
- 베스트 프랙티스에 대한 학습 가속화(learning fast)
- IT 기반의 혁신적인 **베스트 프랙티스**를 보편화하고 고도화
- **'태도'** 는 일반적 사용(use)을 촉진시키지만, **'네트워크'** 는 창의적 사용(innovative use)을 촉진

① 모방적(mimetic)

먼저 모방(mimetic) 심리 모델은 남들의 행동을 모방하는 모델이다. 단순한 모방보다 훨씬 복잡한 중요성을 인지하고 개인들 사이에 공유된 의미의 구조가 발생한다. 새로운 IT가 사회적 트렌드로 나타나면 기업들은 그 트렌드를 따른다는 것을 의미한다.

② **강제적**(coercive)

두 번째는 강제(coercive) 심리 모델로서 동료들로부터의 정보는 개인의 태도와 행위에 영향을 미친다. 경쟁자들이 모두 도입을 하면 도입을 하고 싶지 않더라도 어쩔 수 없이 채택하게 되는 것을 의미하며 단순하지 않은 매우 복잡한 형태를 띤다.

③ **합리적**(rational)

마지막은 합리(rational) 판단 모델이며 이성적인 모델이다. 현재 트렌드에 상관없이 아이디어가 필요하면 채택하고, 필요하지 않으면 채택하지 않는 것으로서 필요성과 적합성에 따라서 의사결정을 하고 테크놀로지 혁신을 받아들이는 것을 의미한다. 이러한 것이 모두 사회적 영향이라는 측면으로 바라본다.

앞의 제6장 지식경영에서 한 번 설명하였듯이 사회적(social) 커뮤니케이션 네트워크는 혁신적인 아이디어를 전달해 주거나 아이디어에 대한 심리적 의사결정을 확신시켜 줄 수 있다. 만일 성공사례가 많이 나타나 있다면 확신을 가지고 의사결정을 쉽게 내릴 수 있게 된다. 사회적 네트워크는 기술적 커뮤니케이션과는 차이가 있다. 사회적 네트워크도 하드웨어 및 기술적 네트워킹을 이용하지만 이러한 네트워킹을 통해서 전달되는 것은 정보이고, 정보와 함께 전달되는 것은 영향력이다. 정보뿐만 아니라 영향력이 전달된다는 것이 사회적 네트워크가 중요한 이유이다.

커뮤니케이션 미디어 측면에서 **대중매체**는 전달에 초점을 맞추는 반면 개인(1:1 face-to-face)매체는 설득에 더 큰 영향력을 주며, 사회적 네트워크는 베스트 프랙티스에 대한 학습을 가속화(learning fast)한다. 진정으로 중요한 혁신적 아이디어는 공식화된 기술적 네트워크를 통해 들어오는 것이 아니라 비공식화된 사회적 네트워크를 통해 전달되기 때문에 매우 중요한 역할을 한다. 단순한 전달이 필요한 경우는 공식적인 네트워크를 이용하고 전달이 아닌 영향력과 수용성, 설득력을 중시하는 경우에는 사회적 네트워크가 더 중요하다는 것을 이해해야 한다.

(5) 조직문화와 IT 성숙도(Organizational Culture and IT Maturation)

흡수능력(absorptive capacity)은 본서에서 여러 번 언급하였듯이 혁신적인 아이디어와 테크놀로지를 흡수할 수 있는 능력이 있는가를 의미한다. 흡수능력이 높으면 확산과 전파가 잘 될 수 있기 때문에 흡수능력이 중요하며 높은 흡수능력의 두 가지 구성요소는 우호적인 조직문화와 높은 IT 성숙도이다.

11.2.4 성공경로

지금까지 설명한 내용을 종합해 보자. 보편화와 고도화를 통한 IT 확산을 궁극적인 엔터프라이즈 수준의 실행 성공이라고 볼 때, 실행 성공에 영향을 미치는 두 가지 경로가 존재한다([그림 11-12] 참조). 즉, IT 성숙도가 높을수록, 사회적 네트워크가 활성화되어 있을수록 실행은 더 빠르게 이루어지는 경향이 있다.

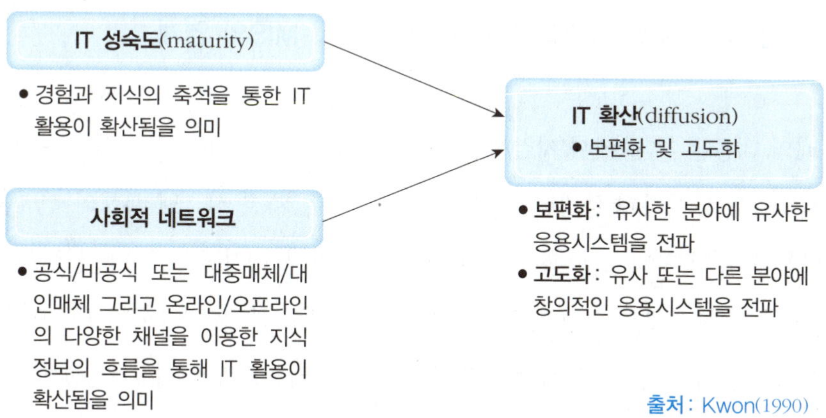

그림 11-12. IT 확산에 기여하는 두 가지 경로

IT 성숙도는 경험과 지식의 축적을 통한 IT 활용수준으로 확산에 영향을 미친다. 사회적 네트워크란 공식/비공식 또는 대중매체/대인매체 그리고 온라인/오프라인 등의 다양한 채널을 통해 흘러 들어오는 지식이나 정보로 인해 IT 활용이 확산됨을 의미한다. 두 경로는 모두 조직의 문화에 크게 영향을 받으므로 우호적인 문화가 필수적이다.

IT 조직 수준의 실행을 확산시키고자 할 경우 두 가지 경로 중 어느 것이 더 중요할까? 기존의 많은 연구에 의하면 IT 성숙도에 의한 것보다 사회적 네트워크가 혁신의 채택에 더 크고 빠른 결과를 창출한다. 성숙도는 시간이 지남에 따라 경험과 지식이 축적되어 확산이 이루어질 수 있다. 하지만 사회적 네트워크가 잘 구성되어 있고 기업의 사회적 네트워킹 위치가 연결의 중심에 자리잡고 있다면 기업 내외로부터 혁신과 확산은 증가할 수밖에 없다. 따라서 일상적인 업무의 경우에는 IT 성숙도가 중요하고 창의적인 아이디어 확산을 위해서는 사회적 네트워크가 더 중요한 부분이라고 할 수 있다. 오늘날 부각되고 있는 현상인 '소셜 미디어와 소셜 네트워크 현상'이 사회적 네트워크에 의한 혁신과 확산의 증거라고 할 수 있다.

11.2.5 미시 MIS 실행과 태도 이론과 거시 MIS의 연계

아래의 내용은 본 장에서 지금까지 다룬 두 가지 수준, 미시(11.1)와 거시(11.2) 실행 방안을 연계 통합하여 설명한다.[4] [그림 11-13]은 개별 시스템 실행의 성공을 지배해 온 사용자 특성과 태도-사용/만족 이론 패러다임과 장기적 · 거시적 실행의 성공을 지배해 온 조직 특성과 사회적 영향을 소셜 네트워크로 결합한 모델로: 1. 그 영향력의 유무, 2. 영향력의 방향, 3. 정도를 설명하고자 하는 의도로 만들어졌다. 전체적인 연구 모형은 앞에서 설명한 IT/IS 실행에 관한 6단계 프레임워크([그림 11-1] 참조)를 기초로 하고 있다. 다른 장에서 몇 번 언급했지만 이 모델이 종속 변수인 IT 인스티튜션화

4. 개인과 조직의 활동을 측정 · 분석할 때 모델 내에서 수준 일치가 필요한데 개인의 궁극적 IT 활동 결과에 거시적 IT 활용의 보편화 · 고도화 확산 개념(IT 인스티튜션화)을 적용하여 수준을 맞추도록 하였다.

(institutionalization)에 대해 설명을 추가하면, 특정 IT(예: 노트북과 소프트웨어 툴)를 주어진 기간 내에 사용한 후 나타나는 창의성 정도로서 단순히 빈도의 증가(예: 사용도)나 사용 만족도(예: 고장이나 서비스)를 넘어, 그동안 IT를 채택하여 활용해 온 주체(예: 개인, 팀, 조직)가 자발적으로 어렵고, 복잡하고, 중요한 업무에 IT의 역량을 충분히 응용하여 도달한 정도를 의미한다. 즉, 사용도(usage) 이상으로 창의적이며 자발적인 확산(diffusion)과 주입(infusion)이 복합된 완전히 다른 개념으로 디지털 시대의 성공(예: 디지털 성숙도)을 대표하고 기존의 개념과 다른 영향력을 갖는 의미있는 지표라고 생각한다.

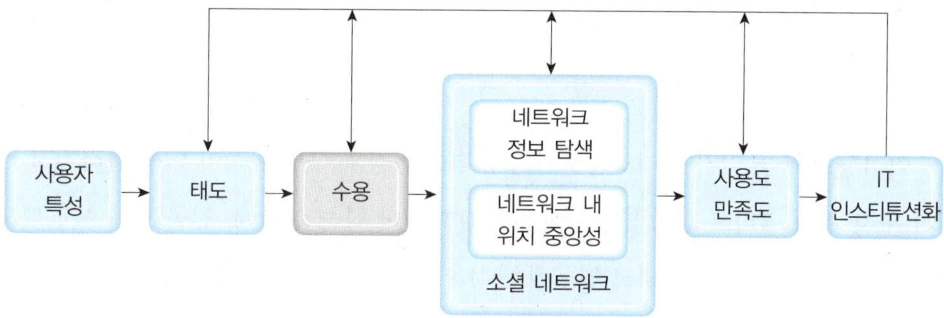

그림 11-13. 사용자 태도-소셜 네트워크 활동의 IT 인스티튜션화 효과

연구의 결과를 보여주는 [그림 11-14]는 디지털 시대 필요한 새로운 아이디어와 인사이트를 포함하고 있다.

1. 태도(attitude)와 소셜 네트워크(network)는 IT 인스튜션화에 영향을 주지만, 직접적이 아닌 오직 소셜 네트워크 영향을 통해서만 가능하다.
2. 사용도와 만족도는 초기(시간 1)를 제외하고는 IT 인스티튜션화에 거의 영향을 주지 않는다.
3. 여기에서 복잡성을 피하기 위하여 표현하지 않았지만, 태도의 편의성(ease of

use 또는 difficulty)과 유용성(usefulness)은(원래 E. Rogers가 '이노베이션 속성'을 대표하는 변수로 등장시킨 것을 소위 IT TAM(technology adoption 또는 acceptance model) 모델이 태도 변수로 사용해 오고 있음)은 각기 초기와 후기에 강하게 나타난다.

4. 역시 복잡성을 피하기 위해 나타내지 않았지만, 네트워크 구조상 중앙에 위치하는 조직일수록 폭넓고, 깊이 있고, 중요한 업무에서 강력한 영향력을 나타낸다.
5. 마지막으로, 초기의 네트워크 내 정보탐색과 시스템 사용빈도가 많을수록 피드백 영향이 크게 나타났으며(시간 1에서 시간 2로) 그 대상인 태도 변수 중 유용성(usefulness)에 대한 피드백이 네트워크 중앙을 통해 IT 인스티튜션화에 영향을 준다.

이러한 연구는 디지털 테크놀로지의 급격한 등장과 수명 단축이 더욱 빨라지고 채택과 투자 결정 그리고 잠재력을 충분히 극대화해야 하는 상황에, 전통적 사용자 태도 연구뿐만 아니라 소셜 네트워크 연구에 관심을 가져야 하는 이유와 방법을 알려주는 내

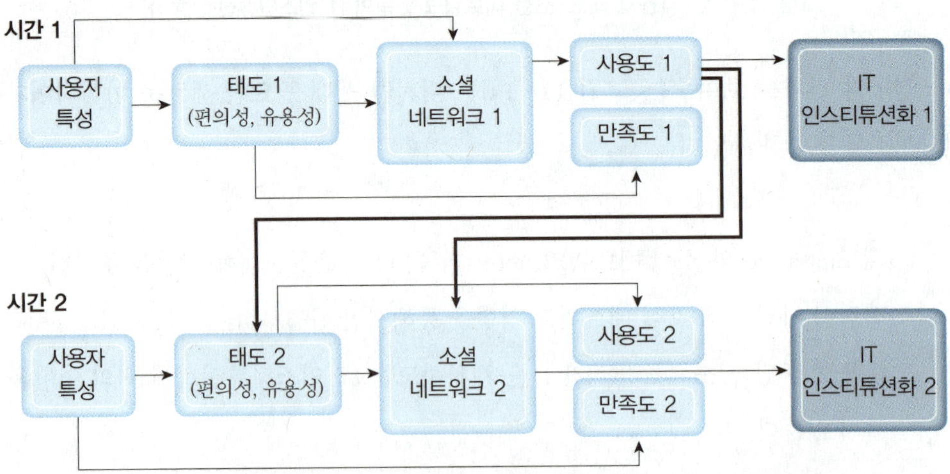

그림 11-14. 태도 이론 vs. 소셜 네트워크 이론 … 그리고 IT 인스티튜션화

용이라고 생각한다.

정리하기

거시적 수준(macro), 즉 조직 수준의 실행(implementation)에서의 성공이란 IT 시스템의 채택과 확산이 보편화되고 고도화되는 것을 의미한다. 보편화는 수평적인 확산을 의미하며 고도화는 수직적인 확산을 의미한다. 채택과 확산의 개념은 고전적 개념인 사용(use)과는 차별화되는 중요한 개념이다.

IS 실행에 있어 미시적 개념은 개별 시스템에 있어서의 빈도와 내용, 만족도를 의미하는 것이지만 거시적인 의미의 채택과 확산은 범용적인 테크놀로지를 조직에서 채택하고, 채택된 테크놀로지를 특정한 분야에서만 사용하는 것이 아니라 범조직적, 전사적으로 침투하여 확산시키는 것이 진정한 조직 수준에서의 MIS 성공이라고 바라본다.

따라서 미시적 수준에서의 IS 실행과 거시적 수준에서의 IT 실행은 다르다. IT 실행에서의 중요한 요인은 자원 중심에서의 상황적 요인과 정보 중심의 소셜 네트워킹이다. 베스트 프랙티스인 창의적이고 혁신적인 아이디어는 소셜 네트워킹, 즉 비공식적인 네트워킹을 통해 전달된다. 상황적 영향은 자원 중심적 개념으로 IT 도입 조직이 관련 IT 경험과 지식이 얼마나 축적되어 있는지 그리고 IT 도입과 확산에 얼마나 적극적 성향을 가지고 있는지를 의미한다. 따라서 더 중요한 요소는 사회적 영향력이라고 할 수 있다.

마지막으로 최신의 테크놀로지도 그 기업의 필요에 맞지 않거나, 맞아도 받아들여 흡수할 수 있는 역량이 없다면 도움이 되지 않는다.

평가하기

➔ 제시된 문항의 빈칸(　　)을 채우거나, O/X 여부를 결정하세요.

1. 기존의 많은 연구에 의하면 IT 혁신이 확산되는 속도는 두 가지 요인에 영향을 받는데 이들 중 IT가 학습효과로 점진적으로 (　　)되어감에 따라 이루어지는 확산보다 (　　)을 통해 이루어지는 정도가 더 크고 빠른 결과를 나타낸다고 한다.
   이 두 요인은 모두 (　　) 또는 영어로 (　　)에 크게 영향을 받는 것으로 나타나 이것의 창출이나 확보는 매우 중요하다.
2. IT 채택이 추구하는 것은 남들보다 빨리 IT 혁신을 도입하여 경쟁력을 선점하는 것이다. (O/X)
3. IT 확산이 추구하는 것은 채택된 IT 혁신을 최소화하여 활용하여 경쟁력을 확보하는 것이다. (O/X)
4. 최신의 테크놀로지는 너무 막강하여 그 기업의 필요나 흡수할 수 있는 역량에 상관없이 도움이 될 수밖에 없다. (O/X)
5. 디지털 IT 도입 후 얼마나 잘 활용하느냐의 여부는 사용자 네트워크보다 사용자 태도에 달렸다. (O/X)

Chapter

12

MIS 평가

(MIS Evaluation)

Chapter

12 MIS 평가 (MIS Evaluation)

12.1 평가 프레임워크(Evaluation Framework)

[내 용]

- MIS 평가 프레임워크
- 정보시스템 평가 분류와 사례
- MIS 평가의 문제점과 개선방향

정보시스템의 구축 포트폴리오(제8장), 이에 따른 투자 정당화(제9장), 그리고 정보시스템의 구현(제10장)과 실행(제11장)에 이어 본 장에서는 먼저, MIS의 평가 프레임워크 그리고 IT 균형적 평가방법인 BSC에 관하여 살펴보고자 한다.

[생각해 보기]

- 엔터프라이즈 전반이나 조직에서 IT/IS 도입과 관련하여 평가할 때, 고려할 대상은 무엇일까요?
- IT/IS 프로젝트의 진행 여부를 사전에 심사하여 결정할 때, 테크놀로지 자체와 인건비 이외에 고려해야 할 비용이나 효과 그리고 혜택으로 각각 어떤 것들이 또 있을까요?
- 그리고 그것들을 모두 재무적 가치(돈)로 비교할 수 있을까요? 그 이유는?
- 기업 또는 조직에서 IT 사용 후, 즉 사후평가에서 종합적인 기여도를 평가한다면 무엇을 지표로 삼을 수 있을까요?

[목 표]

- MIS 평가의 계층적 구조 프레임워크에 대한 전반적인 이해
- MIS 관리평가, 시스템 자체평가, 영향평가 항목과 측정 어려움에 대한 이해
- MIS 평가의 문제점과 개선방향에 대한 이해

[용 어]

IT 평가	조직 내에 도입한 기간 또는 범용 IT(예: 인프라, DB, 네트워크, 디지털 디바이스 등)를 다양하게 활용해 본 후 그 도입 효과나 변화에 대해 수행하는 종합적인 평가
IS 평가	조직 내에서 사용하는 구체적인 응용시스템(예: 다양한 비즈니스 기능별 소프트웨어, 솔루션, 분석 툴)을 사용해 본 후 그 사용효과나 변화에 대해 수행하는 개별 시스템 평가
비용-효과(혜택) 분석 (cost-benefit)	주로 재무적 측면의 여러 가지 비용 대비 효과를 분석하여 의사결정에 도움이 되도록 하고자 하는 접근방법. 비계량적/비재무적 측면을 반영하지 못하는 구조적 한계가 있으나 구체적 수치를 제공하는 장점이 있어 많이 활용함. 재무적 측면과 비재무적 측면의 통합과 균형이 필요함

12.1.1 MIS 평가 프레임워크

MIS 평가는 전반적으로 계층적 구조의 프레임워크(Framework)를 가지고 있다. [그림 12-1]은 그 프레임워크를 도식화한 것으로서 왼쪽의 MIS 개발자(또는 제공자) 측면과 오른쪽의 사용자 측면으로 크게 구분이 되며 MIS 개발이 보다 큰 시각을 의미한다.

즉, MIS 개발은 조직 수준에서의 개발 측면에 관한 평가이고, 오른쪽의 사용자 지

원은 시스템 개발이 이루어진 후 시스템을 사용(실행)하고 그에 따른 산출물을 평가할 때 여러 수준에서 평가할 수 있음을 보여준다.

먼저, **개발자**(developr) **측면**에서, IS 개발의 가장 하단에 위치한 IT 역량은 엔터프라이즈 수준 기업과 조직이 도입한 인프라 또는 범용 정보자원을 운용할 역량을 갖췄는지를 의미한다. 데이터 관리 수준 혹은 IT의 전략적 기획 수준, IT 리더십, 최고경영자의 지원 등 IT에 관한 전반적 역량(제7장 디지털 MIS 핵심관리영역 참조)을 평가할 수 있다. IT 역량에 대한 평가가 이루어지면 IT 플래닝이 이루어진다. IT 플래닝은 이미 앞에서 거론한 ISP와 관련이 있다. 필요한 IT 포트폴리오를 만들어 그에 해당하는 예산을 배정하고 투자 의사결정으로 이어지는 과정을 가진 것이 ISP 혹은 IT 마스터 플래닝으로서 모두 IT 플래닝의 산출물에 해당한다(제8장 ISP 참조). 그리고 IS 프로젝트 관리(Management)(제9장 미래지향적 IT 투자 참조)를 통하여 프로젝트화하며, IT 프로젝트를 SDLC(제10장 SDLC 참조)를 통해 결과물을 만들어낼 때 경제, 기술, 운영 타당성 검토, TO-BE 시스템 설계 등의 여러 단계를 거친 결과가 제공자 측면의 최종 산출물이 된다. 이러한 인적 자원, 물적 자원 등의 정보시스템 자원 투입으로 IS는 모습을 드러낸다. 즉, IS라고 하는 애플리케이션(응용시스템)이 만들어진다.

다음, **사용자**(user) **측면**을 보면 IS 애플리케이션을 생산 혹은 제조하여 소비자인 사용자에게 전달하고 실제로 사용자들이 사용하는 영역에 관한 평가이다. 소비자들이 시스템을 사용하면 '정보 생성 → 제공 → 개인적 성과 평가' 가 이루어진다. 여기서 개인이란 일반 사용자, 관리자, 최고경영자 등의 임원이 모두 해당한다. 이후 엔터프라이즈 전반이나 부서별 평가인 조직적 성과와 환경적 성과를 평가한다. 환경적 성과는 사회 혹은 산업 전반에 대한 기여 등에 해당하며 최근 소외계층 지원, 그린 IT 등을 포함한다.

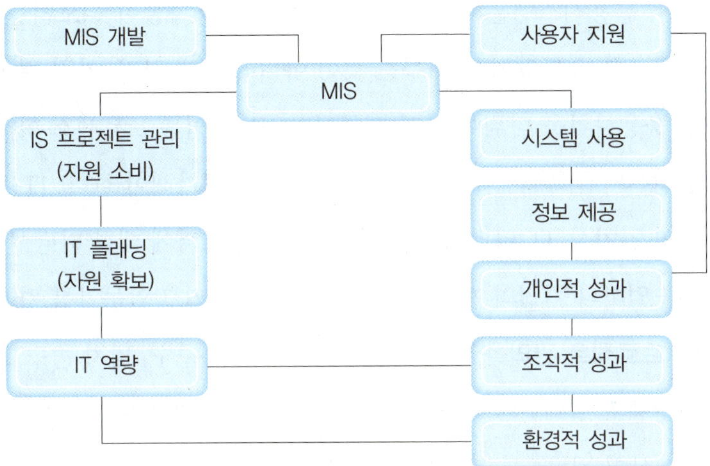

그림 12-1. 평가의 계층적 구조 프레임워크

12.1.2 MIS 관리와 시스템 평가

이번 내용은 먼저 정보시스템 평가 분류에 관한 내용으로 위 [그림 12-1] 계층적 구조 프레임워크 왼편을 따라 진행한다. 단, IT와 IS의 용어 구분은 앞의 [용어] 표를 참고하길 바란다.

(1) MIS 관리 평가

MIS 관리 평가를 위한 평가 대상에 관한 내용이다.

먼저, **IT 역량**을 평가하기 위해 인적 자원, 물적 자원 등과 같은 기업의 비즈니스 전략 지원, DB, H/W, 보안 등과 같은 인프라 구축의 정도를 대상으로 한다. 여기서 인프라와 애플리케이션 시스템을 혼동할 수 있는데, 인프라는 기반을 의미하며 애플리케이션 시스템은 응용시스템을 말한다. 그리고 현업 사용자의 리더십 정도를 평가해야 한다. IT 프로젝트의 전략적 아이디어 등은 인프라적 측면에서 IT 전문가가 리드하는 것이 바람직하지만, 응용시스템은 부서장과 같은 현업 사용자들이 리드하는 것이 좋다. 왜냐하면 이는 단순한 속셈 문제를 다루는 것이 아니라 금액 결정, 가격 결정, 공장부지 결정 등과 같은 응용사항을 다뤄야 하기 때문이다. 또한 업무 프로세스 혁신에 대한 투자와 데이터 관리센터 구축이 얼마나 잘 되어 있는가를 평가해야 한다. **IT 플래닝 측면**에서 전략과 IT의 일치성, IT 타당성, 운영 타당성, 비용효과에 대한 타당성을 검토하여 IT 포트폴리오를 얼마나 기업의 전략 또는 목표와 일치시키고 있는가를 평가해야 한다. 마지막으로, **IS 프로젝트 관리**를 평가하기 위해서는 예산 준수, 납기 준수, 프로젝트 내에서의 최고 경영층과 실제 사용자들 간의 의사소통, 사용자 참여, 최고 경영층 지원의 정도 등이 평가대상이 된다.

표 12-1. 평가기준에 따른 평가대상의 예

기준	평가측면	평가대상의 예
관리	IT 역량	• 비즈니스 전략 지원 • 인프라 구축 • 현업 사용자 리더십 • 업무 프로세스 혁신 • 데이터 관리센터 구축
	IT 플래닝	• 전략 일치성 • IT 타당성 • 운영 타당성 • 비용효과 타당성
	IS 프로젝트	• 예산 준수 • 납기 준수 • 의사소통 • 사용자 참여 • 최고 경영층 지원

(2) MIS 시스템으로서의 품질평가와 산출물 평가

다음은 IT 프로젝트를 통한 정보시스템과 그 정보시스템의 산출물에 대한 평가를 진행한다.

제품으로서의 MIS, 즉 정보시스템은 시스템의 품질 측면에서 정보시스템 자체를 평가한다. 평가 대상의 가장 대표적인 예는 시스템의 기능적 평가이다. 예를 들면, 동기화(sync)는 동시적으로 쌍방향 의사소통이 가능해진 오늘날의 의사소통을 의미하는데, 시스템이 동기화가 필요함에도 비동기로 만들어졌는지 혹은 비동기이면 충분하지만 동기화 수준으로 만들어졌는지를 검토한다. 또한 응답성과 속도, 시스템의 참신한 기능인 혁신성, 기존 시스템과의 호환성, 시스템의 안정성을 평가해야 하며 마지막으로 공식적 평가를 통해 우수성 등이 입증되었는지를 검토한다.

다음으로 시스템을 통하여 산출되는 정보에 대한 평가도 이루어진다. 정보의 평가는 시스템을 통해 만들어지며 리포트나 조회 화면을 통해 전달되고 있는 정보의 중요성과 유용성(usefulness)을 평가하고, 정확성, 적시성, 관련성, 상세성, 간략성 등도 평가

표 12-2. MIS 시스템과 산출물의 평가대상

기준	평가측면	평가대상의 예
정보시스템 자체	시스템의 품질	• 동기화/비동기화 적절성 • 응답성 • 속도 • 혁신성 • 호환성 • 안정성 • '공식적 평가' 우수성
정보시스템 산출물	정보의 품질	• 중요성, 유용성 • 정확성, 적시성, 신뢰성, 관련성, 상세성, 최신성, 간략성, 완결성 • 판독, 편리성, 리포트 외양 및 형식 • 충분성, 이해용이성, 불(不)편이성, 의사결정에 적절성, 비교가능성, 정량성

대상이다. 만일 원하는 정보가 간단한 형식이면 되는데 너무 상세한 정보를 전달하거나 반대로 상세한 정보가 필요한데 간략한 정보만 전달하는 경우에는 문제를 발생시킬 수 있다. 이러한 사항들이 정보품질평가 시 사용하는 대표적인 지표들이다.

(3) MIS 시스템 영향 평가

정보시스템의 영향은 개인 수준과 조직 수준 그리고 환경 수준의 세 가지 평가 측면이 있다.

먼저, **개인 수준**에서는 일반적으로 접속시간, 사용빈도, 만족도, 생산성, 학습효과, 업무의사결정에 관한 기여도 등을 평가한다. 앞에서 언급되었듯이 시스템은 구축 그 자체에 목적이 있는 것이 아니라 구축 후 '사용' 에 목적이 있다. 따라서 사용자가 시스템을 사용한 후 사용자 수준에서 평가를 할 수 있으며 이것이 바로 개인 수준의 평가이다. 가장 많이 사용하는 평가방법은 **사용도**(the degree of use), **만족도**(the degree of satisfaction), **성과**(performance)이다. 이 세 가지 방법 중 가장 중요한 방법은 무엇인가? 이 질문에 대한 답은 없다. 즉, 경우에 따라 중요성이 달라진다. 만일 사용자들의 사용속도가 느려 그 속도를 촉진시키고자 한다면 사용도가 더 중요하지만 사용자들이 사용을 많이 하는데 사용 만족이 높지 않다면 만족도를 높이기 위해 노력해야 한다. 그렇다면 사용도와 만족도 중 어느 것을 측정하는 것이 더 중요한가? 일반적으로는 사용도의 측정이 더 쉽다. 사용도는 얼마의 시간 동안 접속을 하고 있었는지 기록이 되기 때문에 쉽게 파악할 수 있다. 하지만 만족도는 개인이 느끼는 것이기 때문에 쉽게 드러나지 않는다. 그러나 만족도에는 시스템 만족도, 정보 만족도, 응답속도의 만족도 등이 모두 포함되기 때문에 만족도가 사용도보다 더 종합적인 평가라고 할 수 있다.

또한 사용도는 성격상 강제적으로 회사에서 사용될 수밖에 없는 경우가 있다. 이러한 경우에는 정보시스템을 평가하기 위해 사용도를 측정하는 것은 바람직하지 않다. 예를 들어 상사에게 모바일 전자결제를 받는 시스템을 사용하는 기업은 선호도와 상관없

표 12-3. 정보시스템 영향의 평가대상

기준	평가측면	평가대상의 예
영향	개인 수준	• 사용자의 정보시스템 의존도 • 정보시스템의 소유의식 • 정보시스템의 일상화 정도 • 접속시간 • 접근빈도 • 산출물 만족도 • 지원 및 서비스 만족도 • 시스템 이해, 교육, 개발과정에서의 참여 만족도 • 사용자 업무 생산성 • 의사결정의 생산성 • 의사결정 문제 및 상황에 대한 이해 증진 • 사용자 활동의 변화 • 성과 향상의 성장률 • 학습효과의 증진 • 의사결정 결과에 대한 확신 • 그룹 의사결정 시의 참여도
	조직 수준	• 보편화 • 고도화 • 조직 내 일상화 • 제도화 • 매출, 투자회수율 • 비용/인력 절감 • 조직의 주요 업무에 적용된 범위 • 응용시스템 개발 수 • 혁신의 달성범위 및 정도 • 규모나 범위의 경제의 달성 정도
	환경 수준	• 사회적 기여도 • 프라이버시 보호 • 환경보호 • 법규규정 준수

이 그 시스템을 사용해야만 하는 경우가 있다. 즉, 자발적인 사용이 아닌 강제적 사용을 요구하는 경우에 사용도는 적절한 측정방법이 되지 않는다.

다음으로, **조직 수준**에서는 보편화, 고도화, 인스티튜션화, 응용시스템의 개발 수, 혁신 달성 범위 및 정도, 비용과 인건비 절감 등을 평가한다. 보편화는 비슷한 업무에 시스템을 확장하는 것이며 고도화는 보다 복잡한 시스템에 현재 응용시스템을 확장시키는 것이다. 보편화의 예를 들면, ATM 등 kiosk(키오스크로 보호가 되어 있는 컴퓨터)는 고정비에 의해 변동비가 흡수되는 것으로 비용/인력 절감의 예가 된다(제9장의 〈표 9-3〉 참조). 만일 은행의 직원이 창구에서 고객들을 상대할 때, 고객이 증가할 경우 하나의 창구를 더 만들고 직원을 투입해야 하지만 처리속도가 빠른 ATM을 설치한다면 주어진 시간 내에 더 많은 고객을 처리할 수 있다. 이러한 경우를 고정비에 대한 투자가 변동비를 흡수한다고 표현한다. 이러한 보편화는 은행뿐만 아니라 공항, 티켓 오피스와 같은 다양한 환경에서 디지털 기술을 이용하여 많은 분야에 적용된다.

마지막으로, **환경 수준**에서는 프라이버시 보호, 환경보호, 법규 준수, 사회적 기여 등을 평가한다.

특정한 프로젝트에서 평가하고자 하는 목적(투자, 과정, 시스템 성능, 정보제공, 개인성과, 만족도, 기여도 등)에 따라 적절한 평가 측정방법을 선택하는 것이 매우 중요하다. 목적과 부합되지 않는 평가방법을 선택하는 것은 올바르지 않은 결과를 초래하기 때문이다.

12.1.3 종합적 평가방법 사례 : 미국 텔레콤 회사(Comprehensive Evaluation Case Example)

계량적이고 재무적인 평가는 상대적으로 쉬운 반면 계량적이지 않은 비재무적 평가는 필요하지만 어렵다. 따라서 IS 투자 대상의 비재무적 평가가 어떻게 이루어지는지 살펴볼 필요가 있다. 여기에서는 비재무적 이익의 영향을 분석하는 미국 텔레콤 회사의 예를 통해 평가를 어떻게 점수화하는지 살펴보고자 한다.

우선 **+100점 만점**의 **비즈니스 목표 점수**와 **−50점 만점**의 **위험 점수**를 설정한다. 세부적인 각 배분율의 비즈니스 목표 점수는 다음과 같다. 경제적 비용의 영향, 즉 비용 효과에 관한 점수가 35점이고, 기업목표, 프로세스 목표, 직원 목표, 고객 목표 등의 당위성을 보는 전략적 비즈니스 평가가 20점까지 배점 가능하다. 경제적 이점은 15점, 의사결정 지원은 10점, 다른 무형의 이익 10점, 신기술의 지원 10점으로 합산하여 100점 만점의 지표가 만들어진다.

하지만 어느 시스템에서든 이익뿐만 아니라 위험 역시 따르게 된다. 따라서 50점 만점으로 위험도를 파악한다. 세부적 각 배분율은 경쟁사 반응 15점, 프로젝트/조직적 위험 35점이 포함된다. 이 사례는 긍정과 부정 두 측면을 나누어 구성 · 요소화하고 종합적으로 평가하고 있음을 보여주며, 그 요소별 점수는 각 기업이 사전에 전문가 그룹을 통해 정해놓아야 한다. 이러한 방법에서 그 배분 점수의 결정은 반드시 합의와 동의가 필요한 부분이다.

12.1.4 MIS 평가의 문제점(Difficulties in MIS Evaluation)

MIS의 평가방법에 대한 문제점은 평가목표 및 측정방법이 사전에 설정되어 있지 않으면 계량화 및 효율 중심의 평가에 치중된다는 점이다. 따라서 비계량적인 경우는 무시되거나 소홀하게 평가된다. 또한 구축단계별 평가목표와 측정방법이 존재하지 않는다. 마지막으로 관련 사용자 계층의 다양한 시각을 평가에 반영하지 못한다. 평가 목적에 맞는 사용자들을 선정할 때 정확한 평가를 얻어낼 수 있음에도 현실에서는 이러한 사항이 잘 이루어지지 않는다는 문제점이 존재한다.

12.1.5 MIS 평가의 개선방향(Evaluation Approach for Improvements)

MIS 평가를 개선하기 위해서는 재무적(계량적) 지표뿐만 아니라 비재무적(정성적) 지표도 포함되어 적절한 평가의 수준을 유지해야 하며, 평가 수준을 '시스템 ➡ 사용자 ➡ 조직 ➡ 환경 및 효율 ➡ 효과' 로 확장하여 평가할 대상에 맞도록 평가요인을 도출하고 평가를 실시해야 한다. 또한 실제로 시스템을 사용하는 사용자인 primary(직접) 사용자와 시스템을 통해 산출된 결과를 바탕으로 작업하는 secondary(간접) 사용자 모두가 포함된 관련 사용자의 다양한 견해를 종합하여 평가하여야 한다.

정리하기

MIS 정보시스템 평가에 대한 시각은 점차 폭이 넓어지고 다양화되고 있다. 과거에는 시스템 프로젝트 중심과 개인 수준 중심의 평가가 이루어졌지만, 현재는 평가 척도가 더욱 고도화되어 사용자, 조직, 환경 수준 관점을 포함하는 방향으로 진화하고 있다. 정보시스템의 평가는 평가의 범위와 대상에 따라 구분될 수 있고, 이러한 구체적 평가 범위와 대상은 그 평가 목적에 따라 차별화되고 있다. 또한 점차적으로 그동안 알지 못했던 혁신적인 새로운 지표의 개발이 필요하며 단순 평가가 아닌 적합하고 의미 있는 평가가 필요하다. 정보시스템 평가는 계층적인 구조를 가진 프레임워크를 통해 진행할 수 있다. 이 프레임워크는 조직적 수준에서의 IS 개발 측면과 시스템 개발 후 그 시스템 사용과 그에 따른 산출물을 평가하는 수준의 사용자 지원 측면으로 크게 구분되며, IS 개발이 보다 큰 의미의 측면이라고 할 수 있다. 개별 시스템의 평가로서 가장 많이 사용되는 방법은 사용도와 만족도로 이 중 상대적으로 쉽게 측정할 수 있는 것은 사용도이고 보다 종합적으로 측정할 수 있는 것은 만족도이다. 따라서 어떠한 방법이 프로젝트를 평가하는 데 적절한 방법인지 파악하기 위해서는 평가 프레임워크에 맞춰 선정하는 것이 바람직하며, 재무적 · 비재무적 통합과 균형이 필요하다.

평가하기

➔ **제시된 문항의 빈칸(　　)을 채우거나, O/X 여부를 결정하세요.**

1. MIS 평가, 즉 IT/IS 에 대한 평가방법과 대상은 여러 가지가 있다. 예를 들면,
   A. 관리 측면으로는 (　　), (　　), (　　)이(가) 있고, 반면에
   B. 사용 측면으로는 (　　), (　　), (　　), (　　), (　　)이 있으며,
   이들을 각각 측정하는 대상은 다양한 요소가 있을 수 있다.
2. 개별 시스템의 평가에 많이 쓰이는 측정지표는 이용도와 만족도인데, 이 중 단순하면서도 측정이 쉬운 것은 (　　)이고, 종합적이면서도 측정이 어려운 것은 (　　)이다.
3. 조직 수준의 평가란 특정 시스템이 조직 전반에 미친 영향력이나 기여도 정도를 의미한다. (O/X)
4. 재무적 평가 기준의 예는 전략적 목표, 직원의 목표, 고객의 목표, 새로운 기술적 위험성 등 돈의 가치로 파악하기 쉬운 것들을 말한다. (O/X)

12.2 IT 평가와 BSC(Balanced Score Card, 균형성과표)

BSC 도입 고전적 대표 사례—록워터(Rockwater)

록워터(Rockwater)사는 수중 엔지니어링 및 건설 분야에서 세계 최고 기업 중 하나이다. 1989년 말 이 회사의 CEO로 취임한 노먼 챔버스(Norman Chambers)는 산업 내 경쟁환경이 급격히 변화하고 있음을 알았다. 그는 "1970년대에 우리 회사는 활활 타는 횃불을 들고 젖은 바지를 입은 채 바지선에서 북해로 뛰어드는 한 무리의 청년들과 같이 특별한 경쟁력이 없는 평범한 회사였다"고 회상한다. 그러나 1980년대에 접어들면서 수중 사업에서의 입찰 경쟁은 점점 심화되어 예전과 같은 상태로는 살아남을 수 없게 되었으며, 그 과정에서 많은 중소기업들이 퇴출되기도 했다. 또한 경쟁의 초점도 바뀌었다. 주요 석유 회사들은 가격 입찰을 통해 공급업체를 선정하기보다는 공급업체들과 보다 장기적인 동반사 관계를 구축할 수 있기를 원했다.

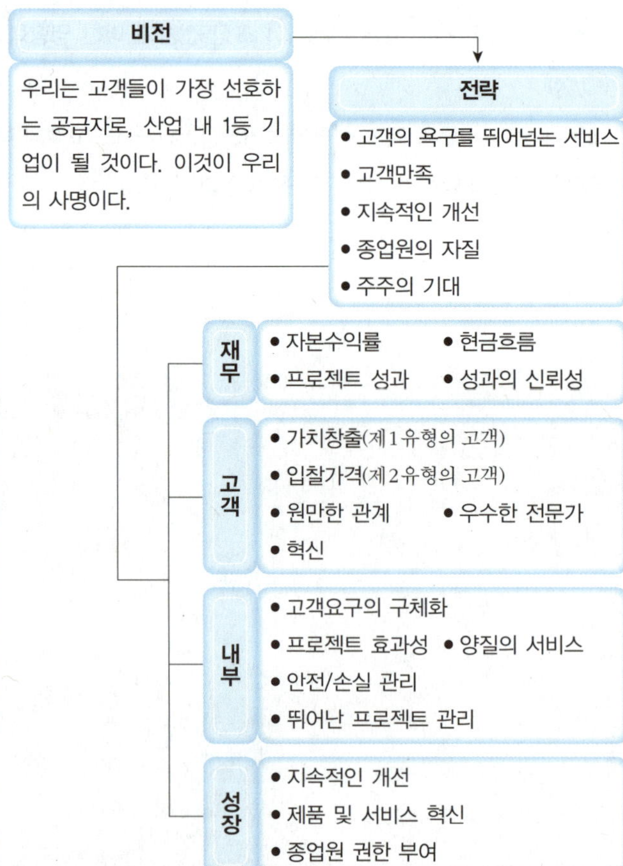

챔버스는 고위 경영자들과 함께 비전을 수립했다. 이는 '우리는 고객들이 가장 선호하는 공급자로서 고객들에게 최고 수준의 안전과 품질을 제공하는 산업 내 1등 기업이 될 것

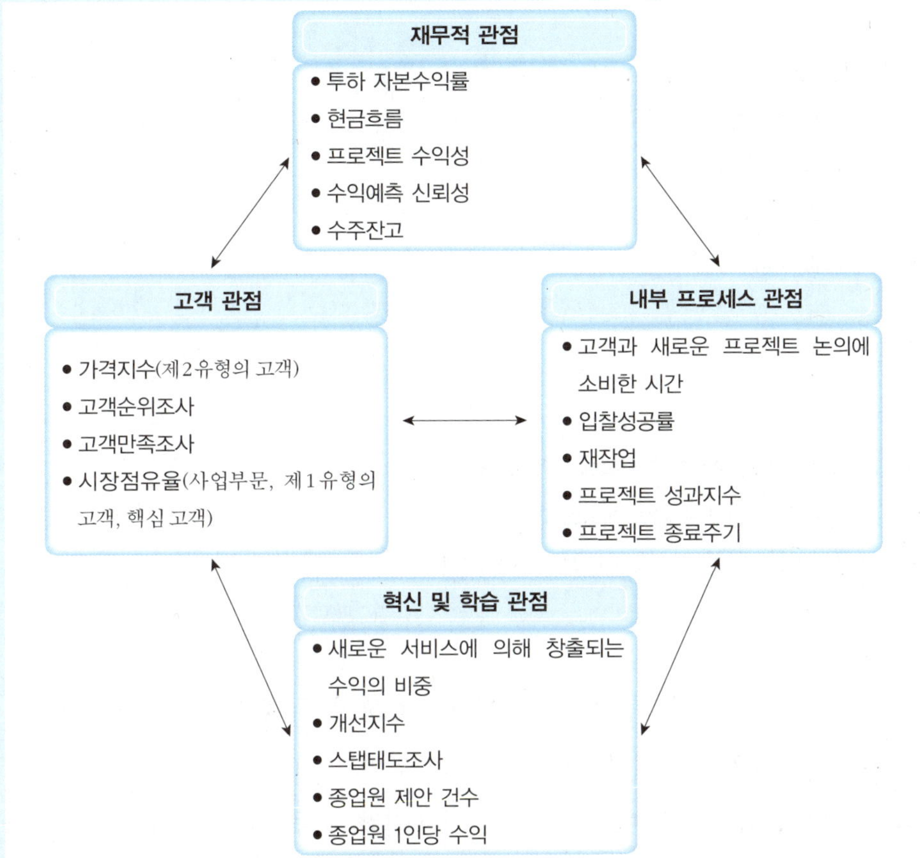

이다"라는 내용을 담고 있었다. 또한 그들은 비전을 실행에 옮기기 위한 전략도 수립했다. 그 전략은 다음과 같은 다섯 가지 기본 요소로 이루어져 있다. 첫째, 고객의 기대 외 욕구를 뛰어넘는 서비스 제공, 둘째, 높은 수준의 고객 만족, 셋째, 안전 · 장비 신뢰성 · 신속한 반응 · 원가 절감을 위한 지속적인 개선, 넷째, 종업원의 역량 개선, 다섯째, 주주 기대의 실현 등이 그것이다. 이들 다섯 가지 전략요소는 다시 전략목표로 표현되었다.

또한 전략목표가 기업가치 창출이라는 결과로 나타나게 하기 위해 전략목표를 보다 구체적인 목표와 활동으로 전환시켰다.

이러한 과정이 완료된 후 록워터사의 고위경영자들은 설정된 비전과 전략을 균형성과표의 각각의 네 가지 관점에 대한 성과측정지표로 변환시켰다.

출처: 『성과측정』, HBR, 현대경제연구원 역, 21세기북스

[내 용]

- IT 전략 삼각형
- 성과측정의 중요성 증대 이유
- BSC 배경과 기본 개념
- 성과측정지표와 BSC의 차별성
- BSC 도입 사례

[목 표]

- IT 전략 삼각형의 구성과 관련성에 대한 이해
- 성과측정의 중요성과 BSC의 개념에 대한 이해
- 전통적인 측정방법과 BSC의 차별성에 대한 이해

앞서 살펴본 정보시스템의 성과측정과 관련하여, 균형을 주장하는 Norton & Kaplan(노턴 & 캐플런)이 제시한 성과평가 프레임워크인 BSC(Balance Score Card, 균형성과표)에 관한 내용을 살펴보고자 한다. 먼저 전략, 행동 그리고 성과측정 관계의 중요성을 이해하기 위하여 IT 전략 삼각형 모형에 대하여 살펴보고 많은 엔터프라이즈와 정부조직이 너도나도 성과측정의 대안으로서 선택하여 보편화된 BSC 방법론에 관해 이해해 보고자 한다.

[용 어]

균형성과표(BSC)	경영성과를 측정 및 평가할 때 전통적인 재무적 시각 이외에 다양한 측면을 고려하여 균형있는 측정을 시도한 Norton과 Kaplan에 의해 개발 전파된 성과측정 방법론. 전자는 IT 분야, 후자는 회계 분야에서 저명한 인물 – 재무적 시각 – 업무처리 과정 시각 – 고객 시각 – 학습 및 성장 시각
행동(Action)	전략이란 환경을 통제하기 위한 적극적 행동을 말하는데 전략이 수립되면(예: 고객서비스 강화) 이에 따라 실천이 이루어지는 시스템적 행동유형(예: 주문추적 시스템)
측정(Measures)	'측정하지 못하면 관리할 수 없다' 라는 말처럼 성과 측정은 매우 중요하며 따라서 전략에 따른 행동이 이루어진 후 그 결과를 측정한 정도(예: 고객 행복도, 불량률, 경비절감)

12.2.1 IT 전략 삼각형(Strategic Triangle)

IT 전략 삼각형은 **전략**(Strategy), **행동**(Action), **측정**(Measures)으로 구성되어 있으며 이 세 가지 구성요소가 서로 연결되어 하나의 삼각형을 이루게 된다. 먼저 신제품 도입이나 소비자 지원, IT 인프라 구축과 같은 목적을 가진 전략이 존재한다. 전략은 단순히 전략 그 자체만이 아니라 조직의 행동(Action)이라는 것이 충분조건으로서 실행되어야 한다. BSC나 CRM, SCM, TQM, ABM 등이 행동의 대표적인 예에 해당한다(일반적으로 세 글자로 줄여 사용하는 영어 단어들이 행동을 대표하는 전문용어라고 할 수 있다). 만일 소비자 서비스 지원이라는 전략이 세워지면 그에 따른 행동으로서 CRM이 시스템으로 추구될 수 있다. 이후 그 시스템이 얼마나 잘 실행되었는가에 대한 성과를 측정(Measures)하게 된다. 만일 측정 결과 좋은 성과를 만들어내지 못했다면 기업에서 택한 행동을 수정할 수 있다. 그럼에도 불구하고 성과가 향상되지 않으면 측정 결과에 따라 전략 자체를 바꿀 수도 있다. 따라서 세 가지 구성요소가 조화롭게 잘 이루어질 때 기업의 목적에 맞는 기여를 창출할 수 있게 된다. 전략에 맞춘 행동, 행동에 맞는 측정, 측정에 따른 행동과 전략의 수정이라는 삼각형의 사이클이 잘 이루어져야 효율적, 효과적인 경영목표가 달성된다.

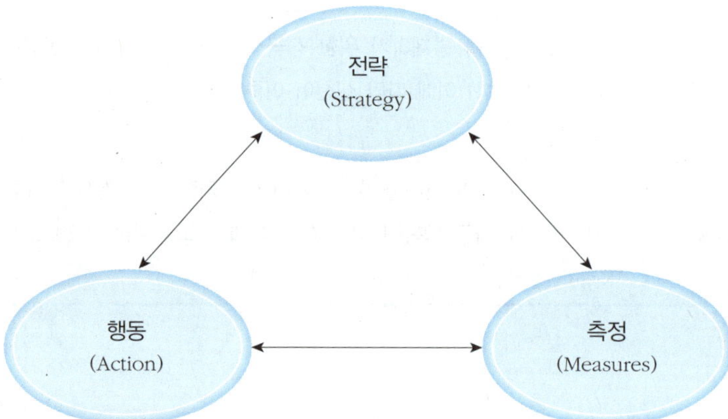

그림 12-2. 전략 삼각형

12.2.2 성과 측정의 중요성 증대 이유(Reasons for Increase in Importance)

명쾌한 전략적 비전만으로는 전략이 성취되기에 부족하다. "**측정할 수 없는 것은 관리할 수 없다**" 라는 Peter Drucker(피터 드러커)의 말처럼 성과 측정이라는 것은 매우 중요하다. 만일 측정이 되지 않으면 기업이 어떤 부분을 잘하고 있고, 잘 못하고 있는지를 파악할 수 없다. 따라서 잘 되고 있는 혹은 잘 되지 않고 있는 부분이 잘 파악되어야 이에 맞춰 전략이 수립될 수 있고 행동이 따를 수 있다. 디지털 시대 비즈니스와 테크놀로지 결합 등 품질의 보증과 품질 개선에 대한 관심이 커지고 전략, 행동의 수정과 그에 따른 평가방법이 모두 '측정' 과 관련된 부분이기 때문에 오늘날의 관리자들은 평가 측정에 더 많은 관심을 가지게 되었다. MIS가 다루는 데이터와 정보도 많은 부분 측정된 값으로 구성되어 있으며 전략수립이나 시스템적 행동 결정의 기반이 된다.

12.2.3 BSC(Balance Score Card)

(1) BSC 개요

전략이 성취되기 위해서는 전사적 커뮤니케이션 및 공감대 형성이 필요하다. 기업의 전략과 비전이 최고 경영층에 의해 만들어진다면 중간관리자와 실무자에게 잘 전달이 되어야만 기업은 전략적 목표를 가지고 프로세스의 현재 상태를 모니터링할 수 있다. 따라서 전략의 성취를 위해서는 적절한 평가와 측정방법이 필요하다는 것이 BSC의 중요한 배경이 된다. BSC 성과측정 방법론은 Norton과 Kaplan에 의해 창안되어 전파되어 왔는데 재미있는 것은 Norton은 저명한 IT 분야 컨설턴트였으며, Kaplan은 저명한 관리회계학자이다. 따라서 MIS와 관리회계가 어떻게 데이터와 정보라는 관점에서 만나게 되는가를 보여준다. BSC는 ABC(Activity Based Costing : 활동기준원가)와 후에 ABM(Activity Based Management)이라고 불리는 경영혁신 노력과 연계된다. 왜냐하면 MIS와 ABC/ABM 모두 업무 프로세스의 혁신과 변신(예 : BPR, 아웃소싱)에 관심을 가지기 때문이다.

(2) 배경

기존 재무적 지표의 한계와 보완 지표의 필요성이 대두되고 경영성과 측정 시 다양한 시각을 도입하려는 것이 BSC의 배경이다. 기존의 재무적 지표만으로는 경영성과를 모두 측정할 수 없다. 예를 들어 매출 혹은 이익 증대를 측정하는 것과 고객의 만족이나 새로운 아이디어 생성의 측정은 각각 정량적인 측정과 정성적인 측정으로 서로 다른 특성을 가지고 있다. 대차대조표, 손익계산서와 같은 정량적인 부분은 눈으로 드러나는 부분이지만 밖으로 쉽게 드러나지 않는 정성적인 부분 역시 평가를 해야만 균형이 맞으며 완전한 평가가 된다. 이처럼 재무적 지표의 한계점이 존재하고, 이러한 한계점을 보완할 수 있는 지표의 필요성이 대두되었다. 품질, 고객만족, 혁신, 시장점유율, 조직학습능력, 직원 자기계발과 창의성 등 보다 넓은 시각에서 성과를 측정해야 함을 BSC는 강조한다. BSC는 하버드 비즈니스 스쿨에 의해 지난 75년간 가장 많은 영향력을 끼친 방법론 중 하나라는 평가를 받기도 하였다.

(3) 기본 개념

BSC는 기본적으로 재무적 시각 이외의 세 가지 추가적인 시각을 반영하고 있다. 시각(perspective)은 이미지 사고(image thinking)에서 사물이나 개념을 바라보는 관점으로, 관점에 따라 어떤 현상이 보일 수도 있고 그렇지 않을 수도 있는 판단의 중요한 기준이 된다. 과거 MIS에서 많이 사용된 자료는 경영지표와 같은 재무적 시각이었으며, 이 시각은 고객이나 직원이 아닌 투자자 이익을 가장 극대화하는 주주의 입장을 대변한다.

이외에도 BSC는 고객의 만족도와 브랜드 이미지 등을 평가하는 고객 시각과 기업 내부의 업무 프로세스, 생산성 등을 측정하는 프로세스 시각, 그리고 직원의 학습과 성장역량 측면의 학습 · 성장 시각이 존재한다. 이와 같이 다양한 시각으로 현재의 시스템과 제도를 바라보기 때문에 기존보다 정확하고 객관적인 평가가 될 수 있다.

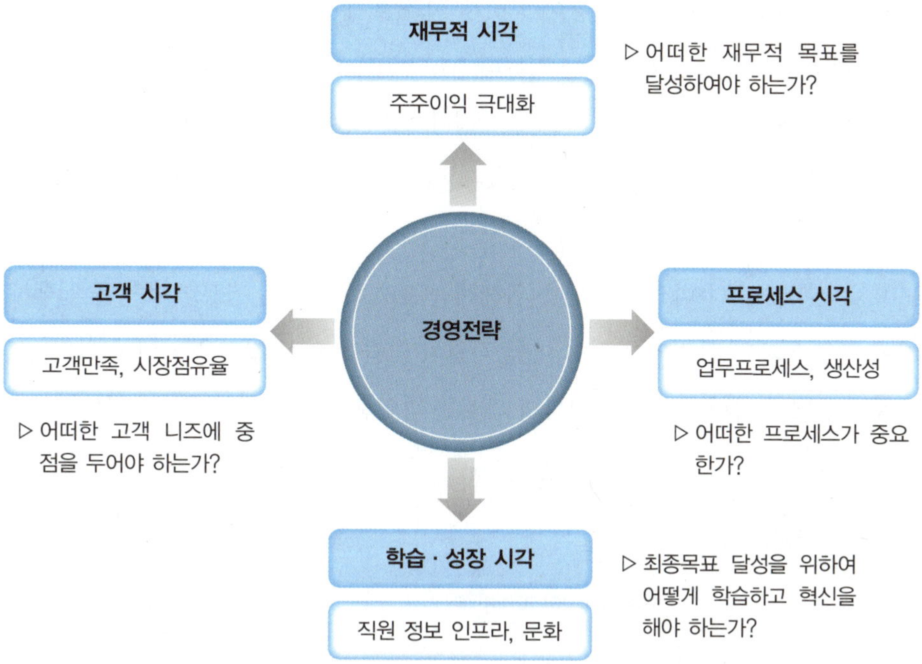

그림 12-3. 다양한 시각의 BSC

(4) 상호 관련성

앞서 언급한 BSC의 네 가지 측면 중 어느 것이 가장 중요하다고 할 수 있는가? 또한 이 네 가지 시각은 어떠한 상호 관련성이 있는가? [그림 12-4]에서 확인할 수 있는 것처럼 직원에게 학습과 성장(Learning Perspective)의 기회를 제공할 수 있을 때 생산성과 같은 내부적 시각(Internal Perspective)이 증가될 수 있다. 또한 내부적 시각의 측면들이 증가하면 고객(Customer Perspective)에게 더 많은 만족을 주고, 브랜드 이미지를 더욱 많이 어필할 수 있으며 이에 따라 기업의 이익, 시장점유율 등과 같은 재무적 측면(Financial Perspective)이 증가하여 최종적으로 기업의 성장과 번영이 가능할 수 있게 된다.

이와 같이 BSC의 네 가지 시각에는 방향성이 존재한다. 즉, 기업의 재무적 시각을 향상하기 위해서는 고객 지원이 좋아야 하며 이를 위해서는 내부적 시각이 잘 수행되어야 하고 내부 프로세스를 위해서는 직원의 학습이 잘 이루어져야 한다. 따라서 재무적 시각에만 초점을 맞춰 기업이나 시스템을 평가하는 것은 과정이 결여되고 단편적인 많은 문제점(예: 성적을 올리기 위해 어떤 과목을 잘해야 하는지를 모르는)이 존재한다는 것을 알 수 있다.

마지막으로, 보다 나은 시스템을 위해서는 모호하지 않은 명료한 측정을 진행해야 하며 측정은 통제나 관리의 목적이 아닌 직원의 학습을 위한 것임을 알아야 한다. 또한 재무적 측정뿐만 아니라 원인과 결과의 관계를 파악해야만 전략을 이룰 수 있다.

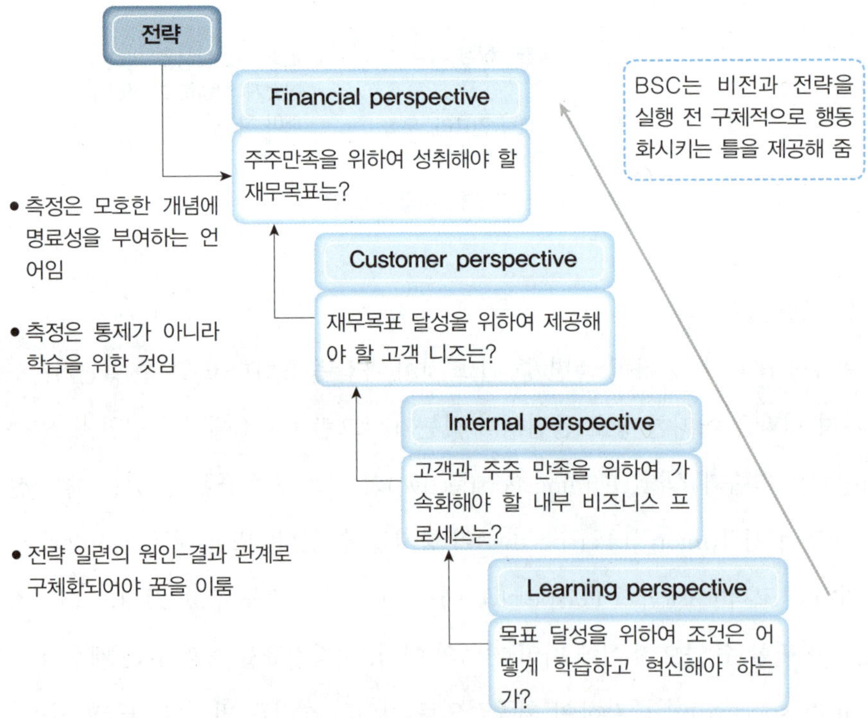

그림 12-4. 조직적 전략과 BSC 관계의 로드맵

(5) 측정 지표

학습과 성장-내부 프로세스-고객 시각의 측정지표는 궁극적으로 재무적 시각의 측정지표와 연계되어야 하며, 상호 간 및 중 · 단기적 측면에서 균형을 이루어야 한다.

그렇다면 각각의 시각으로 측정할 수 있는 지표는 무엇이 있을까?

[그림 12-5]에서 볼 수 있듯이 **재무적 시각**에서는 CF, EVA, ROI/ROA 등의 지표를 통해 투자대비 효과, 자산대비 효과와 같은 손익을 측정할 수 있으며 자산효율성은 매출증대와 수익증대, 원가절감 생산성 향상은 재무건전성, 리스크 관리는 주가의 변동 등을 측정할 수 있는 지표가 된다. **내부 프로세스 시각**에서는 혁신 프로세스, 운영 프로세스, 서비스 프로세스, 정보 공유, 프로세스 비용 구조, 프로세스 사이클 타임 등을 측정한다. **고객 시각**에서는 시장의 점유율, 세분화, 성장률 등과, 고객의 만족, 유지, 수익성 등을 측정한다. **직원의 학습과 성장 시각**에서는 비전, 미션과 같은 문화가 잘 정비되어 있는가와 권한위임, 의사결정과 같은 조직화를 측정한다. 이때 권한위임은 조직에서 권한이 중앙에 집중되어 있지 않고 적절하게 위임이 되어 있어 보다 높은 동기부여,

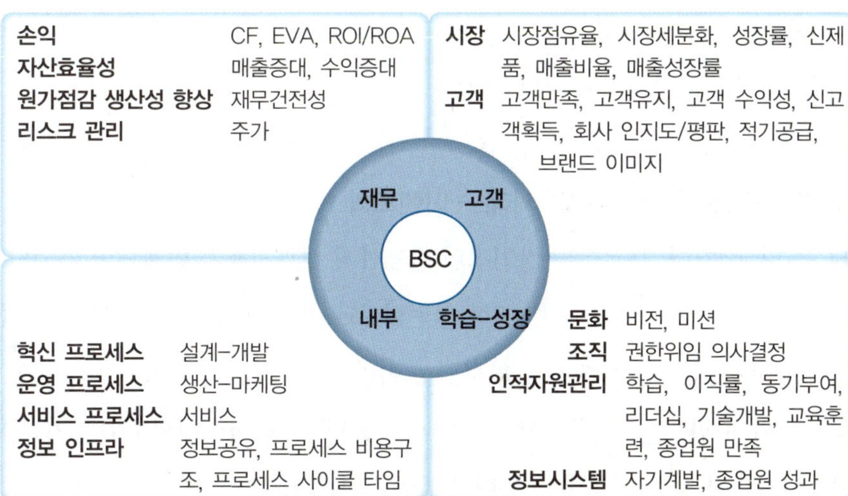

그림 12-5. BSC의 측정지표

교육과 훈련, 정보시스템을 통한 자기계발 기회를 측정한다.

(6) 전통적 방법과의 차별성과 보완

전통적인 측정방법과 BSC를 통한 측정에는 좀 차이가 있다. 전통적인 측정방법은 장기적인 성과를 반영하지 못하고 단기 성과 위주로 이루어지며 유형자산을 중심으로 하고 무형자산은 도외시되고 있다. 또한 과거의 성과 중심으로 미래성과는 잘 반영하지 못하고, 결과지표 특히 재무지표 중심으로 평가가 이루어져 결과에 대한 과정의 평가는 잘 이루어지지 않고 있다.

BSC는 이러한 전통적 측정방법의 단점을 보완하는 측정방법인데, 기업 전체-사업부문-팀-개인의 측면으로 전략과 업적 평가가 연계되어 있고 단기적 성과 중심이 아닌 중 · 장기 성과를 중시하여 미래를 위한 학습, 성장성, 능력과 역량을 측정한다.

또한 전 조직계층에 있어서의 전략적 핵심활동에 대한 커뮤니케이션 및 운영 관리가 이루어지며 무형자산과 회사의 능력을 모두 반영하고 있고 과거 수익성 못지 않게 미래 수익성을 중시한다. 그리고 재무적 주제의 시각만 반영하고 있는 것이 아니라 고객과 직원의 시각까지 반영하고 있다. 이와 같이 BSC는 과거의 측정방법보다 발전되고 진화된 혁신적이고 차별화된 측정방법이다.

(7) BSC의 초기 선도 도입 사례—이랜드와 KT

BSC는 일상적인 업무로부터 장기적인 활동까지 성과지표가 연계되어 기업의 전략을 쉽게 이행할 수 있도록 해준다. 또한 일련의 프로세스를 통해 성과측정시스템에서 기업의 커뮤니케이션 도구로까지 진화하면서 이미 미국 등 전 세계적으로 도입이 보편화되었고, 이에 따라 많은 연구들이 이루어지고 있다. 우리나라에서도 BSC가 이미 매우 보편화되었으며 일반 기업뿐만 아니라 공공기업 및 정부조직에서도 활발하게 도입 및 활용되었다.

국내에서 대략 20년 전 초기에 BSC를 도입한 대표적인 기업으로는 이랜드와 KT를 꼽기도 하는데 당시 모범적으로 BSC 시스템을 운영하고 있는 기업으로 평가받았다. 이랜드 BSC 시스템의 가장 중요한 특징 중 하나는 BSC 운영 과정에서 기업의 전략목표 달성이 직원 개인의 능력 개발과 연계되도록 하는 조직학습 프로세스를 구현하고, 이를 통해 지식창출, 공유, 확산이라는 지식경영 체계를 확립하였다는 점이다. 이랜드 사례는 어떻게 하면 BSC를 단순한 지표 중심의 측정시스템이 아닌 전략 중심의 측정시스템으로 핵심 경영역량을 만들 수 있는지를 보여준다. 이는 직원들과 경영자가 일체화되어 동일한 시각으로 목표를 바라보고 달릴 수 있도록 해준다.

KT는 전략의 실행 여부를 입체적으로 계량화하여 측정하고, 지표의 의미와 달성 현황을 보상체계와 연계함으로써 조직의 새로운 전략을 모든 구성원들에게 전달했다. 동시에 조직 역량을 높여 전략목표 달성에 도움이 되는 핵심 도구로 BSC가 활용될 수 있다고 판단했다. BSC 도입을 통해 KT는 재무적 성과 및 고객 확보 등에 높은 성과를 달성함으로써 2003년 아시아 기업으로는 최초로 "BSC Hall of Fame Award"를 수상하였다.

한편, 우리나라 정부는 효율적인 행정서비스를 제공하기 위해 새로운 성과관리제도인 BSC를 도입하기 시작했다. 하지만 기업에 적용되는 BSC 시스템을 정부조직을 비롯한 공공부문에 그대로 적용하는 것은 어렵기 때문에 각 부처의 특성에 맞게 재구성하여 2006년에는 몇 개 부처를 제외한 대부분의 정부부처에서 BSC를 도입하였다. 현재 정부부처는 대부분 BSC가 도입되었으나 이를 기반으로 한 경영활동의 선택과 집중 또는 전략의 수립에는 활용되지 못하고 보고서 작성 수준에 머무르고 있어 안타까운 실정이다.

정리하기

경영성과에 관한 주요 핵심지표란 재무적 혹은 경제적 지표만으로는 부족하다. 따라서 많은 경영자들이 비재무적 측정지표에 관심을 갖고 새로운 경쟁전략을 강화하기 위하여 회사의 업적평가시스템을 변화시키고 있다. 이러한 경영 성과측정 프레임워크는 IT 기반의 시스템 도입(즉, 전략적 행동) 후 경영에 대한 기여도를 평가하는 방법으로 유용하게 사용된다. BSC는 회사의 전략과 목표를 집중적 커뮤니케이션을 통해 직접 행동으로 옮기도록 하는 통합된 균형성과평가제도이다. BSC에는 네 가지 시각이 반영되어 있으며 학습 · 성장–내부 프로세스–고객시각의 측정지표는 궁극적으로 재무적 시각의 측정지표와 연계되어야 하며, 상호 간 및 중 · 단기적 측면에서 균형을 이루어야 한다. 또한 BSC는 재무적 시각과 비재무적 시각, 내부적 시각과 외부적 시각, 단기적 시각과 장기적 시각, 재무적 성과에 관심을 갖춘 최고 경영층의 시각과 실무자 계층의 시각 등에도 균형이 이루어져 있어 많은 분야에서 활용되고 있다. 원래 BSC 평가는 Kaplan과 Norton 두 사람에 의해서 제시되었는데 경영활동에 대한 평가뿐만 아니라 요즘 MIS 또는 IT의 실질적인 경영평가에도 많이 사용되고 있다.

평가하기

➔ **제시된 문항의 빈칸(　　)을 채우거나, O/X 여부를 결정하세요.**

1. BSC (　　) 성과 측정방법론은 재무적 성과 이외에 (　　)적 성과의 측정 필요성을 강조하며, 성과를 다음의 네 가지 관점에서 균형 있게 접근할 것을 요구한다. 주주, (　　), (　　), (　　)이다.
2. 비용 효과분석에는 재무적 분석 이외에도 비재무적 분석인 BSC(균형성과표)가 포함되는 것이 좋다. (O/X)
3. 측정할 수 없어도 관리할 수 있다. (O/X)
4. 그래서 측정은 통제가 목적이다. (O/X)

PART 3

Trends

제13장 비즈니스-테크놀로지 컨버전스와

아웃소싱-파트너링 컨버전스

제14장 IT 혁신과 소셜 네트워크

Chapter

13

비즈니스-테크놀로지 컨버전스와 아웃소싱-파트너링 컨버전스

Chapter

13 비즈니스-테크놀로지 컨버전스와 아웃소싱-파트너링 컨버전스

Winning the 3-Legged Race by BTM Institute (2005)

The Convergence of Biz and Tech(비즈니스와 기술의 융합)

이 책은 비즈니스(B)와 테크놀로지(T)를 성공적으로 통합하고 디지털 투자로 가치를 창출하는 데 결정적인 네 가지 시각으로 구성되어 핵심 역량을 제시하고 있다.

흔히, '비즈니스와 테크놀로지의 관리(BTM)의 연계(alignment)'라는 주제로 매우 중요하게 다루어져 온 내용인데, 이 책은 연계 필요성에서 한걸음 더 들어가 핵심이 되는 내용을 매우 체계적으로 잘 설명하고 있어 참고로 하였다.

1. **전략과 플래닝**: 이 역량은(제8장 ISP에서 상세히 설명) 비즈니스 중심의 IT 전략, 플래닝과 예산 수립, 전략적 소싱과 벤더 관리, 그리고 통합과 표준화를 포함한다. 테크놀로지의 초점과 사용목표를 결정하고, 비즈니스-테크놀로지 공통 어젠다 수립, 역할을 공유 또는 분담하고 연계하도록 만든다.
2. **테크놀로지 투자 관리**: 이 역량은(제9장 미래지향적 IT 투자에서 일부 설명) 비즈니스 목표를 달성하기 위한 회사 자산과 활동을 결정하는 데 관련된 의사결정, 포트폴리오와 프로그램 관리, 투자와 우선순위 결정, 프로젝트 분석과 설계, 그리고 필요 자원과 수요관리 그리고 그들의 역할을 포함한다.
3. **전략적 아키텍처**: 이 역량은(제8장 ISP에서 방법 툴 설명) 비즈니스 아키텍처(애플리케이션, 데이터와 시스템 인프라), 비즈니스 전략을 수행하기 위한 테크놀로지 아키텍처(프로세스, 조직 구조, 시설과 정보)를 정의하고 통합하는 기업 아키텍처 설계와 표준 정립을 포함한다.
4. **IT 지배구조와 조직**: 이 역량은(제7장 MIS 관리에서 일부 설명) 전략과 전술 관리, 조직 설계와 변화 관리, 의사소통전략 관리, 법규 준수 및 위험 관리를 포함한다. 전체적으로, 다른 세 가지 BTM 역량과 함께 비즈니스-테크놀로지를 구조적으로 관리하고, 투자를 배정하고, 기업

위험을 분산 관리하고, 그리고 비즈니스 목표가 비즈니스 기술에 의해 형성되고 실현 가능한지를 확인하는 것을 포함하고 있다.

이 책은, 이상 네 가지 핵심 관리 역량을 첫 장에서 "What is BTM?"이라는 질문으로 어떠한 프로세스, 조직 구조, 정보와 테크놀로지가 필요한가에 각각 다른 의미를 제시하면서 시작한다. 기업에서 엄격하게 테크놀로지와 비즈니스를 관리할 수 있는 하나의 포괄적 역량이 없다면 가치와 경쟁력 확보는 예측 불허의 시장과 제도상 변화에 따라 좌우될 수 있다고 강조한다.

비즈니스와 테크놀로지 연계성(BT)의 중요성을 말로만 이야기하는 건 더 이상 충분치 않다. 테크놀로지에 대한 전략적 선택이 어떠한 형태이든, 엔터프라이즈는 그들의 비즈니스와 테크놀로지에 관한 의사결정을 통합된 업무로 이끌 수 있는 환경을 만들어야 한다. 그렇게 할 수 있을 때 테크놀로지 관리는 최적화되고 최대의 경제적 효과를 가져다 주게 될 것이다.

3각-다리 묶고 뛰기(3-Legged race)에서 이기기

BTM의 앞으로 방향은 비즈니스와 테크놀로지의 실질적 융합의 동기화가 가능한 수준으로 관리해야 비즈니스와 테크놀로지는 점점 더 시장 경쟁에서의 성공을 민첩하고 유연하게 지원하게 될 것이다.

이 책은 그래서 이러한 융합을 '비즈니스와 기술'이라고 떼어서 부르지 않고 '비즈니스-기술 관리(BTM)'라고 부르고 있다. 이 책이 말하는 '비즈니스 기술 관리(Business Technology Management: BTM)'란 비즈니스 프로세스를 혁신적으로 트랜스포메이션(innovatively transform)하고 전달할 수 있는 핵심역량 설계를 의미한다.

3각-다리 경주에서 잘 조직화된 팀은 깜짝 놀랄 속도로 모든 영역에서 두각을 나타낼 것이며, 많은 다른 팀을 이길 것이다. 이런 경주는 좀 어색하게 보일지 모르지만, 승자에게는 전혀 그렇지 않다고 강조하고 있다.

'그래서 비즈니스와 기술은 함께 뛰어야 한다.'

출처: BTM Institute(2005), 『*Winning The 3-Legged Race*』

13.1 B-T 융합과 민첩성(B-T Convergence & Agility)

[내 용]

- 가치네트워킹의 개념 및 필요성
- 비즈니스(B)-테크놀로지(T) 융합의 개념과 변천 과정
- 기업의 BT 융합 전략

본 장에서는 비즈니스(B)와 테크놀로지(T)의 융합(convergence)과 전략적 파트너링(partnering)에 관하여 살펴보고자 한다. 최근 IT 발전이 더욱 빨라짐에 따라 기업의 테크놀로지 채택 또는 어덥션(adoption)과 비즈니스 트랜스포메이션이 경쟁력을 좌우하고 있다고 말한다. 테크놀로지의 발전은 비즈니스화될 때 그 의미와 가치를 가지기 때문이다. '그럼 어떻게 해야 할까?' 에 대해 학습하기로 한다.

첫째로, 비즈니스(B)와 테크놀로지(T)의 적절한 융합과 민첩성에 관하여 살펴보고, 둘째로, 주제로 전략적 파트너링을 통한 지식의 융합, 전략적 제휴가 어떻게 이루어져야 지속 가능한 경쟁력을 확보하는 것이 가능한지를 살펴보기로 하자.

[생각해 보기]

- 세상은 둥근가요, 평평한가요?
- 기업에서 IT를 이용할 때 IT가 더 중요할까요, 경영이 더 중요할까요?
- 기업에서 비용절감이 더 중요할까요, 신상품 개발이 더 중요할까요?
- 계약(contract), 아웃소싱(outsourcing), 파트너십(partnership)의 각 형태는 어떻게 다르고, 어느 것이 왜 좋은가요?
- 상생 파트너십이 성공하려면(win-win) 가장 중요한 것은 무엇일까요? 역량, 평판?

[목 표]

- 가치네트워킹(value netrworking)의 개념과 구축 필요성 이해
- 비즈니스 테크놀로지 융합의 중요성 이해
- B(Business)-T(Technology) 융합의 두 가지 전략 이해
- 다이어트(Lean) 전략과 민첩성(Agile) 전략의 차이
- 탐구(exploitation) 전략과 탐색(exploration) 전략의 차이와 활용 이해

[용 어]

가치네트워크 (value network ; value net)	하버드, MIT, 스탠포드 대학의 교수였으며 미국 최고의 컨설턴트로 꼽히는 P. Keen의 개념으로 다수의 팀 플레이어들이 파트너십으로 관계성을 구축하여 창의적인 가치를 지속적으로 만들고자 하는 네트워크형 시스템 관계구축 개념과 방법론(Nobody can do everything well)
융합(convergence)	원래 융합이라는 뜻으로 이번 장에서는 IT와 Business가 단순한 지원관계를 떠나 상호 협력관계로, 그리고 그들이 하나로 합체되어 구분이 어려운 관계(alignment와 convergence를 의도적으로 구분함)
B-T 다이어트(lean)	기업이 업무를 단순화하고 자원을 절약하기 위해 프로세스의 표준화, DB의 통합, 자동화로 경영의 군살을 빼려는 전략
민첩성(agility)	민첩한 융합을 나타내며 자원의 절약을 통한 표준화보다는 새로운 지식의 공유 및 창출로 환경의 변화에 빠르게 반응하는 것, 즉 표준화된 비즈니스 룰에 메이지 않고 유연하게 대응하고자 하는 전략

13.1.1 가치네트워킹(value networking)의 필요성

(1) 디지털 융합(digital convergence)과 관계의 시대(relationship age)

인터넷이 모든 것을 바꾸는 시대(The internet changes everything)이다. 즉, 시간과 장소에 상관없이 누구나 정보에 대한 접근이 가능하게 되었다는 점(universal platform)이 모든 것을 바꾸고 있다. 이러한 변화는 물질적 흐름이 아닌 정보의 디지털화된 흐름으로 발생되며, 개념적 차원에서 세상은 둥근 것이 아니라 평평(flat)해졌다고 표현할 수 있다. 즉, 유니버셜 플랫폼 기반에서 정보를 이동하고 활용하게 됨으로써 세상을 평평하게 만들어 버렸다고 할 수 있고, 자유로운 정보 이동으로 근무환경이 지리적 한계를 벗어나 24시간 동안 끊임없이 업무를 진행할 수 있다. 디지털 융합이 가능해짐으로써 개인-개인(C-C), 개인-기업(C-B), 기업-기업(B-B) 간 의사소통과 프로세스가 빠르고 편리하게 되었고, 모든 비즈니스 관계(고객, 공급처, 벤더)가 거미줄처럼 연결되는 시대가 도래했다는 것을 의미한다.

디지털 융합 시대의 경쟁력은 테크놀로지를 이러한 비즈니스 내외 프로세스의 관계망에 누가 더 적절히 혁신적으로(예: 민첩성) 사용하느냐에 달려 있고, 그 관계가 점점 더 복잡해지고 있다.

(2) 가치네트워킹(value networking)

가치네트워킹을 의미하는 Value Net([그림 13-1] 참조)은 다양한 비즈니스 파트너들인 생산자, 공급자, 유통자, 중개자가 네트워킹으로 연결될 수 있음을 보여준다. 네트워킹이란 흔히 Internet, Intranet, Extranet의 기술적 연결을 의미한다. 하지만 네트워킹을 통해 실제 케이블 속에서 움직이는 것은 데이터, 정보, 지식의 흐름이며, 따라서 가치네트워킹은 지식의 융합이 된다. 즉, 기술의 융합은 하드웨어적 융합이 중요하기보다 지식의 융합, 비즈니스 파트너들 간의 융합이 이루어짐으로써 새로운 상품, 새로운 시장, 새로운 변화가 가능해진다는 것이 핵심이다. 특히, 비즈니스 파트너들 간의 융합은 결국 각 기업이 비즈니스와 테크놀로지 융합을 어떻게 혁신적으로 적절하게 실현하느냐에 달려 있다.

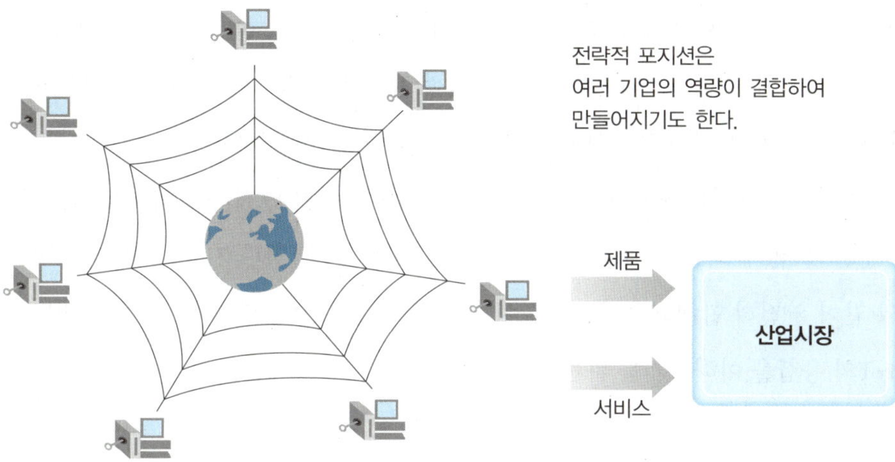

그림 13-1. **가치넷**(value net)

13.1.2 비즈니스 테크놀로지(B-T) 융합(Convergence)

(1) 비즈니스 테크놀로지 융합

비즈니스와 테크놀로지의 융합에 대한 중요성은 오늘날 처음으로 부각되는 것은 아니다. 그동안 수많은 MIS, R&D, 이노베이션 분야에서 강조되었다. 이에 대한 쟁점은 어떻게 하면 비즈니스와 테크놀로지를 정말 적절하게 상호 연계시킬 수 있느냐이다.

이러한 개념과 관련하여 비슷하면서도 약간의 차이가 있는 세 가지 개념과 용어가 등장한다.

첫째, **연계**(alignment)는 기술이 경영을 도와주는 개념이다. 이는 경영이 주체가 되고 기술은 경영을 지원하기 위한 하나의 수단(비즈니스 pull)적 역할을 한다는 의미이다.

둘째, IT와 비즈니스 **동기화**(synchronization)는 경영이 주체(비즈니스 pull)가 되기도 하지만 때로는 기술이 주체(테크놀로지 push)가 되어 새로운 제품이나 서비스의 영역을 만들어 준다는 개념이다. 다른 말로 하면, 필요에 의해 발명이 되기도 하지만(필요는 발명의 어머니), 기술이 발전하면 새로운 영역을 창출하기도 한다(발명은 필요를 창출한다)는 것을 의미한다. 비즈니스와 기술 동기화 시대에는 경우에 따라 비즈니스와 기술 중에 하나가 주체가 되어 상호의 변화가 긴밀하게 연계될 수 있다.

마지막으로, **융합**(convergence)은 비즈니스와 기술이 완전하게 하나로 묶여 두 개를 구분할 수 없게 되는 상태를 의미하는 개념이다. 즉, 경영과 기술의 영역이 '일심동체' 와 같이 완전히 합체되는 것이다. 여기서 여러분은 단어의 차이보다 강조되는 개념인 B-T의 융합을 이해하기를 바란다.

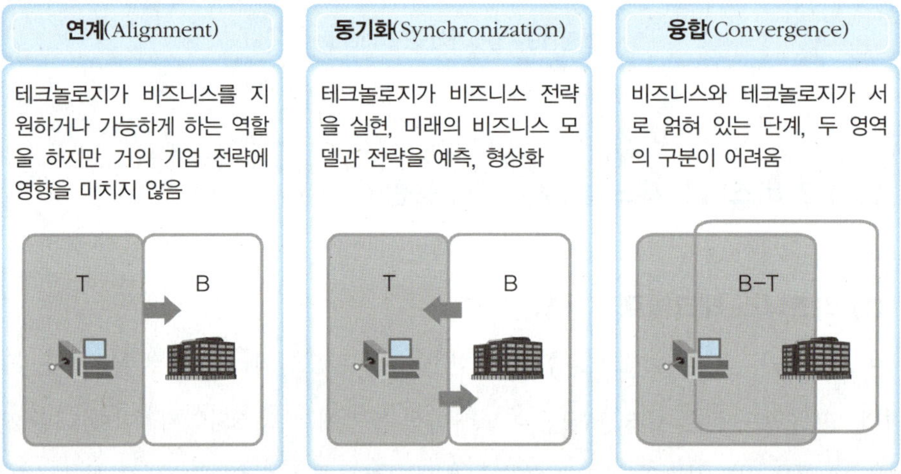

그림 13-2. 비즈니스(B)와 테크놀로지(T)의 융합

(2) 전략적 위치 선정(strategic positions)

전략적 위치 선정이란 기업이 상황에 따라 다른 전략을 펼쳐야 한다는 것을 말하며 비즈니스(경영)와 테크놀로지(기술)가 융합될 때, 그 기업의 위치를 파악하고, 그에 맞는 적절한 전략을 펼쳐야 한다는 것을 의미한다. 따라서 어떠한 위치(예: 시장의 안정과 경쟁구도)에 있는지를 파악하기 위해서 경쟁자가 취하고 있는 전략, 고객이 원하는 제품과 서비스, 사회경제적 현황, 문화적 트렌드 등을 제대로 파악해야 한다. 이에 따라 새로운 시장의 기회와 변화의 속도, 방향을 파악할 수 있다. 이것을 바탕으로 [그림 13-3] 처럼 파트너의 경쟁력(파트너의 지식이나 기술)을 활용하여 내부역량과 함께 새로운 시장의 기회를 창출하는 새롭고 적절한 전략을 남보다 빠르게(first-moveing) 만들어낼 줄 알아야 한다.

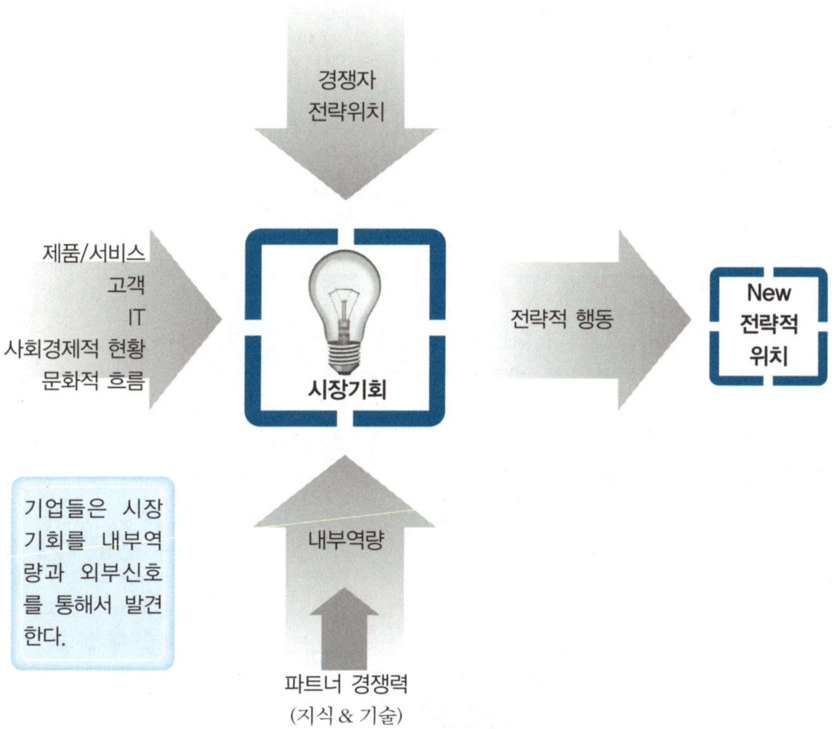

그림 13-3. 전략적 위치 선정

(3) 민첩성(agility)

앞의 제4장에서 e-비즈니스 트랜스포메이션의 방법으로 'first moving'과 'fast learning'을 강조하였듯이 경영전략 부분에서는 '민첩성(agile)'이라는 새로운 경영패러다임이 등장했다. 민첩성이 필요한 첫 번째 이유는 다양하고 급격한 환경 변화에 대한 '인지와 대응'이다. 시장의 변화, 고객의 변화, 경쟁자의 변화, 테크놀로지의 변화를 인지하고 대응 전략을 세워야 하는데 비즈니스의 개선(improvement)과 혁신(innovation)의 적절한 조화가 필요하다([그림 13-4] 참조).

비즈니스 개선(Improvement, Continued Improvement, Incremental Change)은 여러 가지 용어로 불리지만 점진적인 변화를 의미하며, **비즈니스 혁신**(Innovation, Radical Innovation)은 급격한 변화 혹은 빠른 변화를 말한다. 테크놀로지의 변화가 단지 기술적 변화로만 끝나는 것이 아니라 필요한 인적 자원과 프로세스의 재설계, 조직구조 · 경영전략의 변화 등과 연관되기 때문에 권한과 책무의 분권과 분산에 대하여 상황에 맞는 적절한 조직구조 변화가 빠르게 이루어져야 한다.

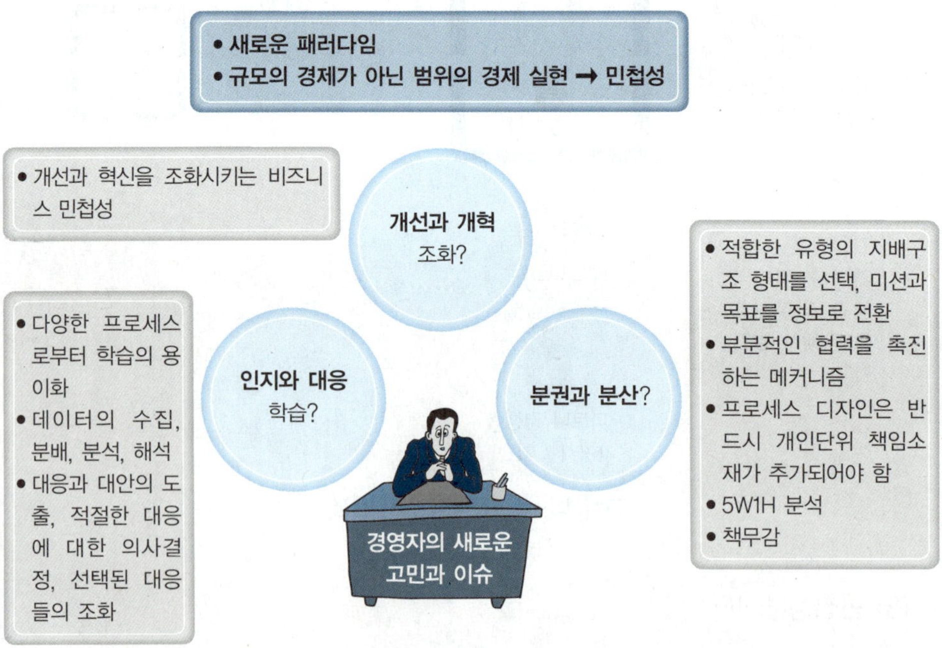

그림 13-4. 민첩성

이는 IT를 이용해 규모 관리를 잘하자는 단순 논리가 아니다. 경쟁역량을 갖추기 위해서는 제품 시장의 경쟁과 역동성 상황에 맞추어 대응의 정도와 방법의 범위를 달리 설정하여 가볍고(lean) 빠르게(agile) 변화해야 한다.

(4) 전략적 위치와 비즈니스(B)-테크놀로지(T) 투자

전략적 비즈니스(B)-테크놀로지(T)의 투자에 대한 '어떻게' 의 내용은 이번 장의 가장 중요한 부분이다. [그림 13-5]는 **'시장경쟁성'** 과 **'시장역동성'** 두 가지 척도의 2×2 매트릭스이다.

먼저 **현상유지**(Status quo) 전략 영역을 살펴보자. 이는 경쟁이 크지 않고 시장의 변화 또한 크지 않은 시장 상황의 경우에 적절하며, 네트워크, DB, 메시징 시스템과 같은 IT 인프라 구축에 투자하는 것이 유리하다. **다이어트 전략**의 경우는 TQM(Total Quality Management; 품질경영, 품질혁신)과 같은 경영에 대한 점진적 개선(improvement) 전략이 유리하다. 즉, 경비 절감을 위한 IT 프로젝트 포트폴리오를 선정할 필요가 있는데 이는 자원절감 전략이라고 이해할 수 있다. **민첩성 전략**은 시장의 변화가 크고 경쟁이 크지 않은 경우에는 민첩하게 대응해야 하기 때문에 **민첩성**(agile) 전략이 필요하며, 프로세스와 테크놀로지에 대한 혁신을 경영과 융합시키는 것이다. 예를 들어 프로세스 재설계인 BPM(Business Process Management)이 있다. 만일, 시장 경쟁성은 크고 시장의 역동성은 크지 않을 경우에는 경쟁자에 대응하여 적절한 경비 절감, 개선전략과 같은 점진적 변화에 맞는 **다이어트**(lean) 전략이 적절하다. 마지막으로 시장의 경쟁성이 크고 시장환경의 변화 역시 크다면 다이어트 전략과 민첩성 전략을 동시에 이루는 전략을 취해야 하는데, 이를 **다이어트-민첩성**(leagility) 전략이라고 부르기로 하자.

각 전략의 투자 범위와 효과에 대한 정도를 [그림 13-5]와 같이 각 영역에 $(달러)로 표시하면 현상유지는 $(1개), 다이어트와 민첩성은 각각 $$$(3개), 다이어트-민첩성

은 $$$$$(5개)로 표현할 수 있다.

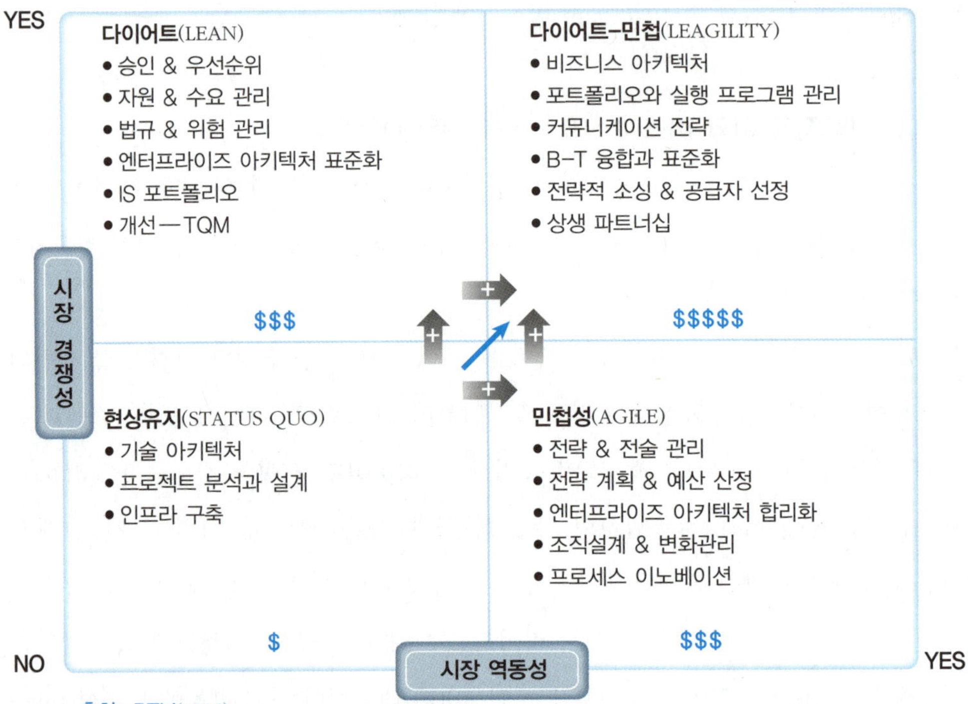

출처: BTM(2005)

그림 13-5. 전략적 위치와 B-T 투자 적합성의 가치

(5) 다이어트-민첩성 전략의 파트너링(partnering)과 커플링(coupling)

특히 **다이어트-민첩성 전략**은 전략적 소싱과 공급자를 선정하고 그들과 함께 상생 파트너십을 구축하는 전략이다.

- **파트너링**: 파트너링이란 파트너 선정이 이루어질 때 그들과의 단순 거래 중심의 처리가 아닌 지속적인 관계가 중요해진다. 지속적인 관계가 유지되면 상호 신뢰가 이루어지고 불필요한 거래비용이 들지 않으며 계약관계가 더 유연해질 수 있

다. 그렇기 때문에 지식의 도입 측면에서 공급자 선정은 투자되는 비용이 최소화될 수 있게 된다. 따라서 다이어트 전략이 되는 동시에 자신의 역량이 준비되지 않았더라도 다른 기업이 축적해 놓은 역량을 협업할 수 있기 때문에 가치네트워킹으로 민첩성이 확보될 수 있다.

- **커플링**(coupling) : 커플링(coupling)이란 결합이 이루어질 때, 단단한 결합과 느슨한 결합 중 어느 것이 좋겠는가에 대한 내용이다. [그림 13-6]에서 알 수 있듯 민첩성(agile)과 다이어트(lean)는 각각 톱니바퀴로 연결되어 있으며 이들을 이어주는 벨트가 존재한다. 이 그림에서 알 수 있는 것은 민첩성 전략과 다이어트 전략은 타이트하면서도 동시에 유연하게 연결되어야 한다는 것이다.

흔히 기업의 혁신과 개선(원가절감, 비용절감)을 표현하는 용어로는 표준화, 자동화, 안정화가 있으며 이는 비용절감의 효과를 추구한다. 하지만 비즈니스 룰과 업무 매뉴얼, DB에 저장되어 있는 방침에 따라 흔히 운영되는 이러한 방법은 조직구조 및 프로세스가 경직되기 때문에 기업의 유연성, 혁신성과 창의성이 떨어지고 학습의 효과 역시 떨어진다. 따라서 민첩성 측면의 맞춤(customization, personalization)과 대응, 고객과 파트너의 요구에 따라 적절한 대처가 필요하다. 즉, 복잡하고 다양한 환경 속에서는 차별화를 통한 대응이 가능해야 하고 시스템, 매뉴얼, 처리방침이 유연해야 한다([그림 13-6] 참조).

종합하면, 다이어트(lean) 전략은 모든 처리과정을 주로 룰 베이스로 규정화하고 DB화하는 것이며 민첩성(agile) 전략은 생산라인을 다양화시키거나 경영자의 의사결정(가격, 안전 재고, 신규투자 등)의 유연성을 강조하는 것이다. 따라서 경우에 따라 기업에 맞는 전략이 달라져야 한다. 특히, 요즘과 같이 시장환경의 변화가 역동적이고, 경쟁이 강하다면 민첩성과 다이어트 전략을 동시에 취해야만 해당 기업의 성장이 가능하고 또한 살아남을 수 있다. 많은 기업이 시스템을 표준화하고 자동화하는 것을 전략의 전

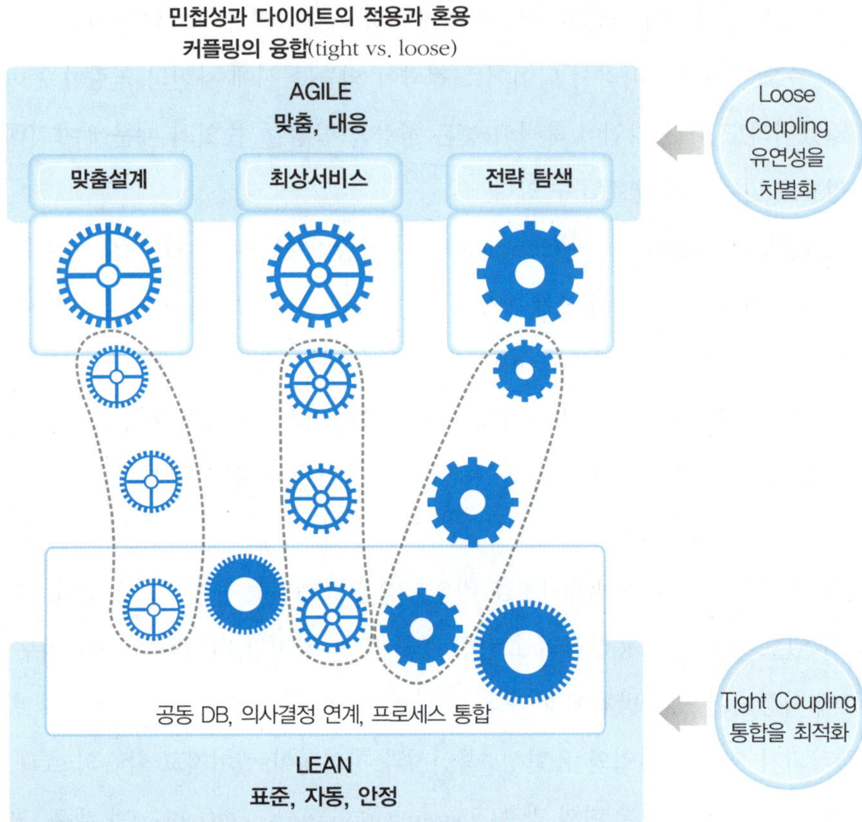

출처: BTM(2005)

그림 13-6. 민첩성과 다이어트 전략의 이상적 결합

부로 알고 있지만 이는 단지 현재 시스템에 대한 경비 절감에 불과하며 실질적으로 매출을 극대화 또는 신상품 개발 등의 적극적 전략이 될 수 없다. 따라서 이 두 가지 전략을 이해하고 경영에 알맞게 활용해야 함을 기억해야 한다.

(6) 두 가지 전략적 행동(strategic action) 방식

탐구(exploitative)와 탐색(exploratory)은 특히 영어로 비슷하지만 중요한 차이점을 가지고 있다. 이 차이점은 'Lean과 Agile'의 차이와 관계가 있으며, IT 관련 플래닝, 확산 그리고 투자를 하기 위한 접근방법에 관한 내용이다.

먼저, **탐구**(exploitative)는 'lean'과 관련된 개념으로 비용 대비 효과를 추구하는 노력이며 능률을 개선하기 위한 것이다. 이는 운영의 개선을 중심으로 하는 효율(efficiency)에 관한 내용이다. 반면 **탐색**(exploratory)은 혁신과 성장을 하려는 의도로서 기업가 정신을 통한 모험을 중심으로 한다. 여기서 기업가 정신이란 새로운 비즈니스 모델, 혁신적인 프로세스의 개선 등을 추구함을 의미한다. 탐구는 공식적이고 기계적이지만 탐색은 적응에 있어 유연하다. 또한 탐구는 주로 하향식(Top-down) 방식이고 현존하는 시스템 개선에 관한 것이라면, 탐색은 미래지향적이고 모든 구성원들이 민주적인 참여를 함으로써 실제 현장에서 얻어진 경험을 학습하여 그에 맞는 새로운 혁신을 가능하게 하는 방법이다. 이상은 이노베이션과 트랜스포메이션 시대에 매우 중요하고 새로운 전략적 행동방안이라고 생각한다.

표 13-1. 탐구와 탐색 방식의 비교

연계	Exploitative(탐구)	Exploratory(탐색)
전략적 의도	비용, 효율	혁신, 성장
결정적 임무	운영, 능률, 점진적 개선	적응, 새로운 상품, 고정관념 파괴
필요 역량	운영적(operational)	기업가적(entrepreneurial)
조직 구조	공식적, 기계적	적응적, 생태적
관리와 보상	이윤, 생산성	기념비적, 성장
기업 문화	효율, 위험 회피, 품질, 고객	위험 감수, 스피드, 유연성, 실험적
리더십 문화	하향식	미래지향적, 상향식 참여

13.1.3 비즈니스-테크놀로지 융합으로 새로운 가치창출

(1) 비즈니스-테크놀로지 융합의 변천사

테크놀로지의 발전과 더불어 수없이 많은 비즈니스 프로세스의 관리방법이 등장한 것은 매우 자연스러운 현상이었다. 그 변천과정을 보면 〈표 13-2〉와 같이 대략 경영과학, OR, 시스템적 사고, 품질경영, 자료처리, 의사결정 지원시스템, 프로세스 혁신, 전자상거래, e-Biz, 아웃소싱, 융합, 그리고 스마트 소셜 모바일 등의 순서로 진행 중이다. 이와 같이 테크놀로지, 특히 IT의 변화와 변천에 따라 경영 프로세스에 대한 접근방법과 혁신 등이 이루어져 왔다. 초기에는 작업의 단순화가 경영의 최적화 목표가 되었다. 그 후 프로세스에 대한 역동적 혁신과 e-비즈니스로 트랜스포메이션를 추구하게 되었다. 그 후 경영과 기술의 융합 시대로 다양한 '기계'에 의한 표준화와 '사람'에 의한 유연성 결합에 경영의 초점을 맞추어 왔다고 할 수 있다. 사람은 기계화를 추구하는 동시에 기계는 사람화를 추구하여 그 경계의 구분이 쉽지 않은 융합의 양 방향성을 보게 된다. 오늘날은 더 나아가 소셜 테크놀로지 및 멀티미디어의 발달로 일반인들이 주도하는 사회적 소통의 범주(reach)와 풍부성(rich)이 증가되어 시간, 장소 그리고 형태를 초월하고 파괴해 나아가고 있다.

표 13-2. 정보관리법의 변천과정

연도	개념	초점
1900	Scientific Management (경영과학)	작업을 단순화하기 위해 프로세스와 데이터 흐름을 정렬시키고 계량화하도록 추구하였으나 비계량화 대상이 누락되는 한계점
1940	Operations Research (OR)	최적의 자원과 위치를 할당하는 과학적 관리법인 경영과학이 다양한 경영수학적 모델을 도입하여 단순화하고 체계적으로 이해하는 데 기여
1940	Systems Thinking (시스템적 사고)	피드백과 통제를 포함한 프로세스와 환경 간의 상호작용을 인풋, 아웃풋, 처리, 저장의 사고로 주어진 환경 내에서 모델과 데이터를 연계하여 최적화를 추구
1950	Quality Management (품질경영)	품질경영을 위한 시간, 원가, 품질 중심의 경영 관리로서 불량률 감소와 재작업 방지를 추구함으로써 일본의 품질 관리에 크게 기여
1950	Socio-Technical Work design (사회 기술적 디자인)	업무 프로세스와 일하는 삶의 질을 동시에 추구하는 시스템 디자인 철학과 방법론으로 후에 프로세스 재설계(BPR)와 소셜 미디어 활용에 기여
1960	Data Processing (자료처리)	비즈니스의 일상적인 거래 기록, 집계, 보고, 조회를 응용프로그램과 거래 파일을 도입하여 처리
1970	Office Automation (사무자동화)	사무실 내의 단순 반복 업무를 프로그래밍과 데이터베이스(DB) 도입을 통한 자동화
1980	Strategic Decision Making System (전략적 의사결정시스템)	전략적 의사결정 지원을 위해 계획적이거나 정형적인 데이터가 아닌 비계획적 비정형적 데이터까지도 분석하고 리포팅이 아닌 문제 해결을 지원
1990 전반	Process Innovation (프로세스 혁신)	프로세스 흐름을 적극적으로 다시 생각하며 프로세스 개선이 아닌 혁신을 추구하여 프로세스 재설계(예: BPR)
1990 후반	e-biz(e-비즈니스)	프로세스를 온라인화하여 역동적으로 트랜스포메이션하고 비즈니스의 마진을 향상시켜 고객의 재구매를 추구
2000	Convergence (biz-IT 컨버전스)	테크놀로지와 biz를 융합시켜 민첩성과 유연성을 강화함. 정규 상황은 표준화되고 예외적 상황은 권한 위임으로 인한 자율성을 추구하여 이를 실현하기 위한 탐구, 탐색 전략적 행동이 핵심
2010	Smart Mobile Social networking (스마트 모바일 소셜 네트워킹)	디지털 테크놀로지 그리고 플랫폼 등장으로 완전히 개방, 참여, 공유의 사람과 개인 중심의 관계 네트워킹으로 휴먼 엔게이지먼트와 워크 엠파워먼트가 핵심

(2) 새로운 가치창출에 필요한 6가지 대외적 속성

가치네트워크는 기본적으로 내부적인 비즈니스-테크놀로지 관리뿐만 아니라 대외적인 관리가 필요하다. 이는 환경 변화, 기술 변화를 인지하여 비즈니스 기회를 남보다 먼저 설정하고, 그에 따른 필요한 자원을 민첩하게 외부로부터 소싱(sourcing)하며 동시에 경영 내부의 변화를 추구해야 하기 때문이다. 이를 위하여 대외 관리의 6가지 키워드를 추출하면 다음과 같다.

첫째, 환경 변화에 따른 적절한 적응성(예: 트랜스포메이션)이 필요하다.
둘째, 시스템의 신축성(예: 운영 탄력성)이 있어야 한다.
셋째, 시스템에 대한 보안성(예: 프라이버시와 보안)이 존재해야 한다.
넷째, 참여하는 파트너가 있을 때 적절한 자율성(예: 책임 중심점)이 존재해야 한다.
다섯째, 파트너와의 연계성(예: 파트너십)이 필요하다. 다양한 파트너 간의 협동과 협업이 이루어지면 지식과 기술을 빠르게 도입할 수 있다. 즉, 내부역량과 대외역량이 더해지면 보다 많은 파이를 이루어낼 수 있다.

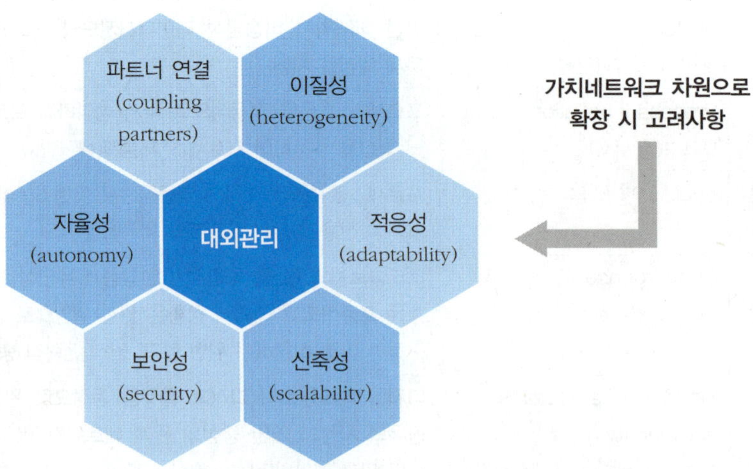

그림 13-7. 가치네트워킹을 위한 6가지 대외관리 필요성

여섯째, 동질성보다는 이질성(예: 창의성)이 존재할 때 다양한 아이디어가 창출된다.

정리하기

비즈니스와 테크놀로지의 컨버전스 시대에 엔터프라이즈는 경쟁상태와 시장의 역동성 및 안정성을 파악하여 상황에 따른 다른 전략을 추구해야 한다. 이러한 전략은 크게 다이어트 전략과 민첩성 전략으로 구분할 수 있다. **다이어트**(lean) 전략은 표준화와 통합화로 경영의 '점진적 개선'을 추구한다. 반면 **민첩성**(agile) 전략은 유연화와 차별화로 경영의 '급진적 혁신'을 추구한다. 두 가지 전략은 시장의 상태와 기업의 위치에 따라 적절하게 mix & match되어야 한다. 경우에 따라 각각의 전략을 선택하거나 때로는 두 가지 전략을 동시에 추구해야 함은 매우 중요하다. 이러한 비즈니스와 테크놀로지의 융합 또는 컨버전스는 기업 내부의 힘으로만 한다는 것은 역부족이며, 다음에서 설명하는 전략적 파트너링 등 대외적 관리 능력이 필요하다. 즉, 네트워킹을 통한 새로운 가치창출은 시스템의 적응성, 신축성, 보안성, 자율성, 이질성, 파트너십의 6가지 대외적 관리 속성이 요구된다. 이러한 내용을 다음 주제인 전략적 파트너링을 통하여 그 기본 개념인 사회기술적 접근방법(socio-technical approach)과 파트너십 관계로 가는 성숙단계 모형을 들어 살펴보기로 하자.

평가하기

1. 비즈니스와 테크놀로지의 융합 전략에 관하여, 보기에서 골라 순서대로 나열하세요.

보기

being lean (다이어트)	'standardize biz rules' (비즈니스를 표준화)
process innovation	being agile (민첩성)
"moving first, learning fast" (남들보다 먼저 진입, 빠른 학습)	TQM

Explore (탐험)	Exploit (전개)
↓	↓
↓	↓
↓	↓

씨비스킷(SEABISCUIT, 2003)

모든 불가능을 희망으로 바꿔버린 미국 최고의 경주마

'씨비스킷' 과 '세 남자 + 1' 의 위대한 질주 :

아카데미상에 빛나는 명배우들과 제작진이 뭉쳐서 베스트셀러 논픽션에 위대한 정신과 숨결을 불어넣은 금세기 최고의 드라마다. 스토리는 지난 70년간 미국과 미국인들에게 프로페셔널리즘, 신뢰, 그리고 신의성실의 소중함을 교훈으로 일깨워 준, 그래서 소중한 사람의 인생 앞에 그리고 21세기 CEO들 앞에 꼭 놓아주고 싶은 살아 있는 전설이며, 아름답

고 환상적인 그리고 가슴을 뛰게 하는 141분의 감동이다. 이 전설은 미국 최고의 경주마 씨비스킷의 불운의 탈출, 씨비스킷을 둘러싼 세 남자의 역경의 탈출, 그리고 당시 미국과 미국민의 미래를 향한 대공황의 탈출을 감동과 교훈으로 생생하게 보여주고 있다. 우리가 IMF의 위기 탈출을 골프의 박세리, 야구의 박찬호와 함께할 수 있었던 것처럼, 이 전설의 드라마는 오늘의 우리에게 씨비스킷을 통한 불운과 역경의 탈출과정과 파트너십 관계경영의 미학을 전하고 있다.

원작

"Seabiscuit : An American Legend"(by Laura Hillenbrand), 뉴욕 타임스(New York Times)에 120주 동안 베스트셀러 리스트(42주 #1)

등장인물

씨비스킷(영리한, 그러나 너무 키가 작고 놀고 먹기 좋아하는 경주마), 토비 맥과이어(너무 키가 큰 기수, 쟈니 레드 폴라드), 제프 브리지스(너무 상처 입은 백만장자 마주, 찰스 하워드), 크리스 쿠퍼(너무 늙은 조련사, 톰 스미스), 게리 스티븐스(우정을 나눈 경쟁자 전설의 기수, 조지 아이스맨 울프)

게리 로스 감독의 평

"나의 관심을 사로잡은 요소는 세 주인공들이 믿기 어려울 만큼 힘겨웠던 시련과 아픔을 이겨내고, "각자"였던 그들이 "함께"가 되어 그들의 삶을 새로 일으켜 세운 불굴의 용기였다. 내가 힐렌브랜드의 논픽션에서 발견한 것은 인생을 포기하기 직전의 세 주인공이 서로에게 마음을 연 다음, 그들만의 새로운 가족을 만들어냈다는 점이다. 고통과 슬픔을 극복하기까지의 그들의 인생 역경이 나를 사로잡았다."

기수 레드 폴라드의 마지막 명대사

"You know, everybody thinks we found this broken down horse and fixed him, but we didn't. He fixed us. Every one of us. And I guess in a way we kinda fixed each other too." (사람들은 우리가 아픈 말을 찾아서 고쳐준 거라고 모두가 생각한다. 하지만 그게 아니다. 그 말이 우릴 고쳐준 것이었다. 우리 모두를 말이다. 또 한편으로, 우리는 서로를 고쳐준 것 같다.)

13.2 아웃소싱과 파트너링(Outsourcing & Partnering) 융합

[내 용]

- 사회생태계와 지식융합의 중요성
- 사회기술적(socio-technical) 네트워킹의 중요성
- 커뮤니케이션 링크(link) 유형
- 관계경영(relationship management)

[목 표]

- 관계의 시대와 관계경영의 필요성 이해
- 사회기술적 접근방법론(socio-technical appoach)
- 아웃소싱과 파트너링의 차이 파악
- 파트너십 구축을 위한 경로 모델과 전략 이해

디지털 컨버전스 시대에서는 지식융합의 민첩성이 경쟁력이 된다. 지적 자산이나 지식의 확보, 즉 소싱은 내부뿐만 아니라 외부와의 관계로부터 형성되어 새로운 가치를 창출하기 때문이다. 관계경영의 시대에 전략적 제휴 그리고 파트너십 경영으로 가는 경로와 요인을 학습하는 것을 본 장의 목표로 한다.

[용 어]

생태시스템 (eco-system)	경쟁력은 경영자의 전략적 선택으로 이루어지는 것이 아니고 환경이 선택하는 것이므로 환경에 속하는 공동체는 자원을 공유하고 협업함으로써 환경 변화에 적응하고 대응하는 시스템
기술적 링크	네트워킹 또는 관계망(relation web)을 통하여 품질, 양, 시기적절성 등의 산출물을 만들어내고자 하는 생산성과 기능 중심의 연결구조
사회적 링크	네트워킹 또는 관계망(relation web)을 통하여 학습, 역할, 갈등해소 등의 산출물을 만들어내고자 하는 응집력과 웰빙 중심의 연결구조
사회-기술적 디자인 (socio-technical design)	영국 경영학의 어머니 E. Mumford(어니드 멈포드)가 전 세계에 전파한 진정한 상생협력을 위한 시스템 디자인 바이블로 시스템의 성과 달성과 더불어 휴먼의 네트워크와 삶의 질을 동시에 추구하는 경영 디자인 방법론

13.2.1 상생-파트너십의 중요성(Win-Win Partnership)

(1) 디지털 컨버전스와 새로운 사회적 웹 기반의 시대

오늘날은 디지털 컨버전스의 융합 시대이며 새로운 사회적 웹 기반의 개방 시대이다. 인터넷은 모든 것을 바꾸어 놓았고, 세상이 평평해짐으로써 지식경제 시대가 도래하였고, 경영의 패러다임이 'Agile is Best(민첩성이 최고다)' 로 변화하였다([그림 13-8] 참조).

이러한 변화는 자원조달방식의 변화를 일으켰다. 기업 경영에 있어 과거에는 오너십(ownership)을 중시하였으므로 나의 역량(competency)이 무엇인가를 파악하여 그에 맞는 새로운 비즈니스 모델을 수립하였다. 하지만 오늘날은 시장에서 고객이 요구하는 제품과 서비스를 먼저 파악하고, 이에 부합하기 위해 무엇이 필요한 역량인가를 파악한다. 그리고 그러한 역량을 확보하고 필요하면 공급자를 파악하여 파트너십을 형성한다. 이것을 가치네트 또는 가치네트워크(value net 또는 network)라고들 한다. 가치네트워크를 구축하는 방법, 즉 필요한 자원을 획득하는 행동을 소싱(sourcing)이라고 부른다. 소싱은 흔히 아웃소싱(out-sourcing), 인소싱(in-sourcing), 아웃태스킹(out-tasking)이 있다. 아웃소싱과 아웃테스킹은 유사하지만 차이점이 존재한다. 아웃소싱은 기업이 상대에게 외주를 주면 그들이 그 시스템을 만들어 기업에게 다시 돌려주어 기업이 직접 운영하는 방식이다. 반면 아웃테스킹은 기업이 주문하면 공급자가 끝까지 처리하는 방식을 의미한다는 점에서 미묘한 차이가 있지만 무시해 부르기도 한다.

기업 간 가치네트워킹의 실현은 오늘날 관계의 중요성 시대를 도래하게 만들었다. 관계(relationship)는 나와 상대가 소통할 때, 상대와의 관계가 긴밀하다 · 가깝다 · 강력하다고 표현될 수 있는 것이다. 우리가 추구해야 할 관계는 긴밀한 관계, 상호 우호적 관계, 상생적 관계이며, 이를 통해 얻어낼 수 있는 것은 집단 지성(지식)이 될 수 있다.

개인이 또는 개별 기업이 혼자 무엇인가를 만들어내는 것보다 집단 혹은 그룹이 서로 자원을 공유하고 교환할 때 더 많은 지식과 창의력이 창출된다(Nobody can do everything well). 즉, 오늘날은 관계의 구축을 통해 집단지성과 상생 경영이 이루어지며 그에 따른 창의적인 아이디어와 혁신이 가능한 시대가 도래했다고 표현할 수 있다.

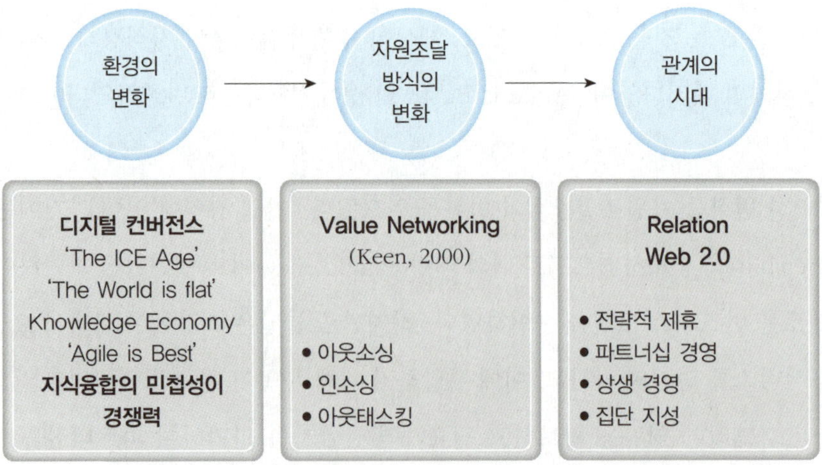

그림 13-8. 디지털 환경의 변화와 새로운 사회적 관계경영 시대

13.2.2 소셜 네트워킹과 인프라 공유(Social Networking & Infra Sharing)

(1) 관계의 시대

관계의 시대라고 표현되는 요즈음 자주 사용되는 중요한 단어들이 있다. 예를 들어 가상 조직, 가치네트워킹, 파트너십, 아웃소싱, 전략적 제휴 등이다([그림 13-9] 참조).

이 용어들은 모두 컨설턴트들이 사용하는 키워드이다. 이 단어들의 공통점은 바로 팀(team) 개념을 강조한다는 것이다. 팀이란 시간과 공간을 초월하여 조직 내부의 벽을 허무는 것에 그 의미가 있지만, 더 중요한 것은 그룹과 달리 물리적 결합만이 아닌 팀의 가치를 공감하고 공유하는 것이다. 팀을 통하여 일련의 가치사슬을 처리할 때에는, 팀 구성요소로서 팀 멤버가 존재하며, 그 산출물이 클라이언트에게 전달되기 위해서는 멤버들의 작업이 전부 준비된 뒤, 통합되어야 한다. 따라서 팀 멤버 간 커뮤니케이션의 중요성은 아무리 강조해도 지나치지 않으며, 적절한 의사소통 링크의 존재는 과업 달성뿐만 아니라 구성원들 사이의 응집력을 높여주는 원동력이 된다. 결국, 오늘날 다양한 팀 중심의 가치네트워킹을 통한 경쟁력은 커뮤니케이션 채널을 포함한 관계경영(relationship management)에 달려 있으며 다음에 소개하는 텔레콤 기업 사례를 살펴보자.

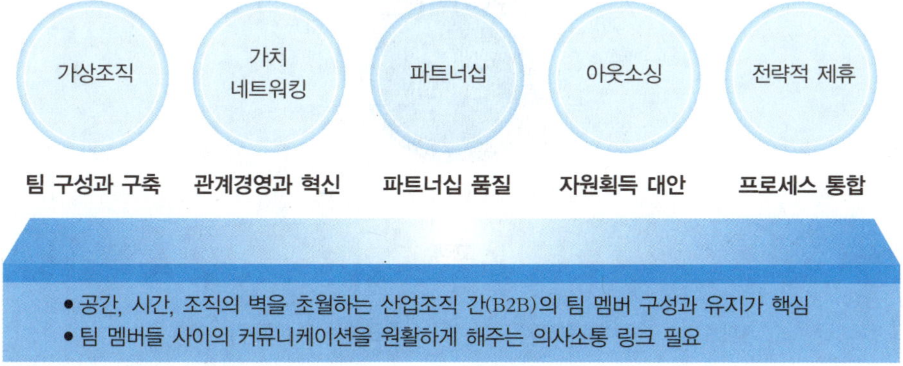

그림 13-9. 관계경영

(2) 사례

본 사례는 국내에서 텔레콤사를 중심으로 콘텐츠, R&D, 네트워크, 고객, 비즈니스 솔루션, 대리점 등이 팀을 구성하여 파트너십 경영을 추구한 사례이다([그림 13-10] 참조). 이 텔레콤사와 수천 개의 협력업체들은 서로 생존과 성장을 하기 위해서는 생태계 중심 경영 마인드가 필요하다고 인식하고 상호 협력관계에 대한 관계 혁신을 단행하기로 결정하였다. 이러한 결정은 파트너사 모두의 성장을 가능하게 한다고 판단한 것이었으며, 따라서 필요한 시설 및 장비를 공유하고, 다양한 지원 및 교육 프로그램을 설정하고, 시장정보 및 경영지식을 상호 제공하였다. 그리하여 현재 파트너십의 질을 행복(happiness)으로 정의하고 행복지수(happiness index)를 개발하여 매년 측정하여 이에 맞추어 파트너십을 위한 경영전략을 실행해 오고 있다. 비즈니스(B)와 테크놀로지(T)의 융합이 중요하고 또한 그 융합의 민첩성이 중요한 시대에 만약 하나의 텔레콤사가 독자적으로 모든 관련 부문에 오너십(ownership) 위주의 경영을 시도한다면 엄청난 인

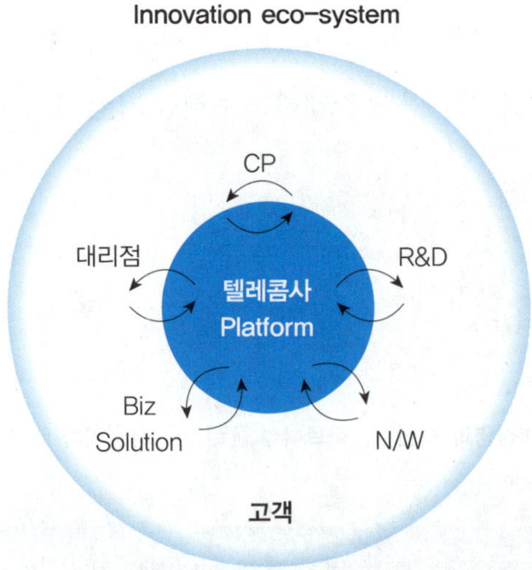

그림 13-10. 텔레콤사의 비즈니스 생태계 시스템(eco-system)

력, 시간, 노력, 창의성이 필요해진다. 하지만 본 텔레콤사는 국내 최초로 일찍 오너십 위주가 아닌 생태계적 경영 마인드를 가지고 관계경영 전담부서를 만들어 점차 차원 높은 파트너십 경영을 적극적으로 추진해 오고 있는 사례라고 할 수 있다.

이러한 공동체적 전략적 제휴는 Microsoft, Apple, Google 기업들에서도 보듯이 개방된 형태의 다양한 가치네트워킹이 민첩하고 창의적이고 지속적인 경쟁력을 만들어 주고 있음을 보여준다.

"기업의 상생협력 성공하려면"

매일경제
MAEIL BUSINESS NEWSPAPER

경제학을 공부하는 이유는 그들에게 속지 않기 위해서라는 말이 있다. 그만큼 복잡하다는 의미로 들린다. 또한 시장의 완전성을 가정하는 경우는 너무 비현실적으로 단순화시키고 있는 것으로 보인다. 올해 노벨 경제학상을 받은 오스트롬과 윌리엄슨 교수의 업적은 경제학의 비주류라는 또 다른 면을 접하게 해 주고, 오히려 아이러니컬하게도 경제학의 새로운 영역과 가치를 느끼게 한다. 오늘날의 시장은 불완전하며, 기업경영의 측면에서 적지 않은 거래비용이 발생한다. 이 비용을 줄이기 위해 더 큰 가치 창출을 위해 시장에서의 산업 간, 기업 간 다양한 수직적 가치사슬의 통합과 상생협력을 위한 노력이 출발한다.

안정적인 환경에서 경쟁하는 시장구조라면 개별 기업들이 경쟁과 분쟁 상황에서 상대적으로 잘 대응할 수 있지만, 빠르게 변하는 환경 내 경쟁구조에서는 공동체적으로 노력하는 지배구조가 더 바람직하다. 왜냐하면 어떤 하나의 기업도 모든 것을 다 잘 할 수는 없고 오늘의 지식이 모두 내일의 지식이 될 수는 없기 때문이다.

그러나 이윤을 추구하는 시장에서의 협력이란 항상 우호적일 수는 없으며 경쟁과 분쟁이 발생한다. 협력하는 기업 간 계약 내용이 상호 만족스럽게 이행되고, 갈등 해소가 쉽게 처리되고, 그래서 지속적인 공동체적 관계를 유지할 수 있게 될 때, 비로소 오스트롬이 강조하는 공동체적 지배구조나 윌리엄슨이 강조하는 수직적 가치사슬의 통합도 진정한 모습으로 실현될 수 있다고 생각한다. 이러한 모습의 협력구조를 오늘날 우리는 파트너링, 가치네트워킹, 상생협력이 성공적으로 작동된다고 말하고 있다. 또 공동체적 관계에서 가치의 물물교환이라는 행위와 함께 기업 간 행위 주체의 신의

성실을 강조하지 않을 수 없다. 산업 간, 기업 간 공동체적 가치 통합은 가치 혁신과 창출을 위한 협력을 목적으로 하는 것이며, 이 과정에 참여하는 멤버 간 집단적 공정성과 더불어 개별적 유연성이 갖추어져야 신의성실의 협력은 실현된다. 공동체적 가치 창출은 자원확보라는 필요조건 외에 지속적이고 안정된 상생협력관계 수립 역량이 오늘날 성공과 발전의 충분조건이라고 할 수 있다. 2009 노벨경제학상에 빛나는 엘리너 오스트롬과 올리버 윌리엄슨이 강조하는 공동체 중심의 협력과 학습, 그리고 가치 창출도 최근 SK텔레콤 같은 기업이 추구하는 미래지향적 행복한 상생협력관계의 실현 프로젝트 등과 그 의미를 함께하고 있다. 지난 2007년 서울을 방문해 대 · 중소기업 상생협력 국제 컨퍼런스에 참석했던 윌리엄슨은 "한국 기업들 사이에 위압적이고 위계적인 분위기가 팽배해 있다는 느낌을 받았다"고 말했다. 이는 한국 기업들이 가져야 할 새로운 경제경영 패러다임을 다시 한 번 확인해 주고 있다고 생각한다.

출처: 권태형(2010. 9.), 열린 마당, 매일경제

13.2.3 커뮤니케이션 링크(Communication Link)

비즈니스 생태계 내 가치네트워크 당사자인 멤버(member) 또는 플레이어(player)들 간의 의사소통인 커뮤니케이션은 경우에 따라 온라인 혹은 오프라인에서 이루어진다. 또한 경우에 따라, 온 · 오프라인에서 개인적(비공식적)인 이야기와 공식적인 이야기가 이루어진다. 이러한 링크에 대한 공식적인 표현은 기술적 링크(technical link)와 사회적 링크(social link)로 나뉜다.

멤버들 간의 관계에서 커뮤니케이션이 이루어지는 경우 기술적 링크(커뮤니케이션)와 사회적 링크(커뮤니케이션) 중 과연 어떤 것이 더 중요하다고 할 수 있을까? 이러한 질문의 답은 어느 한 가지가 더 중요하기보다 두 링크의 역할이 다르다. 만일 A와 B가 계약서를 작성하고 대가를 지불한 후 용역이나 제품을 만들어 전달이 되는 경우는 기술적인 관계에 해당된다. 하지만 사회적 관계는 기본적인 업무 중심뿐만 아니라 그 이외에도 상호 신뢰성이나 상호 의사소통의 집중성, 상호 관계에서의 대응성, 유연성 등도

기술적 관계 못지않게 중요하다. 혁신의 역사를 살펴보면 혁신적 관계와 창의적 관계는 기술적 링크가 아닌 사회적 링크로부터 온다는 것을 확인할 수 있다. 요즘은 웹을 통한 기술적 네트워킹이 나날이 발전하고 보편화되는 시대이지만 실제 더욱 중요해지는 것은 사람 간의 소셜 네트워킹이라는 것을 강조하고 싶다.

기술적 링크	사회적 링크
• 관계망을 통하여 품질, 양, 시기, 적절성 등의 산출물을 만들어내고자 하는 생산과 기능 중심의 연계구조 • '테크놀로지-과업' 인터페이스에 초점 • 과업달성 추구	• 관계망을 통하여 학습, 역량, 갈등해소 등의 산출물을 만들어내고자 하는 응집력과 웰빙 중심의 연계구조 • '휴먼-조직구조' 인터페이스에 초점 • 웰빙 추구

그림 13-11. 기술적(테크니컬) **링크와 사회적**(소셜) **링크**

13.2.4 사회-기술적 접근방법론(Socio-Technical Approach)

파트너십을 통해서 추구되는 특별한 상태란 무엇일까. 일반적으로 파트너십은 상호 만족하는 상태라고 여겨질 수 있다. 어느 한편으로 치우치지 않고 형평성이 유지되며 만족하는 관계이다. 관계 만족도가 매우 중요한 척도임은 틀림없지만 그러한 단계를 뛰어넘어 새로운 단계로 더 발전해야 한다. 비즈니스 생태계적 환경의 변화와 함께 오늘날 점차 많은 경영관리자들이 강조하는 새로운 구성 개념이 등장하고 있다고 생각한다. 이는 '개인 vs. 개인' 의 싸움이 아닌 '팀 vs. 팀' 혹은 '집단 vs. 집단' 이 경쟁하는 시대로 가치네트워크의 형성과 유지가 중요시되기 때문이라고 생각한다.

네트워크 엔터프라이즈(network enterprise)라는 새로운 조직 형태는 폭넓은 자원 소싱(sourcing)과 커뮤니케이션의 중요성을 강조한다. 그렇다면 경영자들이 추구하는 것이 업무의 생산성을 위해 단기적 만족을 하기 위한 관계였을까 아니면 장기적이고 지속 가능한 우호적 관계였을까? 아마도 지속 가능한 우호적이고 장기적인 관계가 아닐까? 이러한 상태와 관계는 하나의 단어로 비즈니스 관계의 '행복(happiness)' 이라고 표현될 수 있다. 이에 대한 배경과 흐름을 보기 위해 유럽 경영학의 어머니 Mumford(멈포드)의 일하는 삶의 질(quality of working life)의 이야기를 살펴보자.

Mumford가 주장하는 사회기술적 디자인이란(〈표 13-3〉 참조) 시스템의 인간화와 융통성 있는 워크(work)로 먼저 삶의 질(quality of life) 향상 그리고 생산성의 향상

표 13-3. 사회-기술적 접근방법(Socio-Technical approach) **그리고 디지털 의미는?**

사회-기술적 접근방법(Socio-Technical approach 또는 design)은 시스템의 분석과 디자인에 대한 도전이며 비즈니스 트랜스포메이션에서 맨 vs. 머신, 사회적 vs. 기술적 적절한 조화를 원칙으로 추구한다. 영국 맨체스터 대학의 E. Mumford는 사회-기술적 접근방법을 시스템 디자인에 접목하여 꾸준히 전 세계에 전파하여 왔으며 과업의 생산성(productivity)뿐 아니라 구성원의 웰빙(well-being)의 이중 최적화를 추구한다. 시작은 1950년대에 런던 Tavistock Institute(타비스톡 인스티튜트)의 연구원들이 산업 현장의 프로세스를 변화시키는 데 있어 머신화의 현장에서의 실행은 휴먼화가 필요하다는 것을 깨달으면서 출발했다. 이들 선구자들은 다양한 프로젝트들이 지식을 늘리기만을 위한 것이 아니라 실행상 휴먼 차원에서의 만족스럽지 못한 부분들까지도 개선할 수 있도록 해야 한다고 믿었다.

오늘날 이 목적은 순차 프로세스의 컴퓨터화, 프로세스 이노베이션, 인터넷 등장으로 인한 트랜스포메이션 그리고 소셜 모바일화 등 다양한 관점에서 해석되어 왔고 아직도 중요한 시스템 디자인 원칙 중의 하나이다. 디지털 시스템의 필요성과 요건을 고려할 때에는 테크놀로지와 더불어 새로운 테크놀로지로 업무 환경에 영향을 받는 구성원들이 중심이 되어야 한다고 주장한다. 이들의 뜻을 반영하기 위하여 민주적이고 적극적인 커뮤니케이션 수단과 의사결정 환경이 갖춰져야 한다는 것을 의미한다. 오늘날 기술적인 시스템은 테크니컬 생산성 달성을 의미하며, 사회적인 시스템은 플레이어 콜래보레이션 네트워크화를 의미하여 이를 위한 플랫폼 기반과 참여하는 활동을 요구한다. 사회기술적(Socio-Technical) 디자인의 세계는 **시스템 디자인 방법론**(Effective Systems Design and Requirements Analysis: **the ETHICS Method**, Macmillan, 1995)과 **철학**의 세상임과 더불어 인간적이고, 민주적이며 궁극적으로 자유로움, 창의성, 정의로움을 제공함으로써 진정으로 의미 있는 일하는 삶(quality of working life)의 발전과 행복을 중요시하고 있다. 이러한 사고는 오늘날 MIS에서 **맨-머신, 플랫폼-파티시펀트** 간의 소통으로 가치를 창출하는 시스템의 세상을 만드는 데 기여하고 있다고 생각한다[권태형, 『IT 경영 MIS 세미나 2.0』, 2014 참조].

파트너십 행복의 정의

"파트너링을 통한 행복이란 기업 간 상호협력 관계에서
1. 관계 수용(social acceptance)
2. 비즈니스 성과(technical accomplishment)
3. 자신감과 지속능력(confirmation)을
심리적으로 종합하여 인지하는 안녕 상태"

행복

행운

그림 13-12. 비즈니스 관계의 파트너십 행복

을 추구한다. 이것은 이성적 사고 및 행동과 함께 감성적인 면을 강조하며 드림 소사이어티(dream society)로 가는 길이라고 말한다. 이러한 소사이어티란 바로 더불어 살아가는 공동체적 관계를 의미하는 것이라고 생각되며 관계의 질(quality of relationship)로서 파트너의 행복을 추구하게 된다.

행복은 세 잎 클로버의 꽃말이다. 파트너십 경영은 네 잎 클로버가 뜻하는 '행운(fortune)'이 아닌 세 잎 클로버가 뜻하는 '행복'이 되어야 한다. 행복한 관계란 일시적인 관계가 아닌, 동반자 개념의 지속적 관계여야 하며 비즈니스 관계에서도 마찬가지라고 생각된다([그림 13-12] 참조).

13.2.5 관계성숙단계 모형(Relationship Maturity Stage Model : RMM)

비즈니스 관계(business relationship)란 발전되어 앞으로 나아갈 때 의미가 있으며 그 관계의 궁극적인 품질 목표는 앞에서 언급한 바와 같이 파트너십 관계가 된다. 관계성숙단계 모형(RMM)은 비즈니스 관계가 어떻게 발전되어 궁극적으로 당사자들이 파트너로 성숙되어 가는가를 단계적으로 표현한 모델이다([그림 13-13] 참조).

1. 먼저, **단순 거래 단계**이다. 이 단계에는 거래 초기의 단순한 아웃소싱이나 이벤트성 계약관계 등이 해당된다. 이와 같은 단순한, 초기의 계약(contract) 관계에서 발전되어 향후 상호 간의 신뢰와 의사소통 채널이 만들어지고 상호 간의 지식과 정보가 거래될 때 진정한 파트너십이 이루어질 수 있다는 출발점을 표현하는 것이다. 단순 거래 관계에서는 당사자들이 서로 잘 알려지지 않은(unknown) 상태이다. 서로에 대한 의심과 믿음이 혼재하며 결과에 대한 패널티 조항을 설정하기도 하고 정기적인 점검도 이루어지도록 한다. 의사소통 채널은 멀리 떨어져 있고 접점은 얇으며 빈도도 적은 상태로 존재한다.

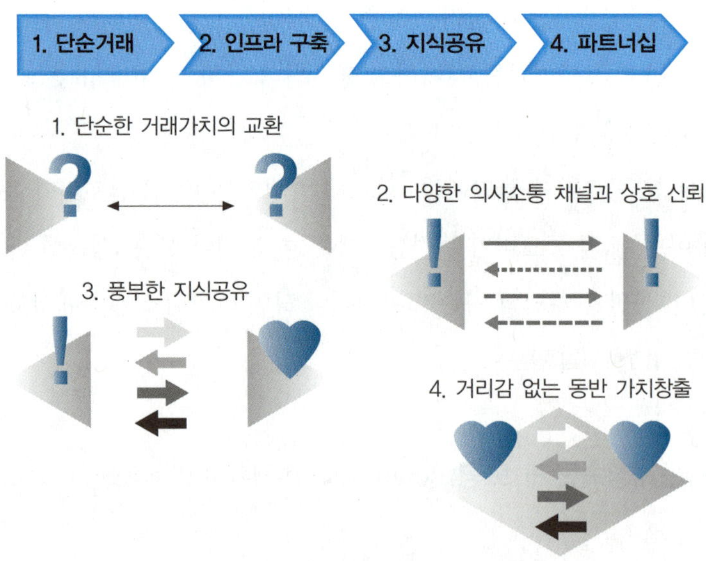

그림 13-13. 관계성숙단계 모형(RMM)

2. **인프라 구축 단계**이다. 이 단계에는 관계의 기반으로서 다양한 의사소통 채널과 상호 신뢰가 형성된다. 이전 단계에서의 거래를 통한 긍정적인 경험이 더욱 우호적으로 발전되는 상태이다. 의사소통 채널의 물리적 채널이 다양한 계층에 맞게 존재하고 넓어지며, 채널 내 상대방에 대한 심리적 신뢰감이 발전된다. 따라서 이전 단순거래 단계를 '?'(물음표)로 표현한다면 이 단계는 '!'(느낌표)라고 말할 수 있겠다.
3. **지식공유 단계**이다. 이 단계에는 상호 간 다양한 채널과 넓은 접점 그리고 신뢰를 기반으로 지식이 풍부하게 공유된다. 의사소통 채널 확대에 따른 커뮤니케이션 빈도와 지식정보 교류 양이 많아져 그림에서 보는 것처럼 의사소통을 나타내는 화살표가 굵게 바뀌게 되었다. 당사자 간에는 한쪽에서만이라도 거리감 없는 관계를 희망하게 된다.
4. 마지막으로, **파트너십 단계**이다. 이 단계에는 당사자 간 상호 거리감이 없고 친밀한 동반자적인 관계가 존재한다. 비즈니스 관계를 통한 상호 가치창출이 극대화되는 단계이다. 즉, 가치네트워킹을 통해 추구되는 것은 상대방을 친밀하게 수용하며 상호 간 넓은 접점이 밀착된 관계로 가치창출을 극대화하는 것이 된다. 관계성숙단계 모형(RMM)은 아웃소싱이나 단순한 공급계약 또는 협력 네트워크 관계가 이러한 파트너십 관계로 성숙되어 나아가는 4단계 로드맵이라 할 수 있다.

13.2.6 파트너십 역량(Partnership Competency)

(1) 파트너 라이프 사이클과 관리(Partner life cycle & its management)

파트너십 관계는 구축과 더불어 잘 관리되고 유지되어야 그 본래의 목적을 달성할 수 있다. 왜냐하면 파트너십이란 기회와 함께 위험 또한 존재하기 때문이다. 서로 아직 경험하지 못한(unknown) 당사자들이 처음 만나 산업적으로 친밀한(industrial intimate) 관계로 발전되기 위해서는 RMM과 같은 거시적 관점(개념화)의 로드맵 내에 미시적 관점(행동화)의 파트너 가치사슬(Partner Life Cycle : PLC)이 적절히 관리되어야 하기 때문이다. 즉, 실질적인 관계란 비즈니스 파트너가 선정되는 것에서 출발하여, 결과적으로 상생(win-win)의 가치 혁신과 창출이란 산출물이 만들어져야 함을 의미한다 ([그림 13-14] 참조).

1. 첫째, 협력 대상에 대한 전략과 파트너 선정에 대한 전략으로 크게 구분할 수 있다. 먼저, 어떠한 품목을 파트너와 협업할 것인가에 대한 협력 대상 품목의 기능과 정도를 결정하기 위한 전략이 세워져야 한다. 다음, 장기적인 협력관계에 대한 의지와 가치사슬상 약점을 보완할 수 있는 파트너 선정 전략이 있어야 한다.
2. 둘째, 이러한 파트너 조건에 맞게 선정된 파트너는 하나의 가치네트워크를 이루어 그 역량을 실행하게 된다. 실행의 과정 중 상황의 변화에 따라 맞춤성과 유연성을 발휘하여 조정해 나갈 수 있다면 목표달성과 함께 보다 깊은 신뢰관계로

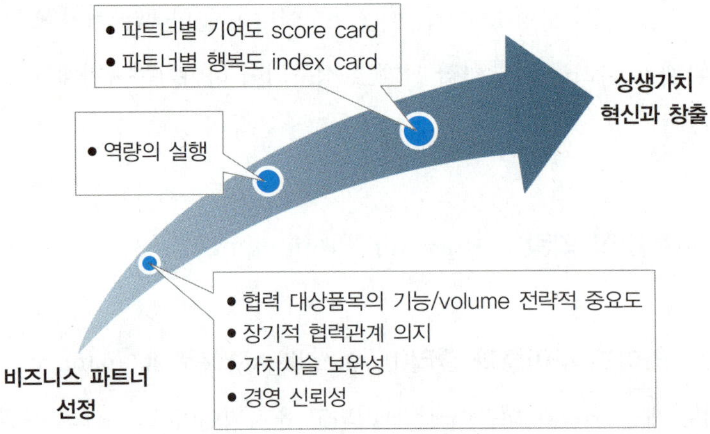

그림 13-14. 파트너 기여도와 행복도

발전된다.

3. 셋째, 실행 후에는 파트너의 기여도와 파트너 만족도 평가가 이루어져야 한다. '측정할 수 없으면 관리할 수 없다'는 피터 드러커의 말처럼 측정은 매우 중요하다. 관계 기여도(contribution score card)란 상대 파트너가 나에게 기여한 정도를 말하며, 관계 행복도(happiness index card)란 내가 상대 파트너에게 만족한 정도를 의미한다. 결국 이 두 가지 척도의 균형이 이루어질 때 파트너십은 적정 경로를 통해 발전된 관계로 나아가게 된다.

비즈니스 협력관계를 통한 실제 행동들이 이루어질 수 있도록 하는 파트너 라이프 사이클 관리(Partner Life cycle Management : PLM)는 여러 형태의 전략적 제휴가 트렌드로 확산되고 그 성과가 나타남에 따라 점점 더 중요한 과제가 되고 있다고 생각한다.

(2) 파트너십 리스크와 대응방안

파트너십이 항상 장점만 존재하는 것은 아니다. 파트너십에는 위험도(Risk)가 존재하며, 아웃소싱은 본래 서로 잘 모르는 당사자들 사이에서 자원 교환이 이루어지는 것이기 때문에 상대를 선택하기 위한 파트너 라이프 사이클 관리가 잘 이루어져야 한다. 기업 내부의 업무와 절차를 관리하는 것도 어려운 상황 속에서 외부와의 관계를 관리하는 것은 매우 어렵다. 하지만 파트너 프로젝트 리스크 및 파트너십 리스크에 대한 전략수립, 대응방안 수립은 매우 중요한 사항이다. 따라서 파트너십에 대한 리스크 요인이 무엇인지 잘 파악하여 그것을 보완하기 위한 대응방안을 마련할 필요가 있다.

먼저, 종합적인 전략이 필요하다. [그림 13-15]의 리스크 완화 접근방법 중 밑에서 네 번째 항목인 파트너 **소싱전략**(comprehensive sourcing strategy)에 해당된다. 이는 외부와의 협력사업에서 어떤 대상품목에서 아웃소싱이나 파트너십을 통해 추가적 자원의 확보가 필요한 것인지 전략적으로 파악할 수 있어야 한다는 것을 의미한다. 예를 들

리스크 완화 접근방법	프로젝트 리스크	파트너십 리스크
파트너십 형성	상	중
사전 사후 교육	중	중
소싱전략	중	상
파트너 관리 정책과 제도	하	상
프로젝트 관리 문화	상	상
성과측정	상	상

프로젝트 결과와 파트너 관계에 미치는 위험은 그 요인이 다름을 보여준다.
파트너십이란 항상 잘 작동되는 것은 아니다.
무엇보다 관리생태계 동반자 문화와 성과측정이 공통으로 중요하며, 추가로 프로젝트에는 파트너 선정이, 협력 관계에는 종합적인 소싱전략과 지원프로그램이 중요함을 보여준다.

그림 13-15. 파트너 관련 리스크 완화 접근방법

면, 비용절감인지 부족한 역량인지 등 그 기업의 상태와 대응하고자 하는 목적에 맞는 적절한 전략을 찾아내야 한다. 그리고 파트너 관리 **정책과 제도**(policy and program)는 **파트너십 라이프 사이클**(PLC)을 협력하는 공급자와의 관계 생명주기(relationship life cycle)를 이해하여 발전시키고자 하는 행동 지침과 프로세스를 기반 정립하는 것이다.

또한 **파트너십 형성**(partner selection)은 협력이 필요한 전략 분야를 담당할 아웃소싱 파트너를 선정하는 것이다. 선정이란 쉽게 말해 필요한 대상 분야에 대한 공급자의 선정을 말하며 잠재적 파트너의 역량과 협력의 보완성과 의지가 주요 요건이 된다. 이를 위해선 윈-윈의 **파트너 라이프 사이클 관리 문화**(PLC culture)가 필요하다. 그리고 이러한 파트너십 문화를 형성하려면 커뮤니케이션 채널의 다양화를 통해 사전 사후 파트너 교육(partner education)을 통해 만남과 지식 공유(knowledge sharing)가 활성화되어야 한다.

마지막 리스크 완화 방법은 파트너 **성과 측정**(performance measurement) 시스템이다. 상호 간 얼마나 기여하고, 행복한 관계가 유지되고 있는가에 대한 측정이 필요하다. 그림에서 오른쪽 파트너십 리스크 하단 부분에 가장 영향력이 큰 네 가지가 파트너십 리스크 관리의 핵심 대상이 되고 있음을 보여주고 있다.

정리하기

한 기업이 자기의 비즈니스 영역에서 모든 것을 잘할 수는 없다. 따라서 많은 기업이 다양한 형태의 전략적 제휴로 경쟁력을 강화하고 그 경쟁력을 지속 가능한 상태로 발전시켜 나아가려고 한다. 비즈니스 협력관계란 비즈니스와 테크놀로지 자원의 전략적 소싱과 제휴관계로 구성된 팀이 가치사슬을 분담하는 가치네트워크 체계가 된다. 이들의 의사소통 채널을 보면 기술적(테크니컬) 링크와 사회적(소셜) 링크가 존재하며, 각각 과업 달성(생산성)과 웰빙(만족)을 통하여 궁극적으로 행복을 추구한다. 특히, 사회적 링크는 비즈니스 관계의 수용성과 지속성을 가능하게 해주는 핵심 요인으로 인식되어(예 : SNS) 최근에 그 역할이 더욱 강조되고 있다.

RMM 모델은 'Relationship Maturity Model'을 의미하며 관계가 상생협력관계로 성숙되어 가는 과정을 표현한 것으로 **단순거래 → 인프라 구축 → 지식공유 → 파트너십**의 4단계로 구성되어 발전하는 로드맵을 보여주고 있다. 파트너십과 협력 파트너를 관리하는 정책과 프로그램을 내포하는 **파트너 라이프 사이클**(Partner Life Cycle : PLC)에는 많은 기회와 함께 여러 형태의 리스크가 존재한다. 그래서 이들에 대한 종합적인 전략과 더불어 **파트너 선정**, **파트너 상호 이해**, **파트너 관리문화**, **파트너 성과측정** 등 여러 측면에서 적절한 대응방안이 준비되어야 본래의 목표 달성과 부작용을 방지할 수 있다. 특히, 파트너에 대한 성과평가척도로 **파트너 기여도**와 **파트너 행복도**를 측정하여 상생의 최적화로 관리할 수 있도록 하는 것은 아웃소싱 파트너링을 향한 중요한 관리도구가 되리라고 생각한다. 이러한 모든 노력은 결국 창의성을 통한 이노베이션을 추구하는 접근방법이라고 이해되며, 다음 마지막 장에서는 IT 이전부터 오랫동안 이를 추구해 온 이노베이션 이론과 최근의 집단적(collective crowd) 지성에 대하여 MIS 관점에서 살펴보기로 하자.

평가하기

➔ **제시된 문항의 빈칸(   )을 채우거나, 질문에 답하거나, O/X 여부를 결정하세요.**

1. (   )이란 관계망을 통하여 품질, 양, 시기 적절성 등의 산출물을 만들어내고자 하는 생산과 기능 중심의 구조이다.
2. (   )이란 관계망을 통하여 학습, 역할 갈등해소 등의 산출물을 만들어내고자 하는 응집력과 웰빙 중심의 구조이다.
3. "Sourcing"에서 파트너십 리스크를 배제 또는 완화시키기 위해 할 수 있는 방법 네 가지를 생각해 쓰시오.
4. 관계성숙 4단계는 무엇인지 순서대로 쓰시오.
5. 파트너십 관계는 아웃소싱 관계로 변해야 한다. (O/X)

Chapter

14

IT 혁신과 소셜 네트워크
(IT Innovation & Social Network)

Chapter 14

IT 혁신과 소셜 네트워크 (IT Innovation & Social Network)

이노베이션과 영향자(influencer)의 역할

소셜 네트워크 소프트웨어 분석의 필요성과 활용은 이노베이션과 집단지성의 관계에서 매우 중요하다. 소셜 소프트웨어는 기존의 의사소통방식과 지식 및 정보의 교환방식을 변화시켰다. 수많은 사용자들이 블로그 혹은 마이크로 블로그에 올린 자신들의 생각과 아이디어를 공유하고 있을 뿐만 아니라, 그 이상의 사람들이 위키, 포럼, 게시판 그리고 비디오를 통해 자신들의 지식과 정보를 공유하고 있으며 이런 막대한 양의 정보 교류들은 소셜 소프트웨어를 기반으로 이루어지고 있다.

소셜 소프트웨어상의 이러한 방대한 양의 데이터들을 수집하고 분석하는 것은 다양한 방식으로 활용할 수 있다. 기업의 경우 소셜 미디어상에서 분석된 정보를 이용하여 마케팅, 홍보(PR), 브랜드 강화 등에 활용할 수 있으며, 기업 내부의 소셜 소프트웨어상의 정보교류 현황과 내용을 분석함으로써 조직 내 지식 및 정보교류 활성화를 지원할 수 있다.

이노베이션에서는 이노베이션 핵심 동인으로서 사회적 시스템(social system) 내 구성멤버 중 일부인 '영향자(influential people)'라고 하는 사람들의 역할을 중요하게 인식하고 있었다. 지식정보의 흐름을 두 단계 과정으로 보는 이론(two-step information flow)이 1950년대에 제시된 이후 여러 연구자들은 영향자에 관한 연구에 관심을 가지기 시작했다. 연구자들은 이노베이션 채택 및 확산에서 혁신가(innovator), 오피니언 리더(opinion leader), 메이븐(maven), 커넥터(connecter), 세일즈맨(sales man) 등으로 불리는 영향자들의 태도 및 네트워크 링크가 매우 중요한 기여를 한다고 제시하였다(Rogers, 2003 ; Gladwell, 2002 ; Gloor, 2008).

트위터상의 관계에서 예시하면 다음과 같다.

- **메이븐**(maven)

메이븐은 새로운 지식을 추구하며, 능동적으로 타인에게 도움을 주지는 않으나 그들이 요청하는 경우 도움을 제공하며, 해당 메시지를 듣는 상대방에게 정보의 정확성과 중요성에 대한 신뢰를 제공한다. 이러한 메이븐은 소셜 네트워크를 그림으로 표현하는 소셜 그래프상에서 많은 정보 전달의 원천으로서 표현된다. 예를 들면, 정보 전달을 의미하는 리트윗(retweet)이 많이 되고, 정보의 수용과 요청을 의미하는 맨션(mention)이 많이 발생하는 사용자들을 메이븐으로 볼 수 있다.

- **커넥터**(connecter)

커넥터는 다수의 사람들과 연결되어 있는 사람을 의미하여 소셜 그래프상에서는 매우 높은 수준의 연결중심성을 가진 노드(node)를 의미한다. 예를 들면, 리트윗과 맨션을 통해 만들어진 네트워크상에서 연결 중심성이 높은 사용자를 커넥터로 볼 수 있다.

- **세일즈맨**(salesman)

세일즈맨은 메이븐이 생산한 정보에 설득력을 더함으로써, 전달하고자 하는 메시지에 확실한 신뢰를 부여하고 믿게 하는 역할을 수행한다. 소셜 그래프상에서는 네트워크 주변에서 많은 양의 정보 전달을 시도하는 사람을 의미한다. 세일즈맨의 정보 전달은 커넥터에 의한 정보 전달보다 확산의 파급력이 더 강하다. 예를 들면, 트윗(tweet), 리트윗(retweet), 맨션(mention)을 많이 하는 사용자를 세일즈맨으로 볼 수 있다.

14.1 IT 혁신과 확산(IT Innovation & Diffusion)

[내 용]

- 테크놀로지 이전과 확산 프로젝트
- 의사소통(communication)을 통한 이전과 확산
- 채택시점과 채택자(adopter)의 분류
- 이노베이션 확산(diffusion)과 확산전략

본 장에서는 최근 중요한 관심사로 떠오르고 있는 두 개의 주요 주제인 IT 이노베이션 또는 혁신과 집단지성에 관한 내용을 살펴보고자 한다. 첫째로, IT 이노베이션은 경영정보시스템(MIS)과 그 목표가 매우 유사한데, MIS란 그 구성요소에 인포메이션 테크놀로지(IT)를 포함하며 이를 활용하여 경영 혁신(innovation)을 추구한다. 따라서 MIS를 이노베이션의 관점에서 바라보고 혁신 연구의 핵심인 이전(transfer), 확산(diffusion)을 살펴보기로 한다. 둘째로, 집단지성(collective intelligence)은 혁신을 추구하는 방법론적 개념으로서 개인이나 개별보다는 집단의 역량을 강조하는 것인데 조금 어렵게 느껴질 수 있다. 하지만 소셜 미디어에서 보듯이 집단(커뮤니티)이 소셜 네트워크(social network)라고 하는 연결망을 형성하여 발휘하는 창의성을 학습하는 것은 매우 중요하다고 할 수 있다.

[생각해 보기]

- 별과 은하계의 차이는 무엇인가요?
- 나의 의견 형성에 많은 영향을 끼치는 사람이 있다면 어떠한 이유로 그렇다고 생각하나요?
- 이노베이션이 자주 이루어지는 기업에는 어떠한 특징이 있을까요?
- 지리적 거리가 아닌 '사회적 거리'란 말이 있는데 무엇을 말하는 것일까요?
- 혁신을 하고자 할 때 나를 도와줄 수 있는 사람이 있다면 어떠한 사람일까요?

[목 표]

- 이노베이션 확산(diffusion)과 확산전략에 대한 이해
- 의사소통(communication)을 통한 혁신의 확산에 대한 이해
- 이노베이션 채택시점과 채택자(adopter)의 분류 파악

이노베이션이란 무엇이며, 이노베이션과 확산에 있어 절대적으로 중요한 요인이라고 강조되어 온 커뮤니케이션(의사소통) 역할에 대하여 이해하고, 이노베이션의 확산과 전파가 어떻게 진행되는지 알아본다. 또한 이노베이션 채택과 전파 그리고 확산은 어떻게 측정되는지 IT 전략 수립 관점에서 이해하고 살펴보기로 한다.

[용 어]

혁신가 (innovator)	모험적이고 혁신적인 아이디어를 추구하는 커뮤니티 멤버
이른 채택자 (early adopters)	존경스런 오피니언 리더(opinion leader)로서 혁신에 대해 혁신가와 공감하는 커뮤니티 멤버
이른 다수 (early majority)	심사숙고형 사용자로 얼리 어댑터 다음으로 확산에 동참하는 멤버
늦은 다수 (late majority)	회의적 사용자로 커뮤니티 구성원 중 중간 이후에 혁신을 비로소 채택하게 되는 다수의 커뮤니티 멤버
느림보 (laggard)	보수적 사용자로 제일 늦게 혁신을 채택하여 확산에 참여하는 다수의 커뮤니티 멤버
변화 관리자 (change agent)	공급자(provider)와 사용자(client)의 중간에서 주로 공급자가 지향하는 방향으로 사용자의 혁신 의사결정에 영향력을 끼치는 사람

14.1.1 이노베이션과 확산(Innovation & Diffusion)

이노베이션과 확산(diffusion of innovation)은 학문으로서 MIS보다 훨씬 오래 전부터 태동되었으며(1940년대 초에 인류학, 농촌사회학 등) 그 내용도 매우 다양하다. 인포메이션 테크놀로지의 발달 이전부터 철제 도끼, 끓인 물, 옥수수, 마이신 등 각종 새로운 발명과 아이디어에 대한 이전과 전파에 초점을 가졌으며, 그 후 모든 분야, 최근에는 통신 그리고 멀티 및 소셜 미디어 분야에까지 폭발적 확장을 계속해 가고 있다. 이러한 탄탄한 과학적 연구에 따른 새로운 패러다임의 등장은 우리 MIS 분야에 새로운 통찰력과 많은 유용성을 높여준다. 그러나 MIS와 이노베이션 분야의 접목은 1980년대 중후반 전까지는 거의 시도되지 못하였으며, 당시에 Kwon(1986, 1990) 그리고 Kwon & Zmud(1986, 1987)는 두 분야가 추구하는 방향이 혁신성(innovativeness)으로 같음을 인지하고 일련의 연구를 진행함으로써 MIS 내에 새로운 학풍을 열었다. 이노베이션 확산 패러다임은 네 가지 기본적 구성요소를 가진다. 이노베이션이 커뮤니케이션 채널을 통하여 시간을 두고 사회적 시스템에 이전, 확산된다는 것이다. 테크놀로지의 이전(transfer)은 커뮤니케이션을 통하여 채택(adoption)이라는 의사결정으로 전파된다는 것을 의미하며, 확산(diffusion)은 전파의 대상이 되는 구성요소들이 연계해 이루고 있는 사회적 집단 시스템(기업, 조직, 커뮤니티와 같은 social system) 전체에 퍼져 나가는 것을 의미한다. 이에 관한 내용을 비유적으로 '우물 안의 개구리와 우물 밖의 두꺼비' 이야기로 전개하기로 하고, 또한 MIS에 주는 전략적 의미를 파악해 보기로 한다.

그림 14-1. 새로운 테크놀로지의 이전과 확산을 고민 중인 프로젝트

[그림 14-1]을 살펴보면, 하나의 원통 속에 여러 얼굴들이 있고 가운데에 작은 스피커가 있는 것을 확인할 수 있다. 원통은 우물로 사회적 시스템을 의미하고, 우물 안 얼굴은 개구리, 스피커는 대중매체를 의미한다고 가정하자. 반면, 우물 밖에는 웃고 있는 '두꺼비' 가 있다. 이 그림의 원통 안에 존재하는 많은 얼굴들을, '우물 안의 개구리'로 대표되는 변화할 줄 모르는 조직이나 기업의 소셜 시스템에 갇혀 있는 구성원들이라고 가정해 보기로 하자. 이 그림의 개구리와 두꺼비의 차이는 어떻게 보이는가? 얼굴의

표정, 외모, 위치, 크기가 보이지만, 본 그림이 강조하는 것은 우물의 안과 밖이며 가장 중요한 정보력의 차이를 강조하고 있다. 우물 안에 존재하는 개구리들은 정보력의 한계가 존재하며 의사소통에 있어서 외부와의 연결이 단절되어 있다. 즉, 이 그림에서 우물 안의 개구리들은 'IT 관련 새로운 테크놀로지를 외부에서 내부로 이전하고, 그것을 다시 어떻게 내부에 전파할 수 있을까?' 라는 문제를 심각하게 논의하고 있다. 이처럼 새로운 IT 기술을 내부에 전파하는 것이 하나의 중요한 프로젝트가 되었으며, 그림에서의 개구리들은 이를 어떻게 해야 하는지 그 방법을 알지 못하기 때문에 울상을 짓고 있다. 반면 외부의 '두꺼비' 는 그 방법을 알고 있기 때문에 개구리와 대비되는 표정을 짓고 있다. 하지만 여기서 매우 중요한 점은 우물 안에서 한 개구리는 다른 개구리들과 달리 웃는 표정을 짓고 있다. 이 표정의 개구리는 비록 우물 안에 존재하지만 다른 우물 안 동료들이 알지 못하는 내용을 이미 알고 있는 존재라고 할 수 있다. 따라서 이러한 최근의 테크놀로지 이전 및 확산과 관련된 이슈들을 어떻게 풀어 나갈 것인가를 커뮤니케이션 및 이노베이션의 개념과 패러다임을 통하여 살펴보고자 한다.

14.1.2 커뮤니케이션(communication)과 경로(channel)

(1) 의사소통 경로 차이

앞서 설명한 것과 같이 우물 안과 우물 밖, 그리고 우물 내에서도 외부와의 의사소통 채널을 가지고 있는 구성원과 그렇지 않은 구성원의 차이가 존재한다. 경영의 혁신 그리고 확산과 관련하여 커뮤니케이션 채널, 즉 의사소통 경로는 상당히 중요한 요소이다. 여기서 경로 또는 채널이라는 단어는 '의사소통을 위한 길' 을 의미한다. 이러한 의사소통 경로는 크게 대중채널과 대인채널의 두 가지로 나뉠 수 있으며, 대중채널과 대인채널의 장단점, 그리고 과연 어떤 채널이 언제 더 좋은 것인지를 이해하여야 한다. 그래야 새로운 IT, 그리고 베스트 프랙티스와 같은 초우량기업의 선진사례를 어떻게 도입하고 전파하여 성공적 이전과 확산을 할 수 있는지 알 수 있기 때문이다. 결국 커뮤니케이션 경로란 이노베이션 경로를 의미하게 되며, 따라서 두 가지 채널의 주요 차이점을 살펴본다. 먼저, 대중채널(mass media, public)이란 1 : N의 소통이기 때문에 흔히 개인화가 되어 있지 않고 일방적인 커뮤니케이션이 이루어진다. 또한 실제 모습 모두가 아닌 제한된 수단으로 이루어지기 때문에 상대방이 전달하고자 하는 내용과 풍기는 느낌을 잘 파악할 수 없으므로 내로우 밴드(narrow band), 즉 전달 대역폭이 작다고 할 수 있다. 방송, push 형태의 인터넷, 신문이나 잡지 등과 같은 것이 대중채널에 해당한다. 따라서 매스미디어에서 나오는 지식이나 정보를 한번에 이해할 수 있는 개구리들이라면 그들은 상대적으로 개방적이고, 모험적이고, 새로운 것들을 받아들일 수 있는 능력이 보다 크다고 할 수 있다. 반면 대인채널(individual, private)은 정보의 전달이라기보다는 정보의 중요성과 영향력, 즉 Influence를 전달하여 상대를 설득하는 데 중요하게 작용한다. 흔히 '왼쪽 귀로 듣고 오른쪽 귀로 흘려 보낸다' 라는 표현을 사용하는데 여기에서 왼쪽 귀로 듣는다는 것은 대인채널보다 대중채널이 훨씬 빠르다고 할 수 있다. 하지만 오른쪽 귀로 흘러나가지 않고 그 내용을 내부에서 소화하여 활용하기 위해서는 뉴스와 아이디어에 대해 설득할 수 있고 이해하여 내재화시킬 수 있는 능력이 필요하다. 따라서 모험적이지 않아 심사숙고하는 구성원들을 대상으로 설득할 경우에는 대인채널을 이용하는 것이 더 효과적인 커뮤니케이션 방법이라고 할 수 있다.

(2) 개별 파트너 간 차이

의사소통에는 항상 '상대방 또는 당사자' 가 존재한다. 그리고 의사소통이 잘 된다면 내가 전달하고자 하는 아이디어나 정보, 지식이 보다 쉽게 전파되고 전달될 수 있다. 결국 IT의 확산이라는 것은 지식정보의 전파와 확산의 함수라고 할 수 있다. 다시 말해 빠르게 변하는 IT와 다양한 미디어를 어떻게 신속하게 도입하여 전파 및 확산시킬 수 있는가를 생각하면 결국 정보와 아이디어가 전파되고 확산되어야 그 IT 역시 전파되고 확산된다는 것이다. 즉, IT의 전파와 확산은 지식의 전파와 확산이 잘 이루어질 때에 비로소 가능하다는 것을 의미한다.

의사소통은 아마 친구 사이처럼 밀접하고 친밀한 관계에서 훨씬 쉽게 전달된다. 즉, 우정(friendship)과 친밀감(intimacy)이 존재하는 관계에서는 지식정보가 훨씬 더 쉽고 빠르게 전달될 수 있다. 친구란 발견하기 쉽고(easy to find), 말하기 쉬우며(easy to talk), 서로 대화하기 편안한 관계이고(less effort to talk), 대화할 것도 많고(much to talk), 상호 신뢰할 수 있는 관계(trust with each other)를 말하는 것이 아니겠는가. 그리고 이러한 관계에서라면 새로운 지식정보와 테크놀로지는 더 쉽게 채택(adoption)될 수 있다. 바꿔 말해, 친밀감이 없는 기업-기업, 파트너-파트너 사이에서는 아무리 많은 지식정보가 전달이 된다고 하더라도 진정한 의사소통은 원활히 이루어지지 못하고 결국 특정 테크놀로지의 채택이 잘 이루어지지 않고 거부될 수 있는 확률이 훨씬 높게 됨을 의미한다. 여기서 가지는 전략적 의미는 파트너 간 혹은 가치네트워크에서의 친밀감이라는 것이 채택을 촉진시킬 수 있는 매우 중요한 요인이 된다는 것이다. 즉, 조직 내 혹은 산업 내에서 전파시키고자 하는 특정 제품, 상품, 아이디어 등이 있다면, 우선 그들과의 관계에 있어 우정과 친밀감을 만들어야 한다는 것이다. 그러지 않는다면 아무리 지식정보가 전달되어도 잘 흡수가 되지 않아 전파는 실패하게 된다. 따라서 전략은 어떻게 하면 그들 사이에서 친밀감을 만들어낼 수 있는가 혹은 친근한 관계에 있는 사람을 찾아낼 수 있는가 등이 된다. 또한 고객들 사이에서는 누가 리더십을 발휘하고 있으며 누가 고객들 사이에서 영향을 받고 있는가, 즉 20:80이라는 파레토 법칙에서 20에 해당되는 대상을 찾는 것도 중요한 전략이 된다.

(3) 채택자 분류(Adopter types)

채택은 조직이나 개인이 특정의 IT 미디어를 받아들이는 것(도입)을 의미한다. 어떠한 기업은 경쟁사들보다 더 빠르게 받아들이고, 어떠한 채택자들은 기다렸다가 받아들이며 어떠한 채택자들은 다 확산이 된 시점에 마지못해 받아들이기도 한다. Rogers를 중심으로 발전한 채택자의 분류는 채택의 시점을 기준으로 다섯 가지로 분류할 수 있다. 아래의 다섯 개 채택자 각 그룹은 새롭게 등장하는 개별 테크놀로지에 응답하는 패턴 특성에 따라 상호 차별성을 가진다.

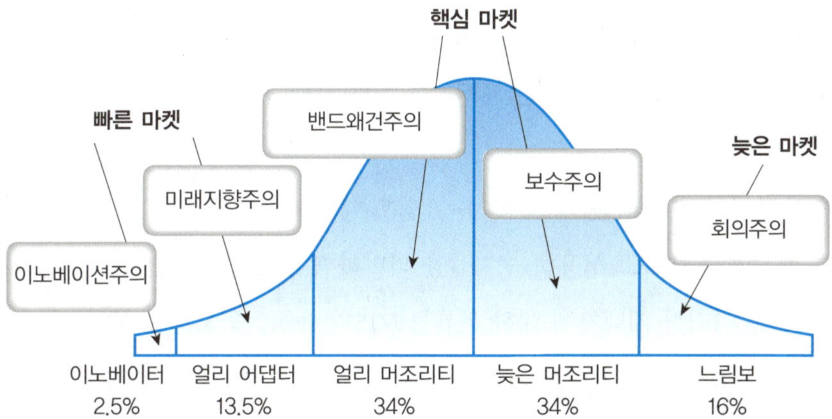

그림 14-2. 채택 시점에 따른 마켓 분류

[그림 14-2]에서 보면, 먼저, 혁신가(innovator, 2.5%)는 모험적이며 새로운 아이디어를 빠르게 흡수하는 사람들이다(우물 안의 개구리들 중 웃고 있는 개구리). 다음으로, 이른 채택자(early adopters, 13.5%)는 새로운 형태의 스마트폰, 다기능 복합 컴퓨터 등과 같은 혁신을 빠르게 채택하는 사람들이다(우물 안의 개구리들 중 그냥 입 다물고 있는 개구리들). 참고로 본서에서는 이른 채택자와 얼리 어댑터라는 용어를 혼용하기로 한다. 이른 채택자 다음으로 혁신을 채택하는 그룹은 이른 다수(early majority, 34%)이다. 또 다른 다수 그룹은 보다 회의적으로 남아 있다가 많은 사람들이 받아들이면 비로소 받아들이는 대상들로 늦은 다수(late majority, 34%)이다. 마지막 그룹은 느림보(laggard, 16%) 그룹으로 매우 보수적인 개인이나 단체, 기업이 여기에 해당한다.

혁신가 또는 이노베이터는 호기심 많은 기술자들이지만 엔터프라이즈 내부의 얼리 어댑터를 제외하고는 별로 연계성을 가지고 있지 못하다. 이른 채택자 또는 얼리 어댑터는 다방면에 많은 관심을 가지며 지엽적이거나 한 분야에 국한되어 있지 않은 사람들로 존경을 받고 다양한 지식을 가진 사람들이다. 반면 이른 다수 또는 얼리 머조리티는 조직 내의 환경에만 집중적인 관심을 가진 사람들로서 시야와 시각이 매우 좁은(more localite) 특징을 가진다. 또한 얼리 어댑터들은 변화하는 환경을 잘 느끼고 쉽게 모방을 잘 할 줄 아는 반면, 이른 다수는 이른 채택자에 비해 보다 신중하며 때가 되면 적절하게 모방하는 것을 좋아한다.

이와 같이 분류를 한 정규분포([그림 14-2] 참조)에서 X축은 시간을 의미한다. 왼쪽으로 갈수록 빠르게 채택하고 사용하는 자들을 의미하며 오른쪽으로 갈수록 늦은 채택자들을 의미한다. 이러한 채택자에 대한 분류는 MIS의 유저, 즉 MIS를 도입하는 기업이나 사용자들에 대한 분류라고도 이해할 수 있으며, 각종 새로운 테크놀로지나 시스템의 도입과 확산에서 널리 활용 가능하다.

(4) Rogers의 유명한 혁신 채택 사례

[그림 14-3]은 얼리 어댑터를 뜻하는 오피니언 리더(opinion leader)의 존재에 관한 매우 유명한 사례로 다른 사람 혹은 기업에게 영향을 미치는 일부 영향자(influencer)의 특성과 역할을 잘 보여준다.

[그림 14-3]은 미국 어느 특정 지역 내 30여 개의 학교에서 새로운 교육제도가 퍼져 나가는 패턴을 연도별(1958~1963년)로 나타낸 것이다. X축이라고 할 수 있는 부분을 살펴보면 연도별로 채택 학교의 수를 보여준다. 이 그림에서는 먼저, 그 교육시스템을 도입한 수가 시간이 지날수록 증가하였다가 다시 줄어든 현상을 확인할 수 있다(1 ➞ 4 ➞ 10 ➞ 12 ➞ 8 ➞ 3). 또한 학교의 대외적 연결성의 정도가 높을수록(화살표는 의사소통 방향이며 그 네트워크 링크 수는 빈도와 친밀도를 나타냄) 새로운 교육시스템을 타 학

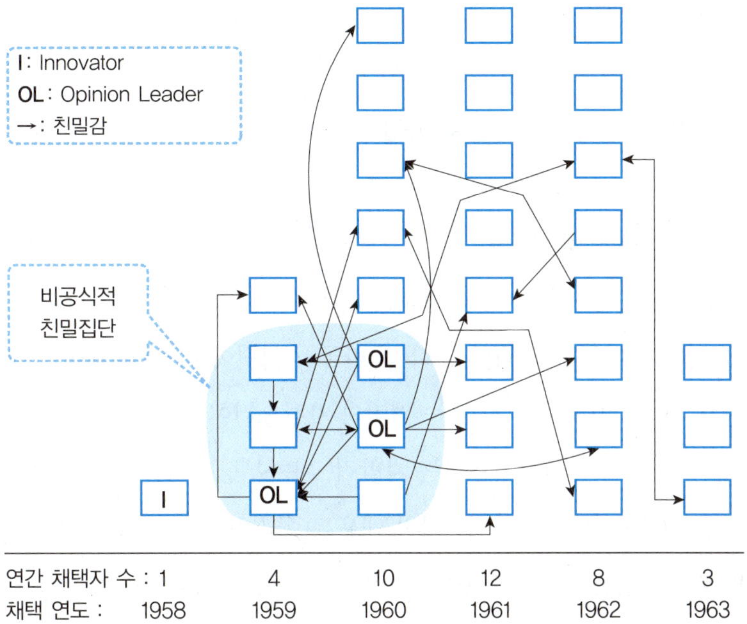

그림 14-3. 친밀도와 오피니언 리더십의 관계 패턴 사례

교보다 더 일찍 채택하였음을 알 수 있다. 그래서 이 그림은 요즘의 소셜 네트워크에서처럼 특정 사회적 시스템 내 구성원들(member nodes) 전체에 혁신적인 아이디어나 제도가 어떤 모양으로 퍼져 나갔는가를 그래픽으로 쉽게 표현해 주고 있다고 하겠다. 그림에서 1959년과 1960년에 각각 세 개의 박스 노드를 둘러싼 작은 원을 볼 수 있는데 이 부분에 해당하는 학교들 사이에는 의사소통 경로가 매우 복잡하게 얽혀 있는 것을 확인할 수 있다. 이와 같이 네트워킹이 잘 되어 있는 집단 내 구성원들은 그렇지 않은 경우보다 훨씬 혁신성이 높다는 것을 보여준다. 즉, 네트워킹이나 상호 연관성이 어떻게 되어 있는지 알 수 있으면 그 기업과 조직의 혁신성을 미리 예측할 수 있다는 것이다. 결론적으로 말해, 화살표로 연결되는 대외 노드 수, 화살표 방향, 화살표 내의 트래픽(발생 빈도), 콘텐츠 내용 분석은 오늘날 네트워크 분석, 소시오 매트릭스(Sociometrics), 소셜 그래픽스, 내용분석(contents analysis) 등의 방법론을 통해 그 채택 여부나 패턴을 미리 파악할 수 있게 해준다.

14.1.3 커뮤니티 집단 수준의 혁신(Innovation at the level of community)

(1) 확산(Diffusion)의 정의

커뮤니티란 사회적 시스템의 한 형태를 의미하며, 사회적 시스템(social system)이란 사회를 구성하는 다양한 형태의 공식 및 비공식 집단이다. 그리고 시스템의 범위를 어떻게 설정하느냐에 따라 구성원 또는 멤버의 자격요건이 결정된다. 특히 커뮤니티는 그 참여가 강제적, 계획적이라기보다는 자발적, 자가부상적이라는 점에서 커뮤니티가 혁신에 중요한 이유도 여기에 있다. 이번 내용은 이러한 커뮤니티와 같은 집단에서의 혁신을 어떻게 평가하는가와 관련된 내용이다. 이노베이션 전략을 이야기할 때 이전과 확산에 대해 언급하게 된다. 이전 또는 트랜스퍼(transfer)는 집단 내의 개별적인 멤버들 간에 이노베이션이 이동되었는가에 관련된 내용이며, 받는 멤버가 채택 · 수용하기로 하였다면 이노베이션은 '이전되었다' 라고 말할 수 있다. 이때 해당 커뮤니티 내에서 얼마나 많은 개별 멤버들이 받아들였는가는 비율로 표현할 수 있으며 그 누적 비율을 집단 내 전파의 정도로 표현하면 확산의 개념이 된다.

확산(diffusion)이란 혁신이 퍼져 나가는 패턴이라고 정의할 수 있다. 이번 장의 도

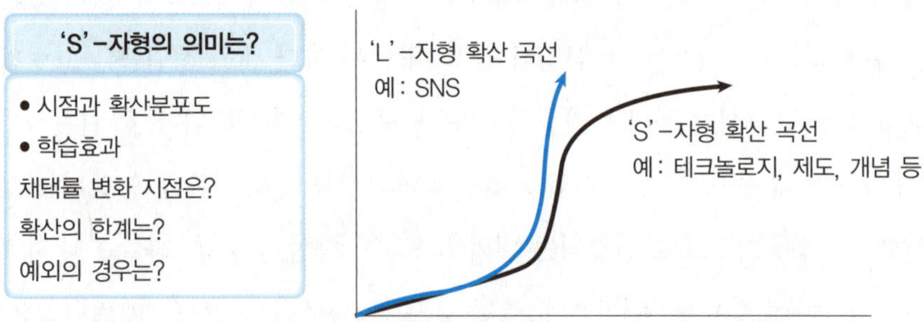

그림 14-4. 세상의 모든 'S'-자형 확산(학습) 곡선과 'L'-자형 예외

입부에서 언급하였듯이 확산 패러다임은 네 가지 기본적 구성요소를 가진다. 이노베이션이, 커뮤니케이션 채널을 통하여, 시간을 두고, 사회적 시스템에 이전/확산된다는 것이다. 확산은 전파의 사회적 범위 내 구성요소들이 연계해 이루고 있는 사회적 집단 시스템 전체에 퍼져 나가는 정도를 의미한다.

일반적으로 대부분의 확산 패턴은 S자의 모습을 보이며 이를 '학습곡선' 이라고 한다. 테크놀로지, 제도, 개념 등 거의 모든 확산은 정규분포적 채택의 모습을 가지며, 그것은 시간의 흐름에 따라 S자의 누적 형태를 띤다. 학습곡선을 자세히 살펴보면 곡선의 기울기가 변화하여, 처음에는 서서히 증가하다가 폭발적인 증가 후 서서히 감소한다. 거의 대부분의 혁신은 이러한 형태로 퍼져 나간다. 하지만 최근의 SNS와 같이 상호 커뮤니케이션이 가능한 미디어의 경우 S자가 아닌 시간의 흐름에 오히려 급격한 상승을 계속하여(가입자가 많을수록 효용 감소가 아닌 증대로), 좌우가 바뀐 L자 형태로 서서히 확산되다가 갑작스럽게 폭발적으로 증가하는 특이한 형태를 띤다.

(2) 확산전략 ①—이노베이터(innovator)

이노베이터(innovator)는 전자공학도와 같은 발명가(inventor)들이 새롭게 개발한 IT를 최초로 채택하거나 상업화하는 사람들을 의미한다. 이러한 조직이나 멤버들은 통계적으로 2.5% 정도가 해당되며 모험적이고 범지역적인 특징을 가진다. 또한 체인지 에이전트(변화관리자)와 의사소통을 매우 많이 하는 패턴을 가지고 있다.

한편 체인지 에이전트(change agent)들은 변화를 전파하는 사람들로서 컨설턴트, 영업사원, 벤더, 교수 등이 해당된다. 이들은 변화에 대하여 기업들과 많은 이야기를 나누는 사람들이며 채택자들과는 다른 성향을 가진다. 즉, 발명가, 이노베이터, 체인지 에이전트가 모두 존재하며 이들은 이노베이션을 이전하고 확산하는 데 있어서 담당하는 역할이 모두 다르다. 따라서 특정 테크놀로지가 이전되고 확산되어 널리 퍼져 나가려면 이러한 역할들이 모두 존재해야 한다.

(3) 확산전략 ② — 오피니언 리더(opinion leader)와 크리티컬 매스(critical mass)

확산전략에 있어 오피니언 리더와 크리티컬 매스(critical mass)는 매우 중요한 역할을 한다. 크리티컬 매스는 결정적 다수로서 본래 물리학에서 처음 나온 단어이다. 핵폭발이 일어나기 위해서는 그만큼 해당되는 원자요소가 필요하며, 그 수준까지 도달하지 못한다면 핵 융합에 의한 폭발이 일어나지 않는다는 의미에서 나온 것이다. 이러한 내용을 혁신이론에 적용한다면 특정 테크놀로지의 채택이 폭발적으로 증가하기 위해서는 반드시 필요한 최소한의 응집력이 있는 결정적 다수에 의해 채택이 이루어져야만 가능하다는 의미와 연관된다.

여기서 결정적 다수의 정도가 얼마만큼을 의미하는지 설명하자면, 대략 오피니언 리더 혹은 얼리 어댑터(13.5%)와 이노베이터(2.5%)가 모두 해당하는 16%의 채택자들을 의미한다. 만일 이 수치에 도달하지 못하면 폭발적인 확산을 이루지 못하고 산업 내에서 서서히 사라지게 되는 것이다. 따라서 크리티컬 매스(critical mass)에 도달하기 위

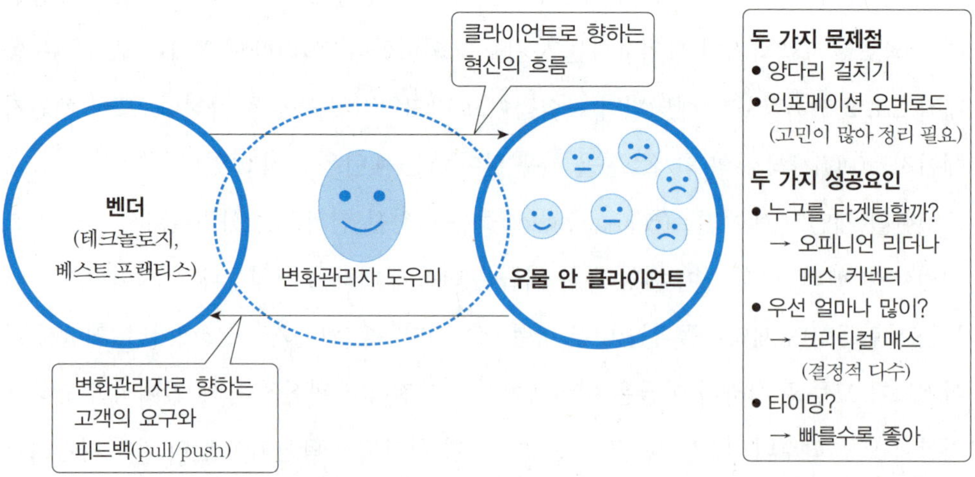

그림 14-5. 연결자로서의 체인지 에이전트인 변화관리자의 역할과 어려움

해서는 기업 내에서의 오피니언 리더를 찾아야 한다는 전략을 세울 수 있음을 의미한다. 즉, 오피니언 리더를 활용하여 크리티컬 매스에 도달하여야 해당하는 혁신적 제품이 성공할 수 있게 되므로 중요한 전략의 핵심 요소가 된다.

(4) 확산전략 ③ — 체인지 에이전트(change agent)

변화의 원천이자 제공자인 체인지 에이전시(change agency)(A)를 대표하는 체인지 에이전트는 클라이언트 시스템(B) 사이에서 'A와 B'를 연결해 주는 링커(linker)의 역할을 한다. [그림 14-5]에서는 두꺼비가 속해 있는 벤더(vendor)와 클라이언트 시스템에 해당하는 우물 안 개구리들을 볼 수 있으며 그 사이에 두 개의 화살표시를 확인할 수 있는데 오른쪽에서 왼쪽으로 향하는 화살표는 조직 내의 구성원들이 벤더들에게 자신들이 무엇이 필요한지(needs & feedback)를 직접 요청하는 것이며 왼쪽에서 오른쪽으로 향하는 화살표는 벤더들이 조직에 필요한 것(innovation)이 무엇인지를 제안하는 것을 의미한다. 이 두 가지 정보와 지식의 흐름을 전파하고 전달해 주면서 의사소통을 가능하게 해주는 것이 여기서의 체인지 에이전트 두꺼비의 역할이다.

이러한 두꺼비의 역할에서 어려운 점은 양쪽을 모두 다 보살펴야 한다는 것이다. 즉, 클라이언트(조직)의 요구사항을 어떻게 하면 잘 파악하고, 벤더의 제품이나 서비스를 어떻게 하면 클라이언트에게 잘 맞춤화시켜 전달시킬 수 있는가 하는 이중적 역할을 갖게 된다. 여기서 두꺼비가 성공적으로 역할을 수행하기 위해서는 **접촉**(contact)과 **시기**(timing)라는 두 가지가 핵심이다. 먼저 우물 안 이노베이터 개구리, 오피니언 리더 개구리와 접촉하고 자주 만나 그들을 먼저 설득해야 하며 크리티컬 매스만큼의 인원을 찾아내는 것이 중요한 요소가 된다. 또한 이러한 접촉은 경쟁사보다 빠르게 이루어져야 하는 타이밍 또한 중요한 요소이다. 체인지 에이전트가 수행하여야 할 다음과 같은 7가지의 중요한 주요 역할이 존재한다.

먼저 **변화의 필요성**을 만들어야 하고 정보를 전달할 수 있는 **절친한 관계**를 만들어내야 하며 클라이언트(채택자)들의 **문제점을 진단**할 수 있는 능력을 가지고 있어야 한다. 또한 혁신을 위한 변화를 할 수 있도록 **클라이언트의 의지**를 만들어야 하며, 뿐만 아니라 그 의지가 **채택**이라는 행동으로 발전될 수 있도록 해야 한다. 이후 채택이 이루어진다면 단절되지 않고 **지속적**으로 이루어져 활용되도록 해야 한다.

14.1.4 성공적인 이노베이션 이전과 확산 그리고 디지털 교란(Transfer & Diffusion of Successful Innovation and Digital Disruption)

[그림 14-6]은 결국 개구리 프로젝트가 성공적으로 완료된 내용을 보여준다. 우물 안의 점선 내 개구리들은 특히 중요한 역할을 수행했으며, 이들의 구성은 초기 아이디어를 내부에 전하는 이노베이터, 여기에 영향력을 심어준 오피니언 리더, 그리고 채택 의사결정을 해준 CEO 등이다. 또한 이들은 이노베이션의 임계점이 되는 결정적 다수, 즉 크리티컬 매스(critical mass)를 형성하는 데 결정적 기여를 하였다. 이제 [그림 14-6]의 우물 안 기타 개구리들도 모두 행복한 표정이다. 우물 밖에서는 그동안 바깥 세상

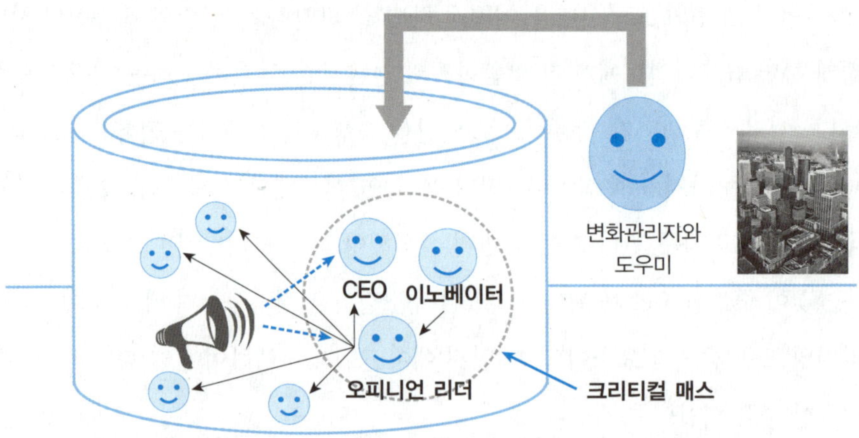

그림 14-6. 새로운 테크놀로지의 이전과 확산 프로젝트 성공

과 우물 안을 연결하여 개방하고 커뮤니케이션 채널을 구축하는 데 기여한 두꺼비도 환한 표정이다. 따라서 우물 안에는 대중채널뿐만 아니라 이제 적절한 대인채널도 새롭게 구축되어 전과 달리 다양하고 새로운 지식정보의 흐름이 이루어져 혁신적인 발전이 지속 가능하리라고 생각된다.

디지털 교란 Biz의 이노베이션 라이프 사이클과 특성

McKinsey(2016)는 최근 "An Incumbent's Guide to Digital Disruption"[1]에서 미래를 대비하는 경영층은 디지털 시대 현실을 이해하고 라이프 사이클을 파악하고 있으면 하루 아침에 경쟁력을 잃고 교란당할 염려를 할 필요가 없다고 이야기한다. 즉, 오히려 교란할 기회가 온다며 제11장과 제14장을 통해 이미 언급한 조직생태 패러다임과 이노베이션 패러다임이 강조하는 S-자 곡선의 4개 단계를 주요 이정표로 제시하고 있다. 이미 성공 사례로 등장하고 있는 사례가 주는 교훈인 P2P 소셜 휴먼 네트워크의 중요성은 모든 산업과 지역에 적용된다고 설명한다. 디지털 교란의 움직임을 첫째, **감지됨**(detectable), 둘째, **명백함**(clear), 셋째, **불가피함**(inevitable), 넷째, **새로운 모델**(new model)로 드디어 정착하는 4단계로 분류하고, 그리고 이 분류에 따라 관련 전략과 위험을 [그림]에서처럼 진행 상황을 설명하고 있다. 이러한 프레임워크는 사실 환경선택론(nature selection)에 근거한 특별히 우월성을 가진 모델이 베스트 프랙티스로 확산되는 과정을 설명하는 이노베이션 확산(diffusion of innovation) 패러다임을 암묵적으로 도입하여 디지털 교란 Biz 모델의 등장과 전파 과정과 전략을 종합적으로 잘 묘사하고 있다. 새로운 모델로 정착한다는 것은 이 연구가 붙인 설명이지만 의미는 본서가 종종 언급한, 즉 특정 디지털 변화의 잠재력을 탐색과 탐구를 통해 자기학습과 체화하는 인스티튜션화 상태를 의미하고 있다. 종합하면 지식의 패러다임도, 첨단 디지털 테크놀로지도, 놀라운 Biz 모델도 영원하지 않다. 역설적으로 말하면 기존의 Biz 모델이나 시스템이 가장 안정적이고 편안할 때가 굳이 디지털 디스럽션으로 이어질지도 모르는 새로운 Biz 모델의 출현을 대비해야 할 때라고 생각한다([그림], 〈표〉 참조).

1. http://www.mckinsey.com/business-functions/strategy-and-corporate-finance/our-insights/an-incumbents-guide-to-digital-disruption?cid=digistrat-eml-alt-mkq-mck-oth-1605

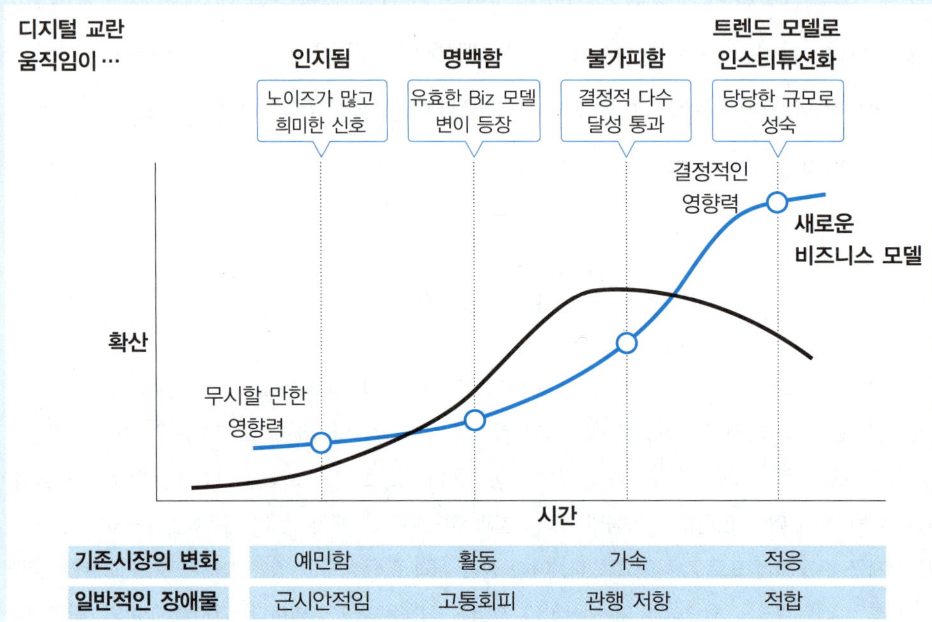

디지털 교란 Biz의 이노베이션 라이프 사이클

디지털 교란 Biz 라이프 사이클의 특성

디지털 교란 움직임이…	1. 인지됨 노이즈가 많고 희미한 신호	2. 명백함 유효한 Biz 모델 변이 등장	3. 불가피함 결정적 다수 달성 통과	4. 트렌드 모델로 인스티튜션화 당당하게 한 규모로 정착
이슈	• 무엇이 비즈니스 모델의 경제성을 이끄는가, 현재 기술은 그 동인과 대적할 만한가? • 적어도 자사의 몇몇 고객들의 요구와 더 잘 맞는 새로운 비즈니스 모델이 있는가? • 자사가 새로운 비즈니스 모델로 승자가 될 수 있는가?	• 자사가 교란을 멈추거나 지연시키는 어떤 활동을 할 수 있는가? • 자사가 현재 가치경로에 머무른다면, 자사의 비즈니스 기본 궤적은 무엇인가? • 선제활동이 얼마나 중요하며 정말로 기다릴 시간이 있는가? • 자사의 핵심 비즈니스와 얼마나 밀접한가?	• 자사의 새로운 사업이 새로운 biz 모델에서 경쟁하기 위한 기반을 주는가? • 자사는 새로운 경제 엔진을 만들기 위해 필요한 급진적인 변화를 이해하는가? • 기존 핵심사업으로 무엇을 할 수 있는가?: 지속? 급진적 변화? 축소? 아니면 출구전략?	• 새로운 산업 환경에서 실질적으로 바라는 바가 무엇인가? • 자사의 비즈니스는 지속적인 자가교란 역량이 있는가? • 출구전략으로 가장 좋은 대안은 무엇인가?
전략	**예민함** • 노이즈를 통해 날카롭고 전문적인 통찰을 모음 • 자신의 이야기를 검증 • 잠재적인 교란자의 눈을 통해 당신의 비즈니스를 봄	**활동** • 단계별 출구가 마련된 투자접근법으로 새로운 동인의 절차를 개발 • 새로운 벤처와 함께 경쟁에 있어서 핵심 비즈니스를 접함	**가속** • 핵심 사업에서 새로운 사업으로 전념하기 위한 자원을 이동함 • 조직을 넘어 사고방식에 변화를 줄 믿을 만한 연대 수립	**적응** • 새로운 모델로 경쟁하기 위해 필요한 재능과 역량 개발 • 새로운 수익모델에 적합한 비용 구조 재정돈 • CEO의 최적 시나리오 평가
위험	**근시안적임** • 자기과신 • 의도적 무시 • 통설에 갇힘	**고통회피** • 이미 들어간 투자나 비용을 감내하기 위한 회피 • 핵심 비즈니스 영역 잠식을 꺼림 • 장기적인 가치보다 단기결과에 초점	**관행으로 저항** • 사내권력의 중심이 점차 흐려지는 자원을 차지하게 되는 저항 • 레거시 비용이 고정화됨에 따라 저항 • 새로운 수구 동인들이 립서비스되고 실제 소규모라도 투입	**적합성 의심** • 새로운 시장에서 경쟁할 인력과 역량 부족 • 게임(경쟁)에 너무 늦은 경향 • CEO의 느림보 의사결정 • 장기적 수익성이 의심

정리하기

확산은 전파될 수 있는 잠재적 대상에게 전달된 정도를 나타낸다. 이노베이션 확산 패러다임은 네 가지 기본적 구성요소를 가진다. 이노베이션이, 커뮤니케이션 채널을 통하여, 시간을 두고, 사회적 시스템에 이전/확산된다는 것이다. 그리고 혁신이 전파되는 대상에 대한 분류는 혁신가, 이른 채택자, 이른 다수, 늦은 다수, 느림보의 다섯 가지로 나눌 수 있다. 혁신의 확산을 달성하기 위해서는 커뮤니케이션 채널의 품질이 중요한 역할을 하게 되며, 대중채널과 대인채널로 비교해 볼 수 있다. 전자는 주로 정보에, 반면에 후자는 주로 설득력에 더 영향을 미친다. 혁신의 확산전략에는 이노베이터, 오피니언 리더, 체인지 에이전트와 같이 혁신을 만들어내고 촉매제가 되는 구성원의 역할분담이 매우 중요하며, 이들이 역할을 성공적으로 수행함으로써 크리티컬 매스에 빠르게 도달하기 위한 전략이 수반되어야 한다.

평가하기

➔ **제시된 문항의 빈칸(　　)을 채우거나, O/X 여부를 결정하세요.**

1. 이른 채택자(Early adopters)는 존경스러운 (　　)으로서 혁신에 대해 혁신가와 공감하는 커뮤니티 멤버이다.
2. 채택 결정에 동기부여를 제공하며 사회적 영향력을 통해 '폭발력'을 가지는 집단을 (　　)이라고 한다.
3. 이노베이터, 크리티컬 매스, 체인지 에이전트와 함께 IT 확산을 위해서는 (　　)의 지원이 있어야 한다.
4. 비개인화, 단방향성과 정보력이 크게 좌우하는 의사소통 경로는 대인(Interpersonal) 경로이다. (O/X)
5. 체인지 에이전트(Change agent)는 채택자와 동질적이다. (O/X)

14.2 사회적 연결망과 집단지성(Collective Intelligence)

Web 2.0과 Enterprise 2.0

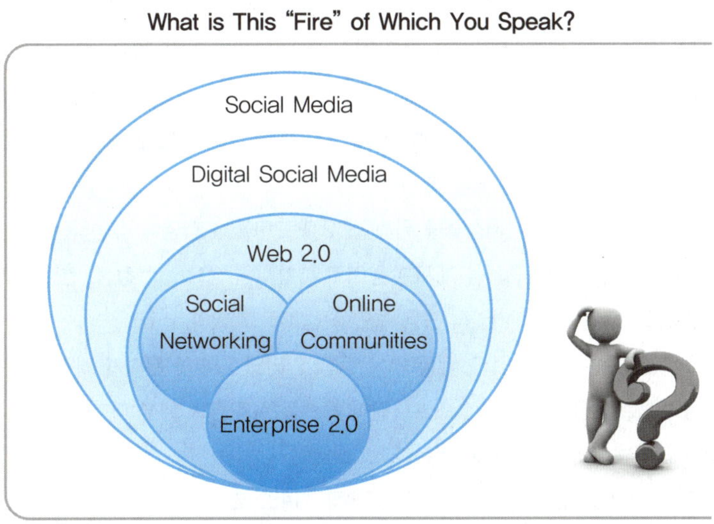

그림에서와 같이 소셜 미디어, 디지털 소셜 미디어, 웹 2.0, 소셜 네트워킹은 내재된 구성체들이고 여러 가지 소셜 미디어가 가장 큰 구성체이고, 디지털 소셜 미디어는 특별한 형태의 소셜 미디어이다. 웹 2.0은 디지털 소셜 미디어의 응용 형태인 애플리케이션이며 소셜 네트워킹은 웹 2.0의 애플리케이션이다. 이들의 구분은 점선으로 그려진 것처럼 엄격한 구분이라기보다는 일반적이며 불투명한 구조를 갖는다. 소셜 미디어에서 '소셜'이란 용어는 사람 사이(inter-personal)의 상호작용을 반영한다고 이해함이 가장 좋다. 이러한 생각을 확장하여 보면, 소셜 미디어는 사람 중심의 효과적인 의사소통이고, 다른 사람들과 지식을 창조하고 공유하고자 하는 개인의 열정에 의해 추구된다.

사람 위주의 의사소통 형태로, 소셜 미디어는 독백보다는 대화 형태를 강조하며, 많이 사용되는 일대다 형태의 접근방식뿐만 아니라 일대일과 다대다 형태의 의사소통 채널도 활용한다. 공식적인 메시지 전달보다는 비공식적인 상호 작용에 더 의존하고, 덜 구조적이고 더 자연스러운 상호 교환을 창조한다. 웹 2.0 용어는 정적인 웹페이지를 동적인 웹페이지로 옮겨가는 2세대 웹 디자인을 칭하며 사람들은 웹사이트에 방문하여 그 페이지의 콘텐츠와 기능을 결정하는 역할을 하게 된다.

웹 2.0 사이트가 디지털 소셜 미디어의 특정한 애플리케이션인 것처럼, 소셜 네트워킹 사이트는 웹 2.0의 특수한 형태로 비슷한 취미를 가진 사람들에 의해 커뮤니티가 만들어지고 운영되는 것을 지원한다. 이 같은 사이트를 통해 만들어지는 소셜 네트워크는 Facebook, Twitter, LinkedIn처럼 개인적(친구, 가족 등)이거나 순수하게 업무적이거나 혹은 두 가지가 뒤섞일 수도 있다. Wikipedia, Youtube 같은 웹 2.0 사이트는 사람과 사귄다거나 특정 그룹에 참여하거나 하는 커뮤니티 기능을 포함하고 있지만 주된 초점은 특정 콘텐츠 관련 창조, 공유, 상호작용에 있다.

마찬가지로, 페이스북, 링크드인, 트위터와 같은 소셜 네트워킹 사이트에서 많은 콘텐츠가 공유될 수 있지만, 주된 초점은 친구, 가족, 사업 동료들과 같이 커뮤니티를 만들고 유지하는 것에 맞추어져 있다.

엔터프라이즈 2.0은 기업의 가치창출을 위해 웹 2.0 도구들을 경영에 적용하는 것이다. 미국 하버드대 Andrew McAfee 교수가 처음 제시한 용어로, 6가지 구성요소로 검색, 연결, 제작, 태그, 확장성, 신호를 제시하고, 웹 2.0의 기업적 활용 측면을 강조하고 있다.

웹 2.0으로 총칭되는 블로그, 위키, 배급(RSS) 등의 인터넷 기술과 문화가 개인적 차원을 뛰어넘어 비즈니스 영역으로 파급되면서 소셜 소프트웨어 플랫폼은 직원과 외부 파트너, 고객이 함께 이용해 기업 경영과 가치창출에 기여하도록 돕는다.

웹 2.0과 엔터프라이즈 2.0은 모두 참여와 공유를 기반으로 하지만, 엔터프라이즈 2.0은 기업의 가치창출이 동반되어야 한다는 점에서 다르다. 엔터프라이즈 2.0 SW는 최소한의 시스템과 자원을 필요로 하며, 설치와 운영 부담이 적고 인터페이스가 간단해 사용자 교육이 쉽고, 웹 서비스와 공개소스를 이용해 시스템 통합 및 유연성이 커지는 특성을 갖고 있다.

[내 용]

- 웹(Web)의 진화(Web 1.0 vs. Web 2.0)
- 집단지성(collective intelligence)의 개념과 방법론
- 소셜 네트워크(social network) 분석과 역할 디자인 및 분석사례
- 집단(collectivity)의 개념과 주요 특징
- 소셜 네트워크 분석툴

[목 표]

- 웹의 진화와 집단지성의 개념에 대한 이해
- 사회적 연결망의 개념과 혁신성에 대한 이해
- 집단지성과 커뮤니케이션 경로의 중요성에 대한 이해

본 장에서는 사회적 연결망과 집단지성에 관한 내용을 다루고자 한다. 혁신적인 아이디어는 소셜 네트워킹(사회적 연결망)의 집단지성을 통해 창출될 수 있기 때문에 집단 내에서 의사소통 경로의 중요성과 분석의 필요성이 강조된다. 학습목표는 웹의 진화 방향, 사회적 연결망의 개념과 혁신성 이해, 집단지성(혹은 집단 지적 능력)과 커뮤니케이션의 절대적 역할을 이해하고 사회적 연결망 또는 네트워크의 분석과 툴을 이해하는 것이다.

[용 어]

웹 2.0	2세대 웹이라고 할 수 있으며 참여자들에 의해 구축된 social network(사회 연결망)를 분석하고, 구성원 간의 효과적인 상호작용과 의미 있는 정보유통을 지원해 주는 정보시스템을 위한 웹 기반을 의미한다. 개방(being open), 공유(sharing), 협력(collaboration), 참여(participation)를 주요 키워드로 강조하고 있다.
사회 네트워크 분석 (social network analysis)	사람들 간의 '상호작용'은 '관계'를 만들어 나가며, 그들의 영향 하에 정체성을 형성해 나간다. 이때 그 구성원들인 사람이나 조직을 노드(node)라 하며 노드를 모두 연결하면 네트워크가 구축되는데, 이를 분석하여 상호관계의 가중치(traffic, velocity)나 집중도(centrality) 등을 도출하고 다양한 패턴 분석과 전략을 만들어낼 수 있다.
지식 네트워크	사회 네트워크가 상호작용을 통하여 지식정보의 창출과 사용에 활용될 때 지식 네트워크로서의 역할도 수행할 수 있게 된다. 따라서 노드의 속성 분석, 집중도 분석, 네트워크 내 흐름의 방향 분석 등을 통하여 향후 다양하고 체계화된 지적 능력을 만들어낼 수 있다.

14.2.1 웹의 진화 : Web 1.0 vs. Web 2.0

포털(portal)은 Web 1.0의 대표적 키워드이며 일반적으로 push 형태의 정보제공 방식을 의미한다. HTML, Active X와 같은 기술을 사용하며 브리태니커(Britannica) 사전, 개인 웹사이트 등이 해당된다. 이와 달리 블로그(blog), 마이크로 블로그(micro blog), 위키(Wiki) 등과 같이 집단 내에서 사용자와 멤버 간의 양방향 커뮤니케이션이 이루어지는 채널도 존재한다. 즉, 이러한 채널은 push와 pull이 공존하는 형태로 Web 2.0의 대표적인 특징이 된다. Web 2.0은 RSS, 위키, 태그(tagging) 등의 기술을 이용하며 웹을 사용하는 것은 맞지만 플랫폼으로서의 웹 형태를 띠게 된다. 이러한 커뮤니케이션 방식으로 인해 생산자(product)와 소비자(consumer)의 복합어인 프로슈머

(prosumer)라는 용어도 생겨났다. 또한 양방향 커뮤니케이션이 가능하며 당사자들이 공동으로 참여하여 새로운 아이디어와 혁신을 만들어낼 수 있다.

[그림 14-7]과 같이 Web 1.0과 Web 2.0을 비교해 볼 수 있다.

	Web 1.0	Web 2.0
특징	• 대표적 단어는 포털 • 일방적 서비스 제공 • 기술 중점	• 플랫폼으로서의 웹 • 프로슈머(prosumer) • 사람 중심(참여와 공유)
기술	• HTML, AcriveX	• RSS, Wiki, Tagging
특징	• Britannica Online • personal websites • publishing	• Wikipedia • Blogging • participation

Web 2.0의 네트워크 기반 문화적 키워드

개방(being open), 공유(sharing), 협력(collaboration), 참여(participation)

그림 14-7. Web 1.0 vs. Web 2.0

Web 2.0의 네트워크 기반 문화적 키워드는 참여(participation), 공유(sharing), 개방(being open) 등이다. 그리고 이러한 요소들이 모두 잘 이행될 때 보다 혁신적이고 창의적인 것이 만들어질 수 있다. 만일 이 키워드들이 만족되지 않으면 혁신은 전파 또는 확산이 될 수 없기 때문에 사회적 집단 내에서의 의사소통 경로를 파악하여 어떤 노드가 더 많은 창의성과 아이디어를 가지고 있으며 누가 얼리 어댑터가 될 수 있는지에 대한 예측이 수행되어야 한다.

14.2.2 집단지성

(1) 집단지성 개념 — 참여, 공유, 개방

집단지성(Collective Intelligence)은 개인보다 집단의 혁신성과 창의성이 강하기 때문에 개인과 개인 그리고 개별 기업과 개별 기업을 연결하여 집단적인 커뮤니티와 그룹을 구성함으로써 더 많은 혁신적인 아이디어와 베스트 프랙티스를 만들어내도록 하는 것이다. [그림 14-8]과 같이 집단지성은 모든 멤버의 **참여**와 **공유**, **개방성**이 있어야 비로소 창출될 수 있다.

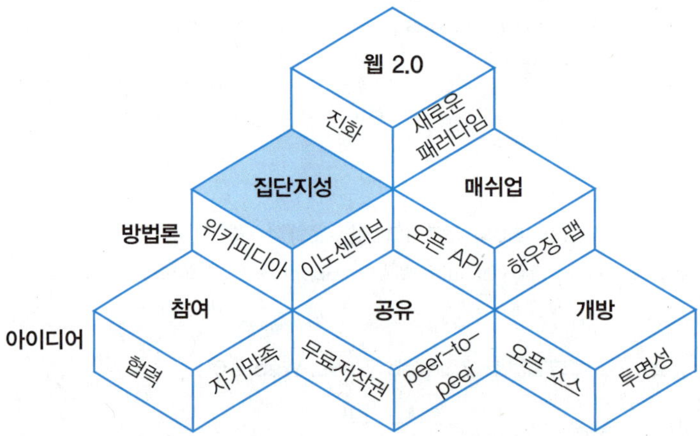

그림 14-8. 집단지성(Collective Intelligence)의 개념

(2) 집단지성 방법론 — 상호작용과 통합(Interaction and Integration)

[그림 14-9]에서 큰 원은 사회적 시스템을 나타내는 집단(커뮤니티)으로서 A 집단, B 집단이 있다. 각 커뮤니티 내 구성원 간에는 여러 형태의 상호작용이 이루어지며 이를 위한 커뮤니케이션 채널도 존재한다. A와 B, 두 개의 커뮤니티는 연계되어 더 큰 커뮤니티 또는 네트워크로 통합이 가능하다. 집단은 개인보다 강하기 때문에 오늘날 기업

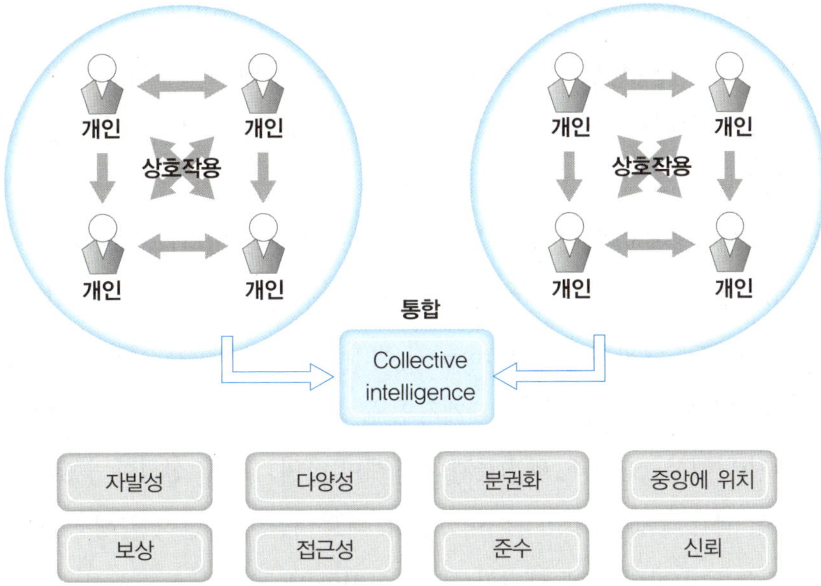

그림 14-9. 집단지성 방법론과 운영의 구성요소

들은 개별적인 기업끼리 경쟁하지 않는다. 많은 산업 부분에서 글로벌라이제이션을 통해 팀과 팀이 경쟁하고 있다. 따라서 오늘날의 경쟁력은 개별적 오너십에서 나오는 것이 아니라 파트너십, 즉 집단적 사고를 통한 창의성, 즉 집단지성에서 나온다고 할 수 있다. 집단지성에서 필요한 운영적 구성요소에는 자발성, 다양성, 분권화, 중앙 위치, 보상, 접근성, 규칙 준수, 신뢰 등이 있으며 이러한 사항들이 잘 조합되었을 때 집단 내에서 구성원들의 활동력이 강화될 수 있다. 반대로 이러한 구성요소들이 부족하면 명목적인 참여에 머무르게 되어 실질적인 창의성 효과가 이루어지지 않게 된다.

(3) 집단주의와 행동 : 쿨파밍-쿨헌팅(cool farming-cool hunting)

Cooper & Gloor(2007)는 창조적이면서도 핵심적인 가치 트렌드를 파악하는 쿨파밍(혁신농장)과 쿨헌팅(혁신사냥)에 대한 개념을 주장한다. 이 두 개념 모두 그룹,팀, 커뮤니티를 말하며 혁신을 더 잘 확산하는 집단이며, 커뮤니케이션하는 집단이며, 강력한 그러나 강제적(mandatory)이 아닌 자발적인(voluntary) 집단이다. 이러한 커뮤니티는 의사소통이 많이 이루어지며 그 내용의 질 또한 좋고 네트워크 은하계의 중앙에 위치하여 자발적인 활동과 대외적 연결성이 있는 14.1에서 이야기한 이노베이션 조직의 특성을 가지고 있다.

쿨파밍과 쿨헌팅에 대하여 주요 특징을 살펴보면 우선 **쿨파밍**은 은하계를 만들어내는 방법이며 **쿨헌팅**은 은하계 내에서 주도적 위치에 있는 사람이나 개별 기업을 찾아내는 것을 의미한다. 쿨파머(Cool Farmer)가 되기 위해서는 네 가지 행동양식이 있다. 상생경영, 파트너 경영, 지식경영, 생태계경영 등 최근 많이 강조되는 네트워크 경영방식을 추진하기 위해서는: 첫째, 멤버들과 공유해야 하며; 둘째, 신뢰할 수 있는 관계를 만들고; 셋째, 파트너에게 귀 기울이며; 넷째, 파트너들이 자발적인 행동을 할 수 있게끔 스스로 파트너 집단 속에 빠져야 한다. 이러한 네 가지 행동지침이 네트워크 기반에서 엔게이지먼트와 엠파워먼트를 통하여 콜래보레이션을 할 수 있는 가이드라인이 된다.

(4) 집단지성과 결정적 다수 효과

'은하계 확산 성공전략과 결정적 다수(critical N)에 관한 혁신 가이드' 내용은 이노베이션 확산에 대한 사회경제적인 조건에 대한 내용이며 중요하지만 간단히 설명하고 넘어가고자 한다. '은하계' 확산 성공전략을 위해서는 기술확산, 집단행동, 비용효과 이론 등 여러 분야의 이론이 결합되어야 가능해진다. 또한 혁신지식을 확산시키고자 할 때는 앞에서 간단히 언급한 대로 집단 내 결정적 다수(critical N)의 조기 형성이 매우 중요하다. 한걸음 더 들어가면, 초기 참여자 또는 얼리 어댑터를 대표하는 결정적 다수의 초기 의사소통 비용은 작고 효과는 커야만 비로소 확산이 폭발적으로 이루어질 수 있는데 만일, 초기 참여비용이 크다면 참여하려는 자들의 회의가 커진다. 동시에 혁신적인 시스템이 성공되고 확산되기 위해서는 초기 참여자 수가 많아야 한다. 한마디로 집단의 초기 참여자는 얼리 어댑터와 오피니언 리더를 의미하며 그들의 비용은 낮고 영향과 참여 효용이 높아야 한다는 것이다. 또한 비용효과는 사회경제적 신분의 위치가 중심에 자리할수록, 커뮤니티의 초기지원제도(이벤트, 판촉행사, 지원금, 보조금 등)가 클수록 높아진다. 이처럼 인센티브와 같은 지원은 결정적 다수만큼의 숫자가 확보될 때까지 지속적으로 필요하다. 결론적으로 기여비용의 최소화를 통해 절대적 다수의 조건을 조기 달성함으로써 혁신의 폭발적 증가로 이어질 수 있다.

14.2.3 소셜 미디어와 소셜 네트워크(social media and social network)

전통적인 커뮤니티 시스템이나 일반적 확산론은 얼리 어댑터(adopter)인 초기 채택자들이 덜 성숙된 시장을 선점하며, 상대적으로 후기채택자들의 채택과 혜택을 불확실하게 만들면서, 결국 오피니언 리더나 초기 채택자들이 어떻게 구성되어 있느냐에 엔터프라이즈의 성공이 달려 있게 된다[Rogers, 2005]. 그렇다면 새로운 테크놀로지와 비즈니스 플랫폼에 기반을 둔 다양한 스마트 모바일, 소셜 미디어, 클라우드, SNS 등으로 새롭게 등장하는 디지털 비즈니스는 어떻게 달라질까? 새로운 비즈니스 현상은 비즈니스 생태계에 플레이어들이 플러그-플레이 형태로 자발적으로 참여하고, 상호 소통하고, 집단지성을 형성하는 등 새로운 속성을 통해 테크놀로지 'push'와 비즈니스 'pull'로 진화되어 나간다. 한걸음 더 나아가, 이노베이션이나, 쿨파밍-쿨헌팅, 비즈니스 생태론, **집단행동**(collective action)론이 강조하듯 소셜 미디어나 멀티미디어 정보 콘텐츠 중심 의사소통(물질 자원 중심이 아니고, 예: 고객 수)은 기존의 **네트워크의 효과**(network effect)**인 선점 스노볼 효과와 달리** 후기 채택자들이 오히려 더 많은 의사소통 소스를 가져 더 많은 혜택을 보게 된다. 그러므로 이노베이터와 얼리 어댑터 중심의 네트워크 효과가 오늘날 중요하지 않다고 말할 수는 없고, 그들의 네트워크 효과로 크리티컬 매스(또는 결정적 다수, critical mass)를 달성한 시점 후에도 경쟁자보다 더 빠른 속도로 얼리 마조리티나 느림보들을 확보하는 데 손 놓고 있어서는 안 된다. 그래야 크리티컬 매스 이후에도 계속 폭발적 확산과 인스티튜셔널화가 가능해질 것이며, 본서가 '선도 진입(first moving)' 뿐만 아니라 '빠른 학습(fast learning)' 을 강조해 온 이유이다.

14.2.4 열린 소셜 네트워크의 파워

IT와 더불어 ST로 이루어지는 경영 플랫폼 위의 가치네트워킹 성공은 앞에서 언급한 최근의 **테크놀로지 네트워킹**만으로 이루어지는 것은 아니다. 연결성(connection network), 매력성(gravity) 그리고 유속성(flow)의 3가지 플랫폼 속성이 가치창출을 위해 결집된 자원의 기반 위에서 적절히 믹스되어야 디지털 비즈니스는 유연(flexible)하고 민첩(agile)하게 된다. 왜냐하면 플랫폼에서는 참여(participation)가 어렵지 않게 네트워크로 연결될 수 있어야 하고, 그 네트워크는 충분히 참여자를 끌어들일 수 있도록 매력적이어야 하며, 지속적인 네트워크 내 활동이 유지되어야 존재의 이유가 있기 때문이다. 성공할 수 있는 디지털 비즈니스 플랫폼도 다양한 네트워크로 콘텐츠, 데이터, 소프트웨어 등이 결속되어 생태계 내 노드(참여자)의 링크 엔게이지먼트를 촉진시키고 그들의 능력을 엠파워먼트한다.

궁극적인 실행(implementation)의 성공은 다음의 **소셜 네트워킹** 요인-경영 플랫폼 속성인 connection, gravity, flow에 의해 결정되고, 각 요인은 각 구성요소에 의해 만들어질 수 있다.[2]

- **연결성**(Connection): 참여자가 공유와 상호작용을 위해 플랫폼에 얼마나 쉽게(ease-of-use) 플러그인할 수 있는가?

2. Bonchek and Choudary, 2013.

플랫폼 **연계성**과 **편의성** 개념으로 얼마나 쉽게 플랫폼에 접속해 데이터를 공유하고 거래처리를 할 수 있느냐이다. 툴박스(Toolbox)는 플랫폼에 쉽게 연결할 수 있도록 해주며, 따라서 플랫폼 참가자들이 서로 의사소통할 수 있게 된다. 예를 들면, Apple은 개발자들에게 OS와 해당 코드 라이브러리를 제공해 준다. YouTube는 만들어 올리는 사람들에게 기반을 제공해 준다. Wikipedia는 작성자들에게 콜래보레이트할 수 있도록 해주는 도구를 제공한다. JC Penney 백화점도 입점 파트너들에게 온·오프라인 전용 매장 스페이스를 분양해 준다.

- **중력성**(Gravity, **매력성**) : 플랫폼이 생산자나 소비자 모두를 참여자로서 얼마나 잘 유인(usefulness)할 수 있는가?

  거리감 없는 **친밀성**과 **결정적 다수** 개념으로 플랫폼이 얼마나 잘 생산자나 소비자를 끌어들이느냐 하는 것이다. 매력성은 감성적으로 당기는 힘을 통해 참가자들을 플랫폼 쪽으로 당긴다. 비즈니스 거래를 위한 플랫폼이라면 생산자와 소비자 모두가 결정적 다수(critical mass)에 도달할 수 있도록 해야만 한다. 예를 들면, Apple은 개발자와 사용자 모두가 필요했고, eBay도 비슷하게 구매자와 판매자 모두가 있어야 말이 된다. 플랫폼을 구축하는 사람은 인센티브 디자인, 시스템 평판, 가격 산정 방식에 관심을 가져야 하며 네트워크 효과(network effect)로 폭발적 임계점에 도달해 강화할 수 있도록 해야 한다.

- **유속성**(Flow) : 플랫폼이 가치의 교환이나 공동창출을 얼마나 잘 증폭시킬 수 있는가?

  데이터 풍부성과 중매 성사와 빈도 개념으로 플랫폼이 얼마나 잘 가치의 공동 창출과 교환을 촉진시키느냐이다. 여기서 중매자는 생산자와 소비자 사이를 연결시킴으로써 가치의 흐름을 촉진시킨다. 또한 데이터는 성공적인 중매의 척도이며 다른 비즈니스 모델과의 차이를 나타내는 핵심이다. 즉, 중매자는 참가자들의 데이터를 확보 후 활용해서 중매를 활성화시킨다. 예를 들면, eBay와 같은 시장 플랫폼은 상품과 구매자 간의 연결이지만 Google은 온라인 콘텐츠에 대한 공급과 수요를 연결시키고자 한다.

소셜 네트워크 연결망 분석은 오래된 역사를 가지는데(예: 네트워크 분석, 소시오-메트릭 분석) 네크워크 노드와 링크에 대한 중심성(centrality), 다양성(diversity), 중복성(multiplicity), 집중성(intensity) 분석은 그 상황이 온라인이든 오프라인이든, 미디어를 이용하든 면대면을 이용하든 매우 중요하다. 물론 아이디어 창출 다음에 채택과 실행 역시 조직에 잘 흡수되어야 이노베이션을 꽃 피우겠지만, 그렇기에 설득력 있는 리더십의 역할이 필요할 것이다.

[그림 14-10]은 비즈니스 생태계를 구성하는 플레이어들의 인터랙션을 분석하여, 구성원들의 역할을 디자인하는 단계 모습을 보여준다. 예를 들면, 사용하는 소셜미디어 계정과 콘텐츠 분석, 사용하는 네트워크 패턴 노드와 링크를 분석하여 네트워크 참여자들에게 혁신적 정보(information) 전달, 설득력(influence) 발휘, 친밀감 유지(intimacy) 역할을 한다.

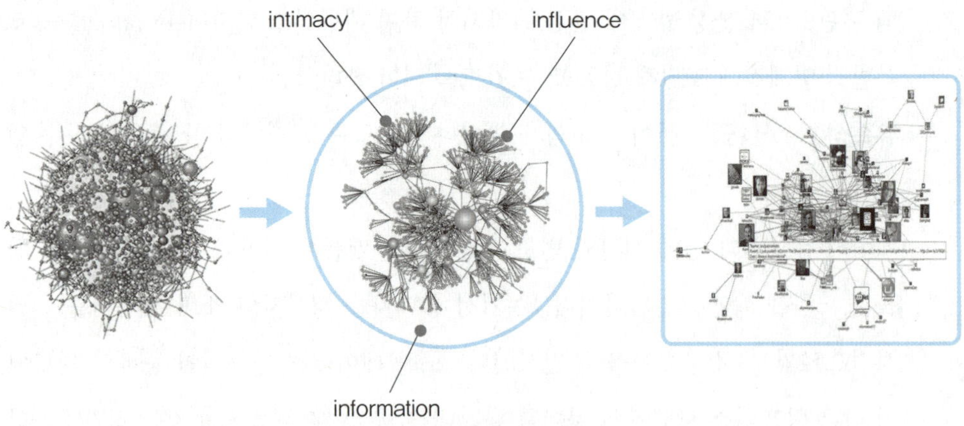

그림 14-10. 네트워크 참여자들의 역할 디자인

집단적 사고를 통한 지성과 지혜는 구성원들의 소셜 미디어를 이용한 커뮤니케이션 활성화가 필수적이며, 비즈니스에서 소셜 미디어를 활용하는 것은 생태계 네트워크화를 통하여 가치를 창출하고 목표를 달성할 수 있게 만든다. 소셜 미디어를 이용하는 패턴은 플랫폼 기반을 받혀 주는 디지털 네트워크상에서 커뮤니티 특성에 따라 참여자의 활동을 반영하여 다양하게 펼쳐진다.

분석은 흔히 네트워크를 구성하여 참여하는 자를 나타내는 노드(node), 그들 간의 상호작용 패턴을 나타내는 링크(link)에 대한 품질을 네트워크 분석 또는 소시오 매트릭스 기법과 툴을 사용하여 이루어진다. 네트워크 분석은 중심성, 연결성, 중요성 등에 초점을 맞추며, 이러한 분석을 통하여 참여자들 중 활동량이 많은 핵심 영향자(influencer)를 발견할 뿐만 아니라 네트워크 전체의 활동력(intensiveness)도 파악할 수 있게 된다. 특히 메이븐(maven), 커넥터(connector), 세일즈맨(sales man), 커뮤니케이터(communicator)들을 파악하여 아이디어 맨, 오피니언 리더, 전달자 등의 필요 역할에 대한 책임 중심점 설계가 가능할 수 있게 된다. 이러한 집단을 통한 지성과 지혜가 창출, 전달, 확산될 수 있더라도 그 지속 가능성은 비즈니스 생태계, 즉 가치네트워크 참여자들이 얼마나 결속력을 발휘하는가에 달려 있는데 이를 엔게이지먼트(engagement)라 부른다. 또한 각 역할 분담자에게 얼마나 사회기술적으로 권한위임을 통한 강화 기회를 부여하는가에 달려 있는데 이를 엠파워먼트(empowerment)라 부른다. 기술적 자동화는 업무 품질의 불량률을 감소시키고 생산성을 향상시켰지만, 진정한 품질의 향상은 네트워크 참여자들의 업무 창의성과 커뮤니티 교류 만족을 통하여 제공하도록 시스템을 디자인해야 한다는 것이 Enid Mumford가 염원하는 사회기술적 디자인 방법(ETHICS method)이고 접근 철학이다.

14.2.5 소셜 네트워크 활용 전략과 분석

현재 우리가 사용하고 있는 소셜 미디어의 각종 데이터들은 많은 부분들이 누구나 접근할 수 있도록 개방되어 있다. 이렇게 개방되어 있는 데이터를 의미 있는 정보로 변환하여 활용하기 위해서 현재 여러 툴(tool)들이 개발되고 있다.

예를 들면, Twitter의 경우 사용자의 수가 많을 뿐만 아니라 정보의 개방성이 높기 때문에 이러한 툴을 통해 개방된 정보를 개인과 기업에서 매우 의미 있게 활용할 수 있다. 이러한 툴에는 트렌드를 분석하는 콘텐츠 분석, 지정된 계정을 분석하는 계정 분석, 네트워크를 인포그래픽 또는 소셜 그래픽으로 표현하여 분석하는 노드와 링크 분석 등이 있다.

(1) 소셜 네트워크 전략

경영혁신을 위한 기업들의 노력에는 파트너 콜래보레이션(collaboration), 고객 엔게이지먼트(engagement), 직원 엠파워먼트(empowerment) 이슈가 포함된다.

디지털 엘리트 엔터프라이즈에 속하는 Starbucks는 고객과의 결속 또는 엔게이지먼트(engagement)를 위해 디지털화을 시도했는데 새로운 부사장 직책을 만들어 임명했으며 처음 시도된 것은 매장에 무료 와이파이를 설치하고 디지털 잡지들을 골라 보게 할 수 있도록 구축하는 것이었다. 단순히 테크놀로지를 설치했다는 것 자체보다도 고객의 입장에서 생각하고, 듣고, 결속력 강화(customer engagement)를 위한 사회기술적 강화(socio-technical empowerment)를 실행했다는 점이 핵심이다. 새로운 테크놀로지의 빠른 채택이라는 비전 창출과 구체적 액션을 만들어내는 리더십과 문화의 성숙 수준을 잘 느끼게 한다. 이와 같이 MIS의 여러 유형 중 CSS(communication support system)와 같이 커뮤니케이션과 엔게이지먼트를 지원하는 시스템은 기존의 유형과 함께 새로운 플랫폼 기반으로서 미래경영의 콜래보레이션 역량이 된다.

디지털 시대에 경영층과 CIO의 전통적인 역할과 책임이 소셜 미디어 채택의 증가와 함께 줄어들 것이라고 생각할지도 모른다. 하지만 그들의 역할과 책임은 줄어들지 않을 것이며, 오히려 새로운 미디어를 이용해 엔터프라이즈의 영역을 확장하고 향상시킴으로써 그들의 중요도를 더 부각시킬 것이다. 소셜 미디어를 활용할 줄 아는 엔터프라이즈는 더 적극적인 결속을 통해 비전을 만들고, 전달하고, 협력을 촉진시키고, 효과적인 보상 시스템 구축으로 콜래보레이션을 만드는 데 결정적인 역할을 해야 한다. 따라서 엔게이지먼트가 가져오는 참여 중심의 혁신을 위해 엔게이징 리더를 육성하는 방식에 대해 알아볼 필요가 있다.

비즈니스 생태계 기반에서 다양한 참여자들이 네트워크 노드를 구성하고 링크를 형성해 엔게이지먼트해야 하는 것은 너무나 자연스러운 현상이다. 그렇지만 여기에는 사회기술적 디자인(socio-technical design)의 핵심인 자율성, 연결성, 민첩성, 정체성, 다양성, 책임성, 피드백이 조건으로 존재한다[Mumford, 2006; 권태형, 2012]. 참여자의 네트워크상 엔게이지먼트가 영향자(influencer)를 부각시킬 것이며, 그들을 기술적 디지털(digital) 파워와 사회적 신뢰 파워로 엠파워먼트(권한위임 또는 권한강화)할수록 의도하는 네트워크 내 엔게이지먼트(결속력)는 활성화된다. 이러한 사고는 일찍이 IT 디자인의 전문가 시스템, 인공지능시스템 구축, 그리고 직무 디자인(job design)의 네트워크 구축, 직무만족 설계 원칙으로 제시되어 왔다.

소셜 네트워크의 영향자(influencer) 타겟 IDEA 전략

그동안 우리는 소셜 네트워크에서 매스 미디어, 매스 커스터머를 상대해 왔지만 사실 소셜 미디어 사회에서 영향력 있는 일부를 찾아 활성화시킴으로써 전체를 확보할 수 있다(예: 파레토 법칙). 여기서 일부란 이노베이션 패러다임의 이노베이터와 오피니언 리더, 또는 마케팅 패러다임의 매스 메이븐와 매스 커넥터 등을 예로 들을 수 있으며, 엔터프라이즈는 별로 어렵지 않게 전통적 '**스노우-볼 효과**(snow-ball effect) 서베이를 이용하여 찾아낼 수 있다. 예를 들면 상황을 묘사하는 셋팅을 정한 다음 "의견이 필요할 때 누구에게 물어보겠느냐?" 또는 "누구의 조언을 신뢰하느냐?" 그리고 "왜 그 사람에게 물어보았느냐?" 등을 질문하고 3～5명의 지명을 받아서 검증하고 또 다음 회차로 서베이를 진행해 들어가는 방식이 전통적 네트워크 방식(sociometrics)이다. 그러나 디지털 시대에 SNS를 이용하면 이미 기록, 저장된 인터액션 로그 데이터에 툴을 활용하여 콘텐츠 분석, 계정 분석, 노드와 링크 분석을 할 수 있다. 이를 통해 네트워크 내의 상호 연관성을 이해하고, 중심 노드를 찾아 집약적인 행동과 내용의 특성에 따라(예: 트래픽, 유용성, 접근성) 영향력 행사자들을 파악해 낼 수 있다.

오늘날 공식적 대중 채널뿐만 아니라 비공식적인 개인의 말과 행동도 마케팅 채널이며 마케팅 소스이다. 어떻게 고객 집단 기반의 영향자(influencer)를 찾아 관리하여 고객 베이스 전체의 활동을 위임 엠파워먼트하고 활성화시키느냐는 마케팅이 아니라도 모든 사회적 · 기술적 형태(제품 홍보 또는 프로그램 캠페인)의 이전(transfer)과 확산(diffusion)에서 최상 또는 최적의 비용-혜택 효과 투자 전략의 핵심이 된다. 엠파워먼트는 디지털 테크놀로지를 누구나 자유롭게 자기 환경에 이용할 수 있는 시대가 도래하게 하였다. 즉, 비즈니스 생태계 참여자라면 누구나 연결 가능한 능력을 갖고 있으며, 하물며 스스로 반응성과 민첩성을 가지고 문제에 대한 해결책까지 마련할 수 있는 환경이다. 결국 네트워크 기반의 엔터프라이즈에서 누구라도 기술적인 혁신을 가져올 수 있는 창의적인 이노베이터가 될 수 있으며, 이를 통해 기업은 스스로 자기 조직화되고 경쟁우위를 확보할 수 있게 된다. 경영자 리더십은 구성원을 신뢰하고 그들에게 권한 이양 및 강화를 하는 것으로 이노베이션, 트랜스포메이션, 디스럽션의 기회를 더 확보할 수 있다.

Forrest Research(2010)가 제시하는 **IDEA 방법론**[3]은 다음의 4단계로 소비자 환

3. Josh Bernoff & Ted Schadler, "Empowered," *Harvard Busines Review*, 2010.

경 혹은 이에 대응하는 엔터프라이즈의 구성원 세팅에서도 활용될 수 있다.

- **Identify**: 소셜 네트워크를 분석하여 네트워크 영향자를 타겟으로 파악하는 단계로 가장 중요하다.
- **Deliver**: 파악된 영향자에게 차별화된 서비스를 제공하여 중요한 핵심적 위치와 역할이 되도록 한다.
- **Empower**: 영향자에게 모바일로 정보력을 제공하여 경험을 넓히고 이들이 충성심 표현을 넘어 진정한 팬이 되도록 한다.
- **Amplify**: 입소문과 소셜 미디어를 바탕으로 팬 베이스를 증폭시킨다.

(2) 소셜 네트워크 분석 사례[4]: 이스라엘 S/W 회사

이스라엘 소프트웨어 회사들을 통해 보다 구체적인 사례를 살펴본다. 이스라엘 소프트웨어 회사들은 마치 별들이 모여 있는 은하계 같이 다양한 점들이 모여 있는 형태를 띠고 있다. 어떤 기업은 많은 네트워크를 가지고 있으며 한두 개의 네트워크만 가지고 있는 기업도 있다. [그림 14-11]의 오른쪽 상단의 그림은 회사들 간의 특히 긴밀한 동맹관계를 가지고 있는 것을 확인할 수 있다.

기업 간의 **연결성**은 왜 기업별로 차이가 있으며, 많은 연결성을 가지고 있는 기업은 어떠한 속성을 가지고 있고, 또 단절된 기업들은 왜 단절이 되어 있을까? 또한 연계성 혹은 연결성이 개별 기업들의 경쟁력에는 어떠한 역할을 하고 있는가? 결론부터 말하자면 연결성(연계성)을 많이 가지고 있는 집단일수록 기업 간이나 집단의 성공과 생존 확률이 커진다. 반대로 말하면 연결성이 적은 집단이나 기업은 생존의 위험성이 존재한다.

[그림 14-11]의 하단부의 그림은 집단의 창조성을 통한 트렌드 창조가 어떻게 이

4. Cooper & Gloor, 2007.

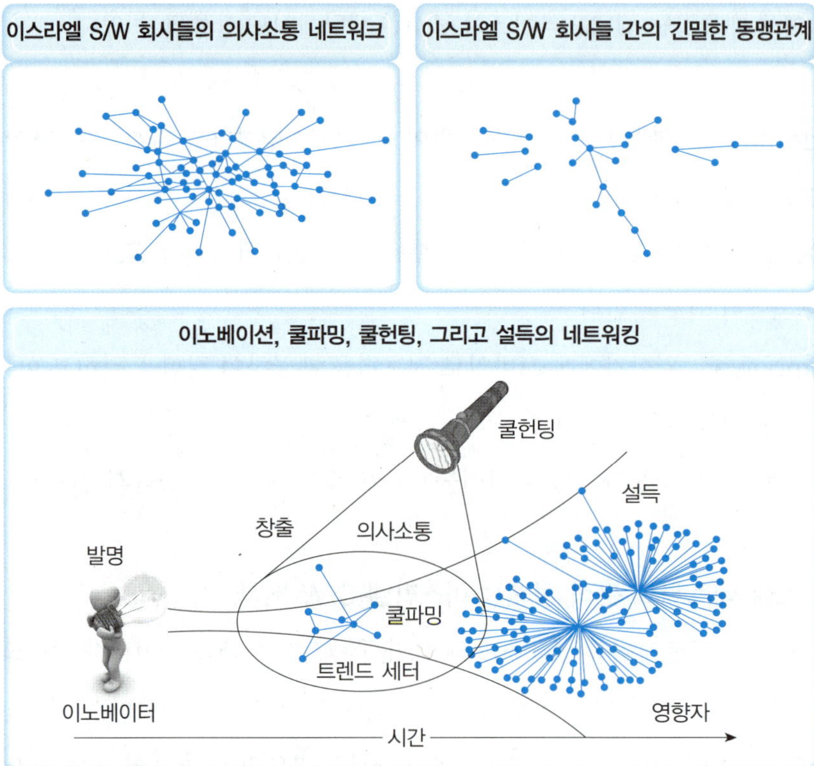

출처: Cooper & Gloor(2007)

그림 14-11. 소셜 네트워크 분석 사례 : 이스라엘 S/W 회사

루어지는가에 대한 내용이다. 일단 혁신성은 원초적인 아이디어맨이 존재한다. 그러한 아이디어가 핵심 영향자 그룹에 전달되어, 이노베이터 그룹에 의한 혁신 초기 단계인 쿨파밍/혁신농장 그리고 쿨헌팅/혁신사냥(cool farming and cool hunting)이라는 엔게이지먼트(engagement) 단계가 시작되고, 이를 통해 협동, 협력, 의사소통이라는 추진력이 생겨난다. 이것이, 트렌드를 구축하는 트렌드 세터(trend setter)가 형성되는 단계라고 보면 된다. 이 그림은 쿨파밍을 통해 어느 정도의 크리티컬 매스(critical mass ; 결정적 다수. 제14장 앞부분 이노베이션에서 이미 설명)에 이른다면 확산을 위한 폭발력을 가지게 되어 커다란 은하계가 형성되는 과정을 보여주는 그림이다. 만일 트렌드 세터를 통하지 못한다면, 즉 혁신적 아이디어맨과 이른 채택자인 얼리 어댑터가 설득되어 있지 않은 상태에서 커뮤니티 멤버들에게 전달된다면 그 집단은 혁신성을 잃어버리게 되고 새로운 아이디어는 실패하게 된다. 그런 점에서 크리티컬 매스 그룹의 트렌드 세팅 기능의 중요성을 알 수 있다.

(3) 소셜 네트워크 분석 사례[5] : 유럽 이동통신회사

다음은 유럽 이동통신회사 사례를 살펴본다. 이 회사는 학생들에게 휴대폰을 배부한 후 그 휴대폰을 통해 누가 누구와 통화를 많이 하는가? 첨단기술 사용자 네트워크에서 누가 영향력을 발휘하며 누가 수동적으로 받아들이고, 누가 기술광이며, 누가 기술 거부자이고, 채택자인가를 파악하기 위한 목적으로 연구가 실행되었다. 이 연구는 유럽 거대 이동통신회사를 통해 실행되었으며 실험 대상인 학급의 학생들에게 무료로 휴대폰을 지급하고 무제한 무료 통화와 무료 부가서비스를 제공하였다.

이후 통화내역을 이용하여 네트워크가 어떻게 구성되어 있는가를 찾아낸 것이다. [그림 14-12]의 왼쪽의 막대그래프를 보면 회색 막대는 수신, 청색 막대는 발신을 표현하고 있다. 8번 학생은 수신은 하지 않고 발신만 하였으며, 17번 학생은 주로 수신을 많이 하였다. 이처럼 개개인의 수신과 발신의 패턴을 통해 지식정보를 받아들이기만 하는지 혹은 발신하는지를 파악할 수 있다. 이러한 결과를 바탕으로 통화 네트워크를 알아보기 위한 그림을 그렸다.

이 그림은 전체 네트워크와 급우 네트워크라는 두 개의 은하계, 즉 네트워크가 만들어진 것을 보여준다.

이 연구의 결과를 통해 학생들은 부가서비스를 많이 사용하는 혁신가, 새로운 서비

5. Cooper & Gloor, 2007.

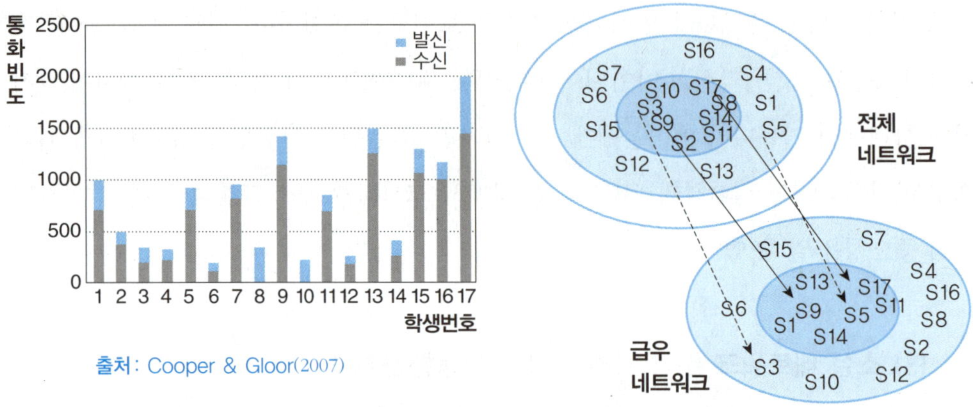

출처: Cooper & Gloor(2007)

그림 14-12. 소셜 네트워크 분석 사례: 유럽 이동통신 Social Network 분석사례

스를 실험해 보려는 그루(guru), 그리고 빨리 채택하는 얼리어댑터, 마지막으로 휴대폰이 필요 없을 만큼 많이 사용하지 않는 거부자의 네 집단으로 구분되었다. 즉, 의사소통 중개자 역할을 하는 S5와 두 그룹 모두의 핵심적 위치에 있는 S9, S11, S14와 같은 학생들은 네트워크의 중앙에 위치해 있어(network centrality) 이통사의 이윤을 극대화시켜 줄 수 있는 잠재력이 큰 집단이다.

커뮤니티 내에서 20%가 나머지 80%를 좌지우지하기 때문에 이 사례를 통해 20%의 중요성(예: 영향자, 트렌드 세터, 오피니언 리더, 얼리 어댑터)을 기억하고 그들을 찾으려는 노력의 필요성이 중요하다는 것을 확인할 수 있다.

(4) 소셜 네트워크 분석 사례[6]: 국내 트위터 활동 분석

마지막으로, 여기서는 스마트폰 관련 커뮤니티의 소셜 네트워크에 대한 심층 분석 사례를 살펴본다. 정보나 지식 혹은 트렌드의 확산에 있어서 영향력이 있는 자는 많은 기여를 할 수 있다. 그렇다면 이러한 영향자들이 가지는 영향력은 동일할까? 그리고 영

6. 성민준, 2011.

향자들이 속한 네트워크 혹은 커뮤니티의 특성 및 환경에 따라서 영향자의 영향력이 달라질 수 있는가? 이를 위해 아래 세 번째 사례에서는 트위터 상의 소셜 네트워크를 분석함으로써 특정 네트워크의 영향자가 가진 영향력을 알아보고 있다. [그림 14-13]은 트위터의 해쉬 태그를 기반으로 생성된 블랙베리 폰(blackberry) 커뮤니티(약 400명)의 멘션(mention), 리트윗(retweet) 네트워크 사례이다. 소셜 네트워크 분석 툴인 노드엑셀(NodeXL)이 보여주는 다이어그램을 통해 알 수 있듯이 이 커뮤니티의 경우 내부 네트워크가 영향력을 가진 소수를 중심으로 형성되어 있음을 알 수 있다. 왼쪽이 멘션한 샘플 자료(한 명이 크게 지배)이고, 오른쪽이 리트윗한 샘플 자료(두 명이 크게 지배)이며, 커뮤니티 전체의 활동력을 나타내는 지표는 총 참여자의 평균값을 지표로 타 커뮤니티들과 비교 분석하였다(성민준 · 권태형, 2011).

출처: 성민준(2011)

그림 14-13. 소셜 네트워크 분석사례: 국내 트위터 활동 분석

이러한 소수들을 영향자(influencer)라 총칭하며, 영향자는 그 역할에 따라서 세일즈맨(salesman), 메이븐(maven), 커넥터(connector)라는 세 가지 형태로 분류된다. 이러한 영향자들의 역할이 트위터의 커뮤니티 내 트윗(tweet), 멘션(mention), 리트윗(retweet) 활성화에 미치는 영향을 분석한 결과 스마트폰 커뮤니티 내에서는 메이븐보다는 세일즈맨과 커넥터가 구성원들의 참여 활성화에 상대적으로 더 많은 기여를 하고 있다는 것을 확인할 수 있다. 그 이유는 초기의 단순한 정보확산에서는 전문가 소싱보다는 'like-me' 적인 주변 소싱이 크게 작용함을 보여준다. 이렇게 영향자의 역할에 따라서 그 영향력에 차이가 발생한다는 것은 소셜 커뮤니티가 가지고 있는 특징이나 환경 등에 따라 네트워크 활성화를 위해 요구되는 영향자의 역할이 달라질 수 있다는 것을 보여준다.

종합하면, 정보나 지식의 확산에 있어서 다양한 영향자의 식별은 사람이든, 사물이든 또는 개념이든, 중요한 요소이지만 해당 네트워크의 특성이나 환경에서 요구되는 영향자를 파악하여 어떻게 전략적으로 활용하느냐 하는 것이 더욱 핵심적인 요소이다. 예를 들면, 디지털 이노베이션과 트랜스포메이션의 확산, 고객 팬(fan) 증폭 마케팅, 직원 엠파워먼트 프로그램 전파, 매장 구매 패턴 분석으로 디스플레이와 번들링(bundling), 소셜 콘텐츠 분석으로 쿨 파밍과 헌팅(cool farming and huting) 등이 여기에 속한다. 나아가 앞에서 설명한 소셜 커뮤니티 내의 연결 편리성, 콘텐츠 공유 매력성, 참여 트래픽 유속성이 갖추어짐으로써 네트워크 확장성이 지속되어야 한다.

정리하기

Web 2.0으로의 발전에 따라 집단지성의 중요성과 유용성이 부각되고 있으며 집단지성은 집단의 창의성과 혁신성이 개인보다 더 강하다는 개념으로 더 많은 아이디어와 베스트 프랙티스를 만들어낼 수 있을 것으로 기대된다. 전통적으로는 전문가 개인(expert sourcing)을 중요시했으나 Web 2.0의 등장으로 일반 개인의 참여와 상호 공유는 더 많은 창의성을 창출하면서 오늘날 크라우드 소싱(crowd sourcing)을 만들어내고 있다. 집단 내 멤버들 간의 상호작용은 여러 형태의 소셜 네트워킹을 형성하는데, 소셜 네트워크에 분석 방법과 툴을 이용하면 집단 내 창조성이 어떻게 만들어져 누구에 의해 시작되어 전파되는지 등을 파악할 수 있게 된다. 소셜 네트워크 분석은 개인 및 기업과 조직의 커뮤니티 내 영향자(influencer) 파악을 가능하게 하면서, 아이디어와 정보의 확산뿐만 아니라 팬(fan)의 구축과 활용을 통한 팬(fan) 브로드 캐스팅 스타일의 확산을 가능하게 할 수 있다. 이러한 트렌드는 향후 소셜 테크놀로지 및 멀티미디어(오디오, 비디오) 그리고 클라우드(cloud) 컴퓨팅의 발전과 결합으로 디지털 시대의 엔터프라이즈 발전에 매우 중요한 영향을 미치리라고 기대된다.

평가하기

➔ 제시된 문항의 빈칸(   )을 채우거나, O/X 여부를 결정하세요.

1. 집단지성(Collective Intelligence)이 성공하기 위해서는, 네트워크 기반 조성과 영향자 파악을 의미하는 쿨 (   )과 쿨 (   )의 공동체 파악이 있어야 한다.
2. 강력한 집단의 특성 중 가장 큰 특징은 연결성과 (   )이다.
3. 새로운 IT를 중심으로 집단이나 커뮤니티가 정체성을 가지고 확장하기 위해서는 초기의 (   ) 있는 채택자가 얼마나 빨리 구축되느냐가 매우 중요하며, 이들을 (   ) 또는 영어로 (   )이라고 한다.
4. 웹 2.0은 참여와 개방과 공유를 중심으로 쌍방향적인 서비스를 제공하므로 웹 1.0보다 더 많은 가능성을 가지고 있다. (O/X)
5. MC(mass connector)와 MM(mass maven)의 공통점 및 각 특성은 무엇인가?
   - 공통점 : (   )
   - MC의 특성 : (   )
   - MM의 특성 : (   )

TED Talk, Jan. 2014.

"참전용사들은 왜 전쟁을 그리워하는가(Why Veterans Miss War)?"[7]

by Sebastian Junger, 넌-픽션 스토리 『*Perfect Storm*』의 저자.

본 TED Talk 에피소드는 전장에서의 병사 간 진정한 휴먼 네트워크의 중요성이 전장에서도 디지털 Biz에서도 얼마나 큰 것인가를 말하고 있다고 생각한다. Biz의 의미 있는 생태공동체 구성에 관하여 영국의 Bailey와 Madden 교수는 다음과 같이 사례를 묘사하고 있다.[8] "우리들은 모두 지쳤지만 그래도 웃었다. 다음 날 아침 유니폼을 입은 우리 모두의 표정은 밝았고 마치 작은 가족의 식구들 모두가 둘러 모여 있는 것처럼 사랑이 가득한 기분이었다."

"오늘 저는 조금은 불편한 질문에 대한 답을 찾으려 합니다. 민간인들 그리고 물론 군인들은 전쟁으로부터 고통을 받습니다. 민간인 누구든지 이러한 고통을 가하는 전쟁을 그리워한 적은 없을 겁니다. 제가 20년 동안 전쟁을 취재해 오면서 놀랐던 것 중 하나는 얼마나 많은 병사들이 스스로 전쟁을 그리워하고 있는지입니다. 어째서 누군가는 상상할 수 있는 최악의 경험을 하고서, 자신의 보금자리와 가족 곁으로, 자신의 조국으로 돌아와서도 전쟁을 그리워할 수 있는 걸까요?

… (중략) …

형제들이 있는 최전선으로 돌아가기 위해서였죠. 이제 브랜단(Brandan)을, 그 모든 병사들을 생각해 보세요. 그런 서로의 유대감을 경험했던 병사들을 생각해 보세요. 조직 안에서 그들은 어떤 면에선 자신보다 20명의 동료들을 더 많이 사랑했습니다. 얼마나 훈훈했을지 상상해 보세요. 그들은 그런 경험으로 일 년 동안 행복했었습니다 그리고 집으로 돌아왔습니다. 그들은 우리처럼 이제 막 사회로 돌아왔습니다. 누구를 믿고 의지해야 하는지 알지 못한 채, 누가 그들을 사랑하고 그들이 누

7. http://www.ted.com/talks/sebastian_junger_why_veterans_miss_war
8. http://sloanreview.mit.edu/article/what-makes-work-meaningful-or-meaningless/?utm_medium=social&utm_source=twitter&utm_campaign=featjune16

구를 사랑할 수 있는지 알지 못한 채, 그들이 아는 누군가가 그들을 위해 무엇을 해줄지 알지 못한 채로요. 그건 정말 끔찍합니다. 그에 비하면, 어떤 점에서 전쟁은 심리적으로 수월합니다. 그런 종류의 소외감에 비해서는요. 그것이 그들이 전쟁을 그리워하는 이유입니다."

결어

Concluding Remarks

미래경영을 향하여

인류의 지난 역사는 **복잡성**(complexity)에 대응하는 능력의 발전사였으며, 이는 인류가 영위할 수 있는 자원에 대한 불확실성과 자원을 확보하고자 하는 경쟁방법의 진화 과정이었다. 오늘의 사회를 인포메이션 테크놀로지 그리고 최근의 디지털 그리고 소셜 테크놀로지 혁명을 바탕으로 한 지식정보의 사회라고 하지만, 5000년 전 고대 도시국가 형성과 200년 전 근대 산업혁명을 토대로 현대적 조직화를 시도해 오면서 인류사회가 사고와 지식을 추구하지 않은 적은 없다. 그 과정은 점점 복잡화되어 온 환경에 대한 인류의 끊임없는 창의적 도전과정이었다. 급속히 발달해 온 디지털 테크놀로지는 '지식, 정보, 데이터' 모두의 '양, 다양한 원천, 품질, 흐름과 저장, 그리고 분석에 관한 지리적, 시간적 한계' 를 극복하며 평평해져 버린 세상 속에서의 **사회-경제적 가치창출**을 더욱 촉진시켜 왔다.

디지털 테크놀로지의 발전은 비즈니스 환경에서 제품과 서비스의 **머신화**(machinization)와 **편의품화**(commoditization)의 압력을 디지타이제이션으로 끊임없이 가속화하여 왔다. 이런 테크놀로지 주도의 환경에서 차별화된 경쟁력의 원천은 결국 혁신적 창의성을 이끌어낼 수 있는 지식자산(intellectual property)이며, 그 원천은 다시 휴먼으로 돌아오고 마는 것이 아니겠는가 한다. 오늘날 인류 문화와 문명을 이끌어 오는 디지털 혁명의 원천도 결국은 휴먼의 두뇌이며, 나아가 휴먼과 휴먼 간의 상호 관계성에 있지 않겠는가. 이러한 생각은 아이러니하게도 기계문명이 발전할수록 더욱 중요시되는 것은 오히려 휴먼임을 의미한다고 말하고 싶다. 본서 『IT경영 the MIS』가 강조해 왔듯이 앞으로의 **미래경영**은 '**지식**(knowledge), **관계**(relationship), **프로세스**(process) 그리고 그 **융합**' 에 달려 있다고 본다. 즉, 기계화와 편의품화의 규격화 흐름에서 휴먼의 지식사고 능력은 매우 중요하며, 이 휴먼과 휴먼의 집단적 네트워크 관계는 더욱 중요하며, 그 네트워크를 형성하고 유지하는 의사소통 프로세스는 더더욱 중요해진다고 아니할 수 없다. 따라서 디지털 테크놀로지의 발전을 기반으로 이들 세 가지 핵심 원천을 적절한 멜로디와 리듬과 하모니로서 디자인해 내는 것은 결코 쉽지 않아

예술적 · 과학적(art & science) 융합을 할 수 있어야 가능할 것이며 **새로운 경영 리더십**의 영역이다.

오늘날, IT 이노베이션은 BIZ 트랜스포메이션을 거쳐 디지털 디스럽션 Biz를 요구하고 있다. 학문의 영역으로서 MIS도 지난 수십 년간 IT 발달과 함께 머신화와 휴먼화 사이에서 진화를 거듭해 왔으나, 이제 진정한 가치창출을 위하여 추구되어야 하는 것은 경영시스템의 **머신화**(machinization)와 **휴먼화**(humanization)가 동시에 **이중구조로 최적화**(dual optimization)되어야 하는 것이라고 믿는다. 본서가 주장하는 **'인류가 소유하는 3가지 정보처리장치**인 **사람**(human), **조직**(organization), **테크놀로지**(technology)'를 적절히 활용함으로써 얻어지는 가치창출 노력이란 결국 이노베이션과 트랜스포메이션 노력이며, 이는 유럽 경영학의 어머니인 영국 맨체스터 대학의 E. Mumford(멈퍼드) 교수의 **사회-기술적 시스템**(socio-technical system) 시각에서 접근하여야 한다고 믿는 것이 저자의 오래된 신념이다. 그렇게 해야 테크놀로지가 주도하는 규격화의 환경을 유연하게 대처할 줄 아는 적응력이 겸비된 혁신 창출이 가능해지리라고 본다. 그러나 미래경영이 추구하는 이노베이션과 트랜스포메이션 그리고 디스럽션은 우연한 기회나 머리로만 다가오지 않으며 새로운 경영 패러다임으로서 Biz 생태계 내 모든 구성원 간 머신과 휴먼의 진정한 공동체적 협업을 조건으로 한다. 그래서 결과도 자동화와 온라인화를 거쳐 오늘날 스마트 모바일 그리고 소셜 디지탈화에 진입하고 있으며 MIS 2.0의 흐름은 플랫폼 기반에서 클라우드, 빅데이터, 애날리틱스 그리고 네트워킹을 활용하여 비즈니스에 흡수할 줄 아는 능력에 모아지고 있다. 그래서 이러한 능력을 갖춘, 다시 말하면 디지털 성숙도를 갖춘 기업은 디지털 전략화에 집중하지만 디지털 성숙도가 별로 진행되지 않은 기업은 개별 테크놀로지로 단편적인 문제 해결에 집중한다. 비즈니스를 새로운 방식으로 디지털화한다는 것은 새로운 이미지 사고(image-thinking)를 인식하고 평가하고 뒤집어 볼 줄 아는 능력을 요구한다. 즉, 다양한 시각과 자세로 사물과 현상을 접근하여 들여다 볼 줄 알며 그 가치를 추구하는 문화를 만들고 실행하는 전략을 수립할 줄 아는 것은 이미 지난 이노베이션과 트랜스포메이션이 초우량 경쟁력 강화에 미침을 여러 번 경험한 바와 같다.

여기서 언급한 흡수능력(absorptive capacity)이란 디지털 기반의 창의적 엔터프라이즈 문화(culture)와 성숙도(maturity)를 말한다. 이것은 산업 내·외에서 새롭게 등장하는 변형(variation)된 모습의 Biz 모델의 독특한 특징을 항상 인식할 줄 알거나, 아니면 기존 산업의 소비자(buyer)-판매자(seller) 관계, 인풋-아웃풋 흐름, 협력 플레이어들의 네트워크를 분석하고 디지털 현상을 Biz 모델로 재정립할 줄 아는 리더십과 능력이다. 이러한 능력은 새로운 마켓 기반 창출(예: 거래 플랫폼), 커뮤니케이션 기반 창출(예: 소통 채널), 빅데이터 기반 창출(예: 옴니 채널 소셜 데이터), 사회기술적 인프라 기반 창출(예: 신뢰 네트워킹)로 구성된 미래 지향적 비즈니스를 통하여 기대하는 이노베이션, 트랜스포메이션, 디스럽션까지도 가능하게 한다.

이제 디지털 르네상스 시대로의 진입은 엔터프라이즈에게는 경험하여 보지 못한 변화와 초우량 경쟁력이 있는 디지털 비즈니스 파워를 요구하지만 이노베이션, 트랜스포메이션 그리고 새로운 Biz 모델의 디스럽션은 모두 세렌디피티(serendipity)가 아니며 그 자체도 노력의 산물이다. 새로운 참여의 시대(the age of participation)에 MIS도 새로운 2.0버전을 통하여 한계 극복과 진화를 계속하여야 하며, 이제 **조직-이기주의**(예: organism)가 아닌 **생태-공동체주의**(예: institutionalism)로 무장된 디지털 르네상스를 꽃 피워 비즈니스뿐만 아니라 사회 전체의 풍요로움과 삶의 질 공유에 기여하여야 한다. 저자의 『**IT경영 the MIS**』(2016)가 전하고자 하는 것도 그 내용과 구성 자체의 변화만이 아니라, 비즈니스 생태계 속 휴먼과 머신이 모두 창의로운 참여와 자유로운 개방과 민주적 공유를 통하여 새로운 삶이 열리는 디지털 르네상스로 나가는 데 조금이라도 기여할 수 있기를 원한다. 여기까지 내내 함께 하는 동안 즐거웠으며 여러분 모두의 이해와 동참을 믿으며 무궁한 발전과 행복을 다시 한 번 깊이 염원한다.

『IT경영 the MIS』(2012, 2016)가 강조한 주요 내용은 다음과 같다.

- 디지털 르네상스와 교란적 Biz 그리고 MIS 2.0
- e비즈니스와 지식 프로세스의 트랜스포메이션
- 디지털 플랫폼: 클라우드, 빅데이터, 애널리틱스
- 사용자 참여의 SDLC와 ISP
- 미래지향적 IT 투자와 혜택
- CIO의 새로운 역할과 새로운 교란 비즈니스 모델링
- IT/IS 실행의 미시-거시(micro-macro) 연계
- 비즈니스-테크놀로지 융합
- 아웃소싱의 Biz 생태계 파트너링
- IT 이노베이션의 확산과 최종 단계로서의 인스티튜션화
- 집단지성의 소셜 네트워킹 활용

참고문헌 Reference

강신철, 『모델링』, 한남대학교 출판부, 2015.

권태형, "지식처리시스템의 구축을 위한 방법론적 모드와 노드," *Information Systems Review*, 2권, 1호, 2000. pp. 1-11.

권태형, 기업의 e-트랜스포메이션과 성공전략, ㈜CyberMBA, 멀티미디어 교재, 2001.

권태형, "A Socio-economic approach to 'free-rider' problem in knowledge management," 매경 심포지움, 2001.

권태형, "지식경영의 새로운 지평을 향하여," Editor' s Notes & Overview, 지식경영연구, 제3권 2호, 2002, 12.

권태형, "Condition Model and Strategies for Knowledge Contribution and Sharing Systems Success," 매경심포지움, 2000. pp. 213-228.

권태형, "소셜 미디어 인스티튜션화와 이노베이션 패러다임 링크," 글로벌경영연구, 제23권 2호, 2011, pp. 41-56.

권태형, 『IT경영 the MIS : IT 이노베이션 BIZ 트랜스포메이션』, 이프레스, 2012.

권태형, MIS 세미나 2.0 : 소셜시대 엔터프라이즈 2.0을 향한 패러다임과 아카데믹 엣세이, 이프레스, 2014.

권태형 · 박지혜, Business partner Relationship Happiness Index : BPHI/DVD : 1-5차, SK텔레콤 리포트, 2007-2010.

권태형 · 우현종, 『MIS2.0 디지털 비즈니스-개요와 핵심용어, 개념 그리고 지침』, 율곡출판사, 2015.

권태형 · 김영성 · 박지혜, "비즈니스 생태시스템의 관계 행복 : 개념, 지수 개발 및 측정," 글로벌 경영연구, 제27권 3호, 2015, 12.

권태형 · 이강업 · 최재웅, "관계 성숙 모형(RMM)과 SKT 사례," 지식경영연구, 2007.

드러커, 피터(Peter Drucker), 『프로페셔널의 조건』, 청림출판사, 2001.

박양규 · 박경규 · 남기찬, "가상 조직내 참여 구성원들간의 신뢰수준의 결정요인과 그 효과에 대한 연구," 『경영학연구』, 32권, 5호, 2003, pp. 1349-1373.

삼성경제연구소, SERI 리포트, 워크 스마트, 2011.

성민준, "Identifying Influencers and their impacts on social network intensity : sociometric approach," Working paper, 2011.

우현종, 빅데이터의 정체성 규명과 의사결정 자신감에 관한 연구와 함의, 경영정보학 박사 학위 논문, 2014.

장철웅, 역동적 경쟁우위에 영향을 미치는 개방형 혁신활동 전략에 관한 연구 : 교란적 혁신 환경에서, 디지털정책학회, 2015.

정병호, 정보자산 공유에 있어서 조직 구성원들의 비윤리적 행동, 『글로벌경영연구』, 제27권 1호, 2015

최재웅, 7S 관점의 ISO9001 품질경영시스템 경영성과 영향 연구, 경영정보학 박사 학위 논문, 2015.

현준호, 웹 접근성 표준 준수에 영향을 미치는 요인과 함의에 관한 연구, 경영정보학 박사 학위 논문, 2015.

Aldrich, H., *Organization and Environments*, Prentice Hall, 1979.

Bajaj, W., Bradley, E. and K. S. Cravens, "SAAS : Integrating Systems Analysis with Accounting and Strategy for EX Ante Evaluation of IS Investments," *Journal of Information Systems*, Vol. 22, No. 1, pp. 97-124, 2008.

Benbasat, I. and R. Zmud, "The Identify Crisis within the IS Discipline : Defining and Communication the Discipline' s Core Properties," *Information Systems : The State of the Field*, 2006.

Bernoff, J. and T. Shadler, *Empowered*, Harvard Press, 2010.

Bock, G., R. Zmud, Y. Kim and J. Lee, "Behavioral intention formation in knowledge sharing : Examining the roles of extrinsic motivators, social-psychological forces, and organizational climate," *MIS Quarterly*, 29(1), 2005, pp. 87-111.

Bostrom, R. and S. Heinen, "MIS problem and failures : A socio-technical perspective–Part II," *MIS Quarterly*, December, 1977, pp. 11–28.

Bostrom, R. and S. Heinen, "MIS problem and failures : A socio–technical perspective–Part I," *MIS Quarterly*, September, 1977, pp. 17–32.

Bots, P. W. and H. G. Sol, "Shaping organizational information systems through coordination support," in McCosh and Migliarese (eds.), *Organizational Decision Support Systems*, Elsevier, Amsterdam, 1988, pp. 139–154.

BTM Institute, *Winning The 3–Legged Race*, BTM Institute, Parson–Prentice Hall, 2005.

Bughin, J. and M. Chui, "The rise of the networked enterprise : Web 2.0 finds its payday," *McKinsey Q*, Dec. 2010.

Bughin, Jacques and Michael Chui, "The rise of the networked enterprise : Web 2.0 finds its payday," *McKinsey Q*, Dec. 2010.

Butler, B., "Membership size, communication Activity, and sustainability," *ISR*, 12–4, 2001, pp. 346–362.

Cohen and Levinthal, "Absorptive Capacity : A new perspective on learning and innovation," *ASQ*, Vol. 35, No. 1, 1990, pp. 128–152.

Dahlbom, B., and L. Mathiassen, *Computers in Contexts : The philosophy and practice of systems design*, Blackwell Publishers, UK, 1993.

Davenport, T., "Business Process Reengineering : Where It' s Been, Where It' s Going," in David Armarno, Six Social Media Trends for 2011, HBR Blog, 2010.

Davidson, W. H., "Beyond Reengineering : The three phases of business transformation," *IBM Systems Journal*, Vol 32, No. 1, January 1993, pp. 86–94.

Dawson, Ross, *Developing Knowledge–Based Client Relationships*, Butterworth–Heinemann, MA, 2000.

Dawson, Ross, *Developing Knowledge–Based Client Relationships: Leadership in Professional Services*, 2nd edition, Elsevier, 2005.

Dur, R. and P. Bots, "Dynamic modeling of organizations using task/actor simulation," in Sol, H. G. and Crosslin (eds.), *Dynamic Modeling of Information Systems*, Elsevier, Amsterdam, 1992.

Gloor, P. and S. Cooper, *Coolhunting*, AMACOM, 2007.

Hagel, John, and John Seely Brown, "The Enterprise Value of Social Software," HBR Blog, 2010.

Harrison, D. B. and M. D. Pratt, "A methodology for Reengineering business," *Planning Review*, March/April 1993, pp. 6-11.

Hawk, S., Zheng and R. Zmud, "Overcoming Knowledge-Transfer Barriers in Infrastructure, Management Outsourcing: Lessons from a Case Study," *MIS Quarterly Executive*, 2009.

http://legacy.hbr.org/tip/2015/05/05/expand-your-network-beyond-the-usual-players

Huang, H., R. Zmud and R.L. Price, "Influencing the Effectiveness of IT Governance Practices through Steering Committees and Communication Policies," *European Journal of Information Systems*, 2009.

Huy, Quy and Andrew Shipilov, "Social Media' s Leadership Challenges," HBR Blog, 2010.

Hyunjong, W., Tae H. K., "Big Data Identity and its Relationship to Decision Confidence," *Decision Science Institute*, 2015 Annual Meeting, November 2015.

Ibarra, H., "Expand Your Network Beyond the Usual Players, How to Revive a Tired Network," *Harvard Business Review* Management Tips of today, 2014.

IFIP, *Innovation for Adaptability and Competitiveness,* 2004.

Josh, B., Ted, S., "Empowered," *Harvard Business Review*. Jul/Aug 2010. Vol. 88 Issue 7/8, pp. 94-101.

Keen, Peter, *The Process Edge*, McGrow-Hill, 1997.

Keen, Peter, *The e-Process Edge*, McGrow-Hill, 2000.

Kim, Hyeyoung et. al., "The role of IT in a healthy business ecosystem," *PACIS*, 2008.

Ko, D. G., Kirsch, L. J., and W. R. King, "Antecedents of Knowledge Transfer from Consultants to Clients in Enterprise System Implementations," *MIS Quarterly*,

Vol. 29, No. 1, 2005, pp. 59-85.

Kwon, T. H., "A diffusion of innovation approach to MIS infusion: Conceptualization, methodology and management strategies," Proceedings of the International Conference on Information Systems, Copenhagen, Denmark, 1990, pp. 139-147.

Kwon, T. H. and R. W. Zmud, "Unifying the fragmented models of information systems implementation," in Boland, R. J. and Hirschheim, R. (eds.), *Critical Issues in Information Systems Research*, John Wiley, Chichester, UK, 1987, pp. 227-251.

Kwon, T. H. and R. W. Zmud, "Conceptual Perspectives on Reengineering Methodologies," Fulbright Foundation Research Report, 1995.

Lacity M. C. and L. Wilcox, "Relationships in IT outsourcing: A stakeholder perspective," In Zmud, R. W. (ed.), *Framing the domains of IT management: Projecting the future through the past*, Pinnaflex Education Resources, 2000. pp. 355-384.

Leavitt, H. J., "Applied organizational change in industry: structural, technological and humanistic approach" in March, J. (eds.), *Handbook of organizations*, Rand McNally, Chicago, 1965, pp. 1144-1170.

Li, C. and J. Bernoff, *Groundswell*, Harvard Press, 2008.

Lind, M. R. and R. W. Zmud, "The influence of convergence in understanding between technology providers and users on information technology innovativeness," *Organization Science*, 2(2), 1991, pp. 195-217.

Lucas, L., B. Swanson and R. Zmud, "Implementation, Innovation, and Related Themes over the Years In Information Systems Research," *Journal of the Association of Information Systems*, 2008.

Malhotra, A., S. Gosain, and A. O, El Sawy, "Absorptive Capacity Configurations in Supply Chains: Gearing for Partner-enabled Market Knowledge Creation," *MIS Quarterly*, Vol. 29, No. 1, 2005, pp. 145-187.

Marin, S., "How Doctors (or Anyone) Can Craft a More Persuasive Message," *Harvard*

Business Review, Digital article, Jan. 29, 2015.

Markus, M. L., "Toward a 'critical mass theory of interactive media," In Janet Fulk & Charles Steinfield (eds.), *Organization and Communication Technology*, Sage, 1990.

Maurer, W., Matlus, R. and Frey, N. "A Guide to Successful SLA Development and Management," *Strategic Analysis Report,* Gartner Group, 2000.

Mumford, E. and M. Weir, *Computer Systems in Work Design : The ETHICS method*, John Wiley, New York, 1979.

Mumford, E., *Redesigning Human Systems*, IDEA Publications, 2003.

Mumford, E., *Systems Design : Ethical tools for ethical change*, Macmillan, 1996.

Mumford, E., *The story of Socio-technical Design : reflections on its successes, failures and potential*, 2006.

Oehler, K., Stomski, L., Kustra-Olszewska, M., "What Makes Someone an Engaging Leader," *Harvard Business Review*, November 2014.

Oliver, P. G., Marwell and R. Teixeira, "A Theory of critical mass Interdependence, group heterogeneity, and the production of collective action," *American Journal of Sociology*, 91(3), pp. 522-556, 1985.

Ovans, A., "What Is a Business Model?," *Harvard Business Review*, January 2015.

Perrow, C., *Complex Organizations*, 1979.

Porter, M. E., *Competitive Advantage : Creating and sustaining superior performance*, Free Press, New York, 1985.

Rogers, E., *Diffusion of Innovation*, 5th edition, Free Press, 2003.

Rogers, E., "The critical mass in the diffusion of interactive technology of organizations," *The Information Systems Research Challenge*, Part 3, Harvard Business School Research Colloquium, 1991, pp. 245-263.

Sambamurthy, V., and R. Zmud, *IT Management Competency Assessment : A tool for business value through IT*, FERF, 1994.

Sambamurthy, V. and R. Zmud, *Guiding the Digital Transformation of Organizations*, Legerity Digital Press, 2012.

Sambamurthy, V. and R. Zmud, *Business Platforms, Digital Platforms and Digital Innovation : An Executive Agenda* (Kindle Location 4). Legerity Digital Press. Kindle Edition, 2015.

Sampler, J. L., "The Internet Change Everything (ICE) Age," In Zmud, R. W. (ed.), Framing the domains of IT management : Projecting the future through the past, Pinnaflex Education Resources, 2000. pp. 209-220.

Sangeet, P. C., "Platform Power," blog 'Platform Thinking' (http://platformed.info), 2013.

Sangeet, P. C., *Platform Revolution*, 2015.

Schreiber, G., et., al, *Knowledge Engineering and Management*, MIT Press, 2000.

Scott, W., *Institutions and Organizations*, Sage, 1995.

Sherr, A. L., "A new approach to business processes," *IBM Systems Journal*, Vol. 32, No. 1, January 1993, pp. 80 98.

Silverstone, J. and Y. Robert, "How smart CEOs use social tools to their advantage," *Harvard Business Review*, March 09, 2015. Pp. 34-35.

SMinOrgs, *Social Media Primer*, Social Media in Organizations, 2011.

Swanson, B., "How is IT innovation assimilated?," *Innovation for Adaptability and Competitiveness*, IFIP, 2004.

Tim, S., "Embracing Complexity," *Harvard Business Review*. Sep 2011. Vol. 89 Issue 9, pp. 89-92.

Van Meel, J. W., P. Bots, and H. G. Sol, "Lessons Learned From Business Engineering with the Amsterdam Police Force-Dynamic Modeling," in *Business Process Change : Concepts, Methods and Technologies*, V. Grover and W. J. Kettinger (eds.), *Idea Publishing*, Harrisburg PA, 1995, pp. 402-424.

Venkatraman, N., "IT-Induced business reconfiguration," *The Corporation of 1990's*, New York, Oxford University Press, 1993, pp. 122-158.

Wartzman, R., "What Peter Drucker Knew About 2020," *Harvard Business Review*. October 2014.

Wasko, M. and S. Faraj, "Why should I share? Examining social capital and knowledge contribution in electronic networks of practice," *MIS Quarterly*, 29(1), 2005, pp. 35–57.

Weill, P. and M. Broadbent, "Managing IT infrastructure: A strategic choice," In Zmud, R. W. (ed), *Framing the domains of IT management: Projecting the future through the past*, Pinnaflex Education Resources, Cincinnati, Ohio, 2000. pp. 329–353.

Westerman, G., D. Bonnet, and A. McAfee., *Leading Digital–Turning Technology into Business Transformation*, Harvard Business Press, 2014.

Zmud, R., *Information Systems in Organizations*, Scott, Foresman and Company, Glenwood, Ill., 1983.

Zmud, R. W., "An examination of 'push-pull' theory applied to process innovation in knowledge work," *Management Science*, Vol. 30, No. 6, 1984a, pp. 727–738.

Zmud, R. W., "Design alternatives for organizing information systems activities," *MIS Quarterly*, Vol. 8, No. 2, 1984b, pp. 79–93.

Zmud, R, "Opportunities for Strategic Information Manipulation through New Information Technology," *Organization and Communication Technology*, Sage, 1990, pp. 95–116.

Zmud, R. W., *Framing the domains of IT management: Projecting the future through the past*, Pinnaflex Education Resources, 2000. pp. 329–353.

Zmud R. and V. *Sambamurthy, Managing IT for Success–The empowering business partnership*, FERF, 1992.

Zmud, R. and V. Sambamurthy, *Design Guidelines for the Digital Transformation of Organizations*, Tallahassee, FL: Legerity Digital Press, 2012.

Zmud, R. and V. Sambamurthy, *No Excuses: Realizing Promised Benefits from Digitization* (Kindle Locations 4–5). Legerity Digital Press. Kindle Edition, 2014.

찾아보기 Index

[가]

가난한 자의(poor man's) ERP 352
가치 균형과 조화 211
가치네트워크(value network ; value net) 429
가치사슬(value chain) 19
가치사슬모델(value chain) 293
감지(Sensor) 170, 172, 173
감지됨(detectable) 481
강제적(coercive) 390
개발자(developr) 측면 400
개방성 490
개요 파악(context) 182
개인 수준 404
객체(entities) 106
결빙(refreezing) 368, 373
결정적 다수 495
경계(boundary) 34
경영리더십 386
경영활동의 혁신 252
고객가치 254
고객 가치 모델링 253
고객관계의 혁 251
고객 시각 419
고객영역(customer scope) 287
고객 요구 가치 254
공유 490
공유경제(sharing economy) 6
관계(relationship) 106, 512
관리회계(managerial accounting) 47
교란적 비즈니스(disruptive business) 6
교란적 혁신 모델링 251
구매(buy) 335
구축 352
균형성과표(BSC) 413
기술적 링크 447

[나]

내부 프로세스 시각 419
내향식(Outside-In) 275, 276
네트워크(Network) 182
네트워크의 효과(network effect) 493
논리적 분석 339
느림보(laggard) 468
늦은 다수(late majority) 468

[다]

다섯 가지 경쟁세력모형(5 Force Model) 285
다이어트 435
다이어트-민첩성 전략 435, 436
다이어트 전략 435
단순 거래 단계 456
대중매체 390

데이터 과학자(data scientist) 215, 224
동기화(synchronization) 431
디자인(design) 단계 59
디지털 르네상스시대(digital renaissance age) 6
디지털 IT 보편화, 고도화 233

[라]

롱-테일(long-tail) 205
리파지토리(Repository) 182

[마]

마켓의 모호한 설정 211
만족도(the degree of satisfaction) 404
매력성 495
맨-머신 454
머신화(machinization) 513
메이븐(maven) 465
명백함(clear) 481
명시(형식)적 지식(Explicit Knowledge) 158
모듈러(modular) 256
모방적(mimetic) 389
묵시(암묵)적 지식(Tacit Knowledge) 158
문제점 진단 480
물리적 설계/획득 340
미래경영 512
미래지향적 프로젝트(visionary IT investment) 303
민첩성 전략 435
민첩성 429, 433, 435

[바]

발송(Router) 170, 172, 173
베스트 프랙티스(Best Practice) 158, 350
변화(change) 368, 373
변화 관리자(change agent) 468
변화의 필요성 479
복잡성(complexity) 512
불가피함(inevitable) 481
비용의 유형 320
비용의 혁신 252
비용-효과(혜택) 분석(cost-benefit) 399
비즈니스 개선(Improvement) 434
비즈니스 모델 253
비즈니스 목표 점수 407
비즈니스 생태계(business ecosystem) 6
비즈니스 애널리틱스(business analytics) 223
비즈니스 측면인 W 요소 222
비즈니스 타당성 251
비즈니스 혁신(Innovation) 434
빅데이터 215, 220

[사]

4V 222
사람(human) 513
사용도(the degree of use) 404
사용자(user) 측면 400
사용자 컴퓨팅(EUC) 349
사회-경제적 가치창출 512
사회-기술적 디자인(socio-technical design) 447

사회-기술적 시스템(socio-technical system) 513
사회-기술적 접근방법(Socio-Technical approach) 454
사회 네트워크 분석(social network analysis) 488
사회적 링크 447
사회적 요인 386
3V 222
3W 222
상향식(Bottom-Up) 275
상황적 요인 386
새로운 경영 리더십 513
새로운 모델(new model) 481
새로운 비즈니스 모델 251
생태-공동체주의 514
생태시스템(eco-system) 447
생태적 이머징 205
서플라이어(supplier) 256
선별(Filter) 170, 172, 173
선점 스노볼 효과 493
선택(choice) 단계 60
설득력(persuasive power) 160
설치(installation) 333
성과(performance) 404
성과 측정(performance measurement) 460
3가지 정보처리장치 513
세일즈맨(salesman) 465
소셜 네트워킹 494
소싱전략(comprehensive sourcing strategy) 459
소프트웨어 62
속성(attributes) 106
수용(Acceptance) 382
수익성 254
수정(Modifier) 170, 172, 174
숨어 있는(hidden) 비용과 효과 320
스노우-볼 효과(snow-ball effect) 499
시기(timing) 479
시스템(system) 34, 82
시스템 개발(development) 333
시스템 디자인 방법론 454
시스템 분석 333
시스템 사용 353
시스템 설계 333
시스템 프로토타입 333
시스템 획득(acquisition) 349
시작(initiation) 338
시장경쟁성 435
시장역동성 435
실행(implementation) 333, 342, 368
실행요소(artifact) 183

[아]

아웃소싱(outsourcing) 19, 349
아웃풋(output) 34, 342
애널리틱스 215
애플리케이션(Application) 182
애플리케이션 시스템 유형 292
액세스(Access) 182
양방소통(interaction) 205
얼라이언스(alliance) 19

업무 프로세스 유형 292
엑스트라넷(Extranet) 133
엔터프라이즈 수익성 253, 254
엔터프라이즈 자원 모델링 253
역량 특성(unique competences) 287
연결과 질서 207
연결성(Connection) 494, 501
연계(alignment) 431
연계성 495
영향력(influence) 160
예술적 · 과학적(art & science) 513
오너(owner) 256
5W1H 93
외향식(Inside-Out) 275, 276
웹 2.0 488
위험 점수 407
유속성(Flow) 495
유연성 결여 351
유지보수 343
융합(convergence) 429, 432, 512
이른 다수(early majority) 468
이른 채택자(early adopters) 468
이중구조로 최적화(dual optimization) 513
인지(intelligence) 단계 59
인터페이스(interface) 34, 82
인터페이스(Interface) 계층 182
인텔리전스(Intelligence) 182
인트라넷(Intranet) 133
인풋(input) 34, 341
인프라 구축 단계 457

[자]

자원확보의 혁신 252
재무적 시각 419
재무적 신뢰성 316
전달(Carrier) 170, 172, 173
전달미디어 164
전략(Strategy) 413
전략과 플래닝 426
전략 부재 211
전략적 디지털 IT 포트폴리오 233
전략적 아키텍처 426
전환(conversion) 333
절친한 관계 479
접촉(contact) 479
정보지원센터(information center) 378
정책과 제도(policy and program) 460
제품영역(product scop) 287
제1정규화 111
제2정규화 112
제3정규화 113
조직(organization) 513
조직관리(organization) 48
조직생태학(organizational ecology) 48
조직 수준 406
조직의 규모(size) 388
조직의 특성 388
조직-이기주의 514
중력성(Gravity) 495
지리적 영역(geographical scope) 287
지속적 480
지식(knowledge) 160, 512
지식경영 160

지식공유 단계 457
지식관리시스템 161
지식 네트워크 488
지식베이스(knowledge base) 172
지식시스템(KMS) 161
지식응용시스템 161
직원의 학습과 성장 시각 419
직접 개발(make) 335
집단행동(collective action) 493

[차]

참여 490
채택(adoption) 382, 480
총비용-총혜택 320
최고 경영층 스폰서(Executive sponsor) 313
측정(Measures) 413
측정할 수 없는 것은 관리할 수 없다 414
친밀성 495

[카]

커넥터(connecter) 465
커뮤니케이션 207
커플링(coupling) 437
컨셉화(concept) 183
컨테이너 207
컴퓨터공학(computer science) 48
콘텐츠 207
콜래보레이션 207
쿨파밍 492
쿨헌팅 492
클라우드 215
클라우드 컴퓨팅(cloud computing 또는 clouding) 215
클라이언트의 의지 480

[타]

타당성 조사(feasibility studies) 339
탐구(exploitative) 439
탐색(exploratory) 439
테크놀로지(technology) 513
테크놀로지 네트워킹 494
테크놀로지 투자 관리 426
투자 352
투자 혜택 경로 320

[파]

파트너 라이프 사이클 관리 문화(PLC culture) 460
파트너링 436
파트너십 단계 457
파트너십 라이프 사이클(PLC) 460
파트너십 형성(partner selection) 460
펀딩(funding) 303
편의성 495
편의품화(commoditization) 512
포트폴리오 335
표현미디어 164
프로세스(process) 34, 341, 512
프로젝트 리더 309
프로젝트 스폰서 309

프로젝트 챔피언(Project champion) 303, 312
플랫포머(platformer) 256
플랫폼(platform) 201
플랫폼 실패요인인 숨은 함정 201
플랫폼 컨테이너 201
플랫폼 콜래보레이션 201
플랫폼-파티시펀트 454
플러그-플레이 205

[하]

하드웨어 61
하향식(Top-Down) 275
학습(Learner) 170, 172, 173
합리적(rational) 390
해빙(unfreezing) 368, 372
해석(Interpreter) 170, 172, 173
핵심 자원 254
핵심 프로세스 254
핵심 프로세스 모델링 253
행동(Action) 413
혁신가(Innovator) 311, 468
현상유지(Status quo) 435
혜택의 유형 320
확산 354
환경 수준 406
활용(Use/usage) 382
획득(Adaptation) 382
휴먼화(humanization) 513
흡수능력(absorptive capacity) 391

[A]

Administrative(운영위원회 주도) 280
Amplify 501
API 플러그-플레이 207
APQC의 프로세스 분류 프레임워크(PCF) 292
assets to impacts 353

[B]

B-T 다이어트(lean) 429
background(지원적) 93
BOTTOM-UP 270
Business Lead(경영 주도) 279

[C]

Champions 242
Change agent 242
CIO 로드맵 262
connection 494
CSF(Critical Success Factor) 285

[D]

DaaS(창출 계층) 218
Data(데이터) 62
Data Warehouse(DW, 자료창고) 54, 351
DB(Data Base, 데이터 저장소) 54
DB 유형 292
Decision Making(의사결정) 54
Deliver 501

Demand report 65
developer 242
DFD 333
Diffusion 382
dollars to assets 352

[E]

e–비즈니스 123
e–비즈니스 시스템 123
Empower 501
ERD 333
ERP(Enterprise Resource Planning) 349
ETHICS Method 454
Exception report 65

[F]

Fast learning 143
First moving 143
flow 494

[G]

gravity 494

[H]

H/W(Hard Ware, 하드웨어) 54

[I]

IaaS(인프라 계층) 219
IDEA 방법론 500
Ideas to dollars 352
identity(정체적) 93, 501
Informediary 19
Initiation 382
INSIDE–OUT 270
Intelligence(인지단계) 54
Interactive(상호의사소통) 54
IS 평가 399
IS 프로젝트 관리 402
ISP(Information Systems Planning) 270
IT 신뢰성(Credibility) 314
IT 역량 401
IT 지배구조와 조직 426
IT 측면인 V 요소 222
IT 평가 399
IT 플래닝 측면 402
IT/IS 채택(adoption) 383
IT/IS 확산(diffusion) 383
IT/IS R&D 335
IT outsourcing 354

[M]

maintainer 242
mandated(제도적) 93
Method Driven(방법론 주도) 279

[N]

Network(네트워크) 63

now what 222

[O]

OR(Operation Research) 48

Organizational(조직적 주도) 281

OUTSIDE-IN 270

[P]

PaaS(플랫폼 계층) 219

People(사람) 62

Periodic report 65

priority(우선적) 93

Procedure(프로시저) 63

[S]

SaaS(소비 계층) 218

SDLC 333, 335

Socio-Technical System (STS) 158

S/W(Soft Ware, 소프트웨어) 54

[T]

technocrat 242

Technology(기술 주도) 281

TOP-DOWN 270

[V]

Variety 222

Velocity 222

Veracity 222

Volume 222

[W]

what 222

지은이에 대하여

권태형(Tae H. Kwon), thkwon@hufs.ac.kr

경영정보학(MIS), 글로벌 비즈니스(B)-테크놀로지(T) 학부, 한국외국어대(Ph.D in MIS, Univ. of North Carolina at Chapel Hill)

인포메이션론, 이노베이션론, 조직 에콜로지론을 미국 최고의 MIS저널 에디터 Robert Zmud 그리고 조직생태학의 표상 Howard Aldrich 교수에게 수학하고 MIS를 IT 이노베이션과 환경에 적응하는 조직 생태의 시각으로 바라다 보았으며, 이를 영국 경영학의 어머니 Enid Mumford의 Socio-Technical System 디자인과 철학에 담으려고 노력해 왔다. 일찍이 영국에서 출간된 이 분야 최초의 인포메이션-이노베이션-에콜로지 융합모델은 IT경영의 새로운 지평을 열은 것으로 평가된다. 교수, 연구자, 컨설턴트로 활동했으며, 최근의 대표 저서로 『IT경영 the MIS—IT 이노베이션 Biz 트랜스포메이션』(e-프레스, 2012), 『MIS 세미나 2.0—지식, 프로세스, 관계 그리고 골래보레이션』(e-프레스, 2014), 『MIS 2.0 디지털 비즈니스—개요와 핵심용어, 개념, 그리고 지침』(율곡출판사, 우현종과 공저, 2015)이 있다.

주요 약력

Univ. of North Carolina at Chapel Hill, Ph.D (MIS)
Indiana Univ, MBA (MIS)
한국외국어대 상경대학, BA
Florida International Univ., 조교수
Florida State Univ., 풀브라이트 Scholar
Univ. of Kansa, Visiting Scholar

기타

㈜Miss-Mr., IT경영 고문
㈜대우전자, IT경영 고문
㈜아큐텍 반도체, IT경영 고문
㈜파라테크놀로지, 대표이사
㈜사이버엠비에이, 이사

IT경영 *the MIS*

제2판 1쇄 인쇄 2016년 8월 12일
제2판 1쇄 발행 2016년 8월 22일

지은이 권태형
펴낸이 박기남
펴낸곳 **율곡출판사**
08590 서울시 금천구 가산디지털1로 84, 803호
전화 (代) 02) 718-9872/3
팩스 02) 718-9874
홈페이지 www.yulgokbooks.co.kr
이메일 yulgokbook@naver.com
등록 1989.11.10. 제2014-000031호
ISBN 978-89-97428-90-8 93320

정가 30,000원